D1729329

AHR

ER

13

DIE WICHTIGSTEN ENTWICKLUNGEN UND KAMPAGNEN

DA

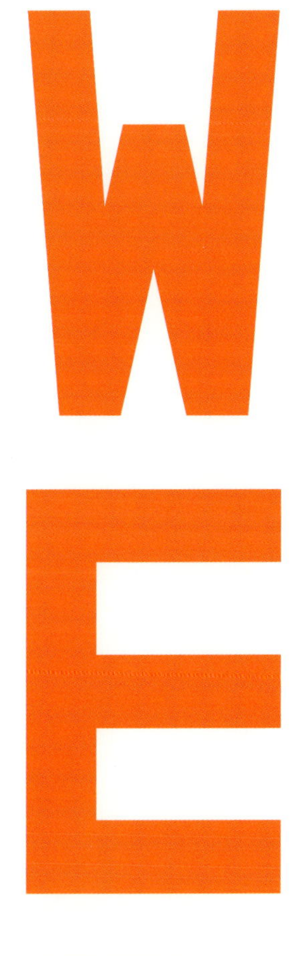

Econ

Inhalts verzeich nis

Keiner spürt es
so wie Du.
HORNBACH

Von links nach rechts: Anette Scholz,
Thomas Rempen und Peter Wippermann
Foto _ Jürgen Müller

Neue Orientierungen

DER 50. BAND DER JAHRBUCHREIHE PRÄSENTIERT SICH MIT NEUEN HERAUSGEBERN UNTER NEUEM NAMEN

LIEBE LESERINNEN UND LESER,

ein halbes Jahrhundert ist es nun her, da wollten Prof. Eckhard Neumann und Prof. Wolfgang Sprang „... dem Fachmann eine Informationsquelle zur Verfügung stellen, die in geschlossener Form die deutsche Werbung (...) detailliert, erläuternd und in einem überblickbaren Zeitabschnitt zusammengefasst vorstellt (...) es ist der Zweck dieses Buchs, den an der Werbung im weitesten Sinne Interessierten einen Querschnitt (...) zu liefern und Tendenzen aufzuzeigen".

Das Jahrbuch der Werbung war geboren. Es entstand eine Chronik, ein Nachschlagewerk, das seitdem wie kein anderes die Werbejahre begleitet, ihre Tendenzen kritisch analysiert und dokumentiert, das auf hervorragende Arbeiten mit dem „Megaphon" als lautstarkgemeinter Auszeichnung hinweist.

Mit der Idee der Wahl einer „Newcomer-Agentur des Jahres" will das Jahrbuch seit 1991 auf die jungen kreativen und unternehmerischen Talente hinweisen, die unsere Branche immer wieder so überraschend spannend macht. Die Liste liest sich heute wie das Who-is-Who: Jung von Matt, Philipp und Keuntje, HEIMAT, kempertrautmann, Lukas Lindemann Rosinski, BrawandRieken und jetzt Oliver Voss.

Willi Schalk, Peter Strahlendorf und Prof. Helmut Thoma haben sich nach 22 Jahren als Herausgeber verabschiedet. Wir als die drei neuen Herausgeber wollen die Position und Bedeutung von Wettbewerb und Dokumentation weiter schärfen.

Wir alle wissen, dass sich die Rahmenbedingungen für Werbung, für die Auftraggeber und für die Agenturen und ihre kreativen Macher in den letzten Jahren immer wieder dramatisch verändert haben. Mit dem Internet ist nicht nur eine völlig neue, wandelbare und schillernde Medienkategorie entstanden, sondern ein neuer Marktplatz. Kommunikation und Werbung sind mobil geworden, unser Publikum, der Verbraucher, hat seine Informationen ganz buchstäblich jetzt immer zur Hand. Die Papierfraktion blieb (zu) lange geduldig. Der Burnout von Marken war und ist vorprogrammiert, viel Vertrauen und damit Wertschätzung und Wortschöpfung sind verspielt worden durch allzu hektische Kampagnenwechsel, durch das Getöse der Preisschlachten, aber auch durch große und beängstigende Unglaublichkeitskrisen wie die Bankenkrise, durch Lebensmittel- und Etikettier-Skandale und auch durch die Managementskandale der Politik (Nürburgring, Flughafen Berlin, Stuttgart 21...).

Das verschüttete Vertrauen muss wieder gehoben werden, wir müssen unser Publikum als Menschen neu lieben lernen, ihre Verunsicherungen und Wünsche verstehen. Das setzt eine deutliche Neuorientierung voraus. Und Erkenntnis und Verständnis dafür, dass z. B. Werbebotschaften im Netz völlig anders verarbeitet werden, als in den klassischen Medien: Die Penetranz der aufpoppenden Banner ist Nötigung und Zumutung und ebenso wenig beliebt wie jede oberflächlich dummdreiste Printkampagne, die überblättert wird. Oder wie der doofe Spot, den man missgelaunt und genervt wegzappt.

Alle großen Kampagnenleistungen sind heute integrierte Kampagnen. Weil Strategie, Planung, Kreation, Medien und Präsenz so komplex geworden sind, sitzen immer mehr Spezialisten am runden Kampagnentisch, hängen alle Werbeerfolge immer deutlicher von einer klugen Kampagnenführung ab.

Diese „Penalty of Leadership" liegt bei den Auftraggebern, bei der Industrie. Darum wollen wir die verantwortlichen für Marketing und Werbung auffordern, in Zukunft ihre wichtigen Kampagnen, also die Arbeit vieler beteiligter Einzelkämpfer, Büros und Agenturen, als Auftraggeber einzureichen und zur Diskussion zu stellen. Nur so kann eine Jury Genie und Harmonie des Kommunikationskonzerts wirklich beurteilen.

Und selbstverständlich sind auch weiterhin alle eingeladen, mit ihren Arbeiten in den Einzelkategorien am Wettbewerb zum Jahr der Werbung teilzunehmen, um zu gewinnen.

Nun noch ein herzlicher Dank an alle Juroren aus Industrie, Medien und Agenturen - es war mehr als interessant, die unterschiedlichen Blickwinkel und Überzeugungen bei der Diskussion um die Arbeiten und Auszeichnungen zu erleben.

Und ein herzlicher Dank an die Mitarbeiter des Verlags, die die Juryarbeit hervorragend und engagiert vorbereitet und begleitet haben.

Bleibt noch unser Glückwunsch an alle, die in diesem Jahr der Werbung 2013 ausgezeichnet wurden. Viel Erfolg und Freude im neuen Jahr der Werbung!

Thomas Rempen, Anette Scholz und Peter Wippermann

Die Wettbewerbs-jury 2013

INDUSTRIE, MEDIEN UND AGENTUREN – DIESE DREI GRUPPEN WERDEN VON DER WETTBEWERBSJURY VERTRETEN

Das Jahr der Werbung macht es sich zum Ziel, wichtigen Entwicklungen und Kampagnen eine Plattform zu bieten. Dabei geht es nicht nur um neue kreativ-handwerkliche Ideen und Stilistiken, sondern zuerst um die erfolgreichen, innovativen Konzepte für die Breite der Möglichkeiten in Kommunikation und Werbung.

Die Jury, zuständig für alles Nicht-Digitale: Print, Out of Home, Film, Audio, Direktmarketing und Promotion.

VERTRETER INDUSTRIE

05_Claas Meineke, Geschäftsbereichsleiter Marketing/Vertrieb, Edeka Zentrale AG & Co. KG

12_Karl-Heinz Bonny, Berater, Landwirtschaftsverlag GmbH (ehem. Hauptgeschäftsführer)

13_Uwe Hellmann, Leiter Brand-Management, Commerzbank AG

20_Stefan Keuchel, Pressesprecher Google Germany GmbH

22_Claudia Pohlink, Senior Communication Manager, Telekom Innovation Laboratories

VERTRETER AGENTUREN

03_Peter Brawand, Geschäftsführer BrawandRieken Werbeagentur GmbH

06_Axel Thomsen, Geschäftsführer plan.net campaign erste gmbh & co. kg

08_Stefan Wübbe, Geschäftsführer Kreation Kolle Rebbe GmbH

10_Guido Heffels, Geschäftsführer HEIMAT Werbeagentur GmbH

17_Armin Jochum, Vorstand thjnk ag

21_Justus Schneider, Associate Partner, kleinundpläcking group gmbh

23_Florian Grimm, Geschäftsführer Grimm Gallun Holtappels Werbeagentur GmbH & Co. KG

24_Prof. Thorsten Kraus, Creative Director Scholz & Friends Düsseldorf GmbH und Professor für digitales Kommunikationsdesign an der Hochschule Niederrhein

25_Dr. Markus Schönmann, geschäftsführender Gesellschafter der Storyboard GmbH und Lehrbeauftragter an der Ludwig-Maximilians-Universität München

Die Jury Digital widmete sich den Kategorien Online-Werbemittel, Digitale/Interaktive Anwendungen, Bewegtbildinhalte, Social-Media-Aktivitäten, Mobile Marketing, Produkt-/Servicewebseiten, Redaktionelle Inhalte und Unternehmens-/Organisations-webseiten.

VERTRETER MEDIEN

01 _ Peter Heinlein, Journalist, büro für medien und kommunikation

02 _ Bärbel Unckrich, Redakteurin Agenturen/ Horizont

04 _ Anja Rützel, freie Autorin und Miterfinderin und Reporterin des Business-Lifestyle-Magazin Business Punk

07 _ Pierre C. Meier, Chefredakteur Werbewoche (Schweiz)

11 _ Herwig Stindl, Freier Redakteur Horizont Österreich

14 _ Malte Hildebrandt, Geschäftsführer SevenOne Media GmbH

15 _ Judith Pfannenmüller, Berlin-Korrespondentin W&V

18 _ Christian Meier, Chefredakteur Meedia GmbH

26 _ Angelika Eckert, leitende Redakteurin von weave, PAGE c/o Ebner Verlag GmbH & Co. KG

HERAUSGEBER „DAS JAHR DER WERBUNG"

09 _ Prof. Peter Wippermann, Professor für Editorial-Design im Studiengang Kommunikationsdesign an der Folkwang Universität der Künste Essen

16 _ Prof. Anette Scholz, Professorin für Design digitaler Produkte an der Burg Giebichenstein Kunsthochschule Halle

19 _ Prof. Thomas Rempen, Geschäftsführer und Creative Consultant, Büro Rempen

In wechselnder Besetzung trifft sich die Wettbewerbsjury Ende November in Berlin.

Megaphon Event 2013

01

02

03

04

05

06

Bilder der Preisverleihung am 1. Februar 2013 im Radialsystem V in Berlin

01 Jin Joen, Philipp Gutmann und Daniel Miltner (Scholz & Volkmer GmbH) v. l. n. r.

02 Matthias von Bechtolsheim, Maik Richter (HEIMAT Berlin Werbeagentur GmbH)

03 Peter Brawand (BrawandRieken Werbeagentur GmbH)

04 Felix Glauner (Havas Worldwide Düsseldorf GmbH), Cornelia Dienstbach (n-tv)

05 Jörg Thadeusz (Moderator), Barbara Wiegard (MISEREOR e.V.)

06 Prof. Anette Scholz (Herausgeberin Das Jahr der Werbung), Dr. Siv Bublitz (Geschäftsführerin Ullstein Buchverlage), Jürgen Diessl (Verlagsleiter Econ Verlag)

07 Dirk und Katja Heine (Heine Warnecke Design GmbH)

08 Dr. Michael Trautmann (thjnk AG), Jürgen Diessl (Verlagsleiter Econ Verlag)

09 Willi Schalk, Peter Strahlendorf, Prof. Helmut Thoma (ehemalige Herausgeber Jahrbuch der Werbung)

10 Uwe Hellmann (Commerzbank AG, Juror Das Jahr der Werbung)

11 Mark-Marcel Müller (Leo Burnett GmbH)

Fotos: Thomas Rosenthal

EVENT

01 Oliver Voss (Oliver Voss Werbeagentur GmbH), Prof. Thomas Rempen (Herausgeber Das Jahr der Werbung)

02 Gruppenfoto aller Preisträger

03 Ute Sonntag (Ogilvy & Mather Werbeagentur GmbH)

04 Gäste während der After-Award-Party

05 Frank Hose, Florian Hoffmann (beide HEIMAT Werbeagentur GmbH), Alexsandra Villegas, Birgit Schönlein (beide adidas AG), Ramin Schmiedekampf (HEIMAT Werbeagentur GmbH)

06 Dr. Michael Trautmann (Mitte) zusammen mit Stefan Schmidt (l.) und Kurt Georg Dieckert (r.; beide dieckertschmidt GmbH)

07 Harald Jäger, Martin Breuer, Felix Glauner (Havas Worldwide Düsseldorf GmbH) v. l. n. r.

08 Prof. Anette Scholz, Prof. Peter Wippermann (Herausgeber Das Jahr der Werbung)

09 K.K. Club Band

10 Johannes Heldrich, Ralf Reinsberg, Mark Hassan (HEIMAT Werbeagentur GmbH), Janina Vogel, Marc Weegen (Bundesverband der Deutschen Volksbanken und Raiffeisenbanken e.V.) v. l. n. r.

11 Peter Strauss, Larissa Kleemann, Christian von Dewall, Ute Sonntag (Ogilvy & Mather Werbeagentur GmbH) v. l. n. r.

12 Das Team von Oliver Voss Werbeagentur GmbH

13 Jeannine Halene und Jennifer Braun von Fan Factory

14 Das Team von der act & react Werbeagentur GmbH

Fotos: Thomas Rosenthal

05

06

07

08

09

10

11

12

13

14

2013

Die Werbe- welt gehört denen, die neu denken

OLIVER VOSS WIRD MIT SEINER GLEICHNAMIGEN AGENTUR UND FRISCHEN, NEUEN IDEEN FÜR SEINE KUNDEN DIE NEWCOMER-AGENTUR DES JAHRES 2012

Bild von links nach rechts/angefangen mit der oberen Reihe: Jan Grastorf, Becky von Xylander, Oliver Voss, Till Monshausen, Fabian Frese, Christina Haas, Victoria Walter, Saskia Winter, Christian Huck / FOTO _ ROMAN RAACKE

> **„Ob ich sein Mentor war, muss Oliver beantworten. Zumindest habe ich ihn eine lange, wichtige Strecke seiner Laufbahn begleitet und er mich.“**
>
> Jean-Remy von Matt

Imposante 190 Zentimeter groß und standhaft mit um die 90 Kilogramm, ein offen prüfender Blick aus vertrauenerweckenden braunen, sanften Augen; eine Stimme, die zum Zuhören verführt; ein vier oder fünf Tage alter Bart; langes, lockiges Haar, lässige Kleidung: Hose, Shirt, Schal, Zwiebellook-Pullis, Lederjacke. Das ist Oliver Voss. Relaxed, aufmerksam, cool, selbstbewusst.

So erleben ihn auch seine Kunden, wenn er Ideen präsentiert. Dann trägt er auch mal Anzug. Und natürlich die beiden Accessoires: Auf die schwere IWC-Uhr („Von einem Kunden, für den ich sehr gern gearbeitet habe.“) kann er eventuell verzichten, nicht aber auf das dicke Meisterstück, den Füllfederhalter von Montblanc mit der 18 Karat Goldfeder, der, jederzeit griffbereit, an der Halsöffnung des T-Shirts festgesteckt ist.

Darin steckt sein Geheimnis. Seine Gedanken fließen in und durch dieses Schreibgerät, gewinnen dadurch erst ihre kreative Kraft. Er denkt, wenn er schreibt, und schreibt, wenn er denkt.

LANGE LEHRJAHRE UND ER IST DRAN GEBLIEBEN

Oliver Voss ist Werber, und das seit mehr als einem Vierteljahrhundert. Es waren lange Lehrjahre, wie er sagt, die 1986 nach abgebrochenem Jurastudium als Lokaljournalist in Köln begannen. Allerdings wenig vielversprechend. „Ich bin zweimal gefeuert worden“, erinnert sich der 46-Jährige belustigt.

Doch er ist dran geblieben. Er hat Anzeigen in Aktenordnern gesammelt und analysiert, geradezu verschlungen. Er hat Werbung, das Machen von Werbung, studiert, in sich aufgesogen. Er hat, und tut es bis heute, Werbung in jeder Form und Farbe konsumiert, und er ist, wie nur wenige Kollegen aus der Branche, sogar ins Ausland gegangen, um noch mehr zu lernen.

„Lehrjahre, eigentlich bis heute“, sagt er und meint das nicht etwa in aufgesetzter Bescheidenheit. Dabei ist er längst selbst Meister, hat ungezählte Kreativpreise gewonnen und mit etlichen Arbeiten Werbegeschichte geschrieben. Von ihm Erdachtes hat sich über die Werbung hinaus sogar im deutschen Sprachschatz etabliert. Man denke an „3...2...1... meins!“, jahrelang der Claim des Online-Auktionshauses ebay, oder an „Du bist Deutschland“, die Social-Marketing-Kampagne, die nach einer Idee des Bertelsmann-Vorsitzenden Günther Thielen im Vorfeld der Austragung der Fußball-WM in Deutschland zur „Initialzündung einer Bewegung für mehr Zuversicht und Eigeninitiative in Deutschland“ wurde.

Wenn Voss von Lehrjahren spricht, dann wird Respekt hörbar, Achtung vor allen Beispielen wirklich gelungener Kommunikation, vor Ideen, die Menschen wirklich erreichen, tief drinnen, im Bauch. Denn das ist es, worum es für ihn bei Werbung geht. Und vielleicht ist es vor allem das, was ihn von anderen, die in der Werbung arbeiten, unterscheidet.

Ja, Meister ist er jetzt schon ein paar Jahre, galt lange als Vorzeigewerber der besten deutschen Agentur. Doch dann stieg er aus, wollte etwas anderes machen – was, das stand damals noch gar nicht fest.

Er kam zurück. Gründete still vor drei Jahren seine eigene Agentur und ist jetzt, zum dritten Geburtstag des Unternehmens, erfolgreich aus eigener, unbändiger Kraft. Platz 20 im Kreativranking deutscher Agen-

Für Sixt erschienen Print- und Flughafen-Kampagnen, genau in dem Stil, den Voss bei JvM über Jahre mitgeprägt hat. Über die Anzeigen berichtete auch die Presse – das war PR und kostenlose Mediapower, über die sich ein Kunde wie Sixt ganz besonders freut.

> **„Ich kenne niemanden, der Intellektualität und Bauchgefühl so auf den Punkt zusammenbringen kann wie Oliver Voss.“**
>
> Dr. Ulf Poschardt, Chefredaktion DIE WELT und WELT am SONNTAG

turen des *Manager Magazins* und Platz sechs beim ADC Festival 2012 sprechen eine deutliche Sprache.

„Newcomer des Jahres“, befand deshalb die Jury vom Jahr der Werbung und blieb nicht allein mit ihrer Wertschätzung. Auch der deutsche Art Directors Club kürte die Oliver Voss GmbH zur Rookie(Frischling)-Agentur des Jahres.

Klingt komisch, nicht wahr? Newcomer, Frischling? Nach so vielen Jahren in der Werbung!

FÜR DEN SPASS AN DER ARBEIT

Aber es ist sein Anspruch. Und er lebt ihn. „Neu sein“ heißt für Oliver Voss Werbung auf eine neue Art zu machen, auf seine Art – und Spaß daran zu haben. „Nur wenn Spaß dabei ist, wird es richtig gut“, hat Alex Bogusky mal gesagt, der legendäre Kreativ-Kopf der Kultagentur Crispin Porter + Bogusky, mit dem Voss mehr verbindet als der Kunde MINI. Bogusky launchte das Auto in den USA, Voss im Rest der Welt.

Und für den Spaß an der Arbeit wurde am 10. Februar 2010 die Oliver Voss GmbH gegründet. Eingetragen im Hamburger Handelsregister unter der Nummer HRB 112660. Als Gegenstand der Geschäftstätigkeit ist beschrieben: das Betreiben einer Werbeagentur sowie Publikationen aller Art im Bereich Journalismus, Kommunikations- und Medienarbeit, Produktion von Fotos/Filmen/Videos/Dokumentationen und Musik sowie Beratung auf dem Gebiet Kultur, Bildung, Wissenschaft, Wirtschaft und Unterhaltung sowie alle damit im Zusammenhang stehenden Tätigkeiten. Damit lässt sich Voss alle Türen offen und ist wieder da, er mischt wieder mit in Sachen Werbung.

Mitverantwortlich dafür ist sein Vater, ein Buchhändler. Im Elternhaus in Köln, geprägt von der Harmonie stiftenden Mutter und dem beharrlichen Vater war dem Einzelkind Oliver die Liebe zur Sprache nahegebracht worden. Bis heute interessieren Voss Geschichten, interessiert ihn, was Sprache vermag, wie sie trifft, provoziert, emotionalisiert oder vermittelt.

Selbst bei den schlichten Anfängen in den Agenturen in Köln, wo Werbung gemacht wurde für Siemens, eine Kölsch-Brauerei, den *Stadt-Anzeiger* sowie ein „famoses Zartgemüse aus der Dose“, erlebte Voss prägende Begegnungen mit Werbern wie Dieter Rahmel oder Robert Pütz, die er noch heute zu seinen Mentoren zählt. Das Glück, auf wegweisende Begleiter zu stoßen, brauche man im Leben, davon ist Voss überzeugt. Er zählt auch und vor allem den Ausnahmewerber Jean-Remy von Matt dazu. Der ist bescheiden: „Ob ich sein Mentor war, muss Oliver beantworten. Zumindest habe ich ihn eine lange, wichtige Strecke seiner Laufbahn begleitet und er mich.“

Für manch anderen wäre wohl nach den wenig ermutigenden Erfahrungen in Köln Endstation gewesen, doch Oliver Voss wollte mehr. Was lag da näher, als nach New York zu gehen, ins Mekka der Werbung, an die legendäre Madison Avenue. Dort hatte Donny Deutsch, der spätere „Mr. TV Spot“ der amerikanischen Werbeszene gerade die Agentur seines Vaters übernommen und schickte sich 1992 an, dem Präsidentschaftskandidaten Bill Clinton beim Wahlkampf zu helfen.

WERBUNG FÜR DEN MÄCHTIGSTEN MANN DER WELT

Was für ein gigantischer Sprung im Leben des nun gerade einmal 25 Jahre alten Oliver Voss, von ein bisschen Reklame rund um Kölner Kirchtürme zur Werbung für den später mächtigsten Mann der Welt. Ganz zu schweigen vom Wechsel aus der Nachbarschaft der allenfalls zu Karneval in Wallung geratenden Kölner Bevölkerung in das niemals schlafende, immer quirlige Manhattan. Doch alles, was danach kam, dürfte noch größere Auswirkungen gehabt haben.

Denn 1994 ging es zu Jung von Matt, einer ganz jungen, aufstrebenden Agentur in Hamburg. 20 Kollegen auf 120 Quadratmetern. Arbeit für die Kunden *BILD* und Sixt, und das rund um die Uhr. Der Juniortexter Voss machte alles, was anlag. Und gewann Einsichten, wie sich Jean-Remy von Matt erinnert: „Als junger Texter bekam Oliver eines Tages ein Souterrain-Zimmer und war sehr enttäuscht darüber. Er meinte, es sei uninspirierend, von unten auf die Straße zu schauen. Um ihn vom Gegenteil zu überzeugen, ließen wir ein Straßenmädchen vom nahen Kiez eine halbe Stunde lang im superknappen Mini vor seinem Fenster hin und her spazieren.“

Nach zwei Jahren zog es Voss nach Amsterdam. Dort wurde er engagiert vom Europa-Ableger der kreativen US-amerikanischen Kultagentur Wieden + Kennedy. Sie war gerade erst eröffnet worden, weil die Agentur ihrem wichtigen Kunden Nike gefolgt war, der seine Sportartikel von Amsterdam aus in Europa vertreiben wollte. Nun machte Voss also Werbung für Nike, einen Kunden, für den er heute noch arbeitet.

NEW YORK, AMSTERDAM, HAMBURG

Doch er wollte wieder zurück nach Deutschland, wollte sich wieder in seiner Muttersprache ausdrücken. Die beiden Karrierestationen New York und Amsterdam gaben seinem Curriculum eine beneidenswerte Einzigartigkeit, denn Voss stach damit absolut aus der Masse der deutschen Werber hervor. Bis heute gibt es nur Wenige im deutschen Werbezirkus, die internationale Erfahrung mitbringen und mehr drauf haben als braves Schulenglisch. So landete Voss erneut bei der Vorzeigeagentur Jung von Matt. Anderes kam nicht infrage, denn die Agentur gehörte inzwischen zu den Top drei der kreativsten Werbeunternehmen Deutschlands und ist heute noch die Nummer eins. Und hier waren die beiden Männer, denen er nach eigenem Urteil am meisten verdankt: die Gründer Holger Jung und Jean-Remy von Matt. Zwölf Jahre sollte er bleiben. „Ich habe mich in dieser Zeit als Kreativer erschaffen“, resümiert er heute und ist dankbar für die vielen Möglichkeiten, die ihm die Agenturgründer geboten haben. Nicht zuletzt hat Voss in dieser Zeit Werbegeschichte geschrieben.

AUF DEM WEG AN DIE SPITZE

Schnell hatte sich Voss damals in der Agentur profiliert, 1998 wurde er geschäftsführender Gesellschafter und kreativer Kopf der Agenturfiliale in München, JvM/Isar.

Die Arbeit für den Kunden WELT am SONNTAG war für Oliver Voss der Start in die Selbstständigkeit.

Die Aktion „Die Badende" in der Hamburger Alster, gesponsert von der Kosmetikmarke Soap & Glory, brachte der Oliver Voss Werbeagentur schon 2011 internationale Aufmerksamkeit.

In diese Zeit fielen zahlreiche Sixt-Anzeigen mit Anleihen an die Tagespolitik. 1999 führte Voss erstmals selbst Regie bei einem TV-Spot für den Kunden Apollo Optik. Die Low-Budget-Produktion ohne Externe, mit geliehenem Equipment und Darstellern, die unter Mitarbeitern und Angehörigen rekrutiert wurden, brachte der Münchner Agentur den ersten Effie ein, da sie für Absatzsteigerungen bis zu 35 Prozent sorgte.

In München lernte Voss auch den Journalisten Ulf Poschardt kennen, der damals Chefredakteur des kultigen Magazins der *Süddeutschen Zeitung* war. Für Poschardt ist Voss eine Ausnahmeerscheinung. „Ich kenne niemanden, der Intellektualität und Bauchgefühl so auf den Punkt zusammenbringen kann wie Oliver", sagt er.

Und noch eine Münchner Bekanntschaft sollte Voss künftig auf seinem Lebensweg eng begleiten: Niklas Frings-Rupp, damals Etat-Direktor bei der Agentur Springer & Jacoby. Gemeinsam gründeten die beiden drei Jahre später in Hamburg den Europa-Ableger der berühmten Werberschmiede Miami Ad School.

„Er hat die Übersicht, ist wie ein Hubschrauber und der beste Teamplayer, den ich kenne, und er bewahrt im größten Chaos die größte Ruhe."

Niklas Frings-Rupp, Miami Ad School Europe

Denn der Ausflug an die Isar war für Voss im Jahr 2001 schon Geschichte. Die Agentur holte ihn zurück nach Hamburg, weil er die großen Marken von dort aus besser betreuen konnte, als aus dem kleinen Münchner Büro heraus, wie er sich erinnert. Er übernahm die kreative Geschäftsführung von JvM/Alster und wurde Partner. Die Alster war die Keimzelle der Agentur, die bis dahin von den Gründern selbst geleitet worden war. Die beiden kümmerten sich künftig verstärkt um die Geschicke der Gesamtagentur. Und Voss verantwortete für 23 Länder die Launchkampagne „Is it love?" für den MINI. Es war das erste Mal, dass einer deutschen Agentur so ein internationaler Aufschlag für eine Automarke gelang.

KREATIVE SPIELWIESE

Voss hatte mittlerweile mit olivervoss.com seine eigene Website, die er jährlich erneuerte und die heute als Internetpräsenz seiner eigenen Agentur fungiert. Damals war sie gedacht als kreative Spielwiese – für Kurz- und Doku-Filme über Highlights der Branche und ihre kreativen Persönlichkeiten.

Voss war nun richtig angekommen in der deutschen Werbeszene. Er war aufgenommen worden in den Eliteverein der deutschen Kreativen, in den Art Directors Club Deutschland. Er war Jury-Mitglied bei Kreativwettbewerben und außerdem organisierte er für Pippa und Ron Seichrist, die beiden Gründer der Miami Ad School in Amerika, den Praktikantenaustausch, brachte deren Schüler in deutschen Agenturen unter.

Mit der Agentur JvM/Alster feierte Voss Erfolge in Serie. Nach der MINI-Kampagne war es der schon erwähnte ebay-Erfolg, Arbeiten für die Sparkassen oder für BMW, für die *BILD*-Zeitung, für Sixt, den Reisekonzern TUI, den TV-Sender DMAX, die Uhrenmarke IWC und ungezählte weitere. Jean-Remy von Matt schätzt Voss sehr. „Er hat nicht nur selber sehr gute Ideen, sondern kann auch Bälle aufnehmen und verwandeln, die man ihm zuspielt."

Zudem hat Voss noch die Zeit gefunden im Jahr 2003 zusammen mit Niklas Frings-Rupp die Miami Ad School in Hamburg zu gründen. Ein mit Jean-Remy von Matt vereinbarter Doppeljob, dem sich Voss vor allem in der Eigenschaft des Schulpräsidenten und „Außenministers" widmete. „Er hat die Übersicht, ist wie ein Hubschrauber und der beste Teamplayer, den ich kenne, und er bewahrt im größten Chaos die größte Ruhe", sagt Frings-Rupp, der sich als Managing Director vorwiegend um die internen Belange der Schule kümmert, die sich mit großem Erfolg etablierte und bald schon einen Ableger in Berlin bekam.

„UNTER IHM ENTSTANDEN EINIGE UNSERER ERFOLGREICHSTEN KAMPAGNEN"

Eine Hoch-Zeit für Voss. Die große Kampagne „Du bist Deutschland", mit dem von ihm gefundenen Motto brachte ihn nun nicht mehr nur auf die Seiten der Branchen-Zeitschriften, sondern auch vieler Publikumsmedien. Voss und die Werbung, die er machte, waren nationales Gespräch. „Unter ihm entstanden einige unserer erfolgreichsten Kampagnen", erinnert sich Jean-Remy von Matt.

Voss gewann mit seinem Team bei Jung von Matt 10 Effies, 4 davon in Gold. Das schätzen die Auftraggeber an ihm: Er weiß, wie man Kreativität in unternehmerischen Erfolg verwandelt.

Voss war mittlerweile auch Jury-Mitglied bei den großen Festivals der Welt, drehte für seine Website Filme, in denen er internationale Kollegen zu Wort kommen ließ. Im Jahre 2007 wurde Oliver Voss in den Vorstand bei Jung von Matt berufen – zuständig für das kreative Produkt des ganzen Networks. Die Agentur stand damals auf Platz 4 im Kreativranking, nach einem Jahr mit Voss im Vorstand war JvM zurück auf Platz 1.

Das Rad, das Voss drehte, wurde immer größer, immer schneller. Mit bewusster Entschleunigung begegnete er den Anforderungen seiner 70 Stunden-Wochen, indem er die täglichen Wege von zuhause in die Agentur und zurück lief, er verordnete sich Auszeiten fürs Handy und verweigerte sich dem oberflächlichen Konsum – gerade auch dem Fernsehen. Er zog sich stundenlang zurück und sah Filme und amerikanische Serien und las nur das Beste – weil „das ja alles irgendwann wieder rauskommt". Jean-Remy von Matt: „Die Schwäche für Literatur und Film ist die einzige mir bekannte Schwäche von Oliver".

Und dann stieg Voss aus. Jean-Remy von Matt hat das lebhaft bedauert: „Er ist ein Vorbild für viele kreative Talente und hat unsere Kultur stark mitgeprägt. Er ist einer der Top-Kreativen in unserem Land – und was er anpackt, wird ein Erfolg."

War Voss jetzt durch mit dem Thema Werbung? Der begeisterte Cineast konnte sich vorstellen, nach einer Pause Filme zu drehen, vielleicht nur noch für seine Miami Ad School, vielleicht weltweit tätig zu sein. Andererseits meldeten sich andere Agenturen, warfen Lassos nach ihm aus. Doch erst einmal war ein Sabbatical angesagt. Reisen, abhängen, sich sortieren.

Für Nike erdachten die Kreativen der Oliver Voss Werbeagentur eine Kampagne, die dem Frauenfußball ein neues Gesicht gab.

DAS ERGEBNIS, DAS IN DER AUSZEIT REIFTE

Ein Jahr Auszeit gönnte sich Voss. Und mit der Zeit kamen die Fragen – und dann die Ideen.

Was ist mit den Erfahrungen, den Fähigkeiten, die man erworben hat in einem Vierteljahrhundert Beruf? Was ist mit all der Kraft, die es gekostet hat, ein international renommierter Kreativer zu werden? Ist es nicht spannend und erfüllend, den Schülern der Miami Ad School dabei zu helfen, ihren Weg zu finden? Was spricht dagegen, all das Wissen einzusetzen, das man gesammelt hat in all den Jahren in der Werbung?

Ja schon, aber anders müsste es sein, nicht *more of the same*. Wenn, dann ein eigener, neuer Weg – das war das Ergebnis, das in der Auszeit reifte.

Und diesen Weg geht Oliver Voss heute: Wichtig ist ihm, dass es kein Trampelpfad ist und anders als das, was Jung von Matt ihm bieten konnte. In der gerade einmal drei Jahre jungen Agentur herrscht Aufbruchstimmung. Es ist die Suche nach neuen, unkonventionellen Lösungen und die Kraft eines jungen, starken Teams. Lächelnd zitiert Voss den Apple-Gründer Steve Jobs: „The heaviness of being successful was replaced by the lightness of being a beginner again."

Wenn es bisher nur die neuen Ideen für erfolgreiche Kampagnen waren, die seinen Ruf als internationaler Top-Kreativer geformt haben, dann sind es heute auch die Ideen zu der Art wie eine Firma aufgestellt ist, die seinen Erfolg ausmachen.

„Die Verwissenschaftlichung der Werbung in den letzten Jahren hat zu ihrer Verlangweilung geführt", sagt Voss. „Das zeigt sich bei den Präsentationen: Oft sind es 100 Seiten Powerpoint-Charts und dann drei Charts mit Ideen. Das ist für viele Kunden ein unbefriedigendes Verhältnis – zumal die meisten sehr gut darüber Bescheid wissen, wo ihre Marke steht und dazu keine Vorträge hören wollen. Wir zeigen lieber viele Ideen zur Lösung eines Problems und wählen dann mit unseren Kunden aus und arbeiten gemeinsam weiter – und das zahlt sich für alle aus."

Und es ist nicht das Einzige, was anders läuft: „Wir haben von Anfang an viel direkter mit unseren Auftraggebern zusammengearbeitet", fährt Voss fort. „Es gibt nicht die langen Schleifen durch die Beratung, bei denen viele Informationen und wertvolle Zwischentöne verlorengehen. Unsere Kreativen sprechen selbst mit den Kunden – was die Arbeit viel freudvoller und effektiver macht und zu besseren Ergebnissen führt."

NEUSTART MIT WELT AM SONNTAG

Mit dieser Freude machenden Leichtigkeit ist Voss gestartet – mit seinem ersten Kunden *WELT am SONNTAG*. Das war schon gleich eine etwas andere Werbung. „Ein besonderer Tag verdient eine besondere Zeitung", so hieß der Claim, der aus der Feder des Meisterstücks geflossen war. Denn es ist dieser Füllhalter, mit dem Voss seine Gedanken zu Papier bringt. Voss und seine Arbeit sind ohne die weich geschwungene Schrift in Königsblau nicht zu denken. So hat er auch seine Website geschrieben, klar und schnörkellos, mit der Hand.

Gab es für diese erste Arbeit schon den LeadAward und einen ADC Nagel, sollte der nächste Clou aus dem Hause Voss weltweit für Aufsehen sorgen. Schwer zu sagen, wie er es hingekriegt hat, aber er verkaufte den Behörden der Stadt Hamburg ein temporäres Kunstwerk. Auf dem Heiligtum der Stadt, der Binnenalster, wurde eine zehn Meter lange Skulptur, „die Badende", installiert, gesponsert von der Kosmetikmarke Soap & Glory. Fotos dieser im Wasser schwimmenden Marilyn Monroe gingen um den Globus, die Aktion wurde prompt und vielfach als B2B-Maßnahme prämiiert. „Eine Idee", so Voss, „mit der die Agentur der Stadt Hamburg, Soap & Glory und sich selbst ein Denkmal setzte, das weit über unsere Branche hinaus Bekanntheit erlangt hat."

Damit und mit den nun folgenden Arbeiten wurde Oliver Voss als Agentur weithin sichtbar. Für Sixt

An der Kampagne für das Magazin Rolling Stone (s. a. S. 339 ff.) arbeiteten vier Illustratoren ein ganzes Jahr – und wurden dafür mit Preisen vom ADC über den LeadAward bis zum Jahr der Werbung belohnt.

Die sehr bunte und vielkanalige Kampagne für DIE WELT (s. a. S. 82 ff.). Damit wurde Oliver Voss zur Agentur bei Axel Springer rund um die Marken DIE WELT und WELT am SONNTAG.

„Oliver Voss war schon bei Jung von Matt gut. Seit er alleine ist, ist er noch besser."

Dr. Mathias Döpfner, Vorstandsvorsitzender von Axel Springer

erschienen erste Print- und Flughafen-Kampagnen, genau in dem Stil, den Voss bei JvM über Jahre mitgeprägt hat. Über die Anzeigen berichtete auch die Presse – das war PR und kostenlose Mediapower, über die sich ein Kunde wie Sixt ganz besonders freut.

Für Nike erdachten die Kreativen der Agentur eine Kampagne mit der Frauenfußballspielerin Lira Bajramaj: Diese schuf eine Community rund um die Sportlerin und wurde dafür mit dem Publikumspreis beim Spotlight-Festival ausgezeichnet und bei „DIE KLAPPE" zu einem der 10 besten Werbespots im Jahr 2012 gekürt.

An der dann folgenden Kampagne für das Magazin *Rolling Stone* (s. a. S. 339 ff.) arbeiteten vier Illustratoren ein ganzes Jahr – und wurden dafür mit Preisen vom ADC über den LeadAward bis zum Jahr der Werbung belohnt (s. a. S. 82 ff.).

Zuletzt die sehr bunte und vielkanalige Kampagne für *DIE WELT* (s. a. S. 82 ff.). Mathias Döpfner, Vorstandsvorsitzender von Axel Springer sagt darüber: „Die *WELT*-Kampagne ist genauso frech, innovativ und mit ästhetischen Widerhaken ausgestattet, wie gute Werbung das sein sollte." Und er fügt hinzu: „Oliver Voss war schon bei Jung von Matt gut. Seit er alleine ist, ist er noch besser." Und so wurde Voss' Mannschaft zur Agentur bei Axel Springer rund um die Marken *DIE WELT* und *WELT am SONNTAG*.

Es sind Kampagnen, die in ihrer Unterschiedlichkeit eines verbindet: Sie sind neu, sie fallen auf und wirken. „Wir greifen nicht auf Muster zurück", sagt Voss, „sondern widmen uns jeder Aufgabe neu und fragen uns, was diesmal die richtige und schlaueste Lösung wäre, die Erfolg bringt, gut in unsere Zeit passt und zudem so ikonografisch ist, dass sie auch nach langer Zeit noch Gültigkeit hat und eine Kampagne über Jahre trägt."

DIESE AGENTUR IST BEREITS ALS NEWCOMER EINE GRÖSSE IM MARKT

Inzwischen ist Oliver Voss mehr als Oliver Voss: Da ist Till Monshausen, seit dem Start dabei und zweiter Creative Director der Agentur. Da ist Christina Haas, die Voss aus seinen ersten Jahren bei Jung von Matt kennt, im Kontakt. Da sind Victoria, Jan und Christian im Atelier, da ist Becky von Xylander, die sich um die Zahlen kümmert, und Saskia Winter, die einspringt, wenn strategische Aufgaben für die Kunden zu lösen sind. Und da ist Fabian Frese, auch ein alter Weggefährte, den Voss einst zu JvM holte, der dort zum Geschäftsführer aufstieg, dann ausstieg und der jetzt bei Oliver Voss an ausgewählten Kreativprojekten und medienübergreifenden Ideen mitarbeitet.

Die Agentur sitzt im angesagten Hamburger Szene- und Kreativen-Viertel, der Schanze. Doch trotz der wachsenden Agentur trifft man Voss auch noch in der Miami Ad School in Hamburg und Berlin, die er auch weiterhin gemeinsam mit Niklas Frings-Rupp leitet und die ihm mit ihren Studenten aus über 30 Nationen eine „wichtige Inspirationsquelle" ist. Dort, wo täglich hunderte Ideen von den Schülern, der nächsten Generation von Werbern, ausgebrütet werden, entsteht auch manche Idee für die Kunden der Agentur.

Man freut sich mit dem Team von Oliver Voss über all den Input und ist gespannt auf den Output und die erfrischenden Ideen und neuen Kampagnen, mit denen diese Agentur die Werbewelt immer wieder überraschen wird.

„Und manchmal ist der Kuchen aus Wurst“

DIE AGENTUR DES JAHRES 2012: HEIMAT BERLIN

AUTORIN _ ANJA RÜTZEL / FOTOS _ THOMAS ROSENTHAL

„Wir verschwenden relativ wenig Zeit und Geld für Showbusiness. Hier spielt niemand Werbeagentur und niemand spielt Chef. Ich mag diese Onanie nicht.“

Guido Heffels, Geschäftsführer HEIMAT Berlin

Die ADC-Nägel stecken am Empfang in einem Stiftebecher, als wären sie billige Werbekugelschreiber. Keine tischtennisplattengroßen Flachbildschirme mit aufwendigen Videoprojektionen, keine weimaranerfarbenen Ledersessel. Als einziges Glamourelement hängt irgendwo ein goldener Motorradhelm im Dachgebälk: Der Originalhelm von Ron Hammer, tollkühnem Werbeheld aus den Spots für den Vorzeigekunden Hornbach. „Wir verschwenden relativ wenig Zeit und Geld für Showbusiness“, sagt HEIMAT-Kreativchef Guido Heffels. „Hier spielt niemand Werbeagentur und niemand spielt Chef. Ich mag diese Onanie nicht.“

Und all die Preise, die seine Agentur im vergangenen Jahr gewonnen hat? Der Nagelregen beim ADC-Festival, der Euro-Effie? All die Treppchenplätze bei den diversen Kreativrankings? „Ach, naja“, sagt Heffels. Natürlich sei so was toll für jeden Mitarbeiter, der an solchen ausgezeichneten Arbeiten beteiligt ist. „Am wichtigsten aber ist es doch, dass man selbst von seiner Arbeit überzeugt ist.“

Und auch nicht völlig unangenehm, wenn andere es ebenfalls sind. Im vergangenen Jahr gewann HEIMAT Berlin den Etat des Supermarktriesen REWE – fortan liegen sämtliche Kommunikationsmaßnahmen von der integrierten Markenkommunikation über die Printwerbung bis zur Point-of-Sale-Gestaltung in den Händen der Berliner Agentur. Die neuesten Zugänge im Kundenportfolio: Der Versandhandelselefant OTTO, für den HEIMAT die Frühlingskampagne verantwortet, und der *Stern*: Zum Relaunch des G+J-Titels wurde HEIMAT die neue Leadagentur.

„Die Wahrnehmung der Agentur ist heute eine ganz andere als noch vor ein paar Jahren“, sagt Guido Heffels. „Da wurden wir von vielen noch so ein bisschen belächelt. Irgendwann haben die Leute gemerkt, dass unser Weg vielleicht doch ein wahnsinnig effektiver Weg ist.“

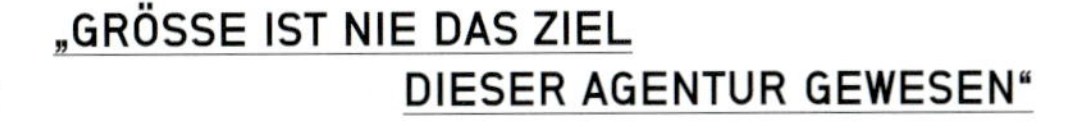

„GRÖSSE IST NIE DAS ZIEL DIESER AGENTUR GEWESEN“

Was HEIMAT Berlin anders macht als die etablierten Stammspieler der Branche? Vergleichen will Heffels seine Agentur nicht mit den Großen: „Das kann nur frustrieren. Größe ist nie das Ziel dieser Agentur gewesen, es geht bei uns schon immer um das persönliche Seelenheil.“ Drei Adjektive fungieren für ihn dabei als Schlüsselwörter: „Schlau, unerwartet und berührend.“

„Wir gehören uns selbst, das ist Luxus und Verantwortung. Luxus, weil wir nicht monatlich Geldsäcke nach New York verschiffen müssen. Und jedes Recht haben, mit der Agentur zu experimentieren.“

Guido Heffels, Geschäftsführer HEIMAT Berlin

Noch ein entscheidender Unterschied, der die fünf HEIMAT-Gesellschafter von ihren größeren Konkurrenten trennt: „Wir gehören uns selbst, das ist Luxus und Verantwortung. Luxus, weil wir nicht monatlich Geldsäcke nach New York verschiffen müssen. Und jedes Recht haben, mit der Agentur zu experimentieren", sagt Heffels. Mit Teamkonstellationen zum Beispiel und der Frage, ob das klassische Texter-Art-Direktoren-Modell noch in die Zeit passt.

„Natürlich nicht", sagt Heffels. Von festen Zuschreibungen und Strukturen hält er nichts, seine Units sollen flexibel und geschmeidig bleiben. So gebe es bei HEIMAT zum Beispiel keine Digitalabteilung, denn: „Eine Idee ist nie digital, sie ist inhaltlich."

EINE TÜTE MILCH UND EIN KUCHEN AUS WURST

Wie muss ein Kunde sein, der HEIMAT als Agentur will? „Er muss HEIMAT als Agentur wollen", sagt Heffels. „Das heißt auch: damit klarkommen, dass wir das Kundengeschäft manchmal ernster nehmen als der Kunde." Dann lässt HEIMAT vielleicht Twitterbäume wachsen, obwohl der Kunde nur eine simple Printkampagne bestellt hatte. So erging es der Turner Broadcasting System Deutschland GmbH, die anlässlich der UN-Klimakonferenz COP 17 in Durban Anzeigen von HEIMAT gestalten lassen wollte – sie bekam „CNN Ecosphere", eine faszinierende Echtzeit-Visualisierung von Datenströmen (s. a. S. 114 ff.). Aus allen Tweets, die mit dem Hashtag #COP17 versehen waren, wuchs so ein nach Schlagwörtern gruppierter digitaler Twitterwald – je lebhafter die weltweite Online-Diskussion zu einem Thema, desto weiter spannte der entsprechende Baum seine Äste und Zweige. Dafür gewann HEIMAT Berlin beim ADC Festival 2012 den Grand Prix.

„Wir könnten alle früher nach Hause gehen, wenn wir da einfach nur eine Anzeige machen würden, wie es der Kunde ursprünglich wollte", sagt Heffels. „Wer uns als Kunde will, muss sich auf das Spiel einlassen, dass wir nicht so am Briefing kleben. Eine Anzeige, das ist ein bisschen so wie nur eine Tüte Milch kaufen." Ein solides Lebensmittel, aber geschmacklich nur begrenzt aufregend: „Nee, ich möchte einen Kuchen backen und dafür brauche ich ein bisschen mehr. Und vielleicht backe ich den Kuchen auch aus Wurst."

Seit 50 Jahren begleitet der Econ Verlag mit seiner Jahrbuch-Reihe das Kommunikationsgeschehen im deutschsprachigen Raum

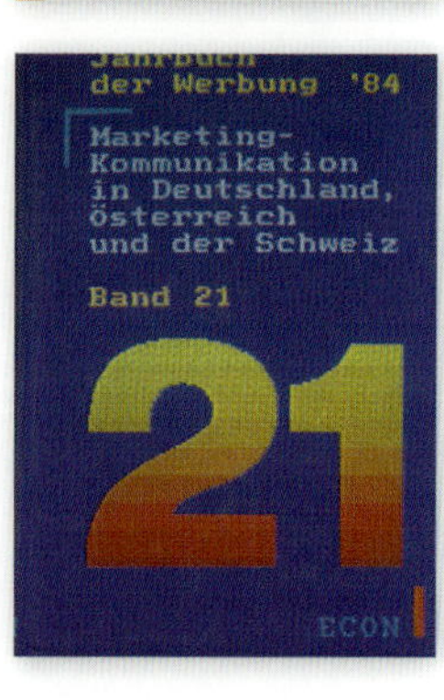

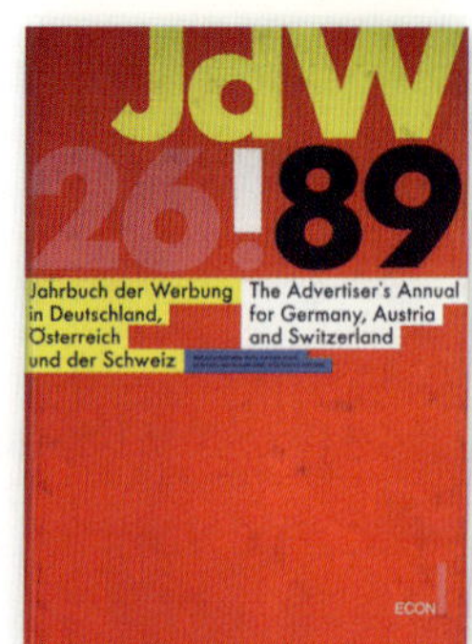

In fünf Jahrzehnten ist eine Chronik entstanden, die wie keine zweite die zurückliegenden Werbejahre dokumentiert und analysiert.

In 50 Bänden Jahrbuch kommt einiges zusammen: 31.828 Seiten zum Beispiel, die auf 15.914 Blatt Papier aneinandergereiht eine Strecke von 4.726 Metern ergeben. Im nächsten Jahr erreichen wir so locker die Gipfelhöhe des Mont Blanc (4.810 m).

In fünf Jahrzehnten geht auch so manches verloren. Der Schutzumschlag für Band 13 zum Beispiel. Es ist also kein Aberglaube, der ausgerechnet dieses Cover hat verschwinden lassen. Oder vielleicht doch?

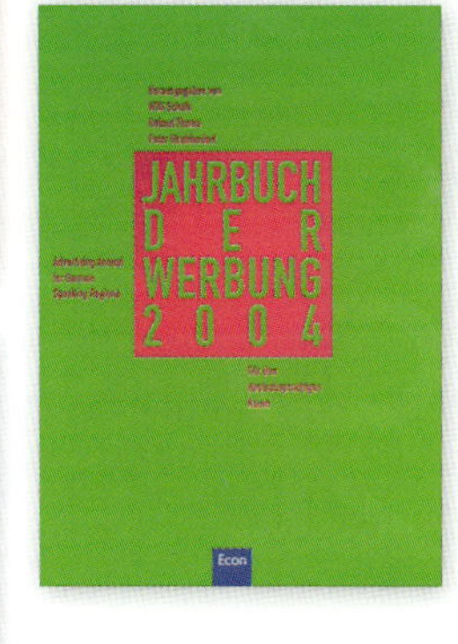

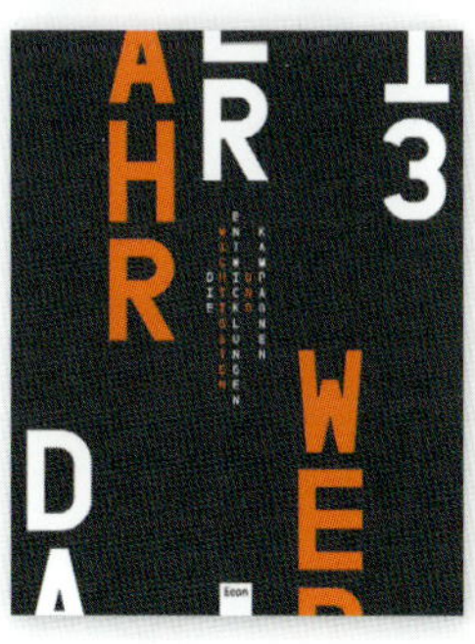

WERBE JAHR

2 201

DAS WERBEJAHR IN DEUTSCHLAND WAR GEPRÄGT VON GEBREMSTEM OPTIMISMUS, HARTER ARBEIT UND LEIDENSCHAFTLICHER DISKUSSION – UM AWARDS UND DIE FRAGE „NETWORK ODER NICHT …“

Das Werbejahr 2012 in Deutschland

In der Werbung in Deutschland arbeiten ja an und für sich sehr bescheidene Charaktere. Menschen, die nicht prahlen, den Mund nicht zu voll nehmen und gern hart und viel arbeiten. All das haben sie auch im Jahr 2012 getan. AUTOR _ PETER HEINLEIN

JANUAR – Mit Signalfarben und eingängigen Headlines wirbt der Verband Deutscher Zeitungsverleger (VDZ) für Printwerbung. Verantwortliche Agentur ist die Hirschen Group.

JANUAR – Scholz & Friends darf seine Arbeit für die Frankfurter Allgemeine Zeitung fortsetzen. Ein neues Highlight der Kampagne ist das Motiv, das Helmut Schmidt im Zigarettenqualm zeigt.

Daraus jedoch zu schließen, dass es ein geradezu spießiges, ja langweiliges Jahr gewesen wäre, ist falsch. Von Alphatier-Hahnenkämpfen war allerdings weniger zu spüren als sonst. Nur die heftige Reaktion des deutschen ADC-Sprechers Jochen Rädeker auf die Berufung seines polarisierenden Vorgängers Amir Kassaei zum Präsidenten des ADC Europa gehörte in diese Kategorie. Sie gipfelte in der Zwangsentfernung des Königsmachers Hans-Peter Albrecht aus dem ADC-Präsidium und im Rücktritt Rädekers. Auch die von Missgunst geprägten Internetkommentare zur Feststellung, dass Alexander Schill von Serviceplan Mitte des Jahres der meistausgezeichnete Kreative der Welt war, gehörten in diese Kategorie.

Auf eher fachlicher Ebene gab es dagegen jede Menge wichtigere Diskussionen, ob um Awards, Goldideen und Rankings oder um Network- versus inhabergeführte Agenturen. Gute, aufmerksamkeitsstarke Arbeiten wurden präsentiert, und trotz irgendwie anstehender, herrschender, versteckter oder noch an Wucht gewinnender Krise wurden sogar wieder optimistisch stimmende Trends in der Zusammenarbeit von Agenturen mit ihren Kunden registriert.

WAS KITZELT DIE SENSOREN?

So hat bis auf wenige Ausnahmen die Pitcheritis etwas nachgelassen, die geradezu irrwitzige Frequenz immer neuer Agenturpräsentationen und Projektausschreibungen, mit denen manche Marketingverantwortliche ihre Entscheidungsschwäche gegenüber den Vorständen abzusichern versuchen. Auch hat es – vereinzelt nur – Hinweise gegeben von Agenturchefs, dass die seit Jahren aus den gleichen Motiven verursachte Marktforschungsgläubig-, ja -hörigkeit, geringer geworden sei. Dies geht aus einer Umfrage des Chronisten unter 100 Köpfen aus Marketing und Werbung hervor. Diese ergab auch, dass viele der auf Hochleistung und Sensationen getrimmten Bio-Festplatten (vulgo Hirne) von Werbern angeblich keine großen erlebnis- oder aufregungsbedingten Ausschläge in der Szene registriert hatten. Anscheinend bedarf es mehr als eines mittelschweren Erdbebens in direkter Nachbarschaft, um die Sensoren dieser Spezies zu kitzeln.

Hier einige spezielle Antworten auf die Frage nach dem Wichtigsten im vergangenen Werbejahr: „dass der BVB wieder Meister wurde“, „dass der Som-

MÄRZ – Die neue Lufthansa-Kampagne „Nonstop you“ von Kolle Rebbe ist im Markt. Die Agentur aktiviert ihr weltweites Netzwerk mit einer Auswahl von The Network One-Mitgliedern.

MÄRZ – Jung von Matt erfindet mit technischer Raffinesse die aufmerksamkeitsstarke Aktion „Die unsichtbare F-Cell B-Klasse“ für Mercedes-Benz.

mer so beschissen war“, „dass dieser Mormone jetzt nicht den Atomkoffer hat“, „dass die Wirtschaftskrise in Europa nicht eskaliert ist“ und „der Aufstieg von Fortuna Düsseldorf“. Solche Antworten widerlegen alle, die sagen, deutsche Werber hätten doch nur Schweinebäuche oder Goldene Löwen im Kopf.

HICKHACK VON WERBEEUROS

Sie denken, und das ist ein Trend, zunehmend international. Ob Kolle Rebbe mit dem weltweiten Etat von Lufthansa (s. a. S. 68 ff.) oder Scholz & Friends mit internationalen Arbeiten für Opel, Grabarz mit Volkswagen auch für Frankreich und so weiter und so fort. Doch darüber später mehr. MÄR

Und sie denken – bei allem Klein-Klein und dem Hickhack mit Controllern um ein paar Werbeeuros – auch groß: Ihnen geht es beispielsweise um die „zwar weniger beachtete, aber erneut sensationelle Wahlkampagne zum Preis von Hunderten von Milliarden US-Dollar“; sie schauen neidisch auf diese Kampagne, bei der „alles blieb, wie es war“. Von solchen Etats und Möglichkeiten kann man hierzulande nur träumen.

Gleiches gilt für das von vielen genannte wirkungsvollste werbende Ereignis des Jahres, ja vielleicht sogar der gesamten bisherigen Zeitrechnung seit es Marken gibt: den von Red Bull („verleiht Flüüüügel“) gesponserten Sprung des Extremsportlers Felix Baumgartner aus dem Weltall. Dabei wurde mit einem Investment von weniger als 50 Millionen US-Dollar für die Vorbereitung und technische Durchführung des Sprungs ein weltweiter Mediawert von – da schwanken die Angaben – minimalen 500 Millionen und maximalen sieben Milliarden Dollar generiert. Außer den dadurch noch weiter gesteigerten Sympathiewerten für die Marke dürfte das Event auch die Verkaufszahl von jährlich ungefähr vier Milliarden Dosen in über 164 Ländern positiv beeinflusst haben.

Ist das Werbung? Nicht direkt, aber es ist kommerzielle Kommunikation, und es zahlt auf die Marke ein.

KOSTEN SPAREN MIT CAMPAIGNING

Dass Medien dabei finanziell auf der Strecke bleiben, weil sie gratis in vielfältigster Form über das Ereignis, seine Folgen und seine unzähligen Nebenaspekte berichten, ist gewollt. Auch Mediaagenturen können damit kein Geschäft machen, da sie keine Werbeplätze dafür buchen können. Das spart dem Kunden Geld und sorgt auf der anderen Seite dafür, dass Medien wegen wegbrechender Anzeigenerlöse aufgeben. Die *Frankfurter Rundschau* und die *Financial Times Deutschland* waren traurige Belege dieser Entwicklung.

„Campaigning“ nennt die deutsche Werbagentur Zum Goldenen Hirschen diesen Kostenspareffekt, den sie selbst als Leistung gern promotet. Campaigning ist „Werbung, über die man spricht“. Campaigning ist, wenn Werbemaßnahmen von den Medien aufgegriffen und kostenfrei verbreitet werden. Campaigning ist, wenn etwa politische Parteien Wahlkampfplakate präsentieren, die nie gehängt werden, weil sie politisch nicht wirklich korrekt sind. Für eine (journalistisch motivierte) Veröffentlichung, im *Spiegel* etwa, reicht es aber allemal und Aufmerksamkeit wird damit auch garantiert, ohne dass ein Cent für Anzeigenplatz ausgegeben werden muss. Werbefinanzierten Medien treten dabei die Tränen in die Augen, aber wenn die Inhalte publikumswirksam sind, nimmt man sie eben auch ohne Bezahlung mit.

Earned Media heißt der Nutzen dieser Strategie, die mittlerweile im Markt als beste Ergänzung zu Owned Media (die eigene Website beispielsweise) oder Bought Media (gekaufte Werbeplätze) gilt. Da „verdient“ man sich Medialeistung durch attraktive und gern freiwillig und gratis verbreitete „markenfreundliche“ Inhalte. Der dabei hochwillkommene Nebeneffekt: die gegenüber bezahlter Werbung ungleich höhere Glaubwürdigkeit.

APRIL – Scholz & Friends nutzt den Erfolg von Borussia-Dortmund-Trainer Jürgen Klopp und baut ihn in die FAZ-Kampagne ein.

MAI – Der Agentur HEIMAT gelingt ein weiteres Meisterstück: sie lässt den Kunden adidas zum Champions-League-Finale die Stadt München in Blau und Rot färben.

JUNI – Telekom und DDB Tribal realisieren das neuartige Mitmach-Filmprojekt „Move On". Gesicht der Kampagne ist der Schauspieler Mads Mikkelsen.

DAS SPRENGT DIE PR-KATEGORIE

Zurück noch einmal kurz zu dem Red Bull Stratos-Sprung. Werbeagenturen hatten damit nichts zu tun. Was für den Energiebrauseproduzenten zu machen ist, übernimmt die Inhouse-Kreativmannschaft. Und dennoch profitierte auch eine deutsche Werbeagentur von dem Sprung: Serviceplan vermarktet den Springer Baumgartner. Da kommt es besonders gut, wenn der den Milleniums-Bambi von Burda bekommt und Red Bull dabei im werbefreien Abendprogramm des öffentlich-rechtlichen Ersten „schleich"-werben darf.

Was bei Red Bull im fast wahrsten Sinne exorbitant funktionierte, ist mittlerweile auch in eine beim Werbefestival in Cannes anerkannte und neu eingeführte Kategorie: „Content and Entertainment" heißt sie und sprengt die bisherigen Limitationen der PR-Kategorie. „Story-Telling", die in der Werbung immer schon geübte Kunst, ist jetzt geadelt.

Kein Wunder, dass nun auch im deutschen Werbemarkt die Disziplinen PR und – im weitesten Sinne – Öffentlichkeitsarbeit und Entertainmentproduktion mit Werbung zusammenwachsen. Das Beispiel der Goldenen Hirschen hatten wir schon, aber auch klassische Werbeagenturen, wie es die Serviceplan Gruppe einst war, oder Scholz & Friends oder DDB oder, oder, oder haben mittlerweile eigene PR-Arme. Und die übernehmen bei Weitem nicht mehr nur die Kommunikation zu Agenturthemen wie „Neuer Etat", „Neuer Spot" oder „Neue Personalien", sondern kooperieren zunehmend auf Kundenetats. Im Gegenzug haben sich auch klassische PR-Agenturen wie etwa fischerAppelt eigene Werbetöchter zugelegt. Die Grenzen verschwimmen.

SYMPATHIE ALLEIN IST KEINE ALTERNATIVE

Das zeigt sich nirgends deutlicher als bei der Nutzung von Social Media für kommerzielle Interessen. Euphemistisch wird davon gesprochen, dass es nicht mehr um Zielgruppen gehe, sondern darum, Fans und Freunde für Marken zu gewinnen. Reine Schönfärberei, denn nichts anderes haben Unternehmen dabei im Sinn, als die eigenen Produkte an den Mann und die Frau zu bringen. Dabei unterliegt jedoch derjenige einem Irrtum, der glaubt, es komme bei weitgehender Ähnlichkeit von Produkten halt nur darauf an, die jeweilige Marke sympathisch zu präsentieren. Die Geschichte hat gezeigt, dass Sympathie allein keine Alternative zum besseren Produkt ist.

Dennoch ist sie wichtig. Auf Social Sites wie Facebook oder Google+ kann man zwar auch Werbebanner schalten (Bought Media). Weit besser (und effektiver?) aber ist es natürlich, wenn dort und anderswo im Netz, also nicht nur auf den Fanseiten von Unternehmen und Brands, gut und positiv über die Marke und ihre Produkte geschrieben wird. Das wird selbstverständlich nicht dem Zufall überlassen. Auch Blogs und Kommentare im Netz werden gescreent, um herauszufinden, wer was über meine Brand oder die Konkurrenz sagt. Negatives wird aufgegriffen und mit eigenen Kommentaren abgemildert. Positives verstärkt und getriggert. Kaum eine Werbeagentur kann es sich heute noch leisten, für ihre Kunden nicht ein eigenes Internetteam, eine Facebook-Redaktion vorzuhalten oder zumindest dafür mit einem Spezialanbieter – wie die Agentur Elbdudler oder unzähligen anderen – zu kooperieren.

Diese Entwicklung beginnt nun auch mehr und mehr bei den Werbetreibenden selbst zu wirken. In Unternehmen werden Silos abgebaut, um verstärkt, etwa zwischen Marketing und Vertrieb, zu kooperieren und zu kommunizieren. Somit ist die ständige Verbesserung und Verbreiterung der Zusammenarbeit zwischen einzelnen Gewerken, Abteilungen und Disziplinen sowohl auf Kunden- wie auf Agenturseite und dann auch miteinander einer der großen Trends dieser Zeit. Wie weit das gehen wird, steht in den Sternen und ebenfalls, ab welcher Größenordnung die Effizienz dabei auf der Strecke bleibt. Wenn zu einem Briefing 20 oder mehr

AUGUST – Lukas Lindemann Rosinski holen MacGyver-Ikone Richard Dean Anderson aus dem Ruhestand und lassen ihn für Mercedes-Benz werben.

AUGUST – Zalando schreit weiter vor Glück. Jung von Matt/pulse setzt die erfolgreiche Werbespot-Reihe für den Online-Versandhandelsriesen fort.

Vertreter verschiedener Abteilungen und Disziplinen anrücken, um die ideale Breite der 360-Grad-Kommunikation zu gewährleisten, ist damit die gewünschte Durchschlagskraft noch nicht erzielt.

UNWÜRDIGE PREISDEBATTEN

Auf jeden Fall wird es dadurch deutlich teurer. Und mancher Agenturchef rauft sich die Haare, weil die Kunden einerseits immer komplexere, umfangreichere Pitch-Präsentationen erwarten, dabei aber in der Regel mit kompletter Unkenntnis über die dadurch auf Agenturseite entstehenden Kosten glänzen. Und das führt bei Verhandlungspartnern aus Einkauf und Controlling zu fast unwürdigen Debatten über Preise, Rabatte, Kosten. Dabei arbeiten Agenturen oft schon am Limit. Für noch weniger Geld ist exzellente Leistung kaum noch zu erbringen.

Ob Gigabyte verschlingende Digitalpräsentationen oder meterlange Aktendeckelfronten voller detaillierter Ausarbeitungen, in jedem Fall haben schon allein die Pitch-Präsentationen oft wochenlang das Hirnschmalz von in Kompaniestärke angetretenen Kreativköpfen verschlungen. Und am besten das Ganze noch gratis für den Kunden, oder? So ähnlich dachte es sich auch der Schuhfabrikant Deichmann, als er im April gleich 20 Agenturen anschrieb und mit der Bitte um volle Verschwiegenheit darum bat, ihm ohne Pitch zum 100. Geburtstag eine Goldidee zu liefern. Wer mitmache, bekomme 2.000 Euro, und für die beste Idee gebe es weitere 10.000 Euro. Damit seien im Übrigen alle Rechte, räumlich und zeitlich unbegrenzt, abgegolten. Thomas Strerath, Chef von Ogilvy & Mather tobte öffentlich: Es könne ja sein, dass das Motto „dreist kommt weiter" Gewinn verspreche, aber eine solche Vorgehensweise sei unverschämt und müsse boykottiert werden.

Die anschließende Debatte – mancher, wie Stephan Schmidt (dieckertschmidt) fand's gar verständlich vom Kunden, schließlich seien die Agenturen ja selbst schuld, weil viele bei Initiativakquisen oder zum Jahresende ohnehin Goldideen kostenfrei anböten – fand ihren Schluss zwei Monate später. Deichmann blies den Pitch, der keiner war, ab und ging dann doch mit der Stammagentur Grey an die Arbeit zur Jubiläumskommunikation.

Und Thomas Strerath hatte wieder einmal den Nachweis geliefert, dass das Branchenblatt *Werben & Verkaufen* ihn zu Recht als Meister der Kommunikation bezeichnete. Seit gut drei Jahren führt er in der Nachfolge des legendären Lothar S. Leonhard die Agenturgruppe und ist bei Weitem nicht nur mit prägnanten Diskussionsbeiträgen zum Werbealltag präsent, sondern machte Ogilvy & Mather in Deutschland zur derzeit kreativsten Networkagentur. Große Neugeschäfte von Media Markt bis Coca-Cola (im vergangenen Jahr), die Teamarbeit mit Kreativchef Dr. Stephan Vogel und Chefstrategin Larissa Pohl sowie sage und schreibe 45 Etatgewinne in 2012 brachten ihm nicht nur den Titel „Kopf des Jahres" beim Branchendienst *New Business*, sondern hoben ihn auch auf die Bühne der *HORIZONT* Awards als „Agenturmann des Jahres 2012".

Diese Leistung der zur WPP Holding gehörenden Agentur scheint das in Deutschland allgemein übliche Network-Bashing zu konterkarieren, das mit Vorliebe von den Vertretern inhabergeführter Agenturen betrieben wird: zu groß, zu unbeweglich, zu ferngesteuert, zu abhängig.

Diese Schwäche-Vorwürfe lassen sich allerdings durch die Perfomance aller Networkagenturen nicht belegen. Vor allem nicht bei solchen, deren Führung unternehmerisch agieren kann, wie etwa Ogilvy & Mather oder die ebenfalls zur WPP gehörende Scholz & Friends oder etwa die DDB-Group unter Tonio Kröger. Der hatte als Holdingchef die deutsche Gruppe umstrukturiert und dabei den neuen Führungen seiner Marken DDB Tribal und Heye viele Freiheiten eingeräumt. Er musste aber im vergangenen Jahr doch wieder das Führungspersonal austauschen, weil dort nicht unternehmerisch genug gedacht worden war.

VERHALTENER OPTIMISMUS

Von der BBDO-Gruppe hat man im vergangenen Jahr wenig gehört. Ob das ein gutes Zeichen ist, sei dahingestellt. Jedenfalls wurde bei der Tochter Proximity ebenso umgebaut wie bei BBDO live. Wenn nun auch

AUGUST – Jung von Matt/Fleet kreiert für den Berliner Online-Möbelhändler Home24 den Werbespot „Am Arsch der Welt". Die Botschaft des Films lautet „Warum Möbel am Arsch der Welt kaufen, wenn man sie auch bequem online bestellen kann."

SEPTEMBER – Volkswagen bringt den Golf VII auf den Markt. Grabarz & Partner teilt sich diesen Werbeetat mit DDB Tribal.

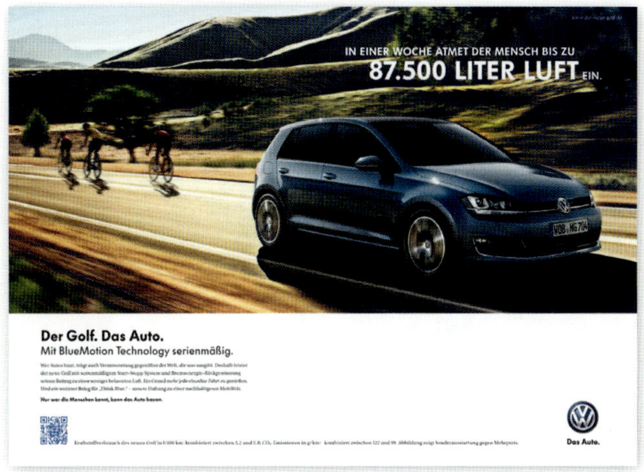

der als gefährdet angesehene Smart-Etat verloren ginge, hätte BBDO Chef Frank Lotze neue Probleme, die er nicht braucht.

Bei Grey bilanzierte Chairman Uli Veigel ein schwieriges Jahr. REWE verloren, Schlecker pleite, Büro Frankfurt geschlossen, acht Prozent Mitarbeiter abgebaut (auf 390), die neu installierte Kreativspitze gegen einen Mann aus dem eigenen Netzwerk (Roland Vanoni) ausgetauscht. In der zweiten Jahreshälfte dann wieder ein wenig Grund zur Freude mit etlichen Neugeschäftsgewinnen, die für 2013 „verhaltenen Optimismus" versprechen. Für Veigel allerdings hieß es, den Chefposten an den deutschlanderfahrenen Niederländer Dickjan Poppema zu übergeben. Veigel selbst konvertiert zum globalen Client Director für GE Healthcare.

NETWORKS LASSEN FEDERN

Auch das Publicis-Network ließ Federn. Deutschlandchef Steven Althaus ging, nachdem Eigner Maurice Levy zur Rettung seiner nach wie vor unharmonisch operierenden bundesrepublikanischen Standorte auf das anerkannte Management-Know-how von Horst Wagner und Dirk Kedrowitsch gesetzt und im Frühjahr kurzerhand die Mehrheit der von den beiden geführten Pixelpark-Gruppe übernommen hatte. Dass Wagner und Kedrowitsch wohl 2013 die Publicis-Führung auch offiziell übernehmen, galt zum Jahresende als offenes Geheimnis.

Bei TBWA war statt Disruption, also routinebrechenden Maßnahmen für Klienten, nunmehr immer noch die seit 2010 (dem Verlust des internationalen Beiersdorf-Etats) anhaltende Reduktion angesagt. Zum Ende des Jahres wurde bekannt, dass das Berliner Büro nach dem Verlust weiterer Etats (Tassimo) auch etliche seiner ohnehin nur noch 40 Mitarbeiter verabschieden wird. Agenturchef Sven Becker euphemisiert: „Wir stellen uns neu auf."

Keine Hoffnung mehr gab es für JWT. Die älteste Werbeagentur der Welt schloss – zum wiederholten Male – ihr deutsches Hauptquartier in Hamburg. Auch ein Hinweis darauf, dass die Bosse der inhabergeführten Agenturen so unrecht nicht zu haben scheinen mit ihren abfälligen Bemerkungen über die Performance von Networks in Deutschland.

Peter Brawand, der mit seiner Agentur Brawand-Rieken im vergangenen Jahr als Newcomer des Jahres gefeiert wurde, hat zum Fall JWT seine eigene Erfahrung und Meinung: Schade sei es, sagt er, „dass den angloamerikanischen Rechenschiebern der internationalen Networks immer nur Personal- und Office-Abbau als Krisenmedizin" einfalle. „Wenn man mal richtig investieren und auch mehr internationale Etats aus Deutschland heraus betreuen lassen würde, wären die Network-Offices hierzulande nicht immer nur am Ende der globalen Network-Nahrungskette", ist Brawand überzeugt.

Ob man das so stehen lassen kann? Schließlich ist im vergangenen Jahr bei McCann Erickson auch durchgefegt worden. Die Agentur betreute die internationalen Etats für Lufthansa und Opel. Die jedoch gingen verloren, wie zuletzt auch der Etat von Coca-Cola. CEO Andreas Trautmann musste Anfang 2012 die Büros in Frankfurt, Hamburg und München schließen und sich auf Berlin und Düsseldorf mit nunmehr nur noch 240 (statt 750) Mitarbeitern konzentrieren. Die Glanzzeiten des Hauses, aus dem unter anderem der Iglo-„Blubb"-Spinat kam, sind vorbei.

Mit dem McCann abgejagten globalen Lead-Auftrag für Lufthansa hat Kolle Rebbe gezeigt, dass auch ein deutscher Mittelständler weltweit Werbung organisieren kann. Mit dem neuen Claim „Nonstop you" beweist die Hamburger Agentur, dass auch sie nicht zu stoppen ist, und sie organisiert die Airline-Kampagne weltweit über ausgewählte Partner aus dem unabhängigen Network One. MÄR

BÖSE KOMMENTARE ZU GOLDIDEEN

Erfolg ist ja auch in der Werbung eher eine Frage der Köpfe. Und da tut sich das Führungspersonal etwa von Serviceplan eindeutig hervor. Nicht allein, dass ihr Chef Florian Haller seine Gruppe erfolgreich auf Platz eins der inhabergeführten Agenturen hält. Der Laden arbeitet international für BMW und betreut den globalen Dialogetat der Lufthansa. Haller baut auch sein Netzwerk mit plan.net global aus. Schon gibt es eigene Standorte in Europa, Nord- und Südamerika, in Asien und im Mittleren Osten.

SEPTEMBER – Leagas Delaney erfindet die „Tuna Tunes" für den auf Nachhaltigkeit setzenden Fischanbieter followfish. Aus einer Thunfischdose wird eine Ukulele gebaut, mit der Musiker Duncan Townsend von Jamsession zu Jamsession tingelt.

OKTOBER – Media Markt läutet das Weihnachtsgeschäft mit einer neuen Saisonkampagne ein. In der frisch gegründeten Media-WG gibt Media Markt fünf jungen, technikbegeisterten Protagonisten ein neues Zuhause und lädt alle Elektronik-Verrückten dazu ein, dabei zu sein.

OKTOBER – Die BahnCard feiert ihren 20. Geburtstag. Ogilvy & Mather startet die Kampagne „20 Jahre unverändert gut". Kernelemente sind die Arbeiten von Irina Werning: Sie hat Kinderfotos 20 Jahre nach ihrem Entstehen mit den gleichen Protagonisten detailgetreu nachgestellt.

Sein Kreativchef Alexander Schill wurde als höchstdekorierter Kreativer des Jahres ermittelt und er bedroht die fast unangefochtene Führung von Jung von Matt im deutschen Kreativranking. Das rief natürlich – soviel zur Neidkultur – auch böse Kommentare hervor zu Goldideen, mit denen man sich Rankingpunkte sichere. So wurde etwa die Serviceplan-Arbeit für den Geschäftsbericht eines Solarunternehmens kritisiert, dessen Druckfarbe nur durch Sonneneinstrahlung sichtbar wurde (s. a. S. 126 ff.).

Ja, da war sie wieder, die schon „ewig" geführte Debatte um reale Arbeiten, die nur selten auch kreativ punkten, und die Goldideen, die im öffentlichen Werbebild kaum je sichtbar werden, mit denen aber fast alle (vor allem die führenden) Agenturen sowie die meisten der laute Kritik daran übenden Wortführer sich in den vergangenen Jahr(zehnt)en Ruhm und Ehre gesichert haben. Wenn dazu dann noch die Bereitschaft kommt, für die Wettbewerbsgebühren siebenstellige Summen auszugeben und Stabsstellen vorzuhalten, die das komplexe Wettbewerbsgewese durchschauen und gezielt ausnutzen, dann ist ein Top-Ten-Platz ziemlich sicher (erkauft !?!).

DIE REAKTION WAR HOHN UND SPOTT

Es dürften rund 70 verschiedene und in sich in Disziplinen oder der Juryzusammensetzung unterscheidende Wettbewerbe sein, an denen deutsche Kreative pro Jahr teilnehmen. Von RAMSES, Spotlight und KLAPPE bis hin zu CLIO, Golden Drum oder Red Dot, fast alle fließen mit verschieden hohen Bewertungen in die diversen Kreativrankings ein, mit denen sich Agenturen differenzieren – vor allem beliebt bei US-amerikanischen Ablegern, die wegen des dortigen Börsengesetzes keine Geschäftsdaten publizieren und sich demnach nicht über große Zahlen profilieren dürfen. Die Kreativvergleiche sind für Kunden und potenzielle Mitarbeiter willkommene und intensiv genutzte Entscheidungshilfen.

Doch dieses System, in dem auch kleinste Wettbewerbe Daseinsberechtigung und dank Teilnahmegebühren Existenzgrundlage finden, scheint an seine Grenzen gekommen. Platzhirsch Jung von Matt kündigte an, nur noch in jedem geraden Jahr an Wettbewerben teilnehmen zu wollen. Das eingesparte Geld werde in die Ausbildung des Nachwuchses fließen. Reaktion war einerseits Hohn und Spott: JvM habe Angst, abzusteigen; JvM müsse Kosten kürzen.

Andererseits nahmen etliche Agenturen die Ansage zum Anlass, auch die eigenen Kosten kürzen zu können und die Zahl der zu beschickenden Wettbewerbe für sich massiv einzudämmen. Scholz & Friends Kreativchef Martin Pross sagte sogar erst einmal jede Teilnahme an Awards für seine Gruppe ab. Andere diskutierten eine Reduktion auf fünf große Auszeichnungen. Anhaltendes Interesse wird gezeigt am CLIO, an den Cannes Lions, den ADC-Nägeln, den Pencil-Trophäen von One Show und D & AD sowie dem LIAA-Phönix und der Grand Bowl der New York Festivals.

AGENTURBAROMETER GEGEN AWARD-WAHN

Der ADC beschloss, ebenso wie der Gesamtverband der Kommunikationsagenturen GWA, eigene, auf wenige Wettbewerbe reduzierte Rankings zu liefern. Das Branchenblatt *HORIZONT* kündigte für 2013 erstmals ein eigenes Agenturbarometer gegen den Award-Wahn an. Es nahm sich die Ranking-Lösungen der britischen *Campaign* und der US-amerikanischen *Ad Age* zum Vorbild. Da werden nicht objektiv die Punkte der verschiedenen Auszeichnungen summiert, sondern die Redaktion verschickt Fragebögen und prüft dann selbst und subjektiv unter anderem die Geschäftsentwicklung, die Sichtbarkeit der Arbeiten, die Attraktivität der Agenturen als Arbeitgeber sowie Kreation und Effizienz der Arbeiten.

Die Diskussion dauert an, denn es gibt viele „kleinere" Wettbewerbe, die über Jahrzehnte qualitativ hochwertige Juryarbeit abgeliefert haben, die zum Teil Spezialgebiete wie Design, Hörfunkarbeiten, Out of Home, Multimediales, Digitales oder andere Spezialdisziplinen bewerten.

NOVEMBER – Grimm Gallun Holtappels kreiert eine virtuelle Nudisten-Demo gegen Pelze für die VIER PFOTEN-Stiftung für Tierschutz.

NOVEMBER – Commerzbank geht neue Kommunikationswege mit der Agentur thjnk und setzt die emotionalisierte Kampagne „Die Bank an ihrer Seite" auf.

Diese auszugrenzen vermindert den Wert der angebotenen Rankings als Leistungsbarometer. Selbst das Recruitment bekommt dann zusätzliche Probleme. Gerade für den Nachwuchs in dieser Industrie ist es wichtig, in Agenturen Kreativpreise erwerben zu können, mit denen die Bewerbungsmappe attraktiver ausfällt.

WENIGE WAGEN KREATIVE HIGHLIGHTS

Auch die immer wieder gewünschte Konzentration von Wettbewerbseinreichungen auf „echte", „ehrliche", „sichtbare" Arbeit statt auf nur für Wettbewerbe konzipierte Goldideen ist keine Lösung. Nur wenige Kunden (und Agenturen) wagen kreative Highlights in der kommerziellen Alltagskommunikation. So, wie sie etwa die Agentur HEIMAT auf den Etats von Hornbach oder adidas oder des Verbands der Volks- und Raiffeisenbanken zeigt.

Außerdem brechen Kreative selbst auch immer wieder Lanzen für solche Goldideen. Diese seien für Agenturen ebenso notwendig wie die Research- und Development-Abteilungen, mit denen große Unternehmen über ihre Alltagsproduktionen hinaus Genialität, Innovation und Leistungsfähigkeit unter Beweis stellen.

Spätestens bei dem – für die nächsten drei Jahre – in Hamburg beheimateten ADC-Festival sollte sich Mitte Mai zeigen, wer da noch mitmacht und mit welchen Arbeiten die Jurys konfrontiert werden. Bis dahin dürfte sich auch der Nebel über die wirtschaftlichen Aussichten der Branche etwas gelichtet haben. In 2012 klangen die Statusmeldungen nach Umfragen unter Agenturchefs immer ein wenig nach Pfeifen im Wald – so überwiegend positiv und für Insider meist wenig glaubhaft – wurden sie beschrieben. Für 2013 sagt der Zentralverband der Werbewirtschaft ZAW nun gleichbleibende Werbespendings voraus: 72 Prozent seiner Mitglieder gehen von stabilen Werbeetats aus. Die Stimmung sei befriedigend. Mit seiner 2012er-Prognose eines leichten Rückgangs hatte der ZAW richtig gelegen. Die Nettoumsätze gingen allerdings um drei statt nur um 1,5 Prozent zurück.

Dann drücken wir mal für 2013 die Daumen ...

DEZEMBER – Mit der Kampagne „Land of quattro" wirbt thjnk für den Allradantrieb von Audi. Russland war der erste Markt, in dem die Kampagne zum Einsatz kam.

E
J
A
H
R

W
E
R
B
E

0
1
2

2
0

IN ZAHLEN: SPENDINGS AUF (GUTEM) NIVEAU VON 2010. IN TROPHÄEN: „NUR" BRONZE IN CANNES, ERFOLGE BEI ADC, ADC*E UND EUROBEST.

Das Werbejahr 2012 in Österreich

Ein Werbejahr wie eine Hochschaubahn: Allemal Bronze in Cannes – aber Katzenjammer; Publicis und Euro RSCG/Havas restrukturieren, International Advertising Association fordert „Mut statt Wut" – Wirtschaftsminister initiiert „Nation Branding" – und Felix Baumgartner (Stratos) schafft mit Red Bull-„Flügeln" das Marketing-Event des Jahres. Bleibt nur noch die Frage nach dem Wetter? AUTOR _ HERWIG STINDL

ie das Werbejahr 2012 in Österreich verlief? Zögern, überlegen: werbewirtschaftlich das erste Halbjahr – naja, Quartal – ganz gut bis sogar sehr gut – aber dann ging's in einer Zickzacklinie bergab. Conclusio: uneinheitlich bis wolkig, vielleicht auch sommerlich-regnerisch – 2011 war das Bruttowerbevolumen in Österreich (ohne Online) noch um nominell 5,1 Prozent gewachsen, das erste Quartal 2012 schreibt laut Werbemarktanalyst Focus Media Research immerhin noch +2,1 Prozent für die Brutto-Spendings, das Halbjahr 2012 bilanziert bereits mit +0,6 Prozent sozusagen „auf null" – und bei einer Mediakostensteigerung vulgo Inflation von 3,3 Prozent eigentlich bereits im Minus. +0,6 Prozent wird die Jahresbilanz 2012 lauten. 109,9 Millionen Euro erlöst die Finanzministerin in Österreich auf ein Unikum namens „Werbeabgabe", die mit fünf Prozent aufs Netto bei Werbung in klassischen Medien (außer Online) und unadressierten Prospekten und B2C-Mailings aufgeschlagen wird (neben der Mehrwertsteuer von 20 Prozent) und deren Einnahmen ebenfalls als Barometer der Werbekonjunktur herangezogen werden kann. Nachdem 2011 die Finanz 111,6 Millionen Euro gemeldet hatte, ist das Netto-Mediavolumen in Österreich tatsächlich um rund 1,5 Prozent gesunken (auf der „Werbeabgabe-Basis" sind die 109,9 Millionen Abgabe vulgo 2,198 Milliarden Netto-Werbespendings [exklusive Online!] exakt der Wert aus 2010). Also: vielleicht regnerisch, aber nicht stürmisch.

ODER DOCH?

In Branchenkurzform: In den Networks Publicis und Euro RSCG (seit 2013 Havas) rollten die Köpfe, die DDB Tribal kriegt ihre nunmehr dritte Neubesetzung seit dem Kassaei-Restart 2010, das „Award-Verweigerungsvirus" springt via Jung von Matt/Donau aus Deutschland über – und wieder (fast) nichts in Cannes, wäre da nicht allein DDB Tribal und McDonald's.

NOCH FRAGEN? JA, WIE WAR ES NUN, DAS WERBEJAHR 2012 IN ÖSTERREICH?

Als Beispiel, unverfänglich: Bereits im November 2011 kündigt die IAA, Austrian Chapter, an, eine Kampagne lancieren zu wollen – und lädt Kreative ein. Motto: „Österreich ist größer als man denkt" (ja, das steht so in den Unterlagen, fast schon plagiatsverdächtig zum legendären „als wie" einer deutschen Testimonial-Ikone). Nun, es dauert bis Juni (!), dass eine Entscheidung samt Kampagnenpräsentation erfolgt.

Auch hier kein Zufall, dass in einem Land, das alle deutschen öffentlich-rechtlichen und privaten TV-Programme flächendeckend via Kabel oder Satellit empfangen kann, Stuttgarts Wutbürger Pate stehen: „Mut statt Wut" rufen prominente Testimonials den Österreichern zu – darunter Gerhard Zeiler, Ex-RTL-Boss und nunmehriger Turner Broadcasting Chef (und immer zu haben für Journalistenfragen, wann er denn endlich entweder den öffentlich-rechtlichen ORF wieder übernimmt oder gleich als SPÖ-Vorsitzender Bundeskanzler werden will), Flüchtlingshelferin Ute Bock (in Wien eine fixe Größe neben der Caritas in der Flüchtlings- und Asylhilfe) und Opernball-Organisatorin Desirée Treichl-Stürgkh (im Zweitberuf Herausgeberin und Chefredakteurin des auch in Deutschland erscheinenden Special-Interest-Magazins *H.O.M.E.*).

„Unser Land war schon immer ein Schmelztiegel verschiedenster Kulturen und Nationalitäten. Genau das macht Österreich aus. Wir können uns internatio-

JANUAR – Zum Jahreswechsel 2011/12 bezieht die neu formierte Serviceplan die frisch renovierte ehemalige Villa der McCann-Erickson in einem Wiener Außenbezirk und startet – nach Münchener Vorbild – gleich als „Haus der Kommunikation": Geschäftsführer André Felker vereint Serviceplan, die Digitalagentur plan.net und die Media-agentur Mediaplus sowie die PR-Unit Fazit unter einem Dach.

JANUAR – Branchenverbände formieren sich für besseres Verständnis des Wertes von Kommunikation und ein neues Miteinander in der Kommunikationsbranche. Alle Partnerverbände werden künftig den neuen, bewusst gewählten Gattungsbegriff für ihre Leistungen verwenden, der die Werthaltigkeit bereits impliziert: die Kommunikationsinvestion.

MÄRZ – Die Publicis Group Austria präsentiert mit der Marketingspezialistin Martina Frieser ein neues Gesicht an der Spitze. © Wilke – Das Fotostudio, Wien

nal behaupten – mit unserer Wirtschaft, unserer Kultur und auch mit unserer Tradition. Wir müssen nur den Mut haben, über die Grenzen zu schauen. ‚Bitte weitersagen!' steht da als Erläuterung zur Headline ‚Wut engt ein' zu lesen."

Aus Vorschlägen von 17 Kreativtandems wählte die IAA-Jury den Vorschlag von Bernhard Grafl und Gerd Turetschek (beide TBWA\Wien) – die beide als erfahrene Kreativdirektoren das Klima anno 2012 tatsächlich „auf den Punkt" bringen: „Mut statt Wut" oder „Rasender Stillstand". JUN

„Mut statt Wut" (in diesem Fall: verortete Leere) beweist auch Wirtschaftsminister Reinhold Mitterlehner (VP – die „Schwesterpartei" der CDU): Tourismus, Lipizzaner und Mozartkugeln sind zu wenig als Ausweis für das kleine Land (knapp neun Millionen Einwohner, einzig Wien hat mehr als eine Million Menschen), konstatiert der Minister und dekretiert bereits im Oktober 2011 das Projekt „Marke Österreich" beziehungsweise „Nation Branding" an.

Es hagelt Kritik an den Ausschreibungsbedingungen – mindestens sechs (!) abgeschlossene Nation- oder Place-Brandings sollen Bewerber in den vergangenen fünf Jahren abgeschlossen haben, um überhaupt antreten zu können. Am 13. April 2012 verkündet der Minister dann die Entscheidung: „Es geht nicht, für manche womöglich leider nicht, um eine Kampagne in diesem Sinne, sondern um eine systematische Auseinandersetzung mit der Identität Österreichs – wofür steht dieses Land, und vor allem wohin soll es sich entwickeln?"

Der bereits als Berater der britischen Regierung profilierte Simon Anholt (der auch praktischerweise seit 1996 den „Anholt-GfK Nation Brands Index" herausbringt, in dem Österreich, naja, eher im unteren Mittelfeld knapp vor der Abstiegszone platziert ist) erhält den Zuschlag, den Strategieprozess für die „Marke Österreich" zu orchestrieren – Budget: 740.000 Euro. Im November avisiert Anholt in einem Interview mit der Fachzeitung *HORIZONT* (der Österreich-Schwester des deutschen *HORIZONT*), erste sichtbare Ergebnisse im März 2013 vorlegen zu wollen – und definiert seine Position als „Coach" der Republik so: „Letztlich bringe ich Österreich bei, weniger langweilig zu sein. Dabei ist Langeweile nichts unbedingt Schlechtes, denn sie ist verwandt mit Vorhersagbarkeit und die wiederum eine Verwandte der Zuverlässigkeit. Aber man muss die Menschen bilden über Österreich. Derzeit wachsen Hunderte Millionen von Kindern auf, ohne in europäischer Geschichte unterrichtet zu werden. Als Erwachsene werden sie niemals etwas von Österreich gehört haben. Das gilt es zu verhindern."

„Good Luck" ruft der „gelernte Österreicher" da aus (das ist eine sehr geflügelte journalistische Phrase, die immer dann als Füller eingesetzt wird, wenn es Be- und Absonderlichkeiten innerösterreichischer Usancen zu etikettieren gilt).

ALSO DOCH MUT STATT WUT?

Um zum pragmatischen Ansatz des IAA-Claims zurückzukommen: Also doch Mut statt Wut? Wut wahrscheinlich überkam gleich zwei Führungsteams internationaler Network-Dependancen: Im Frühjahr wurde nach acht Jahren an der Spitze der Publicis Groupe Österreich Arturo Raffaele samt seinem CCO Alexander Zelmanovics quasi über Nacht abberufen (via Berlin-Zuständigem Steven Althaus – der seinerseits bereits im Herbst das Network in Richtung BMW-Marketing verließ); etwas brisanter mit Nachwirkung nach Google-Deutschland war die Abberufung des langjährigen Führungsduos an der Spitze der Euro RSCG (heute: Havas Worldwide), Gustav Eder-Neuhauser und Albert Essenther.

JUNI – Kampagne der IAA Austrian Chapter: „Unser Land war schon immer ein Schmelztiegel verschiedenster Kulturen und Nationalitäten. Genau das macht Österreich aus. Wir können uns international behaupten – mit unserer Wirtschaft, unserer Kultur und auch mit unserer Tradition. Wir müssen nur den Mut haben, über die Grenzen zu schauen. Bitte weitersagen!" © IAA Austrian Chapter/Bernhard Grafl und Gerd Turetschek, TBWA\Wien.

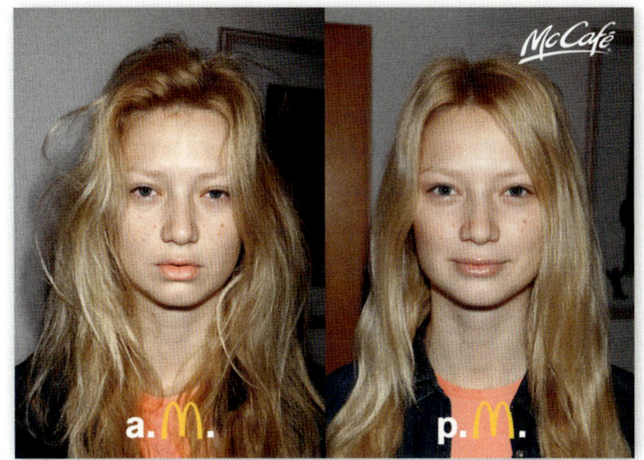

JUNI – Bronze in Cannes für dieses McCafé-Plakat für McDonald's, kreiert von DDB Tribal Wien: Aus 227 Einreichungen bleibt der Bronze-Löwe in der Kategorie Press die einzige Trophäe für Agenturen aus Österreich.

Von außen betrachtet beides Entscheidungen nach spektakulären Etatverlusten: Einmal musste die Publicis in Österreich den Megakunden T-Mobile ziehen lassen (der in Österreich 2011 zur neu gegründeten DDB Tribal analog zu Deutschland wechselte), und nach der Fusion der Festnetzmarke Telekom mit der Mobilmarke A1 zu A1 des vormaligen Telekommunikationsmonopolisten Telekom Austria im Jahr 2011/2012 verlor die Euro RSCG den Telekom-Etat (an die Nitsche-Werbeagentur, ihrerseits 2010 spektakulär aus Saatchi & Saatchi hervorgegangen – die damals in Österreich nach dem Etatverlust einfach dichtmachte – das Jahrbuch der Werbung 2011 und 2010 berichtete).

Folge der Etatabgänge: Im Focus-Ranking nach Bruttowerbevolumen in österreichischen Medien fliegt Euro RSCG glatt aus den Top 20 heraus (unter 20 Bruttomillionen in klassischen Medien platziert). Während die Publicis Groupe Austria mit der Marketingspezialistin Martina Frieser recht bald ein neues Gesicht an der Spitze präsentieren konnte MÄR (und auch den prestigeträchtigen Etat der Österreich-Werbung gewinnen konnte), sprang bei der Euro RSCG der Schweizer Chef Frank Bodin ein. Der wird gleich verhaltensauffällig: „Ich wurde ja CCA-Mitglied (Creativ Club Austria als Pendant zum ADC) und war auch in der Jury, aber was ich dort erlebt habe, hat mich schon etwas irritiert. Der Juryprozess ist der komplizierteste, den ich je in meinem Leben gesehen habe. Ich habe wirklich überall in der Welt juriert – von Cannes bis nach Kasachstan – und ich hab noch keinen so absolut bescheuerten, komplizierten Juryprozess gesehen. Der tut nichts dazu, um die möglichst beste Qualität diskutieren zu können. Die Diskussion ist ja das Wichtigste. Solche Awards machen nur Sinn, um die Werbung zu verbessern. Und das geschieht in der Auseinandersetzung. Der CCA verbessert die Werbung, indem er sie juriert. Und wenn dieser Diskussionsprozess durch einen Zusammenzähl- und immer wieder Rundenprozess gestört wird, dann ist das kontraproduktiv. (...) Wir sind in einer globalen Branche, und wenn etwas mit einer silbernen oder gar goldenen Venus ausgezeichnet wird, dann sollte es bei allem berechtigten lokalen Kolorit internationale Qualitätskriterien erfüllen und wenigstens den Hauch einer Chance in Portorož oder in Cannes haben", gab Bodin in einem *HORIZONT*-Interview im Sommer zu Protokoll.

ZU CANNES & CO SPÄTER, ZUERST ZUM „LEBEN DANACH":

Eder-Neuhauser und Essenther machen sich im Oktober nach 14 gemeinsamen Jahren an der Spitze der Euro RSCG selbstständig – und werden zum Jahreswechsel noch einmal von ihrer Vergangenheit eingeholt: Da muss Stefan Tweraser, ehemaliger Marketingleiter des Euro RSCG-Paradekunden Telekom, seine Google-Deutschland-Funktionen ruhend stellen – er ist des Verdachts der Veruntreuung von 500.000 Euro in seiner Zeit als Telekom-Marketer beschuldigt. Mutmaßlich beteiligt daran: das Duo an der Euro RSCG-Spitze, Eder-Neuhauser und Essenther. Ausdrücklich sei hier festgehalten: Alle drei Herren betonen, es sei beim inkriminierten Fall alles mit rechten Dingen zugegangen. Und die Unschuldsvermutung gilt bis zur allfälligen rechtskräftigen Verurteilung auch in Österreich, wo der PR-Stratege Peter Hochegger über Jahre hinweg für die Telekom Austria Millionenbeträge in

AUGUST – „Nur" ein Bronze-Löwe in Cannes: Amir Kassaei und Marco de Felice – die sich aus ihrer gemeinsamen Zeit bei der Kreativagentur Bârci & Partner in Wien Ende der 1990er-Jahre gut kennen – räsonieren an der Côte d'Azur über Kreativpreise, Zombiewerbung, Nachwuchs und Gier – und Österreich: „Der Österreicher kompensiert seine Minderwertigkeit durch extrem ausgeprägten Zynismus."

derStandard.at › Etat › Werbung & PR › Werbepreise › Cannes Lions

Wien 0°

International Inland Wirtschaft Web Sport Panorama Etat Kultur Wissenschaft Gesundheit Bildung Reisen Lifestyle Familie

Online Print TV ORF Radio Werbung & PR Werbepreise

"Damit der Werbenachwuchs gieriger wird"

24. August 2012, 11:45

Null Edelmetall bei den Olympischen Spielen, Flaute beim Werbefestival in Cannes. Das gibt Amir Kassaei, Weltkreativchef des Werberiesen DDB, und DDFG-Boss Marco de Felice zu denken, wie Österreich gewinnen kann

de Felice: Deutschland bringt zu meiner Überraschung - laut Cannes - keine großen internationalen Kampagnen zustande. Das können Amerikaner und Engländer sehr gut, auch die Atmosphäre dieser Werbung. Sie ist immer sympathisch, sie rührt das Herz, sie ist freundlich. Allein die Sprache ist oft wie ein warmes Frotteehandtuch um den Hals. In Österreich glaubt man, gute Kreation ist zynisch, anprangernd und fast gemein.

Kassaei: Das ist die österreichische Seele. Der Österreicher kompensiert seine Minderwertigkeit durch extrem ausgeprägten Zynismus. Das liegt in unserer Kultur. Und wäre nichts Schlechtes , wenn wir das richtig kanalisieren würden. Schau dir den schwarzen Humor der Engländer an. Die haben auch diesen doppelbödigen, zynischen Humor. Aber sie setzen ihn eben intelligent ein.

de Felice: Die Engländer haben das göttlich Selbstironische. Wir haben das Raunzige, das Beißende, auch in der Werbung. Würde man die Jungen dazu bekommen, dass sie jemanden charmant verführen müssen, würde auch diese Zombiewerbung anders aussehen. Zombiewerbung, die du

vergrößern 800x800
foto: eveline malek
Amir Kassaei, weltweiter Kreativchef des Werbenetworks DDB, und DDFG-Boss Marco de Felice beim Sommergespräch auf Ibiza.

"Es is ja ewig schod um mi!"

Donnerstag, 9. August, Santa Eulalia del Rio. Zwei Österreicher auf Ibiza, der eine hat sich hier eine schöne alte Finca zugelegt, der andere ist sein Gast. Der eine heißt Kassei Amir (in Österreich sagt man den Familiennamen gern zuerst) und lebt sonst eher in New York und Shanghai, der andere

KEINE EINREICHUNG BEI WERBEFESTIVAL
"Kein Werbeprojekt": Red Bull will Stratos nicht in Cannes einreichen [140]
Für ORF-Enterprise-Chef Prenner ein Sakrileg - Kreative geben dem Stratos-Projekt gute Chancen, auch bei Awards abzuräumen

CANNES LIONS
Young Lions Austria Competition: Anmeldung läuft [1]
Bb sofort können sich junge Kreative zur österreichischen Vorausscheidung, der "Young Lions Austria Competition" anmelden

"Damit der Werbenachwuchs gieriger wird" [53]

CANNES LIONS
Neue Kategorie "Innovation Lions": Cannes ehrt Technologie hinter den Ideen
Savage: "Tribut an die eigentliche Technologie, die die Industrie vorwärts treibt und diesen ausgezeichneten Ideen zum Durchbruch verhilft"

CANNES LIONS 2012
Österreichs "Ja, aber"-Mentalität killt Kreativität [70]
Cannes-Juror Fred Koblinger über Kassaeis Angriff auf Juroren und warum ihn herausragende Cannes-Arbeiten auch frustrieren

anmelden

Express Community Newsletter Mobil TV/Radio Zeitung Über uns Sales

OKTOBER – Ogilvy & Mather Wien baut den Sprung vom 14. Oktober mit LEGO®-Steine für eine Modellbaumesse nach – und kriegt prompt Silber beim Eurobest. Stratos-Veranstalter Red Bull hingegen denkt nicht daran, jenseits des Mega-TV-Marketing-Events das Projekt einer Kreativjury vorzulegen. © Red Bull Content Pool

allerlei – auch parteipolitische – Netzwerke verschob und sowohl auf Bundes- wie Landesebene Dutzende amtierende und vormalige Politiker und Mitarbeiter im Politzirkus zumindest mit Ermittlungsverfahren durch die Korruptionsstaatsanwaltschaft konfrontiert sind und wo solche Verfahren auf Unmut, wenn schon nicht Wut stoßen.

ZURÜCK ZUM WIRKLICHEN LEBEN

Raffaele Arturo heuert im Herbst bei der nach Demner, Merlicek & Bergmann größten und erfolgreichsten österreichischen (also Nicht-Network-)Werbeagentur Dirnberger de Felice Grüber an; Herbert Reinisch, der bereits zum Jahresbeginn die Publicis aus seiner Funktion als COO verlassen hatte, tritt im Frühjahr als Vice President und COO der koreanischen Cheil (war gleich Samsung) an – und verkündet: „Cheil ist in Österreich die Cheil Worldwide Austria GmbH und von Samsung unabhängig. Die Agentur ist im Besitz von Cheil Worldwide.

Bis Ende des Jahres 2011 war das noch anders, weil in Österreich bis dahin eine Niederlassung von Cheil Deutschland war. Das wurde zum Jahreswechsel geändert. Dadurch wurde auch die notwendige Basis für den regionalen Hub, der für Österreich, Schweiz und 13 CEE-Länder verantwortlich ist, geschaffen. Der Plan ist es, weiter auszubauen und auch mittelfristig Sub-Hubs zu verwirklichen." Tja, im Dezember 2012 scheidet Reinisch schon wieder bei Cheil aus – so ist das manchmal mit hochtrabenden Plänen.

Personelle Rochaden muss auch die Amir-Kassaei-Gründung DDB-Tribal durchmachen: Im August verlassen Alex Rosenegger und Sebastian Kainz (die spektakulär 2010 direkt von Demner, Merlicek & Bergmann gewechselt waren) die Agentur, nur Strategin Vera Steinhäuser bleibt – vorläufig. Im Oktober schließlich geht auch Hans Böker, der mit Rosenegger und Kainz angetreten war, Steinhäuser geht in die Babypause. Als neues Trio treten Hildegard Linsbauer und Werner Celand (das zweite „C" in der von Kassaei damals umfirmierten CCP/Heye) sowie Lukas Großebner an. Auch die TBWA, eine weitere Omnicom-Group-Netzwerk-Dependance, muss eine – spektakuläre – Veränderung hinnehmen: Deren alleiniger Managing Director Christian Schmid wechselt zum Jahresbeginn 2013 zu Ogilvy & Mather in die WPP-Welt – und sagt im *HORIZONT*-Interview zur Begründung: „Es gibt ja jede Menge Umbrüche in der Branche – schon seit einiger Zeit. Zuletzt bei den Netzwerkagenturen. Ich bin schon lange in der Branche und beobachte einige Dinge, die mir so überhaupt nicht gefallen. Diese Jammerei der Branche kann ich nicht mehr hören. Die Agenturchefs, die sich da als die großen Wortführer positionieren, sollten bedenken, welche Konsequenzen das auslöst. Zum Beispiel bei dem Thema Nachwuchs: Wie will ich gebildeten Nachwuchs für die Werbebranche begeistern, wenn ich sie selbst krankrede? Oder dass das Procurement die Honorare immer weiter drückt und die Idee nichts mehr wert sei. Es ist ein Faktum, dass das Controlling mittlerweile fix bei Vertragsverhandlungen dabei ist. Und wenn wir ihnen die sogenannte Idee nicht in ihrer Sprache verdeutlichen können, ist sie in deren Augen nichts wert. Und die Hetze gegen Netzwerkagenturen, nur um sich selbst Bedeutung zu geben, ist auch ein Bärendienst, den man der Branche erweist. Ich glaube, um uns wirklich wieder Bedeutung zu geben und auch Wertschätzung zu bekommen, müssen wir uns innovieren." NOV

Aber: O&M-Chef Florian Krenkel und Kreativdirektor Gerd Schulte Doeninghaus seien „zwei Menschen, mit denen ich arbeiten möchte. Und ich habe dabei das Gefühl, dass die Werte wie kreative Exzellenz und Effektivität der Werbung – die bei der TBWA auch immer da waren – zusammenpassen". Also vom Alleinverantwortlichsein in den Schutz des Teams zurück

OKTOBER – Hilferuf der Verleger von Kaufzeitungen: „Was wäre die öffentliche Meinung ohne jemanden, der sie veröffentlicht?", „Die wahre Verfassung einer Demokratie wird täglich neu geschrieben" und „Eine Zeitung schützt Zerbrechliches. Zum Beispiel unsere Demokratie", lässt der VÖZ von Demner, Merlicek & Bergmann mahnen. © VÖZ/Demner, Merlicek & Bergmann

– bei der TBWA hinterlässt Schmid die amtierende CCA-Präsidentin Gerda Reichl-Schebesta – die erhält mit der profilierten Irene Sagmeister einen neuen Managing Director im Herbst.

Zum Jahreswechsel 2011/12 bezieht die neu formierte Serviceplan die frisch renovierte ehemalige Villa der McCann Erickson in einem Wiener Außenbezirk und startet – nach Münchener Vorbild – gleich als „Haus der Kommunikation": Geschäftsführer André Felker vereint Serviceplan, die Digitalagentur plan.net und die Mediaagentur Mediaplus sowie die PR-Unit Fazit unter einem Dach. JAN

Florian Haller, Partner der deutschen Serviceplan Gruppe, sagt im *HORIZONT*-Interview: „Was ich mir wünsche und woran wir hart arbeiten, ist, dass wir diese Internationalisierung – die wir jetzt gerade angefangen haben – erfolgreich nach vorne treiben und umsetzen. Dass wir Agenturen in den wichtigsten Wirtschafts- und Kulturräumen der Welt haben. Dass die Agenturen zusammenarbeiten, maßgeblich partnergeführt sind und da etwas Neues und Innovatives entsteht. Und das ist dann das erste Partnernetzwerk aus dem deutschsprachigen Raum heraus. Das ist eine tolle Vision – meine und unsere Version in der Serviceplan Gruppe." Wien als Etappe zu einem großen Ziel also.

Kreativ oder Zombie? Das vom Branchenmagazin *BESTSELLER* alljährlich nach deutschem Punktesystem erstellte „Kreativranking" der meistausgezeichneten Agenturen Österreichs dominiert einmal mehr Demner, Merlicek & Bergmann – vor dem Dauerzweiten Jung von Matt/Donau und, erstmals auf der Liste nach der Neugründung, DDB Tribal Wien. Cannes sei Dank!

DAS TRAUMA CANNES

227 Arbeiten – 37 mehr als 2011 – reichen knapp 30 Agenturen, kreative Dienstleister und Unternehmen aus Österreich beim Werbegipfel in Cannes ein. Die Erwartungen können nach der „Null-Nummer" im Jahr 2011 – es gab nur Nominees, keinerlei Löwen – gar nicht hoch genug gesteckt werden. Und werden zumindest mit einem einzigen Löwen in Bronze für die McCafé-Kampagne der DDB Tribal Wien in der Kategorie „Press" belohnt (Österreich steckt auch im „Design-Grand-Prix" für Austria Solar [s. a. S.126 ff.] von/für die Münchener Serviceplan). JUN

Dennoch ist die Irritation beim Festival-Repräsentanten für Österreich, der ORF Enterprise, groß: Ist Österreichs Werbung nicht kreativ oder zumindest originell genug nach internationalen Maßstäben? Hannes Böker, DDB Tribal, formuliert es so: „Die österreichischen Agenturen sind im letzten und in diesem Jahr in

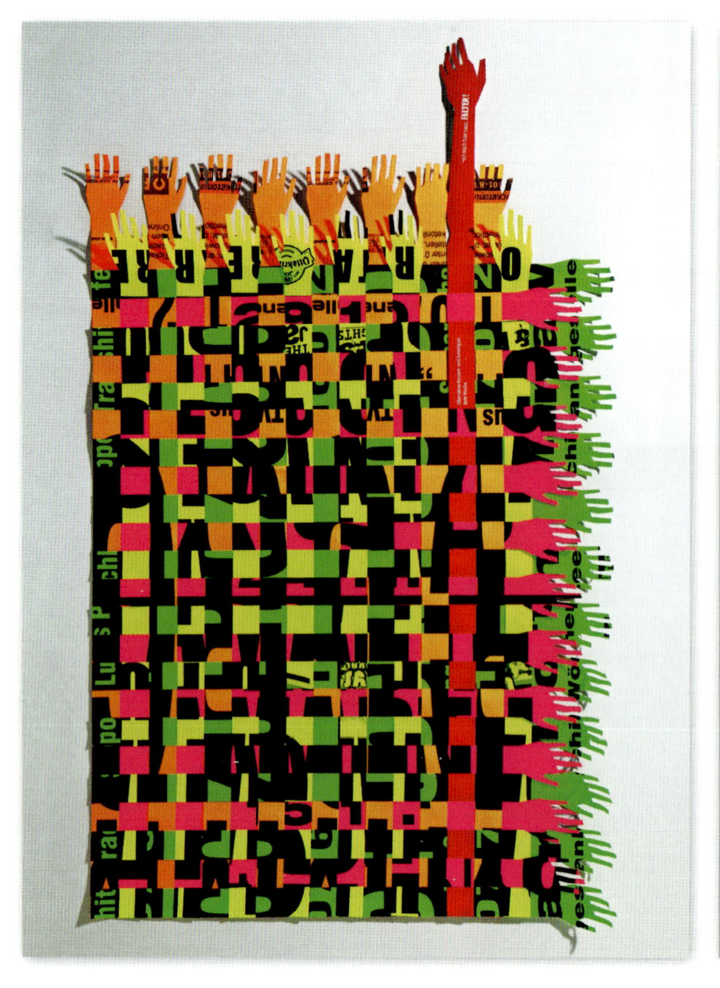

NOVEMBER – Arbeiten von Jung von Matt/Donau, prämiert beim CCA (Creativ Club Austria), beim Effie der IAA und anderen: Nach Hamburger Vorbild gründet JvM/Donau eine Nachwuchsakademie und will nur mehr im zweijährigen Rhythmus an Awards teilnehmen. © Jung von Matt/Donau

Cannes vielleicht nicht so stark wie in den vergangenen Jahren, es gab aber auch schon Jahre mit goldenen und silbernen Löwen." Und: „Eine Entscheidung für eine besonders kreative Lösung erfordert Mut, der geht in wirtschaftlich schwereren Zeiten manchmal ein bisschen verloren."

Mut also. Frank Bodin, Euro RSCG, ist deutlicher: „Werbepreise sind dazu da, dass die meisten unzufrieden und hungrig nach Hause gehen – hungrig, das Gute noch besser zu machen. Die österreichische Flut an Preisen führt dazu, dass die Auftraggeber gar nicht mehr wissen, welcher Preis wirklich zählt und welche Agentur wirklich kreativ ist – sie können nicht mehr die Spreu vom kreativen Weizen trennen", formuliert der Schweiz-Österreich-Geschäftsführer. Und mahnt eine „Kreativ-Kur für Österreich" in Form von Nachwuchsförderung an: In der Schweiz seien die Dozenten an den Ausbildungsstätten „führende nationale, aber auch internationale Kapazitäten aus Werbung, Marketing, Strategie, Medien und Wirtschaft".

KASSAEI TRIFFT DE FELICE AN DER CÔTE

Dieser Thematik pflichten auch Amir Kassaei – der ja in den 90er-Jahren sein Handwerk in der Wiener Bárci & Partner gelernt hat – und Marco de Felice (damals mit Kassaei in derselben Agentur, heute DDFG Dirnberger de Felice Grüber, Wien) in einem Gespräch an der Côte d'Azur bei: Die Online-Ausgabe der Tageszeitung *Der Standard* gibt auf www.etat.at (unter Kassaei leicht auffindbar) am 24. August ein Gespräch wieder, das rund drei Stunden dauerte und in zehn Teile zerlegt ist. Titel: „Damit der Werbenachwuchs gieriger wird". Der weltweite Kreativchef des DDB Networks Kassaei, vielmaliger Werbepreisträger, und de Felice, notorischer Award-Verweigerer, aber sehr erfolgreicher Kampagnero in Österreich, räsonieren da über „Werbepreise, Zombiewelt und Glaubwürdigkeit", Kreativrankings als Gift und vor allem: Österreich. „Der Österreicher kompensiert seine Minderwertigkeit durch extrem ausgeprägten Zynismus", sagt Kassaei (der es als Zu- und Auswanderer erlebt hat) – und fordert mehr gesellschaftspolitische Relevanz für das Thema Werbung auch in den Medien selbst (für Kassaei-Freunde wie -Hasser und -Leser, die Österreichs Werbeseelen vermessen wollen: eine Empfehlung zur Online-Lektüre!). AUG

ERFOLGE BEI ADC, ADC*E, EUROBEST

Dabei schlagen sich österreichische Arbeiten bei europäischen Bewerben gar nicht so schlecht: Beim ADC Deutschland gewinnt die Wiener Halle34 mit dem Booklet „Altes Kloster – Ein Tag. Eine Nacht." einen bronzenen Nagel; über Auszeichnungen können sich auch die DDB Tribal Wien, Jung von Matt/Donau und brand unit Wien freuen. Und beim ADC*E, dem Europa-Bewerb der Kreativclubs, wird Samia Azzedine, Junior Copywriter bei PKP BBDO sowie CCA-Junior of the Year, von der ADC*E-Jury mit Gold ausgezeichnet und damit zum „Young European Creative 2012", und die Wiener Designagentur 3007 punktet in der Kategorie Graphic Design. Und beim Eurobest (dem Cannes-Europa-Spin-off im Herbst) holt Havas Worldwide Wien (früher Euro RSCG) in der Kategorie Print Silber und in der Kategorie Outdoor auch noch einen bronzenen Eurobest-Award; Ogilvy & Mather mit der Arbeit „Stratos Jump" im Auftrag der Modellbau-Messe Wien Eurobest-Silber. Da wurde das Marketingevent des Jahres, der Sprung von Felix Baumgartner (Red Bull) aus der Stratosphäre, einfach mit LEGO®-Steinen und -figuren nachgebaut. OKT

NOVEMBER – Christian Schmid, ehemals Managing Director von TBWA\Wien, verlässt die Agentur und wechselt zu Ogilvy & Mather Wien. Anfang 2013 ist Schmid, der seit 2004 das Wiener Office der TBWA leitete und Marken wie Verbund oder Flughafen Wien betreut, in das Führungsteam von Ogilvy & Mather gewechselt.

DAS RED-BULL-WELTEREIGNIS

Apropos Stratos, Red Bull und Felix Baumgartner und sein lapidares „I'm going home" vor dem Überschallsprung: „Die Fachwelt verneigt sich vor Red Bull", titelt *HORIZONT* und spielt an auf die globale Live-Coverage des TV-Events am Sonntag, dem 14. Oktober 2012. Allein der ORF, der parallel mit dem Red-Bull-Sender ServusTV das „Event" übertrug, sammelte bis zu 2,8 Millionen Zuschauer ein (und ServusTV, das in der Regel deutlich unter einem Prozent Tagesmarktanteil bilanziert, fast eine Million Zuseher – und das in einem Land mit rund 7,2 Millionen Menschen ab 14 Jahre). Sei's drum, verlautet aus der Red-Bull-Zentrale in Fuschl bei Salzburg: Eingereicht wird nicht, schon gar nicht in der neuen Cannes-Kategorie „Branded Content & Entertainment Lions", in der viele Beobachter das „Stratos"-Projekt für Gold- oder gar Grand-Prix-gesetzt halten ... OKT

„Nein" auch von JvM/Donau: Auch in Wien gründen Jung von Matt eine Nachwuchsakademie und kündigen an, nur mehr in zweijährigem Rhythmus bei Awards einreichen zu wollen – eine Entscheidung nach dem Hamburger Muster, begründen die Wiener Geschäftsführer Andreas Putz und Josef Koinig: „Diese Entscheidung war nicht einfach und richtet sich nicht gegen Awards an sich. Wir sind nach wie vor der Meinung, dass Wettbewerbe das Geschäft beleben. Aber uns war es wichtig, jetzt in den Nachwuchs investieren zu können." NOV

VERLEGER RUFEN „HILFE"

Schlusspunkt, programmatischer: Der Verlegerverband VÖZ startet im Oktober seine alljährliche Leser- und Marketingkampagne (Kreation: Demner, Merlicek & Bergmann) mit extra formulierten drei Sujets zu „Demokratie und Meinungsfreiheit": „Was wäre die öffentliche Meinung ohne jemanden, der sie veröffentlicht?", „Die wahre Verfassung einer Demokratie wird täglich neu geschrieben" und „Eine Zeitung schützt Zerbrechliches. Zum Beispiel unsere Demokratie", lassen die Verleger von Kauf-Tageszeitungen, Kauf-Wochenzeitungen und Kauf-Magazinen formulieren. Denn, siehe die Nettokonjunktur am Anfang dieses Werbejahres in Österreich: Die Printmedien sehen zunehmend eine Abwanderung der Werbegelder und -kunden in den Online-Bereich und appellieren an Unterstützung wie Förderung ihrer Content-Angebote. OKT

Das Österreich-Werbejahr 2012? Bewölkt bis regnerisch – der Sturm braut sich erst noch zusammen!

DAS WERBEJAHR IN DER SCHWEIZ WAR GEPRÄGT VON LEICHTEM WACHSTUM. ÜBERDURCHSCHNITTLICH GEWACHSEN IST DER ONLINE-MARKT. UND ÜBERALL GIBT ES MEHR DRUCK AUF DIE AGENTUREN.

Das Werbejahr 2012 in der Schweiz

Die im Mayakalender prophezeite Katastrophe ist nicht eingetreten. Trotzdem wurde es für die führenden Schweizer Werber ein durchwachsenes Jahr. Der Swisscom-Etat ist mit großem Getöse an die deutsche Agentur HEIMAT Berlin gegangen. Ein Großteil des Budgets ist schlussendlich dennoch in der Schweizer Heimat verblieben. Und auch die Banken wagten wieder in Werbung zu investieren. So konnten 60 Prozent der im Verband BSW „leading swiss agencies" organisierten Agenturen das Geschäftsjahr 2012 mit leichtem Wachstum bei den Honoraren abschließen. Helvetisch bescheidene, aber solide 4 Prozent. AUTOR _ ANDREAS PANZERI

JANUAR – Während des internationalen Uhrensalons in Genf hat IWC Schaffhausen im Januar eine neue Kollektion von Fliegeruhren „Top Gun" vorgestellt und dafür einen gigantischen Flugzeugträger als Replica-Modell von 900 m² Fläche nachbauen lassen.

FEBRUAR – Zum 35. Mal verlieh die Werbewoche in 2012 die Auszeichnung „Werber des Jahres". Neben dem Wahlgremium aus Fachleuten konnten auch die Leserinnen und Leser der Fachzeitschrift mitbestimmen. Gewählt wurde mit großer Mehrheit Urs Schneider.

Das Jahr ist mit viel Neugier für die Zukunft gestartet. Die HWZ Hochschule für Wirtschaft Zürich schaffte per Januar 2012 die erste Fachstelle für Social Media-Management in der Schweiz. Später im September wurde ein ebenso zukunftsgläubiger Verband SMAMA gegründet. In dieser „swiss mobile association" sollen alle maßgeblichen Unternehmen vertreten sein, die sich in der Schweiz mit Mobile Business befassen. Es tut sich was im eidgenössischen Internet. Zwar galt die Schweiz bereits bisher als führend in Sachen Breitband und Vernetzung. Im Bereich Werbung über diese Kanäle schlummert das Alpenland aber noch deutlich hinter Deutschland oder gar den USA.

Obwohl im Vorjahr 30 Prozent der Branchen ihre Werbeausgaben reduziert haben, wuchsen die Ausgaben für Online-Werbung im Jahr 2012 erneut um geschätzte 15 Prozent und überstiegen damit die Marke von 500 Millionen Franken. Gesamthaft verantworten die „leading swiss agencies" Werbegelder von rund 2 Milliarden Franken. Dazu kommt noch einmal geschätzt 1 Milliarde, die über kleinere oder nicht im Verband organisierte Agenturen getätigt wird.

Neben der Kreation rechnen auch die Media-agenturen mit einem Einnahmenplus gegenüber dem Vorjahr. Die Gewinnerwartungen sind dagegen bei beiden verhalten.

Die allgemein herrschende finanzielle Situation bei den Medien spiegelt ansonsten die Entwicklung beim Schweizer Medienball. Der früher legendäre „Presseball", wo in besseren Zeiten auch Bundesräte angetanzt sind, musste 2012 mangels Sponsoren abgesagt werden.

DER DRUCK AUF DIE AGENTUREN NIMMT ZU

Die wichtigsten Gründe für die Margenerosion sind die hohen personellen und technischen Investitionen in Online-Kompetenzen. Die fachlichen Anforderungen und damit auch Personalkosten haben stark zugelegt, seit „crossmedia" zum Buzzword geworden ist. Gleichzeitig beklagen die Agenturen zunehmend gestellte Forderungen von Auftraggebern nach Zusatzleistungen, die aber nicht zusätzlich entschädigt werden.

Die Rahmenbedingungen werden damit für die Agenturen schlechter. Die von Kunden gewünschte hohe Beratungs- und Servicequalität verlangt eine sorgfältige Ressourcenplanung. „Dies wird zunehmend schwieriger. Entscheidungen von Werbetreibenden

MÄRZ – Ein viel beachteter Pitchgewinn durfte die erst vor fünf Jahren gegründete Rod Kommunikation (Newcomer-Agentur 2008) verzeichnen. Im März waren die ersten Arbeiten ihrer neuen Ideen für die Schweizerischen Bundesbahnen zu sehen.

APRIL – Das Angebot „Sommerferien im Wasserland Schweiz" wurde crossmedial auch auf Tour rund um die Welt geschickt.

fallen immer kurzfristiger und verstärkt projektbezogen", meint Peter Leutenegger, Geschäftsführer des BSW. Budgets ändern sich häufiger, Strategien ändern sich schneller, und die Qualität der Agenturbriefings ist abnehmend. Die Agenturen orten hier einen großen Schulungsbedarf.

60 Prozent der Werbe-, Media- und Kommunikationsagenturen in der Schweiz investierten deshalb massiv in die digitale Aus- und Weiterbildung. 83 Prozent haben bereits Spezialisten eingestellt und entwickeln Online-Lösungen inhouse und integriert. Kreations- und Entwicklungsteams bestehen immer mehr aus den Disziplinen Text / Art Direction / Online-Spezialist. 100 Prozent der Media- und 45 Prozent der Werbe- und Kommunikationsagenturen sind zusätzlich Kooperationen mit spezialisierten Agenturen eingegangen.

DIE DIGITALE HERAUSFORDERUNG

Internetuser verlagern ihre Surfgewohnheiten immer mehr vom stationären Internet zu Smartphones und Tablet-Computer. Der Traffic-Anteil von mobilen Endgeräten hat bei vielen großen Schweizer Premium-Publishern die magische Grenze von 50 Prozent geknackt. MAI

Werbetreibende kommen durch die rasante Smartphone-Verbreitung enorm unter Druck. Fakt ist: Immer mehr Nutzer beziehen ihre Informationen ausschließlich über mobile Endgeräte. Trotzdem wird bislang erst ein Bruchteil der Werbegelder in mobile Kanäle gesteckt. Die Folge daraus: Immer mehr Nutzer werden von klassischer Online-Werbung nicht erreicht. „Darum verwundert es nicht, dass nach konkreten Schätzungen die Werbespendings in den mobilen Werbekanal bis 2016 um 450 Prozent ansteigen werden", schätzt Adello.

Die 2008 gegründete Adello ist der erste und bisher einzige Vermarkter in der Schweiz, der sich voll und ganz auf Mobile Advertising konzentriert und mit den meisten großen Verlagshäusern wie Ringier oder Tamedia zusammenarbeitet. Das 10-köpfige Team um Gründer Mark Forster und CEO Sandor Laczko ist im Februar 2012 mit Smart AdServer, einem international führenden Anbieter von Ad Management-Lösungen, eine Technologiepartnerschaft eingegangen. Anfang September hat Adello auch eine Niederlassung in Hamburg gegründet, „aufgrund massiv gestiegener Anfragen aus Deutschland". Dies geschah in Zusammenarbeit mit dem gut vernetzten Team von Michael Lützenkirchen.

Ein anderer Shootingstar im Bereich der Online-Vermarktung ist Adwebster. Der Start-up lieferte in seinem erst zweiten Jahr 2012 bereits 900 Millionen Werbebanner pro Monat aus, was in der Schweiz die Führungsposition bedeutet. Die NZZ-Gruppe hat sich deshalb an Adwebster beteiligt. Megatrend oder nur ein Hype? Diese Frage beschäftigte die Vermarkter von Online-Werbung rund um das Aufkommen von „Real-Time-Bidding". Das führende Schweizer Unternehmen im auktionsbasierten Einkauf von Online-Werbeplätzen ist die Agentur Serranetga von Internetguru Remo Prinz. Der Firmenname bedeutet rätoromanisch „Reißverschluss".

QUO VADIS TV-SPOT?

Die Werbung der Telecom-Anbieter war 2012 geprägt durch das Rennen nach schnelleren Verbindungen im Netz. Vor allem upc Cablecom zeigte sich sehr angriffig in einer Kampagne mit großem Werbedruck. Der „James Bond"-erfahrene Schweizer Schauspieler Carlos Leal demonstrierte in verschiedenen Spots, wie Surfen von Cablecom schneller sein kann. Das Kopf-an-Kopf-Rennen mit Branchenleader Swisscom erlebte seine Fortsetzung auch beim Kabelfernsehen. AUG

Im Oktober legte Cablecom vor und kündigte an: Per 1. Januar 2013 wird die digitale Grundverschlüsselung aufgehoben. Das bedeutet 55 digitale TV-Sender gratis und ohne Settop-Box. Bereits im November zog Swisscom nach: Zum Internet-Abo gibts ab sofort 60 TV-Sender gratis.

Im hin- und herwogenden Kampf um den Fernsehzuschauer konterte upc Cablecom schließlich noch einmal und schaltete ihre Sender umgehend ab sofort frei.

Man habe diese „grundlegende Neuerung des Kabelanschlusses" beschlossen, um der Tatsache Rechnung zu tragen, dass bereits 80 Prozent der Schweizer Haushalte ihr Fernsehen digital genießen, begründete Cablecom das neue Kundenverhalten. Die Entwicklung wurde als „größte Umstellung der Schweizer TV-Landschaft seit der Einführung des digitalen Fernsehens" kommentiert.

MAI – Der Traffic-Anteil von mobilen Endgeräten hat bei vielen großen Schweizer Premium-Publishern die magische Grenze von 50 Prozent geknackt.

JUNI – Peter Felser hat im Juni das von ihm jahrelang engagiert geführte BSW-Präsidium an Nadine Borter übergeben.

Mit der neuen Technik ist natürlich verbunden, dass TV-Sendungen zeitverschoben konsumiert werden können. In diesem Fall lässt sich Werbung im Schnellgang überspielen. Interessierte Kreise sind deshalb bereits politisch aktiv geworden und versuchen, kostenlos zeitverschobenes Fernsehen in der Schweiz wieder zu unterbinden.

IMPORT UND EXPORT

Aufsehen erregte die Werbung von Swisscom auch noch aus einem anderen Grund. Nachdem während Jahren die Berner Contexta als „Hausagentur" der Swisscom gewirkt hatte, wurde im Mai 2011 die Schweizer Niederlassung des internationalen Netzwerkes Saatchi & Saatchi zur neuen Leadagentur bestimmt. Es wirkte deshalb wie eine falsch gewählte Telefonnummer, als bereits im April 2012 das millionenschwere Budget wieder neu ausgeschrieben wurde.

Der international ausgeschriebene Pitch (von Swisscom) wurde von der deutschen HEIMAT gewonnen. JUL Der Agenturname „Heimat" mit Ansprechpartnern in Berlin für die traditionsreiche Swisscom ließ in Helvetien zahlreiche Medien ihr Talent für Satire entdecken. Namhafte Politiker sprachen von einem „Tabubruch eines großen Schweizer Unternehmens". Die Swisscom wusste aber zu kontern, dass der größte Teil der Werbeausgaben die Medienkosten seien: „Und diese bleiben in der Schweiz".

Nach dem Branchenbeobachter Mediafocus investierte die Swisscom von 2008 bis 2010 durchschnittlich 60 Millionen Franken pro Jahr in Werbung. Bei 10 Prozent Produktionskosten darf man also davon ausgehen, dass die Swisscom 2012 mindestens sechs Millionen Franken für kreative Ideen aus Deutschland ausgeben wird. Die Branche war sich allerdings auch einig, dass die Swisscom dringend „eine etwas frechere Werbung" gebrauchen könnte.

Gespannt warteten die eidgenössischen Kreativen deshalb auf den ersten Spot aus der fernen Heimat. Die erwartete Rakete präsentierte sich im Juni allerdings als Rohrkrepierer. Offenbar musste in einer Übergangsphase noch im alten CI gearbeitet werden. Später spottete man auch von einem „Hornbach-Abklatsch". Inzwischen hat HEIMAT aber ein paar echt kreative Fortsetzungen nachlegen können (s. a. S. 506 ff.). Und auch sonst hat sich die Aufregung gelegt: Ein paar dankbare Teile des Budgets sind nämlich nach wie vor bei den bisherigen Agenturen Contexta, Jung von Matt/Limmat oder Saatchi & Saatchi Genf und Zürich wieder zum Vorschein gekommen. Von der HEIMAT außerhalb der „Heimat" werden „nur" die Privatkunden der Swisscom beworben.

Umgekehrt sind Schweizer Agenturen mächtig stolz, wenn sie auch selbst ihre kreativen Ideen ins Ausland exportieren können. Wunderman von der Zürcher Y&R Group darf international für Microsoft arbeiten. Die Kampagne für ein KMU-Portal wurde in zwölf Ländern West Europas in vierzehn Sprachen ausgerollt. Westeuropa wird von Wunderman Zürich auch mit einem „Master of Sales"-Programm auf den Verkauf auf Windows 8 vorbereitet. SEP

Die Zürcher Agentur /Department betreut nicht nur das globale Budget für Oakley-Sonnenbrillen. Ebenfalls für den neuen Ski „All in One" von Head haben die Schweizer einen weltweit eingesetzten Spot sowie ein Online-Game mit US-Skistar Lindsey Vonn als Testimonial lanciert.

Auch einheimische Produkte werden mit Schweizer Werbung exportiert: „Es gelingt uns gut, Schweizer Konzerne ins Ausland zu begleiten", sagt Dominique von Matt, Chef der inhabergeführten Werbeagentur Jung von Matt/Limmat. Seine Kreativschmiede arbeitet mit Michael Mittermeier für Rivella in Deutschland sowie für die Bank Julius Bär. Spillmann/Felser/Leo Burnett betreut Kampagnen von ABB und Schweiz Tourismus weltweit. Die Y&R Group Zürich wirbt in Europa neben Microsoft auch für Geberit AquaClean. Havas Worldwide Zürich exportiert Teile der Kampagne für die Credit Suisse.

GLAMOUR UND STANDORTMARKETING

Wenn George Clooney als Botschafter der in der Schweiz erfundenen Nespresso-Kapseln allerdings augenzwinkernd seinen Kaffee schlürft, klingelt es nicht in der Kasse einer Schweizer Agentur. Die Idee wurde bei McCann Erickson in Paris entwickelt. Die UBS-Werbung wird in London verantwortet, und Publicis in Zürich spielt bei diesem Etat nur den Schalterbeamten. Novartis lässt einiges in der Schweiz kreieren. Der Lead für viele Produkte ist aber bei Saatchi & Saatchi in Frankfurt. „Global operierende Konzerne siedeln ihre globalen Marken oft in Schlüsselmärkten an. Deren

JUNI – Eine zumindest für das Auge gewinnbringende Kampagne präsentierte Spillmann/Felser/Leo Burnett im Juni für den Verband der Strukturierten Produkte.

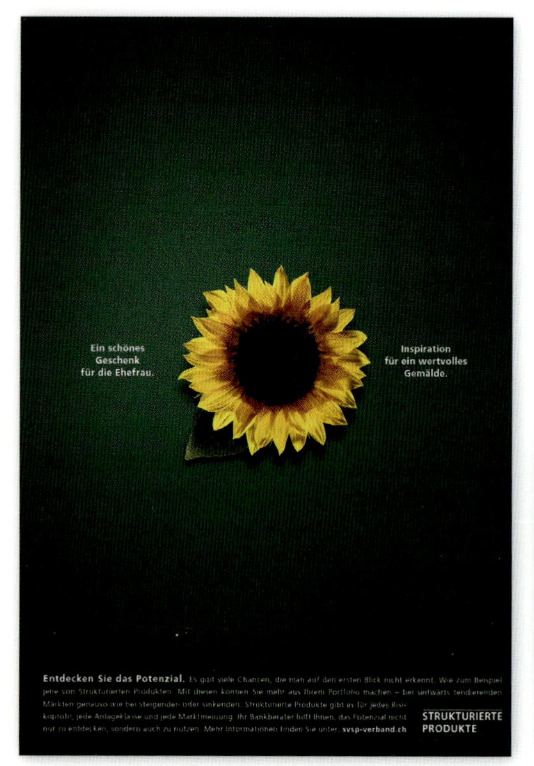

JULI – Rechtzeitig zum Hochsommer machte die Agentur Erdmannpeisker Rivella zum „offiziellen Durstlöscher der Schweiz“.

JULI – Im Bereich Private Banking hat ab Juli Euro RSCG mit einer neuen Bildwelt für die Credit Suisse an einem verbesserten Image gearbeitet.

Sog hat in den letzten Jahren zugenommen, was zum Teil auf Kosten der Schweizer Werbetreibenden geht“, sagt Frank Bodin, Chairman von Havas Worldwide Zürich. Sucht also ein Großkonzern eine neue Agentur, nimmt er Kontakt mit den Hauptsitzen in London, Paris oder New York auf und denkt nicht an die Schweiz und ihre Werbetreibenden.

Beim Verband BSW „leading swiss agencies“ wird Standortmarketing deshalb nach wie vor als wichtige Pendenz gehandelt. „Die Schweiz ist ein idealer Werbestandort, im Herzen Europas gelegen, von Natur aus mehrsprachig und multikulturell. Unsere Kampagnen sind daher per se global ausgerichtet.“ Zwar fruchten laut Bodin gewisse Bestrebungen, globale Kunden aus der Schweiz heraus zu betreuen, doch gebe es einige Konzerne, welche diese Standortvorteile erst entdecken müssten.

Aber auch innerhalb der Schweiz soll die Arbeit der Werber gefördert werden. Der Art Directors Club Schweiz will künftig Monat für Monat einen Auftraggeber auszeichnen, der seit Längerem für ausgezeichnete Werbung einsteht.

Als sichtbares Zeichen, kreative Werbung noch näher an ihr Publikum bringen zu wollen, hat der ADC im November in Zürich neue Räume bezogen. NOV Die Geschäftsstelle ist in einer ehemaligen Galerie installiert und „reflektiert auch ein neues Programm des ADC“. Der Club möchte in Zukunft noch mehr die Vereinigung der führenden Kreativen der Kommunikationswirtschaft sein. „Wir wollen uns auch öffnen gegenüber Domänen, die jetzt noch untervertreten sind: mehr Fotografen, Filmer, Designer, Onliner. Aber es können auch Architekten sein oder Product Designer“, erklärt der Vorstand. Eröffnet wurde das neue Office mit einer Ausstellung von Frank Bodins „100 Creative Imperatives“. NOV Der Chairman der Schweizer ADC Jury hat diese Leitsätze wie „Innovation means eliminating the existing“ ein Jahr lang täglich über Twitter verschickt. Die Tweets haben inzwischen in der Szene eine Interaktion mit viel kreativem Feedback entwickelt.

VON LÖWEN UND WÜRFELN

Das von der *Werbewoche* ermittelte Kreativranking, basierend auf den Erfolgen von 2011, führt im Berichtsjahr die Y & R Group an der Spitze, gefolgt von Spillmann/Felser/Leo Burnett, Jung von Matt/Limmat, Ruf Lanz und Saatchi & Saatchi.

Im Ranking des Verbandes BSW „leading swiss agencies“, welches die Größe vergleicht, folgen sich auf den fünf Spitzenrängen Publicis, Spillmann/Felser/Leo Burnett, Jung von Matt/Limmat, Wirz Werbung und Saatchi & Saatchi.

Der ADC konnte auf einen erfolgreichen Jahrgang zurückblicken. 2012 nahmen die Einsendungen zur Jurierung gegenüber dem Vorjahr um 13 Prozent auf insgesamt 850 Kampagnen zu. Zudem hat die Jury einen guten Riecher bewiesen: So sind etliche der vom ADC mit Gold oder Silber ausgezeichneten Arbeiten auch an renommierten internationalen Festivals wie der One Show in New York ausgezeichnet worden. Gold-Gewinnern der ADC-Jurierung 2012 sind die Kampagne für Swiss Life von SFLB, Ferien in Graubünden von Jung von Matt/Limmat, Hakle Toilettenpapier von JWT/Fabrikant sowie Fleurop-Blumen von SFLB. Mit zwei Gold- und fünf Silberwürfeln war Spillmann/Felser/Leo Burnett somit die erfolgreichste Agentur der ADC-Jurierung.

In Cannes haben die Schweizer sieben Löwen gewonnen. Vier Silber, drei Bronze. Erfolgreichste Agentur war Spillmann/Felser/Leo Burnett mit vier der putzigen Tierchen. Zwei der silbrigen Löwen waren für die „Wendesätze“ von Swiss Life. Diese Kampagne ist auch bei Epica oder Cresta Awards in New York sowie mit dem Schweizer Gold-Effie ausgezeichnet worden und gilt somit als die am meisten prämierte Kampagne der Schweiz im Jahre 2012.

Zum 35. Mal verlieh die *Werbewoche* in 2012 die Auszeichnung „Werber des Jahres“. Neben dem Wahlgremium aus Fachleuten konnten auch die Leserinnen und Leser der Fachzeitschrift mitbestimmen. Gewählt wurde mit großer Mehrheit Urs Schneider. FEB Ein unkonventionelles Resultat, denn Urs Schneider ist kein Creative Director wie bisher die meisten seiner Vorgänger. Er führt seit zehn Jahren seine eigene Mediaagentur und markiert mit Mediaschneider die größte nach wie vor unabhängige Agentur.

Mehr als 70 Prozent des Spendings werden heute in der Schweiz von nur noch fünf Mediaagenturen betreut, die alle zu einem großen internationalen Netzwerk gehören. „Zu diesen will ich ein Gegen-

JULI – Der international ausgeschriebene Pitch (von Swisscom) wurde von HEIMAT Berlin gewonnen.

AUGUST – Der Schweizer Schauspieler Carlos Leal demonstrierte in verschiedenen Spots, wie Surfen von upc Cablecom schneller sein kann.

SEPTEMBER – Jung von Matt/Limmat realisierte im September einen Spot für die Migros, in dem ein großes Symphonieorchester auf „Instrumenten" spielt, die alle aus Früchten und Gemüse nachgebaut wurden.

gewicht bilden", erklärte Urs Schneider im Sieger-Interview. Um das halten zu können, ist er 2012 eine 25-prozentige und gegenseitige Beteiligung mit der deutschen Serviceplan eingegangen, „um die Innovationskraft von plan.net im digitalen Bereich auch für unsere Kunden in der Schweiz nutzen zu können."

NEUE AGENTUREN UND JOBWECHSEL

Doch noch eine Überraschung für die Branche gab es im August. Peter Felser und Martin Spillmann meldeten nach zehn Jahren als CEO und CD, dass sie alle Anteile ihrer Spillmann/Felser/Leo Burnett an Leo Burnett verkaufen konnten. In Zukunft wollten die beiden Gründer nur noch im Verwaltungsrat tätig sein. Martin Spillmann hat sich aber bereits im Dezember noch einmal mit einer CD-Funktion für Leo Burnett in ganz Europa überraschend zurückgemeldet. Peter Felser hingegen hat im Juni auch das von ihm jahrelang engagiert geführte BSW-Präsidium an Nadine Borter übergeben. JUN Die „Werberin des Jahres" 2011 ist Geschäftsführerin und Inhaberin von Contexta.

Bene Abegglen, der Anfang 2010 die von ihm über 30 Jahre maßgeblich geprägte Contexta an Nadine Borter verkauft hatte, wollte es ebenfalls noch einmal wissen und hat im April 2012 mit den Social-Media-Spezialisten Patrick Mueller und Marc Leuzinger sowie dem Filmemacher Peter Lehner Shortcuts gegründet. Ihre „Future Agency", die mehrere Generationen vereint, will in Zukunft noch fantasievoller mit den Möglichkeiten von Social Media und Branded Entertainment spielen.

Im Mai ist aus der Berner Agentur Cosmic nach einer Abgrenzung zum Zürcher Partner gleichen Namens die Agentur Komet entstanden.

Im Juli hat Publicis die Gründung der neuen Unit Red Lion bekannt gegeben. Diese „Agentur in der Agentur" soll primär den KMU-Markt vertieft erschließen. CD wurde Sacha Moser. Christian Siegrist ist Managing Director. Red Lion startete in Zürich mit neun Leuten.

Im September haben 316 Agenturen in 120 Städten in 75 Ländern einen neuen Namen erhalten. Auch Euro RSCG Zürich heißt ab jetzt Havas Worldwide Zürich, und aus Euro RSCG Genève wird Havas Worldwide Genève. Chairman für beide Schweizer Ableger bleibt Frank Bodin.

Andere wichtige Personalien 2012 waren das Ausscheiden von Christoph Bürge bei Krieg Schlupp Bürge im Oktober. Die Hausagentur von Coop, abwechselnd mit Migros der größte Werbeauftraggeber der Schweiz, heißt fortan nur noch Krieg Schlupp. Bereits vor einem Jahr hat die Agentur den Zusatz „Springer & Jacoby" aus ihrem Namen streichen müssen. Die neuerliche Anpassung geschieht aus strategischen Differenzen. Die Agentur will sich noch mehr als bisher auf die Kommunikation von „Nachhaltigkeit" ausrichten. Ein Wertewandel, der aber nicht falsch verstandenes „Greenwashing" bedeuten soll, wie CD Daniel Krieg erklärt.

Im Dezember hat Serviceplan eine Niederlassung in der Schweiz eröffnet und ist gleich mit über 20 Mitarbeitern gestartet.

AUFGEFALLEN

Ein die Werbung sichtbar beherrschendes Thema im Jahre 2012 war Bio. Jung von Matt/Limmat hat dazu im September einen Spot für die Migros realisiert, wo ein großes Symphonieorchester auf „Instrumenten" spielt, die alle aus Früchten und Gemüse nachgebaut wurden. SEP Der Konkurrent Coop setzte für seine Linie „Naturaplan" ebenfalls auf Musik und ließ im Herbst in seinem Clip von Krieg Schlupp Bürge junge Menschen zum Thema „Bio" rund um einen Rap tanzen.

Mehr der Technik zugewandt war der internationale Uhrensalon in Genf. Hier hat IWC Schaffhausen im Januar eine neue Kollektion von Fliegeruhren „Top Gun" vorgestellt und dafür einen gigantischen Flugzeugträger als Replica-Modell von 900 m² Fläche nachbauen lassen. JAN

Ein viel beachteter Pitchgewinn durfte die erst vor fünf Jahren gegründete Rod Kommunikation verzeichnen. Im März waren die ersten Arbeiten ihrer neuen Ideen für die Schweizerischen Bundesbahnen zu sehen. MRZ Die SBB gibt sich mit dem Auftritt deutlich jünger. Der Claim heißt „Unterwegs zuhause". Für die Musik zu ihrem Werbespot hat die Bahn ein Casting unter singfreudigen Mitarbeitenden lanciert. Ein Lok-

SEPTEMBER – Westeuropa wird von Wunderman Zürich mit einem „Master of Sales“-Programm auf den Verkauf auf Windows 8 vorbereitet.

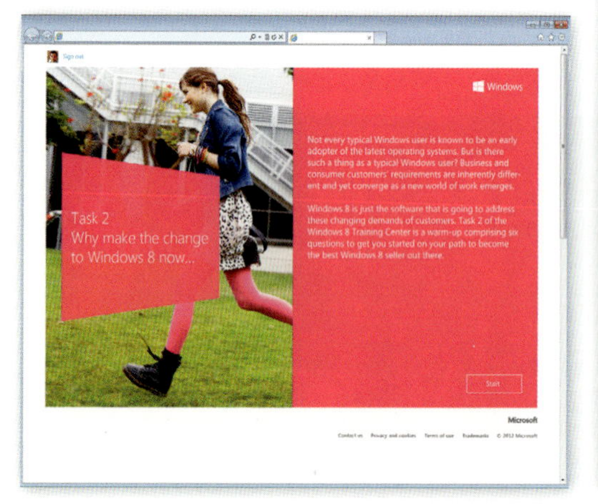

OKTOBER – Mit der Botschaft „Du kannst es nicht ewig verstecken – sprich über Geschlechtskrankheiten“ ging im Oktober die „Love Life“-Kampagne für die Aids-Prävention des Schweizer Bundesamtes für Gesundheit in eine neue Runde.

führer und eine Sachbearbeiterin konnten mit ihrem von Profis komponierten „Welcome Home“ umgehend sogar die iTunes-Charts erobern. Die Tatsache, dass es 7.000 Seen gibt in der Schweiz, nutzte Spillmann/Felser/Leo Burnett im April als Basis für eine neue Kampagne von Schweiz Tourismus. Das Angebot „Sommerferien im Wasserland Schweiz“ wurde crossmedial auch auf Tour rund um die Welt geschickt. APR

Rechtzeitig zum Hochsommer – der zwar in der Schweiz verregnet war – machte die Agentur Erdmannpeisker Rivella zum „offiziellen Durstlöscher der Schweiz“. JUL Die Kampagne bestätigt mit einem Augenzwinkern, dass Rivella mit einem Bekanntheitsgrad von 98 Prozent schon seit über 60 Jahren das Nationalgetränk der Helvetier ist. In Deutschland wird der Etat mit einer anderen Strategie durch Jung von Matt betreut.

Nachdem Charles Vögele im letzten Jahr noch mit Penélope Cruz oder Til Schweiger als „Designer“ und Testimonials gearbeitet hatte, machte das angeschlagene Modehaus mit europaweit über 800 Filialen 2012 eine totale Kehrtwende. „Viel näher bei den Leuten“ hieß die Strategie der neuen Kampagne, die im September exklusiv für die Schweiz lanciert wurde. Die eben gegründete Red Lion setzte auf Schweizer Vereine. 120 davon wurden von Vögele neu eingekleidet. Das Resultat hat auch Stoff für fünf authentische Spots abgeworfen.

Mit der Botschaft „Du kannst es nicht ewig verstecken – sprich über Geschlechtskrankheiten“ ging im Oktober die „Love Life“-Kampagne für die Aids-Prävention des Schweizer Bundesamtes für Gesundheit in eine neue Runde. OKT Mit Augenzwinkern statt Mahnfinger will Havas Wordlwide Zürich das Schweigen brechen.

Nicht mehr länger schweigen wollen auch die Schweizer Banken. Diese haben 2012 nach einer längeren Phase der Diskretion wieder mit Werbung begonnen. Das vorangegangene Bashing in den Medien hat die „Banksters“ aber offenbar derart verschüchtert, dass nur kreativ mutlose Ideen die Zensur bis zum Aufhängen an einer Plakatwand passieren konnten. Eine zumindest für das Auge gewinnbringende Ausnahme präsentierte Spillmann/Felser/Leo Burnett im Juni für den Verband der Strukturierten Produkte. JUN

Im Bereich Private Banking hat ab Juli auch Euro RSCG mit einer neuen Bildwelt für die Credit Suisse an einem verbesserten Image gearbeitet. JUL Für die Banken – und damit auch für die ganze Schweiz.

NOVEMBER – Als sichtbares Zeichen, kreative Werbung noch näher an ihr Publikum bringen zu wollen, hat der ADC im November in Zürich neue Räume bezogen.

Eröffnet wurde das neue Office mit der Ausstellung „100 Creative Imperatives" von ADC Jury-Chairman Frank Bodin (l., mit der neuen ADC-Geschäftsführerin Gioia Bozzato).

2012 WERBE- UND KOMMUNIKATIONSAGENTUREN

des bsw leading swiss agencies nach Größe

RANK	AGENTUR	KATEGORIE / in Mio.	MITARBEITER
1	Publicis Communications Schweiz AG, Zürich (gehört zur Publicis Gruppe)	25.0 – 30.0	138
2	Spillmann/Felser/Leo Burnett AG, Zürich	20.0 – 25.0	90
3	Jung von Matt/Limmat AG, Zürich	17.5 – 20.0	80
4	Wirz Werbung AG, Zürich (gehört zur Wirz Gruppe)	17.5 – 20.0	85
5	Saatchi and Saatchi Switzerland, Genf / Zürich	15.0 – 17.5	64
6	Havas Worldwide Zürich / Genf (ehemals Euro RSCG)	15.0 – 17.5	67
7	Contexta AG, Bern	15.0 – 17.5	60
8	Goldbach Interactive (Switzerland) AG, Biel	10.0 – 12.5	71
9	Futurecom AG, Zürich (gehört zur Y&R Group Switzerland)	10.0 – 12.5	–
10	Ogilvy & Mather AG, Zürich	10.0 – 12.5	–
11	Scholz & Friends Schweiz AG, Zürich	10.0 – 12.5	57
12	Valencia Kommunikation AG, Basel / Zürich	07.5 – 10.0	52
13	KSB Krieg Schlupp Bürge Werbeagentur AG, Zürich	07.5 – 10.0	49
14	Advico Young & Rubicam AG, Zürich (gehört zur Y&R Group Switzerland)	07.5 – 10.0	–
15	Draftfcb / Lowe Group GmbH, Wallisellen	06.0 – 07.5	40
16	DACHCOM.CH AG, Rheineck (gehört zur DACHCOM Gruppe)	05.0 – 06.0	46
17	Inhalt&Form Kommunikations AG, Zürich	05.0 – 06.0	25
18	Maxomedia AG, Bern	05.0 – 06.0	39
19	in flagranti werbeagentur AG, Lyss	04.0 – 05.0	31
20	metzgerlehner worldwide partners AG, Erlenbach	04.0 – 05.0	23
21	one marketing services AG, Zürich	04.0 – 05.0	20
22	Blue Spirit Communications AG, Schlieren	04.0 – 05.0	27
23	Festland AG, St. Gallen / Zürich	04.0 – 05.0	19
24	Neue Lgk Kommunikations AG, Bern / Zürich	04.0 – 05.0	23
25	Wirz Corporate AG, Zürich (gehört zur Wirz Gruppe)	04.0 – 05.0	–
26	Rufener events Ltd., Zürich	03.0 – 04.0	27
27	Agentur am Flughafen AG, Altenrhein	03.0 – 04.0	8
28	freicom communications AG, St. Gallen / Zürich / Chur	03.0 – 04.0	18
29	McCann Erickson SA, Genève	03.0 – 04.0	–
30	Polyconsult AG, Bern	03.0 – 04.0	16
31	cR Kommunikation AG, Zürich	03.0 – 04.0	15
32	Serranetga AG, Zürich	03.0 – 04.0	19

2012 MEDIAAGENTUREN

des bsw leading swiss agencies nach Größe

RANK	AGENTUR	MITARBEITER
1	Omnicom Media Group Schweiz AG, Zürich	92
2	ZenithOptimedia AG, Zürich (gehört zur Publicis Gruppe)	70
3	MediaCom AG, Zürich	53
4	Mediaedge:cia Switzerland AG, Zürich / Lausanne	39
5	Mediaschneider AG, Zürich	28
6	Mediaxis AG, Schlieren	21
7	Mindshare AG, Zürich	19
8	mediatonic SA, Genf	16
9	KONNEX Agentur für Medien-Kommunikation AG, Winterthur	8
10	Carat Switzerland AG, Zürich (gehört zur Aegis Media Group)	9
11	Mediabrands AG, Wallisellen	14
12	The whole Media AG, Basel	6
13	Isobar Switzerland AG, Zürich (gehört zur Aegis Media Group)	6
14	Vizeum Switzerland AG, Zürich (gehört zur Aegis Media Group)	6
15	JBW Media AG, Kilchberg	5

Kreativ rankings

DIE 30 KREATIVSTEN AGENTUREN 2012 / W&V

RANK	VOR-JAHR	AGENTUR	PUNKTE
1	2	Serviceplan (Plan.Net, Mediaplus)	2234
2	1	Jung von Matt (JvM Hamburg, JvM Berlin, JvM Stuttgart)	2120
3	7	HEIMAT Berlin	1512
4	5	Scholz & Friends (S&F Hamburg, S&F Berlin)	1058
5	4	Ogilvy & Mather (Düsseldorf, Frankfurt, Berlin)	958
6	3	Thjnk (Loved)	810
7	8	BBDO Germany (Interone)	798
8	10	DDB Germany (DDB Tribal, Heye & Partner, Red Urban)	678
9	9	Kolle Rebbe (Korefe), Hamburg	676
10	13	Lukas Lindemann Rosinski, Hamburg	450
11	6	Grabarz & Partner, Hamburg	346
12	18	Gürtlerbachmann, Hamburg	192
13	19	Art + Com, Berlin	174
14	15	Grey Group Germany	152
15	-	Publicis (Pixelpark)	148
16	17	Leo Burnett, Frankfurt	142
17	-	KMS Team / Blackspace	136
18	-	Oliver Voss Werbeagentur, Hamburg	128
18	23	Havas Worldwide, Düsseldorf	128
18	25	Schmidhuber + Partner, München	128
21	-	Razorfish, Berlin / Frankfurt	112
22	16	Wunderman, Frankfurt	106
23	-	Mediacom, Düsseldorf	104
24	-	Atelier Markgraph, Frankfurt	96
25	-	Kauffmann Theilig & Partner, Stuttgart	92
26	-	Strichpunkt, Stuttgart	80
27	11	FischerAppelt, Hamburg	78
28	-	McCann, Frankfurt	76
28	-	G2 Germany	76
30	20	KNSK, Hamburg	68
30	28	Leagas Delaney, Hamburg	68

Quelle: W&V 50/2012

DIE KREATIVSTEN KOMMUNIKATIONSDIENSTLEISTER DEUTSCHLANDS 2012 / HORIZONT

RANK	VOR-JAHR	AGENTUR	PUNKTE
1	1	Jung von Matt (JvM Hamburg; JvM Stuttgart; JvM Berlin; JvM / Relations Köln)	2796
2	3	Serviceplan (Serviceplan Hamburg / München[1]; Plan.Net Hamburg / München; Mediaplus Hamburg / München)	2756
3	7	HEIMAT Berlin	2112
4	4	Scholz & Friends (Scholz & Friends, Berlin[2]; Scholz & Friends Hamburg[3])	1442
5	5	Ogilvy & Mather Deutschland (Ogilvy Frankfurt[4]; Ogilvy & Mather Düsseldorf)	1108
6	9	BBDO Germany (BBDO Proximity Berlin; BBDO Proximtiy Düsseldorf[5]; BBDO Proximity Stuttgart; Interone Hamburg / München; Peter Schmidt Group Frankfurt / Hamburg)	1032

7	10	Doyle Dane Bernbach Group (DDB Tribal Berlin; DDB Tribal Düsseldorf; DDB Tribal Hamburg; Red Urban München; Heye & Partner Hamburg/München; Heye DDB Health München; Print Communication Consultants München/Berlin)	914
8	8	Kolle Rebbe, Hamburg	872
9	2	Thjnk (ehemals Kemper Trautmann) (Thjnk Hamburg; Thjnk Change Hamburg; Loved Hamburg)	736
10	13	Lukas Lindemann Rosinski, Hamburg	638
11	6	Grabarz & Partner, Hamburg	556
12	–	Oliver Voss Werbeagentur, Hamburg	256
13	–	KMS Team/KMS Blackbox, München	210
14	14	Grey Group Germany (Grey Worldwide Düsseldorf; Grey Berlin (ehemals Atletico); Dorland Werbeagentur Berlin; KW 43 Branddesign Düsseldorf)	208
15	–	Art + Com, Berlin	188
16	–	Razorfish, Berlin/Frankfurt	184
17	23	Gürtler Bachmann Werbung, Hamburg	182
18	–	Mediacom/Mediacom Interaction, Düsseldorf	172
19	–	Atelier Markgraph, Frankfurt	166
20	–	Kauffmann Theilig + Partner, Stuttgart	160
21	18	Wunderman, Frankfurt	142
22	29	Leo Burnett, Frankfurt	138
23	17	Schmidhuber + Partner, München	134
24	–	Coordination, Berlin	128
24	25	Philipp und Keuntje, Hamburg	128
26	–	Havas Worldwide Germany (ehem. Euro RSCG), Düsseldorf	122
27	25	Leagas Delaney, Hamburg	112
28	–	Carat, Düsseldorf/Hamburg	104
28	–	Strichpunkt, Stuttgart	104
30	–	Barbecue Mediendesign, Frankfurt	96
30	–	Herburg Weiland, München	96

[1)] inklusive Serviceplan Event/Serviceplan Health & Life/Serviceplan One
[2)] inklusive Scholz & Friends Agenda
[3)] inklusive Scholz & Friends Interactive
[4)] inklusive Ogilvy & Mather Advertising, Ogilvy One, Ogilvy Healthworld
[5)] inklusive BBDO Life, Bonn
Quelle: Horizont 50/2012

KREATIVRANKING ÖSTERREICH 2012 / BESTSELLER

RANK	VOR-JAHR	AGENTUR	PUNKTE
1	1	Demner, Merlicek & Bergmann	3087
2	2	Jung von Matt/Donau	2211
3	8	DDB Tribal Group	1760
4	3	PKP BBDO	1441
5	5	Wien Nord	1125
6	4	Ogilvy & Mather Vienna	973
7	10	Rahofer	659
8	6	Wunderman PXP	464
9	–	3007 dranaz + fill	222
10	–	JWT Wien	175
11	9	Publicis Group Austria	171
12	13	die3 Agentur für Werbung und Kommunikation	160
13	15	Cayenne Marketingagentur	113
14	7	Havas Worldwide*	108
15	14	Initiative Media	100
16	11	Verena Panholzer	98
17	–	zurgams Kommunikationsagentur	80
18	16	KOOP Live Marketing	52
19	–	Christian Salic, Werbe- und Designagentur	48
20	19	Createam	46
21	18	Hartinger Consulting	33

**ehemals Euro RSCG Vienna*
Dieses Ranking berücksichtigt alle nationalen und internationalen Awards, die zwischen 8. November 2011 und 22. November 2012 verliehen wurden. Es zählt der Tag der Preisverleihung, nicht der der Bekanntgabe der Gewinner. Wenn es jedoch keine Award-Show gibt, wird der Tag der Veröffentlichung der Resultate eines Wettbewerbs als Stichtag herangezogen.
Quelle: Bestseller 11/12 2012

KREATIVRANKING SCHWEIZ 2012

RANK	AGENTUR	PUNKTE
1	Spillmann/Felser/Leo Burnett	613
2	Wirz Werbung	448
3	Jung von Matt	395
4	Ruf Lanz	279
5	Y&R-Gruppe	228
6	Havas Worldwide	131
7	Draftfcb/Lowe Zürich	111
8	Publicis	78
9	JWT/Fabrikant	67
10	Contexta	49

Quelle: werbewoche 23/21.12.2012

DIE KREATIVSTEN AUFTRAGGEBER 2012 / W&V

RANK	UNTERNEHMEN	PUNKTE
1	Mercedes-Benz	1818
2	Austria Solar	994
3	Lego	702
4	Turner Broadcasting	674
5	Hornbach	490
6	Edding	372
7	VW	360
8	Adidas	348
9	Smart	340
10	Audi	282

Quelle: W&V 50/2012

DER MANAGER-MAGAZIN-KREATIV-INDEX 2012

RANK	VOR-JAHR	AGENTUR	PUNKTE
1	1	Jung von Matt, Hamburg	1747
2	3	Serviceplan, München	1188
3	8	HEIMAT Berlin	953
4	5	Scholz & Friends, Berlin	810
5	9	Kolle Rebbe, Hamburg	650
6	4	Thjnk, Hamburg	535
7	2	Ogilvy & Mather, Frankfurt	524
8	7	BBDO Germany, Düsseldorf	514
9	10	DDB Tribal Group, Berlin	398
10	11	Lukas Lindemann Rosinski, Hamburg	360

Quelle: manager magazin 12/2012

Das gute Ende

DOT.HIV – DIE ROTE SCHLEIFE DES DIGITALEN ZEITALTERS

Der Autor Pit Knit

Bild oben von links nach rechts _ Das dotHIV-Team: Carolin Silbernagl, Lena Reckeweg, Michel Foertsch, Lisa Hollenbach, Tobias Mölder, Michael Trautmann, Philipp Kafkoulas, Stefan Förster.

A

m Anfang sieht es wirklich nicht nach Charity aus: Vier junge Männer sitzen im tief verschneiten Westerheidetal auf Sylt und lassen bei einem Gläschen Wein ihr Werberjahr Revue passieren. Ein Gespräch, das bald auch zu den grundsätzlichen Fragen des eigenen Treibens führt: Was erreicht Werbung? Wen erreicht Werbung? Wozu das alles? Lässt sich ändern, wie Menschen handeln; lässt sich ihr Bewusstsein wecken, vielleicht sogar langfristig? Und natürlich: Was ist von Awards zu halten?

Für die jungen Herren auch darum ein Thema, weil sie in dem Jahr, das hinter ihnen liegt, für die Michael Stich Stiftung gearbeitet haben. Eine Kampagne zum Thema HIV/Aids sollte wach rütteln, für die Sache neu sensibilisieren und im Jahr darauf auch den Awardjurys ein beifälliges Raunen entlocken. Aber geht das überhaupt alles gleichzeitig? Heute sind die jungen Männer drei Jahre älter, ihr Arbeitgeber heißt nicht mehr kempertrautmann, sondern thjnk, und sie sind umgeben von einem wachsenden Team aus Mitarbeitern in Berlin, Hamburg und Genf. Ihrer Antwort sind sie sich mittlerweile sicher: Ja, das geht!

EUPHORIE, EINSICHT UND EHRFURCHT

Aber noch einmal auf Anfang. Etwas später in der verschneiten Nacht sagt einer der vier etwas, das wie ein Rätsel klingt: „Punkt H I V", sagt er. Das wäre was! Das wäre für ein globales Problem wie HIV/Aids ein angemessen großer Hebel. Das international verständliche Kürzel HIV wird eingetragen in die DNA des größten und modernsten Kommunikationstools der Menschheit! Statt nur google.com gäbe es dann auch google.hiv, und bei den Millionen von Websites weltweit ließe sich zusätzlich zu mehr Aufmerksamkeit für das Thema vielleicht auch etwas Spendengeld verdienen.

Gewärmten Herzens und hochzufrieden begeben sich die Werber spät zu Bett und träumen von Cannes. Wie weit weg das in diesem Moment vom Westerheidetal ist und wie viel Schlaf ihnen ihre Idee noch rauben wird – davon ahnen sie nichts. Das ist ein Muster, das sich ab jetzt immer wieder im Verlauf des Projektes zeigen wird: Am Anfang stehen Euphorie und schneller Tatendrang. Bald kommt die tiefere Einsicht in die Materie und mit ihr die Ehrfurcht vor der gewaltigen Aufgabe. Alles scheint unlösbar. Man probiert aus, setzt auf die Kraft der letzten Sekunde, aber am Ende hilft dem Einfall vor allem der Zufall.

EINE DOMAIN-ENDUNG WIE .HIV KAUFT MAN NICHT WIE EINE INTERNETADRESSE

Beispiel ICANN. Eine Domain-Endung wie .hiv kauft man nicht wie eine Internetadresse. Was hinter dem Punkt kommt, muss beantragt werden. Und zwar bei der Internet Corporation for Assigned Names and Numbers. Das Internet, begonnen als Experiment, hat längst seine eigene Verwaltungsebene, ein Konglomerat aus wirtschaftlichen, technischen und politischen Interessen, zu dem zeitweise auch Pioniere der Branche gehören – Vint Cerf zum Beispiel, der Entwickler des TCP/IP-Protokolls. Nur durch Zufall ist diese ICANN im Jahre 2010 gerade dabei, die letzten Maßgaben festzulegen, nach denen Anträge auf neue Domain-Endungen, sogenannte Top-Level-Domains, gestellt werden dürfen. Der Grund für die anstehende Erweiterung ist schlicht: Das Internet platzt aus allen Nähten. Firmen und Organisationen fordern mehr Freiheit, mehr virtuellen Spielraum.

Knapp zwei Jahre später öffnet die ICANN ein Bewerbungsfenster, von Januar bis Mai 2012 gehen 1.930 Bewerbungen ein, darunter 500 Anträge für Marken, Google allein stellt 101 Anträge. Diese zwei Jahre Zeit sind Gold wert. Denn der Antrag auf eine Top Level Domain wie .hiv kostet nicht nur Geld, er erfordert eine juristisch und wirtschaftlich profund abgesicherte langfristige Planung. Eine Art Unternehmen also. Das können die jungen Männer nicht allein.

Mal abgesehen von dem glücklichen Umstand, dass das Team mit André Kemper und Michael Trautmann von Anfang an zwei Chefs hat, denen soziales Engagement am Herzen liegt und die allen Beteiligten nicht nur die nötigen Freiräume in ihrer Arbeit geben, sondern sich auch finanziell beteiligen, hat der eigentliche, zentrale Zufall, besser Glücksfall, einen anderen Namen: Carolin Silbernagl. Unter der Leitung der Politikwissenschaftlerin wird aus der Idee das Social Business dotHIV. Es basiert auf dem weltweiten Verkauf von .hiv-Domains an Unternehmen, Organisationen und Privatpersonen; der Preis für die Domain fließt in einen Spendentopf. Bereits dieser Aspekt der Idee klingt vielversprechend, gibt es doch heute weltweit über 100 Millionen Adressen allein mit der Endung .com. Hier liegt auch die erste Parallele zur bekannten Roten Schleife, die man ja auch kauft und deren Preis zur Spende wird. Aber ihre digitale Schwester hat das Potenzial, viel revolutionärer zu sein, viel mehr zu erreichen als nur mehr Geld.

Auf dothiv.org und auf facebook.com/dothiv sieht man sie ständig: die kleinen Botschafter der Idee. Hier werden sie gerade als Strickpüppchen umgesetzt.

HIV? AIDS? IMMER NOCH EIN AKTUELLES PROBLEM?

Aber Moment. HIV? Aids? Hat sich dieser Problemkomplex nicht zusammen mit dem Waldsterben Ende der Achtziger in Luft aufgelöst? Um es kurz zu machen: Hat er nicht. HIV ist ein globales Problem, und der Umstand, dass Betroffene hierzulande bei regelmäßiger Medikation ihre Viruslast rechnerisch auf null setzen können, führt zu der optischen Täuschung, alles sei in Ordnung. Dabei werden Menschen, die mit dem Virus leben, auch in Deutschland an den Rand der Gesellschaft gerückt. Das beginnt mit dem einfachen Termin beim Arzt – den sie schwerer bekommen als jeder andere. Bei der Vergabe von Plätzen in Pflege- und Altersheimen werden sie stark benachteiligt; die Pfleger seien zu wenig geschult, heißt es. Die Einreise in die USA ist für HIV-Positive übrigens erst seit Barack Obama möglich.

Dieses Stigma wiegt schwer, aber in anderen Teilen der Welt ist die Situation noch viel dramatischer: Wer in Russland Aids-Aufklärung betreibt, muss mit harter Verfolgung rechnen, weil er nach dort herrschender Auffassung damit indirekt fürs Schwulsein wirbt. In Uganda steht ein Gesetz vor der Verabschiedung, das HIV-Infizierte mit dem Tod bestraft. In weiten Teilen Asiens drängen Kräfte an die Macht, die das Thema aus politischen oder religiösen Gründen tabuisieren. Und selbst in Amerika sinkt ausgerechnet bei Jugendlichen das Bewusstsein der Bedrohung durch das Virus seit Jahren rapide.

DIE DIGITALE ROTE SCHLEIFE

Das Internationale Rote Kreuz sieht voraus: In den kommenden 10 Jahren wird Aids weltweit mehr Opfer gefordert haben als alle Kriege des zwanzigsten Jahrhunderts. HIV und Aids bezeichnen heute also ein Kaleidoskop von Problemen, auf die jeweils ganz unterschiedliche Antworten gefunden werden müssen, allerdings mit globalem Nachdruck. Die digitale Rote Schleife kann dazu einen großen Beitrag leisten.

Die Gelder, die durch den Verkauf der Domain-Endung generiert werden, bilden die Basis. Ziel ist nach realistischer Schätzung ein Volumen von 5.000.000

Die Ideenbotschafter als fertige kleine Strickpüppchen.

Der Umstand, dass Betroffene hierzulande bei regelmäßiger Medikation ihre Viruslast rechnerisch auf null setzen können, führt zu der optischen Täuschung, alles sei in Ordnung.

Euro Fördermittel nach fünf Jahren. Aber schon in der Art, wie die gesamte Internetöffentlichkeit in die Aktivierung und Verteilung der Gelder einbezogen wird, ist etwas grundlegend Neues: Wird eine Webseite mit .hiv-Endung aufgerufen, wird dadurch ein winziger Betrag aus dem großen Topf aktiviert. Das heißt: Spendengelder fließen nicht auf einsamen Wegen an der Gesellschaft vorbei, sondern aktiv durch sie hindurch. Weltweit werden die Menschen involviert und das Geld so doppelt genutzt: für den guten Zweck und gleichzeitig zur Bewusstmachung des Themas bei den Internetnutzern. Für die ist die Sache dabei ganz einfach: Sie können etwas Gutes tun mit einem einzigen Klick. Wer sich intensiver für das Thema interessiert, kann mit einem zweiten Klick tiefer einsteigen. Hilfsprojekte und Organisationen aus aller Welt stellen sich mit konkreten Zielen vor und bewerben sich für einen Betrag aus dem Fördertopf.

Der aktive Klick der Internetnutzer bekommt ein zweites Mal Gewicht, wenn zusammen mit einem breit aufgestellten Expertenboard darüber entschieden wird, wie die Gelder tatsächlich verteilt werden. Wie wichtig Transparenz in diesem Zusammenhang ist, zeigt sich auch am Wachstum von Deutschlands größter Online-Spendenplattform betterplace.org, nicht durch Zufall von Tag eins an ein freundschaftlicher Partner der Idee. Hier wie da lautet der Anspruch: Neues Geld soll auf neuen Wegen fließen und nicht in bestehenden Strukturen versickern; Internetnutzer und Helfer vor Ort werden enger verbunden als je zuvor.

WARUM SOLLTEN UNTERNEHMEN EINE .HIV-ADRESSE KAUFEN?

Voraussetzung für all das ist natürlich, dass möglichst viele Unternehmen eine .hiv-Adresse kaufen und aktiv nutzen. Warum sie das tun sollten? Die erste Antwort ist einfach: Weil sie so mit vergleichsweise geringem Aufwand Gutes tun – eine Domain wird im Jahr um die 150 Dollar kosten, so füllt sich der Spendentopf. Die zweite Antwort dagegen ist wesentlich interessanter und vielschichtiger: Viele Unternehmen wie beispielsweise Heineken oder H&M haben ja bereits Corporate Social Responsibility-Programme, auch im Themenfeld HIV/Aids. Dieses unternehmerische Engagement bekommt mit der Domain-Endung .hiv auf einen Schlag eine weltweite Sichtbarkeit, der einzelne CSR-Dollar einen doppelten Nutzen. So ließe sich auf www.heineken.hiv die Arbeit der Heineken Africa Foundation in vollem Umfang dokumentieren. Aber auch schon durch das einfache Tragen der digitalen Roten Schleife setzt ein Unternehmen ja ein Zeichen der Solidarität. Auch wenn sich hinter google.hiv der gleiche Seiteninhalt verbirgt wie hinter google.com – das Tabu, das Stigma wird kleiner, weil sich das Thema mit etwas verbindet, das zu unserem Alltag gehört. Und auch kleine Unternehmen und Privatpersonen können mit einer .hiv-Domain der ganzen Welt ihren Bezug zum Thema zeigen und Teil einer großen Bewegung werden.

Überall auf der Welt hat das Team um Carolin Silbernagl heute Unterstützer, die an die revolutionäre Kraft dieser Idee glauben und pro bono an ihrer Realisierung mitarbeiten. Zu ihnen gehört

Tobias Mölder verewigt die Idee in der Facebook-Zentrale Deutschland.

Seit 2012 gehört das neuseeländische Bob-Nationalteam zu den offiziellen Botschaftern der Idee.

Afilias, zweitgrößte Registry der Welt. Rechtsanwälte und Steuerbüros wie SHSG und RöverBrönner halfen bei der Optimierung der Organisationsstruktur aus GmbH und gemeinnützigem Verein, mit McKinsey arbeitet das Team gerade an der Produktentwicklung. Dr. Bernd Kundrun, der ehemalige Vorstandsvorsitzende von Gruner & Jahr, unterstützt den Verein als Beirat, PD Dr. Keikawus Arastéh ist HIV Policy Advisor, u.a. mit Kai Bohlen (BZgA Role Model) und Donna Bawden (CEO ALAFA). Die Deutsche AIDS-Hilfe ist als größte Europäische Dachorganisation ebenfalls mit an Bord und hilft als wichtigster inhaltlicher Partner auf dem sensiblen Gebiet der Policy-Entwicklung; betterplace.org und die Agentur thjnk sind Partner der ersten Stunde.

2013: DAS JAHR DER ENTSCHEIDUNG

Und das Jahr 2013 wird für das Projekt in jedem Fall zum Meilenstein. Voraussichtlich Mitte des Jahres will die ICANN über den Antrag entschieden haben. Bei positivem Ergebnis würde, wenn alles weiter unter einem so guten Stern steht, zum Weltaidstag 2013 die erste und einzige reine Charity-Domain der Welt online gehen. Vorregistrierungen sind unter www.dothiv.org kostenlos möglich, 4.500 Unternehmen und Organisationen sind schon heute dabei. Sie alle engagieren sich für ein gutes Ende. Das Ende von HIV und Aids.

.hiv

dothiv.org
facebook.com/dothiv
twitter.com/dothiv

Das Prinzip der Idee.

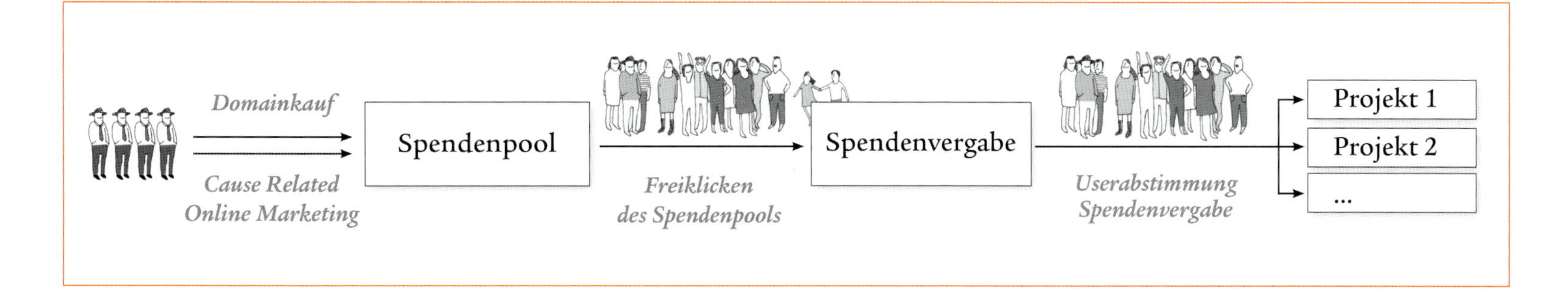

Agenturen der Zukunft

THINK TANK EXPLORIERT NEUE AGENTURMODELLE

Die Autoren _ Jörg Jelden und Dirk Bathen sind Experten für Ausblicke und Aufbrüche. Marketern und Agentur-Entscheidern helfen sie, in Krisen und Umbrüchen neue Chancen zu suchen und Aufbrüche zu wagen.

Generation Y. Der Druck steigt. Köpfe brennen aus. Hierarchien sind out. „Bück dich hoch" war gestern. Fachkräfte sind rar, aber eine neue Generation will sich selbstverwirklichen.

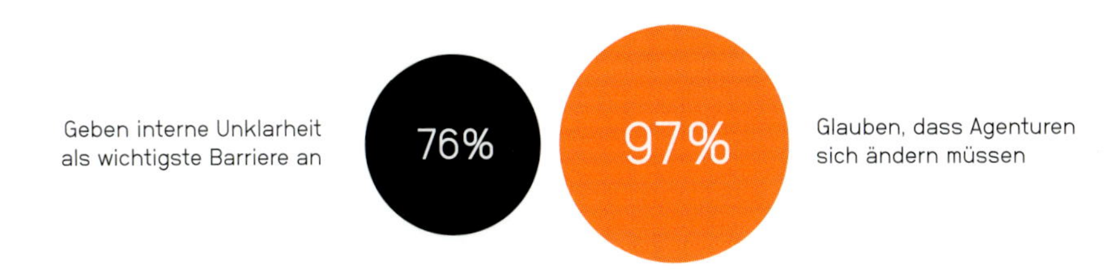

Quelle: Jelden TTC/Crowdworx Umfrage „Agenturen der Zukunft" 08/2012, 134 Teilnehmer.

Die Agenturbranche lechzt nach einem neuen Aufbruch. 97 % der befragten Branchen-Insider sind der Meinung, dass sich Agenturen grundlegend neu aufstellen müssen. Agenturen müssen zukünftig deutlich besser mit Konsumenten, Freien und Spezialisten vernetzt sein und mit einer Vielzahl von Wettbewerbern erfolgreich und effizient zusammenarbeiten. Hinsichtlich ihrer Mitarbeiter gilt es flexibler zu werden und innovativer bezüglich Leistungen, Tools und Lösungen. Kurz: Sie brauchen neue Arbeitsweisen, Strukturen und Geschäftsmodelle. Aber statt den eigenen Aufbruch voranzutreiben, streitet man über die Sinnhaftigkeit von Kreativ-Awards und Goldideen. Einen Award für „Gold-Agenturen", der neue Agenturmodelle auszeichnet, sucht man jedoch vergeblich.

1. GESELLSCHAFTLICHER WANDEL

Das soziale, technologische, kulturelle und wirtschaftliche Umfeld von Agenturen hat sich in den vergangenen Jahrzehnten deutlich verändert. Abgesehen von der Kommunikation hat sich bei Agenturen intern wenig getan. Die meisten Agenturen funktionieren noch immer wie Sterling Cooper aus Mad Men. Die Agenturwelt beginnt gerade erst, sich auf die Anforderungen der Netzwerkgesellschaft, Digitalisierung, Generation Y und der Post-Wachstums-Wirtschaft einzustellen.

Sozialer Wandel: Netzwerkgesellschaft. Netzwerke, Beziehungen und Kooperationen sind derzeit der wichtigste Treiber für Agenturen von morgen. 85 % der befragten Branchen-Insider sind dieser Meinung. Das Leistungsspektrum von Agenturen wird breiter. Agenturen sind weniger in der Lage, ihre Aufträge allein umzusetzen. Sie sind mehr und mehr auf die Mitarbeit von Freien, Spezialisten, Dienstleistern und Wettbewerbern angewiesen. Daraus resultieren intern wie extern viele Reibereien und Konflikte. Jenseits von Full-Service-, Lead- und Spezial-Agentur bilden sich neue Rollen im Agenturgefüge heraus. Neben den eigenen Mitarbeitern entsteht eine zweite, netzwerkartige Agentursphäre, die bislang kaum gestaltet wird. Neue Formen des Austausches, des Wissensmanagements und der Zusammenarbeit sind erforderlich. Je breiter sich Agenturen aufstellen, desto weniger können sie mit den bisherigen Strukturen arbeiten und desto stärker müssen sie die Logiken der Netzwerkgesellschaft übernehmen. Aber Netzwerke lassen sich nicht über Egos, Anweisungen und Kontrolle führen. Sie basieren auf Empathie, Motivation und Austausch.

Technologischer Wandel: Digitalisierung. Nach der Kommunikation revolutioniert die Digitalisierung Agenturen im Inneren. Arbeitsweisen, Organisationsstrukturen und Geschäftsmodelle, mit denen Agenturen über Jahrzehnte erfolgreich waren, funktionieren schlechter. Die Medienlandschaft wird unübersichtlicher und unberechenbarer. Glaube und Erfahrung sind keine verlässlichen Entscheidungsgrundlagen mehr. Klassisches Wasserfall-Projektmanagement erzielt immer häufiger unbefriedigende Ergebnisse, sprengt Budgetvorgaben und ist nicht in der Lage, auf neu entstehende Chancen zu reagieren. Kommunikation wird messbar und ermöglicht ein empirisches Markenmanagement. 72 % der Befragten stimmten diesem Treiber zu. Die hohe Innovationsdynamik lässt Wissen schneller veralten und erfordert ständig neues Spezialwissen. Für 70 % der Befragten ist dies ein wichtiger Treiber. 64 % sehen die virtuelle Zusammenarbeit über Standorte hinweg als wichtigen Einflussfaktor. Zudem machen Start-ups Agenturen vor, wie es geht. Wie einst die Agenturwelt, sind sie die neuen Rockstars der Arbeitswelt.

Kultureller Wandel: Generation Y. Der Druck steigt. Köpfe brennen aus. Hierarchien sind out. „Bück dich hoch" war gestern. Fachkräfte sind rar, aber eine neue Generation will sich selbstverwirklichen, etwas Sinn-

ZUR METHODE _ Der Think Tank ist eine Zukunftsinitiative unter der Leitung von Jörg Jelden. Gemeinsam mit zehn Partneragenturen (Fork Unstable Media, TLGG, DDB Tribal, Red Rabbit, Philipp und Keuntje, CE+Co, Häberlein und Mauerer, kleiner und bold, TBWA sowie Entega) und fünf Leistungspartnern (Jovoto, Crowdworx, Good School, NEXT Berlin Conference sowie Das Jahr der Werbung) haben sie diese Exploration durchgeführt. Die Ergebnisse stammen neben Partner-Interviews und -Workshops aus einem Ideenwettbewerb auf Jovoto, einem Social Forecasting auf Crowdworx mit 134 Branchen-Insidern sowie aus 17 Experteninterviews.

UMSATZANTEILE ZUKÜNFTIGER GESCHÄFTSMODELLE

34%	Ad-hoc-Projektgeschäft
27%	Retainer/langfristige Rahmenverträge
16%	Erfolgsbasierte Bezahlung
9%	Lizenzeinnahmen (Lizensierung z.B. von Serviceleistungen an Firmenkunden)
8%	Beteiligungen an Start-ups, Honorar über Firmenanteile
6%	Vermarktung und Verkauf eigener Produkte an Endkonsumenten

VERÄNDERUNGSBARRIEREN

76%	Interne Unklarheit über die Art der Veränderung
53%	Keine interne Veränderungsbereitschaft
48%	Zu groß denken ohne erste Schritte zu gehen
47%	Angst vor dem Ungewissen
47%	Agenturen sind zu 100% ausgelastet, haben daher keine Zeit für Veränderung
40%	Angst, Bestandskunden zu verlieren
37%	Auftraggeber erwarten Planbarkeit und Sicherheit
35%	Geld für Veränderung fehlt
35%	Keine Bereitschaft zur Veränderung auf Auftraggeberseite
31%	Keine Agentur will den ersten Schritt wagen – abwarten und beobachten

volles tun und Karriere, Familie und Freizeit kombinieren. Die Revolution der Arbeitswelt ist in vollem Gange. Junge Menschen begeistern sich weniger für Agenturen. Ihnen fehlt es an Gestaltungsmöglichkeiten, Freiräumen und Flexibilität für ein Leben jenseits von Kundenwünschen und Bürowirklichkeiten. Wer heute in Agenturen arbeitet, scheidet zudem früher aus, macht sich selbständig oder verlässt die Branche. Da die junge Generation von heute deutlich kleiner ist als die vorherigen, bekommen auch Agenturen diesen Wertewandel zu spüren. Die Zeiten, in denen Agenturen Mitarbeiter verbrennen konnten, sind vorbei. Zukünftig werden die Rekrutierungs- und Personalkosten weiter steigen und die Zahl freier Mitarbeiter zunehmen.

Ökonomischer Wandel: Post-Wachstums-Wirtschaft. Die wirtschaftlichen Dauerkrisen und Unsicherheiten werden derzeit als unwichtigster Treiber angesehen (43%). Dennoch scheint die wirtschaftliche Lage gut. Aber die neuen globalen Wachstumsmärkte liegen im Osten. Hier reifen neue Mittelschichten mit unbefriedigten Bedürfnissen heran. Hier entstehen die reichsten Länder von morgen. Der Westen verliert an Bedeutung, kämpft mit schrumpfenden Wirtschaften und überschuldeten Haushalten. Mittelfristig wird dies Konsequenzen für Kommunikationsbudgets haben. Denn Marketing ist immer eine Investition in zukünftige Märkte. Schon heute stagnieren die Werbebudgets in Deutschland. Davon wollen immer mehr Player einen Anteil. Agenturen werden sich stärker internationalisieren müssen, um von einem neuen Goldrausch zu profitieren. Und sie werden sich mit einer Post-Wachstums-Wirtschaft beschäftigen müssen, die neben hohem Wettbewerbsdruck und Effizienz stärker auf den Prinzipien des Selbermachens, Tauschens und Teilens basiert. Agenturen müssen zudem deutlich stärker in der Lage sein, in kürzerer Zeit und auf befristete Dauer die Organisation deutlich zu vergrößern oder zu verkleinern.

2. NEUE AGENTURMODELLE

Die Agenturwelt von morgen ist bunter. Das Leistungsspektrum wird breiter, während der Effizienzdruck in der Wertschöpfungstiefe zunimmt. Es gibt mehr Spielräume und Notwendigkeiten für Agenturpositionierungen. Damit verliert die Full-Service-Floskel an Bedeutung. Drei Elemente kennzeichnen zukünftige Agenturmodelle: neue Arbeitsweisen, zeitgemäße Organisationsstrukturen und innovative Geschäftsmodelle.

Neue Arbeitsweisen. Wenn Ziele stabil und Aufgaben klar sind, wenn die Medienkanäle übersichtlich und die Nutzung vorhersehbar ist, wenn die Mitarbeiterzahl überschaubar und Teams stabil sind, dann sind bisherige Arbeitsweisen effektiv und effizient. Aber solche Situationen werden rar. Als Reaktionen adaptieren Agenturen agile Arbeitsweisen aus der Softwareentwicklung wie Rapid Prototyping, Kanban, Scrum oder Hackathons. Agenturen orientieren sich an der Entscheidungslogik erfolgreicher Unternehmer (Effectuation) und Start-ups (Lean Startup Movement). Agenturen entdecken das Service-Design, verbessern mit Enterprise 2.0 den internen und externen Austausch und steigen in Co-Working-Spaces ein. Sie steigern durch die Einführung von Spielprinzipien den Spaß an der Arbeit. Sie räumen zusätzliche Freiräume jenseits des Tagesgeschäfts ein und eignen sich laterale Führungsfähigkeiten an.

DIE RELEVANZ DES THEMAS

„Wie sehen Sie persönlich die Diskussion um das Thema ‚Agenturen der Zukunft'?"

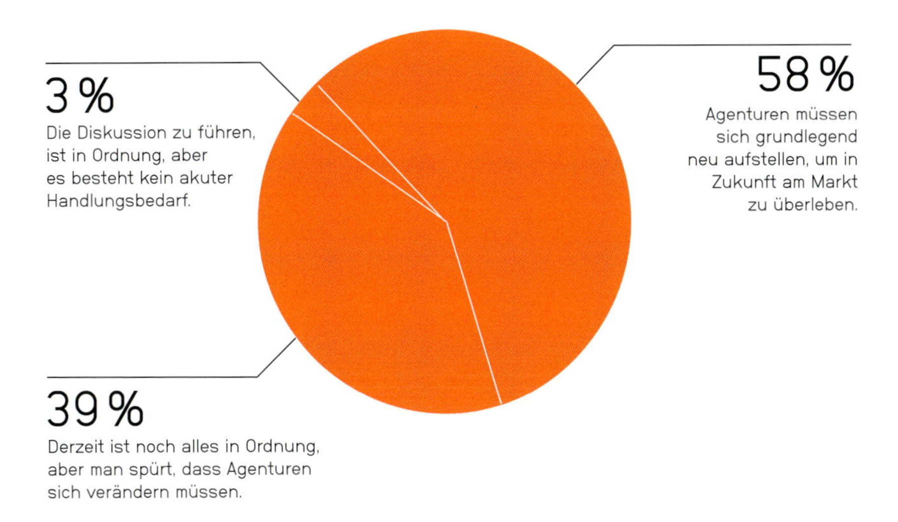

3 %
Die Diskussion zu führen, ist in Ordnung, aber es besteht kein akuter Handlungsbedarf.
58 %
Agenturen müssen sich grundlegend neu aufstellen, um in Zukunft am Markt zu überleben.
39 %
Derzeit ist noch alles in Ordnung, aber man spürt, dass Agenturen sich verändern müssen.

Zeitgemäße Organisationsstrukturen. Agenturen und Strukturen – Das klingt wie ein Widerspruch. Einst galt man als schnell, flexibel, jung, kreativ. Agenturen sind gewachsen und mussten sich organisieren. Hierarchische Karrierestufen und Unit-Strukturen haben sich herausgebildet. Zukünftig werden sich Agenturen strukturell deutlich schneller anpassen, durchlässiger für Neues werden und andere Anreizsysteme etablieren. Sie lassen sich von Netzwerken inspirieren, beginnen Mitarbeiter zu beteiligen, lassen sie stärker mitbestimmen und nutzen die Kraft der Eigenmotivation. Die derzeit am weitesten verbreitete Idee ist das Modell eines Kernteams an Beratern und Projektmanagern, das von einem Netzwerk an Freien und Spezialisten ergänzt wird.

Innovative Geschäftsmodelle. Die Umsätze zukünftiger Agenturen speisen sich aus vielen Quellen. Agenturen, die es schaffen, die neuen Wege der Geldströme zu nutzen, werden profitieren. Wer weitermacht wie bisher, muss damit rechnen, dass die Versorgung spärlicher oder unregelmäßiger wird. Mit einer Wahrscheinlichkeit von 58 % werden Agenturen es bis 2020 schaffen, neue Geschäftsmodelle zu erschließen. Die bisherige Wertschöpfungskette wird zerbrechen (54 % Wahrscheinlichkeit). International agierende und hocheffiziente Kreativfabriken werden rund um die Uhr und den Globus Kreativideen umsetzen und regional adaptieren. 2020 werden Projektgeschäfte die Hauptumsatzquelle von Agenturen sein. Sie werden durchschnittlich 34 % des Umsatzes ausmachen. Retainer werden dann nur noch durchschnittlich 27 % des Umsatzes einbringen. Alternative Geschäftsmodelle werden mit fast 40 % zum Umsatz beitragen. Darunter sind erfolgsbasierte Bezahlungen (16 %), Lizenzeinnahmen (9 %), Beteiligungen an Start-ups und Honorare über Firmenanteile (8 %) sowie die Vermarktung und der Verkauf eigener Produkte an Endkonsumenten (6 %).

3. AUF ZU NEUEN AGENTUREN?

Es muss etwas passieren. Darin ist man sich einig. Nur 3 % der befragten Agentur-Insider sehen keinen akuten Handlungsbedarf. 58 % sind der Meinung, dass Agenturen sich grundlegend neu aufstellen müssen, um bestehen zu können. Für die verbleibenden 39 % ist noch alles in Ordnung, aber auch sie spüren den Druck, sich zu ändern. Die derzeitige Auftragslage wirkt als Anästhetikum. Ohne akute wirtschaftliche Not fällt es Agenturen schwer, sich zu erneuern. Denn traditionell orientieren sich Agenturen an ihren Kunden. Dabei hätten viele Agenturen jetzt noch Handlungsspielräume. Aber vielen Agentur-Entscheidern fehlt es angesichts der Fülle an Aufgaben und der Hektik des Geschäfts an Orientierung. Allgemeine Unklarheit über die Art der Veränderung (76 %) und ein Mangel an interner Veränderungsbereitschaft (53 %) sind die zentralen Veränderungsbarrieren. Man denkt zu groß und vergisst, erste Schritte zu gehen (48 %). Fehlende Finanzmittel für Veränderungen (35 %) sowie eine mangelnde Veränderungsbereitschaft auf Kundenseite (35 %) sind eher untergeordnete Hindernisse.

Kommunikationsabteilungen der Zukunft? Klar ist aber auch: Auch auf Auftraggeberseite stehen massive Umbrüche an. Mehr denn je stehen Marketingentscheider unter Erfolgsdruck, kämpfen mit Orientierungslosigkeit in einer sich schnell wandelnden Medienwelt und verlieren an strategischer Relevanz und Freiheitsgraden im Unternehmen. Ein Think Tank zu Kommunikationsabteilungen der Zukunft muss diesem Projekt folgen.

Und wie sieht es der Kunde?

JURY UND REDAKTIONELLE BEITRÄGE SPIEGELN DIE SICHT DER AUFTRAG-GEBER IM NEUEN JAHR DER WERBUNG

Die schier unendlichen Möglichkeiten der Digitalisierung verändern auch die kommerzielle Kommunikation Werbetreibender. Agenturen haben sich vielfach um Spezialdisziplinen ergänzt – entweder akquiriert oder selbst entwickelt –, um den neuen Herausforderungen besser begegnen zu können. Und doch wird vielfach noch mit ganz klassischen Mitteln gearbeitet. Viele der von der Jury des Jahrs der Werbung ausgewählten Arbeiten beweisen das – ebenso wie die traditionell im Jahr der Werbung veröffentlichten redaktionellen Beiträge zu Megaphonpreisträgern, Agentur des Jahres oder Newcomer-Agentur. Es geht also auch im 50. Jahr hauptsächlich um die prämierten Werbemaßnahmen und um die Agenturen, denen diese zu verdanken sind.

Zum Jubiläum haben der Verlag und die neuen Herausgeber jedoch entschieden, in die Jury erstmals auch Vertreter von Unternehmen und damit die Auftraggeberseite zu berufen. Deren Sicht auf kommerzielle Kommunikation ist maßgeblich in das Ergebnis des Wettbewerbes eingeflossen. Und auch im Jahr der Werbung soll künftig in redaktionellen Beiträgen beispielhaft dargestellt werden, mit welchen Herausforderungen es wichtige Werbetreibende in ihrem Markt zu tun haben und welche Anforderungen sie an Agenturen und deren Arbeit stellen.

EFFIZIENZ ODER KREATIVITÄT?

Effizient und flexibel sollen die Agenturpartner sein, das waren nach einer Umfrage zu Jahresbeginn die wichtigsten Anforderungen von Werbetreibenden an ihre Kommunikationsdienstleister. Facit Research, das Marktforschungsunternehmen der Serviceplan Gruppe, hatte dazu Marketingentscheider verschiedener Branchen befragt. Mit wenig Aufwand viel erreichen, das war für mehr als die Hälfte der Befragten wichtiger als Kreativität. Und die meisten von ihnen waren sogar bereit, dafür Abstriche an der Kreativität zu machen.

Inwieweit diese Antworten standardisierbar sind, ist schwer zu sagen, denn in Unternehmen ist die Verantwortung für Werbung und Marketing sehr unterschiedlich organisiert. Mal gibt es einen zuständigen Vorstand, manchmal hat das Marketing Stabsfunktion. Oft wird auch unterschieden in Fragen der Zuständigkeit für Corporate-Identity oder Produktwerbung, für Sponsoring, Events oder Messeauftritte. Auch die jeweiligen Schwerpunkte der Marktkommunikation werden individuell gewichtet. Ob Image- oder Abverkaufs-Werbung, Klassik oder Digital, above oder below the line, wer entscheidet, wer ist zuständig? Nach welchen Kriterien werden die Kommunikationsdienstleister ausgesucht? Wie oft wird gepitcht? Welche Rolle spielen Einkauf, Vertrieb oder Produktion bei der Entscheidung für eine Agentur? Verlässt sich das Unternehmen auf einen Kommunikationspartner oder muss ein ganzer Strauß von Spezialdienstleistern koordiniert werden?

Beispielhaft sollen hier anhand von Kundenporträts Schlaglichter auf die unterschiedlichen Herangehensweisen gesetzt werden. Zwei große deutsche Marken, die als Dienstleister für Transport und Logistik auch im Konsumentenmarkt tätig sind, machen den Anfang: die Deutsche Bahn und die Deutsche Lufthansa. Beide waren im vergangenen Jahr aus unterschiedlichem Grund oft Thema für Diskussionen in der Branche.

IMAGE UND PRODUKT

Bei der Bahn war es die Öffnung des Kanals Social Media – auch für die Werbung. Bei der Lufthansa war es die Entscheidung, die weltweiten Werbemaßnahmen nicht mehr einer Networkagentur anzuvertrauen, sondern einem Mittelständler aus Hamburg: der inhabergeführten Agentur Kolle Rebbe.

Außerdem geht es bei beiden Kunden in der werblichen Kommunikation nicht nur um den Verkauf von Transportleistung. Gleichzeitig soll und muss am Image gearbeitet werden, aus unterschiedlichen Gründen.

Die Bahn arbeitet sich noch immer – Marktforschung belegt, dass es mit Erfolg geschieht – aus dem Umfragekeller heraus, in dem eine Analyse von *Financial Times Deutschland* und INRA das Unternehmen vor zehn Jahren sah: Die Deutsche Bahn hatte bei knapp drei Vierteln der Bundesbürger ein schlechtes Image. Sie lag am unteren Ende der repräsentativen Umfrage für den ersten deutschen „Top Companies Compass“. Es galt, diesen Platz zu verlassen. Doch gern genommene Berichterstattungsthemen bei Wirtschafts- und Publikumsmedien über Pannen bei der Bahn und Unpünktlichkeit sowie die Diskussionsfreude von Internetnutzern machten die Aufgabe nicht leichter. Da trafen dann Werbemaßnahmen im Netz wie das günstige „Chefticket“-Angebot schnell auf das Bahn-Bashing enttäuschter Kunden. Doch die für Werbung Verantwortlichen des Konzerns konnten da gar nicht so schnell antworten und gegensteuern, denn obwohl die Marketingabteilung alle Kommunikationskanäle bespielt, liegt die redaktionelle Zuständigkeit für Social Media bei der Sparte Öffentlichkeitsarbeit des Konzerns.

ZEIT ZUM UMDENKEN

Bei der Lufthansa gibt es eine andere Imageproblematik, fast ein Luxusproblem. Die Airline gilt als hervorragend, sicher ... und teuer, da sie zumeist in Verbindung mit Geschäftsreisen wahrgenommen wird. Hier gilt es, das eine Image zu bewahren und gleichzeitig ein weiteres, privatreisefreundliches und preisgünstiges dazuzutun. Was die Vielzahl der heutigen Kommunikationskanäle angeht, leistet sich die Lufthansa allerdings den nicht mehr wirklich zeitgemäßen Luxus getrennter Abteilungen und Zuständigkeiten. Kolle Rebbe arbeitet hier mit der für klassische Werbung zuständigen Abteilung. Andere Bereiche vertrauen auf andere Agenturen. Hier allerdings – und das wird angesichts von Konzernstrukturen sicher nicht einfach – deutet sich ein Umdenken an: Der seit Januar neue Mann fürs Marketing kommt von Facebook.

Doch lesen Sie selbst: ▸

Ulrich Klenke, Leiter Konzernmarketing, und Gabriele Handel-Jung, Leiterin Marketingkommunikation und Media bei der Deutsche Bahn AG

Zukunft bewegen

WIE, MIT WEM UND WOFÜR DIE DEUTSCHE BAHN WERBUNG MACHT – NACH INNEN WIE NACH AUSSEN

AUTOR _ PETER HEINLEIN / FOTOS _ THOMAS ROSENTHAL

„Ich will Agenturpartner, die neue Aspekte finden, solche, die mir den Kopf aufreißen.“

Ulrich Klenke, Leiter Konzernmarketing der Deutsche Bahn AG

s sind diese Anzeigen und Plakate mit dem vielen Weiß und Rot. Und es sind diese TV-Spots und Internetfilme, die jeden schmunzeln lassen. Sie sind die sichtbarsten Beispiele für die Werbung der Deutschen Bahn.

Doch wer macht sich schon Gedanken darüber, dass der Fernverkehr mit seiner sichtbaren Werbung für BahnCard und Sonderangebote nur einen Teil dessen ausmacht, was an kommerzieller Kommunikation für den Konzern nötig ist. Es gibt dort weit mehr, das beworben werden will und muss: Die Bahn ist ein internationaler Anbieter mit mehr als 280.000 Mitarbeitern, der in 130 Ländern agiert. Die Bahn oder eine ihrer Konzerntöchter transportieren europaweit täglich mehr als zehn Millionen Menschen. Dazu kommen jährlich weit mehr als 400 Millionen Tonnen Güter auf Schiene und Straße, per Flugzeug oder Schiff. Gut 70 Prozent des Regionalverkehrs in Deutschland liegen bei der Bahn. Sie verantwortet das größte europäische Schienennetz und fast 5.700 Bahnhöfe.

Darüber, wie man all das der Öffentlichkeit bekannt und sympathisch und attraktiv für Kunden machen kann, darüber denken die rund 150 Mitarbeiter im Konzernmarketing nach. Seit gut drei Jahren leitet Ulrich Klenke das Marketing für den Deutsche Bahn Konzern und er berichtet direkt an den Konzernchef Dr. Rüdiger Grube.

MIT NEUER KONZERNSTRATEGIE ANS ZIEL

Schon als Leiter der Markenführung im Konzern hatte Klenke seit Herbst 2007 die Vereinheitlichung im Auftritt der verschiedenen DB-Marken organisiert und umgesetzt. Das gemeinsame Corporate Design und die im vergangenen Jahr verabschiedete Konzernstrategie DB 2020 machen die Arbeit an der Marke nicht weniger umfangreich, aber einfacher.

Das erklärte Ziel dieser Strategie ist: Die DB soll das weltweit führende Mobilitäts- und Logistikunternehmen werden. Auf dem Weg dorthin soll wirtschaftliches Handeln (ökonomisch), eine hohe Akzeptanz als Arbeitgeber (sozial) sowie der umweltschonende Umgang mit Ressourcen (ökologisch) in Einklang gebracht werden. Dafür stehen die drei Begriffe „Profitabler Marktführer“, „Top-Arbeitgeber“ und „Umwelt-Vorreiter“.

„Diese Ziele gilt es zu kommunizieren, nach innen wie nach außen“, sagt Gabriele Handel-Jung. Sie steht Klenke als Leiterin von Marketingkommunikation und Media zur Seite. Klenke ergänzt: „Es geht darum, was und wie wir es machen. Dazu liegt auch die Marktforschung bei uns. Damit finden wir heraus, wie der Markt funktioniert, wie wir im Markt auftreten, wie wir erfolgreich werden. Wir verantworten das Corporate Design und damit den grafischen Auftritt ebenso wie den inhaltlichen. Wir machen Kampagnen, Online-Werbung, Messen, Events – das komplette Portfolio.“

Social-Media-Aktivitäten, wie etwa Facebook-Seiten pflegen, gehören nicht dazu; darum kümmert sich die Öffentlichkeitsarbeit und in der Kundenkommunikation der Vertrieb. Doch auch die Marketingabteilung ist im Bereich Social Media aktiv, immer dann, wenn es dort um Sonderkampagnen für Produkte geht. Außerdem gehört Sponsoring zu ihren Aufgaben, z. B. bei Sport- oder zahlreichen sozialen Projekten insbesondere für Kinder und Jugendliche.

„Zukunft bewegen“, mit diesem Motto hat sich die DB nicht nur den Leitgedanken für die wirtschaftliche Entwicklung des Konzerns gegeben, sondern auch für die gesellschaftliche Verantwortung, die der Konzern als einer der größten Arbeitgeber und Ausbilder Deutschlands hat. Und mit Werbung wird das – gelegentlich auch auf Umwegen – unterstützt.

RECRUITING-KAMPAGNE HILFT DEM IMAGE

So hat etwa die im vergangenen Jahr gestartete Recruiting-Kampagne „Kein Job wie jeder andere“ nicht nur die Zahl der Bewerbungen explodieren lassen, sondern sie war auch mindestens ebenso erfolgreich dabei, das öffentliche Image der Bahn als Arbeitgeber für die unterschiedlichsten Berufe positiv zu beeinflussen.

Natürlich kann Werbung allein das Bild der DB in der Öffentlichkeit nicht formen. Dafür ist jeder einzelne Mitarbeiter als Botschafter der Marke DB mitverantwortlich. Und dafür sind alle Bereiche der Bahn in einem ständigen Verbesserungsprozess. Dabei helfen – unter anderem – die Daten aus der Marktforschung. Die DB lässt regelmäßig umfangreiche Erhebungen machen, etwa über Kundenzufriedenheit – aber auch über die Zufriedenheit der Mitarbeiter. Und natürlich auch über die Performance anderer Teilnehmer im Markt.

Mit diesen Daten unterstützt die Marketingabteilung alle anderen Bereiche im Konzern dabei, ihr Geschäft zu optimieren. Einmal im Monat wird dazu konferiert mit den Verantwortlichen aller Konzernbereiche – einschließlich Produktion und Entwicklung. Dabei werden die Ergebnisse der Marktforschung weitergegeben, um alle Hebel im Sinn der Strategie DB 2020 zu bewegen.

Mit diesem umfangreichen Wissen bewaffnet, liefert das Marketing der Bahn auch allen Agenturpartnern „alles, was sie wissen müssen zu der jeweiligen

Die 2012 gestartete Recruiting-Kampagne „Kein Job wie jeder andere" ließ nicht nur die Zahl der Bewerbungen explodieren, sondern wirkte ebenso positiv auf das öffentliche Image der Bahn als Arbeitgeber.

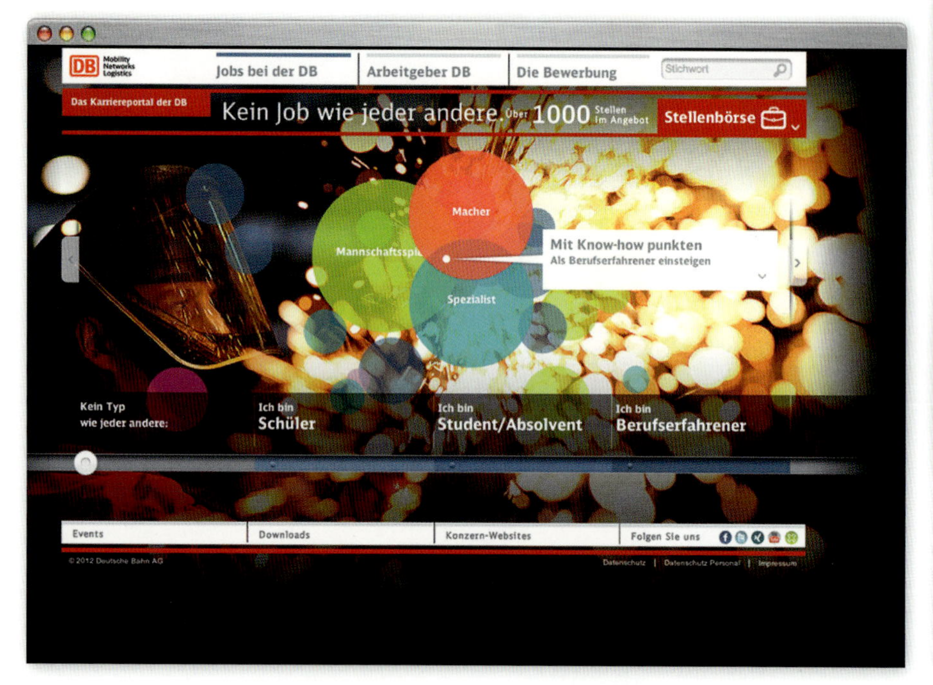

Aufgabe im Briefing", erklärt Handel-Jung das Vorgehen bei den turnusmäßigen europaweiten Vergabeverfahren für Kreativetats. Ziel der Ausschreibungen ist es, Partner zu finden, die kreative und zugleich effektive 360-Grad-Kommunikation konzipieren und gestalten. Als Grundlage für die Briefings und die Entscheidungen über die Pitches habe man gemeinsam mit den DB-Kollegen aller Geschäftsfelder eine einheitliche Ausgangsbasis ermittelt, um „uns selbst und unsere Dienstleister zu messen". So sei ein fairer Umgang miteinander garantiert. Dass das so ist, dürfte auch die jahrelange enge Kooperation mit den gleichen Agenturen belegen.

OGILVY SPRANG AM HÖCHSTEN

Wer dazu gehören will, sollte für sich nicht in Anspruch nehmen, als Unternehmensberater und auf Augenhöhe mit seinen Kunden zu agieren. Damit seien Agenturen als Dienstleister „schlicht überfordert", sagt Klenke, „sie können nicht mehr über uns wissen als wir selbst". Was die Partner allerdings leisten sollten, ist ein auch gern kritischer Blick auf die Daten, im Datenwald vielleicht einzelne Bäume mal näher anzuschauen und eigene Interpretationen anzubieten.

Wenn das gelingt, ist zumeist auch langjährige Partnerschaft gewiss. Mit Ogilvy arbeitet die Bahn in Sachen Fernverkehr seit mehr als zehn Jahren zusammen – immer wieder wurde die Zusammenarbeit in europaweiten Ausschreibungen und Pitches überprüft, „und jedes Mal sprang Ogilvy mit Abstand am höchsten über die jeweilige Messlatte", sagt Klenke. Auch Scholz & Friends (S&F) gehört beispielsweise seit zehn Jahren zu den verlässlichen Partnern der Bahn. Mit der Agentur achtung! arbeitet die Bahn noch länger zusammen. Insgesamt bedient sich die Marketingabteilung in den unterschiedlichen Bereichen aus einem Pool von insgesamt 30 Agenturen, die nicht nur für die Kreation, sondern auch für die Live Communication, das Sponsoring und andere Disziplinen der 360-Grad-Kommunikation der DB tätig sind.

KONTINUITÄT ALS GARANT FÜR ERFOLG

Dass es bei dieser engen Zusammenarbeit vor allem auch auf die Menschen ankommt, wird niemand bezweifeln. Von daher ist auch die personelle Kontinuität, etwa mit achtung!-Gründer Mirko Kaminski, den Ogilvy-Chefs Thomas Strerath und Dr. Stephan Vogel oder bei S&F mit der jetzt in den Vorstand aufgerückten Beraterin Stefanie Wurst, weiterer Garant für Erfolg. Ogilvy hat im vergangenen Jahr zusätzlich den Recruiting-Etat erobert, S&F bearbeitet die Regional-Bahn-Werbung in den nördlichen Bundesländern sowie den Etat für die City Night Line. achtung! kümmert sich um die Regionalbahnen in Bayern, Serviceplan um alles rund um Berlin. Ketchum Pleon ist zuständig für die ostdeutschen Bundesländer sowie Nordrhein-Westfalen und die Agentur Haag in Saarbrücken fürs Regionale im Südwesten von Deutschland.

„Wer uns als Beamtenapparat begreift mit gestreamlineter Strategie und Kreation, der hat schlechte Karten."

Gabriele Handel-Jung, Leiterin Marketingkommunikation und Media der Deutsche Bahn AG

Bei diesen Etats sind offiziell die regionalen Partner der Bahn die Auftraggeber, das DB-Marketing aber definiert gemeinsam mit ihnen die Aufgaben und organisiert die Vergabe. Auch Tochterfirmen wie der Logistiker DB Schenker oder die britische Arriva, die in verschiedenen europäischen Ländern als Bus- und Bahndienstleister operieren, werden vom Konzernmarketing beraten.

VULKANISCHE KREATIVERUPTIONEN WERDEN ERWARTET

Und was verlangt die Bahn von ihren Agenturen? Dazu gibt es einen Tipp von Handel-Jung und Klenke: „Das Beste ist, einen Konzern nicht falsch einzuschätzen." Sie erinnern sich an einen Pitch, an dem eine Agentur teilnahm, die „für komplett durchgeknallte Kreativität stand". Doch als deren Vorschlag kam, wurde klar, dass sie die Bahn als konservativen Beamtenapparat eingeschätzt hatte. „Superklassisch langweiliges Zeug mit glücklichen Menschen im Zug wurde da vorgeschlagen und wir hatten vulkanische Kreativeruptionen erwartet", beschreiben Klenke und Handel-Jung ihre Enttäuschung. „Wer uns als Beamtenapparat begreift mit gestreamlineter Strategie und Kreation, der hat schlechte Karten."

„Agenturen sollten wissen, dass wir ein ganz normaler Kunde sind, der Lust hat auf gute Kreation, der Mut dazu hat, auch mal etwas anders zu machen, und der Spaß daran hat, sich mit Agenturen auszutauschen", sagt Handel-Jung.

„Mir ist es lieber", sagt Marketingchef Klenke, „dass eine Agentur vielleicht in der Strategie ein bisschen danebenliegt oder nicht alles gelesen oder begriffen hat, was wir im Briefing geliefert haben. Die Idee aber, die dann vorgeschlagen wird, die muss was hinzuaddieren, kreativen Mehrwert liefern."

Es dürfte von Vorteil für die Partnerschaft Agentur/Bahn sein, dass der Kunde Klenke selbst als Berater bei DDB auf der anderen Seite gearbeitet hat und die Bauchschmerzen kennt, die gelegentlich auf Agenturseite bestehen. Mit dieser Erfahrung wirkt er auch als Vermittler zwischen den Ansprüchen der Bahn und den Möglichkeiten von Agenturen. Das solle allerdings niemanden zu der irrigen Annahme veranlassen, dass der Kunde seine Ansprüche herunterschraubt.

IN DIE TOP TEN DER KREATIVSTEN KUNDEN

Die Bahn will ganz einfach „richtig gute Ideen, die exzellent umgesetzt werden". Danach müssen die Bahn-Marketeers heute lange suchen, da die meisten Agenturen der Mode huldigen, möglichst 360-Grad-Maßnahmen für die unterschiedlichsten Channels und Social-Media-Einbindungen vorzustellen, die perfekt durchdekliniert sind.

Wenn im Pitch „eine konsequente Herleitung aus dem Briefing" vorgestellt werde, „langweilt mich das", sagt Klenke und ergänzt: „Ich will Agenturpartner, die neue Aspekte finden, solche, die mir den Kopf aufreißen."

Der Anspruch der Bahn ist hoch. Sie will einen Platz unter den Top Ten der kreativsten Kunden. Beim Effie hat die Bahn schon ganz gut punkten können, bei der Kreation soll es gern noch etwas mehr werden.

Und deshalb sollten die Agenturen der Bahn einerseits exzellent Brot und Butter liefern, und zwar dort, wo die Bahn Brot und Butter braucht. Und dort, wo die Bahn im Kommunikationswahnsinn und in der -geschwindigkeit des Marktes gegenüber der Konkurrenz Punkte setzen will, da muss die Agentur etwas vorlegen, worüber ganz Deutschland sprechen wird.

Aus Hamburg für die Welt

WIE DIE DEUTSCHE LUFTHANSA MIT DER AGENTUR KOLLE REBBE INTERNATIONALES STORYTELLING FÜR IMAGE- UND PREISKOMMUNIKATION NUTZT

AUTOR _ PETER HEINLEIN / FOTOS _ THOMAS ROSENTHAL

Bild oben _ Benita Struve, Director Corporate Brand Management and Advertising Deutsche Lufthansa AG

„Wir wenden uns mit diesem frischen Markenauftritt ganz bewusst den Privatreisenden zu, ohne dabei aber die Geschäftsreisenden aus den Augen zu verlieren."

Benita Struve, Director Corporate Brand Management and Advertising Deutsche Lufthansa AG

uf der Anzeige stehen nur drei Worte in drei Zeilen. Doch sie erzählen jeweils mit Witz und Charme eine ganze Geschichte, deren Höhepunkt im Bildmotiv zu sehen ist. „Buchung. Landung. Brandung." oder für den englischsprachigen Markt „Booking. Landing. Splashing." – und das Bild zeigt, wie ein kleines Mädchen im Badeanzug fröhlich in die Wellen springt (s. a. S. 476 ff.). Das ist Werbung für die deutsche Airline Lufthansa. Gemacht hat sie die Agentur Kolle Rebbe aus Hamburg. Benita Struve, die bei der Deutschen Lufthansa verantwortlich ist für die klassische Werbung, Corporate Design und für die Markenstrategie, freut sich über dieses Motiv, zeigt es doch, wohin die Lufthansa geht mit ihrer neuen Kommunikation: Sie ergänzt das Bild von der Fluggesellschaft für Geschäftsreisende.

„Wir wenden uns mit diesem frischen Markenauftritt ganz bewusst den Privatreisenden zu, ohne dabei aber die Geschäftsreisenden aus den Augen zu verlieren", erklärt Struve. Im Markt stehe die Lufthansa in intensivem Wettbewerb einerseits mit den Low-Cost-Anbietern, andererseits aber auch mit Premium-Airlines wie Emirates, die finanziell ganz anders agieren können als der deutsche Konzern.

LUFTHANSA EMOTIONALISIERT DIE MARKE

Die vor gut einem Jahr beschlossene neue Strategie heißt: Lufthansa emotionalisiert die Marke und öffnet sich zunehmend für Privatreisende. Bisher hatten diese – so der Eindruck der Marktforschung – die von ihnen als qualitativ hochwertig eingestufte Airline vornehmlich im Dienst von viel fliegenden Businessreisenden gesehen. Da sie deshalb kaum Angebote für sich vermuteten, wurde die Lufthansa bei privaten Reiseplanungen nicht so sehr in Betracht gezogen – und das obwohl die Airline ja auch Urlaubsziele wie Mallorca oder Sylt anfliegt.

Um Privatreisende zu ermutigen, wurde der alte, sehr selbstbewusste Qualitäts-Claim „There's no better way to fly" in der neuen Kampagne abgelöst von einem Smiley: In einem Lufthansa-blauen Punkt steht jetzt in Weiß und Lufthansa-Gelb „Nonstop you", unterstrichen von einem ein Lächeln suggerierenden, gekurvten Strich. Und obwohl viele Anzeigen und Plakatmotive jetzt glückliche Pärchen statt Männer im Businessanzug zeigen oder eben das in der Brandung planschende Mädchen, fühlen sich auch Geschäftsreisende von dem lächelnden Versprechen „Nonstop you" angesprochen. Und das soll auch so sein, schließlich macht die Lufthansa mit ihnen mehr als die Hälfte der Umsätze im Passagiersegment.

Selbst viele der Werbemotive, die im Zwei- oder Dreiklang in Headlines aus der Perspektive des Flugreisenden Geschichten erzählen, sprechen Businessreisende an. Das zeigte sich etwa bei der Kommunikation zur Einführung der neuen Business Class bei Lufthansa. Über dem Anzeigenmotiv eines bequem ausgestreckt schlafenden Passagiers standen da beispielsweise die Worte „Long haul. Full stretch. Deep sleep." oder „Im Taxi: eingecheckt. Im Airport: Lounge entdeckt. Im Flieger: ausgestreckt."

Außer ums Storytelling ging es auch für die Zielgruppe der Geschäftsreisenden um Preiskommunikation. In Zeiten von Cost-Cutting bei den Firmen werden auch sie immer preissensibler und nehmen schon mal günstige Angebote von Ryanair, Easy Jet oder Air Berlin wahr. Also wurden auch für Businessreisende günstige Flugangebote sichtbarer gemacht.

Die neue Kampagne startete im März 2012 in Berlin mit der Aktion „49 Ziele für 49 Euro" – und auch der günstige Preis bekam in der Anzeige ein gezieltes Designelement in Form eines Bubbles: Er wird in einem gelben Kreis kommuniziert.

Die Lufthansa, die einerseits ihren Ruf als Premium-Airline genießt, hebt bei dem Versuch, auch schmalere Geldbörsen anzusprechen, vor allem auf die Preiswürdigkeit der Angebote ab. Das macht es im Verhältnis zur Billigflieger-Promotion nicht gerade einfach. Doch die Reaktion auf die Preiskommunikation der Lufthansa im Passagiermarkt zeigt nach Angaben der Airline deutlich, dass die Marke dank ihrer Wertigkeit auch zunehmend in den Relevant Set derjenigen rückt, die zum Wochenende gern mal kurz nach London oder Paris fliegen wollen.

IM STURM EROBERT

Wärmer und herzlicher ist die Kommunikation geworden, ohne jedoch an den Grundwerten zu rühren, mit denen die Öffentlichkeit das Lufthansa-Image verbindet: Deutsche Ingenieurskunst, Genauigkeit, Nachhaltigkeit, Sicherheit, Zuverlässigkeit, Verantwortungs-

Mit Witz und Charme in drei Worten und drei Zeilen eine ganze Geschichte erzählt.

Die neuen Anzeigenmotive zeigen jetzt glückliche Pärchen statt Männer im Businessanzug.

Die neue Lufthansa-Kampagne überrascht mit für die Lufthansa ungewöhnlichen Motiven und ungewöhnlichen Pointen.

bewusstsein – diese für ein Markenimage fantastischen Begriffe gehören nach wie vor zum Kern der Konzernmarke. Das belegen die Imagestudien und die Werbe-Trackings, mit denen Lufthansa den Markt beobachtet.

Kolle Rebbe hatte die Lufthanseaten bei einem routinemäßigen Pitch geradezu im Sturm erobert. Zuvor hatte die Airline-Werbung elf Jahre lang bei der Agentur McCann Erickson mit ihrem weltweiten Netzwerk gelegen.

„Das war eine lange und gute Zusammenarbeit", erinnert sich Benita Struve, die sich seit zwölf Jahren bei der Lufthansa mit Werbung und Corporate Design beschäftigt. Schon vor ihrer Karriere hatte sie die Fluglinie als Flugbegleiterin kennen und schätzen gelernt, war dann aber in die Werbung gegangen und hatte sich bei Leo Burnett als Client Service Director um die Markenkommunikation für Philip Morris gekümmert.

Die Vorteile der langjährigen Zusammenarbeit mit einer Agentur liegen auf der Hand: Es gibt eine große Vertrautheit und viel Wissen übereinander auf beiden Seiten. Das erleichtert vieles. Insofern hatte sich der Pitch auch nicht gegen McCann gerichtet, es war vielmehr die vom Lufthansa-Einkauf routinemäßig vorgesehene Überprüfung. McCann beteiligte sich ja auch an dem Wettbewerb, um den Etat zu verteidigen. Dass so ein Pitch dann aber auch die Gelegenheit bietet, neue Ideen, neue Gedanken und frischen Wind in die Kommunikation zu bekommen, ist, neben der möglichen Kostenoptimierung, ein weiterer großer Vorteil.

Zu der Einkaufsroutine kam, dass sich die Voraussetzungen in der Lufthansa-Organisation geändert hatten. Unter dem Passagevorstand Carsten Spohr war die Zuständigkeit für Marketing und Produkt in den Händen des Bereichsleiters Reinhold Huber zusammengeführt worden. Das Marketing, das zuvor im Bereich Vertrieb angesiedelt war, hatte nun quasi Stabsfunktion.

KOLLE REBBE LAG UNEINHOLBAR VORN

Zur Vorbereitung des Pitches war eine ganze Reihe von Agenturen gescreent und besucht worden, bevor neben Kolle Rebbe weitere ausgewählte Firmen das Briefing bekamen.

Doch schon nach der Vorauswahl und erst recht bei der Endausscheidung lag Kolle Rebbe, sowohl was die Kreation als auch Strategie und Beratung anging, uneinholbar vorn.

„Ausschlaggebend war die strategische Herleitung, die Nutzung des Textes in der Kreation und der ‚gesunde Menschenverstand', den die Agentur für sich – auch in der prägnanten, aber moderaten Weiterentwicklung der Kreation – beansprucht", erinnert sich Benita Struve an die Entscheidung kurz vor Weihnachten 2011.

Dass ein global operierender Konzern eine mittelständische Hamburger Firma als weltweite Lead-Agentur auswählt, hatte zunächst Verwunderung ausgelöst im Markt. Denn schließlich hatte der vorige Etathalter McCann auf der ganzen Welt Niederlassungen, die mit den lokalen Lufthansa-Vertretungen für die jeweiligen Märkte vor Ort arbeiten konnten. Und Kolle Rebbe?

„Wir kannten die Agentur vorher nicht, hatten uns aber darüber informiert, wie man rein aus Deutschland heraus international arbeiten kann", berichtet Benita Struve.

INTERNATIONAL MADE IN HAMBURG

Und heute zeigt sich, dass internationale Werbung made in Hamburg tatsächlich funktioniert. Nicht allein deshalb, weil Kolle Rebbe an der Elbe mittlerweile Mitarbeiter aus 30 Nationen beschäftigt, sondern auch weil

„Wir kannten die Agentur vorher nicht, hatten uns aber darüber informiert, wie man rein aus Deutschland heraus international arbeiten kann."

Benita Struve, Director Corporate Brand Management and Advertising Deutsche Lufthansa AG

die Agentur Teil der unabhängigen Organisation The Network One ist, die über 400 inhabergeführte Agenturen in 90 Ländern vernetzt.

Gemeinsam mit der siegreichen Agentur und den im Ausland jeweils regional für das Marketing verantwortlichen Lufthanseaten hatten Struve und ihr Team im vergangenen Jahr diverse Agenturen besucht, um sich für die richtigen internationalen Kooperationspartner zu entscheiden. Dabei ging es nicht um einen Agenturpool, wie ihn manche internationale Firmen nutzen, sondern darum, sowohl die in Hamburg entwickelte Kreation für regionale Märkte zu „transkreieren", wie Struve gern sagt, als auch internationalen Input einzuarbeiten.

Mit Auswahl und Entwicklung der Zusammenarbeit sei sie sehr zufrieden, kommentiert Struve die Situation und sieht keinen Nachteil gegenüber der Effizienz des McCann-Networks. Auch ein Vorteil, den viele Werbekunden bei der Kooperation mit inhabergeführten Agenturen immer wieder anführen, dürfte zur Zufriedenheit beitragen: Bei solchen Dienstleistern ist die Kundenbetreuung in der Regel Chefsache und wird nicht an Abteilungen oder gar wechselnde Key-Accounter delegiert.

Zwei Monate nach der Auftragsvergabe hatte Lufthansa die neue Kampagne auf der internationalen Tourismusbörse in Berlin vorgestellt. Die Konkurrenz rieb sich die Augen, war die Airline doch nach langer Abstinenz endlich mal wieder mit einem Werbespot präsent (s. a. S. 480). Und dann wurden in dem Film auch noch kleine Eulen gekrault. Sie wurden präsentiert als „niedliche" Vögel mit „niedlichen" Augen und „niedlichem" Schnabel, bevor dann ein Lufthansa-Jet ins Bild kam, angepriesen als „Vogel mit niedlichem Preis".

Anzeigen und Plakate mit Motiven, wie sie zuvor im Text beschrieben wurden, schlossen sich an und dann ein weiterer Werbespot. Darin wurden Menschen gezeigt, die sich an ungewöhnlichen Plätzen ausgestreckt hinlegten. Hier war ein Lufthansa-Business-Class-Passagier der Abbinder, der seinen Sitz per Knopfdruck genüsslich in ein Bett verwandelte (s. a. S. 482). Das war Produktwerbung, denn damit wurde die neu gestaltete Business Class beworben.

„Wir unterscheiden zwar zwischen taktischer und Imagekommunikation", erklärt Benita Struve, tatsächlich wirke sich aber auch die Preis- oder Produktkommunikation stark auf das Image der Airline aus. Das werde durch Marktforschung und Werbetrackings belegt.

LEITGEDANKE „NONSTOP YOU"

Für das laufende Jahr sind keine neuen Produkteinführungen geplant, wohl aber ein Imagespot, der die Bedeutung des „Nonstop you" über alle Bereiche kommunizieren soll, in denen Lufthansa agiert. Die Kommunikation darüber, wie wichtig ein im ganzen Konzern gelebtes „Nonstop you" vor allem da ist, wo Mitarbeiter Kontakt zu Passagieren haben, ist ein weiterer Punkt auf der Agenda. Dies soll beispielsweise im Airline-Schulungszentrum in Seeheim passieren. Dort existiert seit 2009 eine sogenannte „Markenakademie", eine auf 1.000 Quadratmetern Fläche aufgebaute Erlebniswelt, in denen die Marken des Konzerns für Mitarbeiter „anfassbar" gemacht werden. Diese müsste allerdings auch noch an das neue Grundmotto angepasst werden.

Denn natürlich wird das „Nonstop you" auch als Leitgedanke für die anderen Kommunikationskanäle genutzt, auf denen die Lufthansa mit ihren Kunden Kontakt hat. Im Direktmarketing oder online sind allerdings andere Agenturen tätig als Kolle Rebbe. Hier sind etwa plan.net im Bereich Online-Kommunikation, Torben, Lucie und die gelbe Gefahr (TLGG) für Social Media, Mindshare in der Mediaplanung und Serviceplan im Dialogmarketing unterwegs. Die Bereiche werden auch jeweils von unterschiedlichen Abteilungen im Lufthansa-Marketing verantwortet.

Daran könnte sich etwas ändern, denn seit Januar 2013 hat die Lufthansa einen neuen Marketingchef. Alexander Schlaubitz war Werber bei Leo Burnett und DDB, hat für den Chiphersteller Intel gearbeitet und verantwortete zuletzt das europäische Marketing bei Facebook.

Benita Struve ist verantwortlich für die klassische Werbung, das Corporate Design sowie die Markenstrategie der Deutschen Lufthansa.

Index der aufgenomme-nen Arbeiten

M MEGAPHONSIEGER

B BESTER DER BRANCHE

S SHORTLIST DER JURY

V BRANCHENVERGLEICH

Im Branchenvergleich aufgenommen werden aus den eingesandten Einreichungen diejenigen Kommunikationsmaßnahmen, die die jeweilige Branche durch die vorgelegten Arbeiten im Vergleich der Wirtschaftssegmente überzeugend und aktuell repräsentieren.

Arbeiten, die aus diesem Vergleich besonders hervorstechen, bilden die Shortlist der Jury. Aus diesem Kreis werden von den Juroren durch Abstimmung nach Noten sowie in anschließender gemeinsamer Diskussion die Preisträger der Megaphone (vergeben in den Kategorien des Wettbewerbs) benannt.

Bester der Branche kann nur werden, wer der Shortlist der Jury angehört. Die Auszeichnung wird nur dann vergeben, wenn in der betreffenden Branche mindestens drei Einzelbeiträge vorliegen.

MEGAPHONSIEGER

76 M BUNDESVERBAND DER DEUTSCHEN VOLKSBANKEN UND RAIFFEISENBANKEN | HEIMAT Berlin
82 M AXEL SPRINGER AG, DIE WELT | OLIVER VOSS
88 M M M HORNBACH BAUMARKT | HEIMAT Berlin
94 M N-TV | Havas Worldwide Düsseldorf
98 M SCHÖFFEL SPORTBEKLEIDUNG | Ogilvy & Mather
102 M ADIDAS AG | HEIMAT Berlin
106 M BISCHÖFLICHES HILFSWERK MISEREOR | Kolle Rebbe
110 M LEGO | serviceplan gruppe
114 M TURNER BROADCASTING SYSTEM DEUTSCHLAND, CNN | HEIMAT Berlin
118 M BISCHÖFLICHES HILFSWERK MISEREOR | Kolle Rebbe
122 M DAIMLER AG, MERCEDES-BENZ | Scholz & Volkmer
126 M AUSTRIA SOLAR | serviceplan gruppe
130 M JAKO-O | Ogilvy & Mather
134 M GERSTENBERG VERLAG | Kolle Rebbe
138 M AKUSTIKA SPEZIAL | Leo Burnett
140 M SYMRISE AG | Heine Warnecke Design
144 Leo Burnett

SHORTLIST DER JURY UND BRANCHENVERGLEICH

VERBRAUCHSGÜTER / B2C

NAHRUNG UND GENUSS

148 B S VAUEN VEREINIGTE PFEIFEN-FABRIKEN | Wensauer & Partner
150 V BACKSTUBE WÜNSCHE | G + P Glanzer + Partner
152 V BERGBAUERN-FRÜHSTÜCKSMILCH | CODE64
153 S BORD BIA IRISH FOOD BOARD | Die Botschaft New Communications
156 V EDEKA SÜDWEST FLEISCH | fmk.
157 V HEMME MILCH | Heine Warnecke Design
158 S HILCONA AG | wrw united werbeagentur
159 V HOHENLOHER MOLKEREI EG | querformat
160 V J. BÜNTING TEEHANDELSHAUS | KAAPKE
161 V KRÜGER | Initiative Media
163 V NAPPO | G + P Glanzer + Partner
164 S RÜGENWALDER MÜHLE | elbkind
165 S RÜGENWALDER MÜHLE | BrawandRieken
167 V SEEBERGER | Wensauer & Partner
168 V SÜDBAYERISCHE FLEISCHWAREN | G + P Glanzer + Partner
171 V TABAK- UND ZIGARETTENFABRIK HEINTZ VAN LANDEWYCK | markenmut
172 V THEODOR KATTUS GMBH | team4media
173 V UNILEVER AUSTRIA GMBH | Division4 communication
174 V VAUEN VEREINIGTE PFEIFENFABRIKEN | Wensauer & Partner

NICHTALKOHOLISCHE GETRÄNKE

175 B S COCA-COLA ZERO | Scholz & Volkmer

177 S COCA-COLA | McCann Berlin
178 S MEZZO MIX | G2 Germany
179 V MINERALQUELLEN WÜLLNER | Frese & Wolff

ALKOHOLISCHE GETRÄNKE

180 B S TUCHER BRÄU | Bloom Project
182 V ANHEUSER-BUSCH INBEV DEUTSCHLAND | Beck's, coma
183 V ANHEUSER-BUSCH INBEV DEUTSCHLAND, FRANZISKANER WEISSBIER | coma
184 V BECK'S & REWE | BestSeller
185 V BRAUEREI KNEITINGER | schwecke.mueller
186 V CÖLNER HOFBRÄU P. JOSEF FRÜH KG | Counterpart
187 V FÜRSTLICH FÜRSTENBERGISCHE BRAUEREI | agenturwitt
188 V KROMBACHER | Wensauer & Partner
189 V PRIVATBRAUEREI GANTER | DIE CREW
190 V SABMILLE | Intevi
191 V TUCHER BRÄU | Bloom Project
192 V WEINGUT BLANKENHORN | DRWA Das Rudel
193 V WEINGUT BRUNO KIRSCHBAUM | Ender Werbung

KÖRPERPFLEGE UND KOSMETIK

194 B S SCA HYGIENE PRODUCTS | TEAM KONZEPT
196 V JOHNSON & JOHNSON | TWT Interactive
197 V MARIA GALLAND | DIE CREW
198 V SCHWARZKOPF & HENKEL | revo.

WEITERE VERBRAUCHSGÜTER

199 V HENKEL, SPEE | stöhr

GEBRAUCHSGÜTER / B2C
AUTOMOBIL / PKW

202 B S DAIMLER AG, MERCEDES-BENZ | Pixelpark / Elephant Seven
204 S BMW AG, BMW | serviceplan gruppe
209 S BMW AG, MINI | mediaplus gruppe/serviceplan gruppe
210 S BMW AG, ZAGATO COUPÉ | Good Guys Entertainment
211 S DAIMLER AG, MERCEDES-BENZ | SYZYGY Deutschland
212 S FIAT GROUP AUTOMOBILES GERMANY | Leo Burnett
213 S VOLKSWAGEN AG | Heye & Partner

AUTOMOBIL-/KFZ-ZUBEHÖR

214 B S A.T.U | HEIMAT Berlin
216 V ABT Sportsline | Schindler Parent
218 V BMW AG, MINI | wvp Werbegesellschaft
220 S BMW AG, BMW | wvp Werbegesellschaft
222 S CONTINENTAL REIFEN | serviceplan gruppe/plan.net gruppe

EINRICHTUNG

223 B S SCHÜLLER MÖBELWERK | Hörger & Partner
226 V ACO PASSAVANT | DRWA Das Rudel
227 S CONTUR EINRICHTUNGEN | Hörger & Partner
228 S DOMÄNE EINRICHTUNGSMÄRKTE | BrawandRieken
230 V GLAMÜ | DRWA Das Rudel
231 S GLOBAL | Hörger & Partner
232 S HÄCKER KÜCHEN | Kirchner Kommunikation und Marketing
233 V MÜLLERLAND | lawinenstift
236 V PRONORM EINBAUKÜCHEN | Kirchner Kommunikation und Marketing
237 S ROLF BENZ | serviceplan gruppe
238 S ROLF BENZ | 21TORR Interactive
239 S SCHÜLLER MÖBELWERK | Hörger & Partner
241 V SEEMANN | team4media

HAUSHALTSWAREN UND -GERÄTE

242 B S WMF AG | serviceplan gruppe/mediaplus gruppe
244 V GORENJE | wrw united
245 S NEXPLAN | nutcracker
246 V VORWERK & CO. KG | Jahns and Friends

KLEIDUNG

247 B S SCHÖFFEL SPORTBEKLEIDUNG | Ogilvy & Mather
250 S ADIDAS AG | HEIMAT Berlin
254 S ADIDAS AG | dieckertschmidt
255 V BOGNER HOMESHOPPING | Wiethe Interaktiv
256 V DELMOR SWISS AG | die3
257 V INSERTCOIN CREATIVE VENTURES | screenagers
258 V INTER-TRIUMPH | Bloom
259 S MARC O'POLO | Wiethe Interaktiv
260 V MISTER*LADY | Bloom Project
261 V MUSTANG STORE | Wiethe Interaktiv
262 S MUSTANG STORE | Wiethe Group
263 V V.I.R.A. | CODE64

WEITERE GEBRAUCHSGÜTER

264 B S ADIDAS AG | dieckertschmidt
267 S BMW MOTORRAD | serviceplan gruppe
268 S CAZAL EYEWEAR - OP COUTURE BRILLEN | Atelier Damböck Messebau
269 V CERÁSASSO BY WILFRIED BAST | Hammerer
270 V DOMINATOR INTERNATIONAL | Lach Communication Group
271 V ESSELTE LEITZ GMBH & CO KG | H-ZWO
273 V G. PASSIER & SOHN | The Vision Company
274 V OLYMPUS | Fuse
276 S OLYMPUS | polargold
277 S RALF BOHLE | markt&werbung
278 V RECARO CHILD SAFETY | FACT
279 V SABO-MASCHINENFABRIK | DIE CREW
281 V UHRENFABRIK JUNGHANS | DIE CREW

INDUSTRIE / B2B
INVESTITIONSGÜTER

282 B S DAIMLER AG, MERCEDES-BENZ | Pixelpark / Elephant Seven, Berlin
284 S J.D. NEUHAUS | Intevi
286 V KUKA ROBOTER | zeroseven
288 V MAFELL AG | LässingMüller
289 V METABO | LässingMüller
290 V SAM | kampfgefährten
291 S SETRA OMNIBUSSE | LässingMüller
292 S SIEMENS AG | hl-studios
294 V SIEMENS AG | feedback communication
295 S THYSSENKRUPP UHDE | act&react
296 V VOLVO TRUCKS | brainwaves
297 V WIRTGEN BETEILIGUNGSGESELLSCHAFT | kernpunkt

PRODUKTIONSGÜTER

298 B S THYSSENKRUPP AEROSPACE | wysiwyg* software design
300 V AFS AG | Extra Marketing Service
301 V CREATON AG | wvp Werbegesellschaft
302 V CULIMETA TEXTILGLAS-TECHNOLOGIE | FACT
303 V DEUTZ AG | kampfgefährten
304 V ELCO | vergissmeinnicht
305 V GFE METALLE UND MATERIALIEN | Bloom Project
306 V GM TEC INDUSTRIES | Thielker+Team
307 V KNAUF INSULATION | TWT Interactive
308 V PÖPPELMANN | KAAPKE
309 V RENK AG | conceptX
310 V REHAU | hl-studios
312 V SCHOELLER TECHNOCELL | graef advertising
313 V UNILEVER FOOD SOLUTIONS FOOD-SERVICE | wrw united werbeagentur

PHARMAZIE / GESUNDHEIT

314 V MERCK SERONO | Schmittgall Werbeagentur
315 V RECKITT BENCKISER Deutschland | Schmittgall
317 V SCA HYGIENE PRODUCTS | Jahns and Friends
318 V SIEMENS AUDIOLOGISCHE TECHNIK GMBH | Bloom Project

WEITERE INDUSTRIEGÜTER

319 B S EVONIK INDUSTRIES | KNSK
322 V DIEHL AKO | Schindler Parent
323 V ESSILOR | Münchrath. Die Werbeschmiede
324 V INFRASERV | reality bytes neue medien
325 V PPMC ESTABLISHMENT | Extra Marketing Service
326 V SIEMENS AG | Industry Sector, feedback communication
328 V UHLMANN & ZACHER | BEACHDESIGN
329 V UMICORE | LBi Germany

MEDIEN UND KOMMUNIKATION / B2C
TV UND RADIO

330 B S MEPHISTO RADIO 97.6 I Preuss und Preuss
332 S EGOFM RADIO NEXT GENERATION I Bloom Project
334 V ORF LANDESSTUDIO VORARLBERG I zurgams
335 V RADIO / TELE FFH I HUT FRANKFURT
336 V SAARLÄNDISCHER RUNDFUNK I Haag Marketing & Design
337 V WESTDEUTSCHER RUNDFUNK I Machbar

PUBLIKATIONEN

339 B S AXEL SPRINGER MEDIAHOUSE, ROLLING STONE I OLIVER VOSS
342 S ARTPARTNERS I dieckertschmidt
344 S AXEL SPRINGER AG, WELT AM SONNTAG I OLIVER VOSS
347 S BASTEI LÜBBE I Eichborn
349 V DPV DIRECT, SCHÖNER WOHNEN I RMG Connect
350 S V S. FISCHER VERLAG I nutcracker

ONLINEPLATTFORMEN-/DIENSTE

352 B S GRUNER + JAHR, STERN.DE I Kolle Rebbe
355 S DEUTSCHE WELLE I wysiwyg* software design
356 V SPRINGER FACHMEDIEN MÜNCHEN I Bloom Project
358 S WIKIMEDIA I Leo Burnett

WEITERE MEDIENPRODUKTE

360 B S EELUSION I JUNGMUT
364 V PARAMOUNT PICTURES GERMANY I LBi Germany

MEDIEN UND KOMMUNIKATION / B2B
WERBUNG / PR / EVENT / MESSE / BERATUNG

365 B S OGILVYACTION
368 V AGENTUR AM FLUGHAFEN
369 V BABIEL
370 S DIE INSEL
371 S HÖRGER & PARTNER
373 V KNALLROT.
374 V LÄSSINGMÜLLER
375 S P.O.S. KRESIN DESIGN
376 S REINSPICKEN VERLAG I GP Visuelle Kommunikation
377 V SCHLEINER + PARTNER KOMMUNIKATION
379 V SCHWECKE.MUELLER
380 V TWT INTERACTIVE
381 S WIETHE GROUP I Wiethe Kommunikativ

WEITERE MEDIEN / KOMMUNIKATION

382 B S BASTEI LÜBBE
385 V DISCOVERY COMMUNICATIONS DEUTSCHLAND, DMAX I Bloom Project
387 S EDEL AG, JUBELARE! I Sehfeld
388 S EDEL AG, PREGO I Sehfeld

HANDEL
EINZELHANDEL / B2C

390 B S JAKO-O I Ogilvy & Mather
394 V BERCHTOLD SPORT + MODE I zurgams
395 S C&A EUROPA CORPORATE AFFAIRS I Melches Vonderstein
397 V DIEHL & BRÜSER HANDELSKONZEPTE I move:elevator
398 V EFASHION BOULEVARD I Wiethe Objektiv
399 V ENGELHORN SPORTS I Wiethe Interaktiv
400 V HUGENDUBEL I schwecke.mueller
401 S MEDIA MARKT I Ogilvy & Mather
409 S OBI I Appmotion
410 V OTTO I DI UNTERNEHMER - Digitalagentur
412 V PITSCH SPORT I Agentur am Flughafen
414 V REAL,- I WF.P..
415 S REWE MARKT I HEIMAT Berlin
416 S VAN GRAAF I Wiethe Group
417 V WESTPARK SHOPPINGCENTER I Hörger & Partner

GROSS- UND FACHHANDEL / B2B

421 V DACHDECKER-EINKAUF OST EG I Heine Warnecke Design
422 V GALERIA KAUFHOF I Jahns and Friends
423 V J. WAGNER GMBH I polargold
424 V MIELE & CIE. KG I ID Kommunikation Stein
425 V RAUCH MÖBELWERKE I Werbeagentur Müller
426 V ROBERT BOSCH HAUSGERÄTE I Hauk
429 V ROBERT BOSCH HAUSGERÄTE I dube.
432 V ROBERT BOSCH HAUSGERÄTE I Hauk
433 V ROBERT BOSCH HAUSGERÄTE I dube.
434 V SIEMENS-ELECTROGERÄTE I RESpublica
437 V VEREINIGTE PAPIERWARENFABRIKEN I querformat

DIENSTLEISTUNGEN / B2C
BANKEN / SPARKASSEN / INVESTMENT

438 B S BAUSPARKASSE SCHWÄBISCH HALL I Ogilvy & Mather
440 V BNP PARIBAS I Babiel
441 S GEFA I Dievision
442 S ING-DIBA AG I agenta
443 V LANDESSPARKASSE ZU OLDENBURG I von Mende Marketing
444 S QUIRIN BANK I Havas Worldwide München
445 V SPARDA-BANK HANNOVER EG I freitag van geigk
446 V SÜDTIROLER VOLKSBANK I hannomayr. communication
448 V VOLKSBANK MITTE EG I P.O.S. Kresin Design

VERSICHERUNGEN

449 B S GOTHAER VERSICHERUNGSBANK I BrawandRieken
454 S BARMENIA KRANKENVERSICHERUNG I stöhr, MarkenKommunikation
455 V GRUNDEIGENTÜMER VERSICHERUNG I reality bytes neue medien
456 V HDI VERSICHERUNG I CIDCOM

ENERGIEVERSORGUNG

459 B S RWE AG I Pixelpark / Elephant Seven
461 V RHEINENERGIE AG I kernpunkt
462 V STÄDTISCHE WERKE MAGDEBURG I wirDesign communications
464 S STADTWERKE GÖTTINGEN AG I Blackbit neue Werbung
466 V STADTWERKE HEIDELBERG I GoYa! Die Markenagentur
467 V STADTWERKE NEUWIED I Thielker+Team

TOURISMUS UND VERKEHR

468 B S SEA LIFE DEUTSCHLAND I Leo Burnett
470 V DAMÜLSER SEILBAHNEN I Ender Werbung
471 S DB MOBILITY LOGISTICS AG I Ogilvy & Mather Werbeagentur
475 V DB REGIO AG I Haag Marketing & Design
476 S DEUTSCHE LUFTHANSA I Scholz & Volkmer
477 S DEUTSCHE LUFTHANSA I Kolle Rebbe
483 S DEUTSCHE LUFTHANSA I people interactive
484 S HOTEL MONTAFONER HOF I zurgams Kommunikationsagentur
485 V HOTELPLAN MANAGEMENT I people interactive
486 V ILLWERKE TOURISMUS I zurgams
487 S ITRAVEL INDIVIDUAL TRAVEL I dw capital
488 V LEIPZIGER VERKEHRSBETRIEBE (LVB)
489 V REISEBÜRO OPPERMANN I medienweite
490 V SKI ARLBERG I die3
492 V STADTWERKE MÜNCHEN I schwecke.mueller
493 V SYLT MARKETING I Thielker+Team
494 S TC TOURISTIK I serviceplan gruppe
495 V VERKEHR UND WASSER I Frese & Wolff
497 V VERKEHRSGEMEINSCHAFT OSNABRÜCK I medienweite
498 S ZOOLOGISCHER GARTEN KÖLN I Preuss und Preuss
500 V ZOOLOGISCHER GARTEN KÖLN I Intevi

TELEKOMMUNIKATION

501 B S UPC CABLECOM I ViznerBorel
504 S FONIC I HEIMAT Berlin
506 S SWISSCOM AG I HEIMAT Berlin
508 V TELEPORT CONSULTING UND SYSTEM-MANAGEMENT I Ender Werbung

GESUNDHEITSKOMMUNIKATION

509 B S UNIVERSITÄTSKLINIKUM HAMBURG-EPPENDORF I Heye & Partner
512 V ACTIMONDA KRANKENKASSE I markenmut
513 V ENGELHARD ARZNEIMITTEL I ISGRO Gesundheitskommunikation
514 V GEHE PHARMA HANDEL I G + P Glanzer + Partner
515 V JOHNSON & JOHNSON I Heye & Partner
516 V MATRIXCOSMETICS I Montfort Werbung
517 S OTTO BOCK HEALTHCARE I pilot Hamburg
518 V PROLIFE HOMECARE I act&react
519 V SIEMENS AUDIOLOGISCHE TECHNIK GMBH I Bloom Project
520 V W. SPITZNER ARZNEIMITTELFABRIK I HUT FRANKFURT

GASTRONOMIE

521 V IDEAL CAFÉ RESTAURANT BAR I S/COMPANY
525 V PLAYBOY CLUB COLOGNE I H-ZWO

WEITERE DIENSTLEISTUNGEN

527 B S SIXT I OLIVER VOSS
529 V BMW AG I pixelconcept
530 V BADEN-AUTO I SCHLEINER + PARTNER
531 V FLEETCAR+SERVICE COMMUNITY I pixelconcept
532 V KAMPS ZENTRALE DIENSTE I pixelconcept
533 V LWB LEIPZIGER WOHNUNGS- UND BAUGESELLSCHAFT I AD Konzept
534 V OTTMANN GMBH & CO SÜDHAUSBAU KG I CODE64
535 S PRIMETIME FITNESS I Leo Burnett
536 V SP-GMBH & CO. KG I Counterpart
537 V SÜDHAUSBAU VERKAUFSGESELL-SCHAFT I schwecke.mueller
538 S WIRTSCHAFTSKAMMER VORARLBERG I die3

DIENSTLEISTUNGEN / B2B
BANKEN / SPARKASSEN / INVESTMENT

540 V LANDESSPARKASSE ZU OLDENBURG I von Mende Marketing
542 V RAIFFEISENLANDESBANK VORARL-BERG I die3
543 V TARGOBANK AG & CO. KGAA I wrw united werbeagentur

BAUWIRTSCHAFT

544 B S RHOMBERG BAU I die3
546 V ALSECCO I vergissmeinnicht
549 V GLAS TRÖSCH I zeroseven design studios für digitale Markenwelten
550 V KS-ORIGINAL I KAAPKE
552 V QUICK-MIX GRUPPE I graef advertising
556 V SOLARLUX ALUMINIUM I zeroseven design studios für digitale Markenwelten

WEITERE DIENSTLEISTUNGEN

557 V AURELIS REAL ESTATE I RUECKER-CONSULT
558 V H. REUFFURTH I knallrot.
560 V MHP MIESCHKE HOFMANN UND PARTNER I Beaufort 8
561 V ÖSCHBERGHOF I Ender Werbung
562 V SCHENKER AG I Werbeagentur Müller
563 V SÜD-EIS I team4media
564 V TELEPORT CONSULTING UND SYSTEM-MANAGEMENT I Ender Werbung
565 V VOGT FOLIENDRUCK

GESELLSCHAFT, SOZIALES UND KULTUR / B2C
VEREINE / VERBÄNDE / GEMEINSCHAFTEN / STIFTUNGEN

566 B S BUNDESVERBAND FRAUENBERATUNGSSTELLEN UND FRAUENNOTRUFE I serviceplan gruppe / plan.net gruppe
568 V BUNDESVERBAND DEUTSCHER BESTATTER I Klunk Kommunikation
569 V CYBER SECURITY AUSTRIA I upart Werbung & Kommunikation
571 S DEUTSCHER TIERSCHUTZBUND I Frese & Wolff
572 V DIE MAPPENSCHULE I Verlag M. Kühnle
573 S DJV - DEUTSCHER JOURNALISTEN-VERBAND I Leo Burnett
574 S JOHANNITER-UNFALL-HILFE I serviceplan gruppe
575 V LÜTTENHILFE I Pixelpark / Elephant Seven
576 S NATURSCHUTZBUND DEUTSCHLAND (NABU), LANDESVERBAND HESSEN I Leo Burnett
577 S TEXTERSCHMIEDE HAMBURG I Pixelpark / Elephant Seven
578 S VDA I Marschall Wernecke & Andere Accelerate
581 S VEREIN ZUR FÖRDERUNG VON JUGENDL. M.B.S. SCHWIERIGKEITEN I RMG Connect
583 V WWF STIFTUNG I HELDISCH

ÖFFENTLICHE / STAATLICHE INSTITUTIONEN / STÄDTE UND KOMMUNEN

584 B S BERLINER STADTREINIGUNGS-BETRIEBE I Peperoni
589 V AGENZ BERLIN, GIZ I Bloom
591 V AMT DER OÖ LANDESREGIERUNG I upart Werbung & Kommunikation
593 V AWIGO ABFALLWIRTSCHAFT I Hagenhoff
594 S BAYERISCHE ENERGIEAGENTUR I brainwaves
596 S ENTWICKLUNGS- UND WIRTSCHAFTS-FÖRDERUNGSGESELLSCHAFT FÜR RHEINE MBH I conceptX
598 V FAMILIENSTÜTZPUNKT WALDBÜTTEL-BRUNN I BEACHDESIGN
599 V HOCHSCHULE OSNABRÜCK I medienweite
600 V IHK NÜRNBERG FÜR MITTELFRANKEN I Lingner Marketing
602 V IHK DORTMUND I act&react
604 V STADT DORTMUND I Michael Wiczoreck Kommunikationsdesign

ORGANISATIONEN

606 B S RED ONION GMBH I Marschall Wernecke & Andere Accelerate
608 V ERZDIÖZESE FREIBURG I SCHLEINER + PARTNER
609 V FAMILIENBUND DER KATHOLIKEN I Gute Botschafter
610 V HEILIG-ROCK-WALLFAHRTSBÜRO I markenmut
612 V MISSIO I Marschall Wernecke & Andere Accelerate
613 V TERRE DES HOMMES I public:news
614 V UNICEF I JUNGMUT
615 V UNICEF I Babiel
616 V ZENTRALKOMITEE DER DEUTSCHEN KATHOLIKEN I SCHLEINER + PARTNER

KUNST, KULTUR UND SPORT

618 B S „AN DER ALTEN FÖRSTEREI" STADIONBETRIEBS AG I A&B One
621 V 1. FSV MAINZ 05 E. V. I DI UNTER-NEHMER - Digitalagentur
622 V ASC AMERICAN SPORTS CLUB OSNABRÜCK TIGERS I team4media
624 V BERLIN DAILY I Thielker+Team
626 S BREGENZER FESTSPIELE I die3
627 V KASSELER MUSIKTAGE I take off - media services
628 V PRO HC ERLANGEN I hl-studios
630 S SKIN DEEP ART I Agentur am Flughafen
631 S SPORTS UNITED SPORTMANAGEMENT I mpeyer Communication
633 V STADT KASSEL I Machbar
635 V STATTBAD GALERIE I Thielker+Team
638 V VIVA CON AGUA DE SANKT PAULI I mpeyer Communication

RECRUITING, MITARBEITERKOMMUNIKATION

639 B S TEXTILVERBAND SCHWEIZ I Agentur am Flughafen
641 S BASF I Pixelpark / Elephant Seven
642 V C&A MODE I Melches Vonderstein
644 V DAIKIN AIRCONDITIONING GERMANY I ASM Werbeagentur
645 V HENN I zurgams
646 V HL-STUDIOS
647 V JULIUS BLUM I LIGHTHOUSE Marken-Navigation
650 V MHP MIESCHKE HOFMANN UND PARTNER I Beaufort 8
651 S MSE PERSONAL SERVICE I zurgams
652 S REHAU I move medien Hauenstein & Heidenreich
653 V re-lounge
654 V SCHOELLER TECHNOCELL I graef advertising
655 V SIEMENS AG I hl-studios
656 V V.E.M. VORARLBERGER ELEKTRO- UND METALLINDUSTRIE I die3

Originell, handgemacht und passgenau

BUNDESVERBAND DER DEUTSCHEN VOLKSBANKEN UND RAIFFEISENBANKEN „JEDER MENSCH HAT ETWAS, DAS IHN ANTREIBT. WIR MACHEN DEN WEG FREI.“ VON HEIMAT BERLIN

01 Benedikt Wisbauer
02 Franka Mai
03 Johannes Heldrich
04 Lukasz Ciszewski
05 Manuela Disch
06 Mark Hassan
07 Nadine Pelka
08 Nico Buchholz
09 Philipp Bertisch
10 Ralf Reinsberg
11 Sophie Lange
12 Tim Schöndorfer
13 Vivien Ott

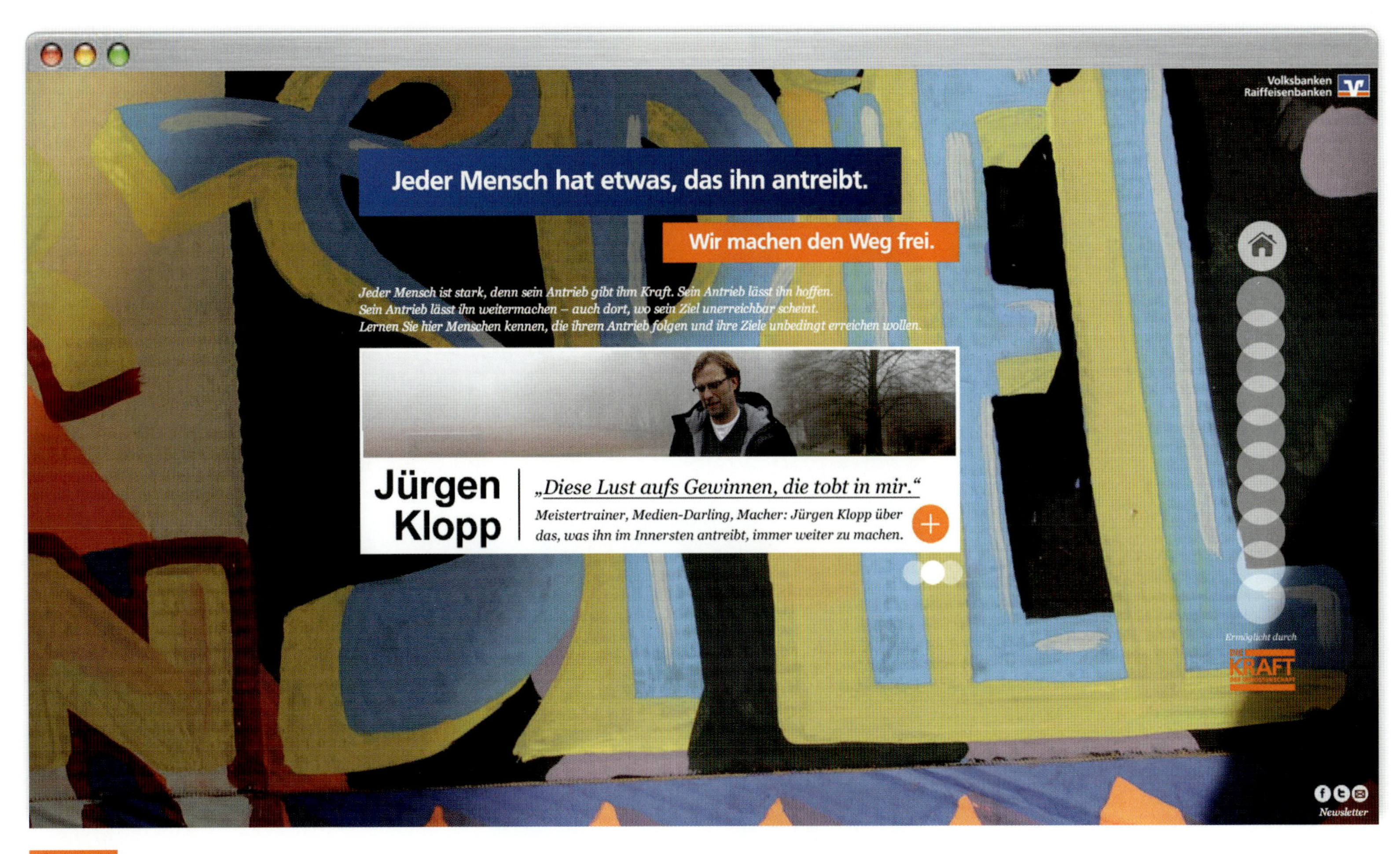

DIENSTLEISTUNGEN / B2C

BANKEN / SPARKASSEN / INVESTMENT

PRODUKT-/SERVICEWEBSEITEN

www.was-uns-antreibt.de

AUTORIN _ ANJA RÜTZEL Jonas möchte Schornsteinfeger werden – die Aussicht ist so schön, hoch droben, über den Dächern der Stadt. Tilman will Kamele züchten, Lotte zum ersten Mal allein mit der Straßenbahn zum Ballett fahren. Und Ernst schreibt mit 55 Jahren den ersten Brief an seine Tochter – weil er nun Lesen und Schreiben lernt.

Sie alle erzählen ihre Geschichte in der Kampagne „Jeder Mensch hat etwas, das ihn antreibt". Und sie erzählen sie wirklich, nichts lenkt in den zehn kurzen Werbespots von ihren Worten ab, nicht einmal der Erzähler selbst. Seine Geschichte wird zu Bildern: Lottes Straßenbahnfahrt läuft als Wasserfarbenlinie über das Papier, Michaels Brauereipläne sind in dicken Lettern auf Bierdeckel gedruckt. Wenn sich das Ehepaar Stümer über ihr gemeinsames Gesamtalter streitet, puschelt sich ein Arsenal von plüschigen Hausschuhen zu Zahlenformationen zusammen. Ganz wichtig dabei: Die Bilder sind originell, wirken handgemacht und passgenau auf den Protagonisten komponiert – doch sie drängen sich nie aufdringlich in den Vordergrund.

DEUTSCHER MEISTER WERDEN IST EIN ABENTEUER – EINE STRASSENBAHNFAHRT AUCH.

Das Motto „Jeder Mensch hat etwas, das ihn antreibt" löste 2009 in einer ersten HEIMAT-Kampagne den bisherigen Volksbanken-Raiffeisenbanken-Claim „Wir machen den Weg frei" ab. „Wie der Vorgänger hat auch diese Kampagne ein ganz konkretes Profil: Es geht um Menschen, die vor einer Entscheidung stehen, einen festen Plan vor Augen haben und den jetzt umsetzen", sagt HEIMAT-Kreativchef Guido Heffels. Dabei sollten die Testimonials möglichst authentisch in Szene gesetzt werden: Nicht in klassisch gefilmten Interviews, sondern in Collagen, die die Geschichten der Erzählenden zum Leben erwecken.

Wochenlang recherchierte das Redaktionsteam, welche Menschen zu dieser Kampagne passen, ließen sich ihre kleinen und großen Träume erzählen. „Sie mussten nicht fancy sein, sondern interessant", sagt Heffels. „Erzählenswerte Fälle eben." „Radikale Individualität" nennt er das, wenn die erste selbstständige Straßenbahnreise eines kleinen Mädchens genauso wichtig und ernst genommen wird wie die Zukunftspläne eines Mannes, der mit 55 Lesen und Schreiben lernt. Oder die Geschichte von Jürgen, der von seiner Lust aufs Gewinnen erzählt – und eben zufällig mit Nachnamen Klopp heißt und den Fußballverein Borussia Dortmund trainiert. Seine Antriebsstory reiht sich ganz selbstverständlich ein zwischen Unimog-Verkäufer und Kamelzüchter, kein Promi-Extrapodest.

FÜR DIE TESTIMONIALS WIRD DIE WERBUNG ZUR PLATTFORM

Die Botschaft der Spots, die mit einer neuen Kampagnenwebsite mit intuitiver Bedienung und Print- und Online-Specials begleitet wird: Diese Bank hört genau zu, weil sie sich der Gemeinschaftlichkeit verpflichtet fühlt. Dafür wagt der Kunde wie bereits in der Vorgängerkampagne neue Wege. „Es gehört Mut dazu, sich von der klassischen Bankenwerbung zu verabschieden, die sich nur mit Zins- und Girokontenführungsgebühren beschäftigt", sagt Marc Weegen, Abteilungsleiter Markenkommunikation beim Bundesverband der Deutschen Volksbanken Raiffeisenbanken. Als HEIMAT Berlin 2009 die erste Antriebskampagne entwickelte, schickte er die Kreativen zuerst einmal zum Bankpraktikum an den Schalter: Sie sollten die Idee des genossenschaftlichen Handelns selbst erfahren. Mit der Kampagne und ihrem Ergebnis sei Weegen sehr zufrieden: 300.000 neue Genossenschaftsmitglieder kamen allein 2012 dazu.

„Es gehört Mut dazu, sich von der klassischen Bankenwerbung zu verabschieden, die sich nur mit Zins- und Girokontenführungsgebühren beschäftigt."

Marc Weegen, Gruppenleiter Markenkommunikation Bundesverband der Deutschen Volksbanken und Raiffeisenbanken

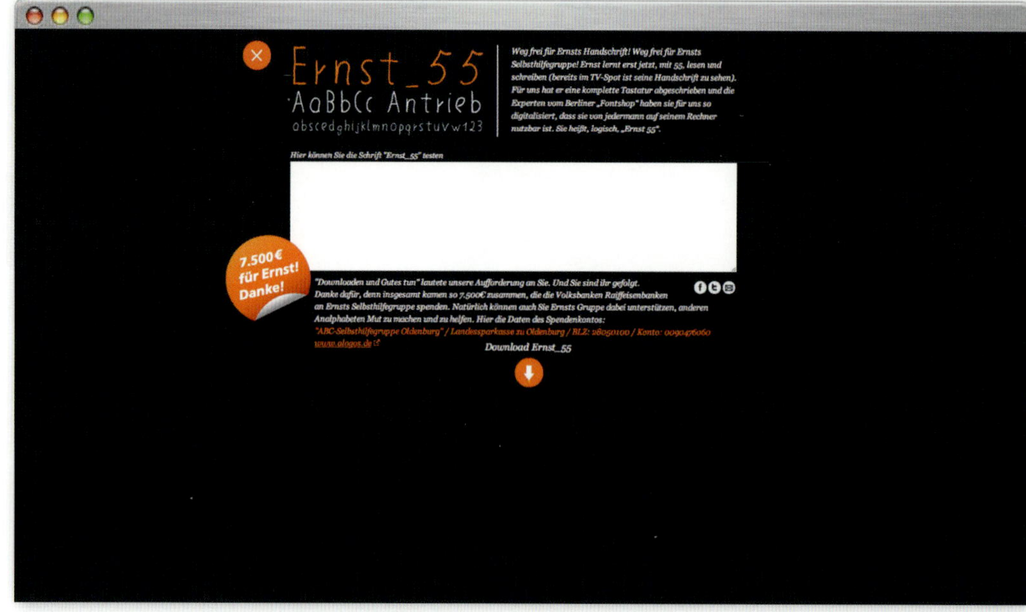

„Wichtig war uns auch, die Kampagne tatsächlich für die Menschen zu nutzen, die darin vorkommen", sagt Heffels. „Um zu zeigen, dass sie für unseren Kunden nicht nur Werbung ist, sondern dass er die Werte dahinter auch glaubt und lebt. Also wollten wir den Menschen tatsächlich den Weg frei machen. Es hat nicht bei allen in voller Gänze geklappt, aber bei den meisten."

Bei Michael etwa, der die insolvente Schwelmer Brauerei mit einer eigenen Genossenschaft retten und mit neuen, innovativen Biersorten (Schwelmer Messing, Schwelmer Kupfer, Schwelmer Bronze, Schwelmer Mische Waldmeister und Schwelmer Mische Himbeere) beleben möchte. Eine eigene Schwelmer-Bierkarte, basierend auf Google Maps und auf der Kampagnenseite was-uns-antreibt.de verlinkt, weist alle Verkaufsstellen seiner Bügelflaschenbiere aus.

WUNDERTÜTE LEBEN

Für HEIMAT Berlin war die Arbeit an der Kampagne zunächst eine Wundertüte: „Bei den Interviews waren wir ja nie dabei, das übernahm die Redaktion der Filmproduktion mit Regisseur Johan Kramer als Kurator", sagt Guido Heffels. Jeder Protagonist wurde drei bis vier Stunden interviewt. Ob sie sich in der ungewohnten Gesprächssituation wohlfühlen werden, was sie erzählen werden, ob ihre Geschichte funktioniert – alles Unwägbarkeiten. „Das zaubert auch die Magie in der Sache, weil die Dinge sich manchmal anders entwickeln, als wir uns das ausgedacht haben. Wir bekamen einfach dicke Ordner mit den Transkripten, aus denen wir herausarbeiteten, was wir für sendefähig und im Sinne eines 30-Sekundenspots hielten."

Und welche Extra-Goodies sich daraus basteln lassen: Ernsts Handschrift etwa, mit der er die ersten Sätze seines Lebens schreibt, gab es als Computerfont zum Download – pro Download spenden die Volksbanken Raiffeisenbanken 1 Euro an seine Selbsthilfegruppe. Von Ernsts Problemen, Ängsten und ersten Schreiberfahrungen erzählt er außerdem in einem 24-seitigen Supplement, das der *Süddeutschen Zeitung* beilag. Wer selbst nicht lesen kann, konnte sich den Text über einen QR-Code vorlesen lassen. Und Jonas Schornsteinfotosammlung, eine skurrile Galerie, kann man sich als Bildschirmschoner von der Kampagnenseite herunterladen.

DIENSTLEISTUNGEN / B2C

BANKEN / SPARKASSEN / INVESTMENT

FILM

„Ehepaar Stümer"

Frau Stümer: Wir sind seit 1953 verheiratet. Du bist ...
Herr Stümer: 160.
Frau Stümer: Du bist 9 ... 98 ... äh 88.
Herr Stümer: 169, 170 zusammen.
Frau Stümer: Kurt, wie alt bist du?
Herr Stümer: 170 zusammen.
Frau Stümer: Ach, du bist doch nicht 170 Jahre alt. Wie alt bist du?
Herr Stümer: Ich sage doch: zusammen.
Frau Stümer: Er ist 8 ... 88. 89.
Herr Stümer: 89.
Frau Stümer: 89.
Herr Stümer: Und 81.
Frau Stümer: Ich bin 82.

DIENSTLEISTUNGEN / B2C

BANKEN / SPARKASSEN / INVESTMENT

FILM

„Lotte“

„Ich hab zwar auch oft Angst, aber dann sage ich mir halt, dass man sich das jetzt mal trauen muss. Ich fahre heute zum allerallerersten Mal alleine mit der Straßenbahn zum Ballett. Und ich fühle mich ein bisschen mulmig, aber irgendwie freue ich mich auch, wenn ich das dann geschafft habe. Und dann ist man ja auch so groß, wenn man dann auch so alleine durch die Stadt fahren kann.“

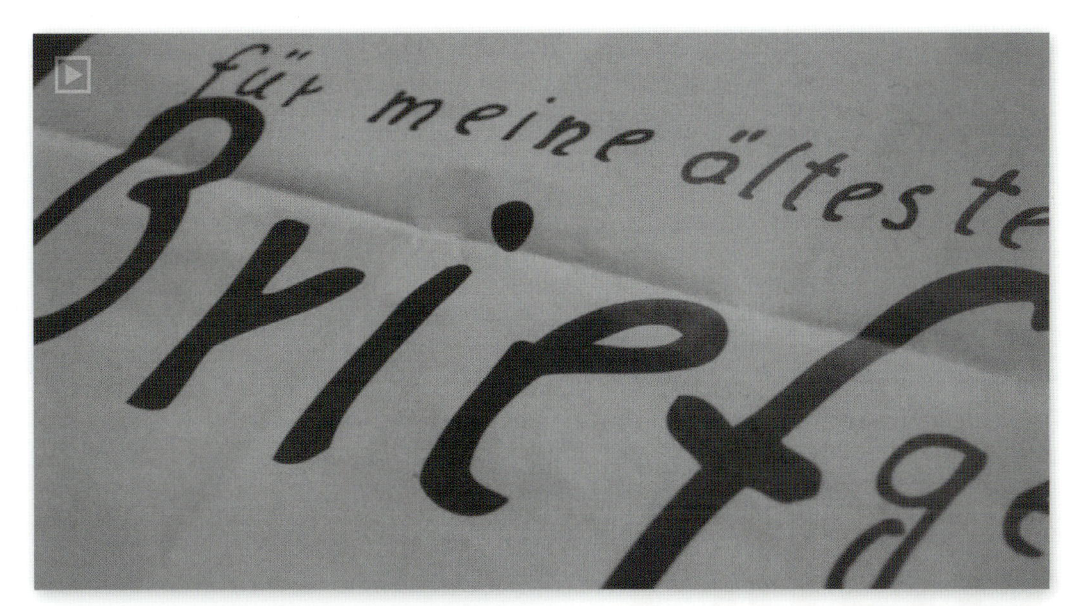

DIENSTLEISTUNGEN / B2C

BANKEN / SPARKASSEN / INVESTMENT

FILM

„Ernst“

„Ich gehe jetzt ja 18 Monate zur Schule und lerne hier Lesen und Schreiben. Und was das Größte für mich war, ich hab dann irgendwann mal zu Hause am Schreibtisch gesessen und für meine älteste Tochter in Berlin einen Brief geschrieben. – Das muss man sich mal vorstellen. Da schreibt man mit 55 das erste Mal einen Brief an seine Tochter.“

INTEGRIERTE KAMPAGNE / CROSSMEDIA
KUNDE BUNDESVERBAND DER DEUTSCHEN VOLKSBANKEN UND RAIFFEISENBANKEN, BERLIN
GESCHÄFTSFÜHRUNG UWE FRÖHLICH (PRÄSIDENT DES BVR)
MARKETINGLEITUNG MARC WEEGEN (GRUPPENLEITER MARKENKOMMUNIKATION)
WERBEAGENTUR HEIMAT BERLIN
BERATUNG MATTHIAS VON BECHTOLSHEIM (GF BERATUNG) / VOLKER JENSEN / MARK HASSAN
KONZEPTION HEIMAT BERLIN
CREATIVE DIRECTOR GUIDO HEFFELS (GF KREATION) / RALF REINSBERG / JOHANNES HELDRICH
ART DIRECTOR BENEDIKT WISBAUER
PRODUCER KERSTIN HEFFELS
TEXT RALF REINSBERG / LUKASZ CISZEWSKI / ERNST LORENZEN
GRAFIK PHILIPP BERTISCH
FILMPRODUKTION TRIGGER HAPPY PRODUCTIONS GMBH
PRODUCER STEPHAN VENS / MILIANE NANI MEIMETH
REGIE JOHAN KRAMER
KAMERA LEX BRAND
SCHNITT HANNES ANDRESEN
MUSIK RALF HILDENBEUTEL (WHISPER TALES)
ONLINE-KONZEPTION/-UMSETZUNG FRIED-ONIONS.COM MARIA PRISTINGER / JAMES COX

Ein bunter Knaller und provokanter Hingucker

AXEL SPRINGER AG, DIE WELT
„DIE WELT GEHÖRT DENEN, DIE NEU DENKEN." VON OLIVER VOSS WERBEAGENTUR, HAMBURG

AUTOR _ PETER HEINLEIN Die Farben und ihre Kombinationen knallen noch mehr ins Auge, als es die populäre Siebdruckkunst von Andy Warhol, Roy Lichtenstein oder Richard Lindner zu den Pop-Art-Zeiten der 60er tat. Doch damit hat es rein gar nichts zu tun, es ist Werbung, Werbung im 21. Jahrhundert, Werbung für so etwas wie eine ganz altmodische Tageszeitung. Es ist die Kampagne für die Tageszeitung *DIE WELT*, die das Megaphon für ihre crossmediale Vielfalt erhält.

Nicht allein die Farben, auch die Motive sind grell. Da gibt es Riesenzungen, Vogelkäfige, Goldfisch- oder Ferngläser, ja sogar Zimmermannshämmer anstatt der Köpfe. Da brennen Haare oder formen sich Gehirne zu Buchstaben. Da das Ganze auch noch im verklecksten Finish daherkommt, mit Lecknasen wie von frischer Farbe, zeigen die Motive – geradezu im Graffiti-Style – auch eine gewollte Laissez-faire-Haltung des Absenders, mit der möglicherweise gerade jungen Zielgruppen imponiert werden kann.

SCHRILL UND INTELLEKTUELL

Werbekritiker wie der bekannte und erklärtermaßen gewohnheitsmäßig polemisierende „Spießer Alfons" des Branchenblattes *HORIZONT* mochten sich rein gar nicht mit dieser crossmedialen Werbekampagne der *WELT* anfreunden: „Spießer Alfons schüttelt seinen Kopf über das schrille Artwork dieser Gestaltung in Bildern

MEDIEN UND KOMMUNIKATION / B2C

PUBLIKATIONEN

OUT OF HOME / MEDIEN
PRINT

MEDIEN UND KOMMUNIKATION / B2C

PUBLIKATIONEN

FILM

und Worten, die auf Intellektualität abzielen soll, in Wahrheit aber ziemlich hohl ist", schrieb der Rezensent. Doch immerhin hatte die Werbung sein Interesse geweckt und ihn zu einer deutlich längeren Kommentierung veranlasst, als sie bei ihm üblich ist. Womit schon wieder deutlich Wirkung bewiesen wäre.

FAST SCHON BRASILIANISCH

Die Kampagne stammt aus der Feder von Oliver Voss, der Newcomer-Agentur des Jahres aus Hamburg (s. S. 16 ff.). Für Voss, den vielfach preisgekrönten Kreativen, war das Verlagshaus Axel Springer der Startkunde, mit dem er schon für zwei andere Kampagnen Kreativpunkte gesammelt hatte. Mit der für *Die Welt am Sonntag* („Ein besonderer Tag verdient eine besondere Zeitung") und für das Musikmagazin *Rolling Stone* („Zeit für mehr Rock'n'Roll"). Auch diese beiden Kampagnen sprachen schon eine deutlich grafisch betonte, fast „brasilianische" Werbesprache, wobei dem Sonntagsblatt auch richtige Longcopies gegönnt waren.

Nun also hatte Voss für die Tageszeitung *DIE WELT* gearbeitet, die seit Jahren immer wieder versucht, sich von anderen überregionalen Blättern wie *FAZ*, *Süddeutscher Zeitung* und *Frankfurter Rundschau* deutlich abzuheben. Vor allem jüngere Zielgruppen anzusprechen, die vorwiegend Online-Medien nutzen, war schon das Ziel einer Werbekampagne für die im

Kleinformat erscheinende *WELT*-Ausgabe gewesen: „Sind wir reif für eine neue Zeitung? Kurz. Anders. Gedruckt."

Von dem Gedanken, die Tageszeitung für das Internetzeitalter zu sein, hat sich die Kampagne von Voss verabschiedet. Sie holte stattdessen wieder einen Claim hervor, der schon zur Jahrhundertwende für die *WELT* stand, damals, als der heutige Vorstandsvorsitzende Matthias Döpfner noch Chefredakteur der Zeitung war: „Die Welt gehört denen, die neu denken."

Dieser Claim war damals von Springer&Jacoby entwickelt worden. Dazu gab es unter anderem einen Film, der einen Rollstuhlfahrer in einem Neubau zeigte. Das war der Architekt, der die Barrierefreiheit seines Baues testen wollte. Ein anderes Motiv zeigte, wie ein Erwachsener sich hinkniet, um die Perspektive zu wechseln und einem Kind auf Augenhöhe zu begegnen.

„Die Welt gehört denen, die neu denken" wurde zur Basis, aus der sich neue Proklamationen entwickelten: „Die Welt gehört denen, die ausbrechen statt einzunicken", „... die keine großen Worte machen, sondern klare", „... die lieber zu weit gehen als zurück", „... die nicht lange fackeln, sondern für was brennen", „... die schlau sind und nicht auf klug machen." Auch diese Copy-Zeilen sprachen in ihrem Widerspruchsgeist eindeutig junge und jung gebliebene Zielgruppen an.

HAMBURGER AASGEIER

In der Kombination mit der visuell starken Grafik wurde die Kampagne zum echten Hingucker. Die sechs Motive, die als Anzeigen, Plakate und im Internet geschaltet wurden, stammen von einer Hamburger Designerwerkstatt. Rocket & Wink nennen sie sich und bezeichnen sich als „Hamburger Aasgeier modernen Designs".

Die beiden Namensgeber wollen der Öffentlichkeit gegenüber anonym bleiben. Sie treten mit dem Alias Dr. Gerald „Rocket" Rocketson und Petronius Amund Wink auf und nur verkleidet, mit Spacehelm und Jutesack auf dem Kopf. Ihre Arbeiten sollen wirken, nicht die Personen. Und in diesem Credo sind Rocket & Wink der Agentur Oliver Voss erstaunlich ähnlich. Auch Voss will die Arbeiten seiner Agentur wirken sehen, und wenn überhaupt, kann sich gerade mal er selbst, aber keiner seiner Mitarbeiter, zu Agenturbelangen und Arbeiten äußern.

So wie Voss mit drei Kölner Grafikern für die *Rolling Stone*-Kampagne provokante Hingucker-Motive erarbeitet hat, so gründet er die *WELT*-Kampagne auf die Rocket & Wink-Handschrift – das gilt auch für die TV-Spots, mit denen die Kampagne ihre Crossmedialität unter Beweis stellt. Dazu gibt es O-Ton-Interviews mit zwei bekannten Autoren der *WELT*. Einer ist der junge und in der Szene bekannte Schriftsteller Benjamin von Stuckrad-Barre, der andere ist der Berufsprovokateur Henryk M. Broder.

HÄNDE KNETEN LUFTBALLONS ZU GEHIRNEN

Wenn Stuckrad-Barre über die Bedeutung von „neu" sinniert, löst sich in dem Trickflim sein Gesicht vom Kopf, Buchstaben poltern heraus, ein Wecker mit Hahn, Hände kneten Luftballons zu Gehirnen oder Hunden, ein iPad mit Weltseiten wird zusammengeknüllt und darüber immer wieder das Wort „neu". Das Ganze ist in Gelborange/Pink und natürlich im schnell dahingeworfenen Graffiti-Style gehalten.

Bei Hendrik M. Broder sind es die Farben Blau und Rot. Für ihn lebt die Welt davon, dass Fragen gestellt werden. Er stellt sie, begleitet von Trickfiguren wie einem Posthorn, einer Pegasus-Rakete, einer Alienfratze oder einem sich aus Buchstaben formenden Hund. „Ohne Fragen gibt es Stillstand", resümsiert Broder schließlich, bevor im Abbinder nach dem „Neudenker-Claim" noch einmal – auch grafisch betont wird, in welchen Erscheinungsformen die *WELT* konsumiert werden kann: *„als App, gedruckt und auf Welt.de."*

Für Johannes Boege, den General Manager der *WELT*, trägt seine Zeitung die Attribute „klar" und „deutlich" – so wie die Werbung. Boege: „Mit dem neuen Markenauftritt schärft *DIE WELT* jetzt dieses Profil und entwickelt sich auch in der Kommunikation zu einer multimedialen Marke."

Benjamin von Stuckrad-Barre:
Also „neu" ist eins der schönsten Wörter.
Das ist überhaupt der Grund, morgens aufzustehen. Oder „Atmen", ist ja schon dieser Grundvorgang. Ich will was Neues, ich brauche frische Luft.
Alles muss ja jeden Tag wieder neu gedacht und neu geschrieben werden. Sonst schläft das Gehirn ein. „Neu" muss euphorisch sein und sich auch trauen, Fehler zu machen. Und das macht auch eine gute Zeitung aus, wenn sie öfter noch alles wirklich durchschüttelt.
Alles frei,
Alles leer,
Alles neu!

Sprecherin:
Benjamin von Stuckrad-Barre schreibt für *DIE WELT*
DIE WELT GEHÖRT DENEN, DIE NEU DENKEN.
Als App, gedruckt und auf Welt.de

> **„Mit dem neuen Markenauftritt schärft *DIE WELT* jetzt dieses Profil und entwickelt sich auch in der Kommunikation zu einer multimedialen Marke."**
>
> Johannes Boege, General Manager DIE WELT

MEDIEN UND KOMMUNIKATION / B2C

PUBLIKATIONEN

FILM

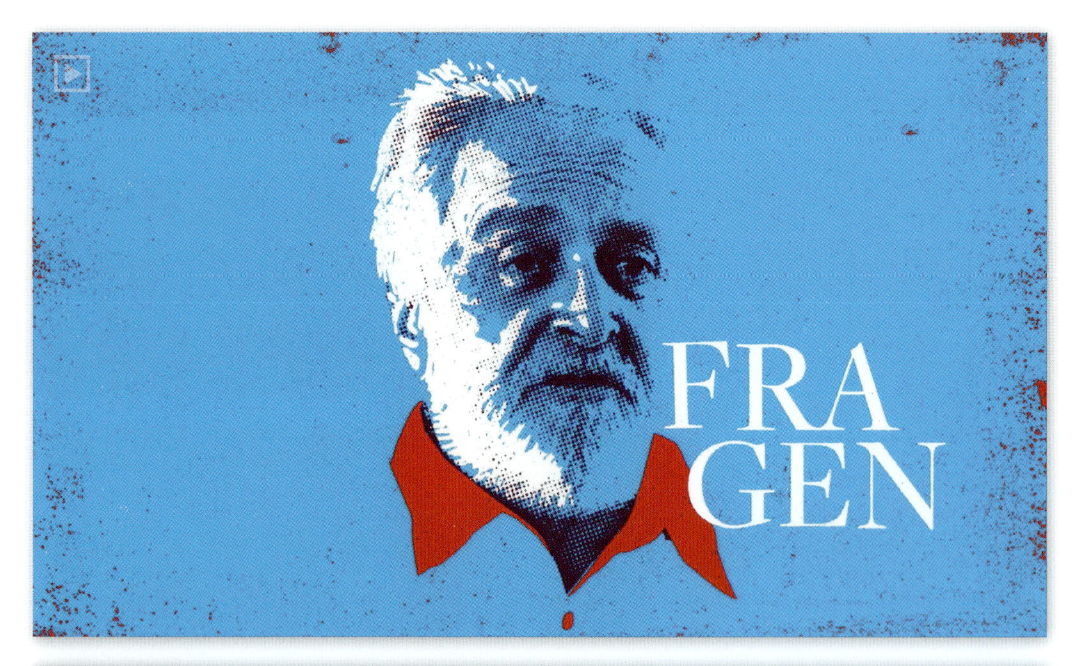

Henryk M. Broder:
Die Welt lebt davon, dass Fragen gestellt werden. Dass Sachen infrage gestellt werden.
Ohne „Frage stellen“ oder „infrage stellen“ gibt es einfach keinen Fortschritt.
Man könnte sich ja in der Postkutsche zufriedengeben. Man kommt ja auch voran. Und man kann sich fragen: „Ist Raumfahrt nötig oder richtig?“.
Aber erst mal muss man die Frage stellen. Ohne Fragen gibt es nur Stillstand.
„Neu denken“ ist einfach: „sich damit nicht zufriedengeben, sich damit nicht begnügen, was ist“.

Sprecherin:
Henryk M. Broder schreibt für *DIE WELT*
DIE WELT GEHÖRT DENEN, DIE NEU DENKEN.
Als App, gedruckt und auf Welt.de

Henryk M. Broder:
Also, in der *WELT* steht ein Text von mir, und ich sehe es und bin begeistert. Ich, in der Zeitung mit meinem Namen. Hunderte von Leuten regen sich auf. Einige kriegen ein Magengeschwür ... Hihihi ... wunderbar!

Sprecherin:
Henryk M. Broder schreibt für *DIE WELT*.
DIE WELT GEHÖRT DENEN, DIE NEU DENKEN.
Als App, gedruckt und auf Welt.de.

Benjamin von Stuckrad-Barre:
Das Neue ist immer erst mal gut. Das ist überhaupt der Grund, morgens aufzustehen. Oder Atmen ist ja schon dieser Grundvorgang. Ich will was Neues. Ich brauch' frische Luft. Und das Schönste ist eigentlich Apfel N. Alles Neu. Null Zeichen. Da geht's los.

Sprecherin:
Benjamin von Stuckrad-Barre schreibt für *DIE WELT*.
DIE WELT GEHÖRT DENEN, DIE NEU DENKEN.
Als App, gedruckt und auf Welt.de.

MEDIEN UND KOMMUNIKATION / B2C

PUBLIKATIONEN

AUDIO

INTEGRIERTE KAMPAGNE / CROSSMEDIA
KUNDE AXEL SPRINGER AG, BERLIN
MARKETINGLEITUNG JOHANNES BOEGE / KAI-HELMUT RIESE
WERBEAGENTUR OLIVER VOSS WERBEAGENTUR GMBH, HAMBURG
BERATUNG CHRISTINA HAAS
CREATIVE DIRECTOR OLIVER VOSS / TILL MONSHAUSEN
ART DIRECTOR TILL MONSHAUSEN / VICTORIA WALTER / CHRISTIAN HUCK
TEXT BENJAMIN VON STUCKRAD-BARRE / HENRYK M. BRODER / DR. ULF POSCHARDT / OLIVER VOSS / RUDOLF RÜSSMANN
ILLUSTRATION ROCKET & WINK
PRODUCER FILM GEORG ILSE
FILMPRODUKTION TONY PETERSEN FILM GMBH
PRODUCER MICHAEL DUTTENHÖFER
REGIE TOP OF THE HILL (EINE KOLLABORATION VON „PAUL'S BOUTIQUE" UND „TYPEHOLICS")
MUSIK DAMIENDAMIEN
FUNKSTUDIO STUDIO FUNK HAMBURG GMBH UND CO. KG
TONSTUDIO LOFT TONSTUDIOS GMBH
PRODUKTION FUNKSPOT STUDIO FUNK HAMBURG GMBH UND CO. KG
PRODUCER JOCHEN KÖMPE

01

04

07

Das Gefühl des Schaffens

HORNBACH „KEINER SPÜRT ES SO WIE DU." VON HEIMAT BERLIN

01 Guido Heffels
02 Maik Richter
03 Matthias von Bechtolsheim
04 Mark Hassan
05 Mirjam Kundt
06 Susanna Fill
07 Fabian Stein
08 Martijn Koster
09 Christina Walke
10 Nicole Varga

08

09

02

05

03

06

10

HANDEL / B2C

EINZELHANDEL

MEGAPHON GOLD IN DER KATEGORIE FILM

„Hammerschlag"

AUTORIN _ ANJA RÜTZEL Bämm! – daneben. Wumms! – vorbei. Der Kiefer malmt frustriert, die Stirn furcht sich in Verzweiflung, der Arm holt aus zum letzten, entscheidenden Hammerschlag. Gebannte Stille, aufgeregt flatternde Engelchen umschwirren den tapferen Heimwerker – und er versenkt den Nagel schließlich doch im hellen Holz, bejubelt von einer rasenden Menschenmenge. Der Hämmerer hält kurz inne, zufrieden und stolz – und greift zum nächsten Nagel.

„Keiner spürt es so wie Du." ist die Botschaft der Hornbach-Kampagne 2012, ausgezeichnet mit dem Megaphon in Silber, in der die Berliner Agentur HEIMAT die großen Emotionen des heimwerkenden Menschen herauspräpariert. Und in den Mittelpunkt rückt.

SCHLAGBOHRER UND FARBROLLER ALS ORCHESTER

Neben dem TV-Spot „Hammerschlag", der als Einzelarbeit mit einem Megaphon in Gold ausgezeichnet wurde, zählen zwei weitere Spots zur Kampagne: In „Symphony" vereinen sich die Geräusche von Betonmischmaschine, Schlagbohrer und Farbroller zu einem wohltönenden Orchester, und eine simple Säge auf Holz wird in den Händen des DIY-Mannes zu einem veritablen Cello. Verzückt lauschen die Menschen an den Geräten dem Getöse, das in ihren Ohren herrlichste Musik ist. Doch Handwerkern kann auch wehtun, wie der dritte Film lehrt: Im Spot „Riss" bröckelt nicht nur die Hausfassade, sondern auch der dazugehörige Heimwerker wird immer hinfälliger – das ist die höchste Stufe der Empathie mit der eigenen Handarbeit, die absolute Identifikation mit dem Geschaffenen. Diese Emotionalität transportiert das Plakat „Riss" perfekt, und es wurde bei der Einzelbewertung in der Kategorie Print mit einem Megaphon in Silber prämiert.

Allen Protagonisten gemein ist der Wille, für ihr Werk auch dorthin zu gehen, wo es weh tut.

HANDEL / B2C

EINZELHANDEL

MEGAPHON SILBER IN DER KATEGORIE PRINT

„Riss"

So entschlossen wie der Gartenumgraber aus der Printanzeige der Kampagne, der so heftig mit einer anthropomorphen Monsterwurzel ringt, dass ihm schier die Halsschlagader zu platzen droht. „Im Zentrum der Kampagne stehen physische Erfahrungen in einer immer digitaleren Welt", sagt HEIMAT-Kreativchef Guido Heffels. Die Euphorie eben, die ein erfolgreich weggehämmerter Nagel auslösen kann. Diese denkbar unmittelbare Empfindung, die einem im Computerklickalltag irgendwie abhandengekommen ist, wenn sich selbst Schmerzen plötzlich irgendwie gut anfühlen. „Eigentlich ist das banal, aber alle sagen: Dieses Gefühl, das kenne ich. Manuelle Arbeit, gnadenlos analog, verschafft eben eine andere Befriedigung als das Verschieben von Geldbeträgen in neue Aktienfonds."

DEN KUNDEN ALS BRUDER IM GEISTE SEHEN

„Es geht um dieses glorreiche Erlebnis, wenn einem eine Aufgabe nach einigen Misserfolgen schließlich doch gelingt", sagt Frank Sahler, Marketingchef bei Hornbach. „Oder um das Gefühl, komplett in seiner Arbeit zu versinken und nichts mehr ringsherum wahrzunehmen. Und genauso um den echten Schmerz, den man empfindet, wenn man merkt: Meiner Hausfassade geht es nicht gut." Die Kampagne habe solch zentrale Heimwerkerempfindung perfekt herausgearbeitet. „Im vergangenen Jahr haben wir mit ‚Keiner spürt es so wie Du.' dasselbe Motto ein ganzes Jahr lang gefahren, obwohl wir sonst innerhalb eines Jahres meist wechseln", sagt Sahler, „der Slogan ist stark genug dafür." Wichtig dabei: Der Kunde wird auf Augenhöhe angesprochen, von jemandem, der seine Gefühle kennt, teilt und versteht. „Wir sehen unsere Kunden als Brüder im Geiste", sagt Sahler.

HANDEL / B2C

EINZELHANDEL

FILM

„Riss“

Mit Resonanz und Reichweite der Kampagne sei er ebenfalls sehr zufrieden: „Wir wollten damit einmal mehr Talk of the Town werden, und das ist gelungen. Im Fernsehen fanden wir damit nicht nur im Werbeblock statt, auch beispielsweise in Talkshows wurden unsere Spots gezeigt, um damit eine Gesprächsrunde über Baumärkte anzumoderieren. Sogar ein Beitrag über Die Grünen wurde mit unseren Werbespots illustriert.“

„WIR HABEN VIELE FÄSSER, IN DENEN IDEEN GÄREN.“

Seit 11 Jahren ist Hornbach HEIMAT-Kunde, und doch sind die Kampagnen keine Selbstläufer, wie man nach solch langer Zusammenarbeit annehmen könnte: „Hornbach ist unser marktforschungsintensivster Kunde“, sagt Heffels, und Sahler bestätigt: „In Zeiten, in denen Return of Investment immer mehr an Bedeutung gewinnt, muss man auch beweisen können, dass Kampagnen den gewünschten Effekt erzielen.“ „Es liegt dann an uns, die Ergebnisse aus der Marktforschung in Ideen zu übersetzen, die Furore-Potenzial haben“, ergänzt Heffels. Mitunter werde dabei bis zum Vorstand diskutiert. „Manche Kampagnen brauchen dann auch zwei, drei Jahre.“ „Wir haben sehr viele Fässer, in denen Ideen gären.“ Und zwar auch für die Gestaltung am Point-of-Sale, für Mitarbeitermaßnahmen und Markenentwicklung – HEIMATs Aufgabenbereich bei Hornbach ist im Laufe der Jahre gewachsen. Inzwischen sei man Marken-Sparringspartner, sagt Heffels.

> „In Zeiten, in denen Return of Investment immer mehr an Bedeutung gewinnt, muss man auch beweisen können, dass Kampagnen den gewünschten Effekt erzielen.“

Frank Sahler, Leitung Marketing Hornbach Baumarkt AG

HANDEL / B2C

EINZELHANDEL

FILM

„Symphony"

Wie gelingt es, über 11 Jahre jedes Jahr nicht immer nur ein neues Kaninchen aus dem Hut zu zaubern, sondern manchmal eben auch eine Kröte oder ein Krokodil? „Indem man sich nicht nur sehr intensiv mit den Thematiken des Kunden auseinandersetzt, sondern auch mit der Zeit, in der wir leben", sagt Heffels. „Und dann beides miteinander verbindet."

DAS ZEN DES HEIMWERKENS

Nahezu zenbuddhistisch seien die HEIMAT-Hornbach-Arbeiten, sehr philosophisch: „Mach es zu deinem Projekt." war ja eine Punk-Attitüde, ein Aufruf, Sachen anzupacken. Das gilt nicht nur fürs Heimwerken, das hat tiefere Bedeutung und größere Relevanz: „Geh es an, lamentier nicht so viel, bilde nicht erst einen Arbeitskreis", sagt Heffels. „Keiner spürt es so wie Du." reflektiere auch den Gefühlsverlust, den die Menschen heute oft erlebten. „Das hat sehr viel mit Sehnsucht zu tun. Unsere Kampagne soll vermitteln: Hornbach liefert dir nicht nur die Materialien für ein neues Regal, sondern auch das Gefühl, etwas geschaffen zu haben. Wir wollen nicht den Eimer Farbe verkaufen, sondern das, was man damit machen kann."

HANDEL / B2C

EINZELHANDEL

FILM

„Wurzel"

KUNDE HORNBACH BAUMARKT AG, BORNHEIM
GESCHÄFTSFÜHRUNG JÜRGEN SCHRÖCKER (VORSTAND)
MARKETINGLEITUNG FRANK SAHLER
PRODUKTLEITUNG JULIA ZIEGELMANN
LEITUNG ÖFFENTLICHKEITSARBEIT DR. URSULA DAUTH
WERBEAGENTUR HEIMAT BERLIN
BERATUNG MATTHIAS VON BECHTOLSHEIM (GF BERATUNG) / MAIK RICHTER (GF BERATUNG) / MARK HASSAN / NICOLE VARGA / FABIAN STEIN / CHRISTINA WALKE
KONZEPTION HEIMAT BERLIN
CREATIVE DIRECTOR GUIDO HEFFELS (GF KREATION)
ART DIRECTOR HENDRIK SCHWEDER / SUSANNA FILL / NIELS MÜNTER / HENDRIK SCHWEDER
PRODUCER KERSTIN HEFFELS
TEXT GUIDO HEFFELS / ALESCHA LECHNER / SABINE HESSE / NIELS MÜNTER / MIRJAM KUNDT
GRAFIK MARTIJN KOSTER
FOTOGRAFIE MARKUS MÜLLER / TAYLOR JAMES
FILMPRODUKTION STINK GMBH
PRODUCER JAN DRESSLER
REGIE MARTIN KREJCI
KAMERA STEPAN KUCERA
SCHNITT FILIP MALASEK / NILS LANDMARK
MUSIK PRAG (SOUNDDESIGN) VIKTOR EKRT @ SOUNDSQUARE / RUDOLPH MOSER

Der humorvolle Fingerzeig

N–TV „NEWS APP KAMPAGNE“ VON HAVAS WORLDWIDE, DÜSSELDORF

01 Felix Glauner
02 Martin Breuer
03 Simone Klinke
04 Martin Venn
05 Harald Jäger

MEDIEN UND KOMMUNIKATION / B2C

TV UND RADIO

FILM

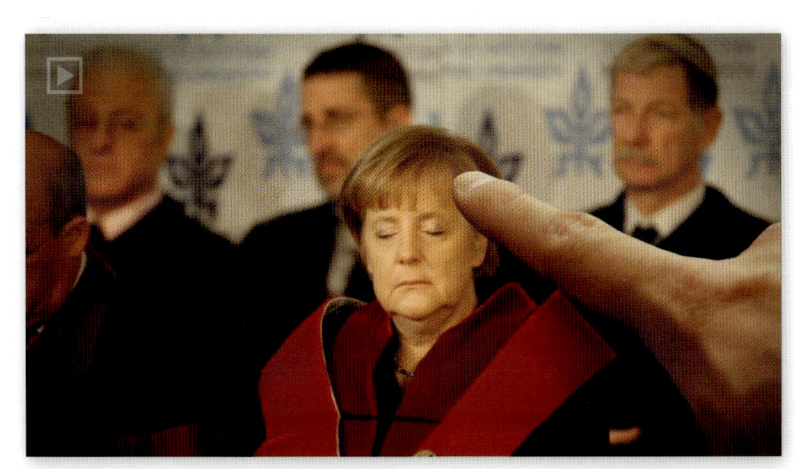

AUTORIN _ IRINA GRAGOLL Nachrichten sind eine ernst zu nehmende Sache, denn sie dienen der objektiven und umfassenden Information zu wichtigen Themen wie Politik, Wirtschaft und Weltgeschehen. Trocken und spröde müssen sie dennoch nicht sein, das beweist der Nachrichtensender n-tv jeden Tag aufs Neue. Dass n-tv Nachrichten anders aussehen, spiegelt sich auch in der Markenkommunikation wieder, der ein einfacher strategischer Gedanke zugrunde liegt: Nachrichten, spannender als Spielfilme – lebensnah, unterhaltsam und bewegend. Denn das Leben schreibt die besten Storys. Dementsprechend inszenieren die Kampagnen von n-tv immer wieder die unterschiedlichen Facetten des Nachrichtensenders bewusst auf pointiert ironische Weise.

NACHRICHTEN ZUM ANFASSEN

Dieser Ansatz war auch Ausgangspunkt für die Frühjahrskampagne 2012, der jedoch eine Weiterentwicklung erfuhr. Im Mittelpunkt des Briefings an die Agentur HAVAS, früher Euro RSCG, stand die Tatsache, dass sich n-tv erfolgreich zum Multi-Channel-Anbieter von aktuellen Inhalten entwickelt und die Vernetzung von Content im TV, im Web, über Mobile und Tablet vorbildlich gelingt. Als sich bei den ersten kreativen Ansätzen herausstellte, dass der Fokus „Multi-Channel" zu komplex für eine spannende Story wurde, einigte man sich darauf, die n-tv App in den Mittelpunkt zu stellen. Smartphones und Tablets verzeichnen die höchsten

Wachstumsraten, stehen für Innovation und bieten die Möglichkeit, Bewegtbild überall in Echtzeit in TV-Qualität zu zeigen. Die n-tv App macht sich das auf hervorragende Weise zunutze und transportiert die entsprechend einfache Kernbotschaft: die n-tv App, Nachrichten zum Anfassen.

WITZ MIT NIVEAU

Die kreative Umsetzung dazu war schnell da. Extrem schwierig wurde es, passendes Nachrichtenmaterial zu finden, das dem eigenen Anspruch gerecht wurde. „Reine Pleiten-, Pech- und Pannenfilmchen wären n-tv mit seiner anspruchsvollen Zielgruppe sicher nicht gerecht geworden. Da musste schon etwas mehr Cleverness in die Stories rein“, so Felix Glauner, der verantwortliche Kreativchef bei HAVAS Worldwide. Kein Wunder also, dass das Team mehrere Tage lang im n-tv Nachrichtenarchiv verbrachte, um das richtige „authentische“ Material auszuwählen. Das Ergebnis sind TV-Trailer, die vor allem aufgrund ihres gehobenen Witzes sehr viel Fingerspitzengefühl der Macher beweisen: Ein überdimensionaler Zeigefinger greift scheinbar in das Nachrichtengeschehen ein und weckt die Bundeskanzlerin Angela Merkel auf, bringt US-Außenministerin Hillary Clinton zu Fall und rückt FDP-Chef Philipp Rösler wieder näher an die Seite der Kanzlerin. Den Abschluss der Spots bildet das Motto der n-tv Kampagne „Direkter dran“.

„Die Nutzer schätzen, dass sie mit der n-tv App unterwegs immer auf dem Laufenden sind, jederzeit erfahren, was in der Welt los ist. Die App-Kampagne macht klar, wer auch beim schnellen mobilen Nachrichten-Update die Hauptrolle spielt. Der besondere Clou: Durch das Anstupsen der Hauptdarsteller, ähnlich dem Tippen auf den Touchscreen eines Smartphones, wird der Lauf der Dinge nicht wirklich geändert. Die Hauptdarsteller sind schon selber gestolpert, eingeschlafen oder aus der Rolle gefallen – und liefern damit den Stoff für die n-tv Nachrichten-App“, erläutert Cornelia Dienstbach, Bereichsleiterin Sales & Marketing bei n-tv.

KUNDE N-TV NACHRICHTENFERNSEHEN GMBH, KÖLN
MARKETINGLEITUNG CORNELIA DIENSTBACH
PRODUKTLEITUNG JASMIN HÖHN
WERBEAGENTUR HAVAS WORLDWIDE DÜSSELDORF GMBH, DÜSSELDORF
BERATUNG HARALD JÄGER / SIMONE KLINKE
CREATIVE DIRECTOR FELIX GLAUNER / MARTIN BREUER / MARTIN VENN
ART DIRECTOR INGMAR KRANNICH
PRODUCER CHRISTOPH VOM BAUER
TEXT CHRISTIAN KROLL
FILMPRODUKTION JOTZ! FILMPRODUKTION GMBH
PRODUCER JAN BEHRENS
SCHNITT MARTIN BASAN / JOCHEN BECKER
MUSIK ARCHIV
POST PRODUCTION COMPANY PIRATES 'N PARADISE FILM & VIDEO POSTPRODUCTION GMBH
SOUND DESIGN COMPANY STUDIO FUNK GMBH & CO. KG GMBH & CO. KG

ERFOLG AUF GANZER LINIE

Die „news app Kampagne" von n-tv bringt die Botschaft schnell und intelligent auf den Punkt. Sie schafft mit einer guten Idee und einfachen Mitteln eine hohe Aufmerksamkeit und gewinnt Sympathien durch kurzweilige Unterhaltung. Mehrere nationale und internationale Preise wurden gewonnen. Die Serie war unter den fünf besten deutschen Einreichungen in der Cannes-Film-Shortlist, beim EPICA und beim DDC reichte es sogar für Silber. Weitere Designpreise und Gewinne bei den Eyes & Ears of Europe Awards folgten. Was HAVAS und n-tv ebenso freut, ist der Erfolg der n-tv iPhone App. Im Vergleich zum Jahr 2011 ist die Anzahl der Unique Mobile User der n-tv iPhone App um 39,1 Prozent auf 551.000 gestiegen. Damit ist die n-tv iPhone App die erfolgreichste Nachrichten-App im Ranking.

01

04

06

Macht erst mal ohne mich weiter!

SCHÖFFEL SPORTBEKLEIDUNG „GRÜSSE VON DRAUSSEN“ VON OGILVY & MATHER, FRANKFURT

01 Jonas Bailly
02 Sarah Nawroth
03 Lothar Müller
04 Nico Ammann
05 Jennifer Porst
06 Dr. Stephan Vogel
07 Helmut Meyer

07

02

05

03

GEBRAUCHSGÜTER / B2C

KLEIDUNG

FILM

AUTORIN _ KRISTINA SCHREIBER Gegenlicht. Blauer Himmel. Klänge. Berge. Mensch am Rande der Natur. Schiebt sich die regennasse Kapuze über den Kopf. Tropfen perlen. Wanderschaft. Wälder. Schnee. Freiheit. Eine Stimme grüßt „alle High Potentials, Key Performer, Global Player, Insider, Upgrader, Innovation Driver, Indoor Stepper, Protein-Drink-Trinker und Meilenmillionäre" – mit den schlichten Worten: „Macht erst mal ohne mich weiter!"

APPELL FÜR DIE KLEINEN FLUCHTEN

Hand aufs Herz: Spricht Ihnen der einsame Wanderer nicht zumindest zeitweise aus der Seele? Wären Sie auch gern mal „raus", anstatt im Hamsterrad der meinungsgeführten Getriebenen Ihre Runden zu drehen?

Dieses Gefühl greift die deutsche Outdoormarke Schöffel Sportbekleidung in Schwabmünchen auf. Mit ihrem 25-sekündigen TV-Spot „Grüße von draußen" schafft sie einen naturverbundenen „Gegenentwurf zum ‚Höher, schneller, weiter!'", skizziert Schöffel-CEO Peter Schöffel. „Grüße von draußen" aus der Feder der Frankfurter Agentur Oglivy & Mather steht für ein tiefes Sehnsuchtsgefühl, das Schöffel auf die eigene Markenwelt zu übertragen sucht: „Jedes Naturerlebnis mit Schöffel schafft Distanz zum alltäglichen Wahnsinn, in dem wir alle gefangen sind", erläutert Firmenchef Schöffel. Mit der Kampagne schärft der Outdoorspezialist das Bewusstsein für Themen wie „Work-Life-Balance" und gegen den krankmachenden Leistungsdruck eines absurden Zeitgeists. Gleichzeitig differenziert sich die Kampagne von den Gipfelklischees anderer Outdoormarken. „Dort, wo wir uns entspannen sollten", kritisiert Schöffel, „‚hiken' oder ‚trailen' wir und entfremden uns von der Natur." Die Marke Schöffel will genau das Gegenteil: „Die Kampagne macht Outdoorerlebnisse fühlbar; man spürt die Nässe, den Wind und die Stimmung in den authentischen Bildern", kommentiert Dr. Stephan Vogel, Executive Creative Director bei Ogilvy. Zudem arbeite der Text die Haltung gegenüber der Businesswelt heraus. Nicht mehr getrieben sein, lautet die tiefe Sehnsucht, die manchem Business-Hamsterradbewohner zutiefst aus der Seele sprechen dürfte.

Eine 40-Sekunden-Variante flankierte den 25-Sekünder, der Ende August 2012 anlief (kurz darauf auch in Österreich und der Schweiz). Die Langversion wurde zunächst online gesendet und mit den wichtigsten Multiplikatoren aus der Outdoor-Bloggerszene geteilt. Die Ogilvyaner banden den Spot in YouTube und diverse Social-Media-Kanäle ein. Zudem postet die Marke Schöffel ihre Haltung regelmäßig auf ihrer Facebook-Seite. Imageanzeigen in auflagenstarken Titeln wie *Stern*, *Neon* oder *GEO* rundeten den Kommunikationsreigen ab. Ebenso wie Poster und Aktionsmaterial am Point-of-Sale und ein 15-Sekunden-Produkt-Spot, der in Wintersportumfeldern zu sehen war.

MENSCHEN EMOTIONAL BERÜHREN

Markenauftritt und Kampagne haben Schöffels Imagewerte, die Markenbekanntheit und die Kaufbereitschaft im Wettbewerbsvergleich überproportional beflügelt, bilanzieren Unternehmen und Agentur. Dass es den

Kampagnenmachern gelungen ist, Menschen emotional zu berühren, zeigen u. a. die in kürzester Zeit rasant steigenden Aufrufe des Spots auf YouTube (76.318 Aufrufe, 376 positive, 9 negative Bewertungen, Stand: April 2013). Der Spot verbreitete sich in den sozialen Netzwerken, und Nutzer teilten ihn insbesondere auf Facebook tausendfach mit Hingabe. Flankierende Imageanzeigen wurden auf Facebook bis Ende 2012 502-mal geliked und 120-mal geteilt. „Weckt in mir den Wunsch, mir irgendwann freizunehmen, eine Ausrüstung von Schöffel zu kaufen und dann genau dasselbe zu tun und zu genießen", kommentierte ein Online-User, der das ausdrückte, was offenbar viele empfanden.

ZURÜCK INS BEWUSSTSEIN DER KUNDEN

Fazit: Eine traditionsreiche, vormals als „verschlafen" wahrgenommene Marke „ist wieder mehr in das Bewusstsein der Bestandskunden und auch potenzieller Kunden gerückt", resümiert der Ogilvy-Kreative Vogel.

„Grüße von draußen" reüssierte beim Deutschen Designer Club in Bronze und brillierte beim EPICA mit Gold. Ferner gewinnt der Spot in der Kategorie Film das bronzene Megaphon im Wettbewerb zum Jahr der Werbung 2013.

„Dort, wo wir uns entspannen sollten, ‚hiken' oder ‚trailen' wir und entfremden uns von der Natur."

Peter Schöffel, CEO Schöffel Sportbekleidung GmbH

KUNDE SCHÖFFEL SPORTBEKLEIDUNG GMBH, SCHWABMÜNCHEN
MARKETINGLEITUNG CORINNA UMBACH
WERBEAGENTUR OGILVY & MATHER WERBEAGENTUR GMBH, FRANKFURT AM MAIN
BERATUNG CHRISTIAN VON DEWALL / SARAH NAWROTH / JONAS BAILLY
CREATIVE DIRECTOR HELMUT MEYER / NICO AMMANN / LOTHAR MÜLLER
ART DIRECTOR NICO AMMANN / TILL SCHAFFARCZYK
PRODUCER JENNIFER PORST
TEXT LOTHAR MÜLLER
FOTOGRAFIE ULI WIESMEIER
FILMPRODUKTION SOUP FILMPRODUKTION GMBH
PRODUCER FLORIAN POLTZ / ADA ZUIDERHOEK
REGIE DAVID DAWOODI
KAMERA OLIVIER CARIOU
SCHNITT HAKAN WÄRN
MUSIK DAVID ENGELLAU @ PACHIPACHI MUSIC
POST PRODUCTION ACHT FRANKFURT
MUSIC PRODUCTION PACHIPACHI MUSIC
CASTING CAST IT

01

Farbe bekennen

ADIDAS „GO ALL IN FOR YOUR TEAM. MAKE YOUR CHOICE." VON HEIMAT BERLIN

01 Ramin Schmiedekampf
02 Santiago Raga
03 Philip Bauch
04 Florian Hoffmann
05 Frank Hose
06 Benedikt Gansczyk

AUTORIN _ ANJA RÜTZEL Das Champions-League-Finale am 19. Mai 2012 in der Münchner Allianz Arena stellte adidas vor ein kniffliges Problem – ein Luxusproblem, zugegeben, doch eben trotzdem eine Zwickmühle: Als Sponsor beider Duellanten, des FC Bayern München und des FC Chelsea, konnte der Sportartikelausstatter keine Mannschaft leidenschaftlicher als die andere unterstützen. Dabei bot dieses „Finale dahoam" durch seine überaus seltene Ausgangssituation – ein Verein empfängt den anderen zum Duell des Fußballjahres auf dem eigenen Platz – eine immens aufmerksamkeitssichere kommunikative Plattform, die es unbedingt im Markensinn zu nutzen galt. Eine halb gare unentschiedene Haltung hätte dem Claim der Marke, dem entschlossenen „all in" nicht entsprochen. Also sourcte HEIMAT das Entscheidungsdilemma mit einer cleveren Kampagne an die Fans aus: Mit einer Entscheidungsmeile in der Münchner Fußgängerzone, in der Anhänger, Gegner und bislang Unentschlossene Farbe für eine der beiden Mannschaften bekennen konnten. Und zwar im Wortsinn.

SCHLECKABSTIMMUNG: ROTES ODER BLAUES EIS?

Zwischen Stachus und Marienplatz wurde der Wettkampf zwischen Rot (München) und Blau (Chelsea) ausgetragen: An mehr als 15 Stationen konnten Passanten sich für eine der beiden Teamfarben entscheiden: indem sie sich ihr Getränk bei McCafé im Pappbecher mit der entsprechenden Farbe servieren ließen, im Treppenhaus des Elektrokaufhauses Saturn den roten oder den blauen Abgang wählten oder entweder eine rote oder blaue Kugel Eis kauften. Mit der adidas Reality Clickrate, einem innovativen Online-Zählsystem, wurde der Stand der Kampfabstimmung in Echtzeit erfasst, jeder Buzzerdrücker, jeder Kaffeebecher. In der Woche vor dem Spiel wurde der Stand des Fanduelles allabendlich in 3-D an eine Kaufhausfassade projiziert.

GEBRAUCHSGÜTER / B2C

KLEIDUNG

OUT OF HOME / AKTIVITÄTEN

„Wir haben das Champions-League-Finale als kommunikative Plattform für die Marke adidas genutzt und alle Fußballfans sehr erfolgreich in unsere Aktivierung eingebunden", sagt Oliver Brüggen, Director PR Market Central bei adidas. „Mit der Integration unserer wichtigsten Handelspartner haben wir die Fußgängerzone in München zur ultimativen Rivalitätsmeile gemacht. Das i-Tüpfelchen waren die spektakulären Projektionen an der Fassade des Hirmer Gebäudes."

„MENSCHEN WOLLEN STATTFINDEN"

Hat das öffentliche, plakative Wetteifern die Rivalität der Fans vor dem Spiel befeuert oder entschärft? „Sie hat einfach nur ein Ventil geboten", sagt HEIMAT-Kreativchef Guido Heffels. „Weil die Fangefühle in eine Aktion mündeten. Drück noch ein paar Mal mehr auf den Buzzer, kauf noch ein Eis - das gab den Menschen die Möglichkeit, wirklich mitzumachen, Teil des Ganzen zu werden. Nicht einfach irgendwo im Stadion auf den Rängen winzig klein in der Menge verschwinden. Menschen wollen stattfinden."

Und teilnehmen konnte man nicht nur in München. Wer nicht persönlich vor Ort abstimmen konnte, indem er sich etwa von einem roten oder blauen Velo-Taxi herumkutschieren ließ, konnte online einen Avatar beauftragen: Eine animierte Figur stimmte dann auf der Website zur Kampagne stellvertretend für User auf der ganzen Welt ab, in dem sie einen Buzzer in der entsprechenden Teamfarbe drückte. Natürlich wurden auch diese Stimmen gezählt.

Was man der erfolgreichen Kampagne nicht ansah: Die nötige Vorarbeit war eine ebenso enge Kiste wie letztlich das Endergebnis des Finalspiels selbst. „Die Spielpaarung stand ja erst zweieinhalb Wochen vorher fest", sagt Guido Heffels. „Also musste die ganze Kampagne in allen möglichen Ausführungen und Mannschaftskombinationen komplett vorbereitet werden. Die Finalisierung in den letzten zwei Wochen war für die ganze Mannschaft dann schon Hardcore. Eine wahnsinnige Leistung dieses Teams, das auch noch sehr jung war."

Am Ende gewannen übrigens die Münchner mit knappem Vorsprung - wenigstens bei der Fanabstimmung.

„Wir haben das Champions-League-Finale als kommunikative Plattform für die Marke adidas genutzt und alle Fußballfans sehr erfolgreich in unsere Aktivierung eingebunden.“

Oliver Brüggen, Director PR Market Central, adidas AG

CROSSMEDIA _ KUNDE ADIDAS AG, HERZOGENAURACH
SENIOR BRAND COMMUNICATION MANAGER FOOTBALL & INDOOR SVEN SCHINDLER
BRAND COMMUNICATION MANAGER FOOTBALL & INDOOR ALEXSANDRA VILLEGAS
DIGITAL MANAGER FOOTBALL & INDOOR BIRGIT SCHÖNLEIN
WERBEAGENTUR HEIMAT BERLIN
BERATUNG MATTHIAS VON BECHTOLSHEIM (GF BERATUNG) / FLORIAN HOFFMANN
KONZEPTION HEIMAT BERLIN
CREATIVE DIRECTOR GUIDO HEFFELS (GF KREATION) / FRANK HOSE / RAMIN SCHMIEDEKAMPF
ART DIRECTOR FRANK HOSE
PRODUCER JESSICA VALIN / FLO HOFFMANN / PHILIP BAUCH
TEXT RAMIN SCHMIEDEKAMPF
GRAFIK SANTIAGO RAGA / MARIA BOTSCH / BENDEDIKT GANSCZYK
EDITOR JULIA SAUSEN / NIELS MÜNTER
JUNIOR TEXT DAVID KAUDER
PRODUKTIONERIN CAROLA STORTO
MUSIC BERLINAUDIO
SOUND ENGINEERING TONFABRIK GBR
CREATIVE DEVELOPMENT & PRODUCTION MINIVEGAS
MEDIAPLANUNG POSTERSCOPE DEUTSCHLAND / MAGIC TOUCH GMBH
POST PRODUCTION / CGI SUBLIME POST-PRODUCTION

01

03

Worauf Spender fliegen

BISCHÖFLICHES HILFSWERK MISEREOR „MIT 2 EURO VIEL BEWEGEN“ VON KOLLE REBBE, HAMBURG

01 Jessica Gustafsson
02 Jan Kowalsky
03 Matthias Grotter
04 Rolf Leger
05 Sascha Petersen

04

02

05

GESELLSCHAFT, SOZIALES UND KULTUR / B2C

ORGANISATIONEN

OUT OF HOME / MEDIEN

AUTORIN _ IRINA GRAGOLL Wer Geld für einen guten Zweck spendet, hat viele Motive: geben, abgeben, sich einer Sache zuwenden, sich an Positivem beteiligen, Glück und Geborgenheit schenken. Leider wird die gut gemeinte Großzügigkeit jedoch oft durch eine Frage gebremst: Wo fließt die Spende tatsächlich hin? Denn genau das ist nicht immer nachvollziehbar, was laut Umfragen der dringende Ruf nach mehr Durchblick beweist. Wie einfach es ist, den Weg von Spenden augenscheinlich zu machen, zeigt ein ganz neuartiges Plakat von MISEREOR, das von der Agentur Kolle Rebbe entwickelt wurde.

EINE ERFINDUNG, DIE ENTDECKER LOCKT

MISEREOR fördert weltweit Projekte in allen Bereichen der Entwicklungsarbeit und verfügt über das Spendensiegel des DZI, Deutsches Zentralinstitut für soziale Fragen. Das bescheinigt dem katholischen Hilfswerk nicht nur den satzungsmäßigen Einsatz der Spenden, sondern auch niedrige Werbe- und Verwaltungskosten. Kolle Rebbe hatte die Aufgabe, eine aufmerksamkeitsstarke Promotion für das katholische Hilfswerk im Rahmen der Initiative „2 Euro helfen" zu entwickeln, um Spenden für seine Projekte zu generieren. Kommuniziert werden sollte, dass schon eine kleine Spende viel bewegen kann. Und es sollte erlebbar gemacht werden, was sie bewegt.

„Anschaulicher und überraschender kann man die Wirkung einer Spende kaum zeigen."

Elisabeth Kleffner, Projektkoordinatorin MISEREOR

Kolle Rebbe bewies Erfindergeist und erschuf das interaktive Spendenplakat „Mit 2 Euro viel bewegen", das am Flughafen Hamburg seinen ersten Einsatz fand. Wirft ein Spender zwei Euro in die aus einem Billboard umgebaute Box, kann er live beobachten, welche Projekte durch seinen Beitrag unterstützt werden. Dies geschieht ebenso bildhaft wie lebhaft: Die eingeworfene Münze rollt durch die Box und löst dabei verschiedene Mechanismen aus. Auf ihrem Weg lässt die Münze zum Beispiel einen Krankenwagen fahren, Bäume für südafrikanische Bauern wachsen, oder sie öffnet einen Theatervorhang für arbeitslose Jugendliche in Buenos Aires, denen MISEREOR dabei hilft, ihre Talente zu fördern. Eine eingebaute Kamera macht zudem ein Foto vom Spender, das auf Facebook gepostet werden kann, um die Aktion zu teilen.

ANSCHAULICHKEIT, DIE AUFMERKSAMKEIT SCHAFFT

Durch dieses produktive Plakat am Hamburger Flughafen schlugen MISEREOR und Kolle Rebbe gleich zwei Fliegen mit einer Klappe: Es wurde nicht nur sehr anschaulich gezeigt, was eine kleine Spende bewegen kann, sondern auch, wie mit wenig Mitteln kommunikativ viel zu erreichen ist. Nach nur einer Woche wurde die Aktion via Facebook über eintausend Mal geteilt. Darüber hinaus wurde auf unzähligen Blogs und in der Presse über die Kraft einer Münze berichtet. Entsprechend euphorisch äußert sich Elisabeth Kleffner, zuständig für Kooperationen und Koordinatorin des Projekts: „Das CLP ‚Roller Poster' wurde der Renner auf dem Hamburger Flughafen. Denn wo sonst ist es möglich, ein Werbeposter mit einer kleinen Spende in Bewegung zu setzen? Anschaulicher und überraschender

KUNDE BISCHÖFLICHES HILFSWERK MISEREOR E. V., AACHEN
MARKETINGLEITUNG MICHAEL KLEINE
PROJEKTKOORDINATION ELISABETH KUFFNER
WERBEAGENTUR KOLLE REBBE GMBH, HAMBURG
BERATUNG JAN KOWALSKY / JESSICA GUSTAFSSON / GUIDO BLOCK
CREATIVE DIRECTOR ROLF LEGER / MATTHIAS ERB
ART DIRECTOR MATTHIAS GROTTER / FELIX SCHULZ
TEXT SASCHA PETERSEN
WEB-ENTWICKLUNG WADIM FILIPPOV
INTERACTIVE DEVELOPMENT TOM SCHALLBERGER
ARTBUYING EMANUEL MUGRAUER / KATJA SLUYTER
ILLUSTRATION BOMBOLAND
REALISATION / BAU THOMAS BEECKEN REALISATIONS KG

kann man die Wirkung einer Spende kaum zeigen. Unter dem Motto ‚Mit 2 Euro viel bewegen' zeigt das Poster, wie die Spende in den Projekten ihre Wirkung entfaltet und den Kindern zugutekommt – ob im Gesundheitsbus, in der Schule oder bei Sport und Spiel. Eine Spende im CLP überrascht, und es macht Spaß zu helfen. Da lohnt es sich, andere zu begeistern und die Aktion auf Facebook zu posten."

KOMMUNIKATION, DIE FÜR VERTRAUEN SORGT

Mit dem interaktiven Plakat „Mit 2 Euro viel bewegen" ist Kolle Rebbe ein innovativer Meisterwurf gelungen. Denn es ist ein bewegtes und bewegendes Kommunikationsinstrument, das den Menschen auf einfache Weise ermöglicht, mit den Projekten von MISEREOR direkt in Beziehung zu treten. Es macht neugierig und animiert auf spielerische Weise zum Spenden. Es ist aktiv und macht aktiv. In Hamburg gestartet, landet es sicher bald auch woanders, selbst aus Holland und Korea gibt es schon Anfragen. Überaus beglückt zieht Jan Kowlasky, Bodenleiter Beratung bei Kolle Rebbe, sein Resümee: „Nicht oft bekommt man als Agentur die Chance, eine Kommunikationsform zu entwickeln, die neu ist, zum Mitmachen auffordert, dabei Spaß macht und mit der man am Ende einen guten Zweck unterstützt. Danke Misereor-Roller-Poster! Du hast das alles geschafft."

LEGO macht Musik

LEGO® „BUILDERS OF SOUND" VON SERVICEPLAN, MÜNCHEN

01 Andreas Balog
02 Denise Mancinone
03 Lorenz Langgartner
04 Marijo Sanje
05 Nicolas Becker

GEBRAUCHSGÜTER / B2C

WEITERE GEBRAUCHSGÜTER

OUT OF HOME / MEDIEN

AUTOR _ PETER HEINLEIN Eine dauerhafte Agenturbeziehung zu unterhalten hat schon so seine Vorteile gegenüber dem projektbezogenen, ständigen Wechsel zwischen Werbedienstleistern. Für LEGO® zeigte sich das beispielsweise in der vielfach preisgekrönten Arbeit „Builders of Sound". Sie verdiente das bronzene Out of Home-Megaphon vom Jahr der Werbung.

„Als Leadagentur von LEGO® beschäftigen wir uns ständig mit der Marke und ihren Produkten, auch wenn gerade kein aktuelles Briefing vorliegt", unterstreicht Matthias Harbeck, Geschäftsführer Kreation bei Serviceplan Campaign die Vorzüge dieser Kundenbeziehung. Und so war es eines dieser entspannten Gespräche über den Kunden, bei dem die erste Idee zur Soundmachine entstand.

Bei der Devise „Mit LEGO® kann man alles machen" war der Gedanke „Warum nicht auch Musik?" irgendwann da. Ein bisschen gewendet, gedreht, darauf herumgedacht, und schon waren die Spieluhren im Kopf, die jeder als kleine Geschenkartikel kennt. Dabei schlagen Metallstifte, die auf einer per Handkurbel drehbaren Walze angeordnet sind, die verschieden langen Zungen eines metallenen Tonkamms an und produzieren mit den so entstehenden, unterschiedlich hohen Tönen einfache Melodien von „Für Elise" bis „Happy Birthday" oder „Oh du fröhliche".

So etwas könnte man doch sicher auch mit LEGO® bauen, oder? Gute Idee, ab in die Schublade, zu den anderen ...

SCHUBLADE AUF, IDEE RAUS

Wochen später meldete sich der Kunde LEGO® und bat um Unterstützung bei einer neuen Kampagne für die Bausätze mit den Motiven aus der Star Wars-Welt. Die bevorstehende Premiere der 3-D-Version des Star Wars-Spielfilms „Die dunkle Bedrohung" sei willkommener Anlass für neue Werbemaßnahmen. Zeit, die Schublade zu öffnen und nach Leuchtturmideen zu suchen. Das Serviceplan-Team entschied sich für „Musik machen mit LEGO®". Das könnte doch dann die Star Wars-Melodie sein.

Und dann stand die erweiterte Grundidee fest: Wir bauen eine Drehtrommel, auf der ein Diorama mit LEGO®-Figuren und Szenen aus der Star Wars-Welt aufgebracht ist. In der Bewegung lösen die Figuren mechanische Impulse aus, mit denen über die Tasten eines

Keyboards die Titelmelodie von Star Wars gespielt wird. Darauf muss man erst einmal kommen.

Im Vergleich zu dem, was folgte, war das jedoch ein Klacks. Denn die Realisierung stellte Serviceplan vor große Herausforderungen. Bald war klar: So etwas baut man nicht einfach mal im agentureigenen Atelier.

Zunächst musste die vom US-amerikanischen Filmkomponisten John Williams für den Regisseur George Lucas erdachte wagnereske Filmmusik auf die Themamelodie „Da-da-da dam dam da-da-da dih dah ..." reduziert und als Matrix dargestellt werden. Dann die Trommel: Welche Abmessungen muss sie haben? Wie werden die Impulse in Töne umgesetzt? Wie groß muss das Keyboard sein? Läuft das automatisch oder soll es einen Mitmacheffekt geben? Eine Handkurbel etwa zur Interaktion für Fans?

DAS ERGEBNIS: DIE LEGO® STAR WARS ORGEL

Mit Rene Hoffmeister und Axel Al-Rubaie wurden zwei deutsche LEGO®-Profis – ja das ist ein eigener Beruf – verpflichtet, die im Allgäu aus mehr als 20.000 LEGO®-Steinen verschiedene Star Wars-Welten vom „Todesstern" über die Wüstenlandschaften des Planeten „Tatooine", die Eislandschaft von „Hoth" bis hin zu den Dschungeln von „Endor" zusammenbauten und auf die Trommel brachten. Immer mit herausragenden Bauteilen an den Stellen, an denen der nächste Ton der Melodie ausgelöst werden sollte. Es dauerte schon ein paar Monate, bis alles fertig war – rechtzeitig zum Start des Films in München.

Und das ist die Version, die das Megaphon verdiente: die Out of Home Werbemaßnahme, bei der das Kinopublikum die Trommel drehen konnte. Bei dieser Außenwerbeaktion war auf der Trommel auch ein QR-Code abgebildet, dessen Handyfoto die Fans direkt zur Produktbestellung ins Internet führte. Eine Internetvariante der Spieluhr gab es natürlich auch. Hier konnte die Trommel mithilfe der Maus gedreht werden.

Nach dem Kinoeinsatz kam die Spieluhr auch beim zweitägigen LEGO® Kids Fest und im LEGOLAND® zum Einsatz. Sie war so erfolgreich, dass es inzwischen drei weitere, kleinere Varianten gibt, die über Deutschlands Grenzen hinaus zu Promotionzwecken bei Händlern eingesetzt werden.

Katharina Sutch, Head of Brand Relations LEGO® GmbH, ist sehr zufrieden mit der erneut erfolgreichen Arbeit ihrer Agentur: „Wir bemühen uns jährlich aufs Neue, eine absolute Innovationskraft im Kinder- und Familienmarketing zu sein und stetig neue, originelle und markengerechte Wege zu unseren Konsumenten zu finden. Die LEGO® Star Wars Orgel ist so eine originelle Idee: Kinder finden die Orgel cool, entdecken Minifiguren und Raumschiffe, die sie kennen; Erwachsene erfreuen sich an ihren Helden aus der Jugend, und gemeinsam entdecken kleine und große LEGO®-Fans, dass sie doch Interessen teilen. So können sie sich über die Filme unterhalten und gemeinsam Geschichten mit ihren LEGO®-Steinen zu Hause bauen und nachspielen."

„Die LEGO® Star Wars Orgel ist so eine originelle Idee: Kinder finden die Orgel cool, Erwachsene erfreuen sich an ihren Helden aus der Jugend.“

Katharina Sutch, Head of Brand Relations LEGO® GmbH

KUNDE LEGO® GMBH, GRASBRUNN
VICE PRESIDENT / MARKETING CHRISTIAN KORBES
WERBEAGENTUR SERVICEPLAN GRUPPE GMBH & CO. KG, MÜNCHEN
BERATUNG MONIKA KLINGENFUSS / DENISE MANCINONE
CREATIVE DIRECTOR OLIVER PALMER / ALEXANDER REHM
ART DIRECTOR ANDREAS BALOG / MARIJO SANJE
PRODUCER FLORIAN PANIER
TEXT NICOLAS BECKER / LORENZ LANGGARTNER
GRAFIK ANNA TRACY WODERA
FOTOGRAFIE STEPHON KAROLUS
CHIEF CREATIVE OFFICER ALEXANDER SCHILL
EXECUTIVE CREATIVE DIRECTOR MATTHIAS HARBECK
SCREENDESIGN / PROGRAMMIERER / ONLINE JOHN PETERSSON (SCREENDESIGN) / RET LAUTERBACH (PROGRAMMIERER) / MARKUS MACZEY (ONLINE)
TONSTUDIO NEUE WESTPARK STUDIOS

03

Partizipation, die in den Himmel wächst

TURNER BROADCASTING SYSTEM DEUTSCHLAND „DIE CNN ECOSPHERE“ VON HEIMAT BERLIN

01 Myles Lord
02 Ramin Schmiedekampf
03 Frank Hose
04 Jue Alt

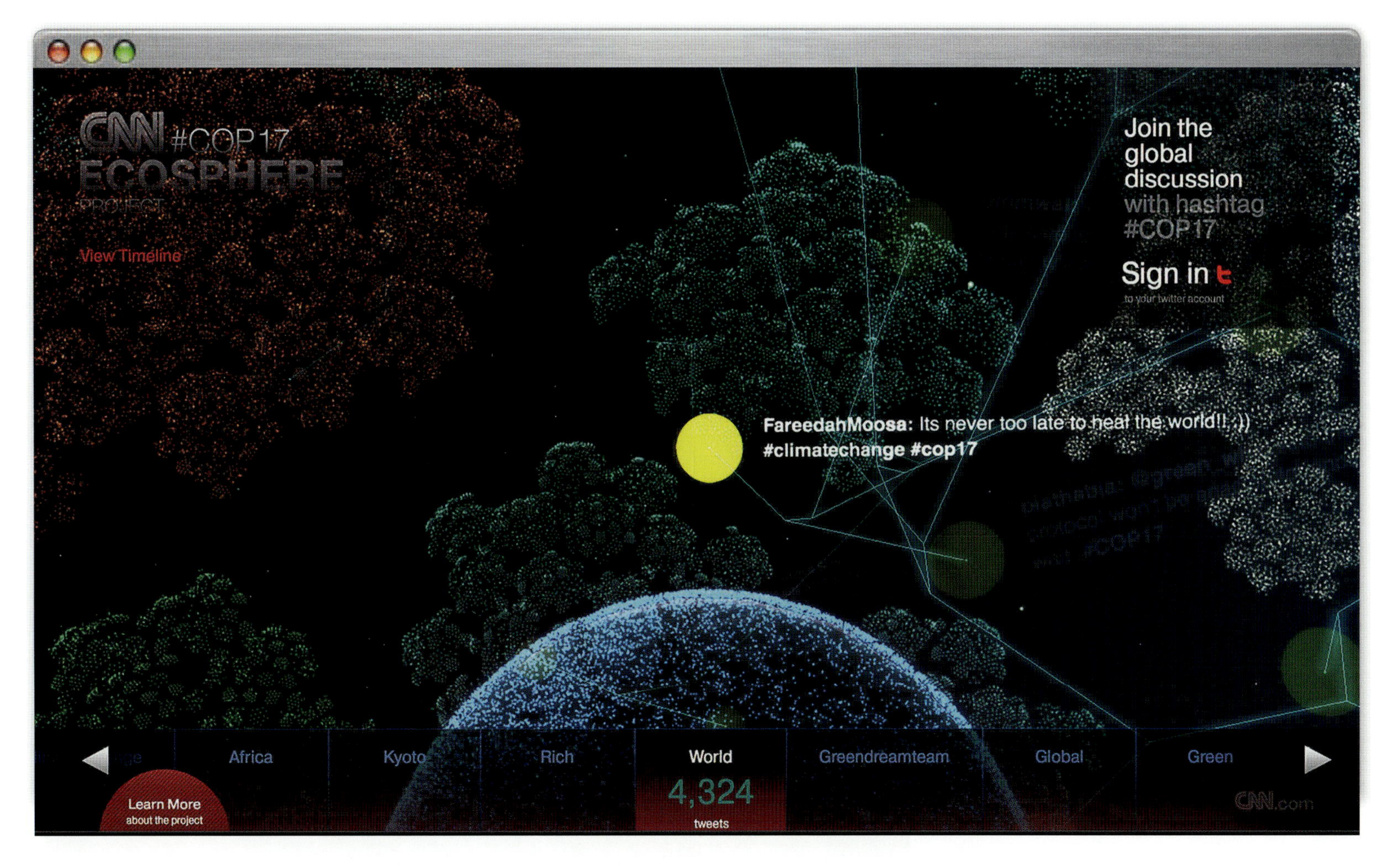

AUTORIN _ ANGELIKA ECKERT „Plant a thought, watch it grow" lautete das Motto des Projekts „CNN #COP17 Ecosphere", das die Berliner Werbeagentur HEIMAT 2011 anlässlich der 17. UN-Klimakonferenz in Durban für CNN International realisierte. Ihre Gedanken pflanzten Menschen weltweit wie kleine Samenkörnchen via Twitter. Während die Welt gebannt zusah, wuchs manch zartes Pflänzchen während der Konferenz zu einem stattlichen Baum heran. „Eine atemberaubende, globale Partizipationswelle begleitete den Klimagipfel und mahnte die Delegierten zu mehr Verantwortlichkeit", erinnert sich Myles Lord, Geschäftsführer Kreation, der damals das Projekt als Creative Director betreute.

Doch ganz von vorn. Der Nachrichtensender CNN International, der News aus aller Welt verbreitet (in den USA ist dafür CNN US verantwortlich), ist langjähriger Kunde der Agentur HEIMAT. Von der Klimakonferenz, die vom 28. November bis 9. Dezember 2011 in Durban stattfand, wollte CNN International live berichten. Klar, Entscheidungen rund um den CO_2-Handel, die Erderwärmung, drohende Unwetterkatastrophen und Hunger brennen uns allen auf den Nägeln. 20.000 Delegierte aus 192 Nationen sollten beim Klimagipfel in Südafrika über das Schicksal und die Zukunft des gesamten Globus befinden. Schon wegen der hohen Brisanz des Themas wünschte sich CNN International dringlich eine sichtbare Beteiligung im Web.

Also krempelten die Kreativen bei HEIMAT Berlin die Ärmel hoch. Dass Twitter die Basis bilden würde, war ziemlich schnell klar. Nur so war eine sinnvolle Partizipation möglich. Auch sollte es eine Rückkoppelung zum TV-Sender geben, denn dort wollten die Journalisten mit Politikern und Umweltschützern über die Tweets diskutieren.

EINE DIGITALE ÖKOSPHÄRE ERSCHAFFEN AUS TWEETS

Doch wie konnte man die Tweets visuell attraktiv und übersichtlich darstellen? Der Kerngedanke war, ein digitales Bio-Objekt zu erschaffen, das mit eingehenden Twitter-Beiträgen in Echtzeit wachsen würde. „Wir stellten uns eine lebende Infografik vor, die durch ihre faszinierende Ästhetik besticht", so Myles Lord. HEIMAT band die digitalen Partner sehr früh in das Projekt ein – gemeinsam testete man dann verschiedene Formen. Aus einer Pflanze, einem Baum wurde bald ein ganzer Wald. So konnte jedes Thema eine eigene Pflanze oder gar einen Baum ausbilden, der in seiner Größe die Wichtigkeit des Themas visualisierte. Wie von selbst entwickelte die Idee eine Eigendynamik, die schließlich in einem umfassenden Ökosystem mündete. In diesem virtuellen Biotop lebten kleine Pflanzen, also eher unwichtige Themen, nur kurz auf. Manche Themen wuchsen jedoch schnell zu kräftigen, weit verästelten Bäumen heran, weil das Thema heiß diskutiert wurde.

MEDIEN UND KOMMUNIKATION / B2C

TV UND RADIO

DIGITALE MEDIEN / SOCIAL-MEDIA-AKTIVITÄTEN

www.cnn-ecosphere.com/cop17

„Wir wussten, dass wir eine großartige Idee vorliegen hatten.“

Jörg Buddenberg, CNN Marketing-Manager

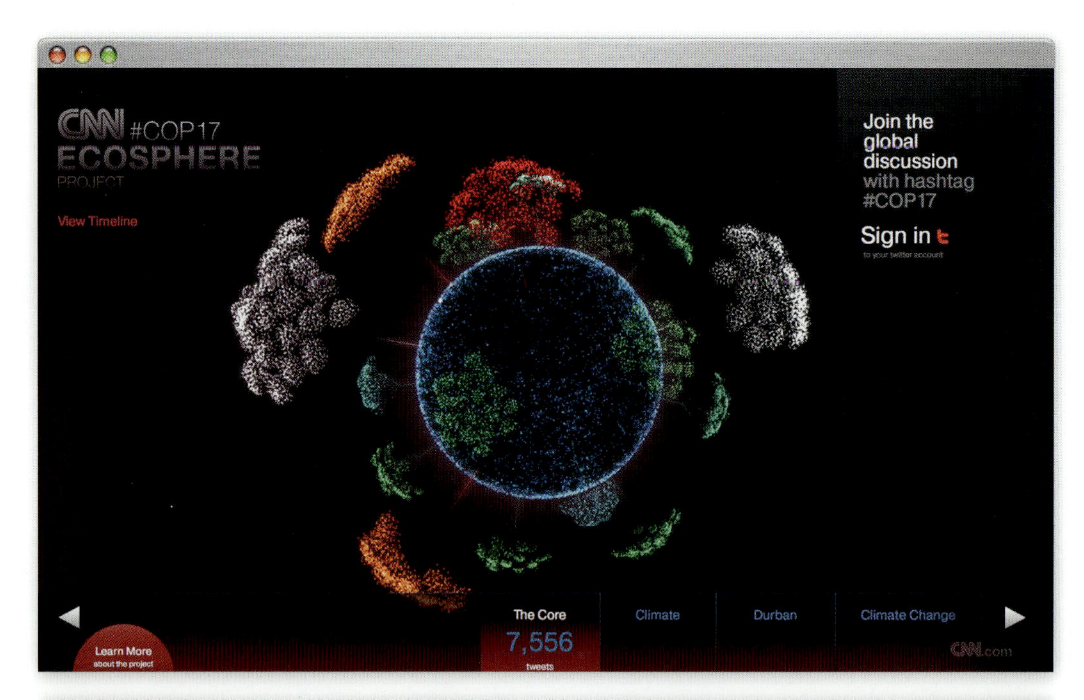

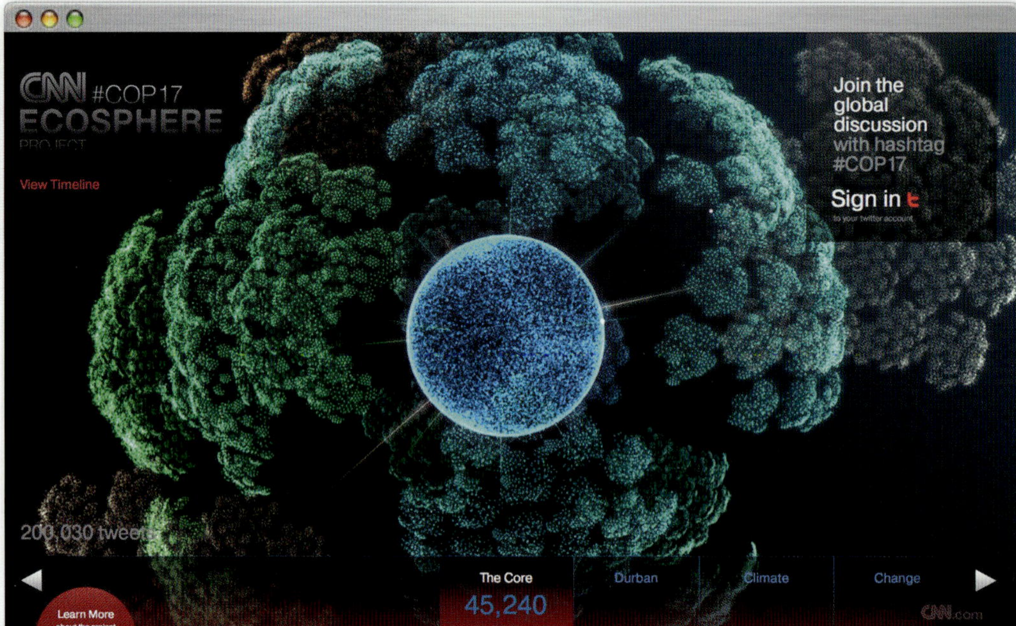

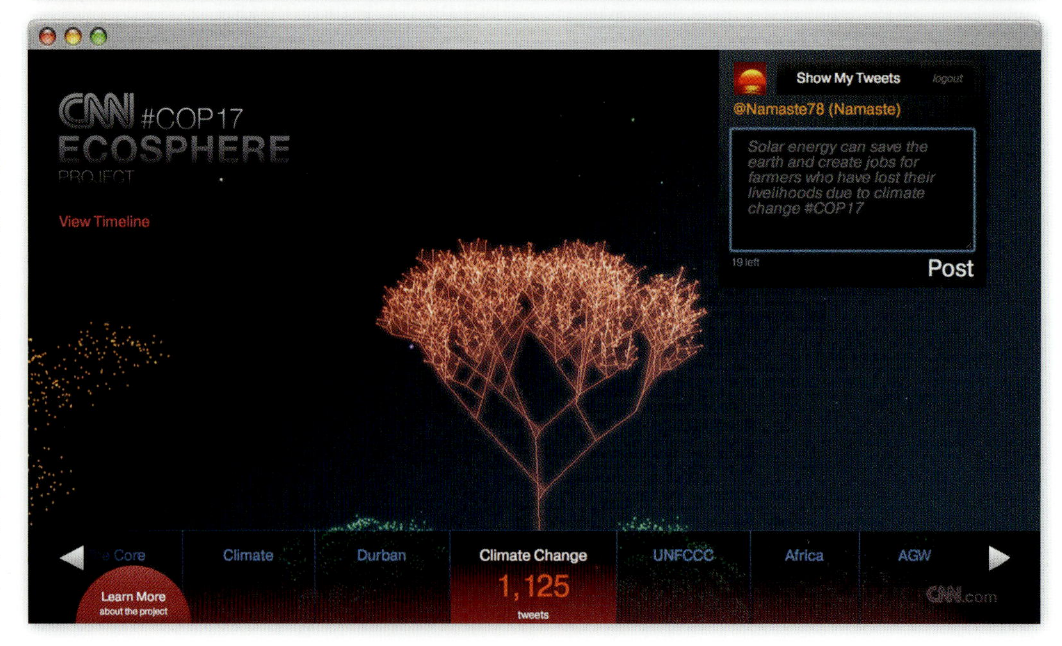

Das Konzept wurde bei CNN International begeistert aufgenommen. „Wir wussten, dass wir eine großartige Idee vorliegen hatten. Nur gab es so etwas noch nicht, und wir wussten, dass die Umsetzung mit vielen Unsicherheiten einhergehen würde. Aber wir haben alle fest daran geglaubt und alles in Bewegung gesetzt, dass es klappt“, sagt Jörg Buddenberg, CNN Marketing-Manager für Deutschland, Österreich und die Schweiz. Nach der internen Abstimmung verblieben ganze drei Monate für die Umsetzung. Ein Team von rund 80 Leuten aus sieben verschiedenen Ländern stürzte sich mit Volldampf in die Arbeit. Den Entwicklungsstand stimmten die beteiligten Teams in unzähligen virtuellen Round Tables ab, bei denen sich sowohl die Produktion aus London und New York, das Interaction-Design aus Amsterdam und Los Angeles, das Coding aus Spanien und Russland mit der Projektleitung in Berlin einwählten. „Manche Mitarbeiter haben sich nie persönlich kennengelernt. Aber es war eine Freude zu sehen, mit welchem Enthusiasmus sie für das Projekt brannten“, freut sich Myles Lord.

230.000 TWEETS, 20 MILLIONEN ZUSCHAUER

Pünktlich zum Konferenzbeginn war ein digitales Ökosystem entstanden, das dem Betrachter ermöglichte, die Klimawandeldiskussion in Echtzeit auf einer Microsite (http://cnn-ecosphere.com) zu erfassen, sich selbst zu beteiligen und so Teil des Klimagipfels in Durban zu werden. Aus aller Welt wählten sich Menschen über den Hashtag #COP17 in die „CNN Ecosphere“ ein und konnten den eigenen Beitrag im sich permanent weiterentwickelnden Umfeld verfolgen. 230.000 Tweets zählte Ecosphere am Ende des Projekts – gerechnet hatten sie mit 80.000 Tweets.

Kaum gelauncht, verbreitete sich Ecosphere über Social Media. Tech-Blogs, Nachrichten- und Lifestyleseiten hoben die Ecosphere in ihr Editorial. Green-Blogs und Online-Aktivisten animierten Mitglieder zur Teilnahme. Rund 20 Millionen Zuschauer folgten am TV-Gerät der CNN-Berichterstattung, diskutierten inhaltlich mit Politikern – und bewunderten das Wachstum der wunderschönen Twitter-Visualisierung.

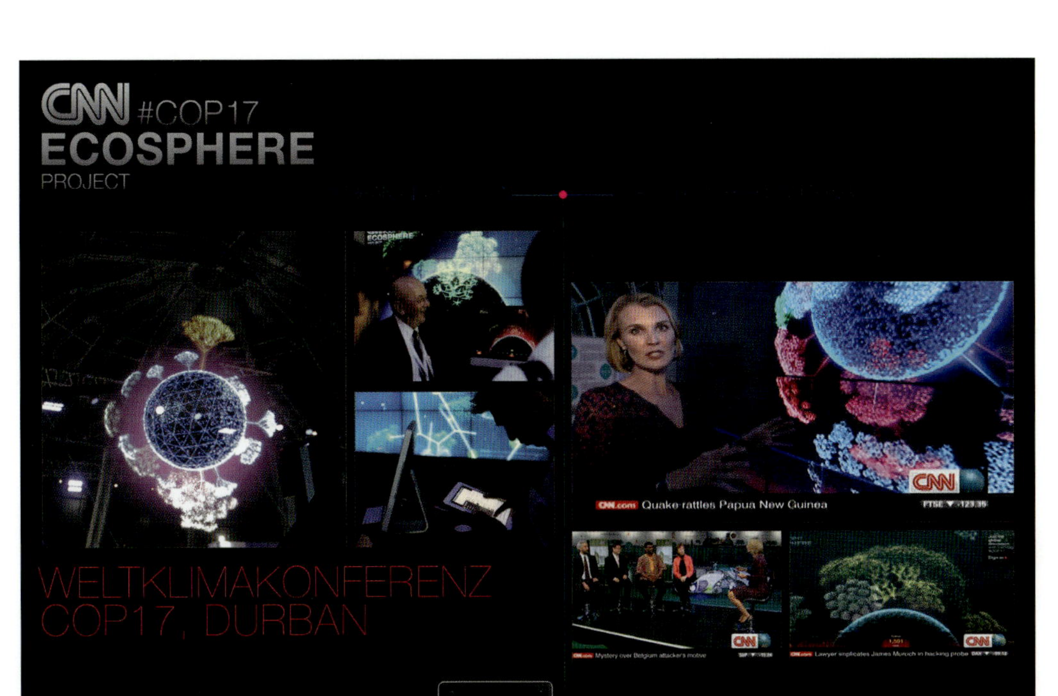

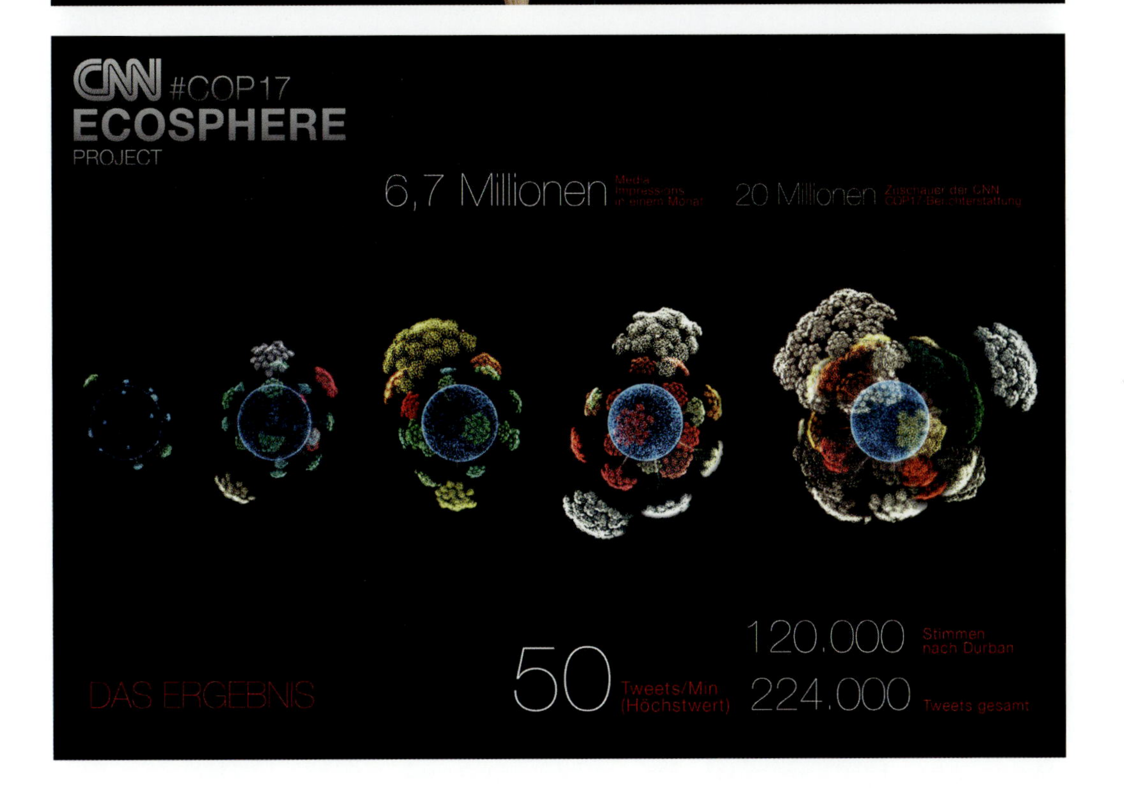

KUNDE TURNER BROADCASTING SYSTEM DEUTSCHLAND GMBH, MÜNCHEN
MARKETINGLEITUNG JÖRG BUDDENBERG
WERBEAGENTUR HEIMAT BERLIN
KONZEPTION HEIMAT BERLIN
CREATIVE DIRECTOR GUIDO HEFFELS (EXECUTIVE CD) / MYLES LORD / MARTIEN DELFGAAUW
ART DIRECTOR FRANK HOSE
PRODUCER JESSICA VALIN
TEXT RAMIN SCHMIEDEKAMPF
GRAFIK JUE ALT (DESIGN) / JARED LEISTNER / ALEXANDER SUCHY
SCHNITT NIELS MÜNTER / ALEXANDER SUCHY
MOBILE EXECUTION MINIVEGAS
PRODUKTION STINK DIGITAL
INSTALLATION MAD HAT

Ein Feuerwerk für Nachwuchs-Spender

BISCHÖFLICHES HILFSWERK MISEREOR „THE BEST FIREWORKS“ VON KOLLE REBBE, HAMBURG

01 Matthias Erb
02 Max Wort
03 Wadim Filippov

01

03

GESELLSCHAFT, SOZIALES UND KULTUR / B2C

ORGANISATIONEN

DIGITALE MEDIEN /
DIGITALE / INTERAKTIVE ANWENDUNGEN

AUTORIN _ ANGELIKA ECKERT Jedes Jahr wieder schauen Umweltaktivisten und sozial engagierte Menschen fassungslos in den Silvesterhimmel – was könnte man mit dem schönen Geld, das dort buchstäblich mit einem Knall verbrennt, für Projekte in Dritte-Welt-Ländern durchführen! Ein Thema, das auch die Kreativen der Kommunikationsagentur Kolle Rebbe in Hamburg bewegte. Kolle Rebbe betreut den Kunden MISEREOR seit Jahren. Sie drehen Werbespots für TV und Kino und entwerfen Anzeigen- und Plakatkampagnen für das katholische Bischöfliche Hilfswerk MISEREOR e. V. Kontinuierliche Briefings gehören daher zum Alltagsgeschäft. Da lag die Idee nahe, den Spaß am Silvesterfeuerwerk mit einer Spendenaktion zu verbinden – ganz nach dem Motto: Gutes tun und trotzdem Spaß dabei haben.

Das erste Konzept basierte auf einem PC-Game, bei dem man mit virtuellen Böllern ein Feuerwerk inszenieren konnte. Die Investition in die Böller sollte als Spende MISEREOR zugutekommen. „Zuerst fanden wir die Idee etwas fad. Wer sitzt schon Silvester vorm Rechner und schickt virtuelle Böller in den virtuellen Himmel? Doch dann entwickelten wir daraus die iPhone App ‚The best fireworks' – das hatte Charme, war neu und frisch und kam bei den Kids sehr gut an", erinnert sich Matthias Erb, Creative Director Digital bei Kolle Rebbe Hamburg.

EINE AKTION, DIE JUNGE LEUTE ANSPRICHT

Seit 1958 stellt sich MISEREOR Armut und Ungerechtigkeit in Afrika, Asien und Lateinamerika entgegen. Ziel ist weniger die spontane Krisenhilfe als die Unterstützung nachhaltiger Projekte wie Kinderkrankenhäuser in Afghanistan. MISEREOR glaubt an langfristige Entwicklungsarbeit wie etwa den Kampf gegen AIDS in Afrika. Dafür unterstützt der Verein ehrenamtliche Helfer, bietet Hilfe für verwaiste Kinder und beschafft Medikamente für HIV-Infizierte.

Doch Spenden aufzutreiben ist immer ein Problem. Menschen spenden in Krisenzeiten, wie etwa für die Hilfsbedürftigen der Tsunami-Katastrophe oder jetzt in Mali. Und allgemein rückt das Thema „Spenden" meist erst ab einem Alter von 30 Jahren in den Fokus; so ist MISEREOR dann auch eher bei der älteren Zielgruppe bekannt. „Unser Ziel war es also, eine Kampagne zu starten, die junge Leute anspricht, sie an das

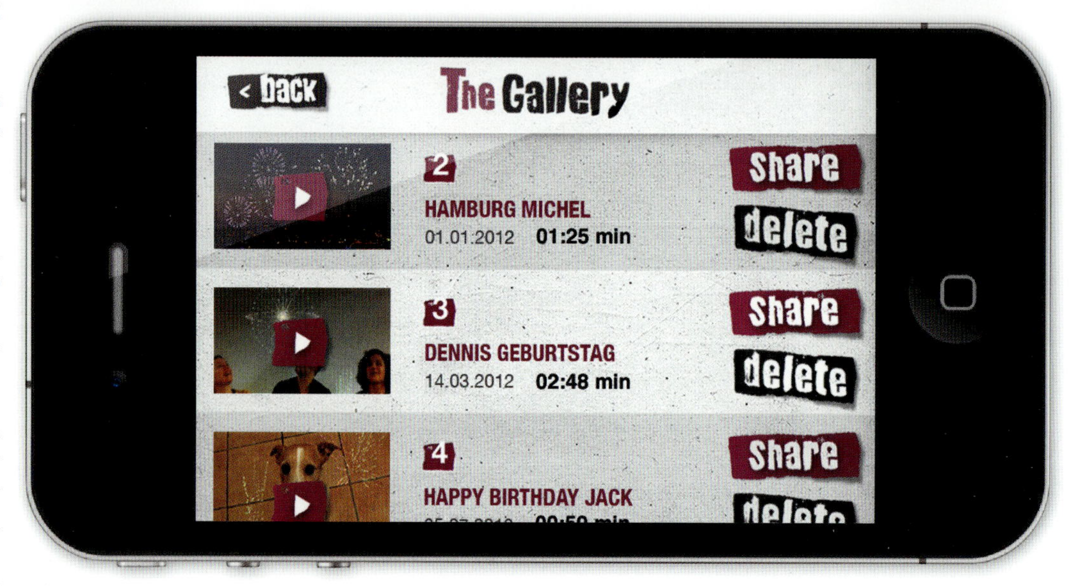

Spenden heranführt und ihnen klar macht, dass man auch mit wenigen Euros helfen kann", erläutert Matthias Erb begeistert die kreative Aufgabe.

Kolle Rebbe griff die Idee des virtuellen Feuerwerks wieder auf und transformierte sie vom PC in den mobilen Bereich. „Schließlich fanden wir eine relativ günstige und dennoch machtvolle Lösung", erklärt der Creative Director. Eine iPhone App sollte den realen Ort abscannen, an dem der User sich befindet, um dann über eine Augmented-Reality-Lösung ein virtuelles Feuerwerk abzubrennen. Die virtuellen Raketen dafür sind in einem angegliederten Shop zu erwerben. Das Angebot erstreckt sich von Böllern für 79 Cent bis zum Feuerwerk „The One" für 99 Euro.

„DIE TECHNISCHE ENTWICKLUNG WAR EIN ECHTES ABENTEUER"

Die Produktion der iPhone App lagerte Kolle Rebbe aus an die Hamburger Agentur für Interactive Development 19 Finger (www.19f.de). „Die technische Entwicklung war ein echtes Abenteuer", blickt Fabian Jakobs, Interactive Developer und Teilhaber von 19 Finger, zurück. Da die Speicherlage bei Smartphones nicht besonders üppig ist, die Augmented-Reality-App aber nur über die Videofunktion und ein OpenGL-Layer funktioniert, fuhren die Entwickler die Videoqualität von HD auf SD herunter. Nun zeichnet der User ein Video des Nachthimmels auf, gleichzeitig läuft auf dem darübergelegten Layer das Feuerwerk ab, das der Nutzer zuvor im Shop erworben hat. Auf diese Weise lässt sich das Video mitsamt dem Feuerwerk auch im Nachhinein abspielen oder mit Freunden auf Facebook teilen.

Auch die extrem „sportliche" Terminlage verlangte vollen Einsatz. „Insgesamt brauchten wir sechs Wochen. Die letzten zwei Wochen knackten wir vor allem das Problem mit der Videoaufzeichnung. Das war zwar mit nächtlichen Schichten verbunden, aber extrem spannend", erklärt Fabian Jakobs. Knapp vor Weihnachten gab Apple die App frei – damit war der Einsatz der App für die Silvesternacht 2011/2012 gesichert.

Die App kam vor allem bei der jungen Zielgruppe mit rund 1.000 Downloads pro Tag so gut an, dass sie vor Silvester im App-Store in die Top Ten aufrückte. „Uns ging es ja in erster Linie darum, ein positives Signal zu setzen und Sympathiepunkte zu sammeln als ein großes Spendenvolumen zu generieren", schließt Matthias Erb zufrieden, dieses Ziel erreicht zu haben.

KUNDE BISCHÖFLICHES HILFSWERK MISEREOR E.V., AACHEN
MARKETINGLEITUNG MICHAEL KLEINE
WERBEAGENTUR KOLLE REBBE GMBH, HAMBURG
BERATUNG GUIDO BLOCK / JESSICA GUSTAFSSON
CREATIVE DIRECTOR MATTHIAS ERB / JENS THEIL
ART DIRECTOR CHRISTIAN HEINS
TEXT MAX WORT / SUSANNE PAKRAVESH / SABINE KUCKUCK
EXECUTIVE CREATIVE DIRECTION SASCHA HANKE
ILLUSTRATION ELISABETH HANKE
PROGRAMMIERUNG BENJAMIN MUNZEL
PROGRAMMIERUNG 19 FINGER GBR

Spurtreues Brand Zen

DAIMLER AG, MERCEDES-BENZ „MERCEDES-BENZ.COM“ VON SCHOLZ & VOLKMER, WIESBADEN

01 Christian Daul
02 Thomas Nolle
03 Jörg Waldschütz
04 Denis Richard
05 Jin Jeon
06 Daniel Miltner
07 Andrea Sauerwein
08 Sascha Kircher
09 Annika Firlus
10 Daniel Haller
11 Dennis Schwertel
12 Manuel Schmidt

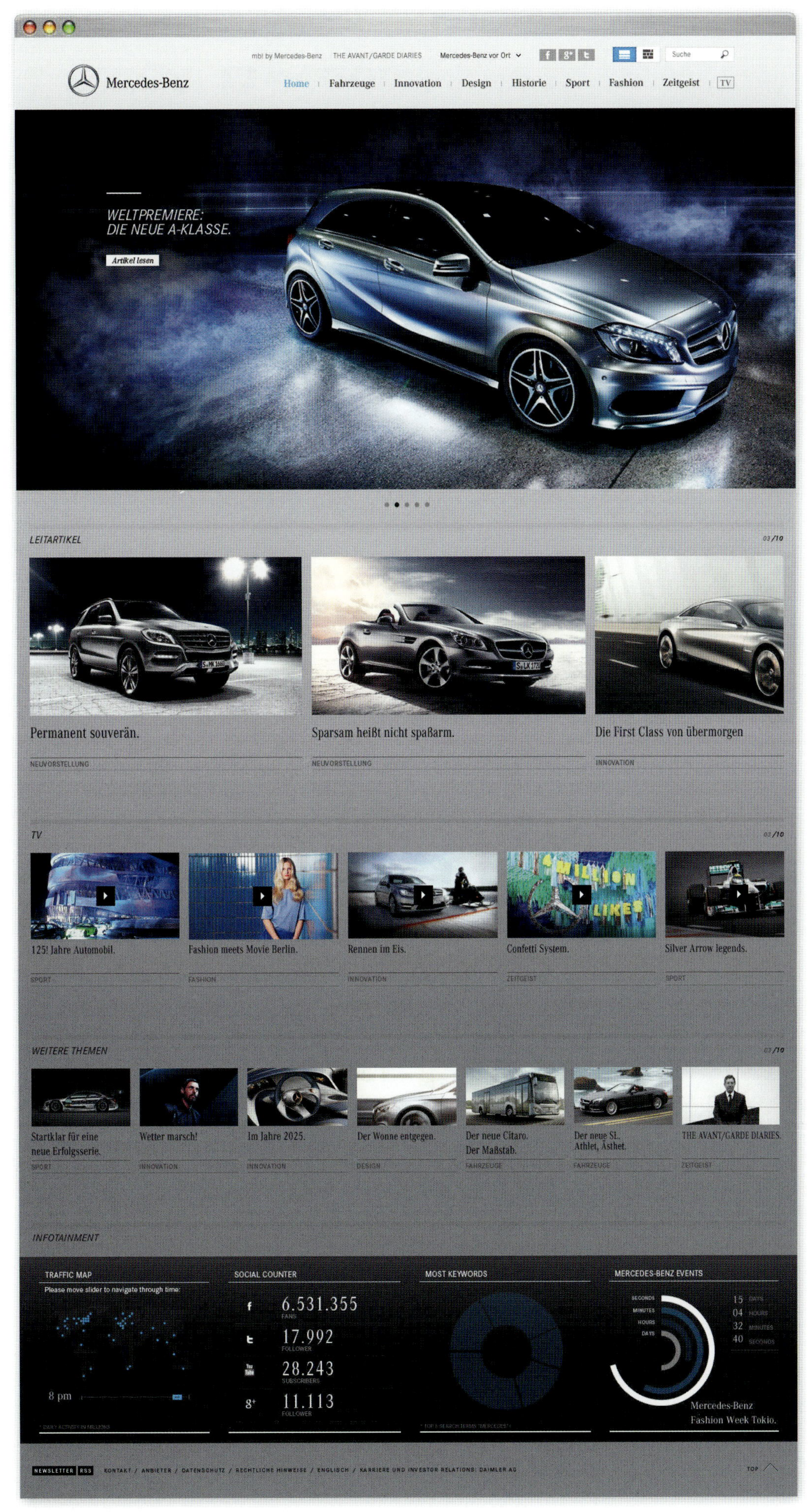

GEBRAUCHSGÜTER / B2C

AUTOMOBIL / PKW

DIGITALE MEDIEN / UNTERNEHMENS-/ORGANISATIONSWEBSEITEN

www.mercedes-benz.com

AUTORIN _ ANGELIKA ECKERT „Der Relaunch einer internationalen Markenwebsite wie Mercedes-Benz, also eine traditionsreiche, hochwertige Marke, die mit vielen Inhalten daherkommt, ist immer eine besondere Herausforderung für die ausführende Agentur", weiß Jörg Waldschütz, Creative Director bei Scholz & Volkmer in Wiesbaden, aus langjähriger Erfahrung. Es gehört schon fast zur Tradition, dass Scholz & Volkmer die Mercedes-Website relauncht. „Alle drei bis fünf Jahre gibt es einen grundsätzlichen Relaunch, und die letzten drei haben wir durchgeführt", erläutert Jörg Waldschütz. Den aktuellen Relaunch planten Mercedes und Scholz & Volkmer bereits Anfang 2011. Die tatsächliche Arbeit an der Website begann Mitte 2011; im ersten Quartal 2012 ging die neue Website dann an den Start.

HUB FÜR ALLE MARKENTHEMEN

Im Gegensatz zu den Länderwebsites, wie etwa www.mercedes-benz.de, die eher Käuferinteressen bedienen und mit Informationen rund um Fahrzeuge, Fahrzeug-Konfigurator, Händlersuche und ähnlichem aufwarten, zielt die internationale Markenwebsite eher auf Themen rund um die Marke. „Ziel war es, die Website als Hub für alle Markenthemen rund um Mercedes-Benz auszubauen. Außerdem wollten wir natürlich auch technisch und visuell Trends setzen, die die Verjüngung der Marke unterstützen", so Christian Daul, Geschäftsführer von Scholz & Volkmer. „Hintergrund des Relaunches war also auch die Plattformkonsolidierung", berichtet der Creative Director Jörg Waldschütz. Das hieß, vorhandene Inhalte zu evaluieren und sie dann für eine Migration aufzubereiten. Das heißt aber auch: neue Inhalte erstellen. „Wir haben eine eigenen Redaktion aufgebaut, denn die Website sollte stets aktuelle und adäquate Themen featuren", erklärt Waldschütz.

INHALTEN RAUM GEBEN

Die Inhalte aller Websites, Microsites und Specials, die unter dem Dach der Marke Mercedes betrieben werden, wie beispielsweise Mercedes-Benz TV, Mercedes Sport oder Mercedes Fashion sollten direkt über die Markenwebsite zu erreichen sein. „Um dieses weite Feld der

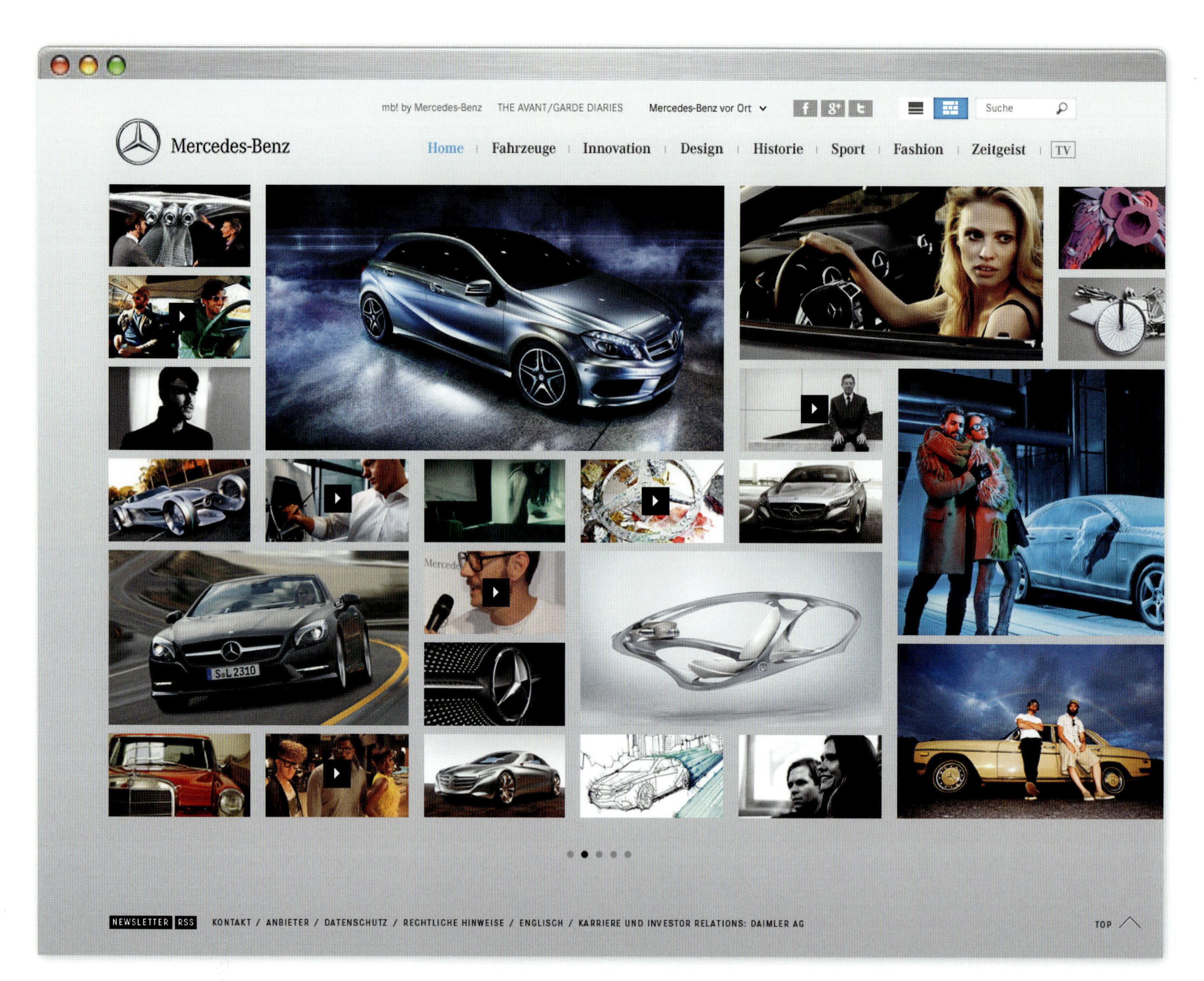

unterschiedlichsten Plattformen zu erschließen, entwickelten wir zuerst eine umfassende Plattformstrategie. Wie in einem Flagship-Store wollten wir den Inhalten einen Raum geben und auf hohem gestalterischem und inhaltlichem Niveau interessierten Zielgruppen mit sehr unterschiedlichen Bedürfnissen einen gemeinsamen Ort bieten ...", so Waldschütz.

Nun gliedern sich die vielen Inhalte übersichtlich in acht grundsätzliche Menüpunkte: Home, Fahrzeuge, Innovation, Design, Sport, Fashion, Zeitgeist und TV. Die inhaltliche Gestaltung bezeichnen die Kreativen als „Brand Zen". Gemeint ist damit die Fokussierung auf einen Inhalt. Es gibt einen großen „Header", den jeweiligen Leitartikel zum Thema, und alle weiteren Inhalte dazu fügen sich nach Relevanz darunter an – im vertikalen Raster, in jeder der vier Zeilen mit kleiner werdenden Bildern. Unter dem aktuellen Leitartikel ordnen sich in der zweiten Reihe zweitrangige Themen beziehungsweise ältere Leitartikel. Darunter reihen sich TV-Beiträge zum Thema und darunter „Weitere Themen", die den Leser interessieren könnten.

Als kleines Highlight am unteren Ende der Mercedes-Applikation stehen visualisierte Echtzeitdaten, unter anderem die aktuelle Anzahl der Facebook-Fans und Twitter-Follower weltweit. Jörg Waldschütz ist überzeugt, dass der Informationshub den Besuchern der Website das Gefühl der Gemeinsamkeit vermittelt. Schließlich interessiert man sich nicht nur in Deutschland für die Marke Mercedes: „Wir haben regen Traffic aus allen wichtigen Märkten."

EINE WEBSITE FÜRS TABLET

Technisch konzipierten die Entwickler die Markensite als Responsive Website, und zwar optimiert für das Tablet. Die Gründe liegen auf der Hand. „Jeder schaut sich eine so bildintensive und magazinige Website lieber auf dem Tablet an", meint Waldschütz. Aber Scholz & Volkmer hat die Smartphone-Lösung trotzdem schon im Rollout. Der Relaunch ist bei den Mercedes-Liebhabern offenbar gut angekommen; seither ist die Anzahl der Zugriffe signifikant gestiegen. Auch bei den Mitbewerbern ist die neue Mercedes-Benz.com-Website schnell zur Benchmark avanciert. Wir werden sehen, wann die ersten nachziehen.

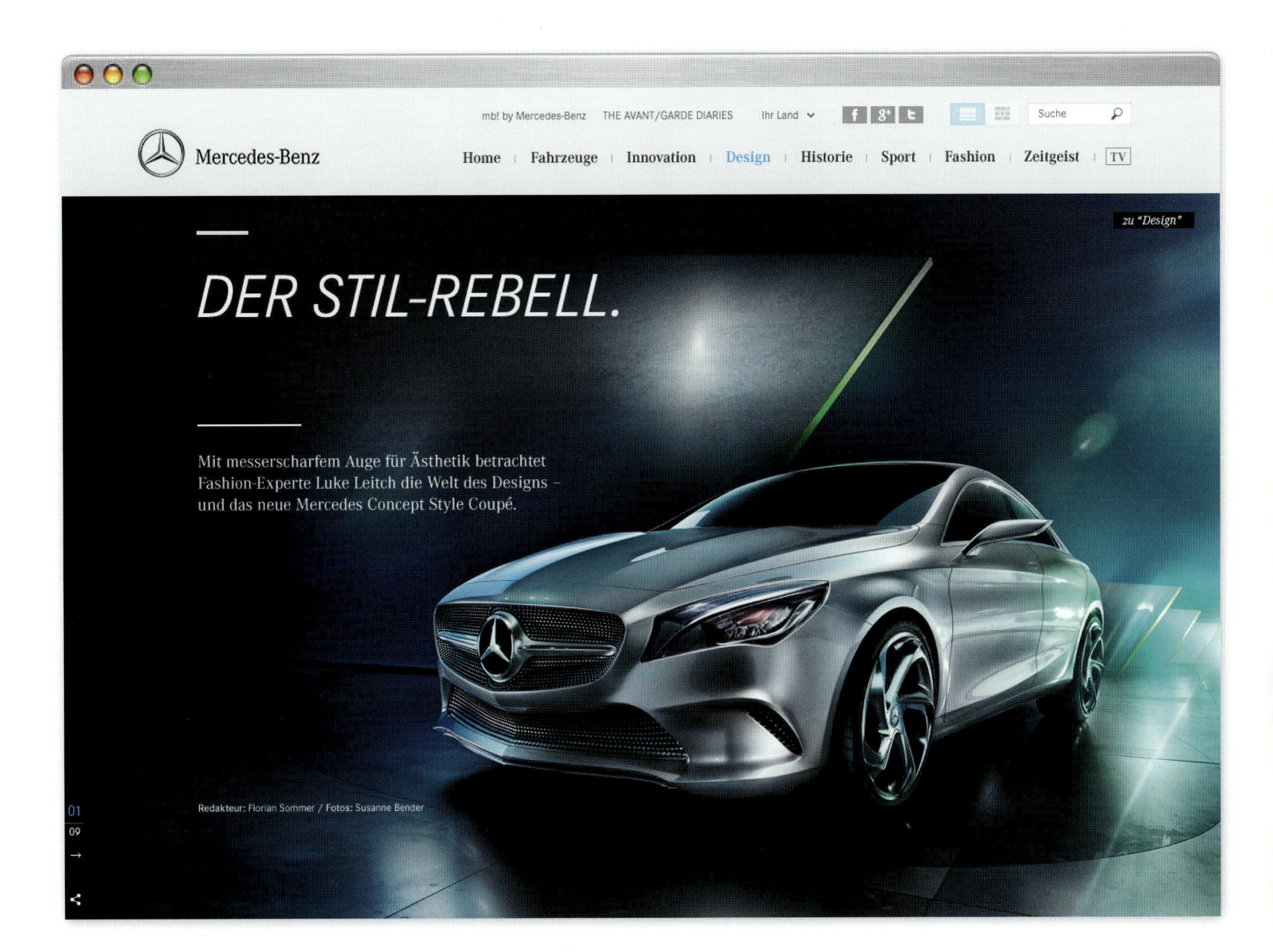

KUNDE DAIMLER AG, STUTTGART
WERBEAGENTUR SCHOLZ & VOLKMER GMBH, WIESBADEN
BERATUNG CHRISTOPH TRATBERGER (PROJEKTLEITUNG) / MARIO JILKA (PROJEKLEITUNG) / NINA GRAMS (ACCOUNT MANAGEMENT) / DANIEL MILTNER (PROJECT MANAGEMENT) / ANNIKA FIRLUS (PROJECT MANAGEMENT)
KONZEPTION JIN JEON / ANDREA SAUERWEIN / CHRISTOPHER SCHWARZ
CREATIVE DIRECTOR JÖRG WALDSCHÜTZ
ART DIRECTOR MARIO JILKA / MOHSHIOUR HOSSAIN
TEXT JIN JEON
TECHNICAL DIRECTION DENIS RICHARD / ANDREAS KLINGER
PROGRAMMIERUNG OLIVER HOFFMANN (TECHNICAL PROJECT MANAGEMENT) / DANIEL HALLER (PROGRAMMIERUNG) / DENNIS SCHWERTEL (BACKEND PROGRAMMIERUNG)
REDAKTION SASCHA KIRCHER / CHRISTIAN SAUER / KATJA MIORIN
REDAKTION NEULAND + HERZER GMBH
BEWEGTBILD FISCHERAPPELT AG
FRONTEND PROGRAMMIERUNG ZEIGEWAS GMBH

Mit der Kraft der Sonne

AUSTRIA SOLAR „DER SOLAR-JAHRESBERICHT 2011" VON SERVICEPLAN, MÜNCHEN

01 Alexander Nagel
02 Christoph Everke
03 Cosimo Möller
04 Diana Günder
05 Matthäus Frost
06 Moritz Dornig

01

04

02

05

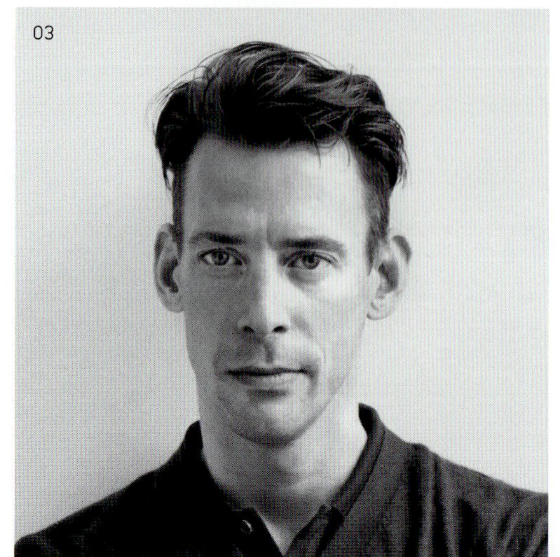

03

06

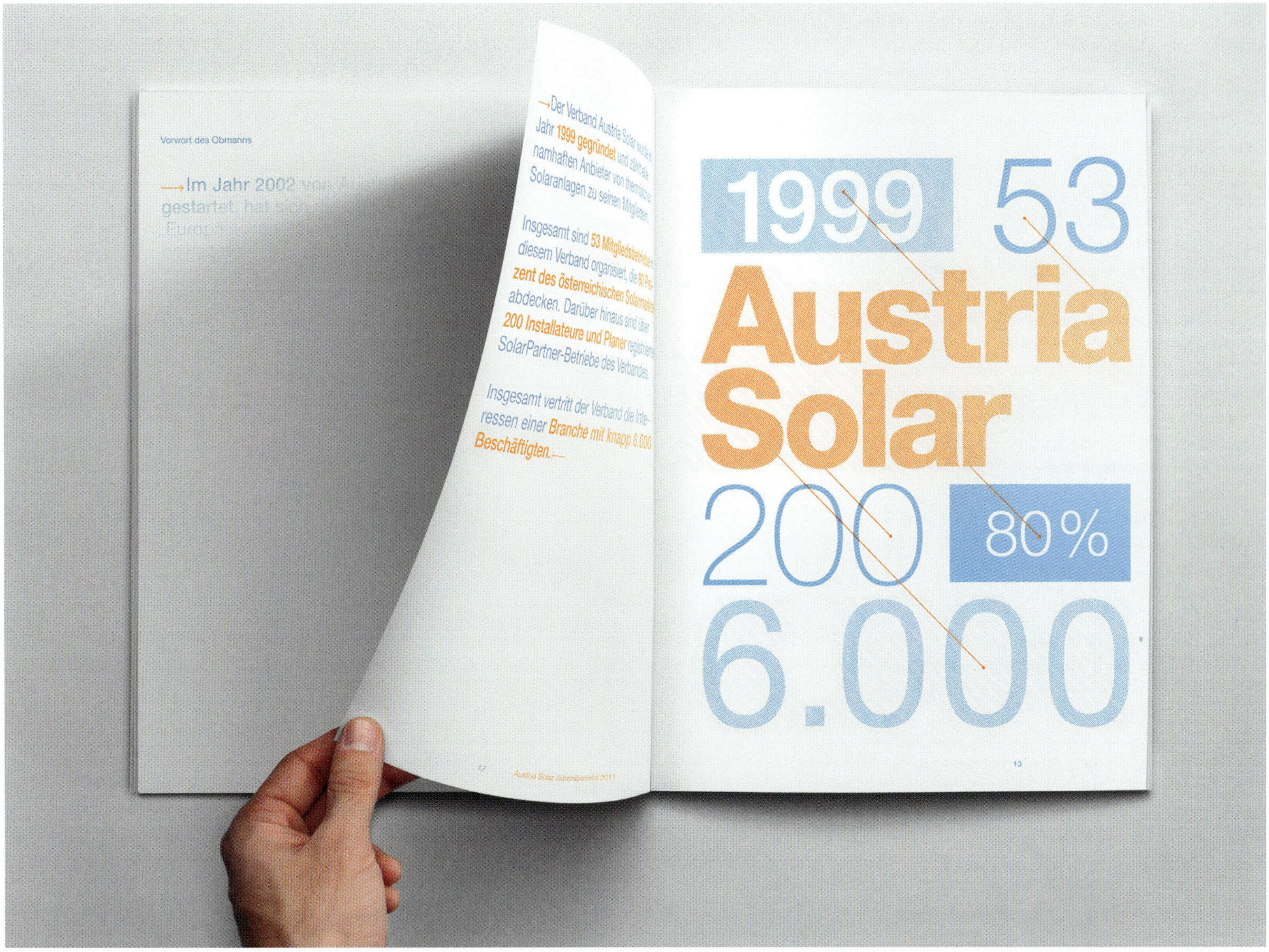

DIENSTLEISTUNGEN / B2C

ENERGIEVERSORGUNG

PRINT

AUTOR _ PETER HEINLEIN „Die Sonne bringt es an den Tag", dichtete Adelbert von Chamisso 1827 nach einem Märchenkrimi der Gebrüder Grimm. Er beschrieb damals, wie ein Sonnenreflex 20 Jahre nach einer Mordtat Auslöser für ein Geständnis wurde. Ganz ohne solch dramatischen Hintergrund wurde für die Agentur Serviceplan im vergangenen Jahr eine Arbeit mit viel direkterer Sonneneinwirkung zu einem der meist ausgezeichneten Kreativprodukte des Jahres: Der erst durch UV-Strahlen lesbar gemachte Geschäftsbericht für den österreichischen Solarthermieverband Austria Solar.

Zum großen Teil war es wohl der absolut überzeugende Aha-Effekt, den die beispiellose Arbeit bei Juroren weltweit auslöste: Die 62 leeren Seiten zwischen zwei weißen Pappdeckeln füllen sich unter Sonneneinstrahlung mit Text und Grafiken in den Farben Blau und Orange. Doch bis der gut ein Pfund schwere, in Lichtschutzfolie verpackte Geschäftsbericht versendet werden konnte, war umfangreiche und geradezu detektivische Feinarbeit zu leisten.

Ein Grundgedanke wie der, die Wirkung der Sonne sichtbar zu machen, kann schnell gefasst sein - gerade in kreativen Runden, wie sie bei der Agentur Serviceplan seit dem Einstieg von Kreativchef Alexander Schill im April 2006 längst üblich geworden sind. Hier werden Querdenker gefördert, wird innovatives Denken ermutigt, wie in kaum einer anderen Agentur. Und Ergebnisse dieser Gedankenfreiheit zeigen sich immer wieder bei Serviceplan-Arbeiten, die auf Kreativfestivals rund um die Welt punkten. Und sie zeigen sich immer auch in Bereichen, die über die klassische Werbung hinausgehen. Ob das Installationen im Raum sind, Media-Ideen oder so etwas wie die eigentlich langweiligsten Publikationen schlechthin: Geschäftsberichte.

Nun aber, im Herbst 2011, war die Sonne dran in einem dieser Kreativzirkel.

POWERED BY THE SUN

Von deren Wirkweise profitiert ja vor allem die Energieindustrie. „Powered by the sun", das sind Photovoltaikanlagen, die Strahlung direkt umwandeln in Strom, und natürlich Sonnenkollektoren, die Wärmeenergie bündeln und nutzbar machen. Damit beschäftigt sich der österreichische Verband der Solarthermieunternehmen Austria Solar, der jedes Jahr in seinem Geschäftsbericht eine Bilanz der Leistungen dieser Industrie darstellt. Dessen Geschäftsführer Roger Hackstock war schnell Feuer und Flamme für die Idee, diesen Geschäftsbericht durch die Sonne sichtbar zu machen. Doch weder wusste er, was dazu an Arbeit zu leisten war, noch, welche Auswirkungen dieser Bericht weltweit haben würde.

Schon im Jahr 2010 hatte Serviceplan einen Geschäftsbericht auf die Agenda von Kreativ-Juroren weltweit gebracht. Für die Firma Bang & Olufson, bekannt für ihre designbetonte Unterhaltungselektronik, entwickelte die Agentur einen gesungenen Geschäftsbericht. Nun also einen sonnigen?

Dass Farben Licht in bestimmten Wellen reflektieren, ist aus dem Physikunterricht bekannt. Dass es fluoreszierende Farben gibt, die Licht speichern und wieder abgeben, weiß jeder, der mal im Dunkeln ein Uhrenzifferblatt genutzt hat. Dass speziell ausgerüstete Brillengläser sich durch UV-Strahlung verdunkeln, ist ein fotochromatischer Effekt, den jeder Optiker und Brillennutzer kennt. Doch dass es fotochromatische Farben gibt, die sich unter UV-Einfluss verändern, das weiß vermutlich nicht einmal jeder Druckereibetrieb. Solche Farben werden im Bereich Sicherheitstechnik verwendet.

Die entsprechende Recherche dazu, den Geschäftsbericht von Austria Solar mit solchen Farben zu drucken und ihn erst durch UV-Licht lesbar zu machen, führte zu der experimentierfreudigen Siebdruckerei Mory & Meier in Garching bei München. Die Bemühungen, entsprechende Druckfarben aufzutreiben, endeten in einem Lieferauftrag für die schweizerische Printcolor. Und bei der Suche nach einem Papier, das die aufgedruckte Farbe wirklich erst bei Sonnenlicht sichtbar werden lässt, landeten die Spezialisten beim Tatami-Bilderdruckpapier der italienischen Firma Fedrigoni.

DANN BEGANN DAS TÜFTELN

Nicht nur dass der normale Geschäftsbericht von Austria Solar für diese besondere „Ausgabe" layouterisch besonders gestaltet werden sollte, mit Grafiken und grafischen Effekten, es bedurfte jeder Menge komplizierter Feinjustierung, bis auch das Druckergebnis den Ansprüchen genügte. Recht schwierig war das, wo es doch Drucker gewohnt sind, das Ergebnis sofort nach dem Farbauftrag kontrollieren zu können. Hier jedoch, mussten die Spezialisten immer erst – auf gutes Wetter hoffend – ins Freie laufen, damit die Farben sichtbar wurden. Gar nicht so einfach, bei einer Produktionszeit mitten im grauen November.

Nach der ersten Druckauflage von 150 Exemplaren – der Geschäftsbericht ging an Entscheider, Politiker und Journalisten – explodierte die Nachfrage. Auch eine kleine Neuauflage konnte sie nicht befriedigen. Anfang 2013 bemühte sich Serviceplan deshalb auf einer Finanzierungsplattform im Internet um mindestens 17.500 Euro, um weitere Exemplare drucken lassen zu können. Mit einem Mindestbetrag von 70 Euro konnte man sich dort ein eigenes Exemplar „Powered by the sun" sichern.

In seiner Bilanz zu der insgesamt einzigartigen Aktion war Verbandsgeschäftsführer Hackstock zwiegespalten. „Einerseits kennt uns jetzt die ganze Welt", freute er sich, „andererseits haben wir dadurch hier in Österreich leider kein einziges neues Mitglied werben können." Dennoch fiel sein Fazit positiv aus: „Mit dieser vielfach preisgekrönten Arbeit haben wir bewiesen, dass sich Mut zu Innovation bezahlt macht, und das nehmen wir jetzt als Motto für unsere ganze Industrie."

„Mit dieser vielfach preisgekrönten Arbeit haben wir bewiesen, dass sich Mut zu Innovation bezahlt macht, und das nehmen wir jetzt als Motto für unsere ganze Industrie."

Roger Hackstock, Verbandsgeschäftsführer Austria Solar

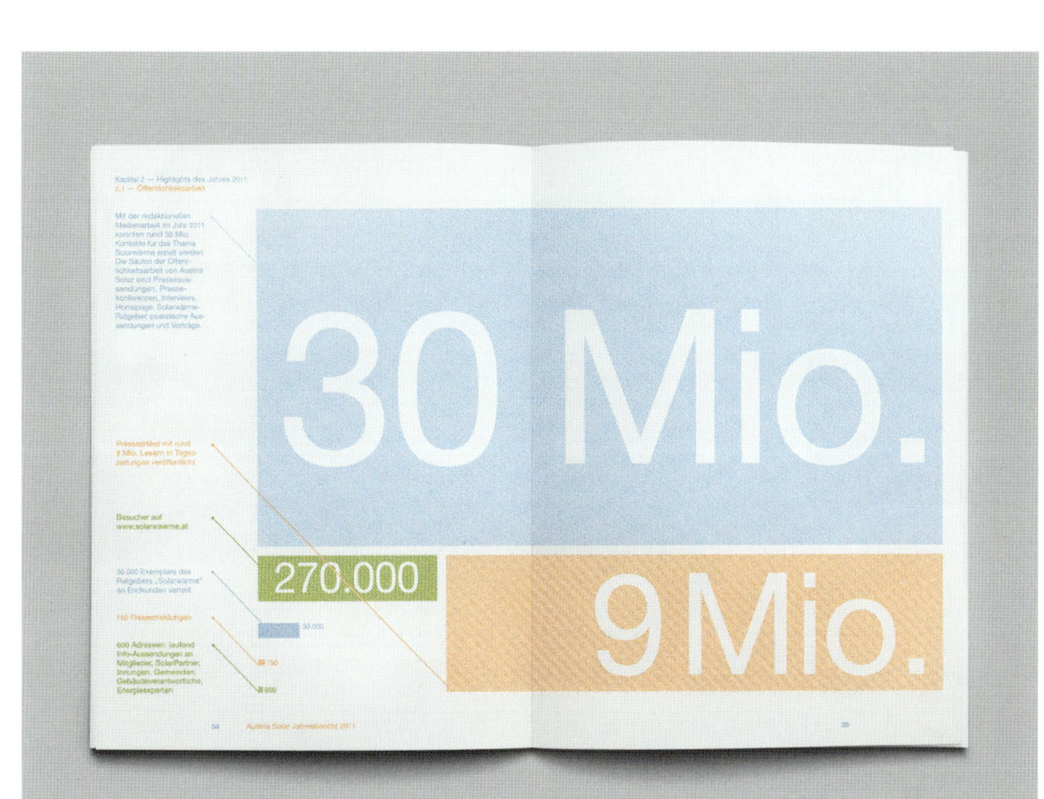

KUNDE AUSTRIA SOLAR – VEREIN ZUR FÖRDERUNG DER THERMISCHEN SOLARENERGIE, WIEN (ÖSTERREICH)
GESCHÄFTSFÜHRUNG ROGER HACKSTOCK
WERBEAGENTUR SERVICEPLAN GRUPPE GMBH & CO. KG, MÜNCHEN
BERATUNG DIANA GÜNDER
CREATIVE DIRECTOR COSIMO MÖLLER / ALEXANDER NAGEL
ART DIRECTOR MATTHÄUS FROST
PRODUCER MELANIE DIENEMANN
TEXT MORITZ DORNIG
GRAFIK MATHIAS NÖSEL
CHIEF CREATIVE OFFICER ALEXANDER SCHILL
EXECUTIVE CREATIVE DIRECTOR CHRISTOPH EVERKE
FINAL ART ALEXANDRA FELBINGER
DRUCKEREI MORY & MEIER GMBH
BUCHBINDEREI BUCHBINDEREI RUFFERT

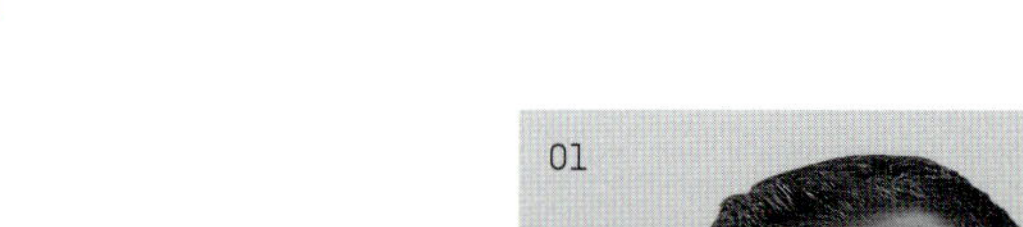

Wider die „Überförderung“

JAKO-O „LASST KINDER EINFACH KINDER SEIN.“ (MOTIV „FINGERFARBEN“) VON OGILVY & MATHER, FRANKFURT

01 Dr. Stephan Vogel
02 Peter Strauß
03 Ute Sonntag
04 Jens Friggemann
05 Larissa Kleemann
06 Nathalie Schulz
07 Andreas Best
08 Larissa Pohl

AUTORIN _ KRISTINA SCHREIBER Einfach mal krakeln, kritzeln, pinseln oder schmieren. Im Matsch toben oder einen Drachen steigen lassen. Dafür schlagen Kinderherzen höher. Unter dem Motto „Lasst Kinder einfach Kinder sein." bricht der Spielzeug- und Kindermodehändler JAKO-O in Bad Rodach eine Lanze für ein unbeschwertes Kindsein gegen den Trend zur Kindsüberforderung à la „Chinesischkurs-folgt-auf-Ballettstunde-morgen-Geigenunterricht-und-Co". Obwohl Kinder in Deutschland noch nie bessere Aussichten auf ein glückliches, gesundes Leben hatten, verfügt mancher Dreikäsehoch inzwischen über einen ebenso stattlichen Terminkalender wie ein Manager.

FREIRAUM STATT PROJEKT

Die Kampagne „Lasst Kinder einfach Kinder sein." dokumentiert ein gesellschaftliches Problem. Anstatt Kinder als „Projekte" zu betrachten, sie zu „überfördern" und gleichzeitig zweckfreies, zielloses Spiel wegzurationalisieren, „wollen wir Eltern Mut machen, wieder mehr auf ihr Bauchgefühl zu hören und den Nachwuchs einfach mal machen zu lassen", erläutert JAKO-O-Geschäftsführerin Bettina Peetz. Der Freiraum, sich selbst und die eigenen Leidenschaften zu entdecken, sei für den späteren Erfolg im Beruf ohnehin oft wichtiger als Förderkurse und makellose Schullaufbahnen.

Mit dem Claim „Lasst Kinder einfach Kinder sein." haben JAKO-O und dessen Agentur Ogilvy & Mather in Frankfurt nicht nur einen gesellschaftlichen Nerv getroffen. Die Kampagne ist auch ein Plädoyer für Spielzeug und Mode, die zu einem entspannten Familienleben beitragen – egal ob mithilfe fröhlich-bunter Fingerfarben oder einer praktischen Matschhose. Die Haltung, die eigenen Produkte als wichtige Familienstatisten zu präsentieren, wirkt nicht aufgesetzt. Sie spiegelt JAKO-Os Philosophie wider, das familiäre Leben seit 25 Jahren kontinuierlich und genau unter die Lupe zu nehmen: in der Sortimentsgestaltung, bei der Auswahl von Materialien und Lieferanten sowie im durchdachten Produktdesign. Dass JAKO-O hier seit Jahren einen guten Job macht, nimmt man den Bad Rodachern ab – spätestens, wenn man weiß, dass der Händler die genannte Matschhose, heute Basisausstattung in jedem Kindergarten und auf jedem humiden Spielplatz, in den Achtzigern als Erster am Markt eingeführt hat.

KINDLICHER FINGERFARBENEXZESS

Geschickt schlägt die Kampagne in TV, Anzeigen, Katalog, Mailings und online die Brücke von einer starken Kinderanwaltsbotschaft hin zu konkreten Angeboten von JAKO-O: „Manchmal lernen Kinder am besten, wenn sie keine Vorgaben haben. So können sie mit dem kleinsten Aufwand die größten Entdeckungen machen", argumentiert beispielsweise die doppelseitige Anzeige, die man erst auf den zweiten Blick als solche erkennt, denn: Im Wesentlichen zeugt sie von einem kindlichen Fingerfarbenexzess auf einer alten Zeitung. Und tatsächlich hat Ogilvy eine Zweijährige malenderweise auf eine Zeitung losgelassen – ganz im Sinne des Kampagnenplädoyers.

ELTERN DEN RÜCKEN STÄRKEN

Die Anzeigendoppelseite erschien im September 2012 nicht nur in der *ZEIT*, sondern auch in *Eltern*, *Nido* und weiteren Familientiteln. Zeitgleich startete die filmische Version: Sie zeigt den harten Kontrast zwischen Kursen, Workshops und Co. und dem, was viele Kinder heute viel zu selten tun: toben, spielen, klettern, matschen. Der TV-Spot lief u. a. auf RTL, VOX, SAT.1 und Pro 7. Die Filme wurden auch auf YouTube zigtausendfach angeschaut, kommentiert und weiterempfohlen. Viele Eltern meldeten sich auf Facebook oder direkt auf JAKO-O.de zu Wort – 99,9 Prozent davon stimmten der Kampagnenbotschaft zu, „dass jemand das Thema ‚Überförderung' aufgreift und Eltern so den Rücken stärkt", resümiert Dr. Stephan Vogel.

Der Chief Creative Officer bei Ogilvy ist stolz darauf, dass der Kampagnenauftritt der Marke „viel Aufmerksamkeit, Respekt und Anerkennung verschafft hat". Das hat auch die Jurys diverser Kreativpreise überzeugt: Die Kampagne gewann nicht nur den Epica Award in Gold, sondern auch die Goldmedaille des Deutschen Designer Clubs (DDC). Ferner reüssierte „Lasst Kinder einfach Kinder sein" beim Deutschen Reklamefilmpreis. Last, but not least erhält das Motiv Fingerfarben das Megaphon in Bronze in der Kategorie Print im Wettbewerb „Das Jahr der Werbung 2013".

ANZEIGE
Malkittel
atmungsaktiv
6.95 €
Erste
Fingermalfarbe
abwaschbar
4.95 €

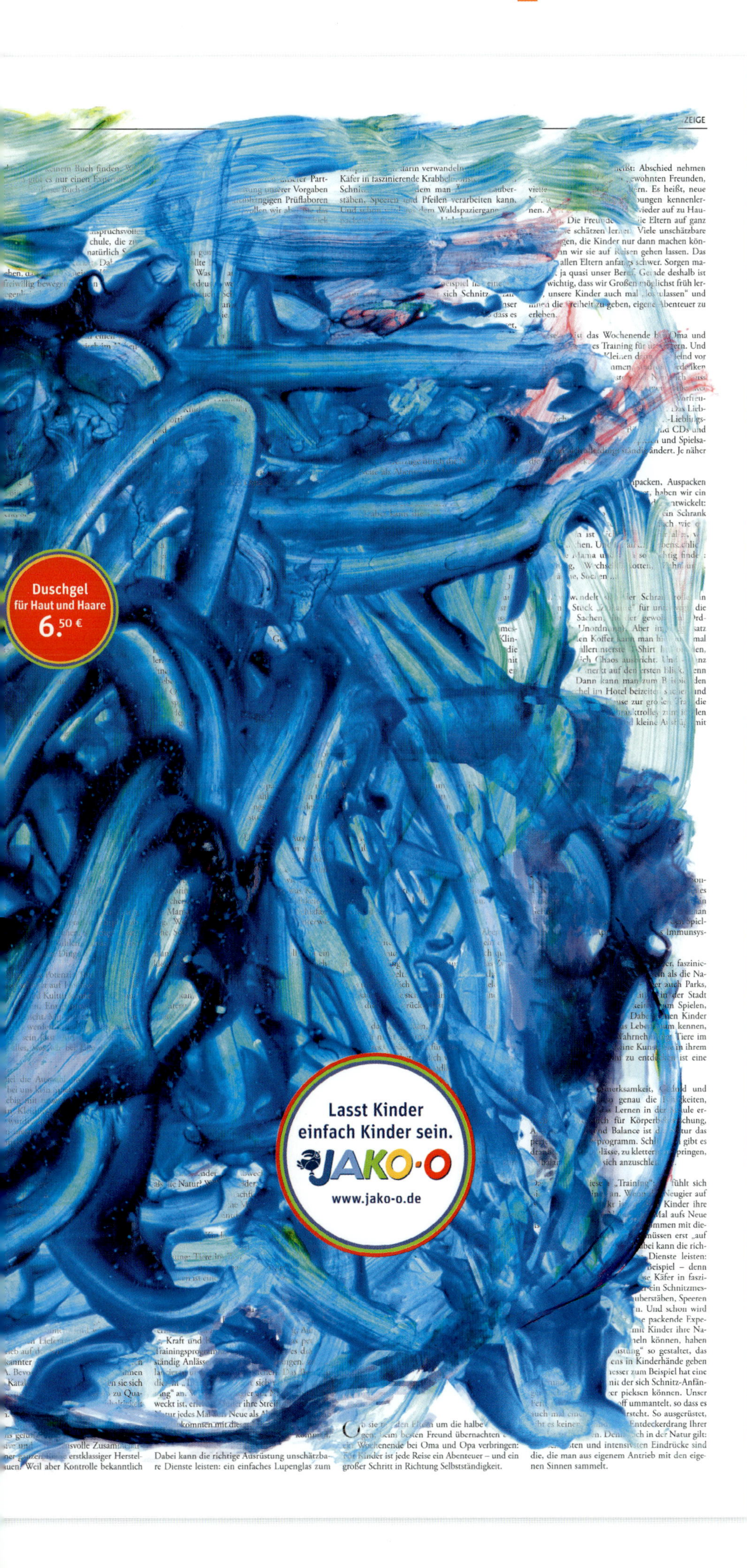

HANDEL / B2C

EINZELHANDEL

PRINT

Motiv „Fingerfarben"

KUNDE JAKO-O GMBH, BAD RODACH
GESCHÄFTSFÜHRUNG BETTINA PEETZ
WERBEAGENTUR OGILVY & MATHER WERBEAGENTUR GMBH, FRANKFURT AM MAIN
BERATUNG LARISSA KLEEMANN / ANDREAS BEST
CREATIVE DIRECTOR DR. STEPHAN VOGEL (CCO) / PETER STRAUSS
ART DIRECTOR UTE SONNTAG
TEXT LOTHAR MÜLLER / JENS FRIGGEMANN
PLANNING LARISSA POHL
FOTOGRAFIE SUSANNE WALSTRÖM
ART BUYING NATHALIE SCHULZ
ILLUSTRATOR ROSA SONNTAG
CREATIVE ASSISTANT SOPHIA MELZER

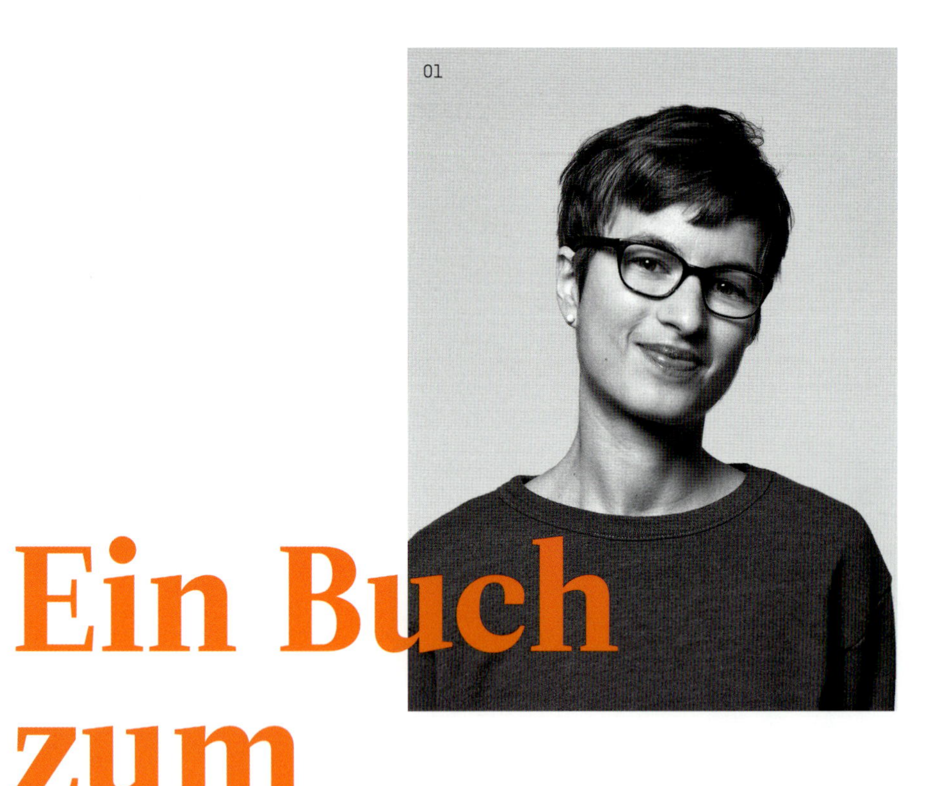

Ein Buch zum Verschlingen

GERSTENBERG VERLAG „DAS ECHTE UND EINZIGE KOCHBUCH" VON KOLLE REBBE, HAMBURG

01 Christine Knies

AUTORIN _ IRINA GRAGOLL Man nehme einen guten Gedanken, gebe eine große Portion Herz und einen guten Schuss Heiterkeit hinzu, mische alles sorgsam, garniere es mit viel Geschmack und serviere es mit Geist. Diesem Rezept folgte wohl die Agentur Kolle Rebbe, als sie die Aufgabe erhielt, für den auf hochwertige Kinder-, Kunst- und Kochbücher spezialisierten Gerstenberg Verlag eine limitierte Sonderedition anlässlich des 220. Geburtstags zu entwickeln. Heraus kam „Das echte und einzige Kochbuch", das in Handarbeit gefertigt und exklusiv an ausgewählte Handels- und Geschäftspartner versendet wurde.

DER INHALT IST ENTSCHEIDEND

Wie alle Kochbücher dient auch „Das echte und einzige Kochbuch" dem Essen – mit dem nicht unerheblichen Unterschied, dass es selbst verzehrt wird. So bestehen die Seiten nicht aus Papier, sondern aus frischem Nudelteig. Aufgeklappt, seitenweise angefüllt mit beizugebenden Soßenmischungen und mit Käse bestreut, wird „Das echte und einzige Kochbuch" zu einer Lasagne, die in den Ofen geschoben und gebacken werden kann. Der auf die vier inneren Teigseiten geprägte Text gibt den tieferen Sinn des kulinarischen Kundenbindungsinstruments wieder, das besondere Aufmerksamkeit für die Kochbuchreihe des Verlages schaffen und die Wichtigkeit des Inhalts eines Kochbuchs verdeutlichen soll: „Dann merke Dir eins, lieber Leser: Weder Buchstaben noch Seitenzahlen sind entscheidend für die Güte eines exzellenten Kochbuchs, vielmehr ist es doch wichtig, mit welchem Inhalt es gefüllt und wie ebendieser verteilt ist." Damit die Zubereitung des lukullischen Lustobjekts auch gelingt, ist die Verpackung mit einem Rezept zur Behandlung des Teigs und der Soßenmischungen versehen.

EINFACH WILL GELERNT SEIN

Auf die Frage, wie es zu der Idee für das „Das echte und einzige Kochbuch" kam, meint Frau Daniela Filthaut, Geschäftsführerin des Gerstenberg Verlags: „Ja, wie es dann so passiert, wenn ein Buchverlag und eine Kreativagentur aufeinandertreffen und sagen, wir versuchen mal, über ein Kochbuch nachzudenken. Dann kommt

MEDIEN UND KOMMUNIKATION / B2C

PUBLIKATIONEN

DIREKTMARKETING / PRINT

unter Umständen eine höchst ungewöhnliche und überraschende Idee heraus, die wir der Agentur Kolle Rebbe zu verdanken haben: nämlich ein essbares, unwiderstehliches, leckeres Kochbuch." Bezogen auf den treffenden Aphorismus, der das Kochbuch begleitet, rundet Geron Klug, Texter bei Kolle Rebbe und Erfinder des Buchs, diese Antwort mit folgenden Worten ab: „Eigentlich erstaunlich, dass noch niemand vor uns auf diese buchstäbliche Übertragung gekommen ist. Aber das denkt man ja immer bei nahe liegenden, vermeintlich einfachen Ideen."

SYMPATHIE GEHT DURCH DEN MAGEN

Mit dem echten und einzigen Kochbuch wurde ein einfacher Gedanke generös umgesetzt. Dem geneigten Leser – oder besser: Esser – wird auf sehr sinnliche Weise die Kompetenz des Gerstenberg Verlages vermittelt. Einmal auf den Geschmack gekommen, bekommt der Genießer Appetit auf mehr. Die Erfindung eines Produktes für eine Produktkategorie des Verlags gibt dem Ganzen die besondere Würze. Geron Klug dazu: „Aus der Sicht eines Werbers wird hier klar, dass man nicht nur mit Kampagnen, sondern auch mit Produktentwicklungen hervorragend kommunizieren kann. Nicht zuletzt deshalb, weil man hier natürlich mehrere Sinne bedient."

Obwohl „Das echte und einzige Kochbuch" zum alsbaldigen Verzehr bestimmt ist und nach der Zubereitung zeitnah durch den Magen geht, sorgt es für Nachhaltigkeit im Kopf, wie auch Daniela Filthaut bestätigt: „Es ist ein Lebensmittel, und es macht Spaß. Es ist eine gute Idee, es ist ein hervorragendes Geschenk, es ist ein Buch, das man am Schluss aufisst. Das hinterlässt natürlich ein paar Gedanken, das ist klar."

Nachfragen für „Das echte und einzige Kochbuch" gibt es rund um den Globus, doch die limitierte Sonderauflage ist bereits vergriffen und eine Produktion in Serie erst möglich, wenn ein industrieller Partner gefunden ist. Auch viele Preise wurden gewonnen. Zum Beispiel wurde es als eines der fünf besten Kochbücher der Welt und als Gewinner in Deutschland in der Kategorie Design mit dem GOURMAND WORLD COOKBOOKS AWARDS 2012 ausgezeichnet – ein Lob, das auf der Zunge zergeht.

„Es ist ein Lebensmittel, und es macht Spaß. Es ist eine gute Idee, es ist ein hervorragendes Geschenk."

Daniela Filthaut, Geschäftsführerin Gerstenberg Verlag

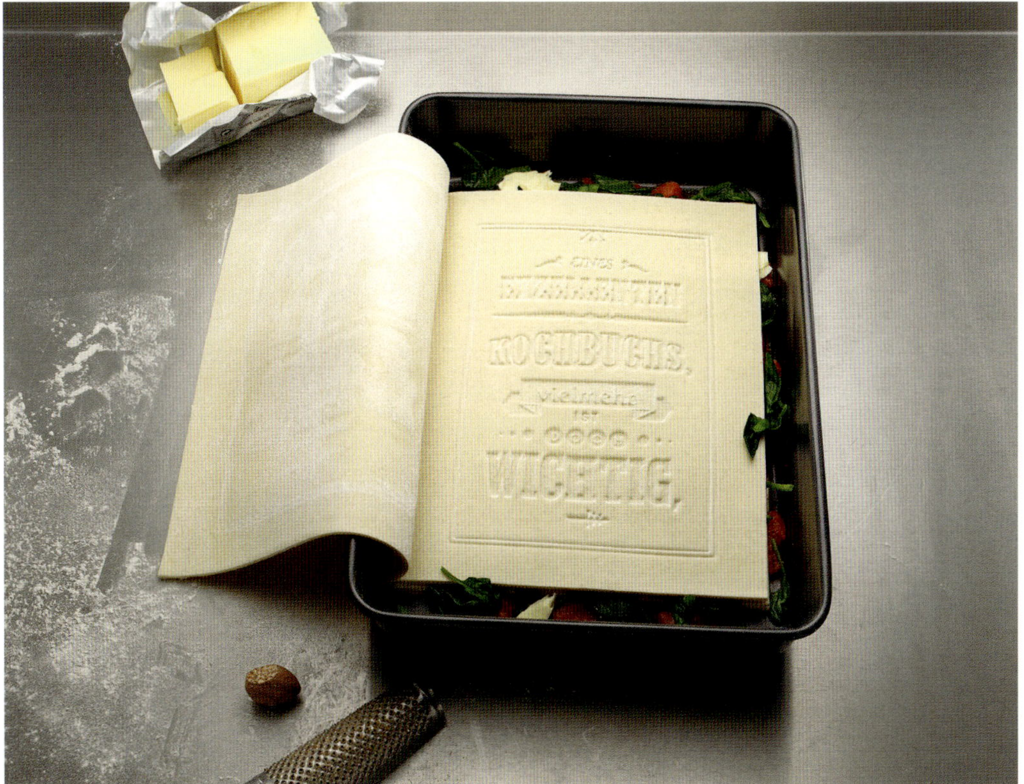

KUNDE GERSTENBERG VERLAG GMBH & CO. KG, HILDESHEIM
MARKETINGLEITUNG DANIELA FILTHAUT
WERBEAGENTUR KOLLE REBBE GMBH, HAMBURG
BERATUNG GEREON KLUG / INGA EICKHOLT
CREATIVE DIRECTOR ANTJE HEDDE / KATRIN OEDING
ART DIRECTOR ANTJE HEDDE / REGINALD WAGNER
TEXT GEREON KLUG
GRAFIK CHRISTINE KNIES
FOTOGRAFIE JAN BURWICK / CHRISTOPH HIMMEL
EXECUTIVE CREATIVE DIRECTION SASCHA HANKE / ANTJE HEDDE
PRODUKTION MARTIN LÜHE
TYPOGRAFIE CHRISTINE KNIES / REGINALD WAGNER
NUDELMANUFAKTUR PASTA PRIMA
BUCHBINDEREI CHRISTIAN ZWANG GMBH
STEMPELHERSTELLER AMOS GMBH & CO. KG
FILMPRODUKTION MARKENFILM CROSSING GMBH
FERNSEHAGENTUR MHOCH4 GMBH & CO. KG

Gewitzte Kampagne gegen akustisches Leid

AKUSTIKA SPEZIAL „OHRENSAUSEN.DE – TINI“ VON LEO BURNETT, FRANKFURT

01 Mark-Marcel Müller

„Ich bin begeistert, dass man über solch ein ernstes Thema auch einmal lächeln kann.“

Gabriele Lux-Wellenhof,
Geschäftsführerin Akustika Spezial

DIENSTLEISTUNGEN / B2C

GESUNDHEITSKOMMUNIKATION

AUDIO

KUNDE AKUSTIKA SPEZIAL GMBH, FRANKFURT
GESCHÄFTSFÜHRUNG
GABRIELE LUX-WELLENHOF
WERBEAGENTUR LEO BURNETT GMBH, FRANKFURT AM MAIN
BERATUNG CAROLIN BÖTTCHER
KONZEPTION MARK-MARCEL MÜLLER
CREATIVE DIRECTOR ANDREAS STALDER / ULF HENNIGER VON WALLERSBRUNN / JOHN WILSON
PRODUCER MARILYN BERLANGER-THIEDE
TEXT MARK-MARCEL MÜLLER
CHIEF CREATIVE OFFICER ANDREAS PAULI
PRODUKTION A.R.T. STUDIOS GMBH
PRODUCER MATTHIAS HEISIG

AUTORIN _ KRISTINA SCHREIBER Ein nerviger Zeitgenosse ist dieser Tini. Quasselt einen voll, ohne Punkt und Komma. Nur abstellen kann man ihn nicht ohne Weiteres.

„Tini“ steht für Tinnitus: Ohrensausen betrifft 10 bis 20 Prozent der Bevölkerung in Deutschland. Dauerhaft. Die Leidtragenden hören Ohrengeräusche, ohne dass ein äußeres Schallsignal vorliegt. Viele der Betroffenen sind dem Tinnitus hilflos ausgeliefert. Sie haben Angst vor den verwirrenden Geräuschen. Dadurch leiden diese Menschen oft unter Schlafstörungen, Unausgeglichenheit und manchmal sogar unter Depressionen. Oft hat der Tinnitus krankhafte Ursachen wie Halswirbelerkrankungen, Hörsturz oder Lärmschäden.

RAUSCHEN UND RUHE

Um darauf aufmerksam zu machen, dass Tinnitus-Geräusche zwar extrem unangenehm sind, aber behandelt werden können, entwickelte die Agentur Leo Burnett für die Gehörtherapeuten von Akustika Spezial, beide in Frankfurt, eine – das liegt auf der Hand – akustische Kampagne. Ein eindringlicher Radiospot klärt Betroffene darüber auf, wie sie sich helfen lassen können: Erst redet, der Stimme nach, eine aufgedrehte, nervtötende Mixtur aus Rumpelstilzchen und Pumuckl. In hoher Stimmlage und flotter Geschwindigkeit. Tini, Nervensäge und Sinnbild des Tinnitus, blubbert wie ein Wasserfall, ohne jegliche Atempause:

„Hallöchen mein name ist tinnitus aber meine freunde nennen mich tini wobei ich mich gerade frage ob ich überhaupt freunde habe schließlich sind die meisten menschen ziemlich angenervt von mir nennen mich ohrensausen und fragen sich woher ich komme es kann viele gründe haben und es gibt auch möglichkeiten gegen mich etwas zu unternehmen zum beispiel bei akustika spezial in frankfurt schauen sie doch einfach mal auf der webseite www.ohrensausen.de vorbei und sie machen den ersten schritt um mich abzuschalten.“

Erst eine zweisekündige Ruhepause lässt die Zuhörer die wohltuende Wirkung einer Therapie erahnen und aufatmen. Dann ertönt eine normale, angenehme Stimme aus dem Off: *„Mehr Ruhe unter www.ohrensausen.de“*

Herausragend an dem kontrastreichen Healthcare-Spot, der bis November 2012 auf HR info und HR 1 lief, ist, dass er eine gewisse Gelassenheit gegenüber einem gesundheitlichen Problem ausdrückt und nicht das Positive dramatisiert. Die Kampagnenmacher nehmen das Problem Tinnitus zwar ernst, nähern sich dem Thema aber bewusst mit Humor. „Jeder, dem ich diesen Radiospot vorgespielt habe, hat gelacht. Ich bin begeistert, dass man über solch ein ernstes Thema auch einmal lächeln kann“, sagt Gabriele Lux-Wellenhof, Geschäftsführerin von Akustika Spezial. Die Hörgeräteakustiker-Meisterin betont, wie erklärungsbedürftig die therapeutische Dienstleistung wider das Ohrensausen ist. Darum machten Akustika und Leo Burnett in ihrer Kommunikation aus der Not eine Tugend: „Anstatt eine Lösung durch ein Medikament oder eine Dienstleistung hervorzuheben, haben wir das Problem zum Thema gemacht“, ergänzt Andreas Pauli, Chief Creative Officer bei Leo Burnett. Dabei kommt es nicht von Ungefähr, dass sich der „Tini“-Spot über den Gehörsinn artikuliert: „Das Thema Tinnitus ist sehr gut geeignet, im Radio aufmerksamkeitsstark und kreativ gespielt zu werden“, erläutert Pauli. Immerhin handele es sich um ein akustisches Problem.

WITZIGE LÖSUNG NIMMT BETROFFENE ERNST

Auch die Adressaten mit Ohrensausen reagierten positiv. „Die Menschen, die selbst unter Tinnitus leiden, fühlten sich beim Hören des Spots verstanden und waren froh darüber, eine Lösung auf witzige Art und Weise vorgeschlagen zu bekommen“, erklärt Mark-Marcel Müller, Copywriter bei Leo Burnett und auch die ausgebildete Stimme im Spot.

„Tini“ wurde bislang beim Epica 2012 mit Bronze ausgezeichnet und gewann gleich zweimal bei The Global Awards 2012. Außerdem reüssierte die Kampagne beim Clio Healthcare. Last, but not least ist dem Tini-Spot das Megaphon in Bronze in der Kategorie Audio sicher.

Einfach der Nase nach

SYMRISE „PERFUMERS' COMPENDIUM“ VON HEINE WARNECKE DESIGN, HANNOVER

01 Dirk Heine
02 Wiebke Alm
03 Annika Sunder

AUTORIN _ IRINA GRAGOLL Über Düfte ist viel gesagt und geschrieben worden. „Ein Tag ohne Dufterlebnisse ist ein verlorener Tag“, besagt schon ein altägyptisches Sprichwort. „Der Duft der Dinge ist die Sehnsucht, die sie in uns nach sich erwecken“, meinte Christian Morgenstern. Patrick Süskind widmete diesem Thema mit seinem Roman „Das Parfum“ sogar ein ganzes Buch, das den Versuch eines Menschen wiedergibt, sich über Düfte zu definieren. Ein neues Buch ganz anderer Art liegt mit dem „Perfumers' Compendium“ von Symrise vor, das auf einzigartige Weise eine faszinierende Welt eröffnet.

STANDARDWERK AUSSERHALB DER NORM

Die Symrise AG ist der weltweit viertgrößte Anbieter von Duft- und Geschmacksstoffen. Parfumöle von Symrise werden in Parfums, Produkten der Körperpflege und für den Haushalt eingesetzt. Mit dem „Perfumers' Compendium“ wurde ein internationaler Produktkatalog entwickelt, der auf 256 Seiten 91 erklärungsbedürftige Duftstoffe für die professionelle Anwendung präsentiert. Das umfangreiche Werk richtet sich an Fragances Parfümeure auf der ganzen Welt, die aus einer Vielzahl von einheitlichen Inhaltsstoffen und ätherischen Ölen komplexe Duftkompositionen kreieren, und unterstützt diese bei ihrer täglichen Arbeit.

Die besondere Herausforderung bei der Entwicklung des komplexen Kompendiums bestand darin, einen in der Industrie gängigen Produktkatalog ebenso übersichtlich wie anspruchsvoll zu gestalten. Das Nachschlagewerk sollte sich dem Standard entziehen und vom Wettbewerb absetzen. Zudem bestand die Aufgabe darin, sich in der Gestaltung den Produktattributen anzunähern und inspirierend zu sein. Diesen hohen Ansprüchen wurde die betreuende Agentur Heine Warnecke mehr als gerecht, denn das „Perfumers' Compendium“ überzeugt gleichermaßen durch Attraktivität und Funktionalität. Für Dirk Heine, Geschäftsführer von Heine Warnecke, hat die gute Zusammenarbeit mit Symrise viel mit dem Gelingen zu tun: „Nur so kommt man zu herausragenden Lösungen: mit einem Kunden, der präzise brieft und uns als Agentur die Freiheit lässt, unsere konzeptionellen und gestalterischen Kompetenzen voll auszuspielen.“

KOMPAKTHEIT MIT KONSTRUKTIVEM GEIST

Schon von außen wird fühlbar, dass es das Kompendium in sich hat. Das Studium beginnt mit einem haptischen Erlebnis: Der in silberner formschöner Schreibschrift gehaltene Titel „Perfumers' Compendium“ erschließt sich nicht nur dem Auge, sondern ist durch eine Prägung

INDUSTRIE / B2B

PRODUKTIONSGÜTER

PRINT

hervorgehoben. Ein ebenfalls silbernes Gummiband umschließt das Buch mit seinen angenehm abgerundeten Kanten. Ausgestanzte Kapiteltrenner für den schnellen Zugriff lassen die Finger bereits vor dem Öffnen spielerisch in das Buch gleiten. Der Innenteil wartet mit einer Vielzahl von übersichtlichen Tabellen auf, die durch verschiedenste Bildmotive assoziativ unterstützt werden. Sämtliche Produkte sind in Duftnoten gruppiert: von 01 wie aldehydisch bis 11 wie moschusartig. Drei verschiedene Produktlisten – nach Name, Nummer und Duftfamilie geordnet – vereinfachen dem Anwender die Arbeit. Für jedes Produkt werden die geruchsbezogenen Charakteristika und die funktionalen und technischen Daten aufgeführt. Eine eigens entwickelte Karte des Symrise Duftstoffkreises visualisiert die jeweiligen Duftstoffgruppen und die einzelnen Produkte.

WISSEN FÜR SUCHER UND SAMMLER

Das „Perfumers' Compendium" ist ein kleiner Schatz, der groß von sich reden macht. Die klare Struktur, die übersichtliche Darstellung und die durchdachte Führung durch die komplexe Materie machen es dem Nutzer besonders einfach. Das ansprechende Design, aufgelockert durch gruppenspezifische Illustrationen, und die sympathische Handschrift bei Überschriften neben sachlich zurückhaltender Typografie wirken leicht und beschwingt. Auch die hochwertige Verarbeitung zeigt, dass Symrise die Nase bei der Produktpalette ganz vorn hat. So gab es viel Lob und Anerkennung für das Nachschlagewerk mit Sammelcharakter. „Die überdurchschnittlich schnell vergriffene erste Auflage bestätigt uns, wie die Kommentare von Kunden und Wettbewerbern auch, dass wir unsere Zielsetzungen mit der Agentur genau erreicht haben", resümiert Sandra Stolpe, Marketingleiterin bei Symrise.

KUNDE SYMRISE AG, HOLZMINDEN
MARKETINGLEITUNG SANDRA STOLPE
WERBEAGENTUR HEINE WARNECKE DESIGN GMBH, HANNOVER
BERATUNG DIRK HEINE
KONZEPTION DIRK HEINE
PRODUCER WIEBKE ALM
GRAFIK ANNIKA SUNDER

„Die überdurchschnittlich schnell vergriffene erste Auflage bestätigt uns, wie die Kommentare von Kunden und Wettbewerbern auch, dass wir unsere Zielsetzungen mit der Agentur genau erreicht haben.“

Sandra Stolpe, Marketingleiterin Symrise AG

Kondolenzanzeige „Walter Lürzer“

LEO BURNETT

MEDIEN UND KOMMUNIKATION / B2B

WERBUNG / PR / EVENT / MESSE / BERATUNG

PRINT

KUNDE LEO BURNETT GMBH, FRANKFURT
WERBEAGENTUR LEO BURNETT GMBH, FRANKFURT AM MAIN
CREATIVE DIRECTOR PETER BUCK
ART DIRECTOR ANNA BEIMEL
PRODUCER MONIKA NIKOT
TEXT PETER BUCK
CHIEF CREATIVE OFFICER ANDREAS PAULI

Wir trauern um einen der Besten. : Walter Lürzer † 14. April 2011 : Leo Burnett

VAUEN VEREINIGTE PFEIFENFABRIKEN NÜRNBERG

„Dr. Perl Junior"

WENSAUER & PARTNER GMBH / LUDWIGSBURG

01 Cornelia Frech
02 Markus Herrmann
03 Norbert Graf
04 Stefan Mattes

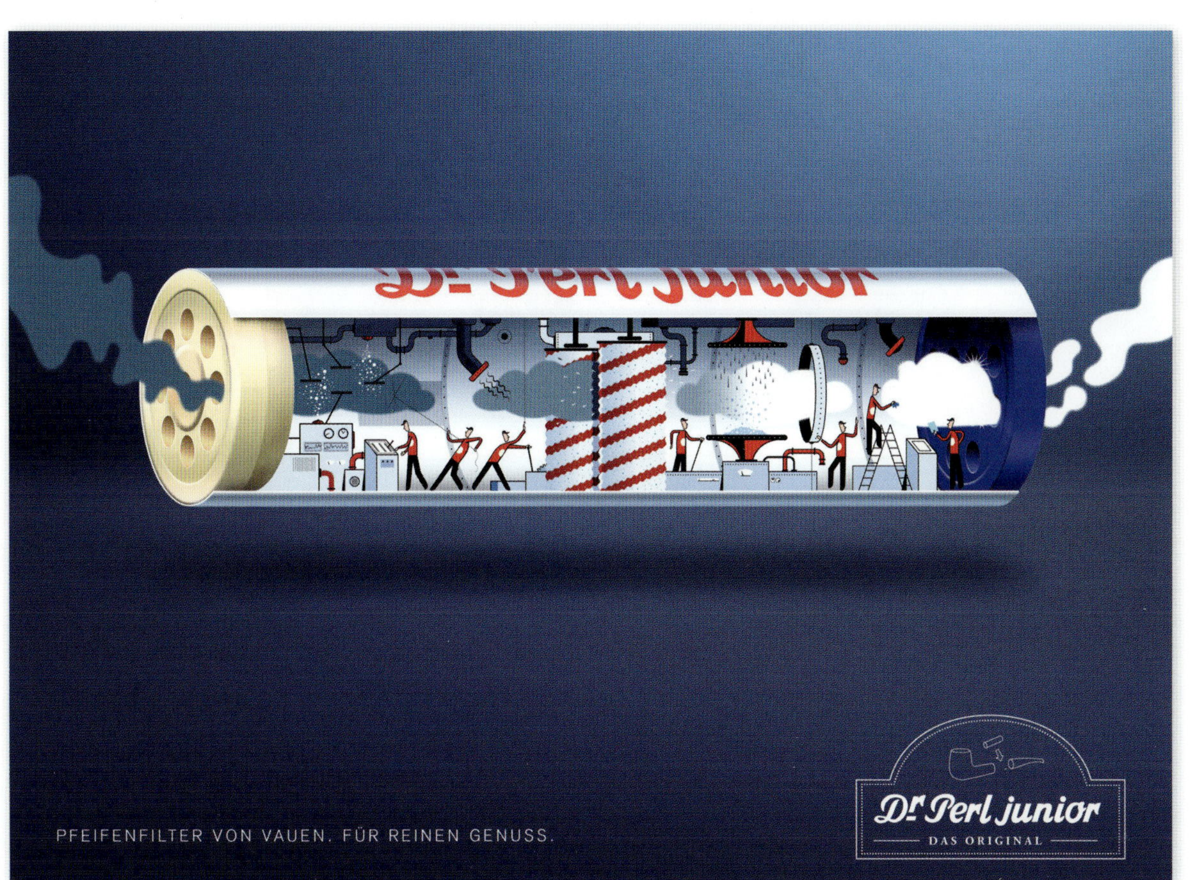

VERBRAUCHSGÜTER / B2C

NAHRUNG UND GENUSS

OUT OF HOME / MEDIEN

VAUEN Vereinigte Pfeifenfabriken Nürnberg / „Dr. Perl Junior"

Unter dem Namen Dr. Perl produziert die Firma VAUEN Aktivkohlefilter für den Pfeifenraucher. Nicht irgendwelche, sondern die besten und meistverkauften. Um dem Verbraucher zu zeigen, wie viel Know-how und Sorgfalt in solch einem winzigen Filter stecken, haben wir ihn einmal hinter die Kulissen schauen lassen.

Kunde VAUEN Vereinigte Pfeifenfabriken Nürnberg GmbH, Nürnberg Geschäftsführung Alexander Eckert Marketingleitung Alexander Eckert Werbeagentur Wensauer & Partner GmbH, Ludwigsburg Beratung Cornelia Frech Konzeption Norbert Graf / Stefan Mattes Creative Director Norbert Graf / Stefan Mattes Art Director Norbert Graf / Rainer Jagmann Text Markus Herrmann Fotografie Gert Albrecht (Stuttgart) / Rainer Jagmann

VERBRAUCHSGÜTER / B2C

NAHRUNG UND GENUSS

OUT OF HOME / MEDIEN

Backstube Wünsche / Marken-relaunch

Echt bayerisch. Echt gut. Mit diesem Claim lieferte Glanzer + Partner die Kernbotschaft für die Neupositionierung der Backstube Wünsche als regionale Traditionsbäckerei mit über 220 Filialen. Mehr Persönlichkeit, Sympathie und Wiedererkennung vermittelt auch das neue Logo innerhalb des neuen Markenauftritts, welcher durch die Agentur konsequent und ganzheitlich für sämtliche Werbe- und Packmittel bis hin zur Filial- und Fuhrparkgestaltung entwickelt wurde.

VERBRAUCHSGÜTER / B2C

NAHRUNG UND GENUSS

PROMOTION / MITTEL

Kunde Backstube Wünsche GmbH, Gaimersheim Geschäftsführung Dipl.-Kfm. Hans Georg Maier / Dipl. Wirtschaftsing. (FH) Norbert Alberti Marketingleitung Martin Krause Werbeagentur G+P Glanzer+Partner Werbeagentur GmbH, Stuttgart Beratung Herbert Heini / Nathalie Unsner Producer Till Wenzel Text Heidrun Hinner / Harry Kauffmann Grafik Sandra Setzefand Fotografie Natalija David (Food) / Lutz Dürichen (People)

VERBRAUCHSGÜTER / B2C

NAHRUNG UND GENUSS

KAMPAGNE

Bergbauern-Frühstücksmilch / Einführungskampagne

In der Online-Kampagne für die neue Frühstücksmilch von Berchtesgadener Land wird der leichte Start in den Tag auf der Microsite kommuniziert. Die Parallax Scrolling-Website erzählt über verschiedene Ebenen emotional vom Aufwachen bis zum Aufstehen, unterstützt durch schwebende Elemente wie Federn. Für Nutzer von Smartphones und Tablets gibt es eine mobile Version, die exklusiv über QR-Codes abrufbar ist. Die Banner laden über die ziehbare Bettdecke zum spielerischen Aufwecken ein.

Kunde Milchwerke Berchtesgadener Land Chiemgau eG, Piding Geschäftsführung Bernhard Pointner Marketingleitung Barbara Steiner-Hainz Online-Marketing Jeanette Koch Media-Marketing Veronika Pletschacher Strategisches Marketing Toni Mayer-Hasselwander Werbeagentur CODE64 GmbH, München Beratung Lucia Schauer Konzeption Andreas Schauer / Michael Bräu Creative Director Andreas Schauer Art Director Annette Fischer Text Michael Bräu Screendesign Kanyika Kini Programmierung / Umsetzung Peter Höcherl Bannerproduktion Stefan Dosch Mediaagentur Mediateam 360° GmbH & Co KG

VERBRAUCHSGÜTER / B2C

NAHRUNG UND GENUSS

PRINT

Bord Bia – Irish Food Board /
Irish Beef-Kampagne

Ziel der integrierten Kampagne, die neben Printmotiven aktivierende Maßnahmen im B2B- und B2C-Bereich vorsah, war es, die Bekanntheit und Attraktivität des irischen Rindfleisches in der LOHAS-Zielgruppe signifikant zu steigern. Unter dem Motto „100 Beef-Tester gesucht!" wurde on- und offline zu der Gewinnaktion aufgerufen. Bord Bia stellte hierfür wöchentlich Gourmet-Grillpakete für insgesamt 100 Beef-Tester zur Verfügung.

Integrierte Kampagne / Crossmedia _ Kunde Bord Bia – Irish Food Board, Düsseldorf Geschäftsführung Liam MacHale Marketingleitung Liam MacHale Werbeagentur Die Botschaft New Communications GmbH, Berlin Beratung Klaus Rehm / Axel Zimmermann / Antonin Beckert Konzeption Tom Daske / Markus Schneider / Andrew Fynecontry-de Bana Creative Director Markus Schneider / Andrew Fynecontry-de Bana Art Director Andreas Sendker Text Benjamin Schlößer Grafik Hendrik Vötter / Tezay Kir Fotografie Stefan Schmid Art Buying / Produktion officethirtysix

VERBRAUCHSGÜTER / B2C

NAHRUNG UND GENUSS

PRINT

Bord Bia – Irish Food Board /
Irish Beef-Kampagne

Ziel der integrierten Kampagne, die neben Printmotiven aktivierende Maßnahmen im B2B- und B2C-Bereich vorsah, war es, die Bekanntheit und Attraktivität des irischen Rindfleisches in der LOHAS-Zielgruppe signifikant zu steigern. Unter dem Motto „100 Beef-Tester gesucht!" wurde on- und offline zu der Gewinnaktion aufgerufen. Bord Bia stellte hierfür wöchentlich Gourmet-Grillpakete für insgesamt 100 Beef-Tester zur Verfügung.

FÜR 4 PERSONEN
CA. 40 MIN

TOURNEDOS MIT PFIFFERLINGEN

ZUTATEN

4 Tournedos (Filetsteak) à 100 g
75 g Butter
1 Zwiebel, fein gehackt
1 Knoblauchzehe, fein gehackt
250 ml Rotwein
1 Glas Fleischfond (400 ml)
3 Zweige Thymian
200 g Pfifferlinge
1 dünne Frühlingszwiebel, in hauchdünne Ringe geschnitten
2 EL glatte Petersilie

UNSER WEIN-TIP!
Zu dem herzhaften Fleischgenuss passt hervorragend ein trockener Burgunder.

Tournedos auf Zimmertemperatur kommen lassen. In einer breiten Pfanne 15 g Butter schmelzen, Zwiebel und Knoblauch glasig andünsten. Wein, Fond und Thymianzweige dazugeben. Bei mittlerer Temperatur auf ein Drittel einkochen lassen.

Pfifferlinge putzen, 20 g Butter in einer kleinen Pfanne schmelzen, Pfifferlinge bei mittlerer Temperatur 4 Minuten braten. Pfanne von der Kochstelle nehmen, Frühlingszwiebel und Petersilie unterrühren. Abschmecken.

Tournedos mit Salz und gemahlenem Pfeffer einreiben. 40 g Butter in einer Pfanne erhitzen, bis sich der Schaum aufgelöst hat. Tournedos 4 – 6 Minuten braten, nach der Hälfte der Bratzeit wenden. Von innen sind sie dann noch schön rosa. Auf einem warmen Teller unter Alufolie warm halten.

Die eingekochte Flüssigkeit durch ein Sieb zum Bratfett geben, kurz zu einer schmackhaften Soße einkochen lassen.

Soße auf vier vorgewärmte Teller geben, Tournedos darauf anrichten. Pfifferlinge über die Tournedos verteilen. Dazu schmecken geschmorter Rosenkohl und Kartoffelgratin.

FÜR 4 PERSONEN
CA. 30 MIN

ZUTATEN

1 rote Paprika
900 g mageres Hackfleisch
1 Zwiebel, fein geschnitten
1 EL Sweet-Chili-Soße
1 Ei, aufgeschlagen
1 EL frisch geriebener Parmesankäse
25 g frisches Paniermehl
1 EL frisch gehackte gemischte Kräuter, z. B. Thymian und Petersilie
1 TL Dijonsenf
1 EL Olivenöl (optional)
4 Scheiben Cheddar
1 rote Zwiebel, in dünne Scheiben geschnitten
4 Hamburgerbrötchen, in 2 Hälften geteilt
25 g Rucola
2 reife Strauchtomaten, in Scheiben geschnitten
4 EL Mayonnaise
Salz und frisch gemahlener schwarzer Pfeffer
Tomatenrelish zum Servieren

BEEF BURGER

UNSER GENUSS-TIP!
Der Beef Burger ist besonders gut mit einem dunklen Ale zu genießen.

Ofen auf 220 °C (Gas: 7) vorheizen, Grill vorheizen. Paprika auf einem Backblech 20 – 25 Minuten rösten, bis die Haut schwarz ist und Blasen wirft. Kurz abkühlen lassen, Haut abziehen, Kerne und Stängel entfernen. Fruchtfleisch in feine Würfel schneiden.

Paprikawürfel mit Hackfleisch, Zwiebel, Sweet-Chili-Soße, Ei, Parmesankäse, Paniermehl, Kräutern und Senf in eine Schüssel geben. Abschmecken, in 4 gleich große Portionen teilen.

Mit angefeuchteten Händen zu ca. 2,5 Zentimeter dicken Burgern formen. Abdecken, 15 – 60 Minuten kühl stellen, damit die Burger fest werden.

Burger pro Seite 4 – 5 Minuten grillen oder braten, etwas länger, wenn sie durchgaren sollen. Auf einem warmen Teller mit je einer Scheibe Cheddar belegen.

Rote Zwiebel sautieren. Geteilte Hamburgerbrötchen auf einem Grillrost toasten.

Untere Hälften der Brötchen auf vorgewärmten Tellern anrichten, mit Rucola und Tomatenscheiben bedecken, darauf je einen mit Käse belegten Burger legen, rote Zwiebeln darüber streuen.

Obere Brötchenhälften mit Mayonnaise bestreichen und auflegen. Mit Tomatenrelish als Beilage servieren.

Integrierte Kampagne / Crossmedia _ Kunde Bord Bia – Irish Food Board, Düsseldorf Geschäftsführung Liam MacHale Marketingleitung Liam MacHale Werbeagentur Die Botschaft New Communications GmbH, Berlin Beratung Klaus Rehm / Axel Zimmermann / Antonin Beckert Konzeption Tom Daske / Markus Schneider / Andrew Fynecontry-de Bana Creative Director Markus Schneider / Andrew Fynecontry-de Bana Art Director Andreas Sendker Text Benjamin Schlößer Grafik Hendrik Vötter / Tezay Kir Fotografie Stefan Schmid Art Buying / Produktion officethirtysix

VERBRAUCHSGÜTER / B2C

NAHRUNG UND GENUSS

DIGITALE MEDIEN / UNTERNEHMENS-/ORGANISATIONS-WEBSEITEN

Bord Bia – Irish Food Board /
Irish Beef-Kampagne

www.irishbeef.de

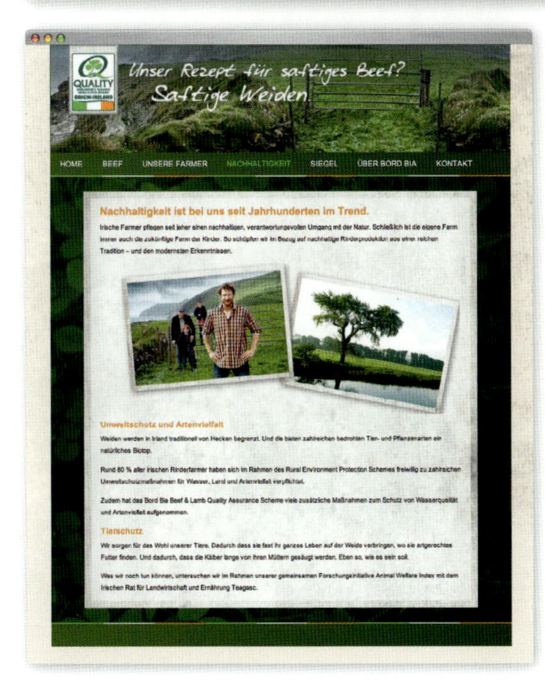

Integrierte Kampagne / Crossmedia _ Kunde Bord Bia – Irish Food Board, Düsseldorf Geschäftsführung Liam MacHale Marketingleitung Liam MacHale Werbeagentur Die Botschaft New Communications GmbH, Berlin Beratung Antonin Beckert / Axel Zimmermann / Klaus Rehm Konzeption Tom Daske / Markus Schneider / Andrew Fynecontry-de Bana Creative Director Markus Schneider / Andrew Fynecontry-de Bana Art Director Andreas Sendker Producer Benjamin Schlößer Text Hendrik Vötter / Tezay Kir Fotografie Stefan Schmid Art Buying / Produktion officethirtysix

VERBRAUCHSGÜTER / B2C

NAHRUNG UND GENUSS

PRINT

EDEKA Südwest Fleisch GmbH / „Wintergrillen“

Fleisch- und Wurstwaren gehören zu den wichtigsten Umsatzträgern im LEH, und der „Grillzeit“ kommt dabei eine besondere Bedeutung zu. Die meisten Menschen denken aber bei „Grillen“ an Sonne und Sommer. Mit der Kampagne soll darauf hingewirkt werden, dass sich „Grillen“ das ganze Jahr lohnt. Umgesetzt wurden eine spezielle „Winter-Grill-Broschüre“ sowie begleitende Maßnahmen mit vielen tollen Rezepten, die aus unzähligen Einsendungen eines Grillwettbewerbs ausgewählt wurden.

Kunde EDEKA Südwest Fleisch GmbH, Offenburg Geschäftsführung Jürgen Mäder / Jürgen Sinn Marketingleitung Ramon Harnisch Werbeagentur fmk. GmbH, Kirchheim/Teck Beratung / Konzeption Andreas Fahrion Creative Director / Text Jens Albrecht Art Director Marzena Kurz Fotografie EDEKA Südwest Fleisch GmbH, Stock

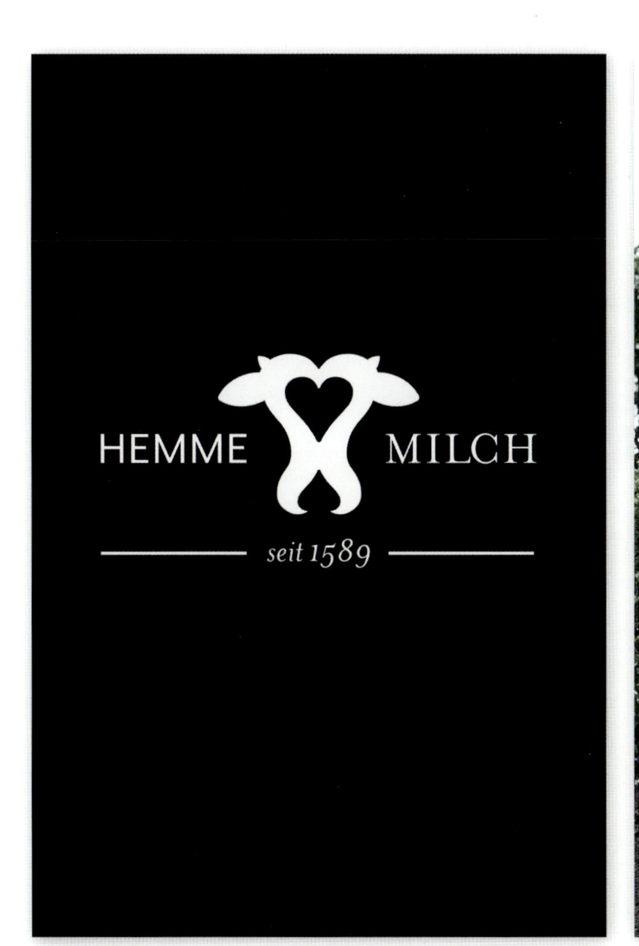

VERBRAUCHSGÜTER / B2C

NAHRUNG UND GENUSS

KAMPAGNE

Hemme Milch GmbH & Co. Vertriebs KG / Hemme Milch

Die Familie Hemme bewirtschaftet ihren Hof seit über 400 Jahren. So lange ist sie nicht nur mit dem Wedemarker Boden verwachsen, sondern ebenso mit der traditionellen Herstellung bester, naturbelassener Milchprodukte. Milch ist bei Hemme eine echte Herzensangelegenheit. Kein Wunder, dass den Hauptdarstellern auch im Erscheinungsbild eine tragende Rolle zuteilwird: als stilisierter Kuhkopf im Logo sowie in der allübergreifenden schwarz-weißen Farbgebung des grafischen Konzepts.

Kunde Hemme Milch GmbH & Co. Vertriebs KG, Wedemark Geschäftsführung Jörgen Hemme Marketingleitung Barbara Mysegades Werbeagentur Heine Warnecke Design GmbH, Hannover Beratung Cord Warnecke Konzeption Dirk Heine / Cord Warnecke Producer Wiebke Alm Grafik Annika Sunder Fotografie Dirk Heine

VERBRAUCHSGÜTER / B2C

NAHRUNG UND GENUSS

PRINT

Hilcona AG, Foodservice /
„Schweizer Pastakunst"

Entwicklung einer Kampagne für Hilcona Foodservice unter dem Motto „Schweizer Pastakunst". Dieser besondere Anspruch wurde durch ein plakatives und aufmerksamkeitsstarkes Key-visual an die Zielgruppe kommuniziert. Zugleich füllten zahlreiche, auf die Zielgruppe zugeschnittene Maßnahmen und Tools den Kampagnenclaim mit Leben.

Kunde Hilcona AG, Foodservice, Schaan (Liechtenstein) Marketingleitung Dirk Sylvester Werbeagentur wrw united werbeagentur GmbH, Köln Beratung CEO Bernd J. Wankum / Account Director Tara de Alwis Creative Director Carsten Sternberg Art Director Clemens Wissel Text Text & Konzept Udo Bechmann Multimedia-Agentur wrw united werbeagentur GmbH

VERBRAUCHSGÜTER / B2C

NAHRUNG UND GENUSS

PRINT

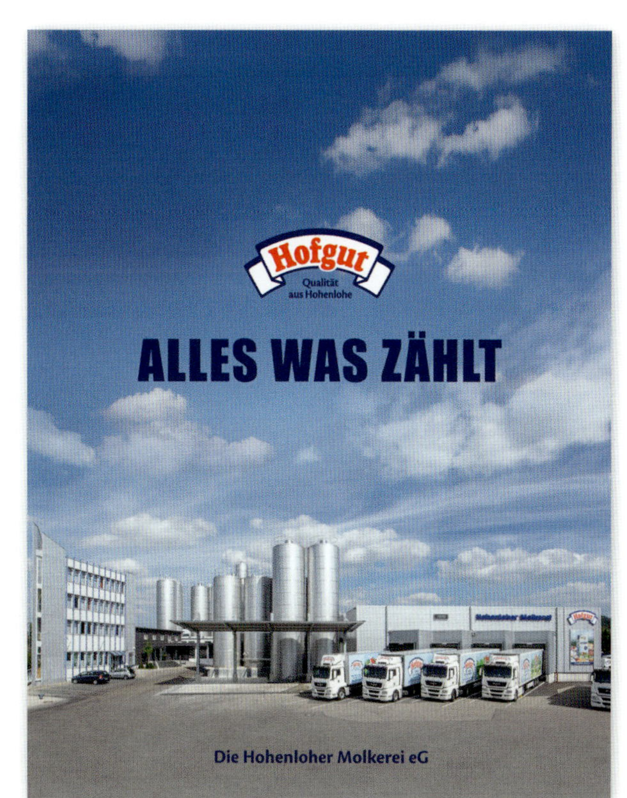

Hohenloher Molkerei eG / „Alles was zählt“

Die Hohenloher Molkerei eG ist eine Genossenschaft mit langer Tradition. Ihre Regionalmarke „Hofgut“ bietet Milchprodukte von ausgezeichneter Qualität. In der Imagebroschüre „Alles was zählt“ verdeutlicht das Unternehmen seinen Kunden, Lieferanten, Milcherzeugern und Konsumenten, dass man nach wie vor an traditionellen Werten festhält. In kurzen Fließtexten werden die Werte faktisch aufgeladen. Das Image des Unternehmens als verantwortungsvolle Molkerei wird so eindrucksvoll unterstrichen.

PRODUKTE

HARMONIE

Wir bieten unseren Handelspartnern und Endkunden ein stimmiges Produktangebot in den Bereichen H-Milch, Frischmilch „länger haltbar“, Butter, Sahne, Saure Sahne/Crème Fraîche, Sauermilch, Buttermilch und Kefir, Joghurt und Milchmischgetränke, das keine Kundenwünsche offen lässt. Schließlich wissen wir genau, worauf es ankommt: sorgfältig ausgewählte Rohstoffe, natürliche Zutaten und schonende Herstellungsverfahren.
Ein optischer Genuss ist unsere harmonische Produktfamilie bereits im Marktregal. Das gelingt uns durch ein einheitliches Verpackungsdesign, mit dem wir Hofgut als Premiummarke präsentieren, die auf Natürlichkeit, Qualität, Frische und ökologisches Bewusstsein setzt.
Nähere Informationen zu jedem einzelnen Hofgut-Produkt finden Sie in unserer Produktmappe oder unter www.hohenloher-molkerei.de

KOMFORT

In regelmäßigen Abständen erhöhen wir die Benutzerfreundlichkeit unserer Erzeugnisse, damit bereits das Produkthandling für unsere Kunden zu einem positiven Erlebnis wird. In 2011 und 2012 haben wir in diesem Zusammenhang unsere Tetra Pak Abfüllanlagen auf das Brik Edge-Format umgestellt. Dieses bringt den Verbrauchern deutliche Vorteile, so z. B. eine verbesserte Griffigkeit sowie leichtes Öffnen, Ausgießen und Verschließen. Aber auch der Handel zeigt sich von der neuen Verpackung begeistert, da sie ihm u. a. eine effiziente Raumausnutzung beim Stapeln ermöglicht.

Wie alle Produkte von Tetra Pak ist übrigens auch die neue Tetra Brik Edge Verpackung gut für die Umwelt. Dank des hohen Anteils an nachwachsenden Rohstoffen, des ressourceneffizienten Verschlusses und der hohen Transporteffizienz kann sie eine sehr positive CO_2-Bilanz aufweisen.

Kunde Hohenloher Molkerei eG, Schwäbisch Hall Geschäftsführung Martin Boschet Werbeagentur querformat GmbH & Co. KG, Crailsheim Beratung / Creative Director / Grafik Ellen Brenner Konzeption / Text Jutta Zielosko

VERBRAUCHSGÜTER / B2C

NAHRUNG UND GENUSS

PRINT

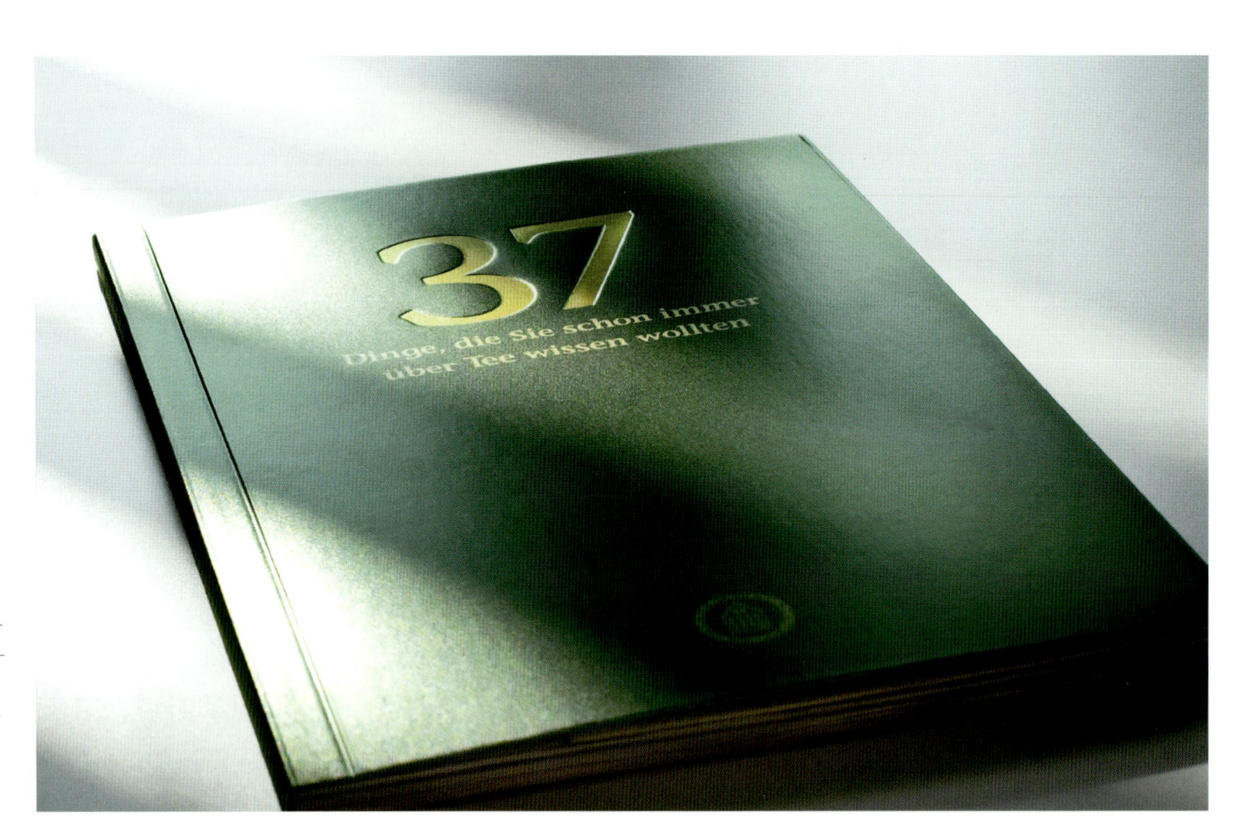

J. Bünting Teehandelshaus, Buch / „37 Dinge, die Sie schon immer über Tee wissen wollten."

Als ältestes und größtes privates Teehandelshaus Ostfrieslands möchte man seinen Kunden immer etwas Besonderes bieten. Und was passt besser zu einer guten Tasse Tee als eine gute Lektüre? Kurzweilig, interessant und auch in Etappen lesbar. Und warum ausgerechnet 37 Dinge? – Tja, schauen Sie doch mal rein. – Selbstverständlich erhältlich im Online-Shop unter www.buenting-tee.de!

Kunde J. Bünting Teehandelshaus GmbH & Comp., Leer/Ostfriesland Geschäftsführung Bernd Hölzer Marketingleitung Joosten Brüggemann Werbeagentur KAAPKE GmbH, Emstek/ecopark Beratung Judith Kurz Creative Director Timo Kaapke Art Director Benedikt Kläne Text Martin Kronshage Grafik Dirk Milzarek Projektmanagement Martina Lohr

VERBRAUCHSGÜTER / B2C

NAHRUNG UND GENUSS

KAMPAGNE

Krüger GmbH & Co. KG / „Chai Latte Dance-Contest"

Die bunte Welt von Chai Latte wurde mit „Alles was zählt" verbunden, der TV-Soap, in der ein Tanzstudio eine zentrale Rolle spielt.
Die Symbiose schaffte für Chai Latte eine Markeninszenierung von hohem Unterhaltungswert, in der Zuschauer der Sendung und Fans des Kultgetränks kontinuierlich in TV- und Online-Maßnahmen eingebunden wurden. ▸

Soap-Darsteller riefen im TV zum Dance-Contest auf.
Online war es möglich, die eigene tänzerische Interpretation des Chai-Latte-Songs mittels Videouploads auf der AWZ-Seite zur Wahl zu stellen.
Attraktive Preise schafften weiteres Involvement.
Das Kampagnenergebnis: + 55 % mehr Sales! + 200 % Brand Awareness! + 100 % Kaufabsicht!

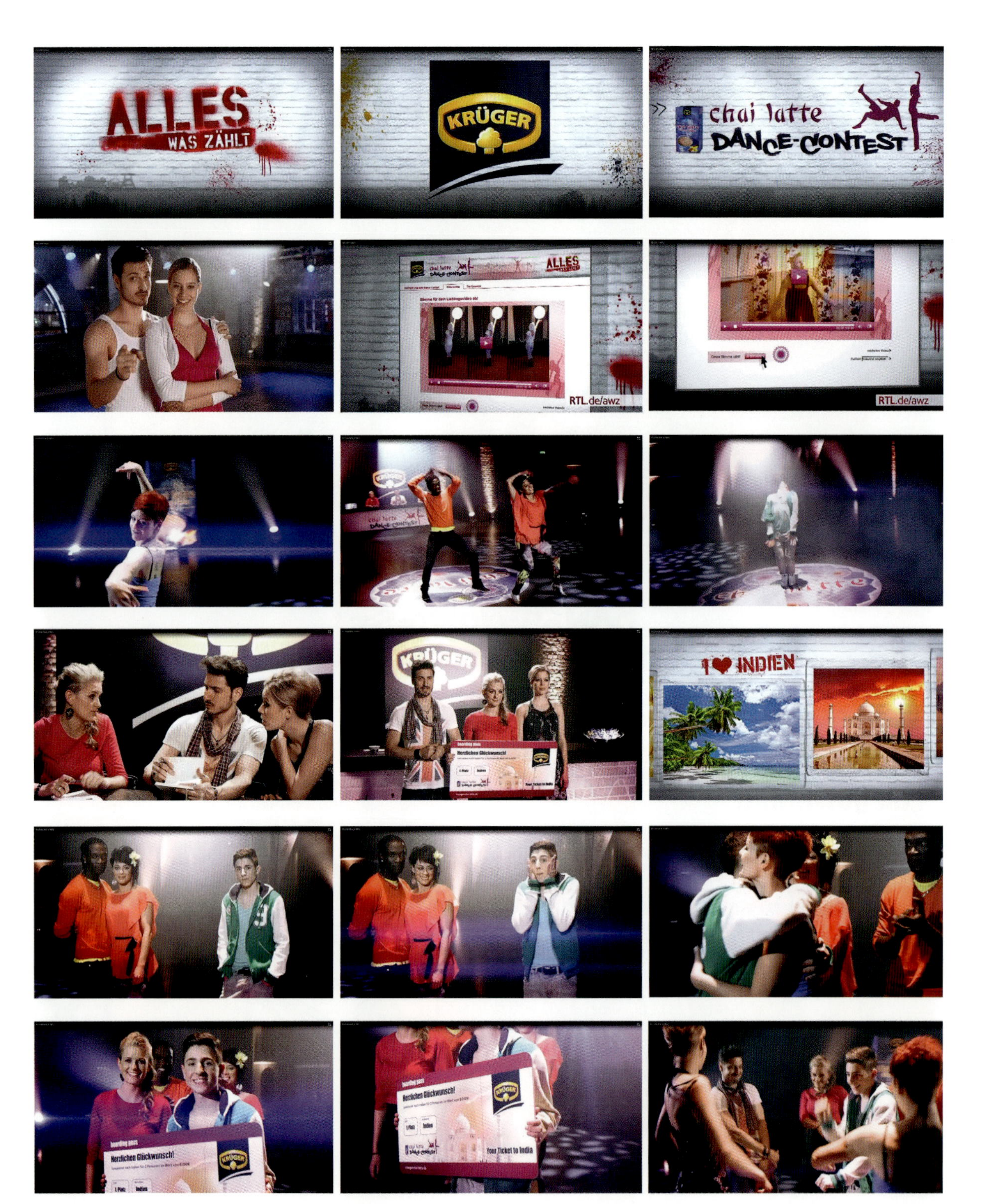

Kunde Krüger GmbH & Co. KG, Bergisch Gladbach Geschäftsführung Willibert Krüger (Gründer und Geschäftsführer) / Marc Krüger / Dr. Guido Colsman Marketingleitung Christoph Engels Produktleitung Annika Grimberg (Junior Produktmanager) Werbeagentur Initiative Media GmbH, Hamburg Beratung Felix Kleipoedszus / Katrin Heise Konzeption Jörn Illing Creative Director Björn Klimek (IP Deutschland) Producer Mikey Klein (IP Deutschland) Text Mikey Klein (IP Deutschland) Grafik Elwira Popiolek (IP Deutschland) Fotografie Stefan Gregorowius (IP Deutschland) / Ruprecht Stempell (IP Deutschland) Vermarktung von Medienwerbung IP Deutschland GmbH Werbeagentur H-ZWO Agentur für Kommunikation GmbH

VERBRAUCHSGÜTER / B2C

NAHRUNG UND GENUSS

DIGITALE MEDIEN / SOCIAL-MEDIA-AKTIVITÄTEN

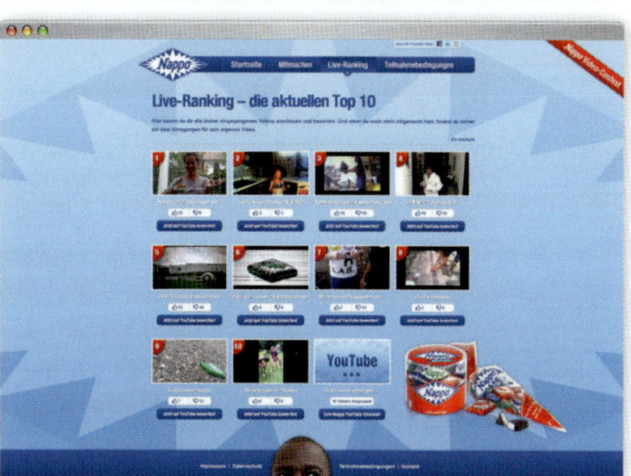

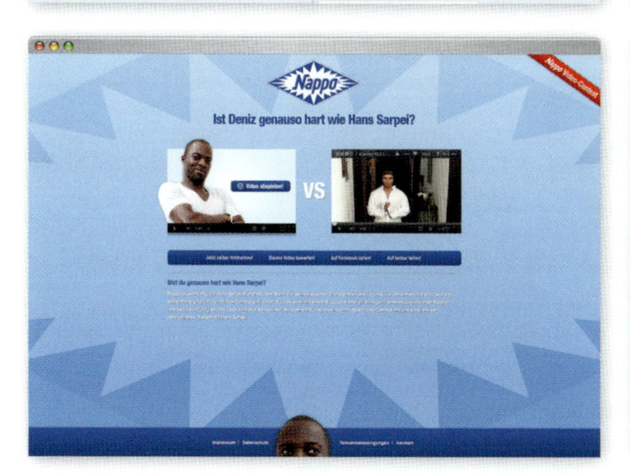

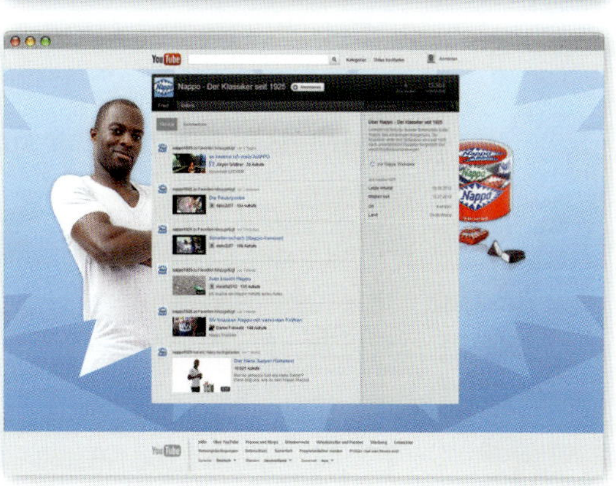

Nappo / „Der Hans Sarpei Härtetest"

Das Image der Kultmarke Nappo sollte einer gezielten Verjüngungskur unterzogen werden. Hierfür wurde auf den Internet-Hype um Hans Sarpei gesetzt. Mit einer Social-Media-Kampagne, die optimal auf die Fangemeinde des Kultstars abgestimmt war und damit auf beste Voraussetzungen für eine schnelle virale Verbreitung traf. Der Mann, der seinen eigenen Elfmeter hält und Liegestütze ohne Hände macht, war für Nappo der ideale Presenter – denn beide sind bekannt dafür, besonders hart zu sein.

Zeig uns, wie du dein Nappo knackst! In einem über Facebook geposteten Videospot rief Hans Sarpei seine 190.000 Fans mit einem sympathischen Augenzwinkern zur Teilnahme am Nappo Video-Contest auf. Unter der Kampagnen-Website www.nappo.de/hans-sarpei konnten anschließend per YouTube-Upload selbst gedrehte Videos bereitgestellt, geteilt und bewertet werden. Als Preis für das Video mit den meisten positiven Bewertungen winkte ein persönliches Treffen mit dem Kultstar Hans Sarpei.

Kunde WAWI-Schokolade AG, Pirmasens Geschäftsführung Andreas Nickenig Werbeagentur G+P Glanzer+Partner Werbeagentur GmbH, Stuttgart Beratung Marco Reuß / Fabian Freiwald Konzeption Marco Reuß / Thomas Reimann / Heidrun Hinner Text Heidrun Hinner Screendesign Florian Speckmaier Programmierung Benjamin Ringat / Matthias Zaunseder Videoproduktion Zenomuzik Laute Bilder Film- & Videoproduktionen

VERBRAUCHSGÜTER / B2C

NAHRUNG UND GENUSS

OUT OF HOME / AKTIVITÄTEN

Rügenwalder Mühle / „Frikadellen-Tour 2012“

Die neuen Mühlen Frikadellen. Toller Geschmack, super Qualität, durchaus snack-bar! Wie vermitteln wir das dem Verbraucher?
Ganz einfach: Nicht lange schnacken ... sondern schmecken! Auf einer 8-wöchigen Deutschlandtour verköstigen wir über 100.000 Mühlen Frikadellen. Am Wochenende auf den großen Festivals, in der Woche bei unseren Facebook-Fans zu Hause. Verdrahtet mit dem Social Web kommen wir auf über 12 Mio. Nettokontakte und machen die Frikadellen schon vor Einführung zum Listenrenner!

Kunde Rügenwalder Mühle Carl Müller GmbH & Co KG, Bad Zwischenahn Geschäftsführung Dr. Christian Rauffus Marketingleitung Godo Röben Produktleitung Thomas Ludwig Werbeagentur elbkind GmbH, Hamburg Beratung Maik Königs / Tobias Spörer Konzeption Adrian Finzelberg Creative Director Stefan Rymar Producer Deniz Richers Filmproduktion Filmkartell Filmproduktion GmbH

VERBRAUCHSGÜTER / B2C

NAHRUNG UND GENUSS

FILM

Rügenwalder Mühle Carl Müller GmbH & Co. KG / Mühlen Würstchen

Die Einführung der innovativen sechsten Marke, Mühlen Würstchen, im Oktober 2010 wurde durch eine groß angelegte Media-Kampagne unterstützt: Im Mittelpunkt stand der TV-Spot mit Jörg Pilawa, der ab November 2010 auf reichweitenstarken Sendern zu sehen war. Für weitere Aufmerksamkeit sorgten Endverbraucheranzeigen in auflagenstarken Publikumsmedien und Aktivitäten im Handel wie PoS-Säulen und aufwendig gebrandete, mobile Kühlregale zur Zweitplatzierung. Mit dem Ergebnis: Bronze Effie 2012.

„Saupraktisch! Die neuen Mühlen Würstchen im Becher."

Seit März 2009 tritt Jörg Pilawa als prominenter Markenbotschafter für die Rügenwalder Mühle auf. In seiner privaten Rolle als Familienvater demonstriert er in dem TV-Spot mit einem Augenzwinkern die Vorteile der neuen Mühlen Würstchen der Rügenwalder Mühle. Im transparenten, wiederverschließbaren Kunststoffbecher lassen sich die gekühlten Würstchen einfach entnehmen, und sie bleiben bis zum letzten Bissen frisch und knackig. Natürlich ohne Wurstwasser!

Kunde Rügenwalder Mühle Carl Müller GmbH & Co. KG, Bad Zwischenahn Geschäftsführung Christian Rauffus Marketingleitung Godo Röben Produktmanagement Thomas Ludwig Werbeagentur BrawandRieken Werbeagentur GmbH, Hamburg Geschäftsführende Gesellschafter Peter Brawand (GF Beratung) / Torsten Rieken (GF Kreation) Beratung Andrea Hartig Creative Director Werner Busam (Text) / Barbara Poxleitner (Art) Filmproduktion e+p commercial Filmproduktion GmbH Producer Peter Schmitz Regie Maurus vom Scheidt Kamera: Björn Haneld Schnitt Daniel Reusch Musik Krueger-Wilckens

VERBRAUCHSGÜTER / B2C

NAHRUNG UND GENUSS

PRINT

Rügenwalder Mühle Carl Müller GmbH & Co. KG / Mühlen Würstchen

Die Einführung der innovativen sechsten Marke, Mühlen Würstchen, im Oktober 2010 wurde durch eine groß angelegte Media-Kampagne unterstützt: Im Mittelpunkt stand der TV-Spot mit Jörg Pilawa, der ab November 2010 auf reichweitenstarken Sendern zu sehen war. Für weitere Aufmerksamkeit sorgten Endverbraucheranzeigen in auflagenstarken Publikumsmedien und Aktivitäten im Handel wie PoS-Säulen und aufwendig gebrandete, mobile Kühlregale zur Zweitplatzierung. Mit dem Ergebnis: Bronze Effie 2012.

Kunde Rügenwalder Mühle Carl Müller GmbH & Co. KG, Bad Zwischenahn Geschäftsführung Christian Rauffus Marketingleitung Godo Röben Produktmanagement Thomas Ludwig Werbeagentur BrawandRieken Werbeagentur GmbH, Hamburg Geschäftsführende Gesellschafter Peter Brawand (GF Beratung) / Torsten Rieken (GF Kreation) Beratung Andrea Hartig Creative Director Werner Busam (Text) / Barbara Poxleitner (Art)

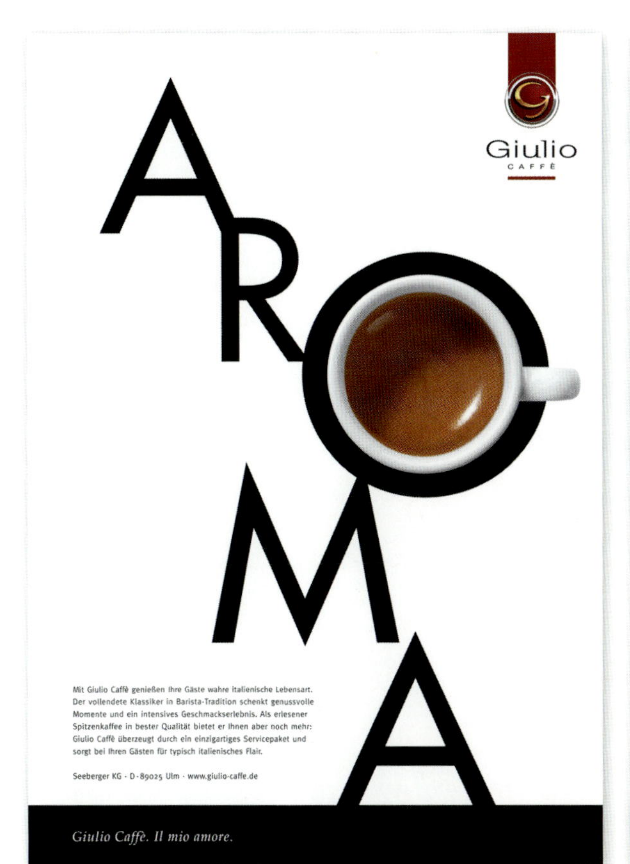

VERBRAUCHSGÜTER / B2C

NAHRUNG UND GENUSS

PRINT

Seeberger GmbH / Giulio Caffè

Seeberger ist nicht nur Marktführer bei Nüssen und Trockenfrüchten, sondern bietet auch ein reichhaltiges Kaffeesortiment für Gastronomiekunden. Unter anderem die Marke Caffè Giulio.
Hier galt es, dem Produkt eine italienische Markenwelt hinzuzuaddieren, ohne in die üblichen Klischees zu verfallen. Überzeugend, modern und trotzdem voller Genuss und Esprit. Elegante Typografie verschmilzt mit appetitlichen Produktfotografien.

Kunde Seeberger GmbH, Ulm Geschäftsführung Ralph Beranek / Clemens Keller Marketingleitung Joachim Mann Werbeagentur Wensauer & Partner GmbH, Ludwigsburg Beratung Birgit Weiss / Karen Gallist Creative Director Norbert Graf / Stefan Mattes Art Director Thomas Maguin / Levinia Zottnick Text Christian Schmid

VERBRAUCHSGÜTER / B2C

NAHRUNG UND GENUSS

OUT OF HOME / MEDIEN

Südbayerische Fleischwaren GmbH / Bayern Steak Produkteinführung

Ein Bild von einem Steak. Und damit nicht nur echtes Kunstwerk, sondern auch reinstes Naturerlebnis aus Bayern. Glanzer + Partner rückte mit diesem Ansatz Premiumprodukte der Südbayerischen Fleischwaren GmbH erfolgreich ins Bewusstsein qualitäts- und genussorientierter Verbraucher. Dafür wurde eine neue Marke kreiert: Mit prägnantem Namen, Logo mit Claim und Werbemitteln für den Einsatz am PoS, wie Thekeneinlage mit Herkunftsausweis zur Warenpräsentation, Plakat, Flyer und Rückwandgestaltung.

VERBRAUCHSGÜTER / B2C

NAHRUNG UND GENUSS

PROMOTION / MITTEL

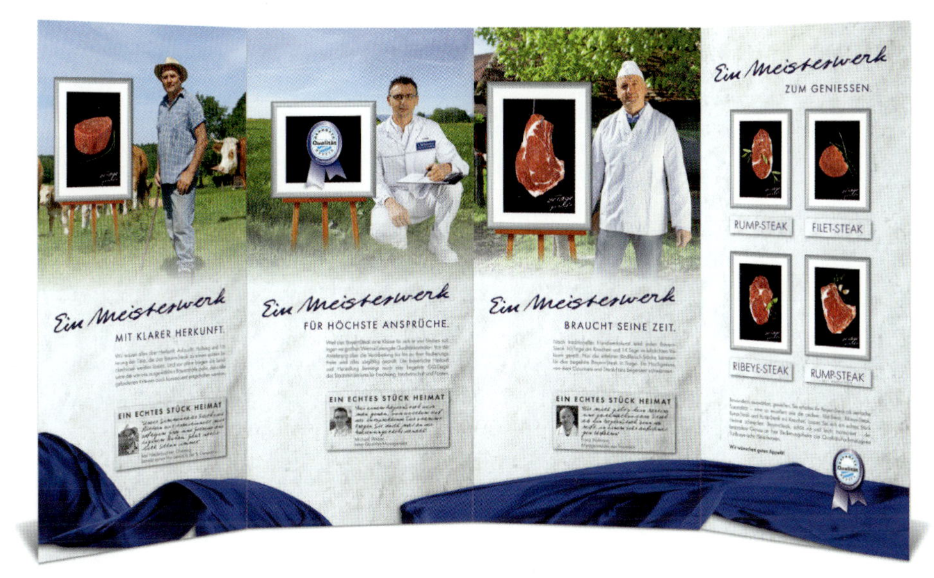

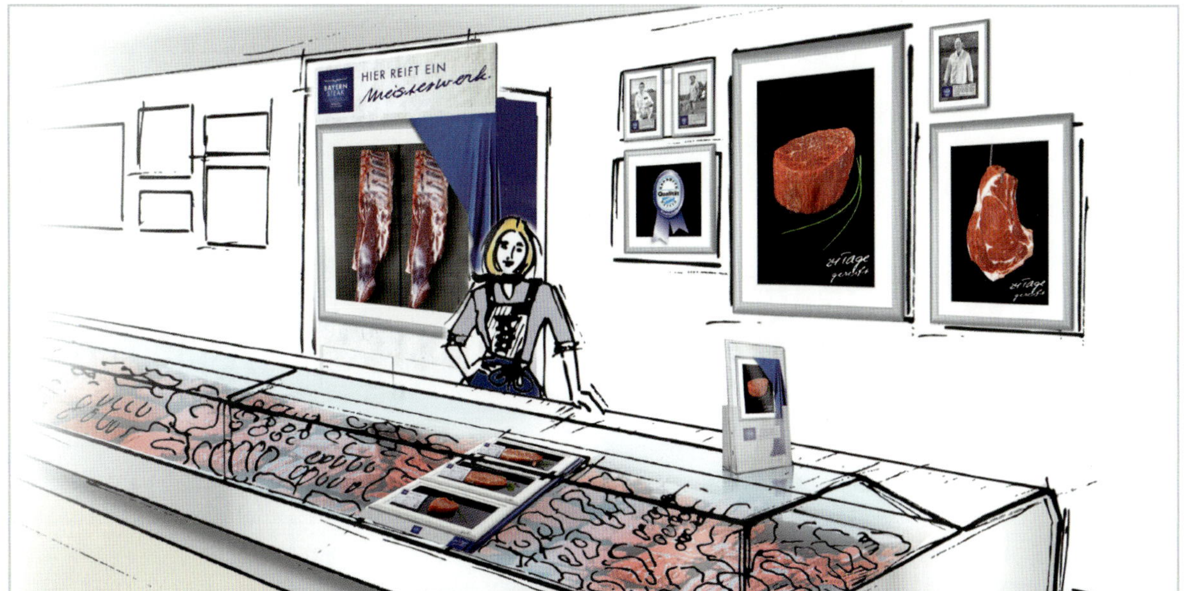

Integrierte Kampagne _ Kunde Südbayerische Fleischwaren GmbH, Ingolstadt Geschäftsführung Dipl.-Kfm. Hans Georg Maier / Jürgen Absmeier / Johann Baumer Werbeleitung Anna Werner Werbeagentur G+P Glanzer+Partner Werbeagentur GmbH, Stuttgart Beratung Herbert Heini / Nathalie Unsner Producer Till Wenzel Text Harry Kauffmann / Felix Miremadi / Peter Kautt Grafik Sandra Setzefand / Sylvia Wochinger Fotografie Natalija David (Food) / Lutz Dürichen (People)

VERBRAUCHSGÜTER / B2C

NAHRUNG UND GENUSS

PRINT

Südbayerische Fleischwaren GmbH / Anzeigenkampagne „vielLeicht“

100 % lecker und weniger als 3 % Fett. Diese Kernaussage steht im Fokus für die neuen vielLeicht Qualitätsprodukte der Südbayerischen Fleischwaren GmbH mit verbesserter Rezeptur. Entsprechend entwickelte Glanzer + Partner die neue Verpackungsgestaltung mit Kunden-Farbleitsystem für 4 Produktkategorien und aufmerksamkeitsstarken Keyvisuals für jeweils passende Publikumsanzeigen. Mit emotionalen Motiven, klarer Botschaft und Hinweis auf den Distributionskanal.

Kunde Südbayerische Fleischwaren GmbH, Ingolstadt Geschäftsführung Dipl.-Kfm. Hans Georg Maier / Jürgen Absmeier / Johann Baumer Werbeleitung Anna Werner Werbeagentur G + P Glanzer + Partner Werbeagentur GmbH, Stuttgart Beratung Herbert Heini / Nathalie Unsner Text Heidrun Hinner Grafik Kirsten-Lea Schmid / Sylvia Wochinger Fotografie Lutz Dürichen

VERBRAUCHSGÜTER / B2C

NAHRUNG UND GENUSS

OUT OF HOME / MEDIEN

Tabak- und Zigarettenfabrik Heintz van Landewyck GmbH /
DUCAL

Rund 10 Jahre nach der letzten internationalen Kampagne soll die Marke DUCAL – eine der Powerbrands des weitverzweigten Tabakkonzerns – revitalisiert werden. Die neue Kampagne inszeniert einen charmanten Schulterschluss von unterschiedlichen Persönlichkeiten über den Genuss einer DUCAL. Geshootet wurde in Barcelona, die Citylights und Großflächen wurden von Aachen über Koblenz bis Trier und ins Saarland geschaltet. Die Kampagne wird nun über Benelux bis nach Frankreich ausgerollt.

Kunde Tabak- und Zigarettenfabrik Heintz van Landewyck GmbH, Trier Geschäftsführung Hans-Josef Fischer Marketingleitung Petra Wagner Werbeagentur markenmut AG, Trier Beratung Josefine Schneider Konzeption Tobias Voigt Creative Director Jean-Claude Hamilius Art Director Maria Ienco Grafik Maria Ienco Fotografie Stephan Jouhoff

VERBRAUCHSGÜTER / B2C

NAHRUNG UND GENUSS

DIGITALE MEDIEN / UNTERNEHMENS-/ORGANISATIONS-WEBSEITEN

Theodor Kattus GmbH / Fuego

Die Marke Fuego steht für feurigen Charme und die bunte mexikanische Küche. Ein kompletter Markenrelaunch der Optik und die darauf abgestimmte, von team4media gestaltete Website sorgen für einen frischen, modernen Markenauftritt. Neue attraktive Inhalte und umfangreiche Überarbeitungen in Konzept, Design und Layout lassen den User in die mexikanische Welt eintauchen. Interaktive Komponenten machen das mexikanische Lebensgefühl virtuell erlebbar.

www.fuego.eu

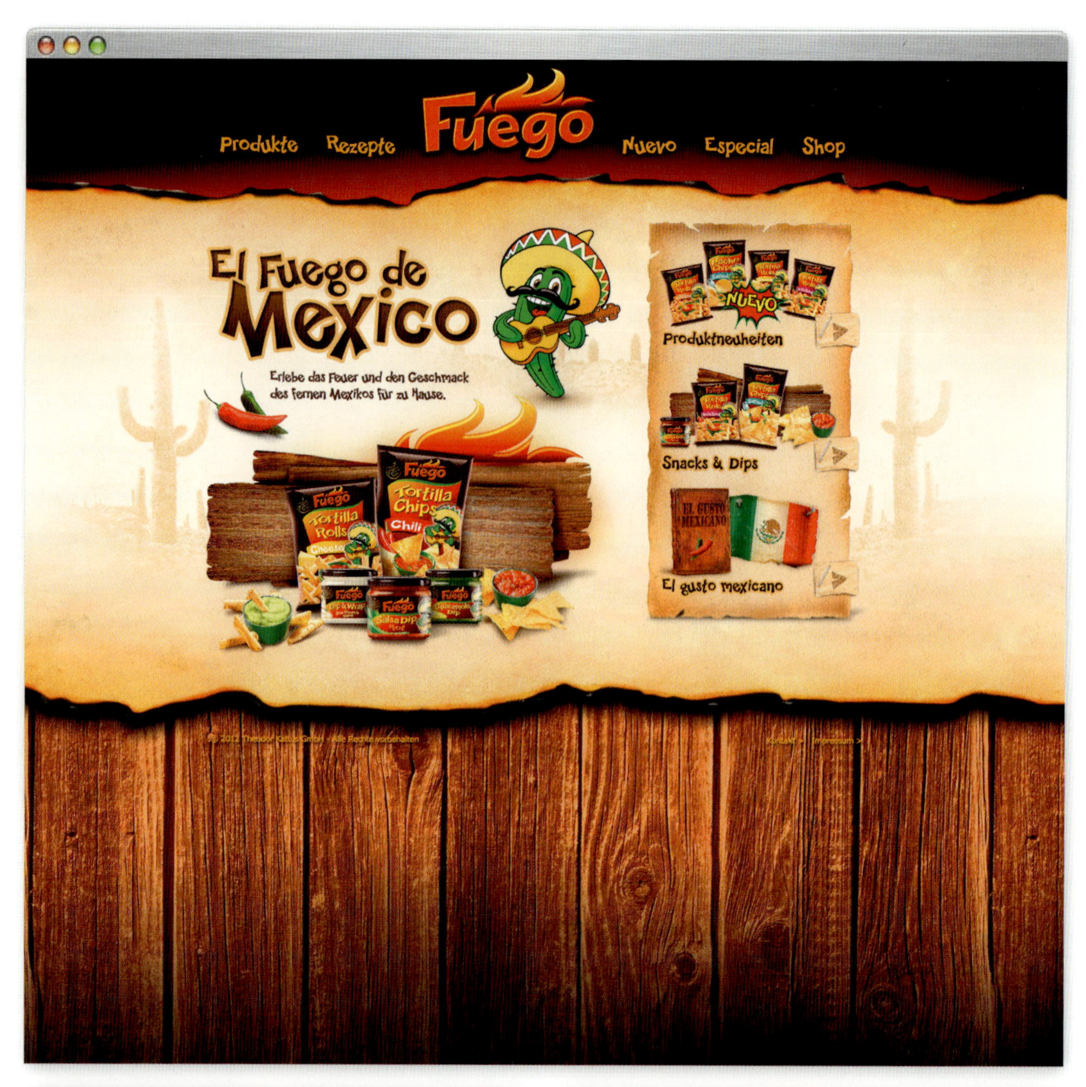

Kunde Theodor Kattus GmbH, Dissen a.T.W. Werbeagentur team4media GmbH, Osnabrück Beratung Jörg Fiedler / Veronica Rendler Konzeption / Art Director / Grafik Veronica Rendler Entwickler Andreas Liers

VERBRAUCHSGÜTER / B2C

NAHRUNG UND GENUSS

OUT OF HOME / MEDIEN

Unilever Austria GmbH / Knorr Gourmet Station

Unter dem Motto „Gourmet-Geschmack für zu Hause“ lancierte Knorr die Premiumsuppen „Knorr Kaiser Teller Gourmet“. Im Rahmen des Marketingmixes entwickelte DIVISION 4 ein BTL-Konzept, das die Markenbotschaft des neuen Produktes auf neuartige Weise vermittelt: Anstelle der grauen Straßenbahn-Wartehäuschen auf der Wiener Ringstraße luden fein gedeckte Tische und hussenüberzogene Stühle zum Verweilen und Probieren der exquisiten Suppen ein. Citylights in der Umgebung wiesen auf die Aktion hin.

Kunde Unilever Austria GmbH, Wien (Österreich) Geschäftsführung Mag. Sonja Gahleitner Marketingleitung / Category Lead Mag. Pia Villa Leitung Öffentlichkeitsarbeit Barbara Fuchs-Puchner Assistant Brand Manager Christoph Wild Werbeagentur DIVISION 4 communication GmbH, Wien (Österreich) Beratung Alexander Zoubek / BA Marie Leiss Konzeption Alexander Zoubek Creative Director Alexander Zoubek Art Director Alexander Zoubek

VERBRAUCHSGÜTER / B2C

NAHRUNG UND GENUSS

PRINT

VAUEN Vereinigte Pfeifenfabriken Nürnberg GmbH / VAUEN Pfeifen

VAUEN aus Nürnberg produziert seit 1848 als einzige deutsche Pfeifenmanufaktur mit Leidenschaft und Erfahrung wunderbare Pfeifen. Um diese auch dem jüngeren Raucher nahezubringen, startet VAUEN eine Imagekampagne in Print, Online und am PoS, getreu dem Motto „Zeit für eine VAUEN". Dieses steht sowohl für den langen und sorgfältigen Prozess, der zur Entstehung einer Pfeife führt, als auch für den Augenblick des Rauchgenusses.

Kunde VAUEN Vereinigte Pfeifenfabriken Nürnberg GmbH, Nürnberg Geschäftsführung / Marketingleitung Alexander Eckert Werbeagentur Wensauer & Partner GmbH, Ludwigsburg Beratung Cornelia Frech / Andreas Rauscher Creative Director Norbert Graf / Stefan Mattes Art Director Levinia Zottnick / Rainer Jagmann Text Stefan Mattes

COCA-COLA GMBH, COCA-COLA ZERO

„The ZERO Must Stand“

SCHOLZ & VOLKMER GMBH / WIESBADEN

Rainer Eidemüller 01
Annette Jans 02
David Seibert 03
Robert Wixler 04
Anna Schoderer 05
Alexander von Dreis 06

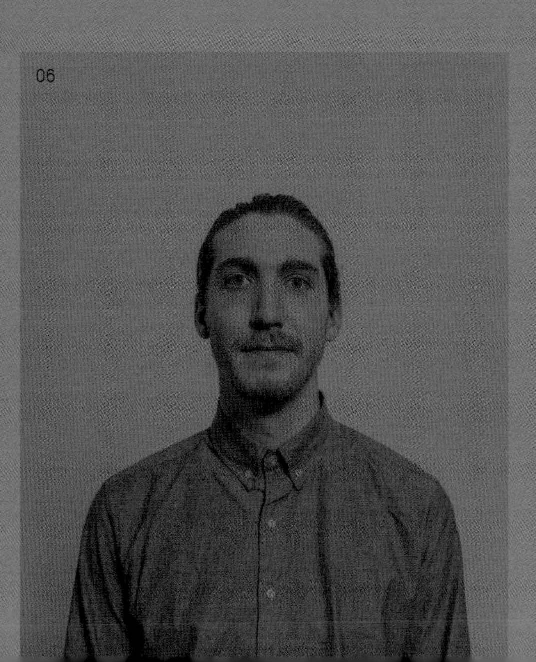

VERBRAUCHSGÜTER / B2C

NICHTALKOHOLISCHE GETRÄNKE

DIGITALE MEDIEN / BEWEGTBILDINHALTE

Coca-Cola GmbH, Coca-Cola Zero / „The ZERO Must Stand“

Coca-Cola Zero macht das Unwahrscheinliche möglich: als Marke durch echten Geschmack mit Zero Zucker und online zur UEFA EURO 2012 mit einem virtuellen Elfmeterschießen gegen Manuel Neuer.
Ziel der Kampagne ist die Belegung des Themas Fußball in der Zielgruppe der männlichen Fußballbegeisterten von 18 bis 29 Jahren. Diese können auf YouTube gegen Deutschlands Keeper Nummer eins Elfmeter schießen und ihn in unzähligen verrückten und unwahrscheinlichen Szenen erleben.

Der Elfmeter kann durch einen einfachen Klick in eine Torecke geschossen werden. Neuer reagiert mit einer entsprechenden Parade – oder einer von unzähligen unwahrscheinlichen und verrückten Szenen. Klickt der Schütze im richtigen Moment, kann er auch ein Tor erzielen. Getreu dem Motto „das Unwahrscheinliche möglich machen“ wird das Ereignis von einer kuriosen Aktion Manuel Neuers begleitet.
Mitmachen konnte man auch direkt auf der Berliner Fanmeile beim Public Viewing vor bis zu 500.000 Fans: Dort wurden die realen Bewegungen des Schützen per Physical Computing erkannt, und Manuel Neuer reagiert im vorproduzierten Video mit einer Parade in die entsprechende Torecke – oder kassiert das Tor, wenn der Schütze den richtigen Moment abpasst.
Der Trailer, der auf das Coca-Cola Zero Game hinweist, wurde bereits über 2,2 Millionen Mal angesehen und landete in den Top 10 YouTube Charts.
Das Social Media Game verzeichnete mehr als 4,3 Millionen Interaktionen. Insgesamt wurden über 1 Milliarde Mediakontakte erzielt.

www.awardeinreichung.de/2012/de/coca-cola/the-zero-must-stand/social-media-game/

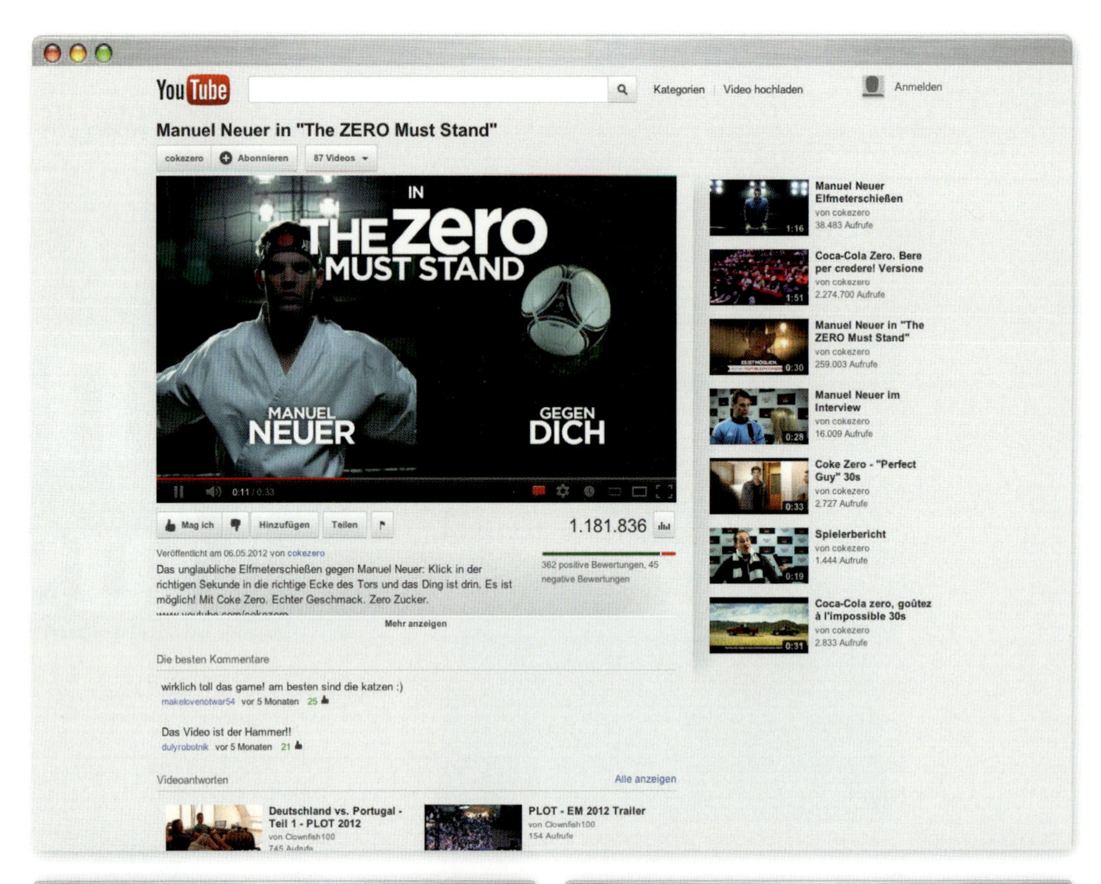

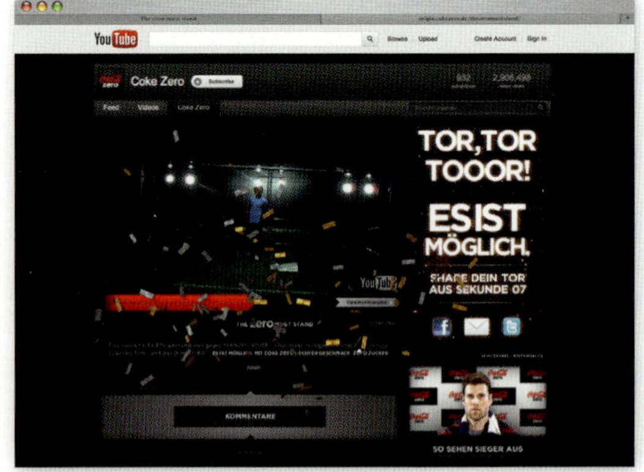

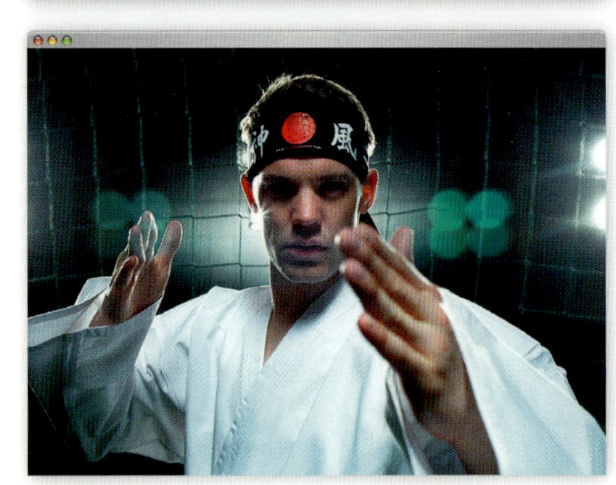

Kunde Coca-Cola Deutschland GmbH, Berlin Werbeagentur SCHOLZ & VOLKMER GmbH, Wiesbaden Beratung Annette Jans (Projektleitung) / Nils Metternich (Account-Management) Konzeption Rainer Eidemüller (Creative Direction Konzept) Art Director Alexander Dreis Text Annette Jans Grafik Anna Schoderer (Motion Design) / Bruno Schadeck (Motion Design) Technical Direction David Seibert Programmierung Robert Wixler Freelancer Marius Müller (Idee) / Jens Franke (Flash-Programmierung) Filmregie KRONCK Filmproduktion NEVEREST GmbH & Co. KG

VERBRAUCHSGÜTER / B2C

NICHTALKOHOLISCHE GETRÄNKE

OUT OF HOME / MEDIEN

Coca-Cola GmbH, Coca-Cola / „Open Happiness“

Wie gestaltet man ein originelles, aufmerksamkeitsstarkes und vor allem emotionales Plakat für Coca-Cola? Ganz einfach: Mit einem Lächeln. Direkt aus der Marke heraus entwickelt, wird die „Open Happiness“ für jeden Betrachter schnell spürbar – schließlich steckt die gute Laune schon in der Typografie des Originalschriftzuges.

Crossmedia _ Kunde Coca-Cola GmbH, Berlin Marketingleitung Michael Willeke Manager Creative Excellence Patrick Baschinski Werbeagentur McCann Berlin GmbH, Berlin Beratung Susanne Wenig / Dennis Schwinn Konzeption Erik Gonan / Tilo Endert Creative Director Stefan Bächle / Thorsten Adenauer / Tilo Endert / Erik Gonan Art Director Lisa Marie Schröder Producer Karin Frey Text Tilo Endert Chief Creative Officer Bill Biancoli

VERBRAUCHSGÜTER / B2C

NICHTALKOHOLISCHE GETRÄNKE

DIGITALE MEDIEN / SOCIAL-MEDIA-AKTIVITÄTEN

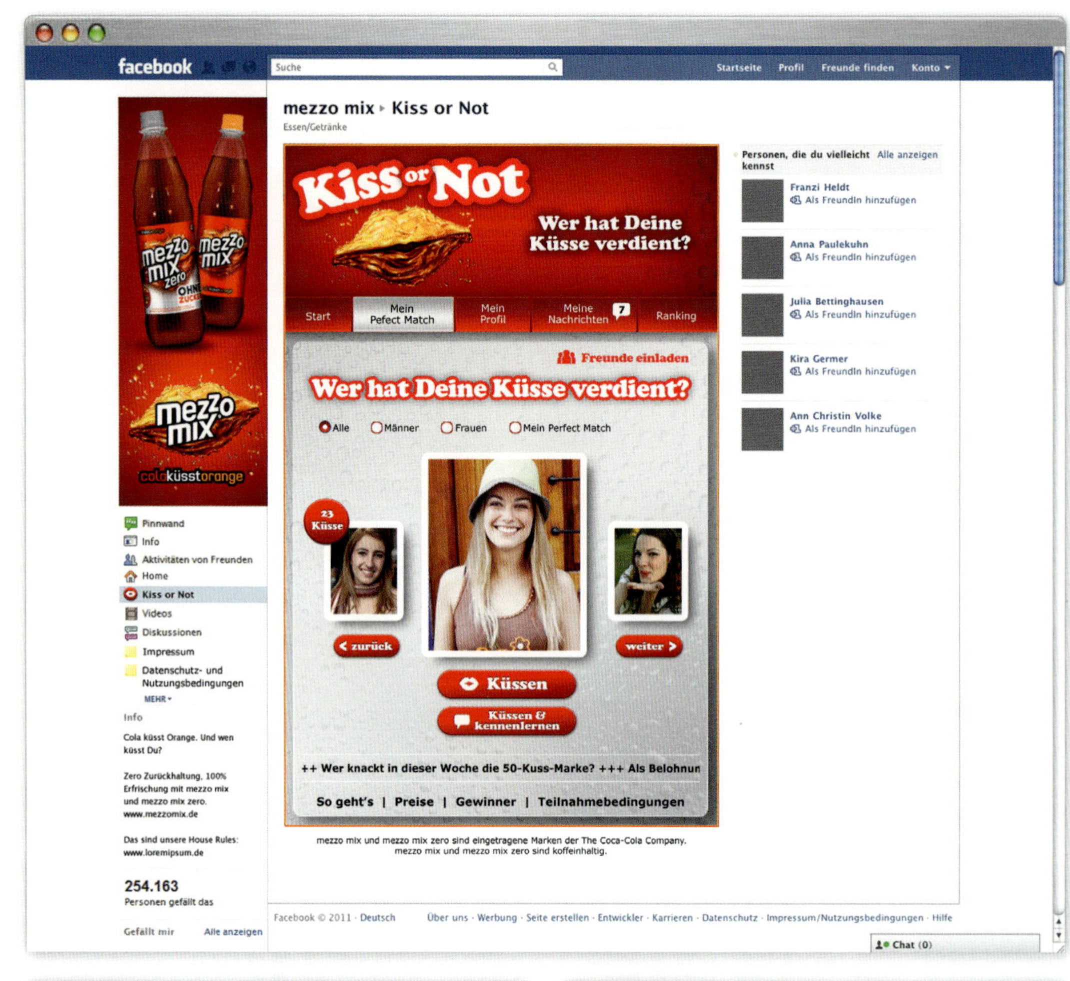

Coca-Cola GmbH, mezzo mix / App „Kiss or Not"

2010 wurde mezzo mix auf StudiVZ durch die „Kuss-App" neu belebt. 2011 galt es, den Vorjahresrekord von über 1 Mio. Küssen in 5 Monaten auf Facebook mit einer neuen App zu wiederholen. Auch die neue „Kiss or Not-App" sollte das Asset „Kuss" digital ermöglichen – zusätzlich gab es neue Flirtfunktionen. Die Ergebnisse: nach 5 Monaten über 1 Mio. Küsse – zudem eine Verdoppelung des normalen ROI im Coke-Universum. Über 120.000 Fans für das Facebook-Profil, bereits 10.000 Installationen erfolgten ohne Media-Support.

„Kiss or Not" setzt auf die bekannte Mechanik von „Hot or Not" auf. Aber: Zu Küssen passt auch Flirten und Kennenlernen – und so kann man in der neuen Facebook-App zusätzlich herausfinden, wer zu einem passen könnte, direkt Kontakt mit dieser Person aufnehmen und Kontaktanfragen zustimmen. So haben wir spielerisch zum Leben erweckt, was mezzo mix bedeutet: Ein perfekter Kuss von zwei Geschmäckern – Cola küsst Orange. Nach wie vor auch ein großes Thema auf Facebook: die Sichtbarkeit von Userbesuchern auf dem Profil – die „mezzo mix Kiss or Not-App" macht es möglich!

www.awardeinreichungen.de/awards/mezzomix/kissornot/de/

Kunde Coca-Cola Deutschland GmbH, Berlin Brand Manager Andrea Lentfer Werbeagentur G2 Germany GmbH, Berlin Beratung Marc-Peter Rathsack Konzeption Tina Krahne / Liane Richter Grafik Manuel Förderer / Christian Weigel Web Developer Tobias Stohr Projektmanagement Markus Naumann Mediaagentur MediaCom Agentur für Media-Beratung GmbH

VERBRAUCHSGÜTER / B2C

NICHTALKOHOLISCHE GETRÄNKE

PROMOTION / MITTEL

Mineralquellen Wüllner, Carolinen Mineralwasser / Packaging Design-Glasflasche

Ein Package ist mehr als nur eine attraktive Hülle. Am PoS ist es der Verkäufer Nummer 1. Mit ihrem anspruchsvollen Design sieht man den 4 Sorten Carolinen direkt an, wofür sie stehen: für ein anspruchsvolles Wasser. Und für anspruchsvolle Verbraucher.

Kunde Mineralquellen Wüllner GmbH & Co. KG, Bielefeld Geschäftsführung Heike Wüllner Werbeagentur Frese & Wolff Werbeagentur GmbH, Oldenburg Beratung Henning Birkenstock Creative Director Gabriele Schnückel Art Director Sabine Schulz

TUCHER BRÄU

LEDERER

BLOOM PROJECT GMBH / NÜRNBERG

01 Stefan Maier-Wimmer
02 Felix Kerscher
03 Markus Walter
04 Sven Pirner
05 Dieter Scheuerer

03

01

04

02

05

VERBRAUCHSGÜTER / B2C

ALKOHOLISCHE GETRÄNKE

PRINT

Tucher Bräu / LEDERER

Lederer ist die älteste, heute noch existierende Nürnberger Brauerei. Ihr unverwechselbares Markenzeichen, das Krokodil, ist gleichzeitig das Credo der Biermarke Lederer. Wie das Krokodil ist Lederer wild und ungezähmt im Charakter, die Marke passt sich nicht an den Zeitgeist oder an die Zwänge des Marktes an. Diese Haltung bringt das Lederer-Anzeigenmotiv zum Ausdruck: In jedem Lederer steckt ein Krokodil, das sich in seinem Freiheitsdrang nicht aufhalten lässt.

Kunde Tucher Bräu GmbH & Co. KG, Fürth Marketingleitung Kai Eschenbacher Werbeagentur Bloom Project GmbH, Nürnberg Beratung Frank Deschner Creative Director Stefan Maier-Wimmer Art Director Felix Kerscher Text Dieter Scheuerer Reinzeichnung Sven Pirner

VERBRAUCHSGÜTER / B2C

ALKOHOLISCHE GETRÄNKE

DIGITALE MEDIEN / SOCIAL-MEDIA-AKTIVITÄTEN

Anheuser-Busch InBev Deutschland GmbH & Co. KG / Beck's Co-Creation: „Your Mix. Your Way."

Mithilfe der Co-Creation-Aktion sollten 10.000 neue Facebook-Fans generiert, die Engagement Rate hochgehalten und das Produkt publik gemacht werden. Ferner sollen noch 1.500 Bewerbungen für die Beck's Mix Taste-Partys abgegeben werden.

Beck's überrascht seine Konsumenten jährlich mit einem Bier-Mix, der nur im Sommer im Handel ist. Bei dieser Limited Edition werden im Jahr 2013 Facebook-Fans der Marke in den gesamten Gestaltungs- und Auswahlprozess mit einbezogen.
Dieser Prozess erfolgt über mehrere Phasen hinweg und wird von Facebook Ad-Kampagnen und diversen PR-Maßnahmen begleitet.
In der ersten Phase haben die Fans der Marke über eine App die Möglichkeit, ihren persönlichen Beck's Mix zu kreieren. Dabei kann der User verschiedene Geschmacksrichtungen kombinieren, einen Namen erfinden oder generieren lassen und das Packaging gestalten.
Die kreierten Bier-Mixe stehen in der nächsten Phase zur Abstimmung bereit. Die Facebook-Freunde dürfen entscheiden, welcher Mix für sie am besten klingt, und können ihre Stimme abgeben. Nur die beliebtesten Kreationen landen bei der Jury, die dann entscheidet, welche 3 Kreationen tatsächlich hergestellt und im Rahmen von Beck's Taste-Partys verkostet werden sollen.
Am Ende entscheiden wieder die Fans, und der beliebteste Mix wird auf der Party ermittelt und geht dann im Sommer 2013 in den Handel.

www.facebook.com/becks.de

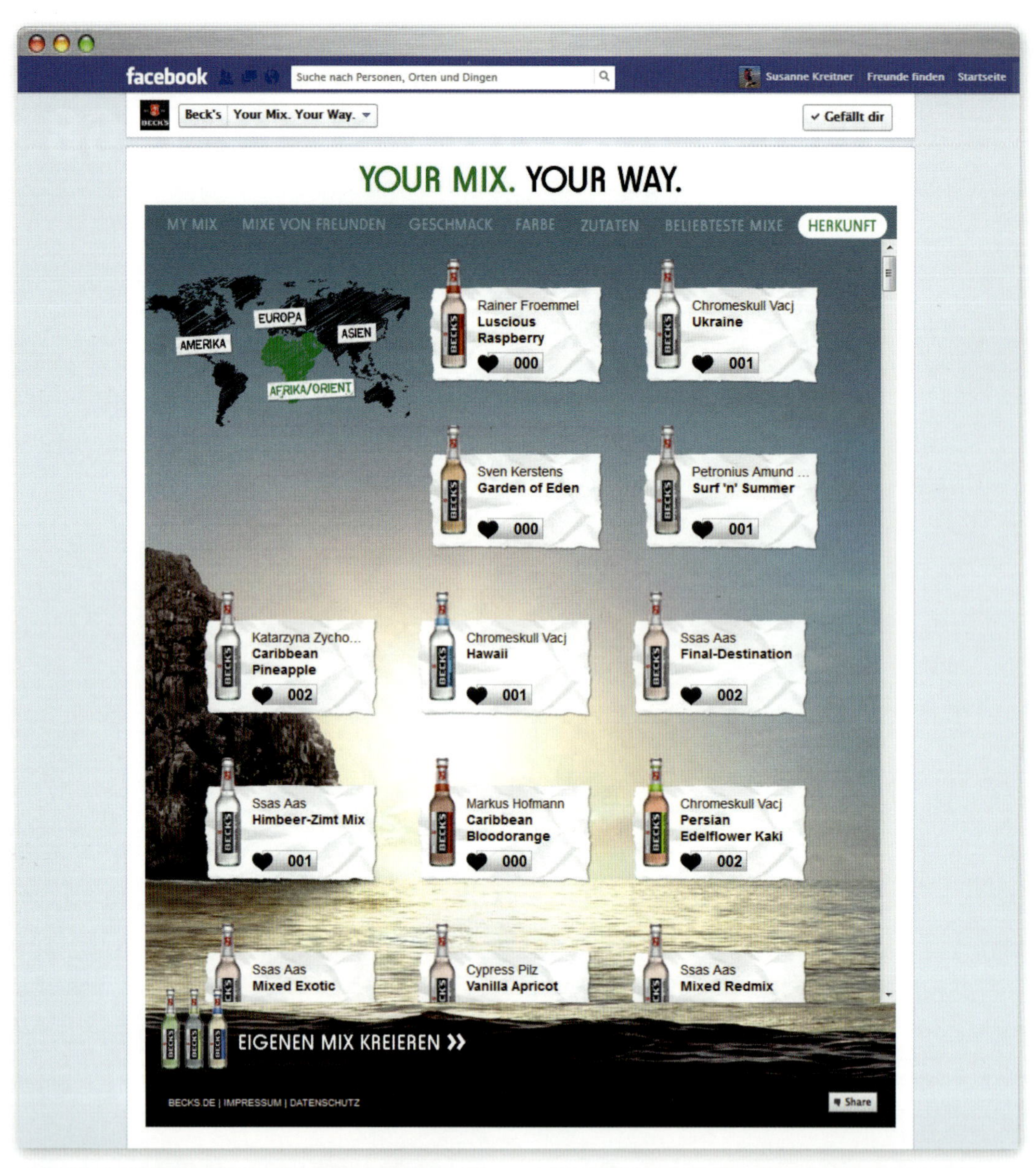

Kunde Anheuser-Busch InBev Deutschland Gmbh & Co. KG, Bremen Brand Manager Sandra Spremberg Werbeagentur coma AG, München Beratung Sabrina Maier Konzeption Jan Gutmann Creative Director Jörg Schleburg Art Director Susanne Kreitner Text André Scherbaum Programmierung Sebastian Zipp / Danny Stey

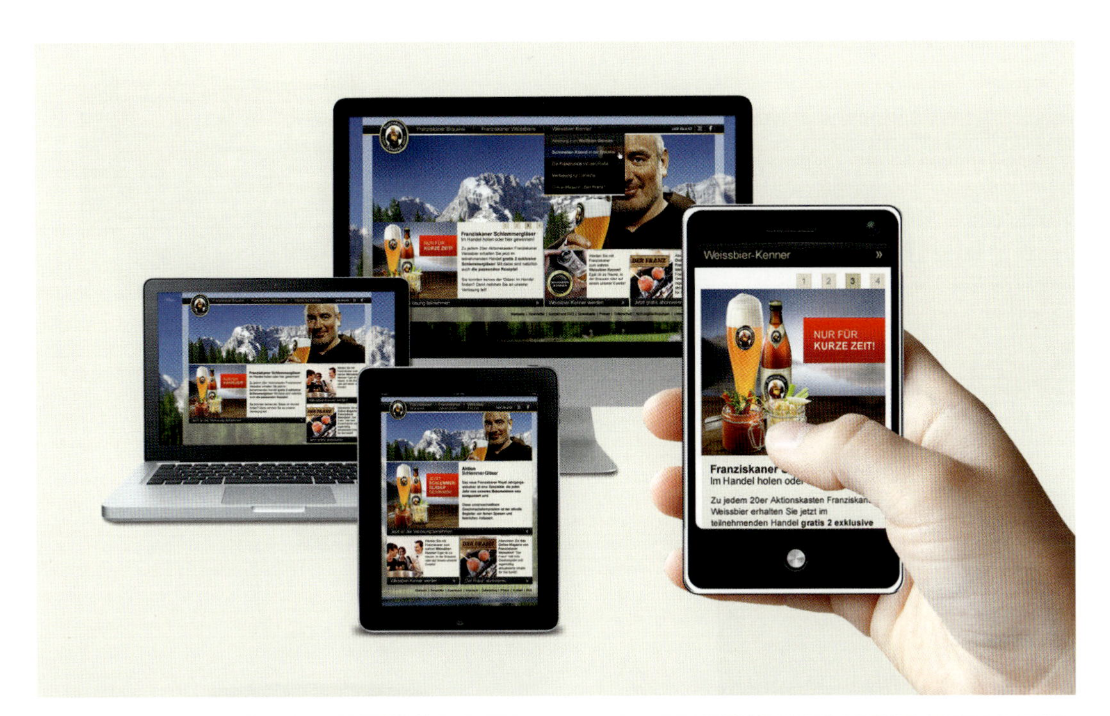

VERBRAUCHSGÜTER / B2C

ALKOHOLISCHE GETRÄNKE

DIGITALE MEDIEN / PRODUKT-/SERVICEWEBSEITEN

Anheuser-Busch InBev Deutschland GmbH & Co. KG / Franziskaner Weissbier, Relaunch Website

Mit dem Relaunch der Website von Franziskaner Weissbier ging die coma AG neue Wege im Webdesign. Ziel war es, für den langjährigen Kunden eine Seite zu schaffen, die auf allen Endgeräten sowie in allen Auflösungen optimal angezeigt wird und die Franziskaner Community-Plattformen optimal vernetzt.

coma entschied sich für die Umsetzung der Website in Responsive Webdesign und stellte damit die erste Marken-Website mit dieser Technologie ins Netz. Die Website verknüpft nicht nur den Franziskaner YouTube Channel, die Facebook-Fanpage und das Online-Magazin „Der Franz“ optimal, sondern ist durch ihre funktionale und emotionale Gestaltung wegweisend. Der Erfolg des Responsive-Ansatzes lässt sich anhand von eindeutigen Zahlen feststellen: Der Zugriff auf www.franziskaner-weissbier.de von mobilen Endgeräten wie Smartphones oder Tablets stieg um das Zehnfache an. Gleichzeitig reduziert sich der Pflegeaufwand der Responsive-Seite im Vergleich zur Pflege von Web- und Mobile-Version um 25 Prozent.

www.franziskaner-weissbier.de

Kunde Anheuser-Busch InBev Deutschland Gmbh & Co. KG, Bremen Brand Manager Tobias Ottmann Werbeagentur coma AG, München Beratung Renate Schaaf Konzeption André Scherbaum Creative Director Jörg Schleburg Art Director Susanne Kreitner / Barbara Fröstl Programmierung Sebastian Zipp / Danny Stey / Daniel Kerner Technische Leitung Martin Kirmaier

VERBRAUCHSGÜTER / B2C

ALKOHOLISCHE GETRÄNKE

PROMOTION / MITTEL

Beck's & REWE / „Du bestimmst den Gewinn!"

Wie erhöht man beim Kauf eines oder mehrerer Beck's Produkte mit einer einfachen Mechanik die durchschnittliche Bonsumme des Handelspartners? Ganz einfach: Indem man die Gewinnhöhe an die Bonsumme koppelt: Beck's kaufen, Kassenbon einsenden und mit etwas Glück einen Reisegutschein der REWE-Tochter DERTOUR im Wert der 100-fachen Bonsumme gewinnen! Wer z. B. für 25 Euro einkaufte, konnte im Falle des Gewinns mit einem Reisegutschein im Wert von 2.500 Euro die Welt entdecken!

Crossmedia _ Kunde Anheuser-Busch InBev Deutschland GmbH & Co KG, Bremen Geschäftsführung Heinz Beekmann / Chris Cools / Alexander Gerber Multipack & Trade-Marketing-Manager Marko Rippe Werbeagentur BestSeller Agentur für Absatzförderung GmbH, Frankfurt am Main Beratung Judith Schrumpf (Kundenberatung) / Heike Fömmel (Koordinatorin Promotion) Konzeption Wolfgang Stein (Inhaber) Art Director Kristina Haak (Art Director) / Alexander Fechner (Art Director) Text Thomas Höhnscheidt (Senior Copywriter) / Florian Kroeber (Senior Copywriter)

VERBRAUCHSGÜTER / B2C

ALKOHOLISCHE GETRÄNKE

OUT OF HOME / MEDIEN

Brauerei Kneitinger / Imagekampagne

Die nun schon seit über 15 Jahren laufende Imagekampagne mit dem Bock soll bestehende Kunden an die Marke binden und neue, vor allem junge Zielgruppen an die Brauerei binden. Eingesetzte Medien: Großflächen und Ganzsäulen, flankiert von regionalen Anzeigen. Kommunikationsaussage: Kneitinger ist der Lokalmatador mit Kultstatus in und um Regensburg.

Kunde Brauerei Kneitinger GmbH & Co KG, Regensburg Marketingleitung Maximilian Gradl Produktleitung Johann Kellerer Werbeleitung Maximilian Gradl Werbeagentur schwecke.mueller Werbeagentur GmbH, München Beratung Claudia Schwecke Konzeption Ulla Müller-Frey Creative Director Ulla Müller-Frey Art Director Steffen Esterle Producer Claudia Schwecke Text Martina Müller Grafik Steffen Esterle Fotografie Stock (Fotomontage)

VERBRAUCHSGÜTER / B2C

ALKOHOLISCHE GETRÄNKE

OUT OF HOME / MEDIEN

Cölner Hofbräu P. Josef Früh KG /
„Alles andere ist Fasching."

Früh Kölsch spricht die Sprache der Konsumenten und tritt stets in den Dialog mit den Kölnern. Der typische Früh-Humor wird gerade auf der jährlichen Außenwerbung auf hohem, kreativem Niveau kommuniziert.
Passend zur fünften Jahreszeit wurde in der Karnevalshochburg Köln das Plakat „Alles andere ist Fasching." geschaltet. Auf charmante Weise wird hier das Produkt zum Helden gemacht und das kölsche Lebensgefühl vermittelt.
Denn: Der echte Karneval wird natürlich nur in Köln gefeiert.

Kunde Cölner Hofbräu P. Josef Früh KG, Köln Werbeagentur Counterpart GmbH, Köln Beratung Judith Dobner Konzeption Judith Dobner Creative Director Matthias Behr Art Director Matthias Behr Text Uwe Clemens

VERBRAUCHSGÜTER / B2C

ALKOHOLISCHE GETRÄNKE

OUT OF HOME / MEDIEN

Fürstlich Fürstenbergische Brauerei GmbH & Co. KG /
Fürstenberg „Wir im Süden"

Die Traditionsmarke Fürstenberg positioniert sich im Kerngebiet Baden-Württemberg neu – als das „Bier des Südens". Die durchgängige Markenbotschaft „Wir im Süden" lädt die Premiummarke mit allen positiven und authentischen Attributen des Südens auf: Genuss, draußen leben, ungekünstelter Lebensstil. Mit dem Keyword „Wir" wird das Gemeinschaftsgefühl der Menschen im Süden betont.
Medien: CLP, Großfläche, Anzeigen, Funk, Messe, Events

Crossmedia _ Kunde Fürstlich Fürstenbergische Brauerei GmbH & Co. KG, Donaueschingen Geschäftsführung Georg Schwende Marketingleitung Regina Gerschermann Produktleitung Ivana Babic Leitung Öffentlichkeitsarbeit Ilona Zimmermann Events Susanne Reddemann Werbeagentur agenturwitt, Freiburg i. Br Konzeption Rainer Witt / Annette Mußotter Art Director Tim Dinger Text Rainer Witt Grafik Mirko Rieger Fotografie Thomas Weccard / Georg Antony Bildbearbeitung Edgar Mössinger

VERBRAUCHSGÜTER / B2C

ALKOHOLISCHE GETRÄNKE

FILM

Krombacher Brauerei Bernhard Schadeberg / Krombacher Weizen

Ein Spitzenweizen muss nicht zwangsläufig aus Bayern kommen. Das ist der Anspruch von Krombacher an sein Produkt und auch an seine Kommunikation. Was liegt daher näher, als einen „Adoptiv-Bayern“ wie Mehmet Scholl als überzeugendes Testimonial einzusetzen. Weizengenuss, bei dem man sich nur ungern stören lässt. Getreu dem Motto: „Überzeugend gut. Das Weizen aus Krombach.“

Kunde Krombacher Brauerei Bernhard Schadeberg GmbH & Co. KG, Kreuztal-Krombach Geschäftsführung Uwe Riehs Marketingleitung Andreas Scholten / Lars Dammertz Werbeagentur Wensauer & Partner GmbH, Ludwigsburg Beratung Cornelia Frech Creative Director Norbert Graf / Stefan Mattes Art Director Norbert Graf / Gregor Huhle Text Stefan Mattes Filmproduktion Bubbles Film GmbH Producer Eugen Stemmle Regie Andreas Schäfer Kamera Andreas Schäfer

VERBRAUCHSGÜTER / B2C

ALKOHOLISCHE GETRÄNKE

OUT OF HOME / MEDIEN

Privatbrauerei Ganter / Freiburger Pilsner

Freiburger Pilsner, ein Bier wie seine Stadt!
CLP und GF in 3 Flights pro Jahr, in und um Freiburg.

Kunde Privatbrauerei Ganter GmbH & Co. KG, Freiburg i. Br. Geschäftsführung Detlef Frankenberger / Hartmut W. Martin Marketingleitung Katharina Ganter-Fraschetti Werbeleitung Sarah Gremmelspacher Werbeagentur DIE CREW AG Werbeagentur, Stuttgart Beratung Martin Süßmuth / Philipp Everts Creative Director Karsten Truelsen Art Director Vladimir Novikov Text Werner Waltenberger Fotografie Münch Lichtbildnerei / Holger Münch

VERBRAUCHSGÜTER / B2C

ALKOHOLISCHE GETRÄNKE

OUT OF HOME / MEDIEN

SABMiller Brand Europe / Tyskie
Lehnwörter-Kampagne

In Deutschland leben gut 3 Mio. Menschen polnischer Abstammung. Stolz auf die Heimat sind sie allemal, jedoch eher im Verborgenen. Und da kommt Tyskie daher, Polens Bier Nr. 1, und wirbt ganz öffentlich auf Plakaten mit seiner Herkunft und Qualität. Die Zielgruppe fühlt sich bestärkt und freut sich besonders über ein polnisches Wort in jeder Headline, das es auch im Deutschen gibt. So gewinnt Tyskie mit Völkerverständigung neue Freunde – auf Facebook heute 20-mal so viele wie vor der Kampagne.

Kunde SABMiller Brand Europe a.s. Niederlassung Deutschland, Köln Geschäftsführung Frank Höhler Marketingleitung Raul Alarcon Produktleitung Alexander Schacht Werbeagentur Intevi Werbeagentur GmbH, Köln Beratung Jürgen Schönberger Konzeption Gerd Kaspar Creative Director Dieter Groll Art Director Mareike Milz Text Gerd Kaspar Grafik Nicole Peters / Bernd Schneider Marketingberatung Schönbergerteam

VERBRAUCHSGÜTER / B2C

ALKOHOLISCHE GETRÄNKE

PRINT

Tucher Bräu / Nürnberger Pils

Nürnberger Pils ist eine außergewöhnliche Bierinnovation von Tucher; sein Geheimnis beruht auf einem speziellen Brauverfahren: Es wird bei minus 1 °C extra kalt gehopft. Die zusätzliche Hopfengabe und eine besonders lange Reifezeit verleihen dieser Bierspezialität ihren besonders milden und ausgewogenen Charakter. In der Anzeigenkampagne wird der USP von Nürnberger Pils auf mystische Weise inszeniert: Eine „Hopfenfee" präsentiert das Produkt mit verführerischem Blick.

Kunde Tucher Bräu GmbH & Co. KG, Fürth Marketingleitung Kai Eschenbacher Werbeagentur Bloom Project GmbH, Nürnberg Beratung Frank Deschner Creative Director Stefan Maier-Wimmer Art Director Felix Kerscher / Markus Walter Text Dieter Scheuerer Reinzeichnung Sven Pirner / André Krenz

VERBRAUCHSGÜTER / B2C

ALKOHOLISCHE GETRÄNKE

PRINT

Weingut Blankenhorn / Amando

Die VDP-Winzerin Roy Blankenhorn überrascht immer wieder mit neuen Weinkreationen, die nicht nur geschmacklich überzeugen, sondern auch einen ideellen Mehrwert vermitteln. Ihr neuestes Werk ist ein nach portugiesischer Tradition und Kunst erzeugter Dessertwein, der jedoch laut Weingesetz nicht als Portwein bezeichnet werden darf. Name, Ausstattung und Printkampagne spielen daher ganz bewusst mit Portweinassoziationen – und prophezeien ein verlockendes kulinarisches Abenteuer!

Amando, ein echter badischer Ruby: Handverlesener Merlot vom Schliengener Sonnenstück, durch Aufspritung mit hochprozentigem, hauseigenem Destillat im Gärprozess gestoppt und anschließend im Barrique ausgebaut. Frisch, dunkel, rubinrot, mit konzentrierten Tanninen, passt er fein zu reifem Käse, süßem Gebäck, dunkler Schokolade – und durchaus auch zu Pfeffersteak! Ein Premium-Dessertwein, der seiner Herkunft wegen nicht Portwein heißen darf – doch umso besser schmeckt! Weingut Blankenhorn, Basler Straße 2, 79418 Schliengen, Tel. 07635 8200-0, info@weingut-blankenhorn.de, www.weingut-blankenhorn.de

Kunde Weingut Blankenhorn, Schliengen Geschäftsführung Roy Blankenhorn Werbeagentur DRWA Das Rudel Werbeagentur GbR, Freiburg i. Br. Beratung Carola Sailer Creative Director Borris Mayer Art Director Andreas Heinzelmann Text Christine Müller Fotografie Christoph Schmotz

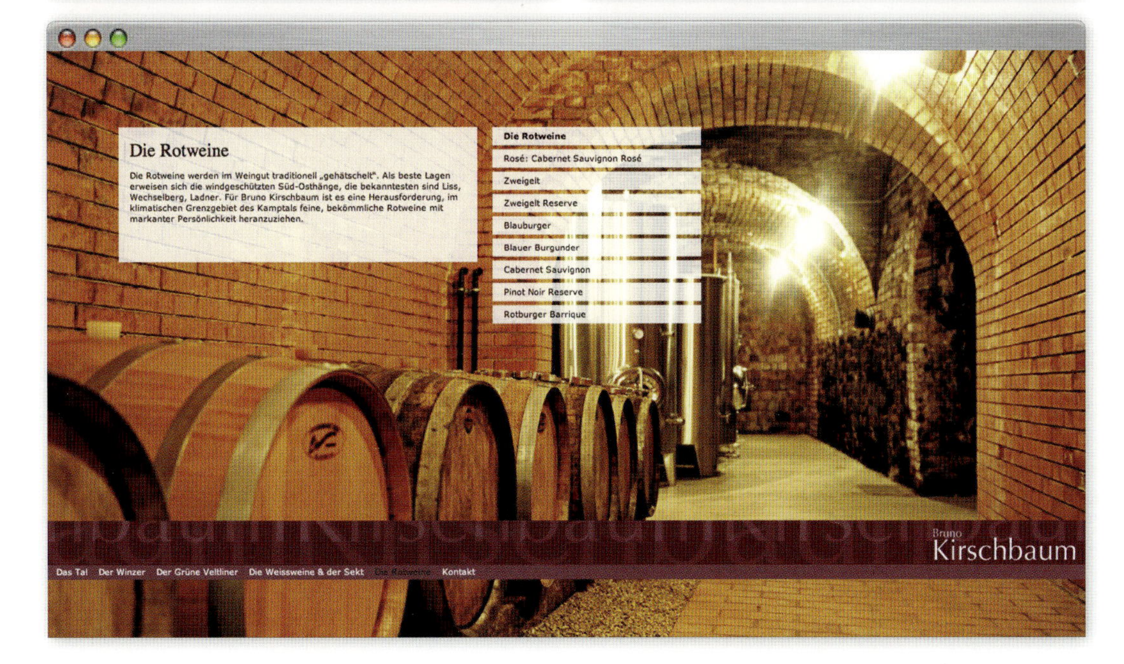

VERBRAUCHSGÜTER / B2C

ALKOHOLISCHE GETRÄNKE

DIGITALE MEDIEN / UNTERNEHMENS-/ORGANISATIONS-WEBSEITEN

Weingut Bruno Kirschbaum /
www.weingut-kirschbaum.at

Der traditionelle Weinbau des elterlichen Betriebes begleitet Bruno Kirschbaum seit seiner Kindheit – der Tradition bleibt er bis heute treu und würzt sie mit jungen und innovativen Ideen. Die Prämierung zum „Champion Langenlois 2012" und die Nominierung „SALON Österreich Wein 2012" lässt seine Arbeit Früchte tragen.
Mit dieser Harmonie und besonderen Atmosphäre präsentiert Ender Werbung in einem jungen, frischen Webauftritt dem Weinliebhaber die zu erwartenden Gaumenfreuden.

www.weingut-kirschbaum.at

Kunde Weingut Bruno Kirschbaum GmbH, Langenlois (Österreich) Geschäftsführung Bruno Kirschbaum Werbeagentur Ender Werbung GmbH & Co KG, Lustenau (Österreich) Beratung / Konzeption / Creative Director Mag. Simon Ender Art Director / Programmtechnische Umsetzung Sascha Retschitzegger

SCA HYGIENE PRODUCTS GMBH

„40 JAHRE PLAYBOY, TEMPO SAGT DANKE!“

TEAM KONZEPT SERVICE GMBH DESIGN & PLANNING / MÜNCHEN

01 Bernd Mayer
02 Marcus Schmidt

01

02

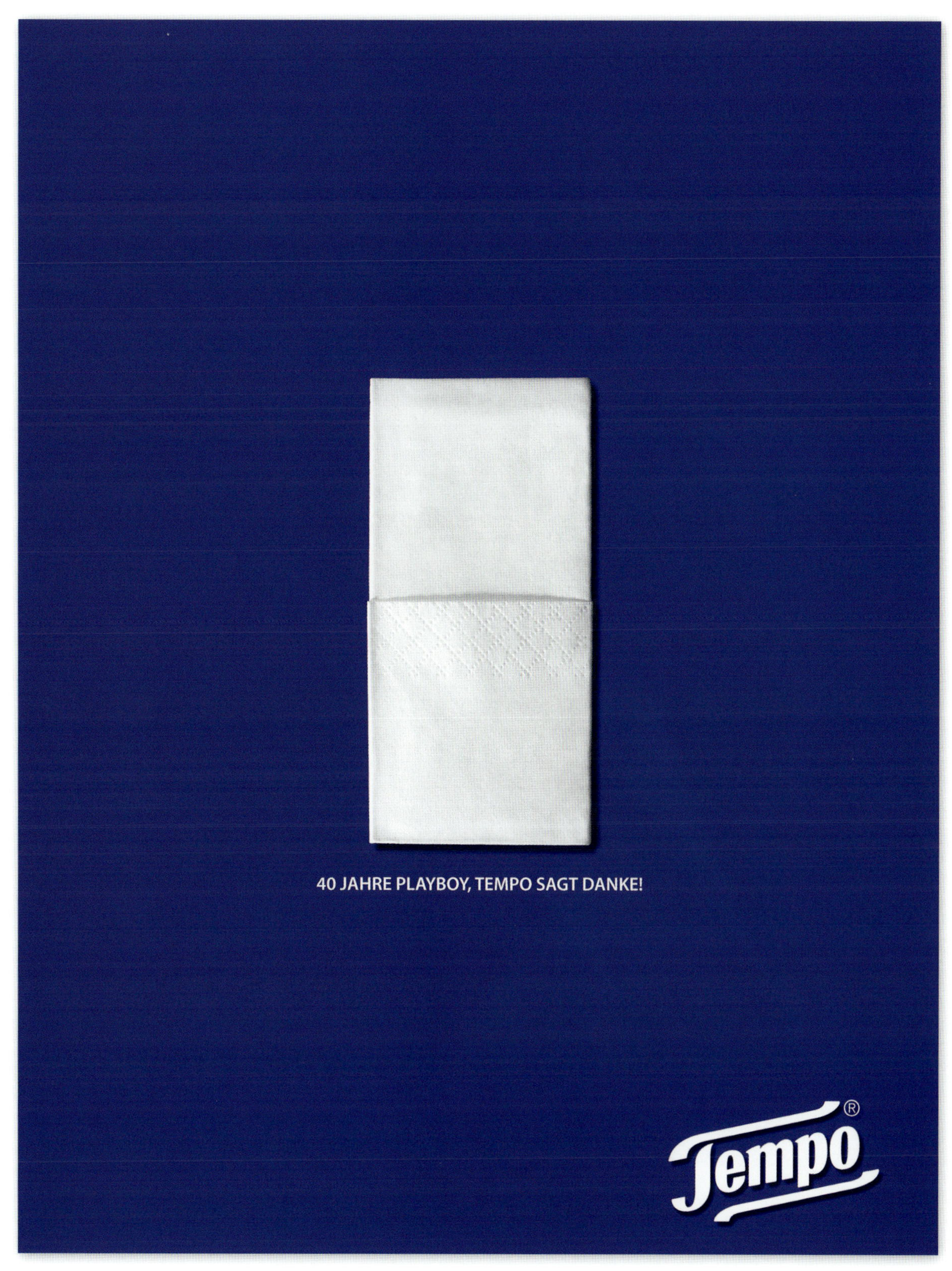

VERBRAUCHSGÜTER / B2C

KÖRPERPFLEGE UND KOSMETIK

PRINT

SCA Hygiene Products GmbH /
„40 JAHRE PLAYBOY, TEMPO SAGT DANKE!“

Wenn ein Männermagazin 40 Jahre alt wird, ist das ein Grund zum Feiern. Wenn der „Playboy“ seinen 40. Geburtstag in Deutschland feiert, ist die Liste der Gratulanten entsprechend lang – und einer davon hat schlicht und ergreifend allen Grund, dem Titel zutiefst dankbar zu sein. Das finden wir jedenfalls, die Kreativen bei TEAM KONZEPT.

Kunde SCA Hygiene Products GmbH, Mannheim Marketingkommunikation Stefan Oberndörfer Werbeagentur TEAM KONZEPT SERVICE GMBH DESIGN & PLANNING, München

VERBRAUCHSGÜTER / B2C

KÖRPERPFLEGE UND KOSMETIK

DIGITALE MEDIEN / PRODUKT-/SERVICEWEBSEITEN

Johnson & Johnson GmbH
REGAINE® / Website-Relaunch

Mit der neuen REGAINE®-Website bietet die Johnson & Johnson GmbH Usern browserbasiert per Tablet oder per Smartphone jederzeit Zugriff auf relevante Informationen. Die verwendete Responsive-Technologie unterstützt sowohl am PoS via QR-Codes als auch im Vertrieb als mobile Informationszentrale. Durch die neue Verknüpfung zu Dermatologen, stationären Apotheken und Versandapotheken bietet REGAINE® Usern verstärkt Beratung und Services, die während der Anwendung begleitend Sicherheit schaffen.

www.regaine.de

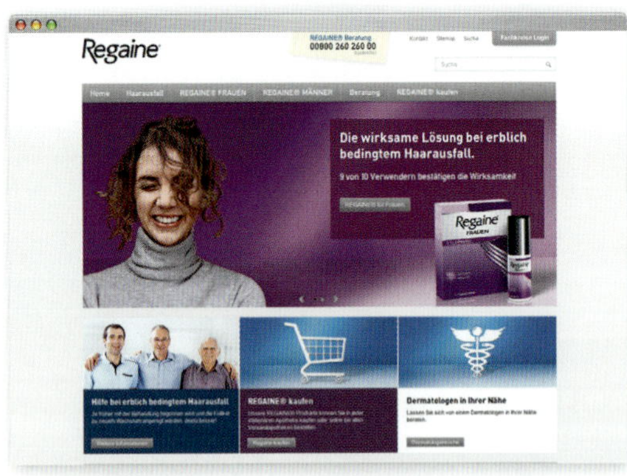

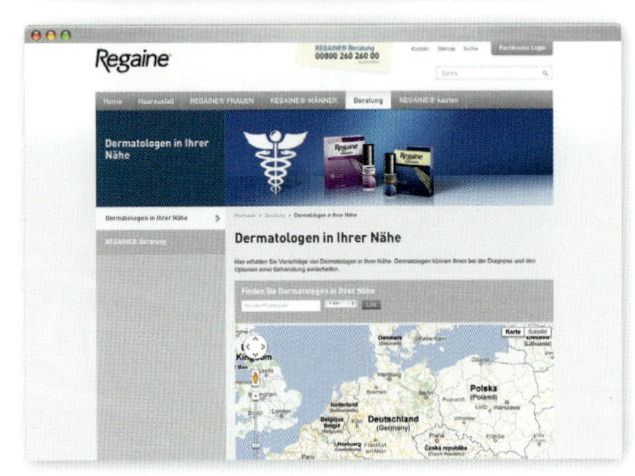

Kunde Johnson & Johnson GmbH, Neuss Marketingleitung Sarah Ali (Senior Brand Manager) / Laura Kawulycz (Marketing) Werbeagentur TWT Interactive GmbH, Düsseldorf Beratung Vera Sandmann (Senior Projektmanagerin) / Corinna Kießling (Projektmanagerin) / Dinah Erdmann (Account Director) Creative Director Oliver Gelbrich (Creative Director) Art Director Christian Hohn (Art Director) Producer Michael Feinbier (Technical Lead Entwicklung) / Frank Vieweg (Frontend Entwickler) Text Katharina Vogedes (Online-Redakteurin) / Oliver Lockowandt (Projektmanager Online-Marketing) Grafik Ramona Hinz (Webdesignerin) / Annika Hilbk (Webdesignerin)

VERBRAUCHSGÜTER / B2C

KÖRPERPFLEGE UND KOSMETIK

PRINT

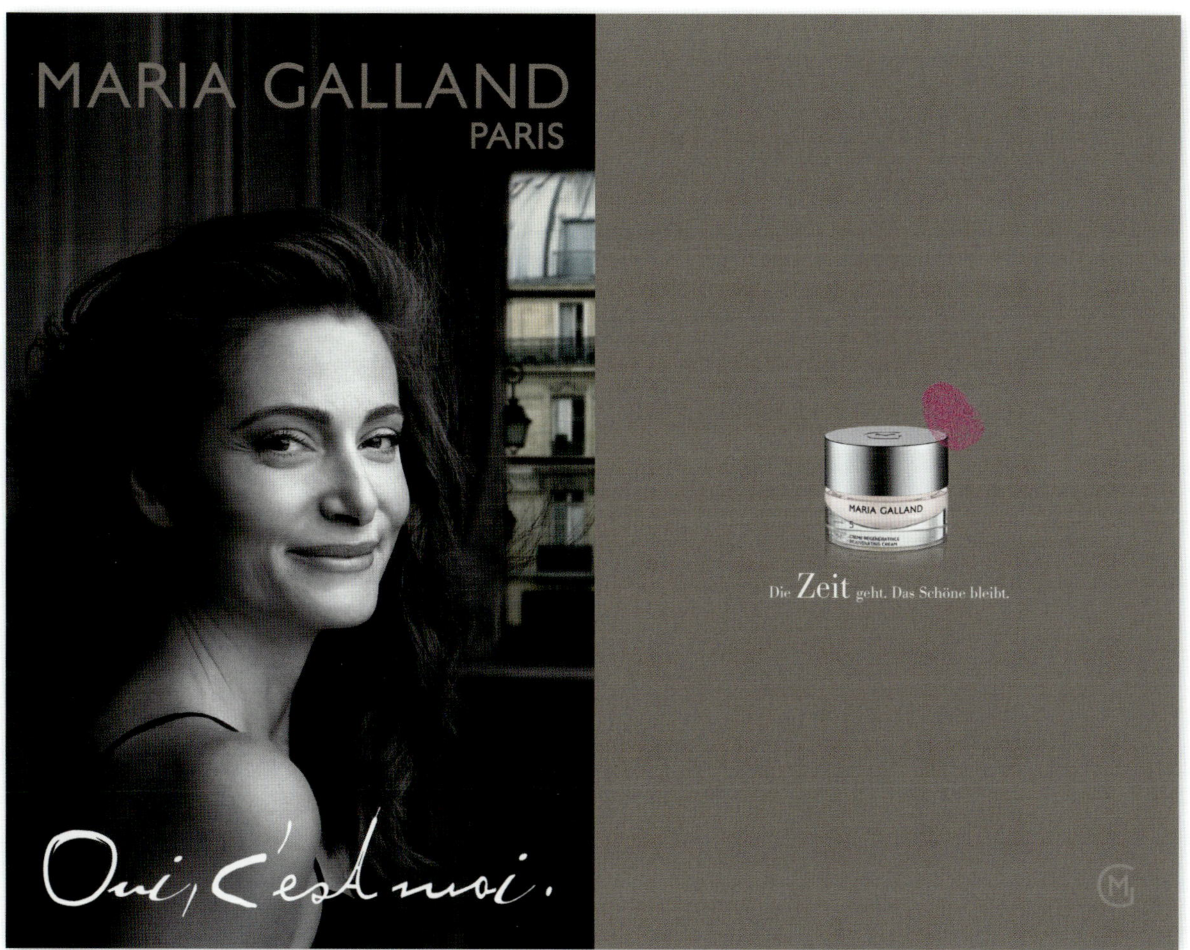

MARIA GALLAND / Anzeigen

Seit 50 Jahren widmet sich die Premiummarke MARIA GALLAND der Aufgabe, die innere und äußere Schönheit ihrer Kundinnen in Einklang zu bringen. Seit über einem Jahr steht ihr dabei DIE CREW AG zur Seite. Mit einer Kampagne, die den französischen Ursprung der Marke auf außergewöhnliche Weise belebt: eine Hommage an die Frau ab 40 und ihre ganz persönlichen Bedürfnisse und Besonderheiten. Mit Esprit und Élégance spiegelt sich das neue Selbstbewusstsein in allen Werbemitteln wider.

Kunde MARIA GALLAND GmbH, München Geschäftsführung Karl-Heinz Geiger Marketingleitung Christine Berliner Werbeagentur DIE CREW AG Werbeagentur, Stuttgart Beratung Kirstin Killmaier Creative Director Günter Bitter Text Carolin Hagebölling Strategische Planung Anna-Luise Pielsticker

VERBRAUCHSGÜTER / B2C

KÖRPERPFLEGE UND KOSMETIK

DIGITALE MEDIEN / SOCIAL-MEDIA-AKTIVITÄTEN

Schwarzkopf & Henkel GmbH /
Fa „Komm ins Faradies!“

Die Marke Fa schickt ihre Fans ins Faradies: Breit angelegte Facebook-Jahrespromotion in Kooperation mit der TUI, verlängert in alle relevanten Kommunikationskanäle. Unterstützt wurde die erfolgreiche Promotion durch TV-Tagons, Handels- und Testpromotions, Edgar Cards, Anzeigen und Ambient Media in TUIfly-Fliegern. Fast 30.000 Fans haben insgesamt über 57.000 Faradiesteams gegründet, um die begehrten Reisen und weitere Preise zu ergattern. Die Fanzahl konnte dadurch verdreifacht werden.

Fa Facebook-Fans konnten mit ihren Freunden Faradiesteams gründen und sich so um drei absolut außergewöhnliche TUI Reisen in die faradiesischsten Orte der Welt bewerben: Costa Rica, Hawaii und die Malediven.

www.facebook.com/fadeutschland

Kunde Schwarzkopf & Henkel GmbH, Düsseldorf Marketingleitung Simone Gudlick Werbeagentur revo. GmbH, Köln Beratung Andreas Renardy Konzeption Nina Goldhammer / Annika Wakup Creative Director Nina Goldhammer Art Director Sebastian Adam Text Annika Wakup Grafik Monika Stuppin Etat Director Knut Zimmermann Social-Media-Management Annika Wakup

VERBRAUCHSGÜTER / B2C

WEITERE VERBRAUCHSGÜTER

FILM

Henkel / Spee „2in1 Gel"

Die Kampagne „2in1 Gel" soll überzeugend klarmachen: ein Produkt für zwei Ansprüche!
Genau richtig für die preis- und qualitätsbewusste Zielgruppe von Spee, die saubere Wäsche und den typischen Duft eines Weichspülers bevorzugt, ohne für zwei Produkte bezahlen zu müssen.
Zur integrierten Kampagne gehören neben starker TV-Werbung, PoS-Poster, Online-Banner und Sachets.
Spee – der Weg von einer regionalen (ostdeutschen) über eine nationale Marke zu einem internationalen Markenkonzept.

In dem TV-Spot „2in1" hat ein Zwillingspaar unterschiedliche Vorlieben:
Die eine ist der Genießertyp und liebt den Duft von Weichspüler – die andere mag ihre Wäsche ganz einfach sauber und frisch! Aber dafür zwei Produkte? Nicht mit dem Spee-Fuchs, nicht mit der smarten Zielgruppe von Spee. Für die gibt es jetzt das überzeugende Spee „2in1" – Die schlaueste Verbindung von Waschmittel und Weichspülerduft. Damit kann man selbst Zwillinge zufriedenstellen, die auch mal unterschiedlicher Meinung sind!

Integrierte Kampagne _ Kunde Henkel AG & Co. KGaA, Düsseldorf Vorstand Kasper Rorsted (Vorsitzender) / Jan-Dirk Auris / Carsten Knobel / Hans Van Bylen / Bruno Piacenza / Kathrin Menges Marketingleitung Andreas Hartleb / Federica Berardo / Jeffrey Huffman / Eckhard von Eysmondt Produktleitung Eva Maria Zipperer / Melanie Henkemeyer / Özden Sevimli Werbeagentur stöhr, MarkenKommunikation GmbH, Düsseldorf CEO und Strategie Jürgen Stöhr Beratung Henrique da Rosa / Saskia Choinowski Konzeption Michael Steeger Creative Director Michael Steeger Art Director Rolf Ringelhan Producer Christiane Wilhelm Text Thorsten Kragl Grafik Sanjita Singh Filmproduktion New ID Filmproduktion GmbH Producer Gitte Schilly Regie Peter Kleine Kamera Arne Schiel Schnitt Nina Stangl (Chamaeleon Digital Vision GmbH) Musik Peter Riese (Komponist) / Peter Krick & Timo Bader (Arrangeure) Animation Studio be animation

VERBRAUCHSGÜTER / B2C

WEITERE VERBRAUCHSGÜTER

DIGITALE MEDIEN / ONLINE-WERBEMITTEL

Henkel / Spee „2in1 Gel“

Auch per Online-Banner wurde der Launch des Spee „2in1 Gels“ kommuniziert. Die Kombination aus Waschmittel und Weichspülerfrische wurde über ein Demo-Visual plakativ visualisiert. Die Zielgruppe: preis- und zugleich qualitätsbewusste Waschmittelverwender. Das Banner fordert zum Testen des „2in1 Gels“ auf, das die Vorzüge von Waschmittel und Weichspülerfrische praktisch und preisgünstig kombiniert. Geschaltet auf zielgruppenrelevanten Websites.

Das Banner erläutert textlich und visuell die Besonderheit des neuen Spee „2in1 Gels“: Unter dem Produktclaim „Sauberkeit trifft Weichspülerfrische“ wird das animierte Demo-Visual eingeleitet: Auf einen Strahl Waschmittelgel, das Symbol für Sauberkeit, treffen Pfingstrosenblüten, die die Weichspülerfrische visualisieren. Beides vereint sich zum neuen „2in1 Gel“, das in die Flasche fließt. Das Banner schließt ab mit einer Aufforderung zum Testen.

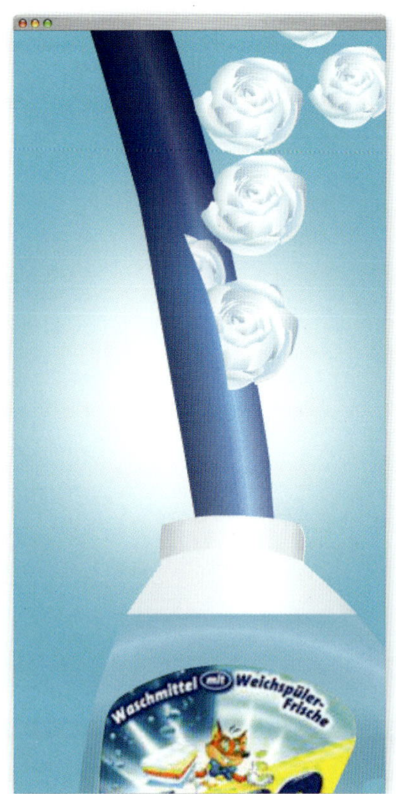

Integrierte Kampagne _ Kunde Henkel AG & Co. KGaA, Düsseldorf Vorstand Kasper Rorsted (Vorsitzender) / Jan-Dirk Auris / Carsten Knobel / Hans Van Bylen / Bruno Piacenza / Kathrin Menges Marketingleitung Andreas Hartleb / Federica Berardo / Jeffrey Huffman / Eckhard von Eysmondt Produktleitung Eva Maria Zipperer / Melanie Henkemeyer / Özden Sevimli Werbeagentur stöhr, MarkenKommunikation GmbH, Düsseldorf CEO und Strategie Jürgen Stöhr Beratung Henrique da Rosa / Saskia Choinowski Konzeption / Creative Director Michael Steeger Art Director Rolf Ringelhan Text Thorsten Kragl Grafik Sanjita Singh Digitale Markenkommunikation freshcells systems engineering GmbH

VERBRAUCHSGÜTER / B2C

WEITERE VERBRAUCHSGÜTER

PROMOTION / MITTEL

Henkel / Spee „2in1 Gel“

Am PoS und in Modegeschäften kommen Poster und Sachets zum Einsatz: Das medienübergreifende Demo-Visual erklärt auch hier auf plakative Weise die Kombination von Waschmittel und Weichspülerfrische. Die Zielgruppe: preis- und zugleich qualitätsbewusste Waschmittelverwender. Es wird zum Testen des Spee „2in1 Gels“ aufgefordert, das die Vorzüge von Waschmittel und Weichspülerfrische praktisch und preisgünstig kombiniert.

Integrierte Kampagne _ Kunde Henkel AG & Co. KGaA, Düsseldorf Vorstand Kasper Rorsted (Vorsitzender) / Jan-Dirk Auris / Carsten Knobel / Hans Van Bylen / Bruno Piacenza / Kathrin Menges Marketingleitung Andreas Hartleb / Federica Berardo / Jeffrey Huffman / Eckhard von Eysmondt Produktleitung Eva Maria Zipperer / Melanie Henkemeyer / Özden Sevimli Werbeagentur stöhr, MarkenKommunikation GmbH, Düsseldorf CEO und Strategie Jürgen Stöhr Beratung Henrique da Rosa / Saskia Choinowski Konzeption / Creative Director Michael Steeger Art Director Rolf Ringelhan Text Thorsten Kragl Grafik Sanjita Singh

DAIMLER AG, MERCEDES-BENZ

SL Roadster „Zeitreise“

PIXELPARK AG / ELEPHANT SEVEN UNTERNEHMENSGRUPPE GMBH / BERLIN

01 Katja Borsdorf
02 Julia Molina
03 Nils Liedmann
04 Oliver Baus
05 Christian Beyer

03

01

04

02

05

GEBRAUCHSGÜTER / B2C

AUTOMOBIL / PKW

DIGITALE MEDIEN / MOBILE MARKETING

Daimler AG, Mercedes-Benz / SL Roadster „Zeitreise"

Zur Neuauflage des Mercedes-Benz SL sollte ein besonderes Werbemittel entwickelt werden, das auch auf mobilen Endgeräten die Highlights des legendären Luxus-Roadsters präsentiert. Statt nur die Vorzüge des neuen SL zu inszenieren, entwickelten wir eine iPad-Anzeige, die den User darüber hinaus auf eine Reise in die Vergangenheit einlädt, um die Faszination der 60-jährigen SL-Historie zu zelebrieren.

www.bannertool.de/upload/awards/2012/e7/mercedes-benz_zeitreise_120717/zeitreise.html

Kunde Mercedes-Benz Vertrieb Deutschland AG, Berlin Produktleitung Nancy Weitling Werbeagentur Pixelpark AG / Elephant Seven Unternehmensgruppe GmbH, Berlin Creative Director Oliver Baus Art Director Katja Borsdorf Text Julia Molina / Nils Liedmann Programmierung Christian Häringer / Christian Beyer

GEBRAUCHSGÜTER / B2C

AUTOMOBIL / PKW

FILM

BMW AG / BMW 1er „Fahrerlebnisschalter“

Dank des serienmäßigen Fahrerlebnisschalters im neuen BMW 1er 3-Türer hat der Fahrer immer die Wahl, wie er sein Ziel erreichen möchte: noch dynamischer im SPORT MODUS oder besonders effizient im ECO PRO MODUS. Die Aufgabe: im Rahmen der BMW 1er 3-Türer-Launchkampagne diese außergewöhnliche BMW Technologie mit aufmerksamkeitsstarken Online-Filmen zu bewerben.

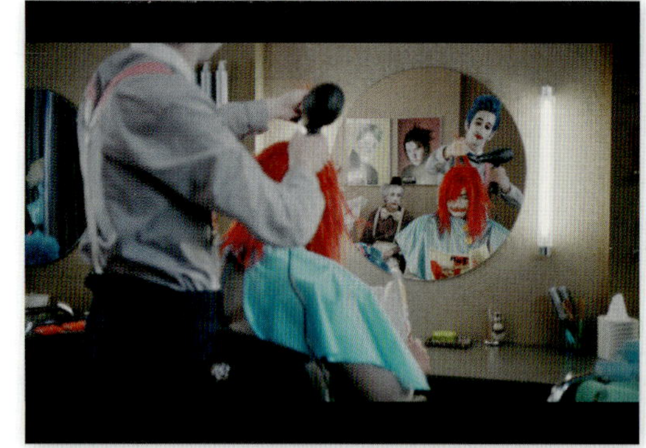

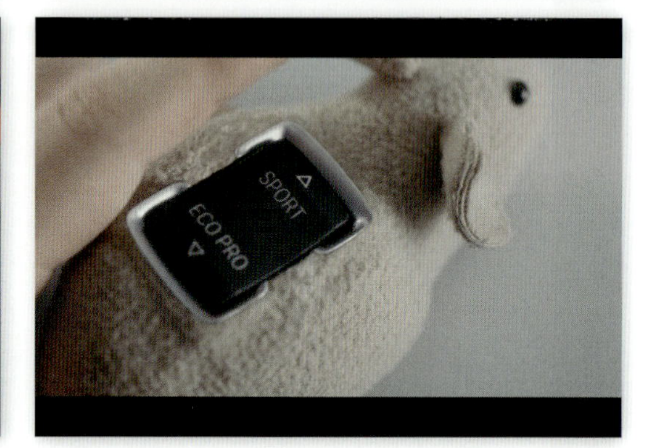

Kunde BMW AG Vertrieb Deutschland, München Marketingleitung Johannes Seibert Leiterin Marketingkommunikation Vertrieb Deutschland Carola Erlewein Marketingkommunikation Dr. Hans-Peter Ketterl Werbeagentur serviceplan gruppe gmbh & co. kg, München Beratung Carolin Meyer Creative Director Hendrik Schweder / Marc Vosshall Art Director Kathrin Zientarra / Felix von Pless / Christopher Hanebuth Producer Corinna Nugent Text Michael Pilzweger Chief Creative Officer Alexander Schill Executive Creative Director Maik Kaehler / Christoph Nann Filmproduktion BIG-FISH FILMPRODUKTION GmbH Producer Oliver Marquardt Regie Micky Sülzer Kamera Carlo Jelavic Schnitt Candy Mountain GmbH Music Producer / Sound Design nhb Hamburg Music Producer / Sound Design Massive Music (nur für den Spot Seifenblasen) Special Effects / Online Uncle Berlin GmbH & Co. KG

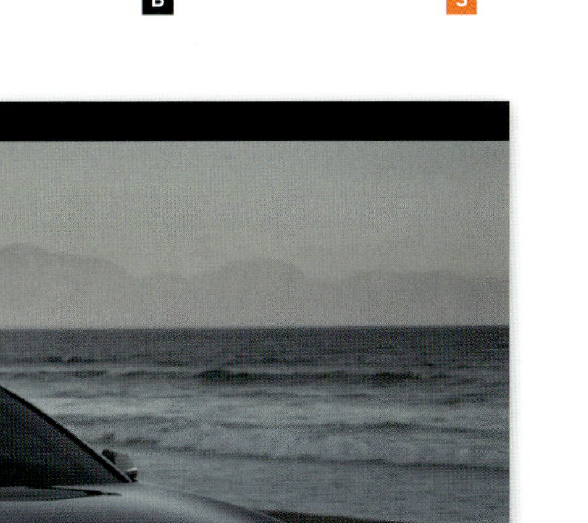

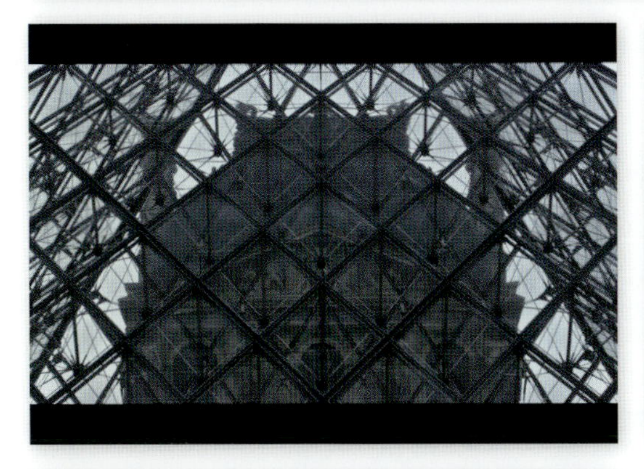

GEBRAUCHSGÜTER / B2C

AUTOMOBIL / PKW

FILM

BMW AG / BMW 7er „Souveränität"

Der BMW 7er ist das Flaggschiff der BMW-Flotte. Er steht für absolute Souveränität und Exklusivität.
Das sollte für die globale Kommunikation in den Mittelpunkt gestellt werden. Aufgabe war es, sich von der Konkurrenz abzugrenzen und den BMW 7er als Statement natürlicher Präsenz zu positionieren.

Wahre Größe braucht nichts zu beweisen. Wahre Souveränität braucht keine Argumente. Die echte Nummer 1 braucht keinen Konkurrenzkampf.
Echte Exklusivität äußert sich durch natürliche Präsenz und Erhabenheit.
Der neue BMW 7er-Spot zeigt keinen Claim, kein Testimonial und keine Technikfeatures. Es wird kein Wort über das Auto selbst verloren – hochästhetische Aufnahmen des Automobils und anderer Ikonen machen klar: „Es bedarf keines einzigen Wortes, damit alles gesagt ist."

Kunde BMW AG Vertrieb Deutschland Werbung, Medien und Product Placement, München Leiterin Marketingkommunikation Vertrieb Deutschland Carola Erlewein Head of International Advertising Wolfgang Breyer Teamleiter internationale Kreation und Werbung Wolfgang Gross Werbeagentur serviceplan gruppe gmbh & co. kg, München Beratung Florian Klietz / Maximilian Tauschke Art Director Roman Becker Producer Christoph Köhle / Aisha Blackwell / Sandra Niessen Text Andreas Schriewer Chief Creative Officer Alexander Schill Executive Creative Director Maik Kaehler / Christoph Nann Filmproduktion TEMPOMEDIA Filmproduction GmbH Producer Acki Heldens Regie Bruno Aveillan Schnitt Fédérique Olszak Musik Raphael Ibanez de Garayo, milligramme production Online digital district Tonstudio nhb ton GmbH, Hamburg

GEBRAUCHSGÜTER / B2C

AUTOMOBIL / PKW

OUT OF HOME / MEDIEN

BMW AG / BMW
„EfficientDynamics Skulptur"

Das Technologiepaket, mit dem jeder BMW ausgestattet ist, vereint zwei Widersprüche: Bei reduziertem Verbrauch erzeugt es gleichzeitig mehr Leistung und BMW-typische Fahrfreude. Diesen Widerspruch visualisierten wir in einer 8 Meter großen Skulptur in der BMW Welt, München: Scheinbar abstrakte Formen auf einem Sockel stellen, von unterschiedlichen Blickwinkeln betrachtet, konträre Aussagen dar. Von der einen Seite liest man EFFICIENT. Wechselt man den Blickwinkel, liest man DYNAMICS.

Kunde BMW Group AG, München Head of Campaigns, Content Development and Web Marketing Wolfgang Breyer BMW Group, VB-32, Campaigns Wolfgang Groß Werbeagentur serviceplan gruppe gmbh & co. kg, München Beratung Florian Klietz / Kristian von Elm Producer Florian Panier (Creative Producer) / Bianca Schreck (Agency Producer) Chief Creative Officer Alexander Schill Executive Creative Director Maik Kaehler / Christoph Nann Produktionsfirma INCH DESIGN SERVICE GmbH

GEBRAUCHSGÜTER / B2C

AUTOMOBIL / PKW

FILM

BMW AG / BMW „xDrive Village"

Um die Fähigkeiten des intelligenten Allradsystems BMW xDrive zu bewerben, erschufen wir den Ort mit den extremsten Wetterbedingungen der Welt: xDrive Village. In TV, Print und Online-Medien zeigten wir, dass BMW xDrive auch unter den widrigsten Umständen die beste Wahl ist.
Chart: BMW xDrive. Erhältlich in 46 Modellen.

Kunde BMW AG, München Leiter Werbung, Medien und Product-Placement Dr. Hans-Peter Ketterl BMW Group, VB-32, Campaigns Wolfgang Groß Regional Marketing Manager BMW of North America Kristen McKillips Werbeagentur serviceplan gruppe gmbh & co. kg, München Beratung Philipp Ernsting / Julia Thoemen / Stephanie Haider Konzeption Christoph Koehler (Agency Producer) Art Director Till Diestel Text Marc Vosshall Chief Creative Officer Alexander Schill Executive Creative Director Maik Kaehler / Christoph Nann Produktionsfirma Markenfilm GmbH & Co. KG Filmproduktion Markenfilm GmbH & Co. KG Producer Johannes Bittel (Managing Partner) / Cornelius Roenz (Executive Producer) / Claudia Westermann (Producer) / Hanna Duin / Lisa Hadeler (Producer Assistant) Regie Marc Schoelermann (Regie) / Paul Gray (1st AD) / Felix Werle (Aufnahmeleitung D) / Monika Nuechtern (Art Department D) Kamera Sebastian Pfaffenbichler Serviceproduktion BAS Production D.O.O. Postproduktion PIXOMONDO

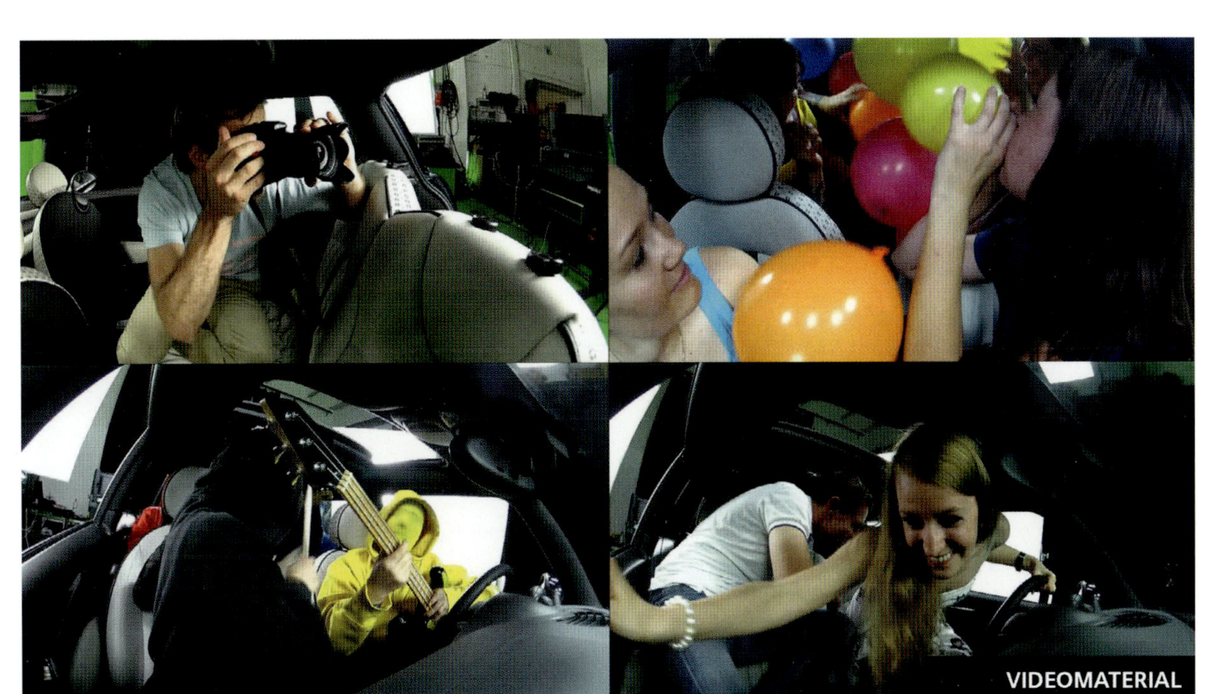

GEBRAUCHSGÜTER / B2C

AUTOMOBIL / PKW

OUT OF HOME / MEDIEN

BMW AG / Mini „Not normal. Das MINI Heckscheiben TV"

Aufgabe: „NOT NORMAL" heißt die neue Kampagne von MINI. Diese sollte mit einer innovativen Sonderwerbeform in Städten unterstützt werden und auf die Website von MINI leiten.

Idee: MINI fahren durch die Stadt, und ihre Insassen tun dabei lauter verrückte Dinge, die eigentlich beim Fahren verboten sind.

Umsetzung: Wir drehten vorab verrückte Situationen in den MINI, und spielten diese dann über ein Mischprogramm zusammen mit dem Livebild der Straße durch Monitore in den Heckscheiben aus.

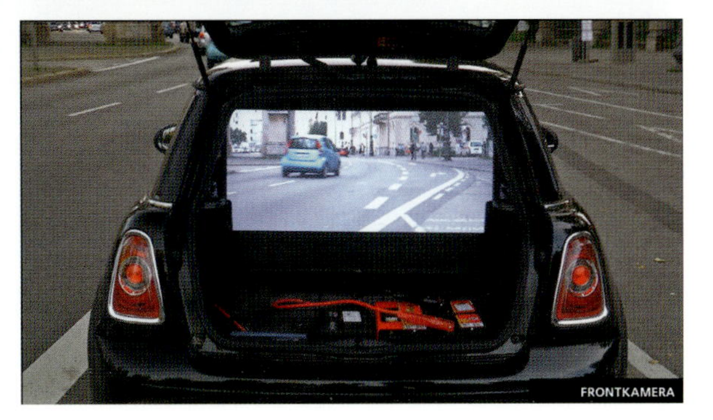

Kunde BMW Group AG, München Marketingleitung Florian Baumeister Werbeleitung Natascha Becker Werbeagentur mediaplus gruppe/serviceplan gruppe gmbh & co. kg, München Beratung Matthias Reißl / Demmler Demmeler Creative Director Ekki Frenkler Art Director Ekki Frenkler / Hans Zieringer Producer Arkin Mertoglu Text Ekki Frenkler Grafik Hans Zieringer Fotografie Alan Grund Chief Creative Officer Alexander Schill

GEBRAUCHSGÜTER / B2C

AUTOMOBIL / PKW

FILM

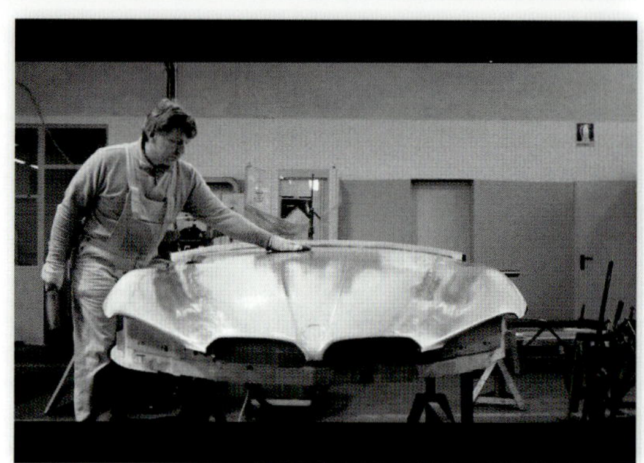

BMW AG / Zagato Coupé, Imagefilm

Der Imagefilm des BMW Zagato Coupé eröffnete die BMW Veranstaltung des Concorso d'Eleganza, auf dem das Einzelstück erstmalig vorgestellt wurde. Der Film wurde an die designaffine Presse verteilt und auf BMW.tv ausgestrahlt. Ziel war es, tiefe Einblicke in die Gedankenwelt der Designer zu eröffnen und in die leidenschaftliche Handwerkskunst, die hinter diesem handgefertigten Einzelstück steht.

Das BMW Zagato Coupé ist ein handgefertigtes Einzelstück, das traditionelle, aufwendige Fertigungsprozesse mit dynamischem Design verbindet. Der begleitend zum Fahrzeug entstandene Film soll einen tieferen Blick auf die Zusammenarbeit zwischen dem Mailänder Karosseriebauer Zagato und BMW ermöglichen und den intensiven Designdialog, aus dem das BMW Zagato Coupé entstanden ist, erlebbar machen.
Der erste Teil des Films führt im Gespräch der Designer durch den Prozess. Er zeigt in Schwarz-Weiß-Bildern die außergewöhnliche Handwerkskunst und die große Leidenschaft aller Beteiligten. Der zweite Teil stellt die Welt eines Automobilindividualisten in den Vordergrund. In seinem Wohnzimmer, einem Hangar, befinden sich ein altes Flugzeug und das rote BMW Zagato Coupé. Er erfasst das Fahrzeug mit seinen Sinnen und führt Zuschauer an das Design des Fahrzeugs heran. Der Film endet mit dynamischen Bildern vom BMW Zagato Coupé auf der Straße und unterstreicht die Bestimmung dieses Meisterstücks.

Kunde BMW Group AG, München Werbeagentur GOOD GUYS ENTERTAINMENT GmbH, Berlin Producer Pierre Günther Filmproduktion GOOD GUYS ENTERTAINMENT GmbH, Berlin Producer Pierre Günther Regie Maximilian Cress Kamera Max Penzel / Stefan Gohlke / Maximilian Cress / Uta Bodenstein / Till Jenninger Schnitt Max Kähni / Maximilian Cress / Inga Sagrodnik (Schnitt-Assistenz) Musik Beathoavenz Ton Frank Heidbrink Farbkorrektur Scanwerk / Peter Deinas / Flo Decker Licht Roger Altman / Jacob Pertz / Roman Breitmoser Kameraassistenz Marcus Baierlein / Johannes C. Revermann / Felix Schwarz / Martin Erdmann Kameratechnik ARRI Rental Germany Technik-Support M-quadrat GmbH

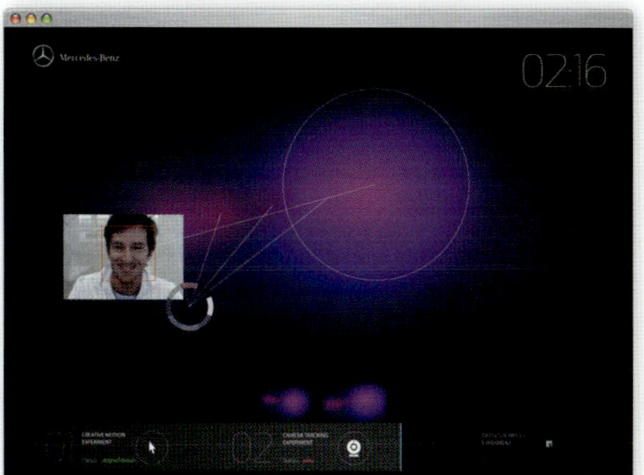

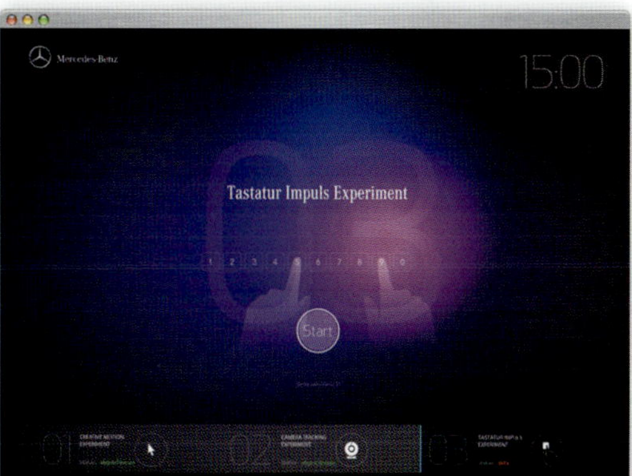

GEBRAUCHSGÜTER / B2C

AUTOMOBIL / PKW

DIGITALE MEDIEN / PRODUKT-/SERVICEWEBSEITEN

Daimler AG, Mercedes-Benz / Viano „Behind Fascination“

Was macht den Mercedes-Benz Viano so faszinierend? Diese Frage will die „Behind Fascination“-Kampagne beantworten. Ziel ist es, die Wahrnehmung und den Bekanntheitsgrad des Vianos zu erhöhen und ihn als Premium-Pkw bei (potenziellen) Van-Fahrern zu positionieren. Die Microsite behind-fascination.com soll vor allem das Bauchgefühl des potenziellen Käufers ansprechen. Ihre Aufgabe: die Anziehungskraft des Vianos online erlebbar machen und seine Vorzüge auf rein emotionaler Ebene vermitteln.

Untersuchungen mit Testfahrern haben gezeigt: Jedes Viano-Modell hat ein individuelles Faszinationsprofil. Und das lässt sich anhand körperlicher Reaktionen der Insassen wie Puls, Blutdruck und Adrenalinausstoß sogar messen und visualisieren. Diese Erkenntnisse sind Augangspunkt unserer Microsite.
Wir entwickelten interaktive Experimente, um mehr über das Temperament und die Persönlichkeit des Interessenten zu erfahren: Per Motion-, Kamera- und Tastatur-Tracking wird sein Eingabeverhalten beobachtet und in Farben, Formen und Klänge übersetzt. Diese Daten werden mit den Reaktionen der Testfahrer verglichen, die im Viano verschiedene Fahrsituationen von spannend bis entspannend erlebt haben.
Das Resultat: eine Modellempfehlung, die zum künftigen Fahrer passt – für Momente voller Faszination.

www.digitalschweinshaxe.net/awards/viano/deutsch/index.html

Kunde Mercedes-Benz AG, Stuttgart Marketing Yvonne Keller / Jennifer Sperrle Werbeagentur SYZYGY Deutschland GmbH, Frankfurt am Main Beratung Karin Wächtler (Business Unit Director) / Heiko Bieker (Key Account Manager) Creative Director Karen Rothweiler / Dominik Lammer Art Director Peter Sellinger (Senior Art Director) Text Georg Cockburn (Copywriter) Grafik Julian Ernst (Screendesigner) Programmer Michael Sattler Sounddesign Christian Meyer Sounddesign meyermal

GEBRAUCHSGÜTER / B2C

AUTOMOBIL / PKW

DIGITALE MEDIEN / PRODUKT-/SERVICEWEBSEITEN

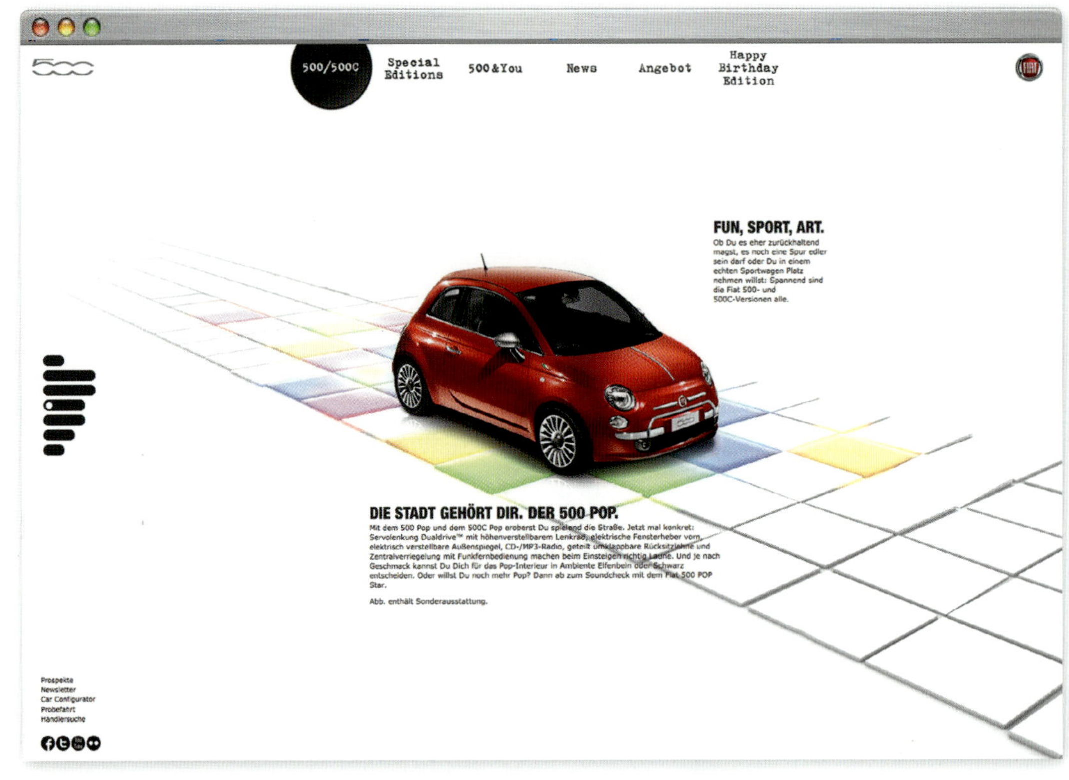

Fiat Group Automobiles Germany / Fiat 500 „fiat500.de"

Mit der Neuauflage des Cinquecento schuf Fiat eine Stilikone, die italienisches Design mit Praktikabilität verbindet. Der Fiat 500 ist ein smartes und zeitgemäßes Mobilitätskonzept, das die Menschen in allen Lebenslagen begleitet und inspiriert. Um den Fiat 500 auch im Internet entsprechend in Szene zu setzen, entwickelten wir ein noch nie da gewesenes Navigationskonzept.

Statt sich umständlich durch vielschichtige Navigationsstrukturen klicken und scrollen zu müssen, kann der User durch einen einfachen Swipe mit der Maus durch die Website gleiten. So erlebt er intuitiv die unendlichen Konfigurationsmöglichkeiten, die der Fiat 500 bietet. Das ist iPad-Feeling am PC. Dank der HTML-5-Technologie laufen die Stopp-Motion Animationen aber nicht nur auf dem Computer, sodass sich die Menschen jederzeit und überall ihren ganz persönlichen Cinquecento zusammenstellen können. Die Fans erleben ihren Fiat 500 auch im Internet so, wie sie ihn kennen und lieben: Das besondere Auto für jeden Tag.

www.fiat500.de

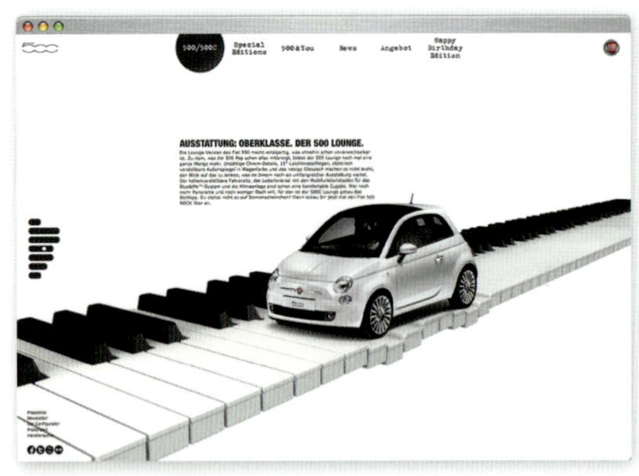

Kunde Fiat Group Automobiles Germany AG, Frankfurt am Main Marketingleitung Giuseppe Fiordispina (Head of Brand Marketing Communication of Fiat Germany) Werbeagentur Leo Burnett GmbH, Frankfurt am Main Beratung Axel Käser / Christiane Fritsch (Projektleitung) Creative Director Andreas Pauli Art Director Ronald Kraft / Marcel Günthel Producer Marco Randi / Sergio Georgalli / Oliver Goertz (Programmierung) Text Axel Tischer / Christian Vonscheidt User Experience Lead Bjoern Brockmann

GEBRAUCHSGÜTER / B2C

AUTOMOBIL / PKW

AUDIO

Volkswagen AG / „Don't drink and drive"

Der Spot „Betrunkenes Navi", 37 Sekunden"

Auf Deutschlands Straßen gibt es immer noch viel zu viele Unfallopfer durch Alkohol am Steuer. Was wäre, wenn selbst die seriöseste und unfehlbarste Instanz im Straßenverkehr angetrunken Auto fahren würde – nämlich die Frauenstimme unseres Navigationsgerätes? Das Ergebnis klingt zuerst mal verdammt komisch – später bleibt einem allerdings das Lachen im Halse stecken. Und die Botschaft „Don't drink and drive" bleibt dadurch nachhaltig im Gedächtnis.

SFX: Ein Auto wird gestartet. Dazu hören wir jetzt die typische weibliche Navi-Stimme – allerdings so, als wäre sie komplett betrunken:

Navi: „ ... die Ruhhde wird berechnet. Bidde fahhn Sie fünfsig Meda gradeaus ... bis zur Kräusung."

SFX: Fahrendes Auto, das beschleunigt und einen Gang höher schaltet. Navi-Stimme:

Navi: „Im Ampel-... äh Greisverkehr bidde die erse ... ne ... sweite ... boah ach, einwach gradeaus fahren ... die Ruhde wird be...
Dehm Strahsenverlauuf ... einen Kilomäda folgen ... gleich links biegn ... nee, jetzt!"

SFX: Quietschende Reifen, danach folgt der Crash zweier Autos.

Navi: „Sach mal, bissu besoffn oder was?"

Off: „Hören Sie auf Ihren Verstand: Don't drink and drive. Eine Initiative von Volkswagen."

Kunde Volkswagen AG, Wolfsburg Account Executive Tim Walther Werbeagentur Heye & Partner GmbH, Hamburg Creative Director Björn Ahrens Art Director Linda Werle Producer Petra Beckamp Text Jost Kähler Chief Creative Officer Amir Kassaei Managing Director / Executive Creative Reinhard Crasemann Managing Director Detlef Arnold Produktion Studio Funk GmbH & Co. KG Ton Oliver Klurina / Jochen Kömpe / Torsten Hennings Sprecher Ines Saß-Kömpe / Bernd Stephan

A.T.U HANDELS GMBH & CO. KG

„The Mountain“

HEIMAT WERBEAGENTUR GMBH / BERLIN

01 Guido Heffels
02 Maik Richter
03 Martien Delfgaauw
04 Sebastian Neumann
05 Ute Ressler

GEBRAUCHSGÜTER / B2C

AUTOMOBIL-/KFZ-ZUBEHÖR

FILM

A.T.U Handels GmbH & Co. KG / „The Mountain"

Mit dem TV-Spot „The Mountain" schreibt A.T.U die Positionierung als „Meister gegen den Verschleiß" fort und gibt dem Verschleiß ein Gesicht. A.T.U besetzt somit einmal mehr den zentralen Grund für einen Werkstattbesuch für sich – Verschleißreparaturen und deren rechtzeitige Erkennung gehören zum Kerngeschäft und zur Stärke von A.T.U.

Autos unterliegen Verschleiß – auf jedem Meter, in jeder Sekunde. Der Spot zeigt, wer der Feind ist und was er mit all dem Abrieb, all den kleinen Teilchen unserer Autos macht. Er erinnert uns daran, dass der Verschleiß immer da ist – ein Feind, gegen den man angehen muss.

Kunde A.T.U Auto-Teile-Unger Handels GmbH & Co. KG, Weiden i. d. Opf. Geschäftsführung Manfred Ries / Christian Sailer / Christian Schmitz Marketingleitung Yvonne Schneider Werbeagentur HEIMAT Werbeagentur GmbH, Berlin Beratung Maik Richter / Sebastian Neumann Konzeption HEIMAT Berlin Creative Director Guido Heffels (GF Kreation) / Martien Delfgaauw Producer Ute Ressler Text Alescha Lechner Filmproduktion RSA UK Producer Alex Heathcote Regie Philip Van Kamera Ian Foster Schnitt Piet Schmelz Musik nbh Berlin (Sounddesign)

GEBRAUCHSGÜTER / B2C

AUTOMOBIL-/KFZ-ZUBEHÖR

PRINT

ABT Sportsline / Playboy Motiv

ABT ist der weltweit größte Veredler von Audi- und VW-Fahrzeugen. Von der Felge bis zur Motortechnik bietet das Unternehmen alles, was die schicken Schlitten noch schöner, schneller, leistungsstärker macht. Und wer fährt darauf ab? Männer. Und wo erreicht man sie am besten? Richtig: Die Anzeige „Lustobjekt" holt die Zielgruppe genau dort ab, wo ihre Aufmerksamkeit am größten ist – im Playboy.

Kunde ABT Sportsline GmbH, Kempten Geschäftsführung Hans-Jürgen Abt Marketing Nils Crönert Werbeagentur Schindler Parent GmbH, Meersburg Beratung Michael Meier / Markus Brink Creative Director Johannes Kretz (Art) / Christoph Siwek (Text) Art Director André Tappe Projektmanagement Valentin Wendel

GEBRAUCHSGÜTER / B2C

AUTOMOBIL-/KFZ-ZUBEHÖR

DIGITALE MEDIEN / UNTERNEHMENS-/ ORGANISATIONSWEBSEITEN

ABT Sportsline / Relaunch Website

Für alle, die schon wissen, dass sie ABT fahren wollen, gibt es die Website: ABT Sportsline. Im typischen ABT Chromlook fahren alle aktuellen Modelle auf einer animierten Bühne vor. Fahrspaß pur gibt es animiert, selbst konfiguriert und in einer Fülle ausführlich vorgestellter Modelle. Es ist eine Website: Sie hat alles, was eine Website braucht und ist – so wie sich das für ABT gehört – nur einen Tick schneller, stärker, einprägsamer. Das macht Lust auf mehr. Lust darauf einzusteigen.

www.abt-sportsline.de

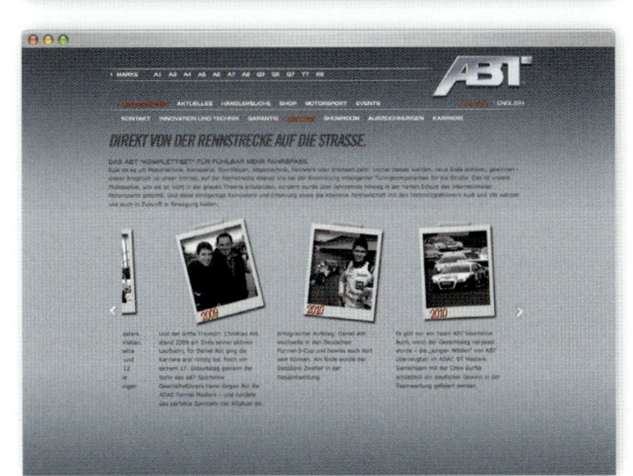

Kunde ABT Sportsline GmbH, Kempten Geschäftsführung Hans-Jürgen Abt Marketing Matthias Grath Werbeagentur Schindler Parent GmbH, Meersburg Beratung Michael Meier Creative Director Johannes Kretz Projektmanagement Valentin Wendel Multimediaagentur / Webagentur Medienpalast GmbH & Co. KG

GEBRAUCHSGÜTER / B2C

AUTOMOBIL-/KFZ-ZUBEHÖR

PRINT

BMW AG / MINI „Infotainment“

Der verkaufsstarke MINI Infotainment Flyer mit themenbezogenem Bildmotiv und dem Claim „CELEBRATE EVERY DAY“ zeigt das plakative Keyvisual und schafft den Link zu praktischen Zubehörprodukten. Hier stehen Kommunikation, Musik, Information und Technik ganz im Vordergrund und stellen den Bezug zu den Aftersalesprodukten her.

Kunde BMW AG, München Leitung Kommunikationsmanagement Aftersales Susan Käppeler Kommunikationsmanagement Zubehör Sandra Abt Werbeagentur wvp Werbegesellschaft GmbH, Stuttgart Beratung Tobias Bürgel Konzeption Anja Bürgel Creative Director Anja Bürgel / Anette Rottmar Text Anja Bürgel Grafik Anne Helbich Illustration Anne Helbich Litho / Reproduktion Albert Bauer GmbH & Co. KG

GEBRAUCHSGÜTER / B2C

AUTOMOBIL-/KFZ-ZUBEHÖR

PRINT

BMW AG, MINI / „MINI Ray Zubehörpaket"

Neontöne stehen dieses Jahr ganz oben auf der Liste der Trendprodukte. Das MINI Ray Zubehörpaket setzt auf strahlende Akzentuierung und Kontraste. Das Plakat mit auffälligem Keyvisual und dem Claim „RAY YOUR LIFE" schafft Bezug zu den original MINI Zubehörprodukten. Der Flyer mit auffälligem Keyvisual, raffinierter Faltung und grellen Kontrasten inszeniert aufmerksamkeitsstark die original MINI Zubehörprodukte.

Kunde BMW AG, München Leitung Kommunikationsmanagement Aftersales Susan Käppeler Kommunikationsmanagement Sandra Abt Werbeagentur wvp Werbegesellschaft GmbH, Stuttgart Beratung Tobias Bürgel Konzeption Simone Baumann Creative Director Anette Rottmar Text Anette Rottmar / Simone Baumann Grafik Simone Baumann Litho / Reproduktion Oestreicher+Wagner Medientechnik GbmH

GEBRAUCHSGÜTER / B2C

AUTOMOBIL-/KFZ-ZUBEHÖR

OUT OF HOME / MEDIEN

BMW AG / BMW „Treue Service“

Der nationale Rollout der Festpreiskommunikation zu Aftersalesangeboten für BMW Automobile – älter als 4 Jahre – basiert auf einem 360°-Kommunikationskonzept für zentralseitige und händlerindividuelle Maßnahmen. Die Festpreisangebote – ohne versteckte Kosten – werden in Kombination mit drei zielgruppenrelevanten Varianten des Keyvisuals gezeigt, das über ansprechende People-Motive für eine sympathische und aufmerksamkeitsstarke Identifizierung sorgt.

GUTER SERVICE HAT KEINEN PREIS.

- Höchste Qualität durch Original BMW Teile.
- Faire und transparente Preise.
- Sicherheit und Werterhalt.
- Kostenlose Serviceberatung.
- Persönliche Betreuung.
- Gratis Fahrzeugreinigung.

ATTRAKTIVE KOMPLETTPREISANGEBOTE FÜR ÄLTERE BMW AUTOMOBILE.
BMW TREUE SERVICE.

WECHSEL DER BREMSFLÜSSIGKEIT.

Komplettpreis (inkl. Service und Material).
Für alle BMW 3er (Bj. bis 2005), BMW 3er Cabrio/Coupé (Bj. bis 2007) und BMW 5er (Bj. bis 2003).

45,00 EUR*

GUTER SERVICE HAT KEINEN PREIS.

- Höchste Qualität durch Original BMW Teile.
- Faire und transparente Preise.
- Sicherheit und Werterhalt.
- Kostenlose Serviceberatung.
- Persönliche Betreuung.
- Gratis Fahrzeugreinigung.

ATTRAKTIVE KOMPLETTPREISANGEBOTE FÜR ÄLTERE BMW AUTOMOBILE.
BMW TREUE SERVICE.

WISCHERBLÄTTER VORNE.

Komplettpreis (inkl. Service und Material).
Für alle BMW 3er (Bj. bis 2005) und BMW 3er Cabrio/Coupé (Bj. bis 2007).

25,00 EUR*

Integrierte Kampagne / Crossmedia _ Kunde BMW AG, München Marketing Services Leslie Mott Werbeagentur wvp Werbegesellschaft GmbH, Stuttgart Beratung Alexander Behmenburg / Tobias Bürgel Konzeption Anja Bürgel Creative Director Anja Bürgel / Anette Rottmar Art Director Anja Bürgel Grafik Eva Haberland / Melanie Burkert Litho / Reproduktion Spectrum Digitale Medien GmbH

GEBRAUCHSGÜTER / B2C

AUTOMOBIL-/KFZ-ZUBEHÖR

KAMPAGNE

BMW AG / BMW, Original BMW Zubehör

Die Kampagne zeigt die Vielfalt des Produktportfolios zum Thema „Reise und Freizeit“ unter dem Motto „ENTDECKEN SIE NEUE ZIELE“ durch neue, sympathische Bildmotive und den dadurch visualisierten Nutzen der Original BMW Zubehörprodukte in praktischer Anwendung.

Kunde BMW AG, München Leitung Kommunikationsmanagement Aftersales Susan Käppeler Kommunikationsmanagement Zubehör Jacqueline Kootz Werbeagentur wvp Werbegesellschaft GmbH, Stuttgart Beratung Tobias Bürgel Konzeption Anja Bürgel Creative Director Anette Rottmar / Anja Bürgel Art Director Anja Bürgel Text Anja Bürgel Grafik Anne Helbich Fotografie Piet Thrular (BMW Artwork) Litho / Reproduktion ORT Studios GmbH

GEBRAUCHSGÜTER / B2C

AUTOMOBIL-/KFZ-ZUBEHÖR

DIGITALE MEDIEN / ONLINE-WERBEMITTEL

Continental Reifen Deutschland / „Die Fahrt Ihres Lebens."

Um die Vorteile des Reifens ContiSportContact™ 5 auf persönliche Art und Weise zu erleben, entstand ein Banner mit Facebook Connect. Zuerst nimmt der User in einem sportlichen Auto Platz und fährt in Egoperspektive auf einer kurvigen Landstraße. Als plötzlich ein Traktor auf die Straße stößt, erlebt der User eine Schrecksekunde: sein Leben, in Form seiner eigenen Facebook-Bilder und -Daten, zieht sprichwörtlich an ihm vorbei. Durch das effektive Bremsen kann eine Kollision verhindert werden.

www.thisisforthejury.com/driveofyourlife/index_de.html

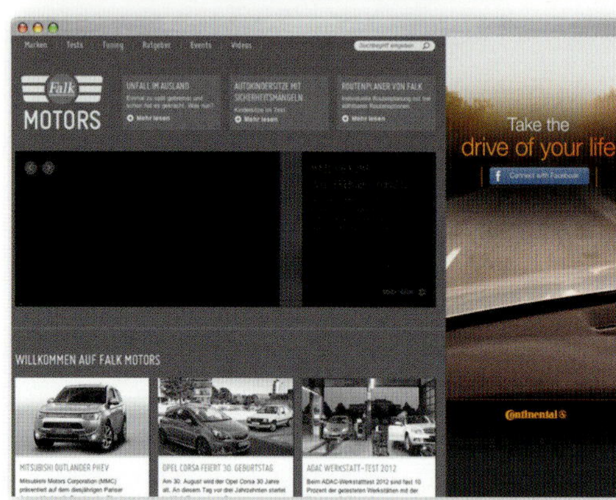

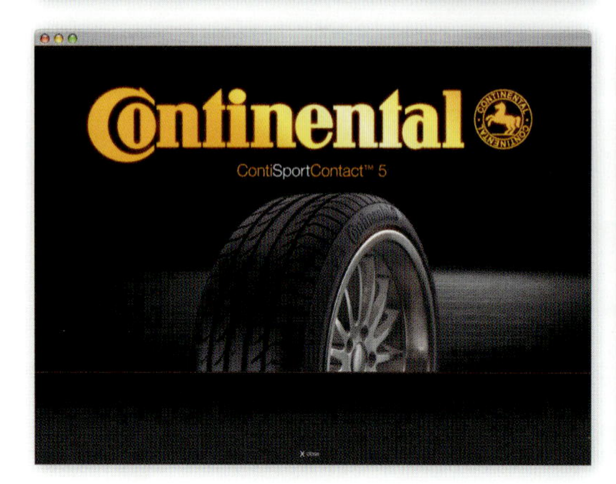

Kunde Continental Reifen Deutschland GmbH, Hannover Head of Marketing Communications and Global Sponsorship Projects Silke Gliemann Marketing & Kommunikation Carina Busch Werbeagentur serviceplan gruppe/plan.net gruppe gmbh & co. kg, München Beratung Marina Gnann / Michael Schwan Creative Director Markus Maczey / Cornelia Blasy-Steiner / Bernd Nagenrauft / Michael Reill Art Director Rolf Eggers / Bona Pfeiffer Producer Aisha Blackwell Text Bernd Nagenrauft Chief Creative Officer Alexander Schill Chief Digital Officer Friedrich von Zitzewitz Programmierer Sebastian Bluhm Produktion MARKENFILM GMBH & CO. KG Sound Design Music Super Circus AB

01

SCHÜLLER MÖBELWERK KG

„C-Collection | Magazin 2013“

HÖRGER & PARTNER
WERBEAGENTUR GMBH / ULM

Manfred Hörger 01
Anita Krinke 02
Gerhard Jungbauer 03

03

02

GEBRAUCHSGÜTER / B2C

EINRICHTUNG

PRINT

Schüller Möbelwerk KG /
„C-Collection | Magazin 2013“

Unterhalten und Image transportieren im Newspaper-Format. Neues zeigen und gleichzeitig neugierig auf die nächste Seite machen – vier Dinge, die das neue Magazin als Image-Medium der Schüller C-Collection geradezu forciert. Authentische Fotografie, überraschende Assoziationen und verschiedene Alltagsrealitäten werden in großflächigen Bildern inszeniert und schaffen einen spannenden Einblick in die Produktvielfalt fernab der üblichen Küchenwerbung.

Kunde Schüller Möbelwerk KG, Herrieden Geschäftsführung Markus Schüller Marketingleitung Markus Schüller Werbeleitung Annette Schumacher Werbeagentur Hörger & Partner Werbeagentur GmbH, Ulm Beratung Anita Krinke Konzeption Manfred Hörger Creative Director Manfred Hörger Art Director Gerhard Jungbauer Text Gerhard Jungbauer Fotokonzeption/-regie Manfred Hörger / Gerhard Jungbauer

GEBRAUCHSGÜTER / B2C

EINRICHTUNG

PRINT

ACO Passavant GmbH / ACO ShowerDrain S-line

Eine schwellenfreie Dusche mit möglichst dezenter Entwässerungstechnik gehört zu den elementaren Bestandteilen eines modernen Badezimmers. Das Dilemma: je kleiner die Entwässerungslösung, desto schwächer die Ablaufleistung; je höher die Ablaufleistung, desto begrenzter die Möglichkeiten der Montage. Die Printkampagne von ACO Haustechnik kommuniziert mittels Fotografie, Headline und Longcopy die Benchmarks, die die neue Duschrinne ACO ShowerDrain S-line hinsichtlich Leistung und Design setzt.

Kunde ACO Passavant GmbH, Stadtlengsfeld Geschäftsführung Peter Fröhlich / Michael Hennigs / Gerhard Schauland Vertriebsleitung Manfred Freytag Marketingleitung Thorsten Christian Werbeagentur DRWA Das Rudel Werbeagentur GbR, Freiburg i. Br. Beratung Carola Sailer Creative Director Borris Mayer Art Director Andreas Heinzelmann Text Christine Müller Fotografie Peter Kuhnle (Kuhnle + Knödler BFF)

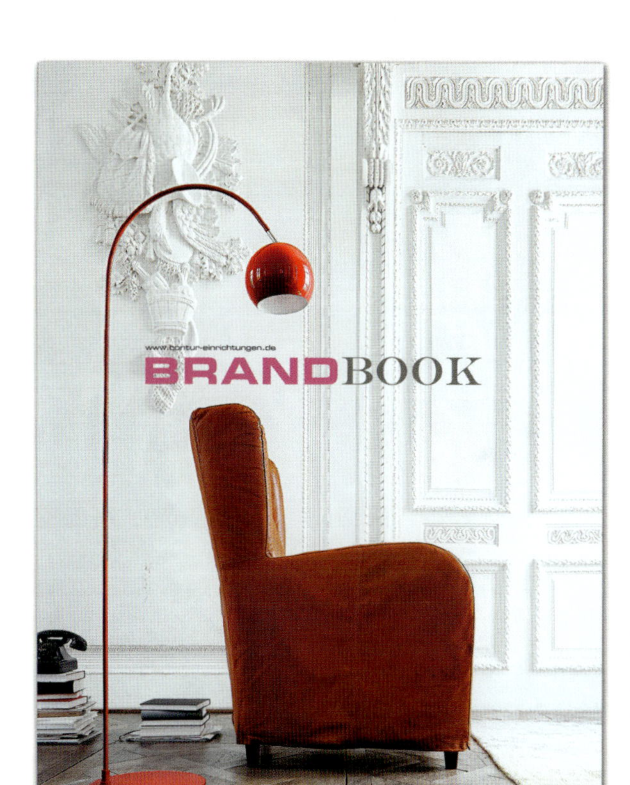

GEBRAUCHSGÜTER / B2C

EINRICHTUNG

PRINT

Contur Einrichtungen – Europa Möbel-Verbund GmbH / Magazin „Wohnen 2013“

Beim ersten Brandbook der Einrichtungsmarke Contur steht Authentizität im Dialog mit Design im Mittelpunkt – eine Marke zum Anfassen. Idee: Wer – wie die Produkte von Contur – bei einem einzieht, den möchte man vorher kennenlernen. So erlebt der Leser das Brandbook und dessen Entstehung – im Ergebnis perfekt inszenierte Interieur-Realitäten: Internationale Bildsprache trifft auf Assoziatives und zufällige Live-Momentaufnahmen des Shootings. Eine „Brand“ – ganz persönlich (mit)erlebt.

Kunde Contur Einrichtungen – Europa Möbel-Verbund GmbH, Fahrenzhausen Geschäftsführung Helmut Ahlsdorf / Felix Doerr Marketingleitung Michael Klessinger Produktleitung Alexander Hesse Werbeagentur Hörger & Partner Werbeagentur GmbH, Ulm Beratung Anita Krinke Konzeption Manfred Hörger Creative Director Oliver Fischer Text Oliver Fischer Grafik Oliver Fischer / Christoph Rasemann Fotokonzeption/-regie Manfred Hörger / Oliver Fischer

GEBRAUCHSGÜTER / B2C

EINRICHTUNG

FILM

Domäne Einrichtungsmärkte /
POCO Domäne

POCO Domäne steht bei der Zielgruppe der einrichtungsinteressierten Geringverdiener für ein herausragendes Preis-Leistungs-Verhältnis und einzigartige Sortimentsvielfalt, verfügt aber über Optimierungspotenzial hinsichtlich Sympathie, Bekanntheit und Wertanmutung. Ziel war es daher, die Marke emotional in eine neue Kommunikationsepoche zu führen und gleichzeitig die Abverkäufe zu steigern. Beides konnte mit der entwickelten Kampagne in TV, Funk, Print und Online nachdrücklich realisiert werden.

Die Hauptrolle in der aktuellen Kampagne spielt das in der Zielgruppe unglaublich beliebte Testimonial Daniela Katzenberger. Allein auf Facebook hat sie über 1,4 Mio. Fans. Dies ist wohl nicht zuletzt auf ihre bodenständige, authentische und witzige Art und Weise zurückzuführen. Das neue Dream-Team POCO Domäne und Daniela Katzenberger vereint der Hang zu kleinen Preisen genauso wie eine steile Erfolgsgeschichte.

Die Kamera ist close auf Daniela Katzenberger gerichtet. Sie stützt sich auf etwas nicht Sichtbarem ab und sagt:
„Ich würd mir ja so gern mal einen Vierbeiner ins Haus holen ..."

Die Kamera zieht auf, und man sieht, dass sie es sich auf einem Tisch bequem gemacht hat. Daniela löst auf:
„... diesen hier zum Beispiel!"

In der nächsten Einstellung zieht unsere Hauptdarstellerin ihren „Vierbeiner" an einer Leine aus dem Bild.

Off:
Greif zu. Bei uns gibt es einen Tisch mit zwei Bänken für nur 59,99 € und für 29,99 € ein 54-teiliges Kombiservice.

Outro:
POCO Domäne. Die haben aber auch alles.

Kunde Domäne Einrichtungsmärkte GmbH & Co. KG, Hardegsen Geschäftsführung Dr. Hans-Ralf Großkord / Thomas Stolletz Werbeleitung Sabine Rittmeyer Marketing Mediaplanung Jacqueline Burdet Werbeagentur BrawandRieken Werbeagentur GmbH, Hamburg Geschäftsführung Peter Brawand / Torsten Rieken Beratung Oliver Betzel / Julia Siever Art Director Liliana Wald Producer Regine Schrempf Text Gabi Neumann-Terkowski Filmproduktion e+p commercial Filmproduktion GmbH Producer Fintan Gsänger / Maik Siering Regie Zoran Bihac Kamera Pascal Remond Musik Krueger Wilckens

GEBRAUCHSGÜTER / B2C

EINRICHTUNG

PRINT

Glamü GmbH

Der Glasduschenspezialist Glamü definiert mit seinen neuen Laserdesignmodellen einmal mehr die technologische und ästhetische Bad-Avantgarde. Am PoS in der Sanitärausstellung fungieren die im Format DIN A1 auf Glas gedruckten Anzeigenmotive als Eyecatcher und Besucher/-innenmagnet. Das Zusammenspiel von Fotografie und Text erzeugt das klar definierte Bild der Raum- und Wunschdusche.

Kunde Glamü GmbH, Heitersheim Geschäftsführung Erich Hofer Produktleitung Irene Hofer Verkaufsleitung Wolfgang Göck Werbeagentur DRWA Das Rudel Werbeagentur GbR, Freiburg i. Br Beratung Carola Sailer Konzeption Borris Mayer Art Director Andreas Heinzelmann Text Christine Müller

GEBRAUCHSGÜTER / B2C

EINRICHTUNG

PRINT

Global – Europa Möbel-Verbund GmbH / Anzeigenkampagne

Global – die Einrichtungsmarke, die „immer die passende Idee" hat. Zu den Spots „Jump" und „Rock" für Kino und Viral-Marketing gesellt sich noch die entsprechende Anzeigenkampagne. Die Motive sind einmalig und merkfähig – immer eine Idee voraus. Die gezielte Profilierung von Global als kreative und innovative Einrichtungsmarke steht im Fokus der Maßnahmen.

Kunde Global – Europa Möbel-Verbund GmbH, Fahrenzhausen Geschäftsführung Helmut Ahlsdorf / Felix Doerr Marketingleitung Ulf Rebenschütz Produktleitung Alexander Kluge Werbeagentur Hörger & Partner Werbeagentur GmbH, Ulm Beratung Anita Krinke Konzeption Manfred Hörger Art Director Gerhard Jungbauer Grafik Andrea Müller

GEBRAUCHSGÜTER / B2C

EINRICHTUNG

PRINT

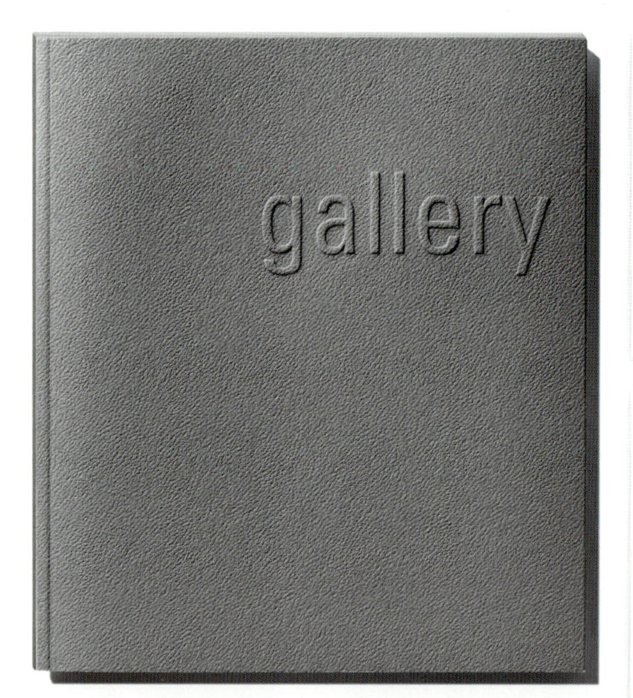

Häcker Küchen GmbH & Co. KG /
Küchenmagazin „gallery“

Eine Bildergalerie des neuen Wohnens und Genießens. So individuell in ihren Facetten und Ausprägungen wie die Persönlichkeiten, die dahinterstehen. 100 Seiten angefüllt mit Ideen für die Architektur zeitgemäßer Küchen. Inspirierend. Unverwechselbar. Anspruchsvoll. „gallery“ ist das Ergebnis der Produktpräsentation für den internationalen Markt. Kreativität und Erfahrung, Sinn für Qualität und Fingerspitzengefühl bei der Inszenierung gehen eine einzigartige Verbindung ein.

Kunde Häcker Küchen GmbH & Co. KG, Rödinghausen Werbeagentur Kirchner Kommunikation und Marketing GmbH, Bünde Beratung Tim Perlemann Konzeption Tim Perlemann Creative Director Uwe Burmeister Fotografie made-by-tormin GmbH & Co. KG

GEBRAUCHSGÜTER / B2C

EINRICHTUNG

FILM

Müllerland / „Wunderland der Wohnideen"

Im Müllerland werden Wohnträume wahr. Das Wunderland der Wohnideen präsentiert inspirierende Wohnwelten und sorgt bei seinen Besuchern für jede Menge Zuhausegefühl. Hier wird ein Ausflug ins Möbelhaus zu einem zauberhaften Erlebnis. Der Eröffnungsspot im Herbst 2011 entführte zahlreiche Kinobesucher 45 Sekunden lang ins Wunderland. Die hübsche Alice landet mit einem imposanten Heißluftballon im Wunderland der Wohnideen und erkundet in Begleitung des Hasen wunderschöne Möbellandschaften.

Integrierte Kampagne / Crossmedia _ Kunde Müllerland GmbH, Görgeshausen Geschäftsführung Dipl.-Kfm. Christoph Müller / Stephan Müller Marketingleitung Michael Mörsdorf Werbeleitung Michael Mörsdorf Werbeagentur lawinenstift GmbH, Berlin Beratung Ulrike Schatz / Robert Müller Konzeption Christian Podratzky / Ines Bärwald / Michelle Galliwoda / Stefan Litwin / Kristin Stenzel Creative Director Stefan Litwin / Mirella Popp Art Director Christian Podratzky / Ines Bärwald / Mirella Popp Text Michelle Galliwoda / Stefan Litwin Fotografie Tom Fischer Filmproduktion playmedia GmbH Producer Sebastian Khayat Regie Christof Schröter Kamera Lutz Forster Schnitt Sebastian Khayat Musik Henning Strüve 3-D Sebastian Khayat / Johannes Leisen Animation Richard Sako / Markus Tanz 2-D-Compositing Sebastian Khayat / Lutz Forster

GEBRAUCHSGÜTER / B2C

EINRICHTUNG

DIGITALE MEDIEN / UNTERNEHMENS-/ ORGANISATIONSWEBSEITEN

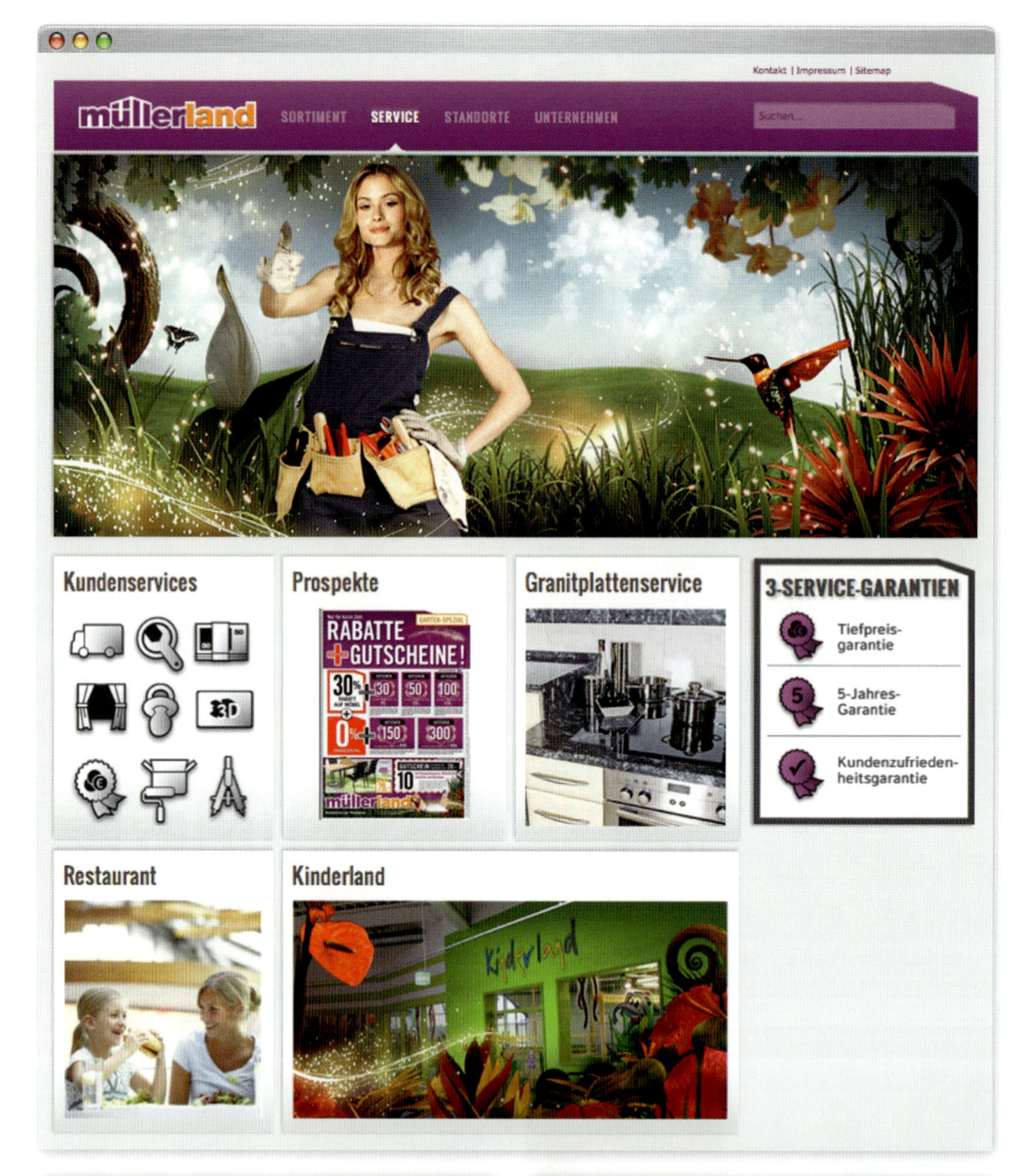

Müllerland / „Wunderland der Wohnideen"

Komplette Umgestaltung des Internetauftritts auf Grundlage des neu entwickelten Corporate Designs. Alice präsentiert den Online-Besuchern traumhaft schöne Wohnwelten, eine riesige Auswahl und jede Menge Serviceangebote. Die Seite spricht die Nutzer mit einem sympathischen Erscheinungsbild und klar strukturierter Navigation an.

www.muellerland.de

Integrierte Kampagne / Crossmedia _ Kunde Müllerland GmbH, Görgeshausen Geschäftsführung Dipl.-Kfm. Christoph Müller / Stephan Müller Marketingleitung Michael Mörsdorf Werbeleitung Michael Mörsdorf Werbeagentur lawinenstift GmbH, Berlin Beratung Ulrike Schatz / Robert Müller Konzeption Christian Podratzky / Ines Bärwald / Michelle Galliwoda / Stefan Litwin / Kristin Stenzel Creative Director Stefan Litwin / Mirella Popp Art Director Christian Podratzky / Ines Bärwald / Mirella Popp Text Michelle Galliwoda / Stefan Litwin Fotografie Tom Fischer Websiteprogrammierung aikia GbR

GEBRAUCHSGÜTER / B2C

EINRICHTUNG

OUT OF HOME / MEDIEN

Müllerland / „Wunderland der Wohnideen"

Entwicklung eines Kommunikationskonzeptes anlässlich der Eröffnung eines zweiten Müllerland-Möbelhauses in Hennef bei Köln, das zeigt: Hier sind Möbelexperten mit Inspirationen zum Wohlfühlen am Werk. Die Auswahl an schönen Möbeln und Marken ist grenzenlos, der Service geradezu fantastisch. Aus Müllerland wurde so das Wunderland der Wohnideen. Durch dieses Reich der Fantasie, Inspiration und Behaglichkeit führt den Besucher die zauberhafte Alice im Müllerland zusammen mit ihren Gefährten.

Integrierte Kampagne / Crossmedia _ Kunde Müllerland GmbH, Görgeshausen Geschäftsführung Dipl.-Kfm. Christoph Müller / Stephan Müller Marketingleitung Michael Mörsdorf Werbeleitung Michael Mörsdorf Werbeagentur lawinenstift GmbH, Berlin Beratung Ulrike Schatz / Robert Müller Konzeption Christian Podratzky / Ines Bärwald / Michelle Galliwoda / Stefan Litwin / Kristin Stenzel Creative Director Stefan Litwin / Mirella Popp Art Director Christian Podratzky / Ines Bärwald / Mirella Popp Text Michelle Galliwoda / Stefan Litwin Fotografie Tom Fischer 3-D-Produktion / Film playmedia GmbH

GEBRAUCHSGÜTER / B2C

EINRICHTUNG

DIGITALE MEDIEN / UNTERNEHMENS-/ ORGANISATIONSWEBSEITEN

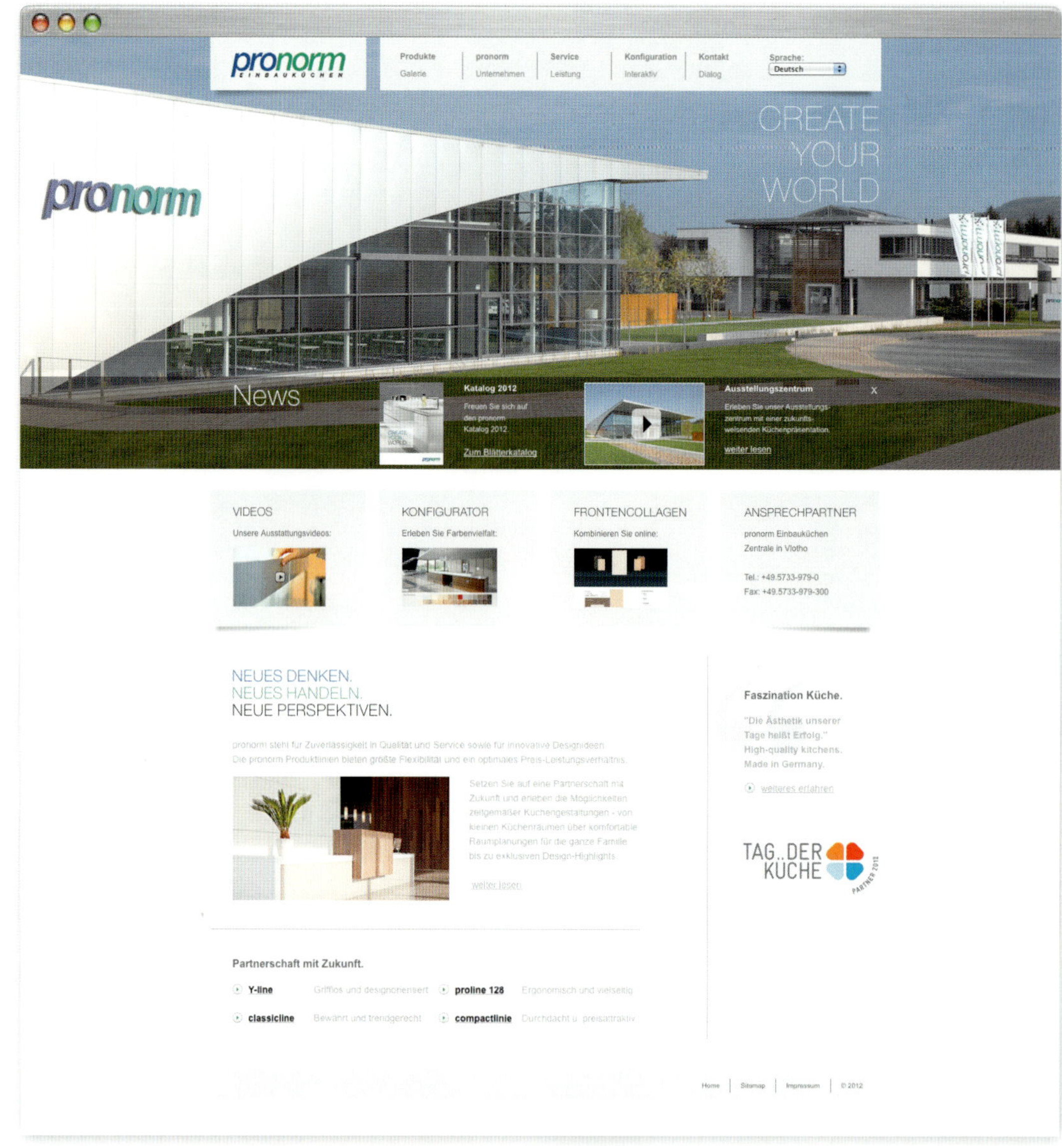

pronorm Einbauküchen GmbH /
Corporate Site

Unter der Dachaussage CREATE YOUR WORLD präsentieren wir den Relaunch des Küchenspezialisten pronorm. Die Konzeption steht für ein völlig neues Nutzererlebnis. Großformatige Darstellungen machen Lust aufs neue Kochen und Wohnen. Die Präsentation zeigt ein Höchstmaß an Funktionalität: Die viersprachige Website hilft mit zahlreichen Tools, wie z. B. einem 3-D-Küchenkonfigurator, bei der individuellen Planung. Downloadmaterial, Produktvideos und ein Küchenlexikon runden die Website ab.

www.pronorm.de

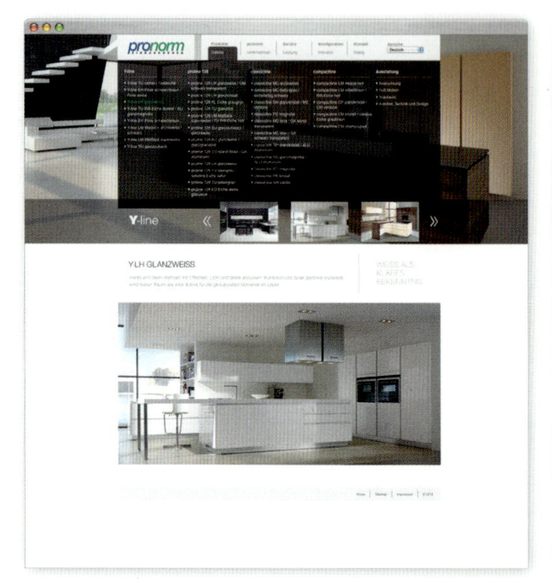

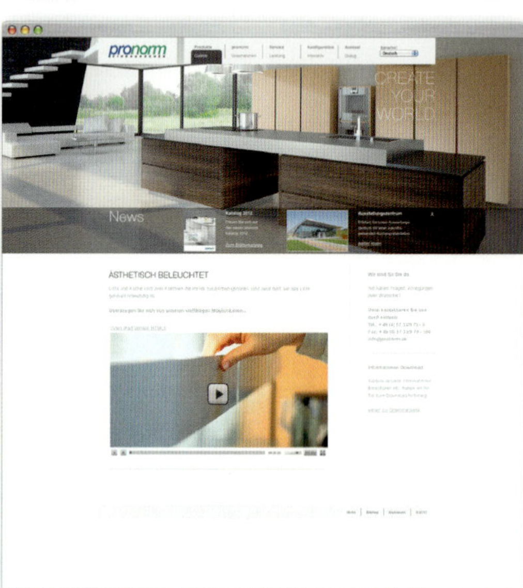

Kunde pronorm Einbauküchen GmbH, Vlotho Werbeagentur Kirchner Kommunikation und Marketing GmbH, Bünde Beratung, Konzeption Tim Perlemann Creative Director Uwe Burmeister Text Kirsten Markgraf Fotografie Michael Tiemann Technische Projektleitung Johann Tiemann

GEBRAUCHSGÜTER / B2C

EINRICHTUNG

PROMOTION / MITTEL

Rolf Benz AG & Co. KG / „Coffeetable-book“

Die außergewöhnlichen Designmöbel von Rolf Benz werden sehr geschätzt. Nur wenige wissen jedoch, dass Rolf Benz auch hochwertige Coffeetables im Programm hat. Das wollten wir ändern. Und erfanden das erste Coffeetablebook, das zugleich ein Coffeetable ist. Von Weitem ein Tisch, entpuppt es sich bei näherem Hinsehen als ein Buch, das den Kunden die ganze Welt der Rolf Benz Coffeetablekollektion eröffnet.

Kunde Rolf Benz AG & Co. KG, Nagold Marketingleitung Andreas Lechner Werbeagentur serviceplan gruppe gmbh & co. kg, München Beratung Anna Arnert / Amelie Schmitt Creative Director Oliver Palmer Art Director Sandra Loibl / Franz Röppischer Text Frank Seiler Grafik Katharina Holzer Chief Creative Officer Alexander Schill Executive Creative Director Matthias Harbeck Fotografie Lippert Studios / Bernd Opitz Photography Produktion karl huber fotodesign

GEBRAUCHSGÜTER / B2C

EINRICHTUNG

DIGITALE MEDIEN / PRODUKT-/SERVICEWEBSEITEN

Rolf Benz AG & Co. KG / Website „freistil“

„Wäre Berlin ein Möbelstück, wäre es freistil.“ Das ist der Leitgedanke, der die neue Marke aus dem Hause Rolf Benz trägt. Die jungen Möbel sind authentisch, wandelbar und unkompliziert. Genauso individuell und modular soll der Webauftritt gestaltet werden, der die Möbelstücke im Netz präsentiert. Die Webpräsenz soll die Markenwelt von freistil widerspiegeln, die Möbelstücke greifbar machen, überraschen, überzeugen, immer wieder neue Erlebnisse bieten und Akzente setzen.

www.freistil-rolfbenz.com

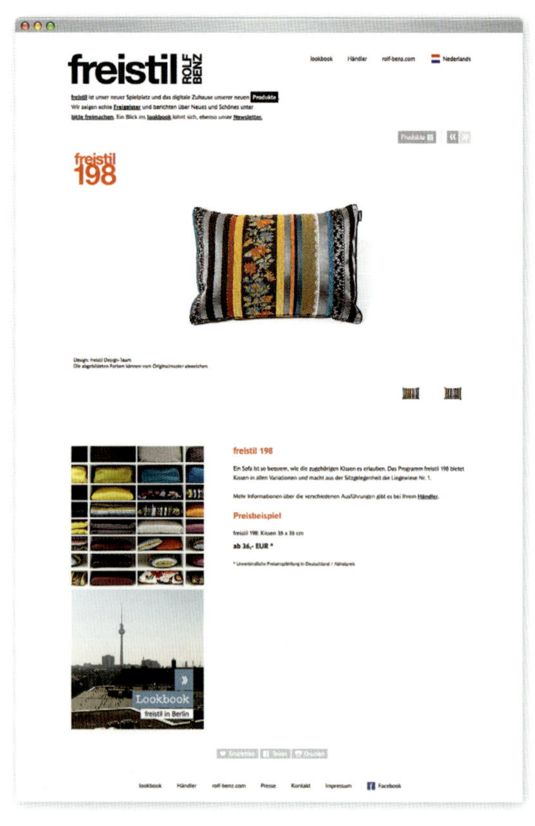

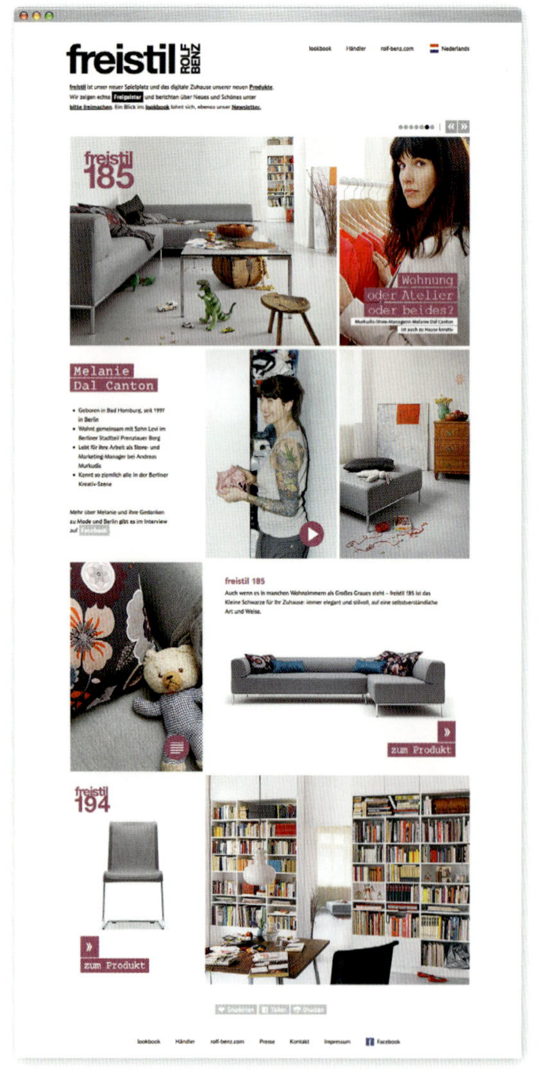

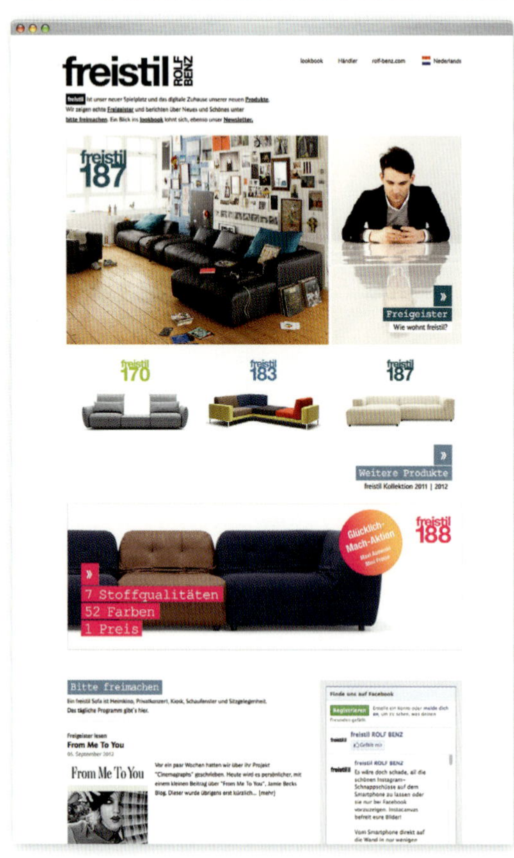

Kunde Rolf Benz AG & Co. KG, Nagold Werbeagentur 21TORR Interactive GmbH, Reutlingen Beratung Marion Wacker Konzeption Judith Böhm / Alexandra Steinert / Nele Zschiesche Creative Director Klaus Grotz Art Director Alexandra Steinert Producer Michael Aichele / Rüdiger Marwein Grafik Alexandra Steinert

GEBRAUCHSGÜTER / B2C

EINRICHTUNG

PRINT

Schüller Möbelwerk KG /
„C-Collection | Journal 2013"

Das Leben findet in der Küche statt. Und jeder lebt anders. Das Consumer-Journal von Schüller präsentiert die Küchen „Made in Germany" daher nicht in Zielgruppen aufgeteilt, sondern in Lebenswelten. Authentisch, anders, live. So identifizieren sich die Leser selbst mit der Produktwelt, die zu Ihnen passt. Die realistische Bildsprache spiegelt das Konzept „Kitchens for Life" perfekt wider, unter Berücksichtigung der Aspekte Qualität und Nachhaltigkeit. ▸

Kunde Schüller Möbelwerk KG, Herrieden Geschäftsführung / Marketingleitung Markus Schüller Werbeleitung Annette Schumacher Werbeagentur Hörger & Partner Werbeagentur GmbH, Ulm Beratung Anita Krinke Konzeption Manfred Hörger Creative Director Oliver Fischer Art Director Gerhard Jungbauer Text Gerhard Jungbauer Fotokonzeption/-regie Manfred Hörger / Gerhard Jungbauer

GEBRAUCHSGÜTER / B2C

EINRICHTUNG

OUT OF HOME / MEDIEN

SEEMANN GmbH & Co. KG / SEEMANN-interieur

Feinste Stoffe und wertvolle Möbel von klassisch bis modern gibt es im exklusiven Einrichtungshaus SEEMANN-interieur. Umgesetzt werden die Wohn(t)-räume der Kunden durch Profis, die das Unmögliche möglich machen. Die auf ihr Gebiet spezialisierten Experten wurden auf einem Werbepylon und einem Außenbanner gebührend in Szene gesetzt. Headline und Bildsprache transportieren die Passion des Teams für ihre Arbeit und sorgen für Aufmerksamkeit. Großformatig, überraschend und leidenschaftlich.

Kunde SEEMANN GmbH & Co. KG, Osnabrück Geschäftsführung Torsten Vossel Werbeagentur team4media GmbH, Osnabrück Beratung Axel Voss Konzeption / Art Director / Grafik Veronica Rendler

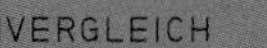

WMF AG

„Schärfe, die man sieht!“

SERVICEPLAN GRUPPE / MEDIAPLUS GRUPPE GMBH & CO. KG / MÜNCHEN

01 Ekki Frenkler
02 Florian Ecker
03 Hans Zieringer

02

01

03

GEBRAUCHSGÜTER / B2C

HAUSHALTSWAREN UND -GERÄTE

PRINT

WMF AG / „Schärfe, die man sieht!“

Aufgabe: Qualität und Schärfe des Damaststahl-Messers „YARI“ von WMF mit einer aufmerksamkeitsstarken Print-Sonderwerbeform visualisieren.

Idee: Wie scharf ein Messer wirklich ist, beweist man, indem man es zeigt.

Umsetzung: Beim Blättern durch das Magazin „falstaff“ stößt man auf mehrere Seiten, die im oberen Drittel halb eingeschnitten sind und danach auf die Anzeige des WMF-Messers „YARI“. Es sieht aus, als hätte das Messer gerade eben selbst agiert.

Kunde Württembergische Metallwarenfabrik AG, Geislingen/Steige Leiter Markenmanagement Stephen Schuster Werbeagentur serviceplan gruppe/mediaplus gruppe gmbh & co. kg, München Beratung Florian Ecker Chief Creative Officer Alexander Schill Creative Director / Executive Creative Director Ekki Frenkler Art Director Hans Zieringer Text Ekki Frenkler Grafik Hans Zieringer Fotografie atelier holger albrich

GEBRAUCHSGÜTER / B2C

HAUSHALTSWAREN UND -GERÄTE

PRINT

Gorenje Vertriebs GmbH / „Das Jahr der Farben – Gorenje drückt auf die Tube!"

Zum Jahresauftakt 2012 konzipierte wrw united die Kampagne „DAS JAHR DER FARBEN. Gorenje drückt auf die Tube!". Ergänzend dazu entwickelte wrw einen Online-Farbkonfigurator, der die Kampagne neben vielfältigen Aktionen und Anzeigenschaltungen abrundete. Als Pionier der Farbwelt und der starken Designorientierung im Markt der Haushaltsgroßgeräte wurden Endverbraucher und Handel durch die Aktion begeistert, denn heute ist jedes zweite verkaufte farbige Hausgerät im Markt ein Gerät von Gorenje.

HEISSER LOOK FÜR COOLE TYPEN.
GORENJE DRÜCKT AUF DIE TUBE!

Gorenje setzt wieder einmal Zeichen und macht 2012 zum Jahr der Farben. Damit unterstreichen wir unseren Designanspruch und bieten unseren Kunden noch mehr Farbe, Design und Leben im Alltag. Lassen Sie uns gemeinsam Deutschland noch bunter und schöner machen - mit innovativen Haushaltsgeräten von Gorenje.

WEIL DESIGN MEHR ALS EIN ANSPRUCH IST
www.gorenje.de

gorenje

Kunde Gorenje Vertriebs GmbH, München Geschäftsführung Thomas Wittling (Geschäftsführer Vertrieb und Marketing) Marketingleitung Thomas Wittling Produktleitung Marek Dietze (Leitung Produktmanagement) Leitung Öffentlichkeitsarbeit Elisabeth Wieser (Marketing Manager) Marketing Manager Gisela Langel Werbeagentur wrw united werbeagentur GmbH, Köln Beratung Thomas Rades (CEO) / Volker Dahl (Account Director) / Margarethe Jedrzejczak (Account Manager) Konzeption Margarethe Jedrzejczak (Account Manager) / Volker Dahl (Account Director) Art Director Sarah Dahl (Senior Art Director) / Anne Sonius (Junior Art Director) Text Udo Bechmann (CD Text) Grafik Denis Weyel (Art Director 3-D) Multimedia-Agentur wrw united werbeagentur GmbH

GEBRAUCHSGÜTER / B2C

HAUSHALTSWAREN UND -GERÄTE

FILM

nexplan Gesellschaft für nachhaltige Entwicklung und Technologie mbH / „LICHTWENDE"

Aufgabe: Konzeption und Produktion eines emotionalen Erklärvideos zur LED-Lichttechnologie und ihrer Vorteile.

Ziel: Aufklärung und Mobilisierung sowie Abverkauf von LED-Leuchtmitteln über eigenen Online-Shop.

Zielgruppe: internetaffine, konsumkritische, umweltbewusste User zwischen 18 und 30 Jahren.

Das Erklärvideo „Lichtwende" wird als Aufmacher auf der Kampagnenseite „Klaresicht.de" eingesetzt, um Philosophie und Produktvorteile der LED-Technologie anschaulich und emotional zu vermitteln.
Von der Kampagnenseite gelangt der User dann direkt in den angeschlossenen LED-Online-Shop.
Flankierend wird das Video in Social Media (Facebook, YouTube, Twitter, vimeo) verbreitet sowie vom Inhaber und Gründer auf Kongressen, Messen und Präsentationen erfolgreich genutzt.

Kunde nexplan Gesellschaft für nachhaltige Entwicklung und Technologie mbH, Fränkisch-Crumbach Geschäftsführung Nicolas von Wilcke Werbeagentur nutcracker Online-Video-Kommunikation Einzelunternehmen, Frankfurt am Main Creative Director Klaus Schwope Art Director Andi Pacer Text Klaus Schwope Grafik Andi Pacer

GEBRAUCHSGÜTER / B2C

HAUSHALTSWAREN UND -GERÄTE

DIREKTMARKETING / PRINT

Vorwerk & Co. KG / „Deutschland lässt saugen – der neue Vorwerk Kobold Saugroboter!“

Vorwerk steht für innovative Ideen rund um Sauberkeit. Das neueste Modell der Produktfamilie: der Saugroboter Kobold VR100. Speziell für die technikaffine Zielgruppe Männer entwickeln Jahns and Friends ein Mailing, das effizient und gründlich kommuniziert. Im beiliegenden Daumenkino wirft der Empfänger die Maschine an und lernt den neuen Kobold VR100 Saugroboter kennen. Zeitersparnis und Bequemlichkeit bieten nicht nur das Produkt, sondern auch die Kontaktkanäle Internet und Telefon.

FÜR SIE AN DER POLE POSITION:
DER NEUE KOBOLD VR100 SAUGROBOTER!

Wuppertal, 22. August 2012

Lieber Herr Mustermann,

ein Haushaltshelfer, der auf Knopfdruck saugt, ohne dass Sie selbst einen Finger rühren müssen? Keine Science Fiction mehr: Der neue Kobold VR100 Saugroboter reinigt jetzt Ihre Böden jederzeit vollautomatisch. Bei Bedarf lädt er sich sogar selbstständig an der Ladestation auf – Sie brauchen also noch nicht einmal zu Hause bleiben.

Klingt gut? Starten Sie auf der nächsten Seite und lernen Sie den Kobold VR100 Saugroboter kennen – und seinen kleinen Bruder für zwischendurch, den effizienten Kobold VC100 Akkusauger. Exklusiv im Vorwerk-Shop **online bestellbar: www.vorwerk-erleben.de** oder einfach telefonisch unter **0202-564 3575**.

Aber zuerst: Maschine anwerfen und den Kobold VR100 live erleben. Viel Spaß!

Mit freundlichen Grüßen

Für die Nutzung verantwortliche Stelle: XXXXX

Kunde Vorwerk & Co. KG, Wuppertal MKC Projektleiterin Nuschin Shafizadeh Werbeagentur Jahns and Friends AG, Düsseldorf Beratung Maike Mertgens Art Director Andreas Gappel / Stefanie Mallard Text Felix Müller

OGILVY & MATHER
WERBEAGENTUR GMBH /
FRANKFURT AM MAIN

Jonas Bailly 01
Sarah Nawroth 02
Dr. Stephan Vogel 03
Lothar Müller 04
Nico Ammann 05
Helmut Meyer 06

GEBRAUCHSGÜTER / B2C

KLEIDUNG

PRINT

Schöffel Sportbekleidung / „Draußenansichten“

Schöffel ist eine traditionsreiche, deutsche Outdoormarke, die aber von der Öffentlichkeit als eher verschlafen wahrgenommen wird. Wir sollten das ändern. Schöffels Tradition und Naturverbundenheit ist im leistungs- und technologiegetriebenen Outdoormarkt eine Stärke, keine Schwäche. Schöffel ist der Gegenentwurf zu höher, schneller, weiter! Jedes Naturerlebnis mit Schöffel schafft Distanz zum alltäglichen Wahnsinn, in dem wir alle gefangen sind.

Kunde Schöffel Sportbekleidung GmbH, Schwabmünchen Marketingleitung Corinna Umbach Werbeagentur Ogilvy & Mather Werbeagentur GmbH, Frankfurt am Main Beratung Christian von Dewall / Sarah Nawroth / Jonas Bailly Creative Director Dr. Stephan Vogel (CCO) / Helmut Meyer / Nico Ammann / Lothar Müller Art Director Nico Ammann / Till Schaffarczyk Text Lothar Müller Fotografie Uli Wiesmeier

VERBRAUCHSGÜTER / B2C

KLEIDUNG

OUT OF HOME / MEDIEN

adidas AG / „Five stages of a marathon“

Beim 39. Berlin Marathon 2012 in Berlin bewies adidas erneut das tiefe Verständnis für den Läufer und die Nähe der Marke zum Laufsport.
Auf fünf speziell angefertigten Bühnen konnten Läufer und Zuschauer bei Kilometer 3, 12, 22, 38 und 42 sprichwörtlich in das Innere eines Marathonläufers blicken. In unterschiedlichen künstlerischen Ausdrucksformen wurde dargestellt, in welchem physischen und psychischen Zustand ein Läufer sich an bestimmten Punkten der Strecke befindet.

i
am
on
my
way
km 38: pain
stage 4 „km 38: pain"
Ab km 30 wird es schmerzhaft für den Läufer. Beanspruchte Muskeln und Gelenke und schwindende Energiereserven lassen ihn leiden - der „Mann mit dem Hammer" schlägt zu. Dieser Zustand wurde durch ein Metallgerüst innerhalb einer Läufersilhouette dargestellt, das permanent mit einer Flex bearbeitetet wurde und lautstark die Funken sprühen ließ.

i
am
on
my
way
km 42: celebration
adidas
adidas.com/myway
stage 5 „km 42: celebration"
Der Marathonläufer weiß, dass er es schaffen wird und der innere Jubel beginnt schon lange vor der Ziellinie. Das Feiern des eigenen Erfolgs stellt den Höhepunkt des Laufes dar: eine Bühne in Gold - der Farbe der Sieger. Akteure in phantasievollen, glitzernden Kostümen und treibende Trommelmusik sorgten für Partystimmung und ehrten schon vor dem Ziel jeden Marathonläufer als Gewinner.

Integrierte Kampagne _ Kunde adidas AG, Herzogenaurach Senior Brand Communication Manager Running & Outdoor Sven Schindler Brand Communication Manager Running & Outdoor Stefanie Lang Werbeagentur HEIMAT Werbeagentur GmbH, Berlin Beratung Matthias von Bechtolsheim (GF Beratung) / Julia Bubenik / Philip Bauch Konzeption HEIMAT Berlin Creative Director Guido Heffels (GF Kreation) / Ove Gley Art Director Patrick Düver / Gustavo Vieira Dias Producer Flo Hoffmann / Jessica Valin Text Dominik Maass Grafik Franziska Kriehn / Lucas Schneider Fotografie Olaf Heine Art Buying Adriana Santo Tomas

GEBRAUCHSGÜTER / B2C

KLEIDUNG

FILM

adidas AG / „i am on my way“

Mit der Kampagne „i am on my way“ spricht adidas der Zielgruppe der Läufer aus der Seele. Denn jeder Läufer begibt sich bewusst auf seinen individuellen Weg sportlicher und persönlicher Veränderung – egal ob Anfänger oder Profi. Um Lust auf das Laufen zu machen, wurden Webfilme auf relevanten Running-Websites geschaltet. Darin nehmen exemplarische Läufertypen den Betrachter mit auf ihren Weg. Konsequent aus der subjektiven Sicht erzählt, kann sich der Betrachter in den Läufer hineinversetzen.

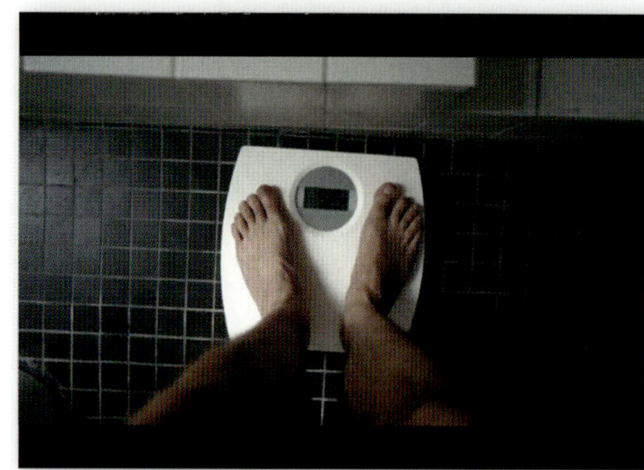

Integrierte Kampagne / Crossmedia _ Kunde adidas AG, Herzogenaurach Senior Brand Communication Manager Running & Outdoor Sven Schindler Brand Communication Manager Running & Outdoor Stefanie Lang Digital Manager Running & Outdoor Peter Biermann Werbeagentur HEIMAT Werbeagentur GmbH, Berlin Beratung Matthias von Bechtolsheim (GF Beratung) / Julia Bubenik / Florian Hoffmann / Philip Bauch Konzeption HEIMAT Berlin Creative Director Ove Gley / Ole Vinck Art Director Patrick Düver / Gustavo Vieira Dias Producer Ute Ressler Text Dominik Maas Grafik Franziska Kriehn / Lucas Schneider Filmproduktion radical.media GmbH

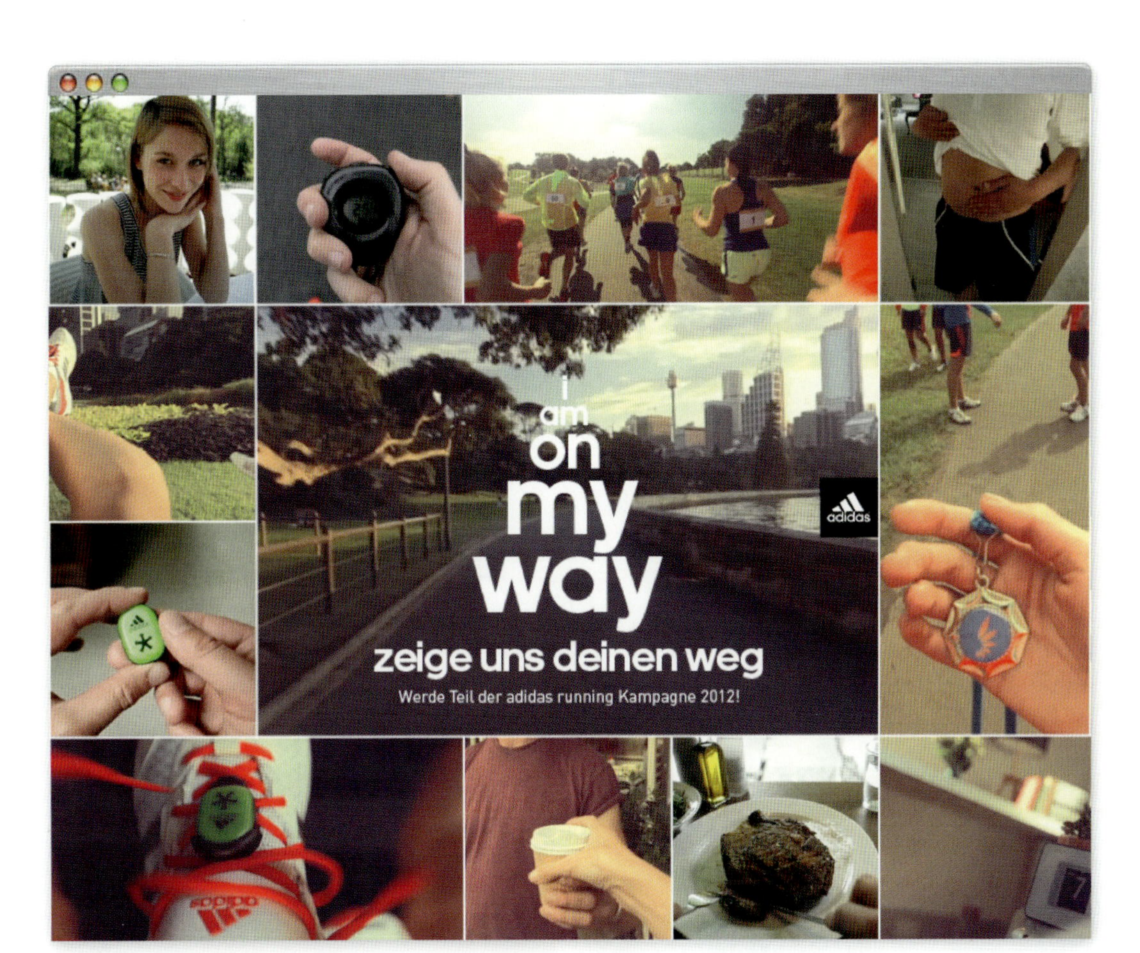

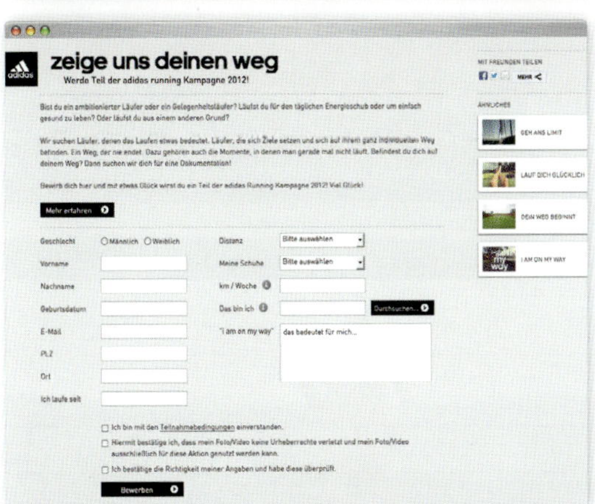

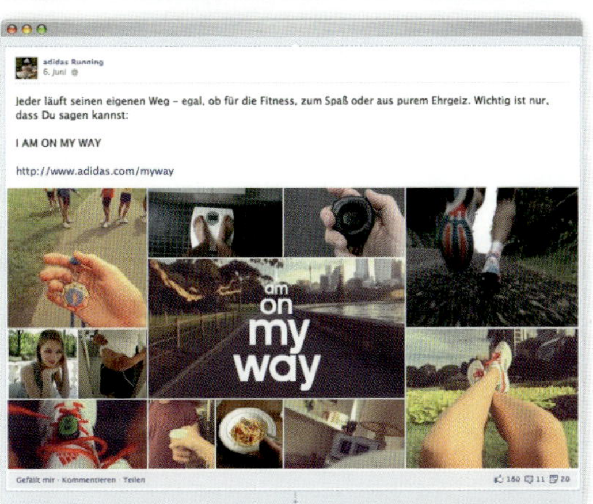

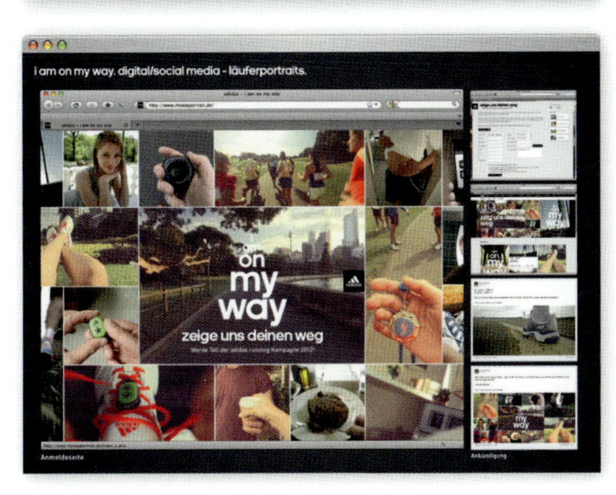

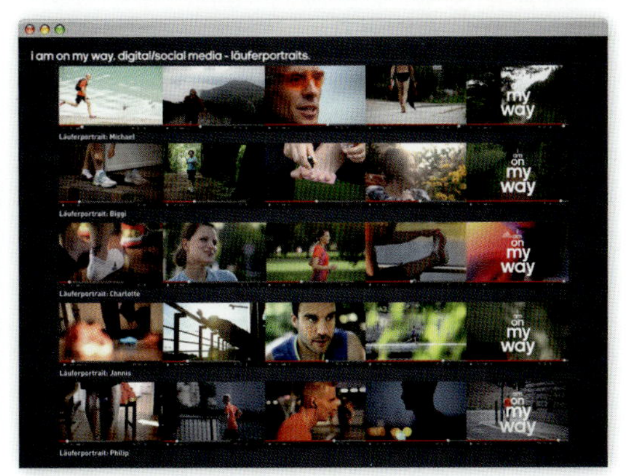

GEBRAUCHSGÜTER / B2C

KLEIDUNG

DIGITALE MEDIEN / SOCIAL-MEDIA-AKTIVITÄTEN

adidas AG / „Runners' Portraits"

Mit dem Kampagnenmotto „i am on my way" spricht adidas dem Läufer aus der Seele. Denn jeder, der sich für das Laufen entschließt, begibt sich auf seinen ganz individuellen Weg der sportlichen und persönlichen Veränderung. In fünf Online-Porträts wird dokumentiert, wie Laufen das Leben der Protagonisten verändert und beeinflusst und was ihren Weg besonders macht. Mithilfe eines Facebook-Aufrufs wurden dazu aus über 60 Bewerbern fünf Läufer unterschiedlichster Art gecastet und einen Tag lang begleitet.

http://discover.adidas.de/goallin/news/2012/07/myway-runners-portraits/

Integrierte Kampagne / Crossmedia _ Kunde adidas AG, Herzogenaurach Senior Brand Communication Manager Running & Outdoor Sven Schindler Brand Communication Manager Running & Outdoor Stefanie Lang Digital Manager Running & Outdoor Peter Biermann Werbeagentur HEIMAT Werbeagentur GmbH, Berlin Beratung Matthias von Bechtolsheim (GF Beratung) / Florian Hoffmann / Philip Bauch Konzeption HEIMAT Berlin Creative Director Ove Gley / Ole Vinck Art Director Patrick Düver Text Dominik Maas Grafik Franziska Kriehn / Lucas Schneider DOP Fabian Schubert

GEBRAUCHSGÜTER / B2C

KLEIDUNG

FILM

adidas AG / „Robben vs. Robben“

Die Werbung für den neuen F50 in schwarz/gelb, den es exklusiv bei Intersport gab, basiert auf der Sportlerwahrheit „Dein härtester Gegner bist Du selbst.“
Denn mit dem integrierten adidas micoach kann jeder Fußballer tatsächlich überprüfen, wie er sich gegenüber seinem gestrigen Selbst verbessert hat.
Medien: TV (Europa), Kino, Blogs (Deutschland), adidas-eigener YouTube-Channel und Online-Banner (weltweit).

Arjen Robben in der Umkleidekabine.
Er nimmt seinen neuen F50 und will das Trainingsmessgerät ‚micoach speed cell‘ darin platzieren, als eine Hand versucht, ihm den Schuh zu entreißen.
Arjen wehrt sich erfolgreich und schaut böse auf den Spieler, der ihn da nervt.
Schnitt auf den Trainingsplatz.
Robben arbeitet hart. Immer wieder schaut er nach rechts und links – ein Spieler scheint ihm in Sachen Speed wirklich Konkurrenz zu machen.
Super: Wer treibt Robben an?

Zurück in der Kabine. Vorm Spiel. Ein Spieler ärgert Robben schon wieder, als der gerade sein Trikot anzieht. Der Spieler verschwindet aus der Kabine in Richtung Spielertunnel.
Robben hinterher. Er erwischt ihn kurz vor dem Aufgang ins Stadion, gibt ihm einen Klaps auf den Hintern, um sich zu revanchieren.
Jetzt sehen wir die beiden von vorn. Und wir entdecken, der Spieler, mit dem sich Arjen Robben da kabbelt, ist ebenfalls Arjen Robben.
Super: Robben treibt Robben an.

Schnitt zum neuen F50.
Chart: Der neue F50. Jetzt exklusiv bei INTERSPORT.
Logo: adidas

Crossmedia _ Kunde adidas AG, Herzogenaurach Geschäftsführung Martin Schindler Werbeleitung Sven Schindler / Alexsandra Villegas Ambia Werbeagentur dieckertschmidt GmbH, Berlin Beratung Stefan Schmidt / Yvonne Bolinski Konzeption Stefan Schmidt Creative Director Stefan Schmidt Art Director Stefan Schmidt Producer Stefan Schmidt Text Stefan Schmidt Grafik Stefan Schmidt Filmproduktion Soup Filmproduktion GmbH Producer Stephan Fruth Regie Mark Archer's Kamera Benjamin Todd Schnitt Sven Budelmann Musik Niels Zuiderhoek (YouGuys Music) / Fritz Rating (YouGuys Music) Postproducer Sascha Paul (PAUL SCHWABE DIGITAL PRODUCTION GmbH) / Christiane Schwabe (PAUL SCHWABE DIGITAL PRODUCTION GmbH) Compositing Artist Christian Schrills Postproduction PAUL SCHWABE DIGITAL PRODUCTION GmbH Music YouGuys Music GbR

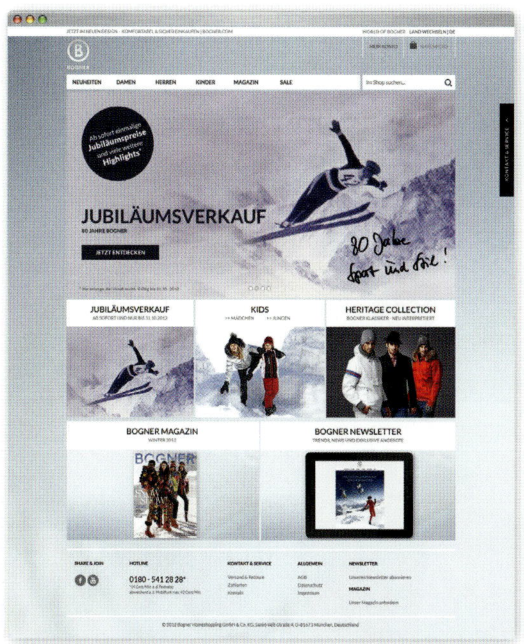

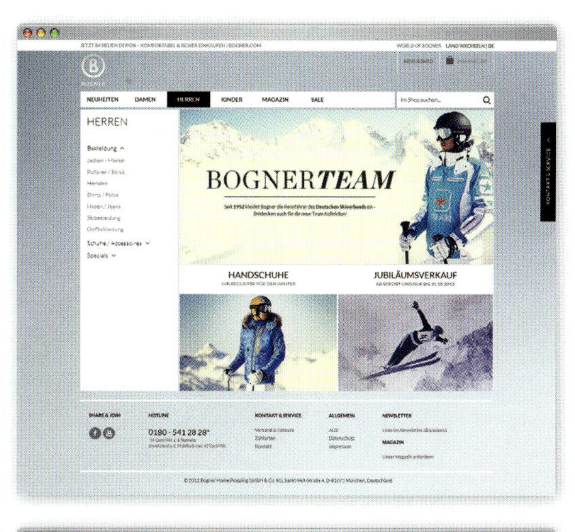

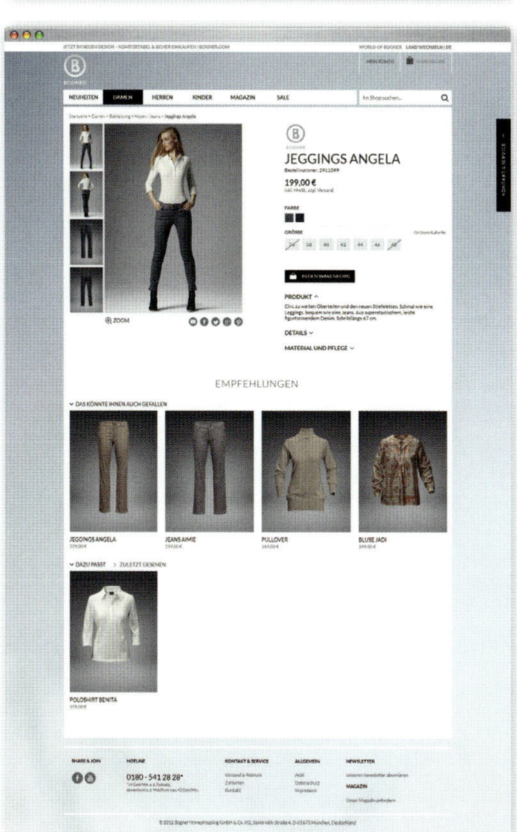

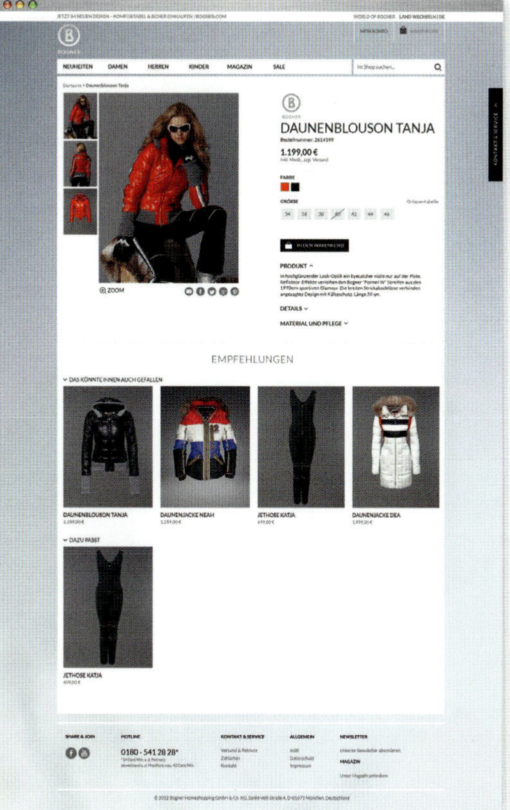

GEBRAUCHSGÜTER / B2C

KLEIDUNG

DIGITALE MEDIEN / PRODUKT-/SERVICEWEBSEITEN

Bogner homeshopping GmbH & Co. KG / Bogner Online-Shop

Bogner, der Designer für exklusive sportliche Mode, wollte Corporate Site und E-Shop trennen. Für Kunden aus vier Ländern wurden Shops mit eigener URL eingerichtet (de, at, ch, us). Wiethe Interaktiv zeichnet verantwortlich für Konzeption, Design, Newsletter-Marketing, Shop-Content und Beratung.

Der Fokus liegt auf der Beratung: Die Produktdetailseite zeigt Empfehlungen entsprechend dem bisherigen Surf- und Kaufverhalten des Kunden sowie weitere Artikel, die das Model auf dem ausgewählten Bild trägt. Dazu kommen klare Navigation, leicht verständliche „Call-to-Actions“ und geradliniges Design.

http://shop-de.bogner.com

Kunde Bogner homeshopping GmbH & Co. KG, München Leitung E-Commerce Moritz Hochleitner Werbeagentur Wiethe Interaktiv GmbH & Co. KG, Georgsmarienhütte Key Account Manager Katharina Kruse Fotografie und Film Wiethe Objektiv GmbH & Co. KG

GEBRAUCHSGÜTER / B2C

KLEIDUNG

DIGITALE MEDIEN /
PRODUKT-/SERVICEWEBSEITEN

DelMor Swiss AG / Lyfe
„Lyfe. Light Your Life."

Lyfe ist die neue Modekollektion für Frauen – für zu Hause, Freizeit, Yoga und Softsportarten wie Pilates und Zumba. Das Prinzip der Kollektion: wenige schöne und praktische Teile und alle Teile in sechs Farben. Kein Schwarz, kein Weiß, kein Grau. Im Fokus steht die in den Farben begründete Wirkung plus höchster Wohlfühlqualität. Diese Wirkung setzt der Webshop in Szene, ohne zu übertreiben, aber sehr sinnlich.

www.lyfe.ch

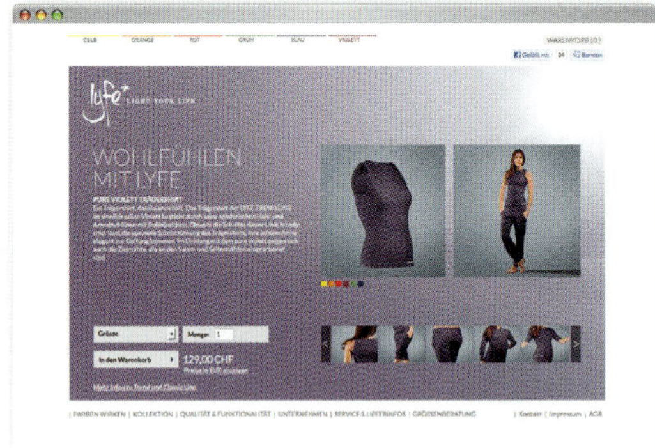

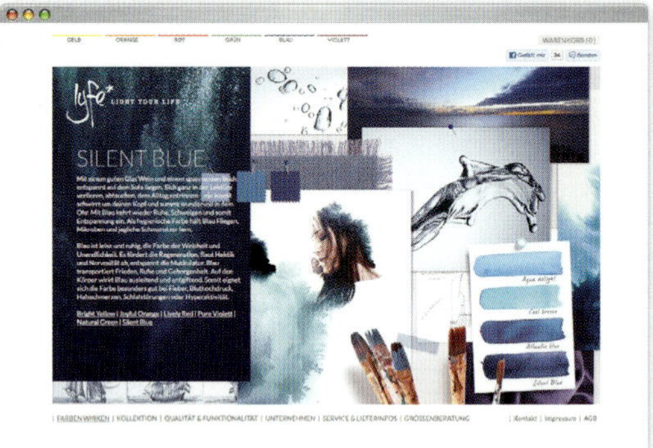

Kunde DelMor Swiss AG, Au (Schweiz) Geschäftsführung Helmut Winner Marketingleitung Elisabeth Winner-Stefani Werbeleitung Gudrun Hoch Werbeagentur die3 Agentur für Werbung und Kommunikation GmbH, Dornbirn (Österreich)

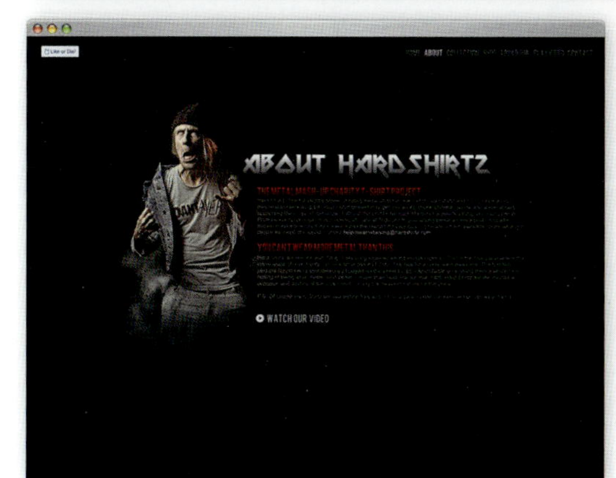

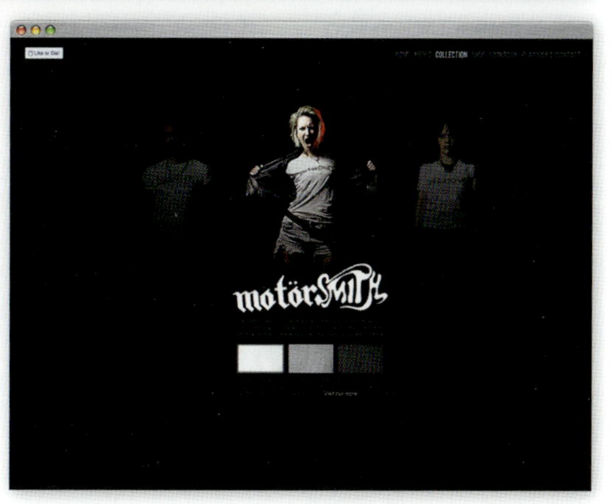

GEBRAUCHSGÜTER / B2C

KLEIDUNG

DIGITALE MEDIEN / PRODUKT-/SERVICEWEBSEITEN

insertcoin creative ventures GmbH / Hard Shirtz

In den meisten Kreativagenturen kennt man folgendes Szenario: Junge Musiker fordern Hilfe. Sie schnorren Dienstleistungen. Aber: Sie haben kein Geld. Deswegen haben wir ein neues Projekt gestartet: Hard Shirtz – The Metal Mash-up Charity T-Shirt Project. Der komplette Verkaufserlös der T-Shirts fließt direkt in vielversprechende Musikprojekte. Wir finanzieren Homepages, Musikvideos, Fotoshootings, Artworks und vieles mehr für junge, aufstrebende Musiker. Wir fördern Talente.

www.hardshirtz.com

Kunde insertcoin creative ventures GmbH, Wien (Österreich) Werbeagentur screenagers GmbH, Wien (Österreich) Beratung Stefan Rasch Konzeption Oliver Forkel Creative Director Deniz Arslan / Stefan Rasch Text Marlene Mayer Fotografie Deniz Arslan Sounddesign Max Thomasberger Programmierer Denis Yashin

GEBRAUCHSGÜTER / B2C

KLEIDUNG

DIGITALE MEDIEN / PRODUKT-/SERVICEWEBSEITEN

Inter-Triumph Marketing GmbH / Triumph Body Make-up Autumn/ Winter 2012

Um der Welt von Triumph Body Make-up den passenden Online-Auftritt zu verleihen, kreierte Bloom bereits zum zweiten Mal die Kampagnenwebsite. Besonderes Augenmerk lag auf der Hervorhebung der Styles, der Farben und der Kombinierbarkeit der Produkte miteinander.
Das spiegelte sich unter anderem im integrierten Mix&Match Tool wieder.

www.triumph.com/de/de/5946.html

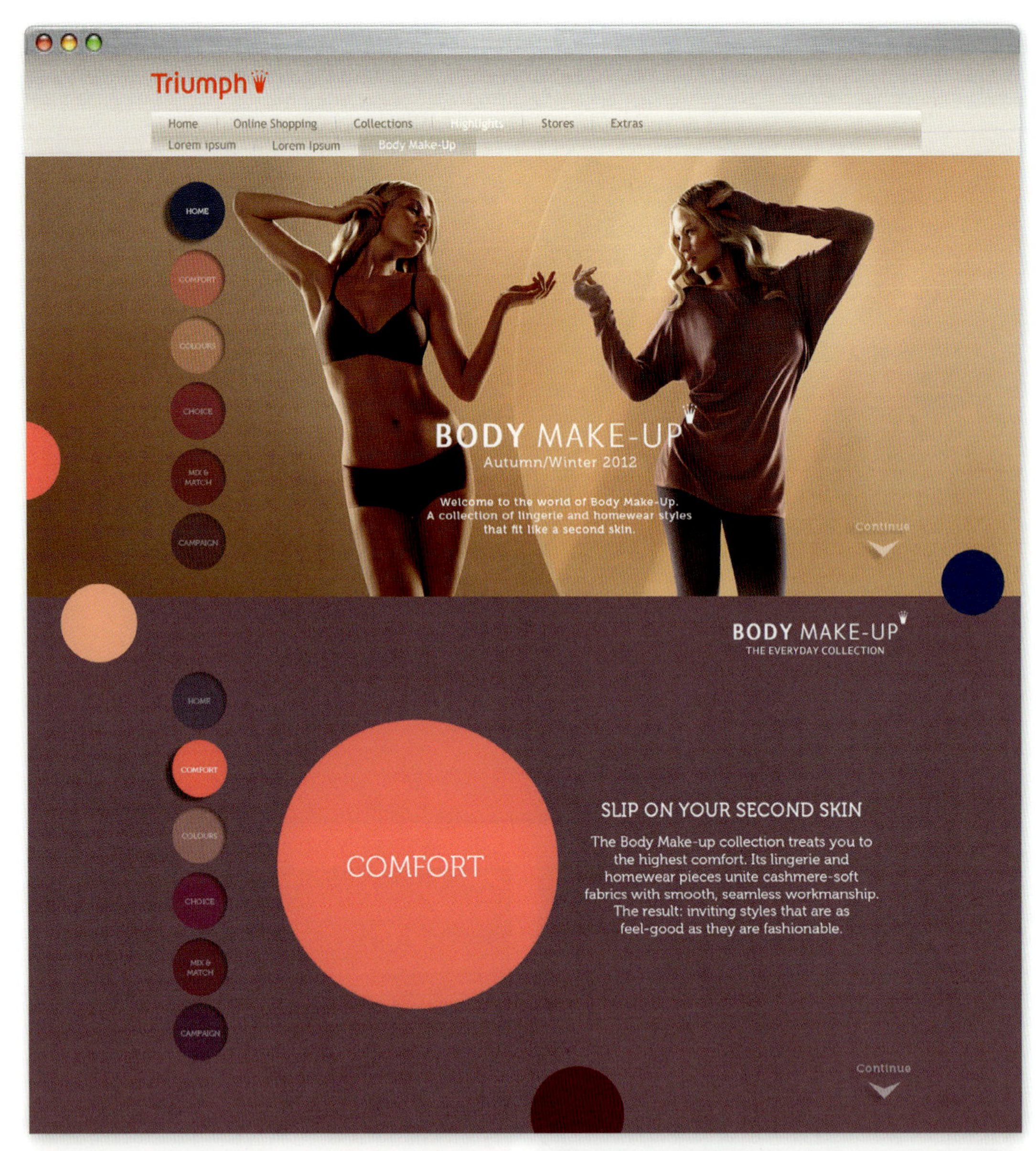

Kunde Inter-Triumph Marketing GmbH, München Werbeagentur Bloom GmbH, München Beratung Christina Böhme Konzeption Marc Sülzle Creative Director Sascha Portisch Art Director Marina Skrtic Text Elizabeth Kovach Programmierung Martin Keck

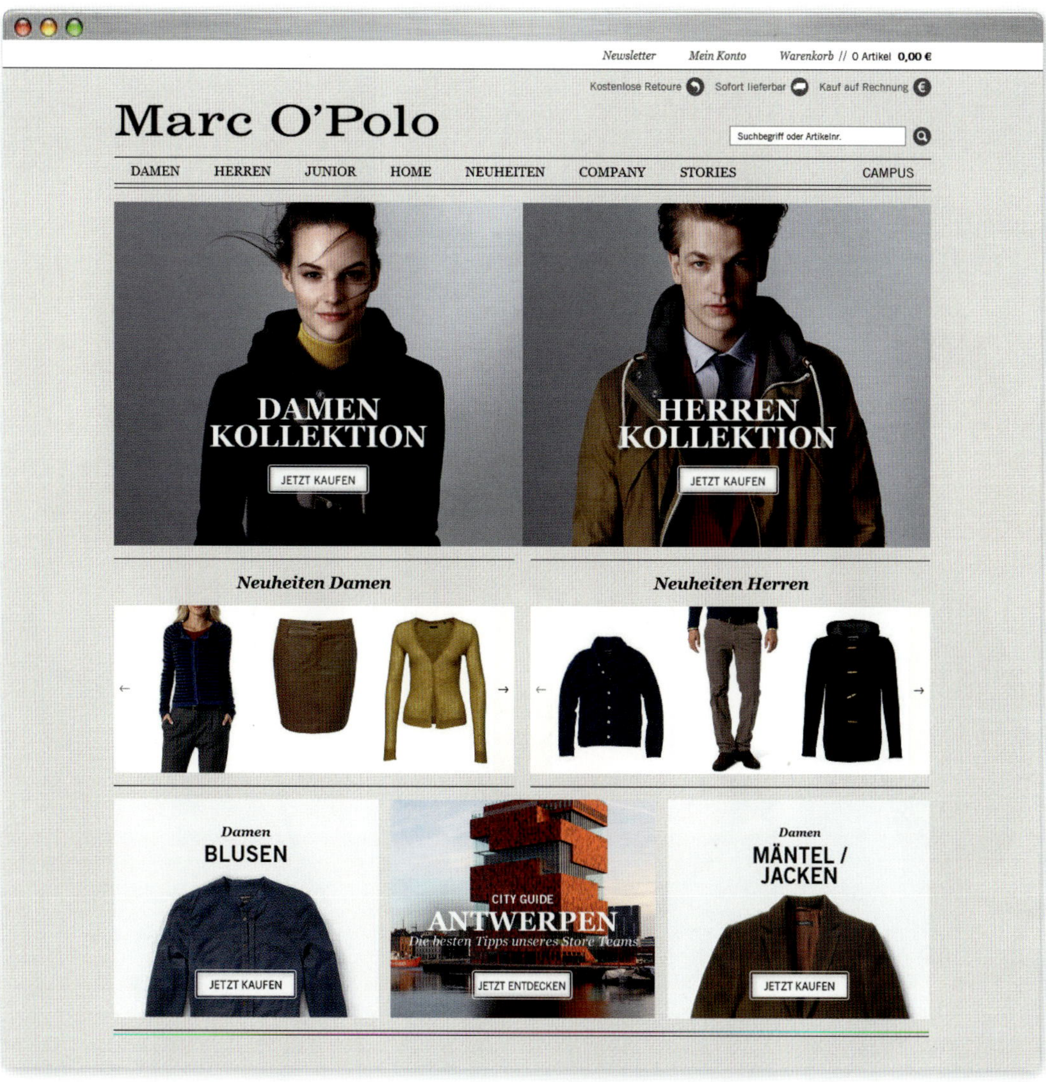

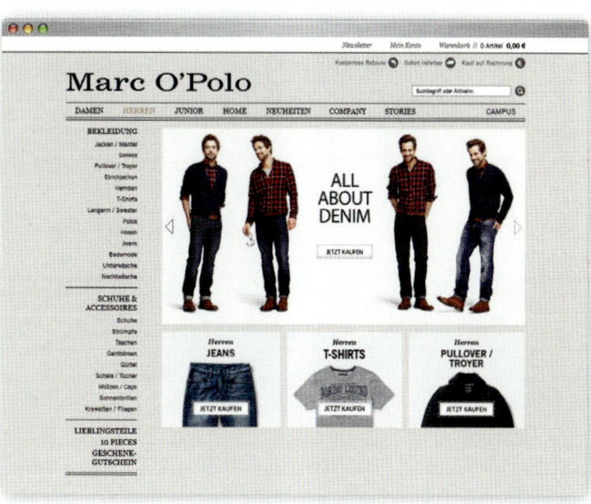

GEBRAUCHSGÜTER / B2C

KLEIDUNG

DIGITALE MEDIEN / PRODUKT-/SERVICEWEBSEITEN

Marc O'Polo Einzelhandels GmbH / Relaunch Online-Shop

Das Casual-Lifestyle-Label Marc O'Polo steht für höchste Markenqualität und Urban Lifestyle. Das attraktive Angebot sollte durch einen neu konzipierten Online-Shop userfreundlicher und klarer strukturiert dargestellt werden – nach CI-Vorgaben des Kunden. Der Fokus wurde bei der Shopkonzeption auf das Thema Personalisierung gelegt.

Bestellt werden kann aus Deutschland, Österreich, Schweiz, Schweden und den Niederlanden. Der Shop ist dreisprachig auf Deutsch, Englisch und Niederländisch verfügbar. Auf der Reise durch den Marc O'Polo Online-Shop bekommt der Kunde entsprechend seinem Surf- und Kaufverhalten spezielle Kategorien und Produkte angezeigt. Auf der Startseite werden ihm persönlich zugeschnittene Kategorien vorgeschlagen, weitere Produktempfehlungen bekommt er ebenfalls auf der Produkt-Detailseite und im Warenkorb. So fühlt sich jeder Kunde individuell angesprochen – durch die persönlichen Fashion-Tipps ganz nach seinem Geschmack und Style. Meldet er sich außerdem für den Marc O'Polo Newsletter an, bekommt er auch einen personalisierten individuellen Newsletter mit Produktvorschlägen, die zu ihm passen. Diese Vernetzung von E-Shop und Newsletter stärkt das Markenimage.

www.marc-o-polo.de

Kunde Marc O'Polo Einzelhandels GmbH, Stephanskirchen Geschäftsführung Alexander Gedat / Stefan Kopp E-Commerce Manager Katja Scheffler Werbeagentur Wiethe Interaktiv GmbH & Co. KG, Georgsmarienhütte Projektleitung Katharina Kruse Fotografie / Film Wiethe Objektiv GmbH & Co. KG

GEBRAUCHSGÜTER / B2C

KLEIDUNG

PROMOTION / MITTEL

mister*lady GmbH / Frühjahrskollektion

mister*lady ist die Fashionmarke für junge Menschen zwischen 12 und 25 Jahren, die Wert auf angesagte Outfits zum günstigen Preis legen. Die Frühjahrskollektion 2012 wurde unter dem Motto „Ein Frühlingstag draußen" auf junge, sympathische Weise in Szene gesetzt. Die Motive wirken ungestellt, spontan und natürlich; Models wie du und ich erleichtern die Identifikation mit der Zielgruppe. Die Fotos werden auf der Website, für diverse PoS-Materialien sowie in Anzeigen eingesetzt.

Kunde mister*lady GmbH, Nürnberg Werbeleitung Susanne Loch Werbeagentur Bloom Project GmbH, Nürnberg Beratung Natalia Braun Creative Director Stefan Maier-Wimmer Art Director Julia Leikauf Reinzeichnung Sven Pirner Fotograf Lars Borges

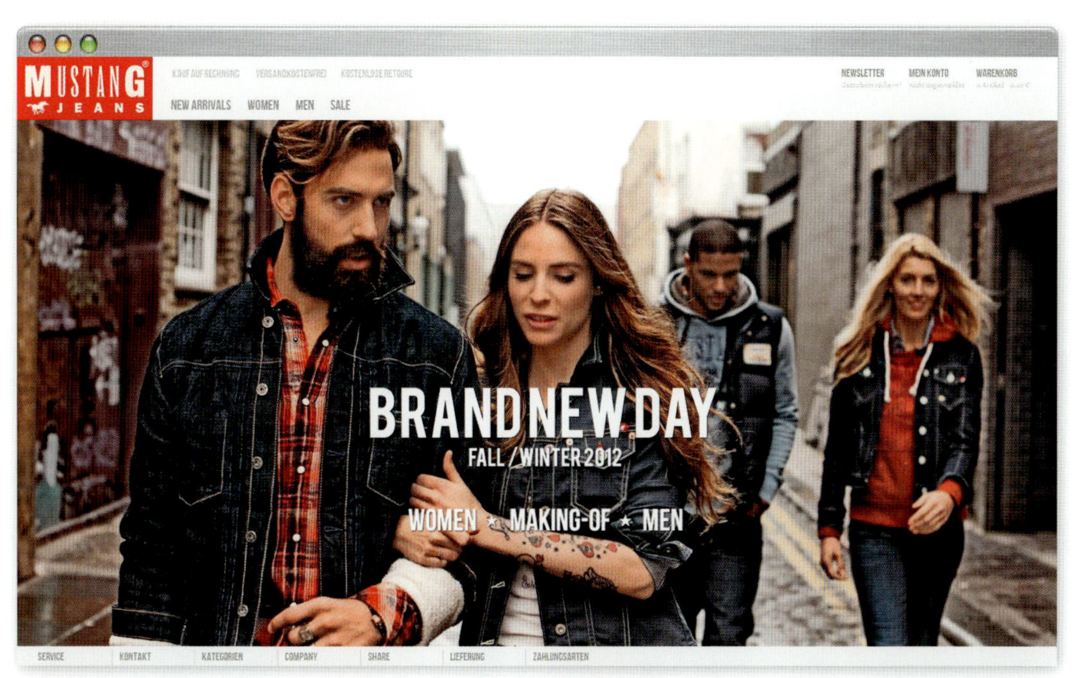

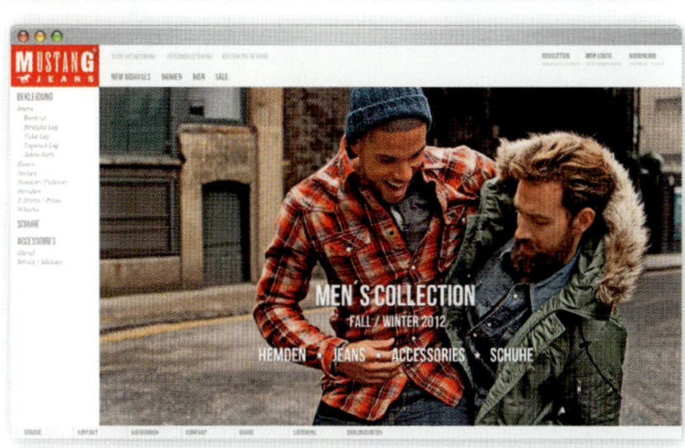

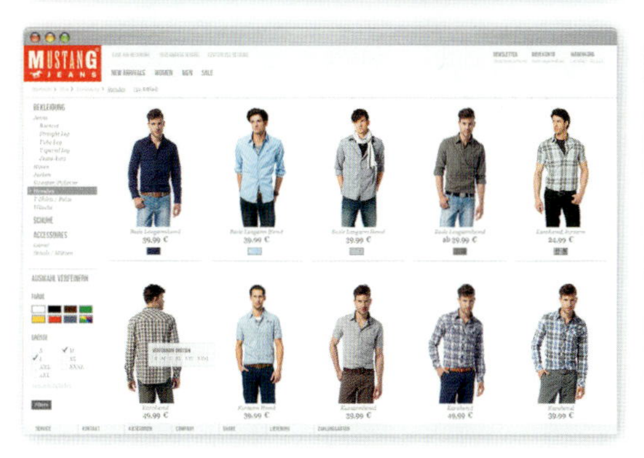

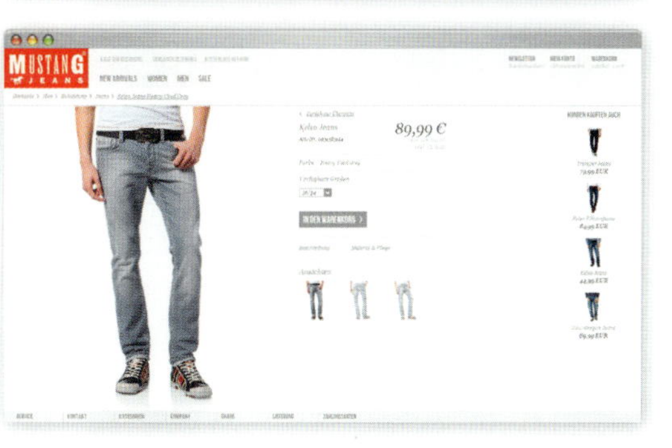

GEBRAUCHSGÜTER / B2C

KLEIDUNG

DIGITALE MEDIEN / PRODUKT-/SERVICEWEBSEITEN

MUSTANG Store GmbH / Relaunch MUSTANG Online-Shop

Kernig, knackig, cool. Das ist das Erfolgsrezept von Mustang Jeans. Dazu gehört ein unternehmensgerechter Online-Shop, der in Sachen Design und Usability auf den Endkunden zugeschnitten ist – authentischer und großzügiger im Design, mit vereinfachter Navigation.

Der neue Mustang E-Shop zeichnet sich durch klar strukturiertes Webdesign und eine zugleich flexible Anordnung des Contents und der Navigation aus. Das Design ist nun cleaner, es gibt ein neues Fly-out-Menü, eine vereinfachte Filterfunktion und einen Bild-in-Bild-Zoom. Dadurch hat sich die Usability stark verbessert. Auch der Footer fährt sich im neuen Shop automatisch aus, und eine ansprechende Fullscreen-Ansicht, bei der sich die Artikelübersicht der jeweiligen Bildschirmgröße anpasst, bietet mehr Auswahl auf einen Blick. Die in London produzierte Herbst/Winter-Kampagne gibt dem Online-Shop einen authentischen Look. Fullscreen-Bildwelten, z. B. auf der Startseite, passen sich dynamisch jeder Browsergröße an. Dies gilt ebenso für die neue Bildsprache der Produktbilder, die sich entsprechend dem Endgerät flexibel anordnen und dem User ein einzigartiges, benutzerfreundliches Shoppingerlebnis ermöglichen.

www.mustang-jeans.de

Kunde MUSTANG Store GmbH, Künzelsau Geschäftsführung Dietmar Axt / Frank Poreschack Marketingleitung Jens Höllein Werbeagentur Wiethe Interaktiv GmbH & Co. KG, Georgsmarienhütte Creative Director Frank Kösters Art Director Sarah Schengber Grafik Alexander Wamhoff Projektleitung Katharina Kruse / Merle Otto Technische Umsetzung / Programmierung Christian Schlattmann Fotografie / Film Wiethe Objektiv GmbH & Co. KG

GEBRAUCHSGÜTER / B2C

KLEIDUNG

KAMPAGNE

MUSTANG Store GmbH / 360°-Kampagne

Die Wiethe Group produziert eine 360°-Kampagne für Mustang: Imagefilm, Kampagnenbilder und Anzeigenschaltungen in Fashionmagazinen. Für Shooting und Dreh lässt Wiethe Objektiv ein 30-köpfiges Team nach London einfliegen, denn London spiegelt Mustangs Markenwerte im Hinblick auf Authentizität, Ehrlichkeit und Urbanität klar wider. Der 3-minütige Imagefilm ist am 4. Juli auf der Bread & Butter in Berlin erstmals vorgestellt worden, als Special überraschte dazu The BossHoss die Messebesucher am Mustang-Stand mit einem kleinen Livekonzert. Bereits seit 2009 betreut Wiethe den Mustang-Onlineshop www.mustang-jeans.de und ist verantwortlich für das Online-Marketing des Lifestyle-Labels.

Kunde MUSTANG Store GmbH, Künzelsau Geschäftsführung Dietmar Axt / Frank Poreschack Marketingleitung Jens Höllein Werbeagentur Wiethe Group GmbH, Georgsmarienhütte Konzeption Markus Wiethe / Janek Feldmann Projektleitung Merle Otto Grafik Online Frank Kösters / Sarah Schengber / Alexander Wamhoff Grafik Print Andrea Kracke / Stefan Halle Fotografie / Film Wiethe Objektiv GmbH & Co. KG Technische Umsetzung Wiethe Interaktiv GmbH & Co. KG Print-Agentur Wiethe Kommunikativ GmbH & Co. KG

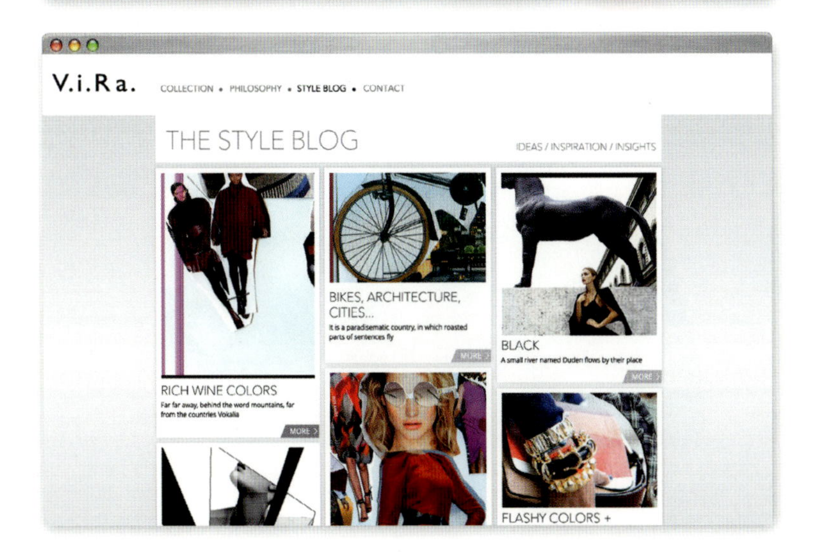

GEBRAUCHSGÜTER / B2C

KLEIDUNG

DIGITALE MEDIEN / UNTERNEHMENS-/ ORGANISATIONSWEBSEITEN

V.i.R.a. Collection

Der neue Onlineauftritt der V.i.Ra. Collection setzt wie das junge Fashion-Label auf Kontraste und Wandelbarkeit. Kollektionen werden ebenso reduziert wie emotional inszeniert, die hochwertigen Produkte in großflächigem Lookbook-Stil präsentiert. Der Fashion-Blog ist als Scrapbook konzipiert, auf dem Inspirationen und Einblicke in die Arbeit gesammelt werden.

Als State-of-the-Art-Lösung wurde der Auftritt komplett responsiv entwickelt, sodass er sich auf jedem Gerät optimal präsentiert.

www.vira-collection.com

Kunde V.i.Ra Collection GmbH, München Geschäftsführung Viktoria Rader Fashion Director Victoria Rader Assistant Fashion Director Esther Hahn Werbeagentur CODE64 GmbH, München Beratung Andreas Schauer Konzeption Kanyika Kini / Andreas Schauer Creative Director Andreas Schauer Art Director Kanyika Kini Text Natascha Watzlawik Umsetzung / Programmierung Sven Hofmann

03

ADIDAS AG

„Torfabrik 50 Jahre Bundesliga"

DIECKERTSCHMIDT GMBH / BERLIN

01 Kurt Georg Dieckert
02 Stefan Oliver Schmidt
03 João Peixoto
04 Yvonne Bolinski
05 Alexander Hägele

01

04

02

05

GEBRAUCHSGÜTER / B2C

WEITERE GEBRAUCHSGÜTER

OUT OF HOME / MEDIEN

adidas AG / „Torfabrik 50 Jahre Bundesliga"

Wenn man ein neues Produkt launcht, sollte man gewissenhaft beschreiben, woraus es gemacht ist. Beim Torfabrik 50 sind das Wut, Trauer, Freude, Verzweiflung, und Erleichterung. Medien: Poster am PoS, als Give-aways an Fans, als Post auf Facebook-Pages der Stars. Filme mit historischen Szenen in Blogs, dem adidas-eigenen YouTube-Channel und ebenfalls auf den Facebook-Seiten der Stars machten den Auftritt komplett (siehe: http://www.youtube.com/watch?v=Z0T9l3i0Lg4&feature=g-user-u) ▸

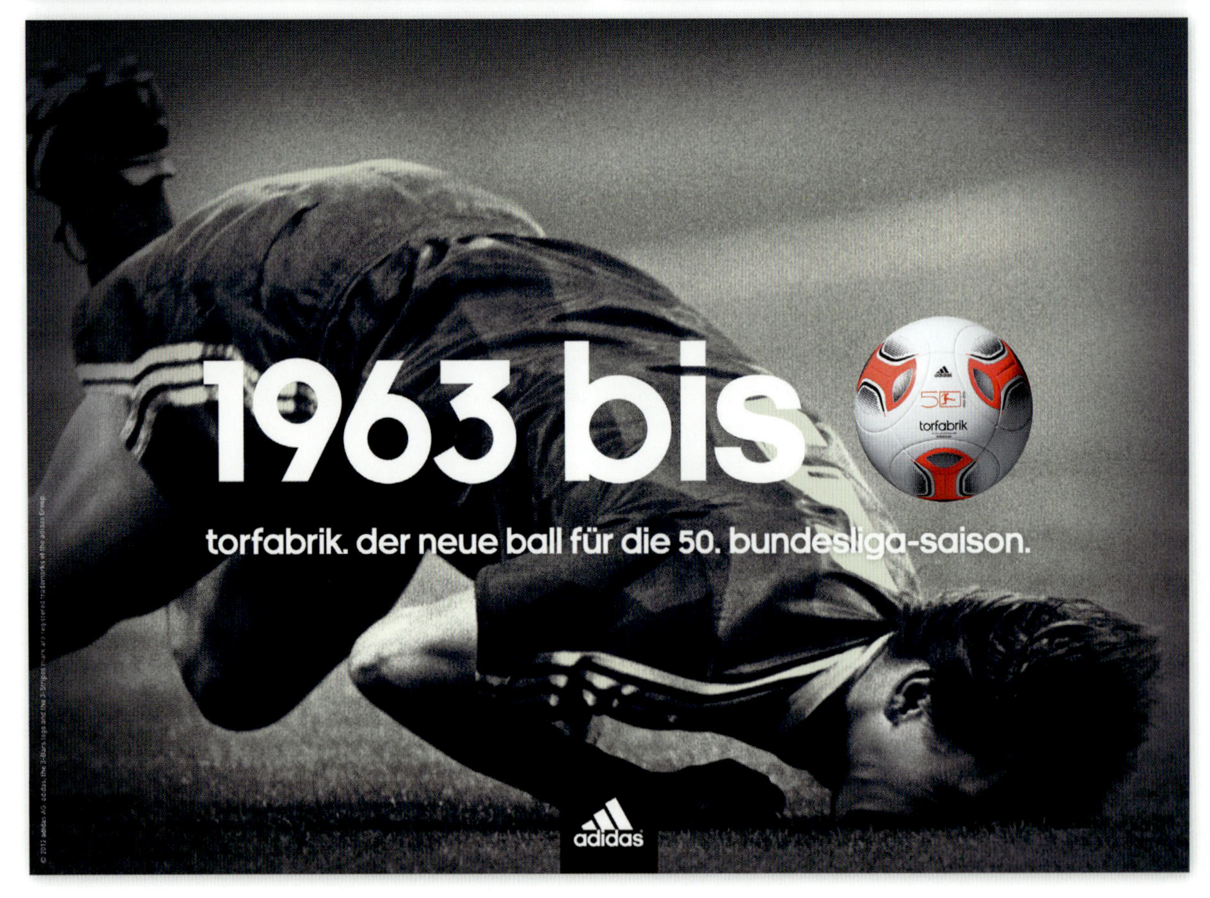

Kunde adidas AG, Herzogenaurach Geschäftsführung Martin Schindler Werbeleitung Sven Schindler / Alexsandra Villegas Ambia Werbeagentur dieckertschmidt GmbH, Berlin Beratung Stefan Schmidt / Yvonne Bolinski Konzeption Stefan Schmidt / Kurt Georg Dieckert / Alexander Hägele Creative Director Stefan Schmidt / Kurt Georg Dieckert Art Director Kurt Georg Dieckert / Joao Peixoto Producer Alexander Hägele / Joao Peixoto Text Stefan Schmidt / Alexander Hägele Grafik Joao Peixoto Fotografie dpa Picture-Alliance GmbH (Stock-Material), nureg GmbH (Postproduction) Post-production / Bildbearbeitung NUREG GmbH Bildportal der Bildagentur dpa dpa Picture-Alliance GmbH

GEBRAUCHSGÜTER / B2C

WEITERE GEBRAUCHSGÜTER

FILM

BMW Motorrad / S 1000 RR
„Equilibrium"

Auf dem BMW Superbike S 1000 RR fühlt sich die Welt intensiver an als die Realität. Um diesem Gefühl so nahe wie möglich zu kommen, haben wir eine eigene, hyperreale Welt erschaffen: Planet Power. Sie ist kraftvoller, schneller und intensiver als die Realität.
In diesem epischen Film kombinieren wir zum ersten Mal real 3-D- und Highspeedaufnahmen und nutzen aufwendige Rotoskopie, um das Bike mit der Umgebung zu kombinieren. Für ein neuartiges Seherlebnis, in einer völlig neuen Welt.

Kunde BMW Motorrad, München Leiter Marketingstrategie und Marketingkommunikation Tim Diehl-Thiele Werbeagentur serviceplan gruppe gmbh & co. kg, München Beratung Markus Koch Creative Director Oliver Palmer Art Director Thomas Ardelt / Franz Röppischer Producer Markus Koch Text Sebastian Wolf / Martin Magnet Chief Creative Officer Alexander Schill Executive Creative Director Matthias Harbeck Filmproduktion Brothers Producer Simone Becker Regie Ryan McManus Kamera Stefan Weiss Schnitt Dominik Falk Musik Ross Finck Produktion WEISSCAM GmbH Offline / Online / 3-D-Produktion südlich-t GmbH Tonstudio Orange Sound Studios GmbH

GEBRAUCHSGÜTER / B2C

WEITERE GEBRAUCHSGÜTER

OUT OF HOME / AKTIVITÄTEN

Cazal Eyewear – op Couture Brillen GmbH / „Zauberwelt der Brillenmacher"

Neugierig machen – das war das erklärte Ziel von Cazal Eyewear. Entstanden ist eine einzigartige Märchenwelt auf 100 m², in der nichts „von der Stange" war. Die vielen detailverliebten, teilweise überdimensionierten Elemente entführten den Besucher in eine surreale Welt, die der Fantasie keine Grenzen setzte. Individuelle Tapeten und Teppichmuster zeigten raffiniert das Cazal-Logo sowie Brillenornamente. Die Aquarelle der aktuellen Cazal-Werbekampagne wurden in das Messekonzept integriert.

Kunde Cazal Eyewear – op Couture Brillen GmbH, München Werbeagentur Atelier Damböck Messebau GmbH, Neufinsing bei München

GEBRAUCHSGÜTER / B2C

WEITERE GEBRAUCHSGÜTER

FILM

cerásasso by Wilfried Bast / Kinospot „CeraSasso“

Aufgabe: Einen Kinospot zu gestalten, der sehr eigenständig auftritt und sich klar von einer reinen Produkt- bzw. Unternehmenspräsentation abhebt.

Ziel: Die Produkte Qualitätsfliesen und Natursteine auf Basis der Elemente Wasser, Luft, Feuer und Erde als mystische Geschichte zu präsentieren, um so dem Medium Kino gerecht zu werden.

Eine sehr eigenständige grafische Umsetzung und der lyrische Text verführen den Zuschauer in die Welt von CeraSasso.

Der Zugang zu diesen hochwertigen Produkten erfolgt so nicht über die Ratio, sondern über eine sinnliche Ebene.

Kunde cerásasso by Wilfried Bast, Altheim (Österreich) Geschäftsführung Wilfried Bast Werbeagentur Hammerer GmbH & CoKG, Ried im Innkreis (Österreich) Beratung Dipl.-FW Marketing Christian Aigner Konzeption Manfred Königstorfer Creative Director Manfred Königstorfer Art Director Christian Kolic Producer B. Sc. M. Sc. Maria Wögerbauer Text Mag. Phil. Wolfgang Rodlauer Grafik Manfred Königstorfer Filmproduktion Hammerer GmbH & CoKG Producer B. Sc. M. Sc. Maria Wögerbauer Regie Manfred Königstorfer Schnitt B. Sc. M. Sc. Maria Wögerbauer Musik PlanetM

GEBRAUCHSGÜTER / B2C

WEITERE GEBRAUCHSGÜTER

PRINT

DOMINATOR INTERNATIONAL GmbH / Dominator Yachts, Imagekampagne

Markenrelaunch nach Unternehmensübernahme und Neupositionierung im Yacht-Premiumsegment für Tailormade-Megayachten: Die kleinere und feinere, aber international agierende Yachtwerft, die mit italienischem Design und österreichischer Verlässlichkeit überdurchschnittliche Yachten baut.
Zielgruppe: Skipper mit hohem technischen Verständnis und extremen Qualitätsansprüchen.
Medieneinsätze: klassische Printmedien aus dem Lifestyle-, Yacht- und Wirtschaftsbereich sowie Überarbeitung der Literatur und Homepage.

Kunde DOMINATOR INTERNATIONAL GmbH, Wien (Österreich) Geschäftsführung Werner Schill Marketingleitung Christoph Pernsteiner Werbeleitung Ilenia Ippolito Werbeagentur Lach Communication Group GmbH & Co. KG, Mönchengladbach Beratung Thomas Lach / Katrin Faßbender Konzeption Thomas Lach Creative Director Thomas Lach / Stephanie Bengler Art Director Mira Maaßen Text Thomas Lach PR Yvonne Loyen

Büroartikel von LEITZ sind Königsklasse. Dieses Jahr wird der LEITZ Wolkenmarmorordner 115 Jahre. LEITZ feiert dieses Jubiläum mit einer exklusiven Treueprämie von ARTDECO. Dazu finden Sie auf den nächsten Seiten tolle Schminktipps und ein Gewinnspiel, bei dem Sie mit etwas Glück einen von 5 MINI Coopern gewinnen können.

ARTDECO
THE TRENDSETTER COMPANY

GEBRAUCHSGÜTER / B2C

WEITERE GEBRAUCHSGÜTER

KAMPAGNE

Esselte Leitz GmbH & Co KG / „LEITZ Royal"

Zu seinem 115. Geburtstag wurde der Wolkenmarmorordner, passend zu den royalen Hochzeiten im Jahr 2011, unter dem Motto „LEITZ Royal – Seit 115 Jahren König im Büro" in Szene gesetzt. Der Ordner erfüllt seit 115 Jahren alle Ansprüche, die eines Königs würdig wären. Für dieses besondere Jubiläum bedankte sich LEITZ bei seinen treuen Kunden. Auf Ordnereinlegern sowie Produktbeilegern befanden sich Sammelkronen, die gegen ein Kosmetikset des Kooperationspartners ARTDECO eingetauscht wurden. Nach Registrierung auf der Microsite konnte jeder außerdem einmal monatlich an dem großen „Tresor"-Gewinnspiel teilnehmen. Jede Codeeingabe eröffnete die Chance, einen MINI Cooper zu gewinnen.

Kunde Esselte Leitz GmbH & Co. KG, Stuttgart Geschäftsführung Ard-Jen Spijkervet Marketingleitung Frank Lutz Werbeagentur H-ZWO Agentur für Kommunikation GmbH, Köln Beratung Sebastian Ochs / Kerstin Gessat Konzeption Frank Holtey Creative Director Frank Holtey Art Director Pierre Marcel Karge Text Verena Dubois

GEBRAUCHSGÜTER / B2C

WEITERE GEBRAUCHSGÜTER

KAMPAGNE

Esselte Leitz GmbH & Co KG / „PASSION & PROFESSION“

LEITZ stellt 2012 neben dem Beruf auch die Freizeitaktivitäten in den Mittelpunkt der Kommunikation. LEITZ liefert die intelligenten Produkte für den Büroalltag und ist die richtige Wahl, genauso wie der gute Laufschuh. Das richtige Equipment bringt einen schneller ans Ziel oder pünktlich in den Feierabend. Ziel ist es, neben der üblichen Bürolandschaft eine Freizeitwelt zu schaffen und zusätzliche Aufmerksamkeit in den Zielgruppen zu generieren. Die Maßnahmen der Kampagne sind neben Produkteinlegern die Treuecode-Sticker inkl. einer Micosite. Das Event am Tegernsee rundete im Sommer 2012 für die Handelspartner und die Gewinner des Online-Gewinnspiels die Kampagne ab.

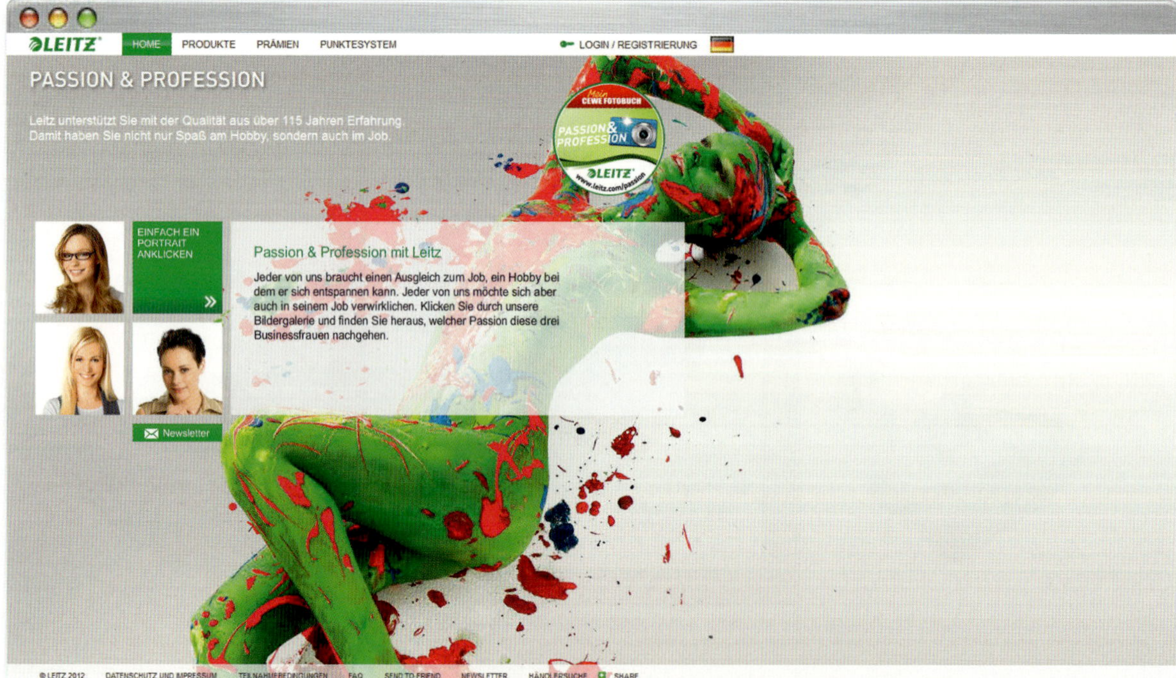

Kunde Esselte Leitz GmbH & Co KG, Stuttgart Geschäftsführung Ard-Jen Spijkervet Marketingleitung Frank Lutz Werbeagentur H-ZWO Agentur für Kommunikation GmbH, Köln Beratung Sebastian Ochs / Kerstin Gessat Konzeption Frank Holtey Creative Director Frank Holtey Art Director Pierre Marcel Karge Text Verena Dubois Fotografie Frank Schemmann

GEBRAUCHSGÜTER / B2C

WEITERE GEBRAUCHSGÜTER

PRINT

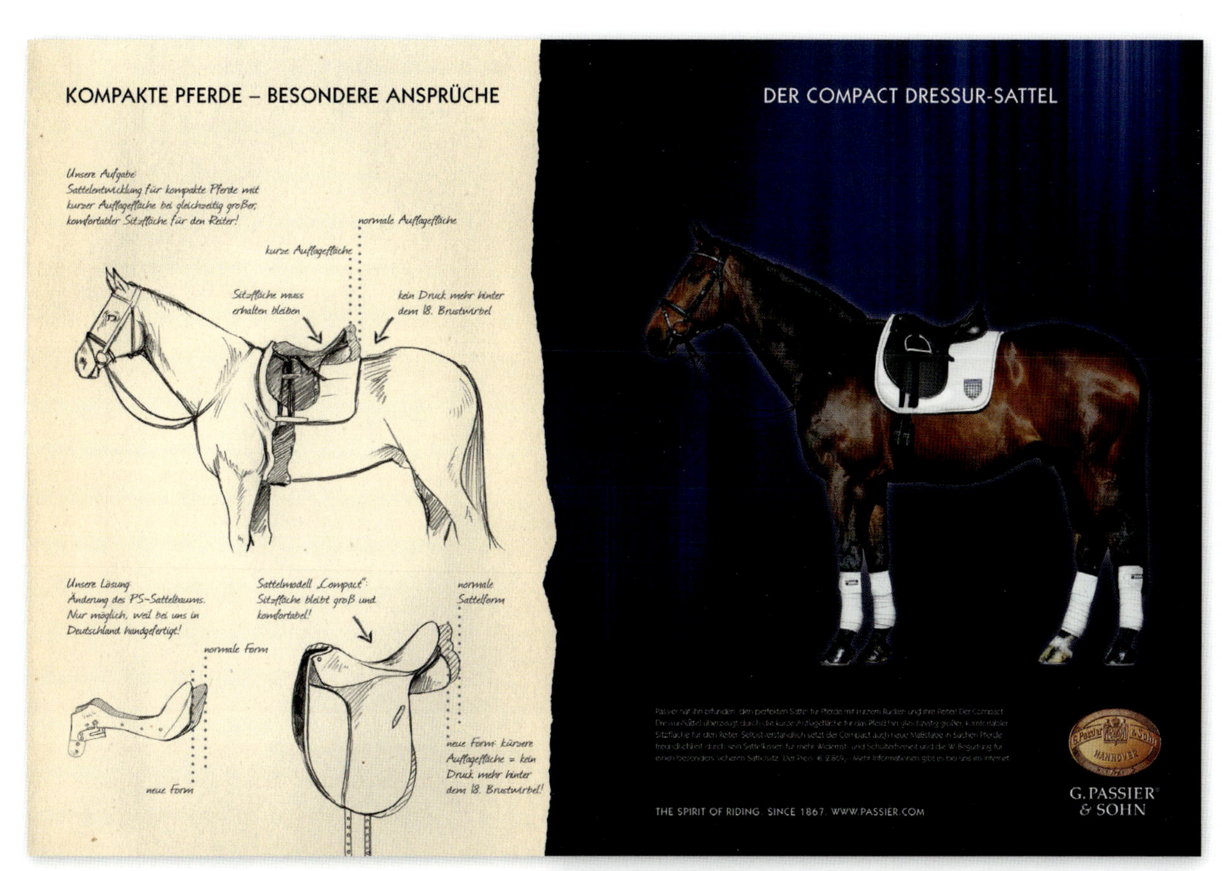

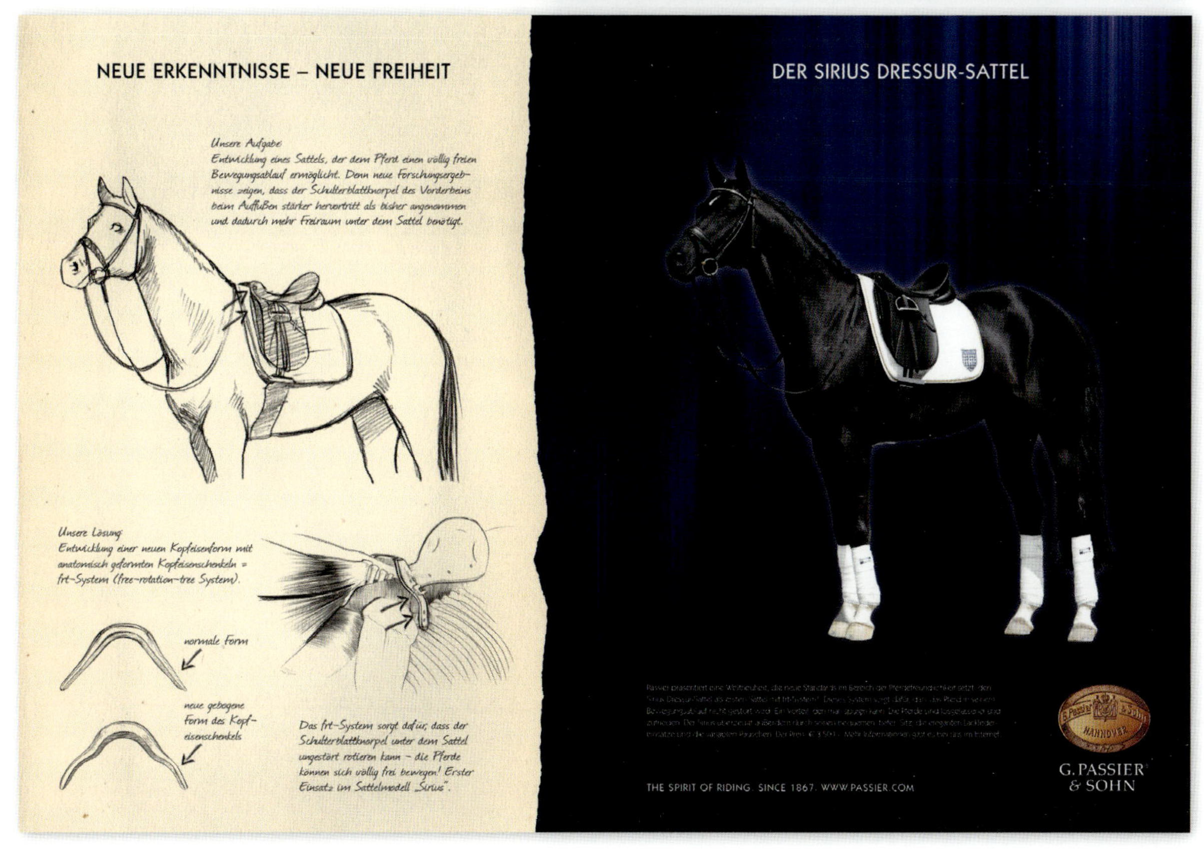

G. Passier & Sohn / „Innovationen. Seit 1867.“

G. Passier & Sohn ist seit 145 Jahren für bestes, innovatives Sattlerhandwerk „Made in Germany“ bekannt. Es gibt eine neue Herausforderung, z. B. weil es neue wissenschaftliche Erkenntnisse gibt oder Pferde mittlerweile einen anderen Körperbau haben als noch vor ein paar Jahren? Passier findet die Lösung! Und entwickelt seit 1867 pferdefreundliche Sättel, Zäume und Zubehör aus Meisterhand.

Kunde G. Passier & Sohn GmbH, Langenhagen Geschäftsführung Georg D. Kannemeier Werbeagentur The Vision Company Werbeagentur GmbH, Köln Beratung Dr. Nicole Grünewald / Inga Kruse Konzeption Dr. Nicole Grünewald Art Director Andreas Volkert / Rebecca Grießhaber / Tanja Dohr Text Dr. Nicole Grünewald Illustrationen Dana Köpke Retusche Jennifer Zimmermann / Laura Hartramf Fotos Sabine Stuewer

GEBRAUCHSGÜTER / B2C

WEITERE GEBRAUCHSGÜTER

FILM

Olympus Europa Holding GmbH / „Hello Tough"

Die Kameras der Olympus Tough-Serie sind extrem widerstandsfähig und halten den härtesten Bedingungen stand. Sie sind wasserdicht, stoßfest, frostfest und staubsicher.
Der für den europäischen Markt konzipierte Film vermittelt diese Produktvorteile in einer rasanten, witzigen Spielfilmstory inklusive Verfolgungsjagd in 2:14 min. Ziel des Films ist es, den Endverbraucher zum Kauf zu animieren – und das ist ihm auch gelungen.

Die Hauptrolle im Film spielt die robuste Kamera selbst: Sie nimmt die Zuschauer mit auf ihre abenteuerliche Heldenreise in den freien Fall, unter Wasser, in den Sand und in das Tiefkühlfach eines Eiswagens. Dabei macht sie Erfahrungen mit den unterschiedlichsten Menschen: einem Liebespaar, einem Mädchen, einem Eismann, einem Dieb und einem Polizisten.
Dieser Film funktioniert ohne Sprache, doch er folgt den Regeln des klassischen Spielfilms. Der Held, also die Kamera, kehrt nach aufregenden Abenteuern am Ende glücklich zu seinem Besitzer zurück. Die spannende, temporeiche und witzige Inszenierung steht dabei ebenso sehr im Mittelpunkt wie die positiven Produkteigenschaften.

Kunde Olympus Europa Holding GmbH, Hamburg Werbeagentur FUSE Integrierte Kommunikation und Neue Medien GmbH, Hamburg Filmproduktion FUSE Integrierte Kommunikation und Neue Medien GmbH Producer Matthias Steffen Regie Robert Keller Kamera Bernd Effenberger Schnitt Lars Schönpflug / Bernd Effenberger Musik Christian Kaufmann Projektmanagement Katja Wiedemann

GEBRAUCHSGÜTER / B2C

WEITERE GEBRAUCHSGÜTER

FILM

Olympus Europa Holding GmbH / Olympus XZ-2 „Hello Creativity"

Der Promotionfilm dient der Markteinführung des neuen Kameramodells Olympus Stylus XZ-2. Beides wurde der Öffentlichkeit zur Photokina 2012 präsentiert. Ziel des Films ist die Vermittlung der wesentlichen und herausragenden Funktionen, der leichten Bedienbarkeit sowie der hohen Leistungsfähigkeit dieser kompakten neuen Kamera. Zielgruppe sind sowohl professionelle Fotografen als auch ambitionierte Amateure. Der Film wurde in 15 Sprachen übersetzt und wird weltweit eingesetzt.

Der Film bietet einen spannenden Mix aus Story und Produktinformation. Ein junger Fotograf probiert die unterschiedlichen Leistungen der Kamera aus. Diese Szenen wechseln sich ab mit Animationen, die aus der Geschichte heraus die Details und die Bandbreite der Funktionen vermitteln. Die Kamera fliegt leicht und mühelos zwischen Animation und Story hin und her. Die Leichtigkeit des Films spiegelt die Leichtigkeit der Kamera. Dieser stilistische Effekt macht neugierig darauf, sie selbst einmal auszuprobieren.

Kunde Olympus Europa Holding GmbH, Hamburg Werbeagentur FUSE Integrierte Kommunikation und Neue Medien GmbH, Hamburg Beratung Matthias Steffen Art Director Lars Schönpflug Text Margit Frahm Grafik Lars Schönpflug Projektmanagement Caroline Entrop Filmproduktion FUSE Integrierte Kommunikation und Neue Medien GmbH Producer Matthias Steffen Regie Matthias Steffen Kamera Martin Hayrapetrian Schnitt Lars Schönpflug Musik Christian Kaufmann Projektmanagement Caroline Entrop

GEBRAUCHSGÜTER / B2C

WEITERE GEBRAUCHSGÜTER

DIGITALE MEDIEN / PRODUKT-/SERVICEWEBSEITEN

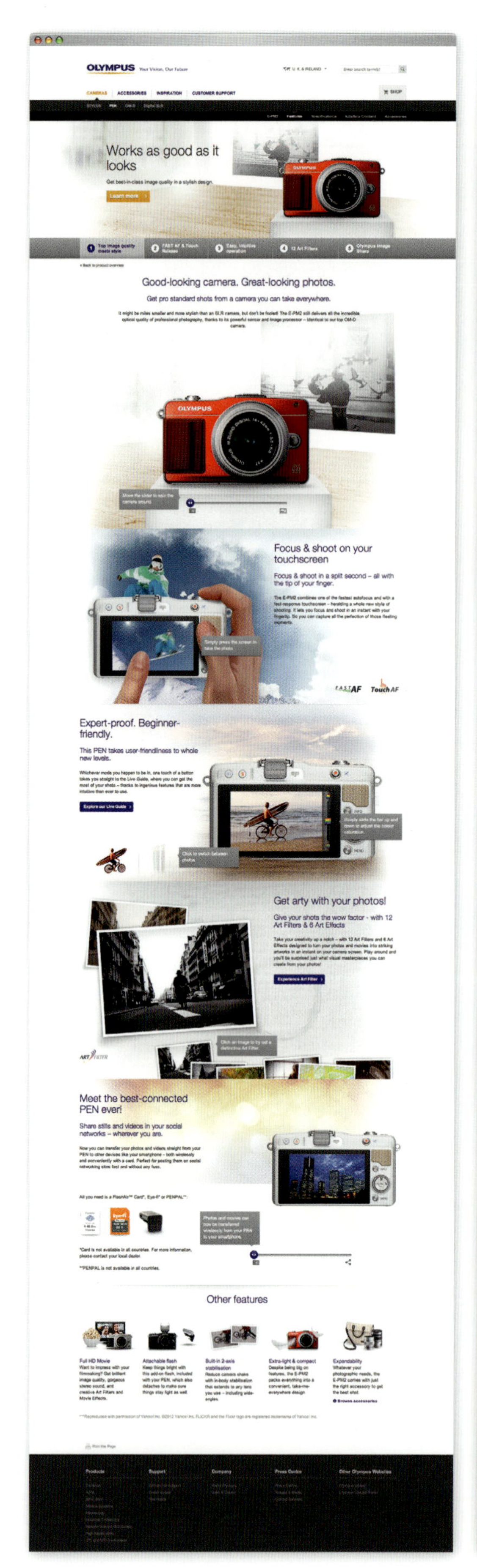

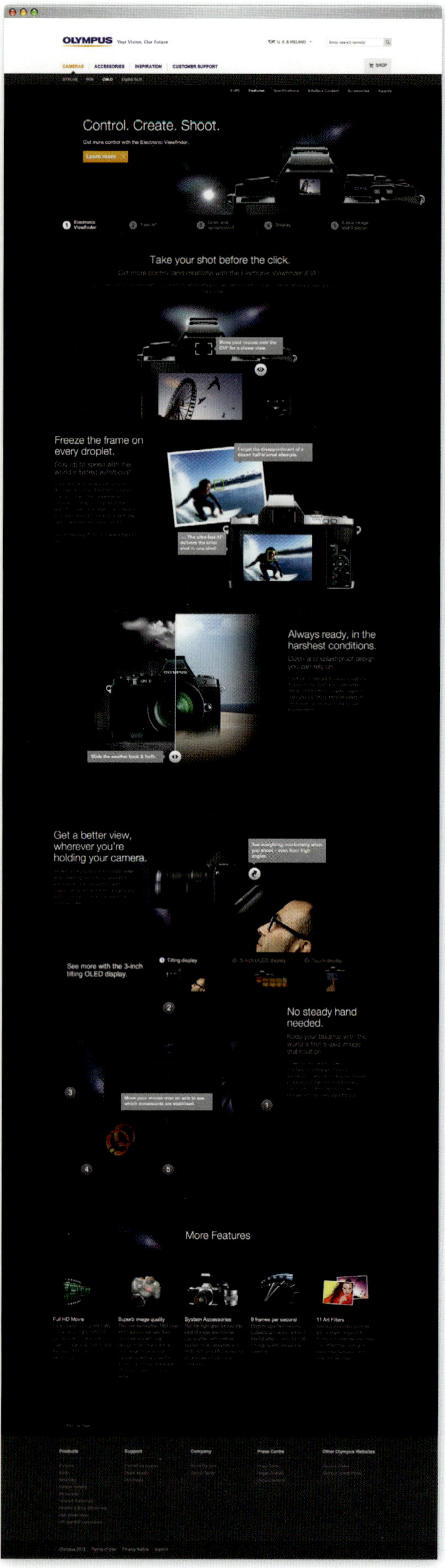

Olympus Europa Holding GmbH / Website Relaunch

Im Zentrum des Relaunchs steht die Neuinszenierung der Produktpalette, wie z. B. Kameras, die spielerisch und interaktiv gestaltet wurde. Dafür entwickelte polargold animierte Featurepages, die inspirierende, haptische Produktwelten schaffen und den Kunden dazu einladen, sich mit den Produkten zu beschäftigen. Absolutes Novum ist die direkte Integration von Social-Media-Plattformen wie Flickr, YouTube und Facebook bei einzelnen Produktbeschreibungen.

„Produktwebsites von Unternehmen bleiben weiterhin ein wichtiges Element im vielseitigen Kaufentscheidungsprozess der Konsumenten. Hier setzen wir an, indem wir unsere Produktpräsentationen mit Verweisen auf weitere Inhalte in sozialen Netzwerken verbinden", erklärt Jörn Fandrey, Leiter Marketing Communication. „Dies schließt Fotos oder Videos ein, die von den Nutzern mit unseren Kameras gemacht wurden, aber auch Tutorials und Reviews in Blogs. Unsere Kunden sollen sich ein umfassendes Bild machen können, das über die klassische, unternehmensgesteuerte Produktkommunikation hinausgeht.

Das heutzutage schon obligatorische Verknüpfen von Social Media bietet beispielsweise bei Kameras einen echten Mehrwert. Denn wir können direkt am Produkt die besten Referenzbilder von Usern aus der Olympus Flickr-Gruppe zeigen. Und nichts ist am Ende überzeugender als tolle Fotos von anderen, zufriedenen Kunden."

www.olympus-europa.com

Kunde OLYMPUS EUROPA HOLDING GmbH, Hamburg Head of Marketing Communication / Consumer Products Division Jörn Fandrey Group Leader Marketing Communication Online / Consumer Products Division Sabine Saldeitis Werbeagentur polargold GmbH Kreativagentur für neue Medien, Hamburg Beratung Farid Rawas / Antonia Krug Creative Director Adde Adesokan Art Director Jan-Eike Koormann / Lennart Basler / Benjamin Schulenberg Text Robert Smales Grafik Sarah Zeese / Florence Nissen Webdevelopment / Feature Pages Tim Geibel / Florian Eisenmenge

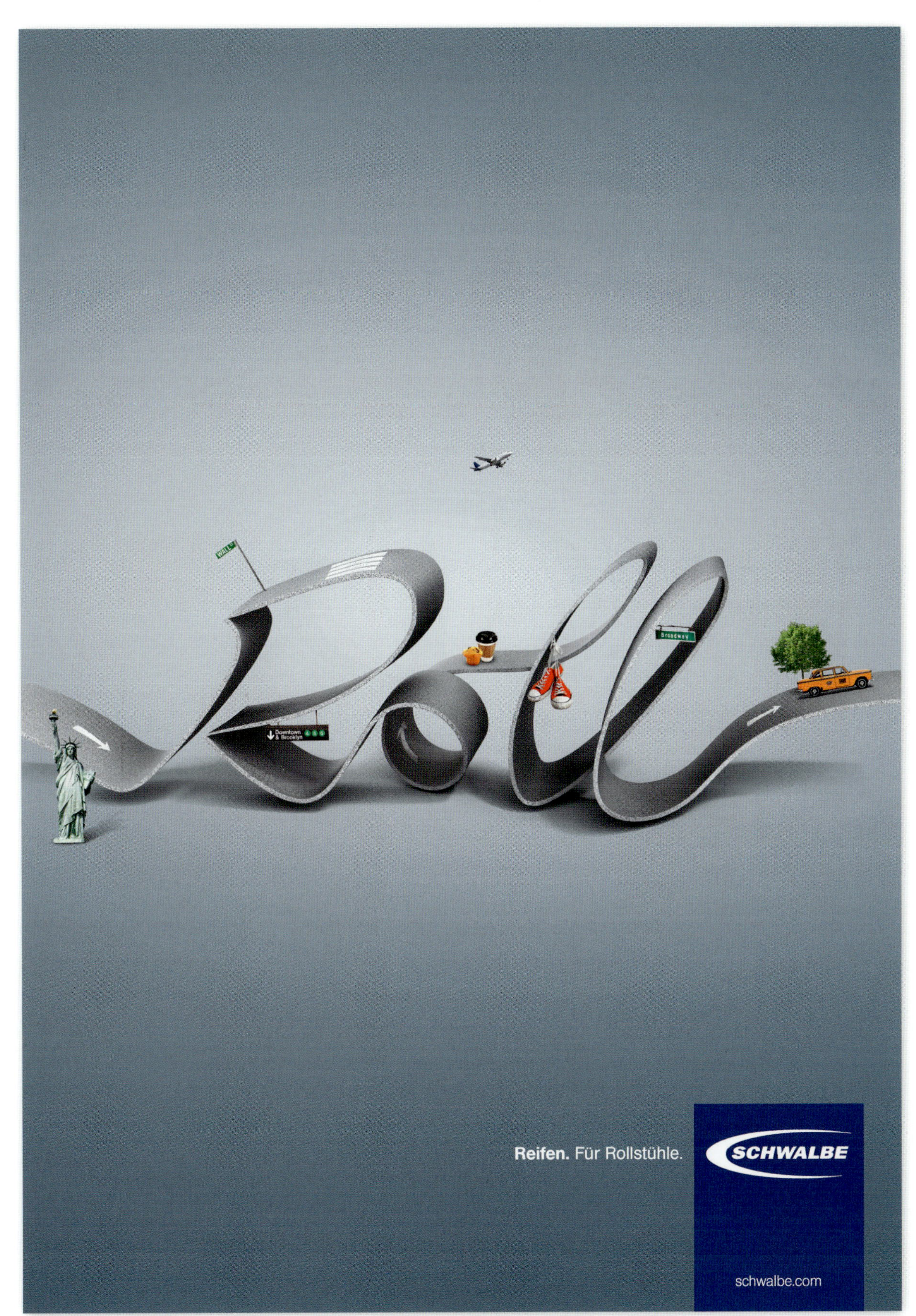

GEBRAUCHSGÜTER / B2C

WEITERE GEBRAUCHSGÜTER

PRINT

Ralf Bohle GmbH / SCHWALBE Rollstuhlreifen

Ralf Bohle GmbH „SCHWALBE Rollstuhlreifen“. Die Imageanzeige für das Spezialsortiment der Zweirad Reifenmarke erzählt ohne Worte, dass ihre Reifen leicht, zuverlässig und mit Freude zu fahren sind.

Kunde Ralf Bohle GmbH, Reichshof Geschäftsführung Ralf Bohle Marketingleitung Manuela Zahn Produktleitung Markus Lambertz Werbeagentur markt & werbung GmbH, Mönchengladbach Beratung Anneke Krüttgen Creative Director Albert Kirschgens Producer Mark Zint Grafik Simon Schinken

GEBRAUCHSGÜTER / B2C

WEITERE GEBRAUCHSGÜTER

PRINT

RECARO Child Safety GmbH & Co. KG / Storchenmühle „NEW LOOK 2012“

Dass Autokindersitze sicher sein müssen, ist das eine. Dass sie aber auch den Kunden und deren Kindern gefallen und diese emotional ansprechen müssen, das andere. Deshalb wurde für Storchenmühle – unterstützt durch die Betrachtung verschiedener Lebensstile – ein völlig neuer Ansatz rund um das Thema „Mode“ entwickelt. Kinder werden nicht nur im Kindersitz gezeigt, sondern frisch, frech und aufmerksamkeitsstark. Der Katalog heißt zukünftig „LookBook“ und die Produktreihe „Kollektion“.

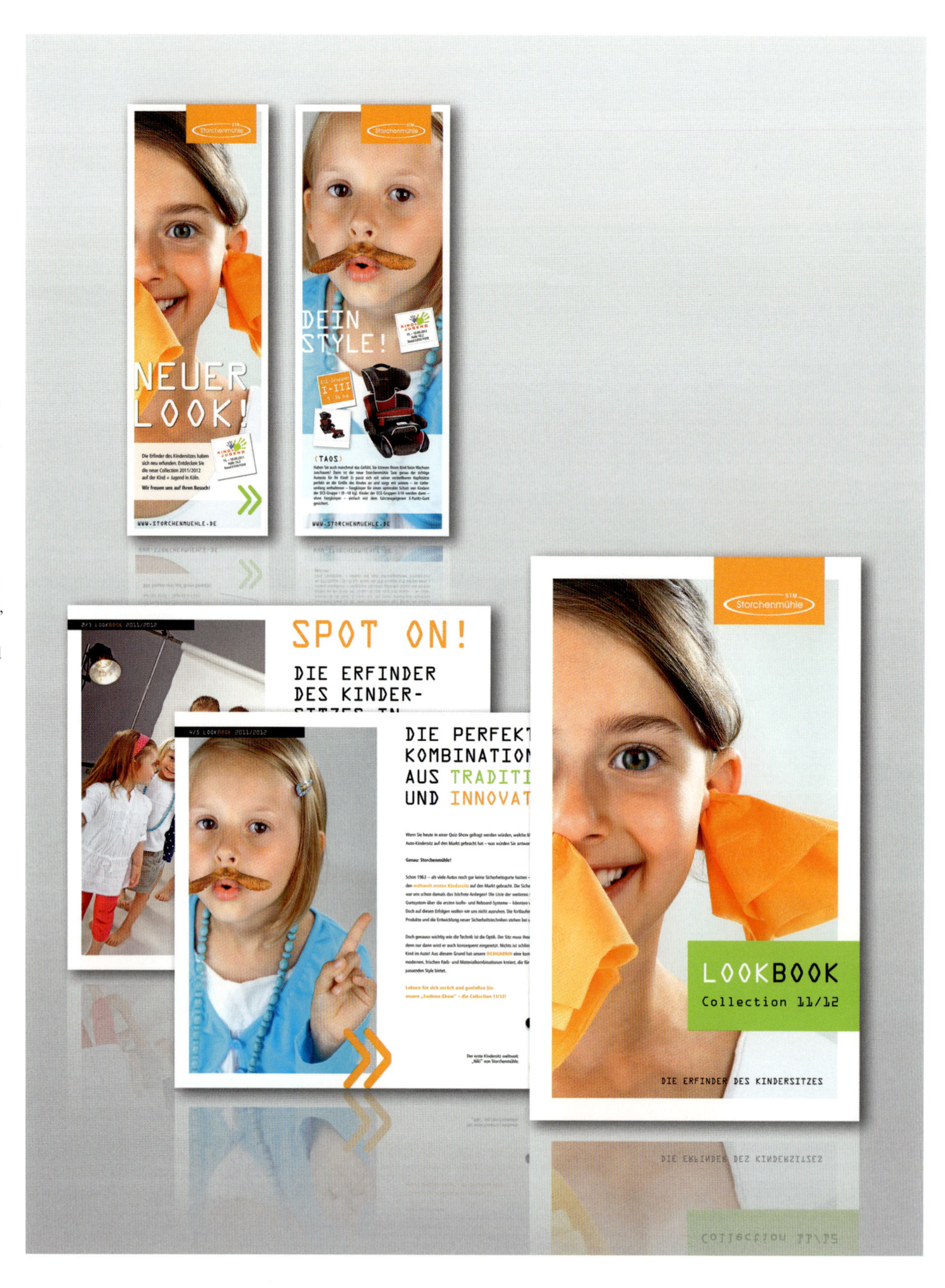

Kunde RECARO Child Safety GmbH & Co. KG, Marktleugast Geschäftsführung Kai Weisskopf / Gerhard Kraus Marketingleitung Bianca Langheinrich-Keim Werbeagentur FACT GmbH, Kirchheim/Teck Beratung Jens Albrecht / Andreas Fahrion Konzeption / Creative Director / Text Jens Albrecht Fotografie Riegg & Partner, Storchenmühle

GEBRAUCHSGÜTER / B2C

WEITERE GEBRAUCHSGÜTER

FILM

SABO-Maschinenfabrik GmbH / „Rasenmäher"

Ob man selbst mäht oder mähen lässt. Mit SABO macht Rasenpflege Spaß. SABO Rasenmäher, Qualität „Made in Germany". Jahreskampagne in Publikums- und Fachzeitschriften.

Kunde SABO-Maschinenfabrik GmbH, Gummersbach Geschäftsführung Wolfgang Voß Marketingleitung Christoph Büscher Werbeleitung Sandra Schneider / Helmut Scheel Werbeagentur DIE CREW AG Werbeagentur, Stuttgart Beratung Philipp Everts / Martin Süßmuth Creative Director Timo Denz Text Werner Waltenberger Filmproduktion SRFilm GmbH Schnitt Daniel Dommermuth

GEBRAUCHSGÜTER / B2C

WEITERE GEBRAUCHSGÜTER

PRINT

SABO-Maschinenfabrik GmbH /
Anzeigen „Rasenmäher“

Ob man selbst mäht oder mähen lässt. Mit SABO macht Rasenpflege Spaß. SABO Rasenmäher, Qualität „Made in Germany“. Jahreskampagne in Publikums- und Fachzeitschriften.

Kunde SABO-Maschinenfabrik GmbH, Gummersbach Geschäftsführung Wolfang Voß Marketingleitung Christoph Büscher Werbeleitung Sandra Schneider / Helmut Scheel Werbeagentur DIE CREW AG Werbeagentur, Stuttgart Beratung Philipp Everts / Martin Süßmuth Art Director Timo Denz Text Werner Waltenberger Fotografie Atelier Busche Werbefotografie Waiblingen

BOGNER

100% ZEITGEIST

So wie die Sekunde beim Sport entscheidet, ist es bei Film und Fotografie der Augenblick der zählt. Das Gespür für den richtigen Moment und den Zeitgeist ist ein besonderes Talent von Willy Bogner. Es war nur eine Frage der Zeit für eine Uhr, die diesem Anspruch gerecht wird. So entstand im Team mit Junghans die neue sportive Uhrenlinie Bogner by Junghans. Der **Willy Chronoscope** mit seinem präzisen Automatikwerk J880.1 ist so vielseitig wie seine beiden Namensgeber. Ob beim Sport, im Alltag oder Business. Immer mit dem Sinn für den richtigen Augenblick.

JUNGHANS – DIE DEUTSCHE UHR

www.junghans.de

DIE CREW

GEBRAUCHSGÜTER / B2C

WEITERE GEBRAUCHSGÜTER

PRINT

Uhrenfabrik Junghans / Anzeigen

JUNGHANS – DIE DEUTSCHE UHR, Leidenschaft für Meisterwerke und bewährtes Design, 2012 auch mit frischen Farben für Damen. Anzeigenkampagne in überregionalen Tageszeitungen, Publikums- und Fachzeitschriften.

Kunde Uhrenfabrik Junghans GmbH & Co. KG, Schramberg Geschäftsführung Matthias Stotz Marketingleitung Thomas Fiedler / Melanie Baier Produktleitung Thomas Fiedler / Sandra Müller Werbeagentur DIE CREW AG Werbeagentur, Stuttgart Beratung Philipp Everts / Martin Süßmuth Creative Director Karsten Truelsen Text Werner Waltenberger Fotografie Holger Münch Strategische Planung Thomas Knoll

DAIMLER AG, MERCEDES-BENZ
VERTRIEB DEUTSCHLAND

Transporter „Frachtkino"

PIXELPARK AG / ELEPHANT SEVEN
UNTERNEHMENSGRUPPE GMBH / BERLIN

01 Oliver Baus
02 Katja Borsdorf

02

01

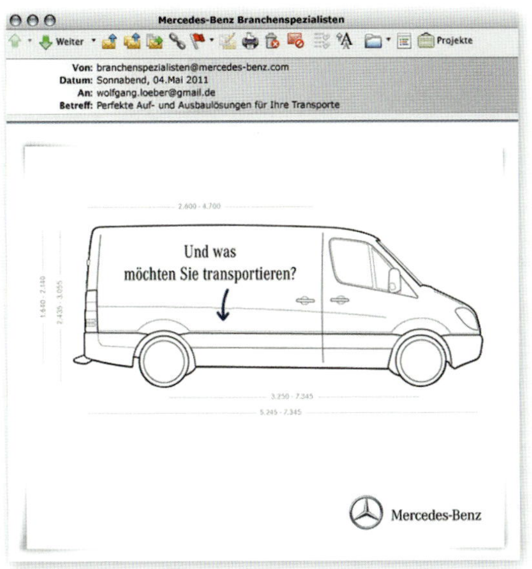

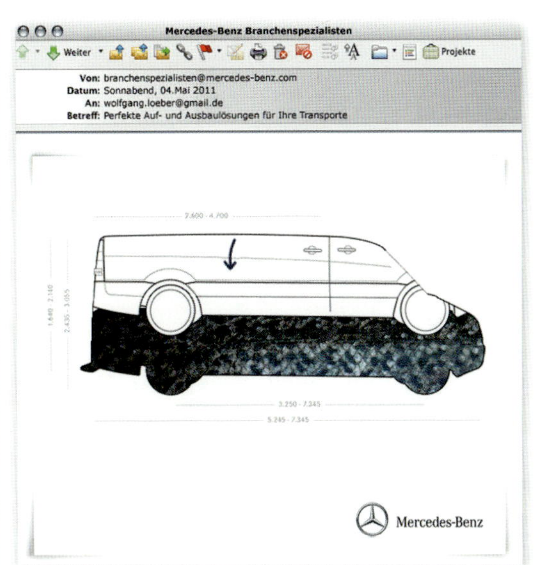

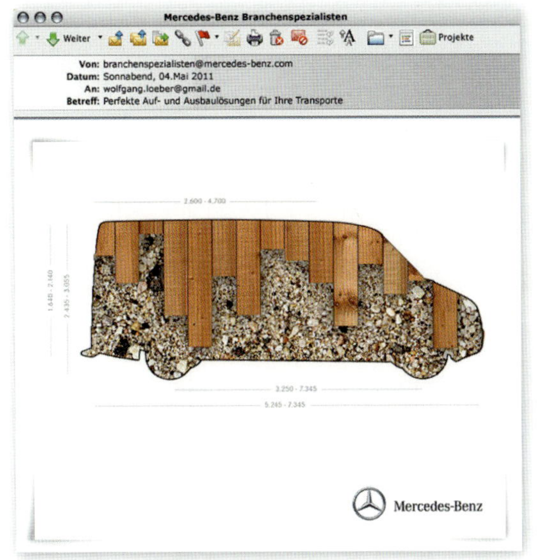

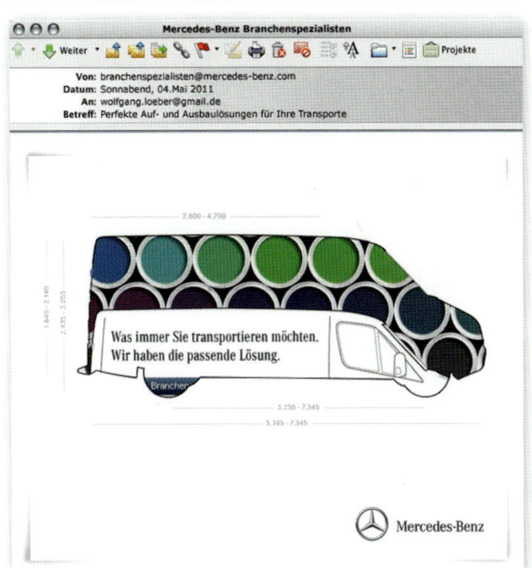

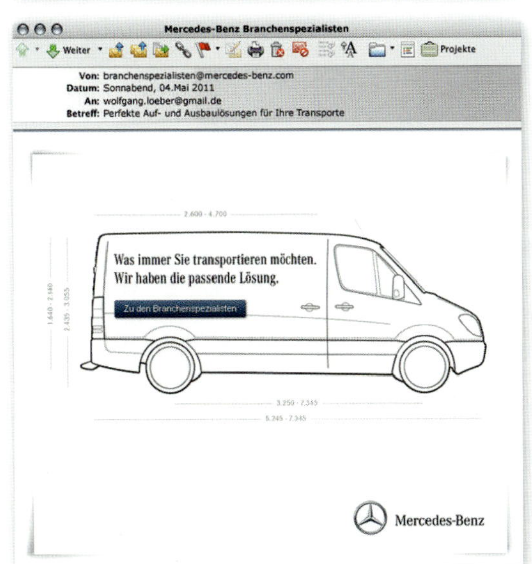

INDUSTRIE / B2B

INVESTITIONSGÜTER

DIREKTMARKETING / DIGITAL

Daimler AG, Mercedes-Benz Vertrieb Deutschland /
Transporter „Frachtkino"

Der große Vorteil der Mercedes-Benz Transporter-Branchenspezialisten: Sie bieten für jeden Transportwunsch die passende Lösung. Wie kommuniziert man diesen Benefit in einem gestalterisch begrenzten Medium wie einer E-Mail? Mit einem Kreativmailing, das den Empfänger emotional anspricht: Beim Scrollen durch die E-Mail wird von Backsteinen bis hin zum Kotelett so ziemlich alles verladen, was es zu transportieren gibt. Eine Lieferung, die ankommt – bei der Zielgruppe.

Kunde Mercedes-Benz Vertrieb Deutschland AG, Berlin Marketingleitung Lutz Wienstroth Werbeagentur Pixelpark AG / Elephant Seven Unternehmensgruppe GmbH, Berlin Creative Director Kai Becker Art Director Oliver Baus Text Benjamin Bruno Grafik Katja Borsdorf / Julia Kestner Programmierung Hanno Rippe

INDUSTRIE / B2B

INVESTITIONSGÜTER

PRINT

J.D. Neuhaus / Imagekampagne „Engineered for extremes“

In der Arktis oder offshore nach Öl und Gas zu bohren ist ein echter Knochenjob. Auch wer nach Kohle oder Erzen gräbt, unter Wasser Schiffe repariert oder Stahl gießt, muss hart im Nehmen sein. Unter solchen Bedingungen vollbringen Mensch und Maschine Extremleistungen. Dafür sind die Hebezeuge und Krananlagen von J. D. Neuhaus gemacht. Und die Fachanzeigen sind dafür gemacht, den neuen Claim „engineered for extremes“ in branchenrelevanten Titeln zu lancieren.

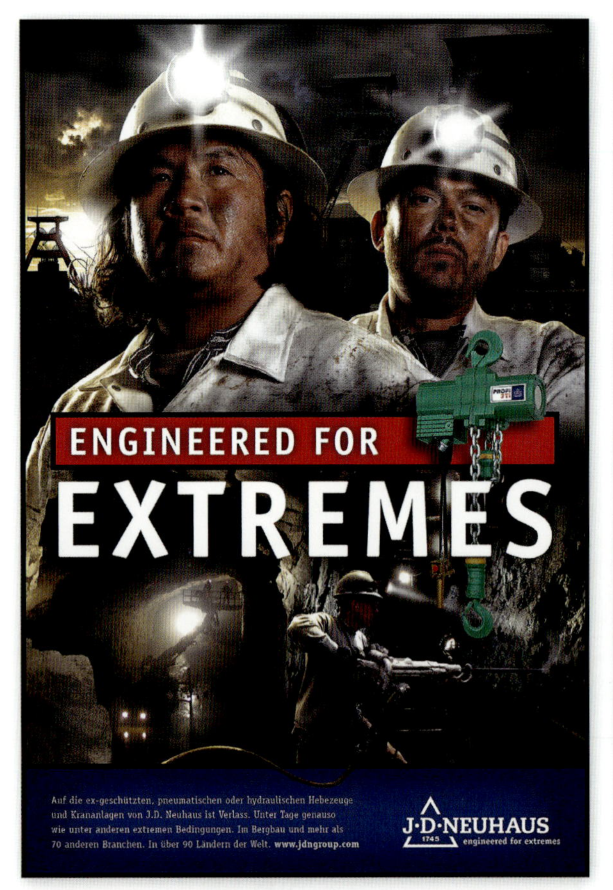

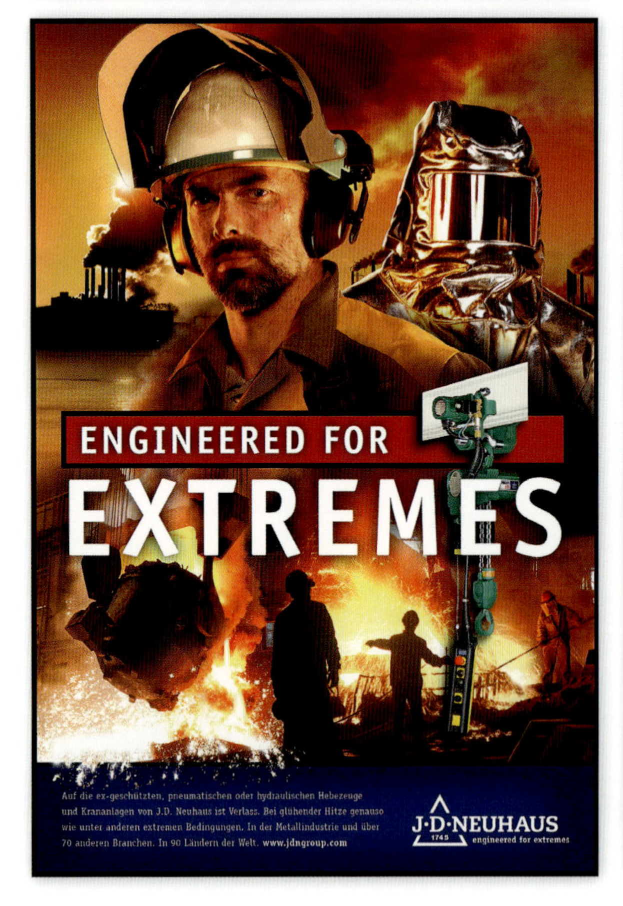

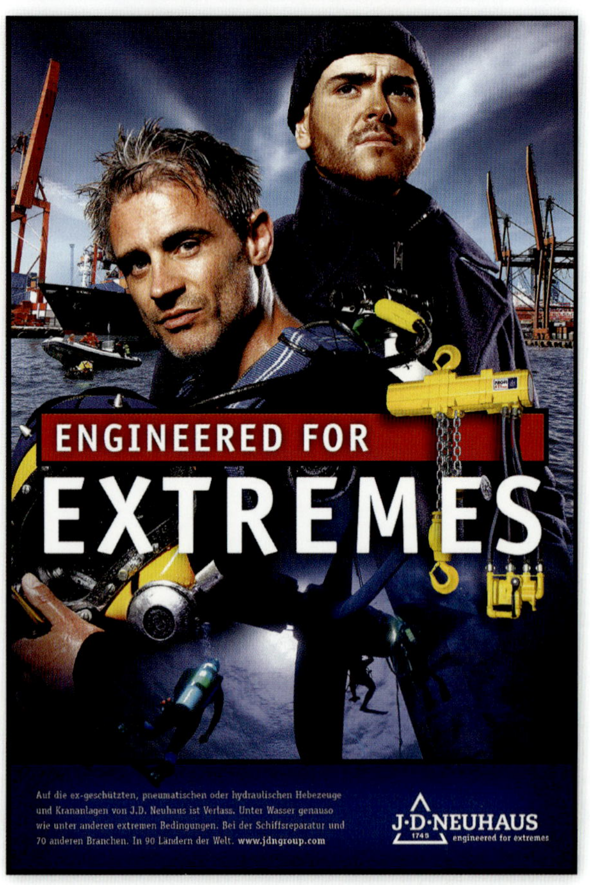

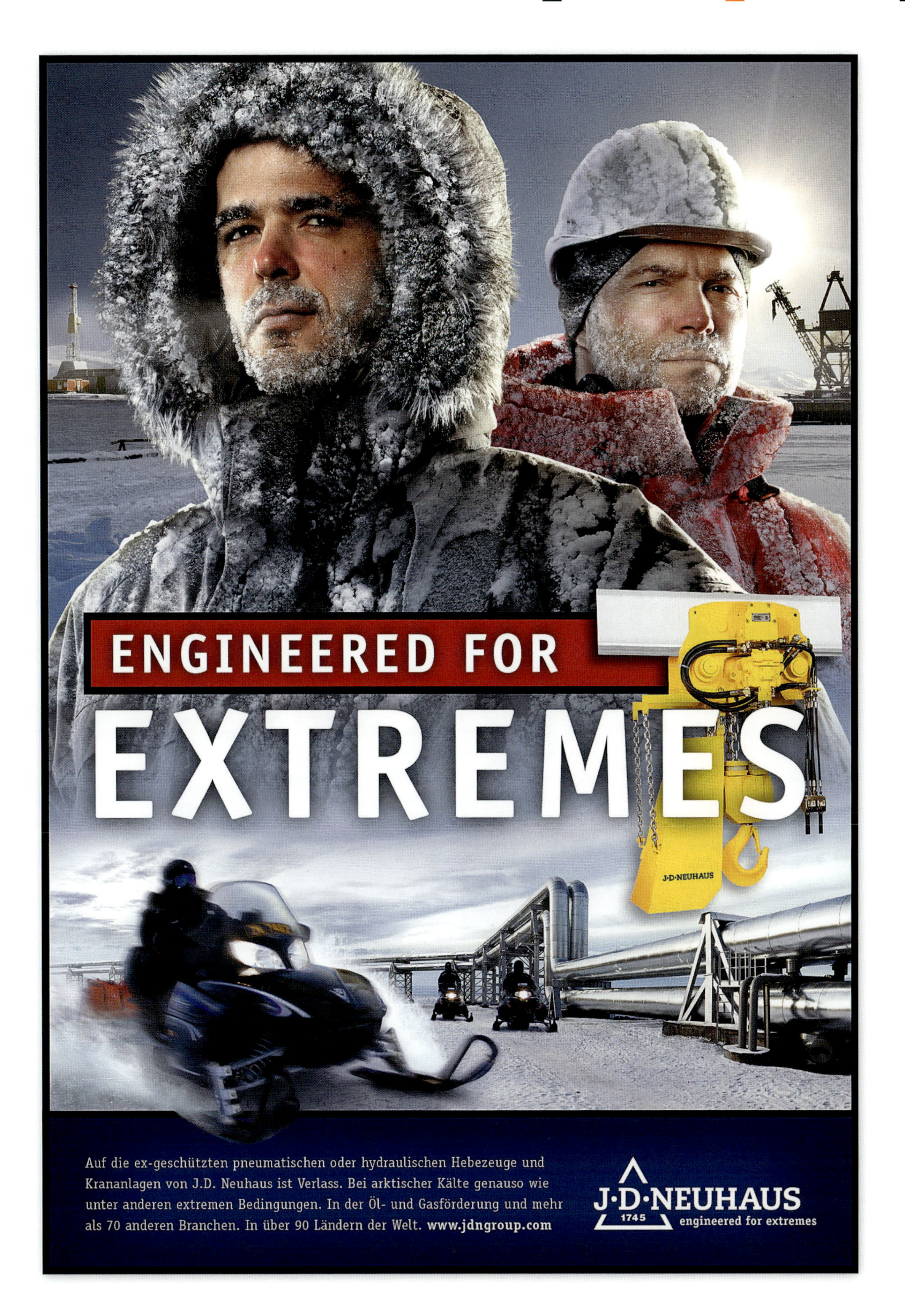

Kunde J. D. Neuhaus GmbH & Co. KG, Witten Geschäftsführung Wilfried Neuhaus-Galladé Werbeleitung Manfred Müller Werbeagentur Intevi Werbeagentur GmbH, Köln Beratung Jürgen Milz Konzeption Gerd Kaspar Creative Director Dieter Groll Art Director Mareike Milz Producer Sabine Podzus Text Gerd Kaspar Grafik Nicole Peters / Bernd Schneider Fotografie Frank Neidhardt

INDUSTRIE / B2B

INVESTITIONSGÜTER

OUT OF HOME / AKTIVITÄTEN

KUKA Roboter GmbH / KUKA Robotik-Pavillon

Intelligente Vernetzung und offene Interaktion wandeln Industrierobotik mit atemberaubendem Tempo. Mit der Metapher eines organischen, neuronalen Netzes, mit dem Roboter sensorisch interagieren, lässt der Innovationsführer im KUKA Robotik-Pavillon Architektur und Exponat zur Weltleitmesse für Robotik zu einer großen einladenden Geste verschmelzen. Ohne Schutzeinhausung interagieren Roboter frei mit dem 16,5 Tonnen schwebend ausgeführten, von der Hallendecke abgehängten Pavillondach in 12 Meter Höhe.

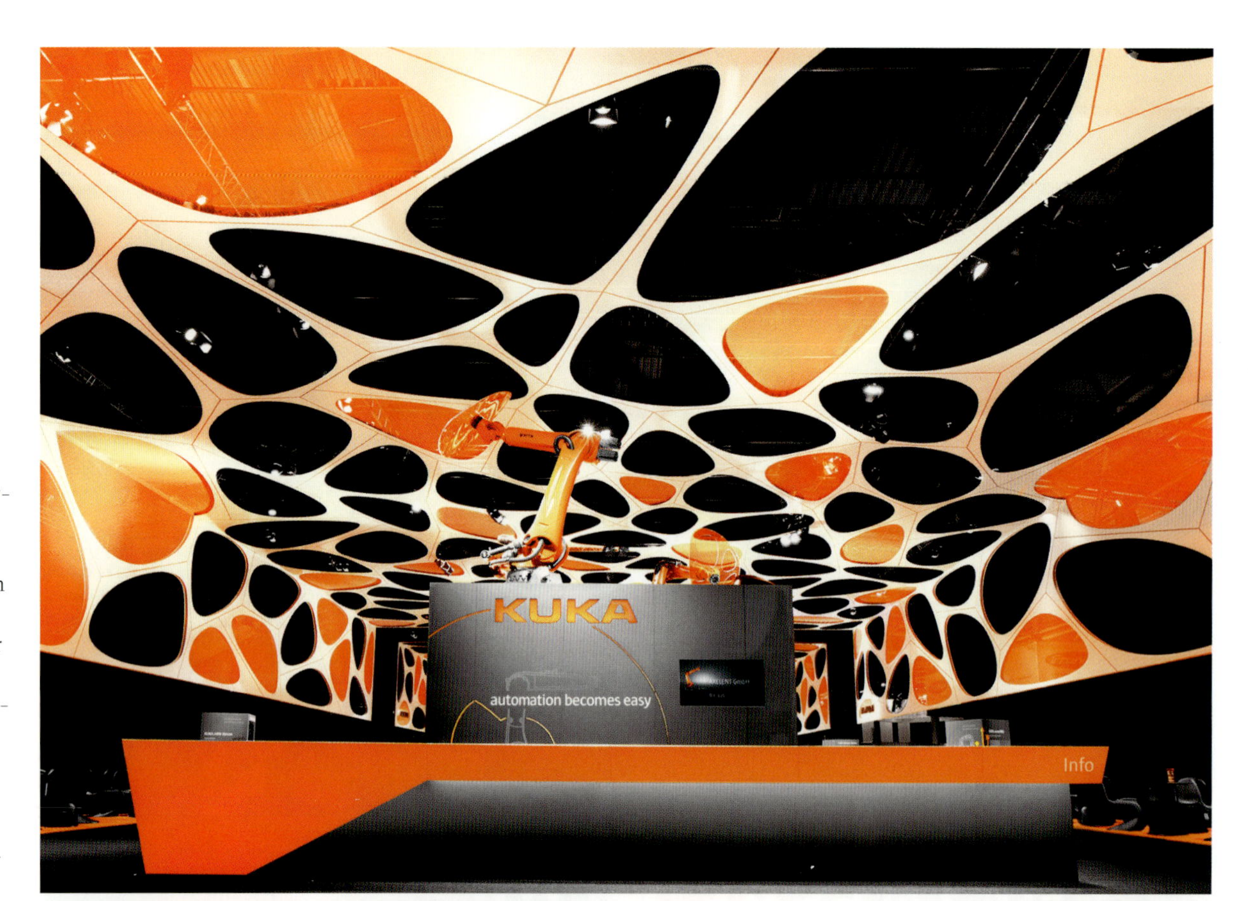

Kunde KUKA Roboter GmbH, Gersthofen Werbeagentur zeroseven design studio für Markeninszenierung GmbH, Augsburg Beratung René Kammermeier / Alexandra Kory Creative Director Susanne Burkholder Art Director Ulrich C. Bertram Grafik Matthias Steidle Architektur SoulArchitects Messebau Zeeh Design GmbH

INDUSTRIE / B2B

INVESTITIONSGÜTER

PRINT

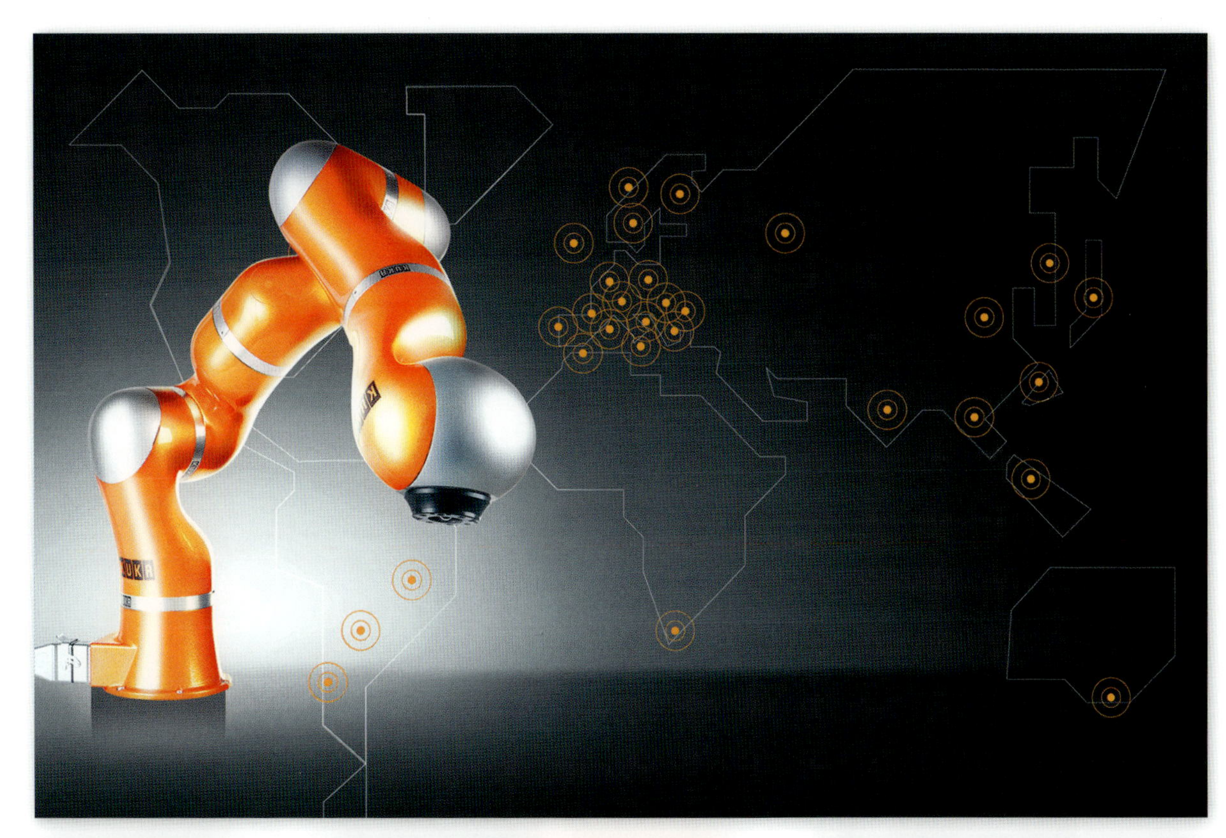

KUKA Roboter GmbH / Broschürensammlung „World of Robotic“

Mit einer revolutionären Produktgeneration präsentiert KUKA einen technologischen Quantensprung. Und schreibt ein neues Kapitel der Erfolgsgeschichte des Konzerns, der auf das erfolgreichste Jahr seiner Geschichte zurückblickt. Mit dem wachsenden Anspruch branchen-, zielgruppen- und länderspezifischer Differenzierung wurde ein Erfolgsprinzip der Roboter auf die Literatur übertragen: Intelligente Modularität. Success Stories, Interviews und Produktwelten variieren. Die Faszination Robotik bleibt.

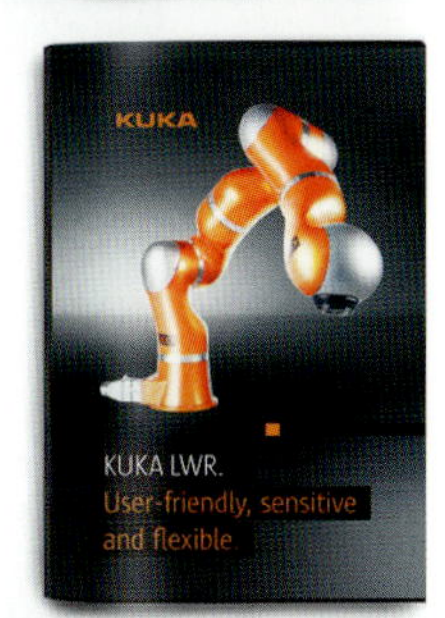

Kunde KUKA Roboter GmbH, Gersthofen Werbeagentur zeroseven design studio für Markeninszenierung GmbH, Augsburg Beratung René Kammermeier / Alexandra Kory Creative Director Susanne Burkholder Art Director Ulrich C. Bertram / Markus Hasel Text Christian Stark Grafik Matthias Steidle / Elisabeth Baumgartner

INDUSTRIE / B2B

INVESTITIONSGÜTER

FILM

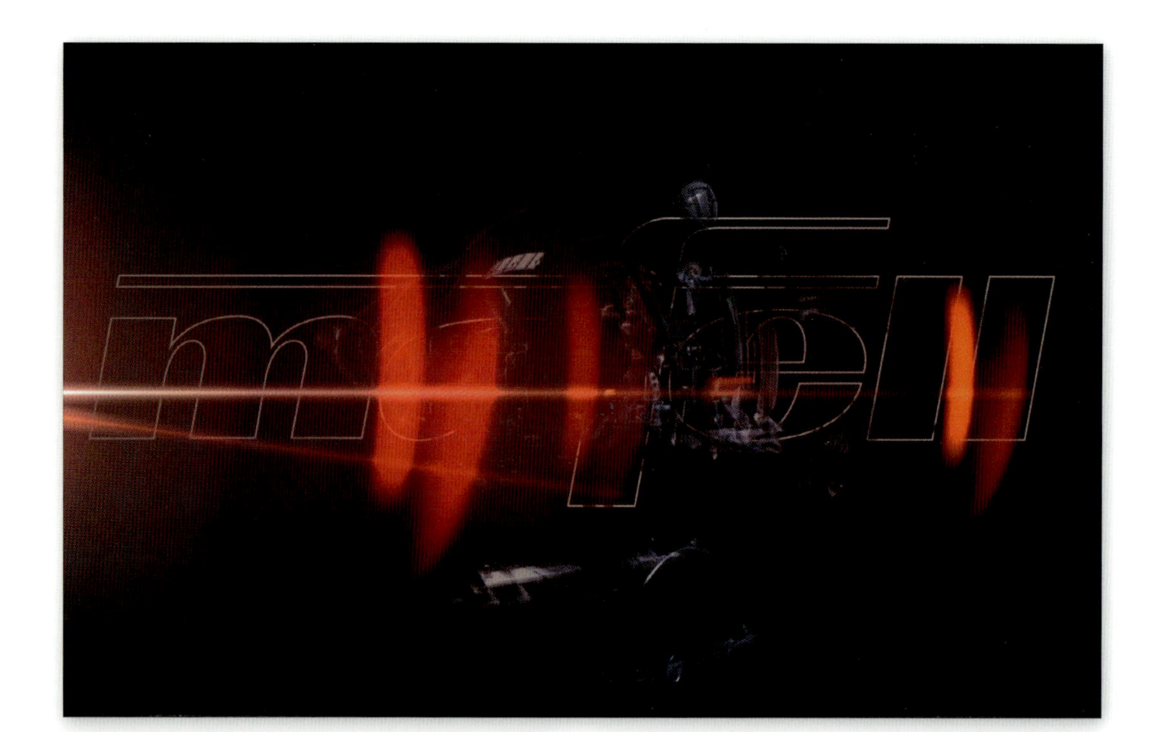

MAFELL AG / Handkreissäge K 85, Kinospot

Vor über 50 Jahren präsentierte MAFELL, Hersteller von Elektrowerkzeugen für Schreiner und Zimmermänner, seine Produkte bereits im Kino. Anlässlich dieses Jubiläums wollte MAFELL 2012 erneut seinen Händlern einen Kinospot anbieten, den der jeweilige Händler in seinem Einzugsgebiet einsetzen kann. Ein Abspann mit Bezugsquellen bzw. Händleradressen kann dazugeschaltet werden. Spot-Premiere im CinemaxX im Zuge eines Händlerpartner-Events.

Kunde MAFELL AG, Oberndorf am Neckar Marketingleitung Ralf Kohler Werbeleitung Michael Haller Werbeagentur LässingMüller Werbeagentur GmbH & Co. KG, Stuttgart Beratung Johannes Tiemann Konzeption / Art Director Jean Kleisz Filmproduktion LässingMüller Werbeagentur GmbH & Co. KG

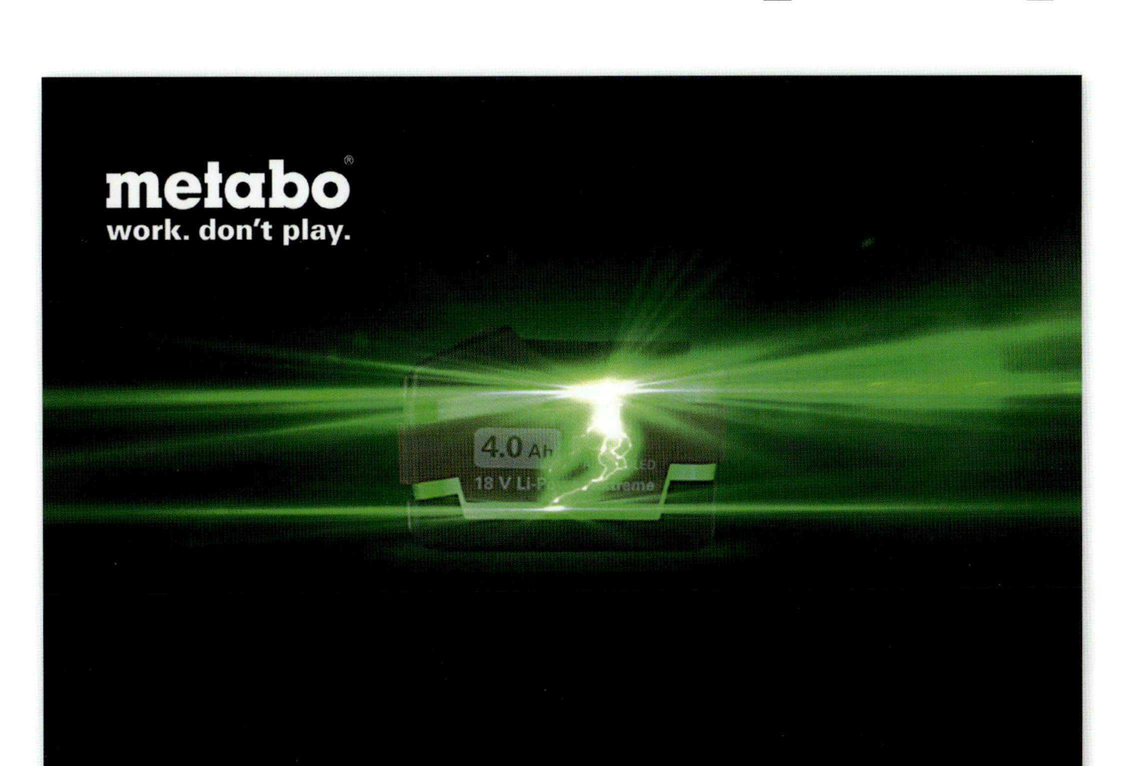

INDUSTRIE / B2B

INVESTITIONSGÜTER

AUDIO

Metabo / Funkspot „Einführung neue Akku-Generation 4.0 Ah“

Vor allem durch immer weiterentwickelte Akkus haben sich Akku-Elektrowerkzeue beim Profihandwerker fest etabliert. Metabo führte als erster der renommierten Hersteller eine neue Akkugeneration mit 4 Amperestunden Leistung ein, was für deutlich längere Ausdauer (+33 %) sorgt. Der national geschaltete Funkspot thematisiert selbstironisch die Fülle an teils patentierten Innovationen und Hightech-Begriffen, die die neue Akkugeneration von Metabo auszeichnen.

Off: Neulich auf der Baustelle ...

Arbeiter 1: *(genervt)* Oh Mann, das kann doch nicht sooo schwer sein! Also noch mal: Metabo-Vier-Ampere-Lithium-Ionen-Power-Extreme-Akkugeneration air-cooled mit Ultra-M-Technology. – Kapiert?

Arbeiter 2: Ähm – wie war das noch im Mittelteil?

Off: Ist doch eigentlich ganz einfach: 33 % länger arbeiten! Mit der neuen 4-Amperestunden-Akkugeneration von Metabo. Mehr zu den Profiwerkzeugen von Metabo bei Ihrem Fachhändler oder unter metabo.de.

Reminder
Arbeiter 1: Noch was: Metabo gibt 3 Jahre uneingeschränkte Garantie auf die Akkupacks.

Kunde Metabo Metabowerke GmbH, Nürtingen Geschäftsführung Horst W. Garbrecht Werbeleitung Tina Ehrenforst Werbeagentur LässingMüller Werbeagentur GmbH & Co. KG, Stuttgart Beratung Dieter Haas / Johannes Tiemann Konzeption Stefan Wiegand / Dieter Haas Producer Suttgart studio listen Text Stefan Wiegand Produktion listen! Komposition und Ton GmbH

INDUSTRIE / B2B

INVESTITIONSGÜTER

PRINT

SAM Stahlturm- und Apparatebau Magdeburg / Imagekampagne

14 Jahre nach der Gründung von SAM war es an der Zeit, Kunden, Lieferanten und Mitarbeitern von der ungewöhnlich positiven Entwicklung des Unternehmens zu berichten. Die neue Imagekampagne vermittelt in Form von Broschüre, Homepage und Anzeigen mit selbstbewussten Texten und großzügigen Bildern einen Eindruck von der Leistungsfähigkeit und Vielseitigkeit der „Spezialisten für schweren Stahlbau".

Crossmedia _ Kunde SAM Stahlturm- und Apparatebau Magdeburg GmbH, Magdeburg Geschäftsführung Dipl.-Ing. Eckhard Helmholz Marketingleitung Heike Borzinski Werbeleitung Arlett Möhring Werbeagentur kampfgefährten GmbH & Co. KG, Köln Beratung Dr. Erwin Kampf Konzeption Dr. Erwin Kampf Text Dr. Erwin Kampf Grafik Ulrike Dürre Fotografie Thomas Ernsting

Ihre Zukunft. Ihr Bus.
Die neue ComfortClass 500.

Wie nennt man einen Bus, der auf die Fragen von morgen schon heute die Antworten gibt? Der den Herzschlag schon im Stand beschleunigt? Einen Bus, der nicht nur Ihre Passagiere, sondern auch Ihre Investitionen auf einzigartige Weise schützt? Und in Sachen Effizienz, Emotionen und Eleganz alles andere in den Schatten stellt? Wir nennen diesen Bus ComfortClass 500. Und wir bauen ihn. Für Sie. www.setra.de

SETRA
Best in Class.

INDUSTRIE / B2B

INVESTITIONSGÜTER

PRINT

Setra Omnibusse, EvoBus GmbH /
Launchkampagne Baureihe CC 500

Mit der ComfortClass 500 führt Setra eine neue Baureihe ein, die in Sachen Komfort, Design, Effizienz und Sicherheit zukunftsweisende Maßstäbe setzt. Als Premiummarke im Reisebussegment muss Setra den Busunternehmer mit einer langfristig wirtschaftlichen Lösung überzeugen. Die Kampagne für die CC 500 positioniert daher den Bus als überzeugende und zukunftssichernde Investition. Das Kommunikationspaket besteht aus Anzeigen in Fachtiteln, Großflächen, Mailings, E-Mail-Newslettern sowie aus Produktliteratur.

Kunde Setra Omnibusse / EvoBus GmbH, Neu-Ulm Marketingleitung Harry Gottschalk / Dr. Jens Heinemann Werbeleitung Mareen Werner / Sabine Kücherer Werbeagentur LässingMüller Werbeagentur GmbH & Co. KG, Stuttgart Beratung Dieter Haas Konzeption Oliver Moarefi / Stefan Wiegand Creative Director Oliver Moarefi Text Stefan Wiegand Grafik Oliver Merkle Fotografie Ernesto Martens / David Franck CGI-Visualisierung / Post-Production Eder GmbH

INDUSTRIE / B2B

INVESTITIONSGÜTER

DIGITALE MEDIEN / DIGITALE/INTERAKTIVE ANWENDUNGEN

Siemens AG / Hydrogen Electrolyzer

Noch ziehen dichte Wolken vorbei ... in der nächsten Sekunde strahlt die Sonne: Das Klima wird von Benutzern dieser interaktiven 3-D-Anwendung auf einem Touchscreen geregelt.
Der Einfluss auf die Energieerzeugung ist sofort sichtbar, der Hydrogen Electrolyzer tritt in Aktion, sobald Stromspitzen entstehen: Er nutzt diese zur Elektrolyse für die Wasserstoffherstellung. Seine Funktionsweise und Technologien werden spannend visualisiert. Als Messetool ein unterhaltsamer Vermittler von Informationen.

Kraftwerke arbeiten auf Hochtouren, der Wind frischt plötzlich auf, die Windräder beschleunigen. Noch intensivere Sonnenstrahlung? Die Anzeige der Stromproduktion steigt weiter an, die Stromverteilung beschleunigt bedenklich ...

Am Touchpanel können alle relevanten Faktoren in den Bereichen Energieerzeuger, Energieverteiler und Verbraucher verändert werden. Ein integriertes Bedienpanel bietet Regeloptionen zu Umweltfaktoren, Art der Energieerzeugung, Leistung des Hydrogen Electrolyzers bei Stromüberproduktion und Anschlussleistung des normalen Stromnetzes. Alle Faktoren bedingen sich dabei immer gegenseitig: Eine jetzt getätigte Änderung zieht eventuell sofort eine andere automatisch nach sich. Die angezeigten Werte und Daten sind realistisch.

Wer seine Forscherreise beendet hat, kann dann die Technologie des Hydrogen Electrolyzers detailliert entdecken. In einer 3-D-animierten, drehbaren Produktdarstellung sind Technologien und alle Bauelemente dargestellt und erklärt. Entwickelt wurde die 3-D-animierte Anwendung für die Bedienung über ein Touchdisplay. Eine rechneroptimierte Version wurde im Nachhinein realisiert und dient vor allem als attraktives Vertriebstool.

Kunde Siemens AG, Erlangen Marketingleitung Victor Ferreira Werbeagentur hl-studios GmbH, Erlangen Beratung Christian Skradde Art Director Sebastian Fischer Text Christina Skaper Leitung Interactive Ulf Schoedel Programmierung Matthias Vogel, gameworker.de

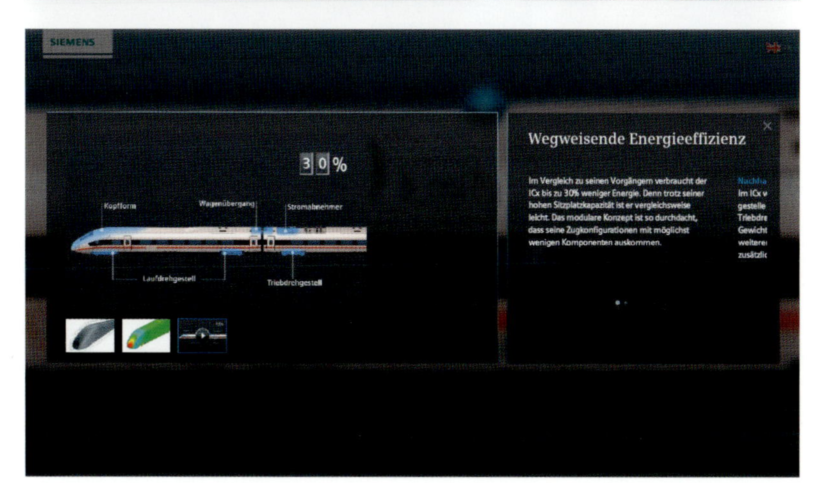

INDUSTRIE / B2B

INVESTITIONSGÜTER

DIGITALE MEDIEN / DIGITALE/INTERAKTIVE ANWENDUNGEN

Siemens AG / Velaro Slider und Viewer „Hochgeschwindigkeit“

Die Hochgeschwindigkeitssparte von Siemens ist seit Jahren einer der Publikumsmagneten der InnoTrans in Berlin. Was tun, wenn aufgrund der aktuellen Auslastung kein realer Zug live präsentiert werden kann? Die Messemodelle Velaro Slider und Viewer zeigen Präsenz im Innen- und Außenbereich. Individualität trifft hier auf Interaktivität: Internationale Zugvarianten können in Bild, Film und Text selbstständig entdeckt werden. Schwerpunkte im Vertriebsgespräch sind individuell medial unterstützbar.

Zuverlässigkeit im Röntgenblick: Für den Velaro Slider wurde ein bereits existierendes Zugmodell mit zwei verschiebbaren Touchscreens ausgestattet. Die Anwendung zeigt ein 3-D-Bild des Zuges, das die Realansicht passgenau überlagert. Durch Verschieben der Screens können nun die Features des Zuges entdeckt werden. Dabei sind sechs länderspezifisch unterschiedliche Varianten der Zugplattform anwählbar. Über den ausgewählten Zug verteilte Hotspots führen dabei zur vertiefenden Information. Ausgewählte Eigenschaften können zudem variantenübergreifend verglichen werden.

Wenn die Züge nicht zur Messe kommen, muss die Messe zu den Zügen gehen: das Grundprinzip des Velaro Viewers. Einem 360° drehbaren Periskop gleich erhebt sich der Viewer aus dem Messetrubel. Eine oben angebrachte Kamera überträgt das Messelivebild auf den Touchscreen. Hier zeigen das Bild überlagernde Hotspots an, wo und wie weit entfernt gerade die Velaros ihren Dienst versehen. Von Bildern und Filmsequenzen begleitete kleine Kurzgeschichten erzählen in Momentaufnahmen aus dem Betriebsalltag.

Kunde Siemens AG, Erlangen Marketingleitung Andreas Bege Werbeagentur hl-studios GmbH, Erlangen Beratung Gregor Bruchmann Creative Director Katja Littow / Matthias Ritter Art Director Nina Morgenstern / Fabian Müller Text Katja Littow 3D Artist Christian Bürger Programmierung Thomas Koller Technik und Bau Wolfgang Geisler / Philip Puzalowski

INDUSTRIE / B2B

INVESTITIONSGÜTER

DIGITALE MEDIEN / PRODUKT-/SERVICEWEBSEITEN

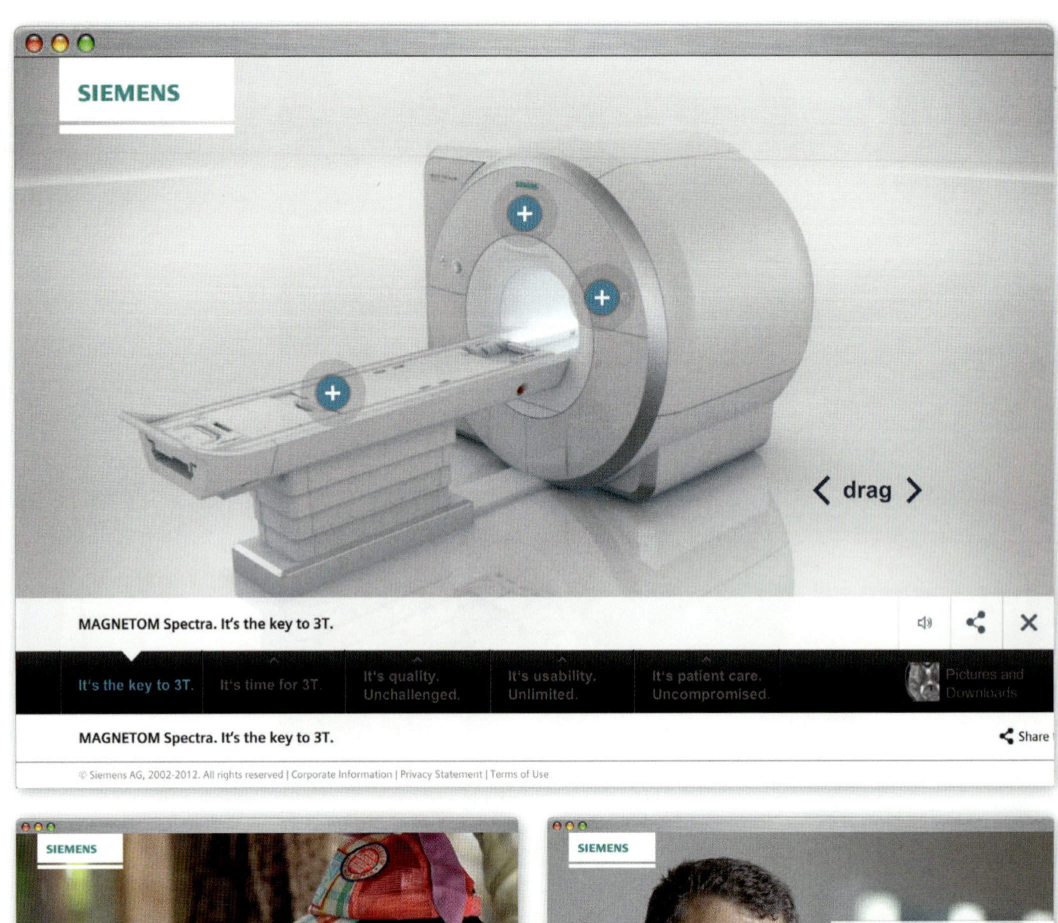

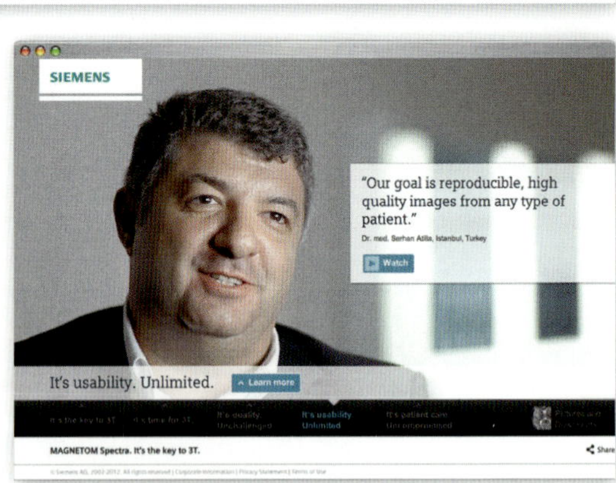

Siemens AG, Healthcare Sector / MAGNETOM Spectra

Die Kampagne kommuniziert die Produkteinführung des neuen Magnetresonanztomografen (MRT) MAGNETOM Spectra von Siemens. Sie zielt besonders auf Märkte, in denen die hochwertige 3-Tesla-Technologie bisher nicht zum Einsatz kam. Neben einer Online-Kampagne, umgesetzt für Desktop-, Tablet- und Mobile-Geräte, wurde auch eine iPad App veröffentlicht, mit der man das neue Produkt interaktiv bedienen kann.

Eine Teaser-Phase vor dem Produktlaunch weckt Interesse und Neugier, ohne das Produkt selbst zu nennen. Zum Launch erscheinen drei sensibel umgesetzte Videoporträts: MRT-Experten aus den Zielmärkten sprechen über die 3-Tesla-Technologie und ihre Vorteile. Auf der multi-device-fähigen Website kann das Produkt interaktiv erkundet werden. Der konsequente Reportagestil der Kampagne und die interaktive Produktdarstellung schaffen ein Höchstmaß an Emotionalität und Lebensnähe. Dies hat entscheidend zum außerordentlichen Erfolg der Kampagne beigetragen und einen deutlichen Anstieg der Besucherzahlen sowohl auf der MAGNETOM Spectra 3T-Website als auch auf der allgemeinen Siemens Healthcare-Website bewirkt. Web-Reports weisen die Seite als eine der weltweit am meisten besuchten Produkt- und Technologieseiten beim Siemens Healthcare-Sektor aus.

www.siemens.com/spectra

Crossmedia _ Kunde Siemens AG, Healthcare Sector, Magnetic Resonance, Erlangen Geschäftsführung Dr. Bernd Ohnesorge Marketingleitung Nikolaus Bolle Werbeleitung Aline Hambüchen / Stefan Eisenhut Werbeagentur feedback communication GmbH, Nürnberg Beratung Hannah Egelseer / Christin Renz Konzeption Hannah Egelseer / Henning Kanemann Creative Director Henning Kanemann Art Director Henning Kanemann / Erik Meye Producer Andreas Münch / Holger Volk Text Aline Hambüchen / Jennifer Karbach Grafik Erik Meye / Jacco Kliesch Sounddesign Jacco Kliesch Filmproduktion Maximilianfilm GmbH iOS Programmierung insertEFFECT GmbH

INDUSTRIE / B2B

INVESTITIONSGÜTER

PRINT

ThyssenKrupp UHDE GmbH / „Ideenbuch 2011"

Auf Basis des Vorgängers nimmt das Ideenbuch 2011 den Claim „Engineering with ideas" wieder beim Wort: Unter Mitwirkung von Mitarbeitern auf der ganzen Welt ist ein sehr persönlicher Einblick in die Arbeit von ThyssenKrupp Uhde entstanden. Alle Zeichnungen sind ausschließlich mit Lineal und Zirkel gestaltet worden, dem Handwerkszeug eines Ingenieurs. Eine neue Struktur, informative Grafiken und plakative Icons geben dem Leser Orientierung.

Kunde ThyssenKrupp Uhde GmbH, Dortmund Geschäftsführung Dr. Michael Thiemann Marketingleitung Dr. Detlef Markmann / Emily Benecke Werbeagentur act&react Werbeagentur GmbH, Dortmund Beratung Vera Weigert Creative Director Thomas Szabo Art Director Oliver Spigiel / Olaf Beitzel

INDUSTRIE / B2B

INVESTITIONSGÜTER

DIREKTMARKETING / PRINT

Volvo Trucks Region Central Europe GmbH / Mailingkampagne „IAA 2012“

brainwaves wurde im Rahmen der anstehenden IAA-Nutzfahrzeug-Messe beauftragt, ein Einladungsmailing zu konzipieren. Die erste Stufe der Mailingaktion präsentierte den Empfängern eine Anmutung des Spoilers sowie die ersten vier Highlights des neuen Fahrzeugs. Mit einer persönlichen ID konnte sich der Kunde auf der Website anmelden und Gasttickets bestellen. In Stufe 2 wurden die Tickets an die Besteller mit einem persönlichen Anschreiben und einer Pocketcard versendet.

Integrierte Kampagne _ Kunde Volvo Trucks Region Central Europe GmbH, Ismaning Marketing Dr. Hans Geesmann (Director Private Dealer Network and Director Marketing and Public Relations) / Anne Elsäßer (Manager Marketing Communications Germany) Werbeagentur brainwaves GmbH & Co. KG, München Beratung Julia Dacher Konzeption Christine Winkler Art Director Christine Winkler Text Björn May Grafik Christine Winkler

INDUSTRIE / B2B

INVESTITIONSGÜTER

DIGITALE MEDIEN / UNTERNEHMENS-/ ORGANISATIONSWEBSEITEN

Wirtgen Beteiligungsgesellschaft mbH / www.wirtgen-group.de

Die neue Website der Wirtgen Group, eines Unternehmensverbundes der Baumaschinenindustrie mit den traditionsreichen Marken Wirtgen, Vögele, Hamm und Kleemann, ist modern im neuen Corporate Design gestaltet und stärkt die einheitliche Darstellung der Marken. Zielgruppe des Internetauftritts sind vor allem Fachbesucher aus dem B2B-Bereich. Die Website folgt dem Konzept des Responsive Design: Somit wird sie sowohl am Desktop-PC als auch auf Tablets und Smartphones optimal und vollständig dargestellt.

www.wirtgen-group.de

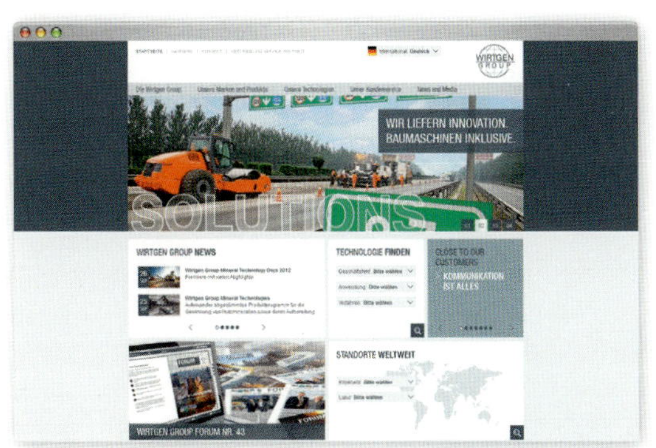

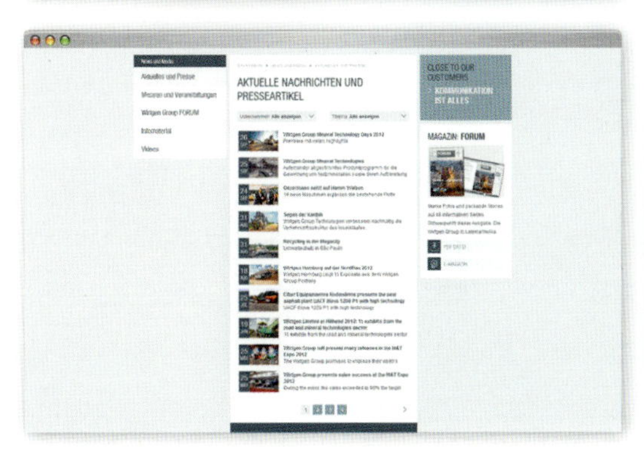

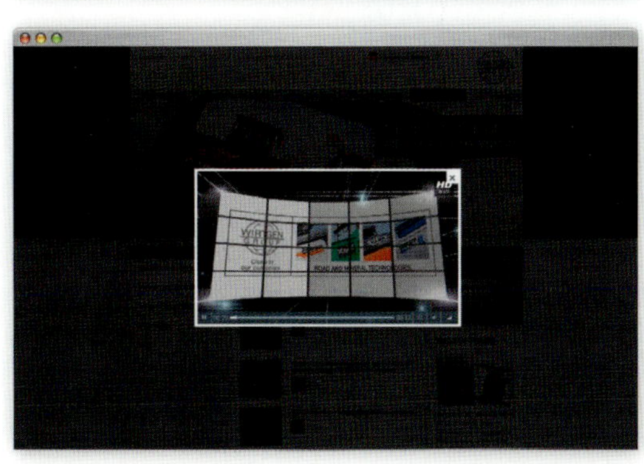

Kunde Wirtgen Beteiligungsgesellschaft mbH, Windhagen Geschäftsführung Jürgen Wirtgen / Stefan Wirtgen / Rainer Otto Marketingleitung Martin Heitz Leitung Öffentlichkeitsarbeit Michaela Adams Projektleitung Tanja Ro Werbeagentur kernpunkt GmbH, Köln Beratung Matthias Steinforth Konzeption Jan Eickmann / Anica Funke Entwicklung Thomas Fischer / Hagen Jäger / Markus Koch / Saied Mohebbian / Alexander Nowak / Sabrina Schneider / Julian Seiss Kreation Anja Heppekausen / Benjamin Sudau / Sandy Zukowski Projektleitung Michael Krohmann

THYSSENKRUPP, THYSSENKRUPP AEROSPACE

„Bau mit uns ein Flugzeug 3.0“

WYSIWYG* SOFTWARE DESIGN GMBH / DÜSSELDORF

01 Jens-Peter Wörz
02 Pattrick Kreutzer
03 Jennifer Daniel
04 Florian Breiter
05 Alex Koch
06 Ersin Kilic

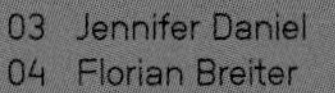

INDUSTRIE / B2B

PRODUKTIONSGÜTER

DIGITALE MEDIEN / DIGITALE/INTERAKTIVE ANWENDUNGEN

ThyssenKrupp / ThyssenKrupp Aerospace „Bau mit uns ein Flugzeug 3.0“

Supply Chain Management für kleine Logistikprofis

Was ist Supply Chain Management und welche Rolle spielt es beispielsweise in der Luftfahrtindustrie? In diesem Planungsspiel erhalten die Spieler einen Einblick in die Komplexität der logistischen Aktivitäten, die in einer Lieferkette auftreten. Die Akteure haben den Auftrag, innerhalb eines bestimmten Zeitfensters – also „just in time“ – Flugzeuge zu bauen und dafür sämtliche Materialien für die Konstruktion zu beschaffen und zu verteilen.

Ein Strategie-, Labyrinth- und Merkspielmix, der auf einfache Weise den Kern der ThyssenKrupp-Leistung transportiert. Nämlich zuhören, beschaffen, liefern, und das pünktlich, zum besten Preis und an den richtigen Ort. Auch das unvermeidliche und von Logistikern gefürchtete Lager als zentraler Hebel für den Erfolg spielt mit und trägt auch maßgeblich zum Spielergebnis bei. Und genau wie im richtigen Leben tritt das „Unvorhergesehene“ in Gestalt von kleinen, aber trickreichen Ungerechtigkeiten als Unterbrecherspiel auf.

Die Liste der Highlights ist lang. Die „Höhe der Zeit“ sah ein Touch-Interface vor, was aber nur die Oberfläche für die Spieler selbst sein konnte, da eine Bühne mit Publikum davon ja kaum etwas hätte.

Die Lösung war eine zweigleisige Umsetzung auf der Basis von Flash/Air, die einmal als App auf drei iPads und parallel als Desktop-Anwendung auf drei PCs lief. Verbunden waren die sechs Geräte mit einem eigenen Protokoll via WLAN, das weitgehend ausfallsicher einzelne Teilnehmer verlieren und wieder integrieren konnte.

www.baumitunseinflugzeug.com

Kunde ThyssenKrupp, ThyssenKrupp Aerospace AG, GmbH, Essen Produktleitung Hans-Jürgen Thömmes (Director International Product and Market Development) Leitung Öffentlichkeitsarbeit Stefan Ettwig (Corporate Communications) Werbeagentur wysiwyg* software design GmbH, Düsseldorf Konzeption Florian Breiter (Geschäftsführer) / Alex Koch (Creative Director) / Pattrick Kreutzer (Grafik Entwickler) Producer Ersin Kilic (Producer Flash) Text Jens-Peter Wörz Sound / Hardware Bruno Koch (Musiker) / Christian Lucke (Administrator) Programmierung Pattrick Kreutzer (Grafik-Entwickler) Gestaltung Alex Koch (Creative Director) / Jennifer Daniel (AD/Illustratorin)

INDUSTRIE / B2B

PRODUKTIONSGÜTER

KAMPAGNE

AFS AG / Familienalbum

Aus der Imagebroschüre wird ein Familienalbum, und die Produktbereiche werden mit charakterstarken Porträts von Familienmitgliedern kombiniert. Die Symbiose aus Sachlichkeit und Emotion sorgt für eine einzigartige und spannende Bildsprache. Die Duplex-Farbtechnik schafft spezielle Effekte und orientiert sich am Colorcode der Produktbereiche. QR-Codes mit direkter Verlinkung zu den Publikationen unterstützen die crossmediale Verbindung der Print- und Online-Medien zu einem harmonischen Gesamtbild.

Kunde: AFS AG, Rupperswil (Schweiz) Geschäftsführung Joachim Kreuzberger / Christian Dietl Werbeagentur Extra Marketing Service GmbH, Dornbirn (Österreich) Konzeption Josef Giselbrecht Creative Director Sabine Thurnher-Giselbrecht

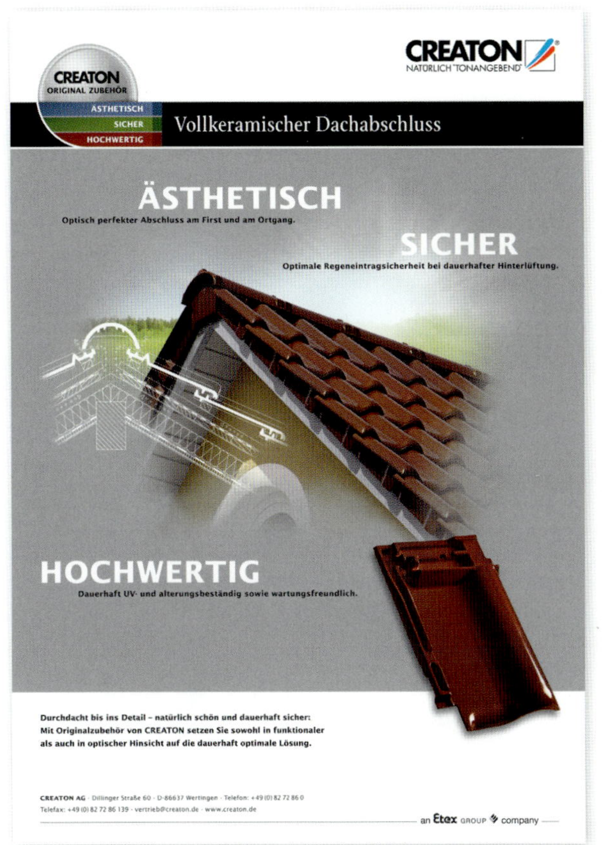

INDUSTRIE / B2B

PRODUKTIONSGÜTER

KAMPAGNE

CREATON AG / Creaton Original-Zubehörkampagne

Ziel der Kampagne ist es, die Original-Zubehörkompetenz der System-Tondachziegelprodukte eingängig zu vermitteln. Dabei sollte die überlegene Technik der Zubehörsysteme die Qualität der Zubehörsysteme sowie die Qualität der Einzelprodukte immer auch auf die Dachmarke abstrahlen. Dies wurde durch die konsequente Inszenierung der Werte erklärenden Vorteile stringent in einer Fachanzeigenkampagne sowie einer Kompetenzbroschüre für Handel, Verarbeiter und Endkunden kommuniziert.

Kunde CREATON AG, Wertingen Direktorin Marketing Ivanka Burger Leiter Unternehmenskommunikation Björn Hein Werbeagentur wvp Werbegesellschaft GmbH, Stuttgart Beratung Tobias Bürgel / Anna Lena Bauerle Konzeption Anette Rottmar / Tobias Bürgel Creative Director Anette Rottmar Art Director Simone Baumann Grafik Ania Antchev Litho / Reproduktion token GmbH & Co. KG

INDUSTRIE / B2B

PRODUKTIONSGÜTER

PRINT

Culimeta Textilglas-Technologie GmbH & Co. KG / Automotive, Neugestaltung Corporate Design

Culimeta Automotive verbindet auf einzigartige Weise die Themen Textilglas und Metall sowie Wärme und Kälte. Und das Ganze für den Automobilbereich. So lag es nahe, für den neu zu entwickelnden Auftritt auch ein besonderes Keyvisual zu entwickeln, das genau diese Einzigartigkeit aufnimmt. In Kombination mit der reduzierten Optik und den besonderen Veredelungen im Druck wird das neue Erscheinungsbild über alle Medien hinweg kommuniziert – von Broschüren über Messestände bis hin zur neuen Website.

Kunde Culimeta Textilglas-Technologie GmbH & Co. KG, Bersenbrück Geschäftsführung Vincent Cuylits Marketingleitung Frank Keck Werbeagentur FACT GmbH, Kirchheim/Teck Beratung Jens Albrecht / Andreas Fahrion Konzeption Jens Albrecht Creative Director Jens Albrecht Art Director Timo Grathwohl Text Jens Albrecht Fotografie Challenge GmbH

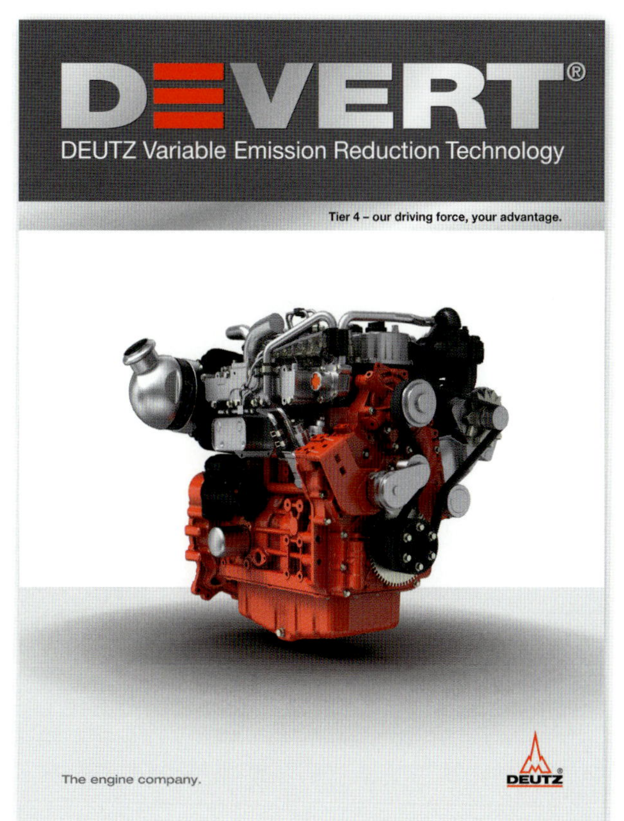

INDUSTRIE / B2B

PRODUKTIONSGÜTER

PRINT

DEUTZ AG / Broschüre „DEUTZ Emission Reduction Technology“

„Komplexe Technik plakativ und leicht verständlich darstellen“, so lautete die Aufgabenstellung für die DEUTZ-DVERT-Kampagne. Schlagende Argumente, unterstützt durch aufwendige 3-D-Grafiken und Animationen, erreichen dies auf überzeugende Weise in allen Medien.

Crossmedia _ Kunde DEUTZ AG, Köln Marketingleitung Frank Wesolowski Leitung Öffentlichkeitsarbeit Georg Diderich Werbeagentur kampfgefährten GmbH & Co. KG, Köln Beratung Dr. Erwin Kampf Konzeption Dr. Erwin Kampf Text Dr. Erwin Kampf Grafik Ulrike Dürre 3-D-Grafiken und Animationen Capture MM GmbH & Co. KG

INDUSTRIE / B2B

PRODUKTIONSGÜTER

PRINT

ELCO GmbH / ELCO Mailingstrecke

Die Idee der dreiteiligen Mailingserie war es, die ursprüngliche Herkunft des Heizsystemherstellers ELCO von der Brennertechnologie als Aufhänger zu nutzen, um den Heizungsfachplanern die aktuellen Kompetenzen von ELCO als innovativem Heizsystem-Kompletthersteller zu vermitteln. Die personalisierten und mit handschriftähnlicher Typografie versehenen Mailings kommen wie Urlaubspostkarten daher – mit Motiven des Brenner-Alpenpasses und der Botschaft „Wir kennen uns vom Brenner!".

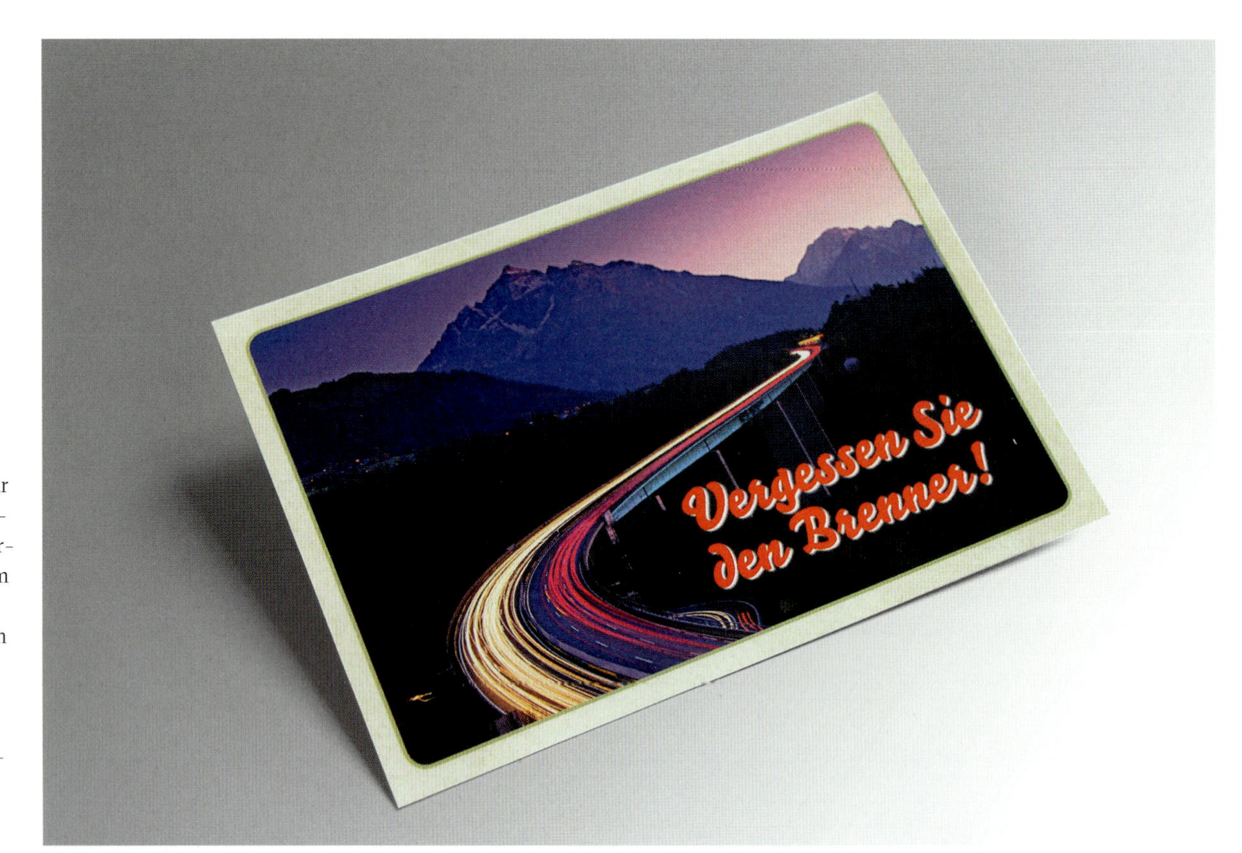

Kunde ELCO GmbH, Hechingen Geschäftsführung Harald Sauseng Marketingleitung Claudia Schmidt-Totzki Leitung Öffentlichkeitsarbeit Claudia Schmidt-Totzki Werbeleitung Claudia Schmidt-Totzki Werbeagentur vergissmeinnicht Werbeagentur GmbH, Überlingen Beratung Jens Schröder Konzeption Wolfgang Gerstenhauer Creative Director Achim Günter Text Wolfgang Gerstenhauer Grafik Achim Günter

INDUSTRIE / B2B

PRODUKTIONSGÜTER

PRINT

GfE Metalle und Materialien GmbH / Jubiläumsbroschüre

Die Gesellschaft für Elektrometallurgie feierte 2012 ihr 100-jähriges Firmenjubiläum. In der Festschrift wird die Unternehmensgeschichte kurzweilig und anschaulich präsentiert. Viele Fotos und kleine Illustrationen lockern den Text auf. Spezielle Bildseiten präsentieren die verschiedenen Facetten der GfE im Wandel der Zeit. Zur schnellen historischen Einordnung dient ein Zeitstrahl, markiert mit farbigen Streifen. Das repräsentative Cover in edlem Stahlgrau entspricht dem festlichen Anlass.

Kunde GfE Metalle und Materialien GmbH, Nürnberg Marketingleitung Michaela Fremuth Werbeagentur Bloom Project GmbH, Nürnberg Beratung Eva-Maria Engelbrecht Creative Director Stefan Maier-Wimmer Art Director Jan Öztürk-Lettau Text Diana Diroll Reinzeichnung Sven Pirner

INDUSTRIE / B2B

PRODUKTIONSGÜTER

DIGITALE MEDIEN / UNTERNEHMENS-/ ORGANISATIONSWEBSEITEN

GM TEC Industries Holding GmbH / „Tradition trifft Moderne“

Die Traditionsunternehmen Geiger Fertigungstechnologie und Firmengruppe Mohr sind 2008 zur GM TEC Industries Holding GmbH verschmolzen. GM TEC bündelt jahrzehntelang bewährte Kompetenzen in allen Bereichen der präzisen Teilefertigung, z. B. für Automotive, Antriebs- und alternative Energietechnik.

Nach dem neuen, gruppenweiten Erscheinungsbild wurde die neue Microsite entwickelt. Die Seite fokussiert die Kompetenz und die Vielseitigkeit der Marke – keine technischen Details.

www.gmtec-industries.de

Kunde GM TEC Industries Holding GmbH, Pretzfeld Werbeagentur Thielker + Team Werbeagentur GmbH, Neuwied Beratung Sebastian Klein Konzeption Silke Ruttert / Sebastian Klein Art Director Silke Ruttert Projektmanager Susanne Schäfer

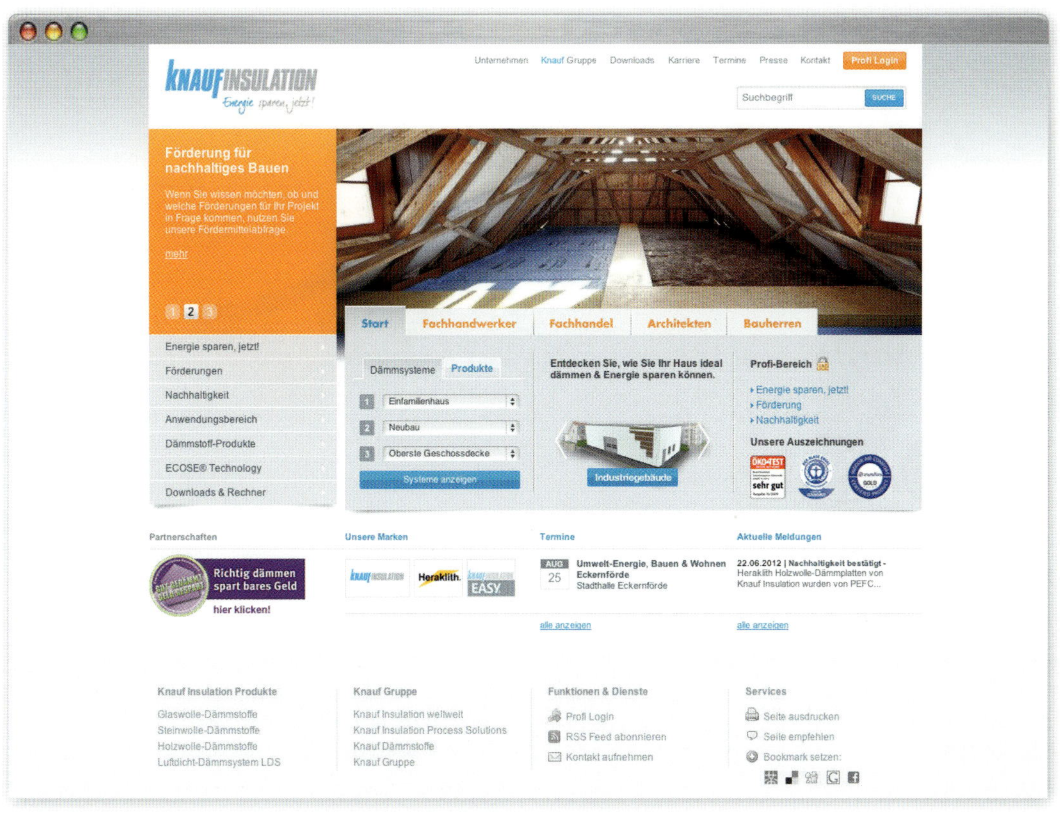

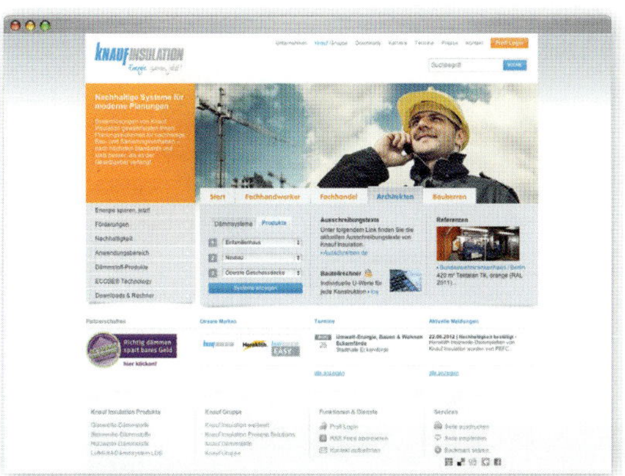

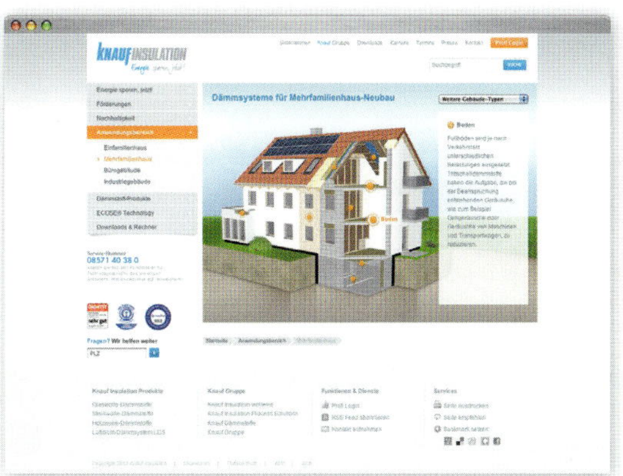

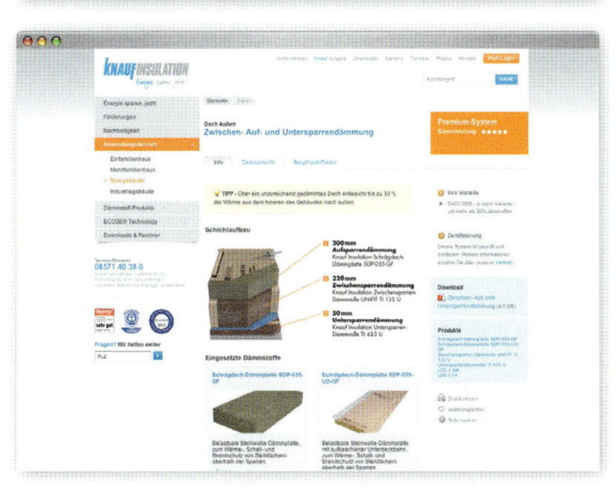

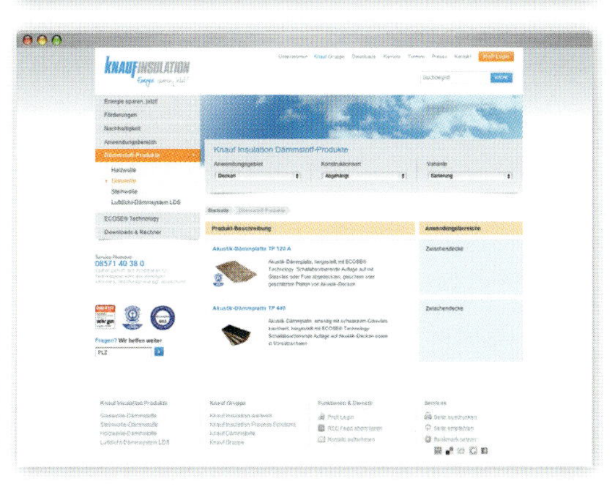

INDUSTRIE / B2B

PRODUKTIONSGÜTER

DIGITALE MEDIEN / UNTERNEHMENS-/ ORGANISATIONSWEBSEITEN

Knauf Insulation GmbH / Relaunch der Corporate Website

Knauf Insulation präsentiert sich auf seiner Corporate Site als innovativer Lösungsanbieter für alle Zielgruppen und Dämmvorhaben. Entscheidend ist nicht mehr, dass Knauf Insulation dem User Glas-, Stein- oder Holzwolleprodukte anbietet, sondern dass der User für seine Dämmaufgabe seine auf Anhieb passende Dämmlösung findet.
Moderne Gestaltung, emotionale zielgruppenspezifische Ansprache und individuelle interaktive Elemente erweitern das Serviceangebot und stärken den Kundendialog.

www.knaufinsulation.de

Kunde Knauf Insulation GmbH, Simbach am Inn Marketingleitung Barbara Seele (Leiterin Marketing-Kommunikation Deutschland) / Christoph Ohnweiler (Marketing Kommunikation PR und Online-Kommunikation) Werbeagentur TWT Interactive GmbH, Düsseldorf Beratung Dinah Erdmann (Account Director) / Vera Sandmann (Senior Projektmanagerin) / Petra Dworatzek (Projektmanagerin) / Maximilian Berger (Projektmanager GSA) / Nicola Steinhanses (Projektassistentin) Creative Director Oliver Gelbrich Art Director Thomas Schröpfer (Senior Art Director) Producer Michael Feinbier (Technical Lead Entwicklung) / Maik Kazmierski (Webentwickler) / Frank Vieweg (Frontend-Entwickler) / Martin Kutz (Flash-Entwickler) / Christoph Eckart (Solutionleiter Webcontrolling) / Thorsten Inboden (Webentwickler GSA) / Dominik Weidenfeld (Webentwickler GSA) Grafik Ramona Hinz (Webdesignerin) / Aris Sinani (Webdesigner)

INDUSTRIE / B2B

PRODUKTIONSGÜTER

KAMPAGNE

Pöppelmann GmbH & Co. KG /
Pöppelmann KAPSTO „Keine tanzenden Elefanten“

Im Markt für Kunststoffteile ist man es gewohnt, technisch und sachlich zu kommunizieren. Grund genug, es anders zu machen: Die Pöppelmann KAPSTO-Kampagne überraschte das Fachpublikum mit Motiven, die diese nicht erwarten, gepaart mit einem Leistungsversprechen, das sich technische Einkäufer wünschen: „Keine tanzenden Elefanten. – Wir möchten Sie alleine mit mehr Leistung begeistern.“ Der Mut wurde belohnt: Die für den Markt völlig untypische Kampagne sorgte sowohl quantitativ als auch qualitativ für Begeisterung – bei der Kundschaft ebenso wie bei Pöppelmann. Klassische und digitale Medien transportierten die Idee – Anzeigen, Mailings, Landingpage, Messestand, Give-aways, Trailer u. v. a. m.

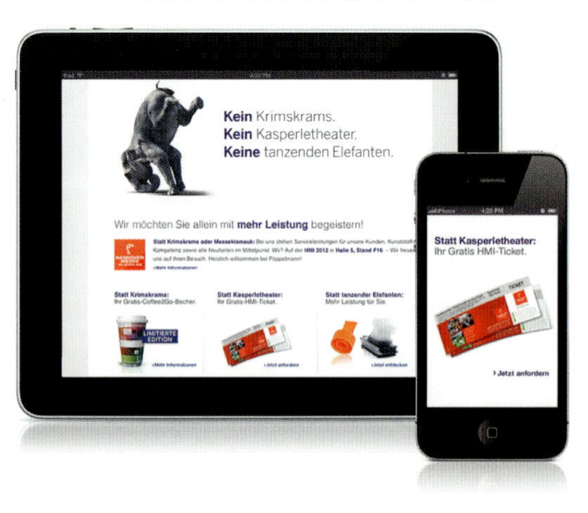

Kunde Pöppelmann GmbH & Co. KG, Lohne Marketingleitung Matthias Lesch Werbeagentur KAAPKE GmbH, Emstek / ecopark Beratung Marc Kathmann Creative Director Timo Kaapke Art Director David Willen / Johanna Lau Text Martin Kronshage Projektmanagement Kathrin Fühne

INDUSTRIE / B2B

PRODUKTIONSGÜTER

PRINT

RENK AG / Anzeige „T^{2}RECS“

Bei Entwicklung und Bau von marinen Getrieben gibt die RENK AG seit Jahrzehnten den Ton an. Diese Technologieführerschaft sollte zum Launch des neuesten Getriebes bildgewaltig auf den Punkt gebracht werden – in einem visuellen Auftritt, der hält, was der Produktname T^{2}RECS seinen Kunden verspricht. Gischt und Brandung verkörpern im Einklang mit dem Claim RESURRECTED EFFICIENCY. THE T^{2}RECS, welche Kraft schon bald durch den T^{2}RECS aufersteht.

Kunde RENK Aktiengesellschaft, Rheine Werbeagentur concept X Strategische Kommunikation GmbH, Rheine

INDUSTRIE / B2B

PRODUKTIONSGÜTER

PRINT

REHAU / Ideenmagazin „GENEO“

Mit dem innovativen Fensterprofil GENEO setzt REHAU neue Maßstäbe: Energieeffizienz, Schallisolierung, Einbruchsicherung und Größe der Fläche sind dabei entscheidend. Jetzt wird auch der Spirit von GENEO für Architekten erlebbar. Das Ideenmagazin überzeugt nicht mit Zahlen und Fakten, sondern inspiriert mit Ideen und kreativen Freiräumen. Nicht die Fenster stehen im Mittelpunkt, sondern die Geschichten rund um das Projekt – aufwendig umgesetzt in Layout, Fotografie und Text.

Kunde REHAU AG + Co, Erlangen Marketingleitung Sandra Schlegel / Richard Biegler Werbeagentur hl-studios GmbH, Erlangen Beratung Annabelle Busanny Creative Director Matthias Ritter Art Director Julia Müller Producer Petra Schmolzi (Fotografie) / Annabelle Busanny (Print) Text Cora Zubiller / Rahim Arnold Fotografie Marcus Rebmann / Jürgen Hinterleithner Bildbearbeitung Mario Pampel / Raul Miclea

INDUSTRIE / B2B

PRODUKTIONSGÜTER

DIGITALE MEDIEN / UNTERNEHMENS-/ ORGANISATIONSWEBSEITEN

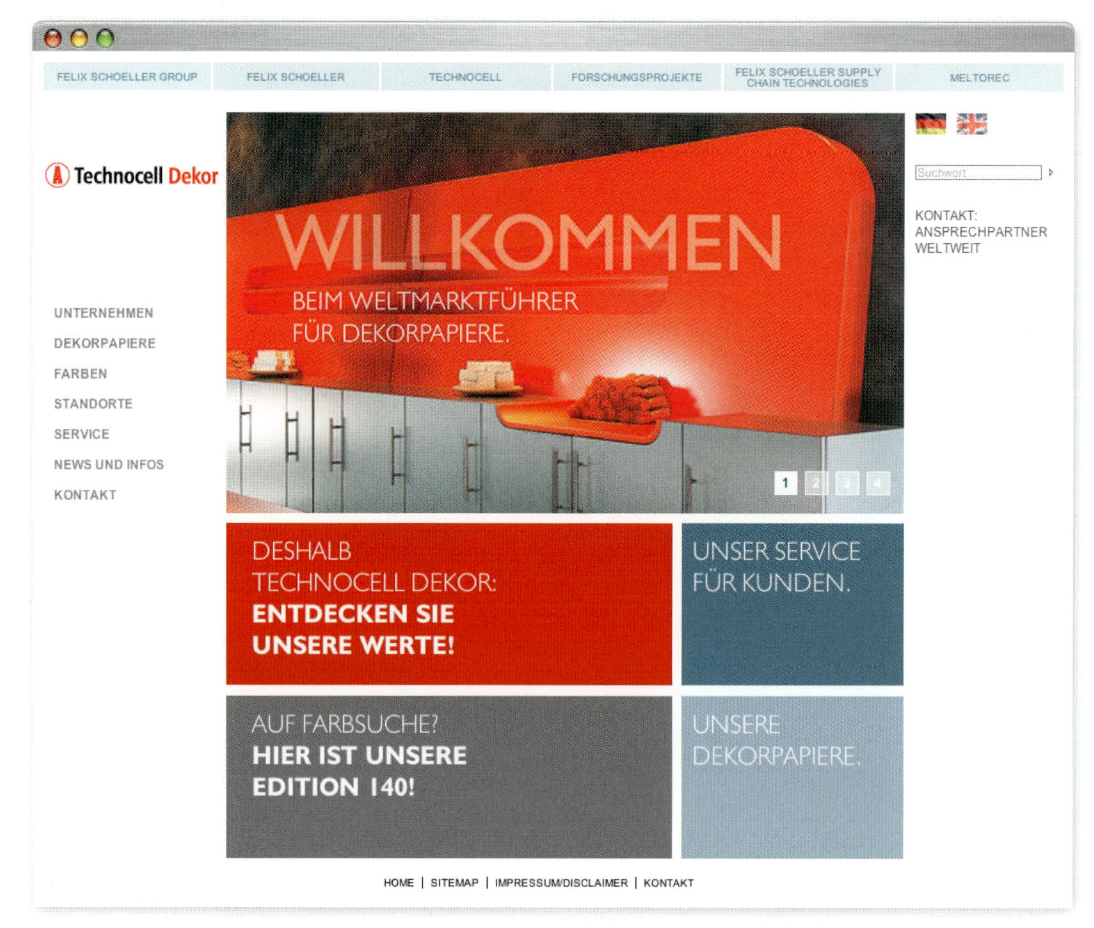

Schoeller Technocell / Dekor
Website „Willkommen beim Weltmarktführer“

Der Weltmarktführer für Dekorpapiere Technocell Dekor hat nicht nur einiges zu bieten, sondern auch vieles zu sagen. Trotz der komplexen Inhalte sollte der neue Webauftritt Besucher schnell zu ihrem Ziel führen. Deshalb wurden Portale mit farbigen Kacheln geschaffen, in denen der Nutzer sich augenblicklich und ohne viel Textrezeption orientieren kann. Gleichzeitig entstand ein einzigartiges Design, das die kreativen Möglichkeiten der Papiere in der Endanwendung zum Ausdruck bringt.

www.technocell-dekor.com

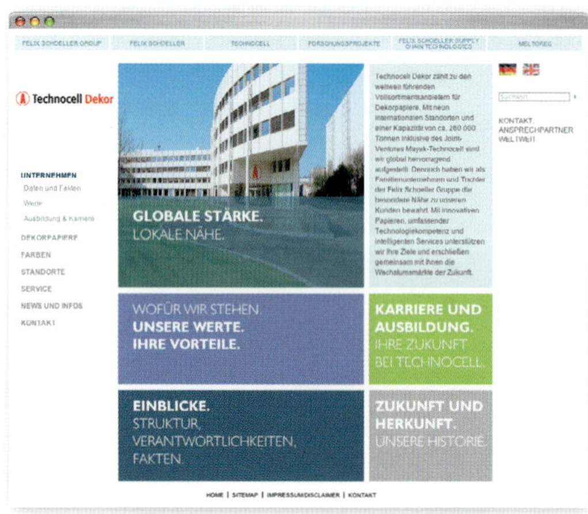

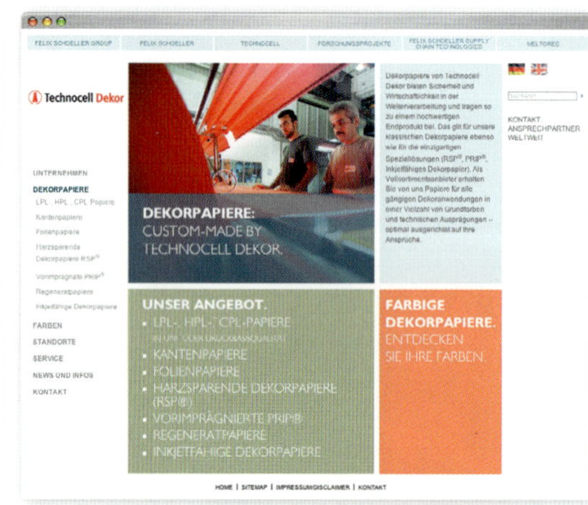

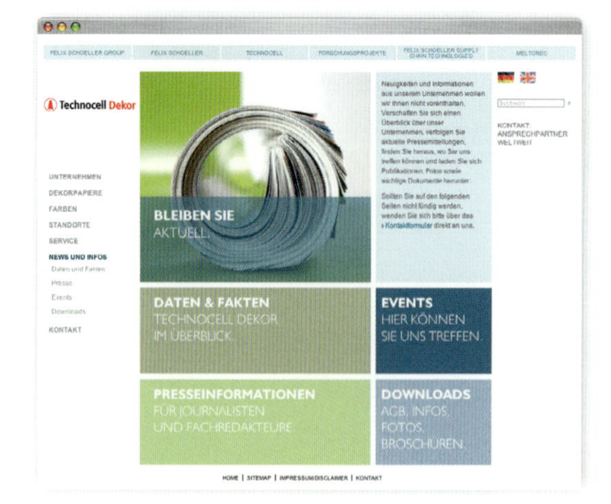

Kunde Schoeller Technocell GmbH & Co. KG, Osnabrück Leitung Öffentlichkeitsarbeit Dr. Friederike Texter Werbeagentur graef advertising GmbH, Osnabrück Beratung Hans-Joachim Graef Konzeption Antje Koglin / Dirk Kolhosser Art Director Antje Koglin Text Dirk Kolhosser Projektmanagement Vera Brückner Programmierung cytrus GmbH

INDUSTRIE / B2B

PRODUKTIONSGÜTER

PRINT

Unilever Food Solutions Food-service / KNORR „4-Versprechen-Kampagne“

Umsetzung der Relaunchkampagne von KNORR für die Kategorie Suppe. Adaption der Kampagne auf einen Channelfolder für die Zielgruppe Köche mit dem Ziel, die neu definierten Markenwerte von KNORR eingängig und nachvollziehbar zu transportieren. Rezepte mit attraktiven Food-Darstellungen bieten den Köchen vielfältige Inspirationen für ihre tägliche Arbeit.

Kunde Unilever Food Solutions – Foodservice-Bereich der Unilever Deutschland GmbH, Heilbronn Marketingleitung Christian Nicolaus Werbeagentur wrw united werbeagentur GmbH, Köln Beratung CEO Bernd J. Wankum / Account Director Tara de Alwis Konzeption Creative Director Carsten Sternberg Creative Director Carsten Sternberg Art Director Clemens Wissel Text Text & Konzept Udo Bechmann Multimedia-Agentur wrw united werbeagentur GmbH

INDUSTRIE / B2B

PHARMAZIE / GESUNDHEIT

PRINT

Merck Serono GmbH / GONAL-f®

Haben Sie schon einmal die Verzweiflung in den Augen von Paaren gesehen, die jahrelang trotz vieler Versuche keine eigenen Kinder bekommen? Kinder, die genauso strahlen und berühren wie die der GONAL-f®-Kampagne? Spezialisten in Fertilitätszentren können diesen Paaren bei ihrem KINDERWUNSCH mit einer individuellen Hormontherapie heute oft helfen. Und der neue GONAL-f® Pen erfüllt die Wünsche der Ärzte, diese Therapie für die Frauen einfach und fein dosierbar zu Hause anzuwenden.

Kunde Merck Serono GmbH, Darmstadt Verantwortlich Christiane von der Eltz / Ulf Glauner / Dr. Verena Uhlig Werbeagentur Schmittgall Werbeagentur GmbH, Stuttgart Beratung Winfried Krenz / Anne Froehlich Creative Director Bernd Huesmann Art Director Hans-Jörg Fauth Text Maximilian Lechner Medical Director Heidi Funk

INDUSTRIE / B2B

PHARMAZIE / GESUNDHEIT

PRINT

Reckitt Benckiser Deutschland GmbH / NUROFEN® Fiebersaft

NUROFEN®, der Marktführer für Fieber- und Schmerzsäfte bei Kindern, setzt immer wieder Zeichen. Mit dem ersten 4%-Ibuprofen-Saft ab 6 Monate ein besonders fröhlich-sympathisches und aufmerksamkeitsstarkes für Apotheker und PTAs.

Kunde Reckitt Benckiser Deutschland GmbH, Mannheim Verantwortlich Matthias Steimel / Nadja Körner Werbeagentur Schmittgall Werbeagentur GmbH, Stuttgart Beratung Winfried Krenz / Wolf Stroetmann Creative Director Bernd Huesmann Art Director Danijela Svetec Text Viktoria Goldmann Medical Director Heidi Funk

INDUSTRIE / B2B

PHARMAZIE / GESUNDHEIT

PRINT

Reckitt Benckiser Deutschland GmbH / NUROFEN® Ibuprofen 400 mg Schmerztabletten

Souverän und überlegen tritt NUROFEN® neu ein in den Wettbewerb der meist umkämpften OTC-Kategorie: Schmerzmittel. Und damit gegen eine ganze Reihe etablierter Marken und Generika. Dass dabei die Marke NUROFEN® schon seit Jahren Marktführer bei Schmerz- und Fiebersäften für Kinder ist, schafft einen Vorsprung in puncto Bekanntheit, Vertrauen und Empfehlungsbereitschaft von Apothekern und PTAs. Das aufmerksamkeitsstarke Visual spricht fast ohne Worte: NUROFEN® Findet den Schmerz. Wirkt gezielt.

Kunde Reckitt Benckiser Deutschland GmbH, Mannheim Verantwortlich Matthias Steimel / Nadja Körner Werbeagentur Schmittgall Werbeagentur GmbH, Stuttgart Beratung Winfried Krenz / Wolf Stroetmann Creative Director Bernd Huesmann Art Director Danijela Svetec Text Viktoria Goldmann Medical Director Heidi Funk

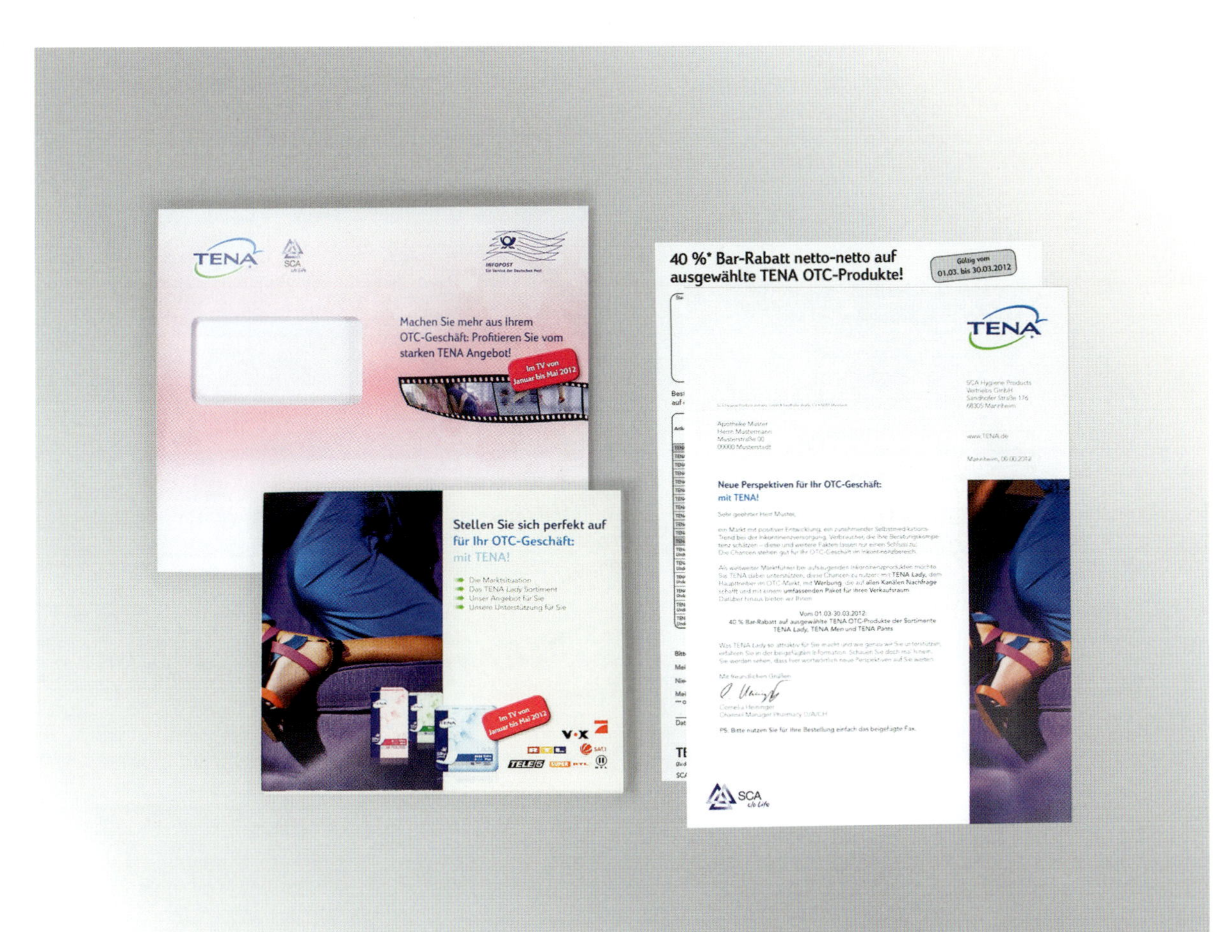

INDUSTRIE / B2B

PHARMAZIE / GESUNDHEIT

PRINT

SCA Hygiene Products Vertriebs GmbH / TENA Lady

Die Marke TENA von SCA Hygiene Products ist weltweiter Marktführer für aufsaugende Inkontinenzprodukte. Das Produkt TENA Lady ist Haupttreiber im OTC-Markt. Per Mailing sollten Apotheken und Sanitätshäuser in der DACH-Region zum Kauf von TENA Lady-Produkten animiert werden. Dies geschah primär durch einen raffiniert gestalteten Klapp-Folder, der den Zielgruppen buchstäblich neue Perspektiven eröffnete.

Kunde SCA Hygiene Products Vertriebs GmbH, Mannheim Marketingleitung Cornelia Heininger Werbeagentur Jahns and Friends AG, Düsseldorf Beratung Sandra Hüsken Konzeption Kirsten Allroggen / Daniela Nicastro / Norbert Briem Art Director Kirsten Allroggen / Daniela Nicastro Text Norbert Briem

INDUSTRIE / B2B

PHARMAZIE / GESUNDHEIT

PRINT

Siemens Audiologische Technik GmbH / Kreuzflyer

Mithilfe eines ungewöhnlichen, aber dennoch preisgünstigen Werbemittels sollte Messebesuchern das Siemens Hörgerätesortiment vorgestellt werden. Entwickelt wurde ein sogenannter „Kreuzflyer“ mit 4 Klappseiten und runden Stanzungen. Durch Hin- und Herklappen konnten sich die Messebesucher auf spielerische Weise darüber informieren, welches Siemens Hörgerätemodell es in welcher Bauart – RIC, Earhook und LifeTube – gibt. Ein originelles Give-away mit praktischem Nutzwert.

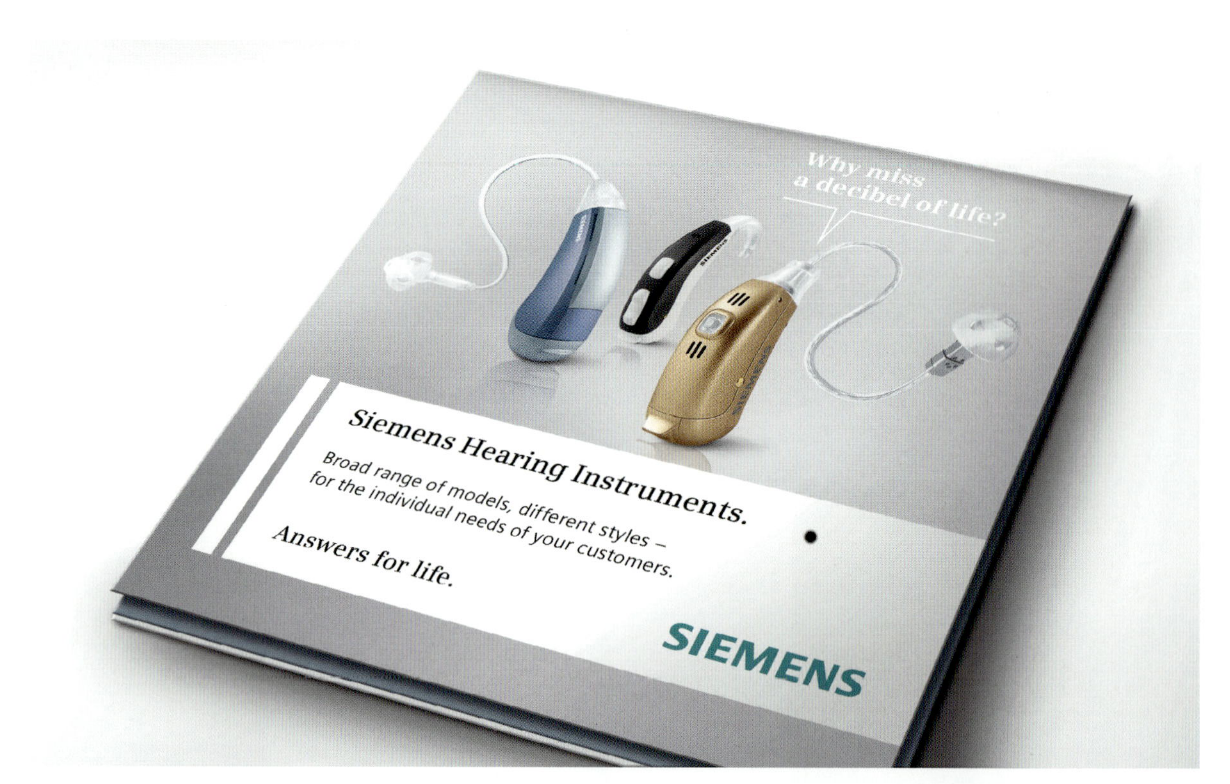

Kunde Siemens Audiologische Technik GmbH, Erlangen Marketingleitung Silke Vogler Werbeagentur Bloom Project GmbH, Nürnberg Beratung Eva-Maria Engelbrecht Creative Director Stefan Maier-Wimmer Art Director Claudia Schramm Text Dieter Scheuerer Reinzeichnung André Krenz

EVONIK INDUSTRIES

Fachkampagne 2012 / 2013

KNSK WERBEAGENTUR GMBH / HAMBURG

Caroline Labitzke 01
Dirk Junski 02
Martin Augner 03
Olaf Hörning 04
Vera Hampe 05
Verena Gillwald 06

▸

01

04

02

05

03

06

INDUSTRIE / B2B

WEITERE INDUSTRIEGÜTER

PRINT

Evonik Industries / Fachkampagne 2012/2013

Evonik, der kreative Industriekonzern aus Deutschland, startet eine mehrjährige internationale Marktinitiative, um sich in seinen Spezialchemie-Schlüsselmärkten Coatings und Plastics als langfristiger Lösungspartner zu positionieren und als „partner of choice" in den Köpfen und Herzen seiner weltweiten B2B-Kunden zu etablieren. Mit der Marktinitiative soll die Marke im Geschäftsumfeld gestärkt und der Dialog mit Kunden und potenziellen Neukunden eröffnet werden.

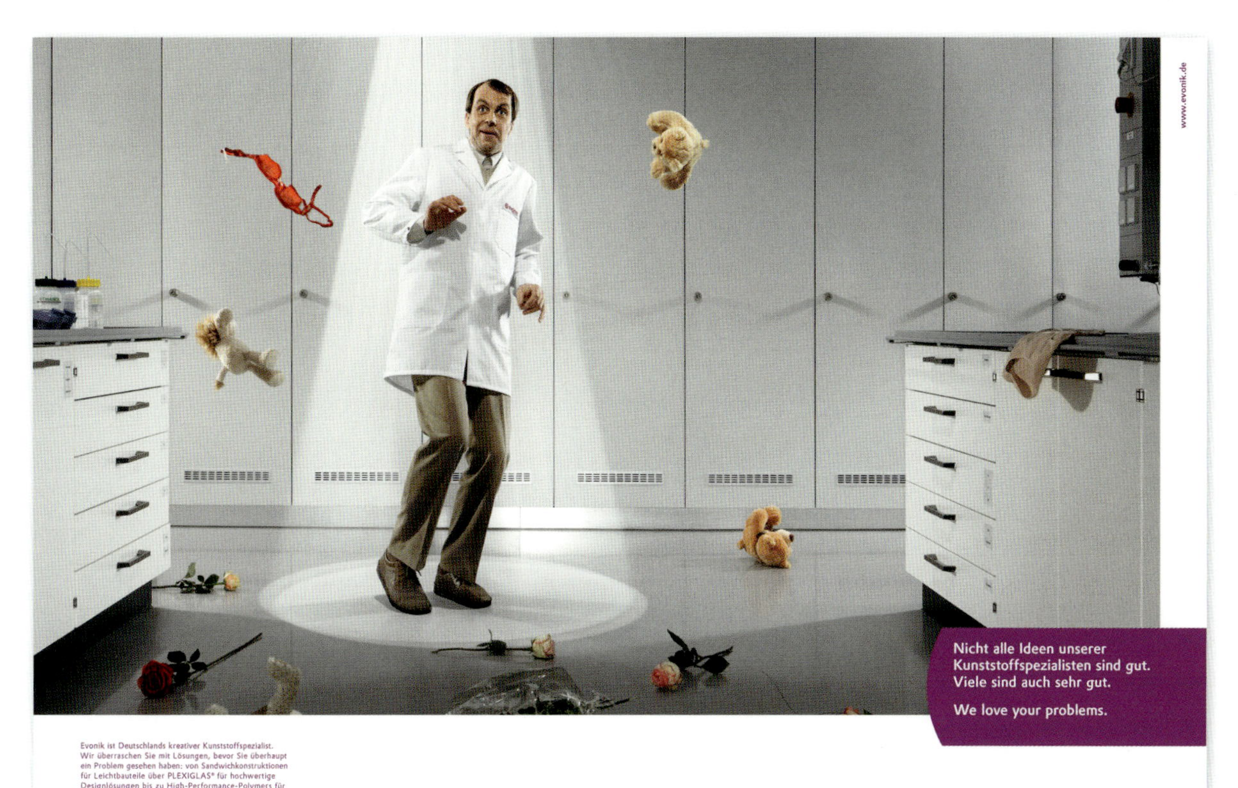

Kunde Evonik Industries AG, Essen Leiter Konzernmarketing und PR Markus Langer Werbeagentur KNSK Werbeagentur GmbH, Hamburg Beratung Verena Gillwald / Hanna Petersen Creative Director Vera Hampe / Olaf Hörning Art Director Martin Augner / Caroline Labitzke Text Dirk Junski

INDUSTRIE / B2B

WEITERE INDUSTRIEGÜTER

PRINT

Diehl AKO Stiftung & Co. KG / „PLATINUM®. Bringt mehr Sonne ins Netz“

Wie vermittelt man den überlegenen Wirkungsgrad von Wechselrichtern und stärkt zugleich eine aufstrebende Marke im Photovoltaikmarkt? Mit einer kombinierten Produkt-Image-Kampagne, die auf ein starkes Motiv setzt: Mit seiner überlangen Zunge, die blitzschnell die Beute heransaugt, sowie seiner Farbreaktion auf Temperatur und Sonneneinstrahlung ist das Chamäleon eine Analogie für das Markenversprechen, sich perfekt dem jeweils beworbenen Produkt anzupassen.

Kunde Diehl AKO Stiftung & Co. KG, Wangen im Allgäu Geschäftsführung Klaus Frehner / Josef Fellner Leitung Marketing / Produktmanagement Armin Steck Marketing Simone Grischke / Ulrike Kipper Werbeagentur Schindler, Parent GmbH, Meersburg Beratung Jean-Claude Parent Creative Director Dr. Constance Hotz (Text) / Michael Barthelme (Art) Art Director André Tappe Text Christine Vogtherr Grafik Sarah Deggelmann Fotografie JEHLE & WILL Ravensburg DTP / Bildbearbeitung Andreas Maschke Projektmanagement Sebastian Schnell

INDUSTRIE / B2B

WEITERE INDUSTRIEGÜTER

PRINT

Essilor Deutschland GmbH / „Stark am Start mit Essilor“

Der weltgrößte Brillenglashersteller Essilor bietet unabhängigen Augenoptikern über ein ausgefeiltes Incentive-System zahlreiche Top-Services. Fünf ungewöhnliche Elefantenmotive inszenieren die einzelnen Benefits auf eindrückliche Weise und transportieren aufmerksamkeitsstark und humorvoll den jeweiligen Mehrwert für den Augenoptiker. Die Kampagnenmotive wurden auf zahlreichen Kommunikationsmitteln eingesetzt.

Crossmedia _ Kunde Essilor GmbH, Freiburg i. Br. Geschäftsführung Mathias Schmidt Marketingleitung Peter Lopez Leitung Sales Marketing Tobias Bross Werbeagentur Münchrath. Die Werbeschmiede GbR, Freiburg i. Br. Beratung Axel Münchrath / Andrea Weiberg Konzeption Jan Greuter / Tobias Guidone Creative Director Jan Greuter Art Director Tobias Guidone Producer Laurence Mays Text Jan Greuter Grafik Laurence Mays Fotografie Getty Images, Corbis Images

INDUSTRIE / B2B

WEITERE INDUSTRIEGÜTER

DIGITALE MEDIEN / REDAKTIONELLE INHALTE

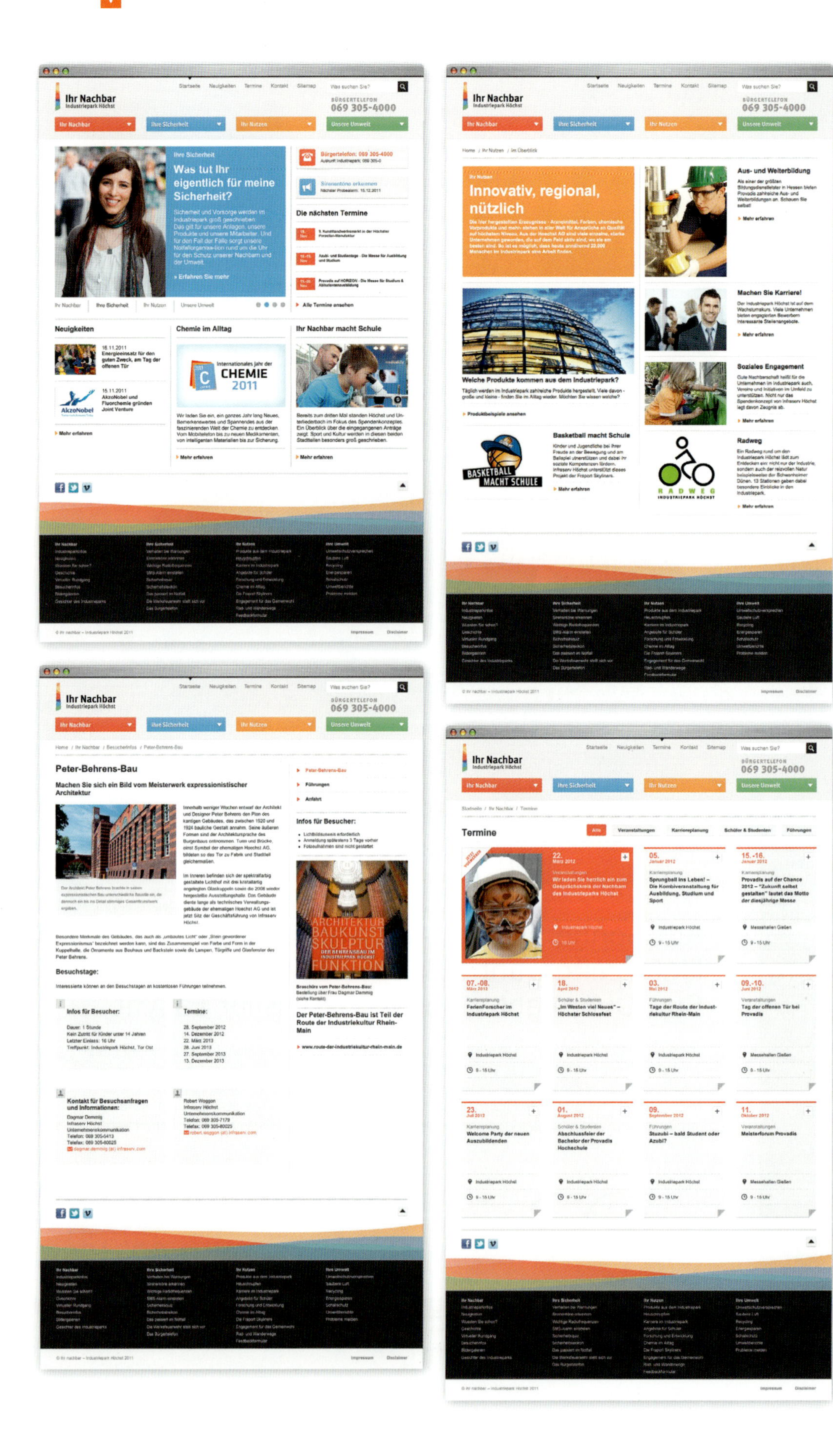

Infraserv GmbH & Co. Höchst KG / „Ihr Nachbar“

Das Miteinander von Industrie, Forschung und Mensch ist Thema beim neuen Portal des Industrieparks Höchst. Anwohner erwartet hier transparente Auskunft über das ansässige Unternehmen, Umweltschutz, Sicherheit und soziales Engagement, eingebettet in eine frische Farb- und emotionale Bildwelt. Eine direkte Ansprache des Besuchers und die schlanke Navigation sorgen für einen Dialog auf Augenhöhe, und das stilisierte Wahrzeichen im Logo verleiht dem Portal individuelle Wertigkeit.

www.ihr-nachbar.de

Kunde Infraserv GmbH & Co. Höchst KG, Frankfurt am Main Geschäftsführung Jürgen Vormann / Dr. Roland Mohr Marketingleitung Andreas Konert Leitung Öffentlichkeitsarbeit Constanze Buckow-Wallén Werbeagentur reality bytes neue medien GmbH, Köln Konzeption Torsten Seiler Art Director Jasmin Hoffmeister Grafik Afra Böning Projektleitung Markus Gorzinewski Technische Projektleitung Burkhard Theß Programmierer Volker Braun / Martina Plawer / Andreas Scheben

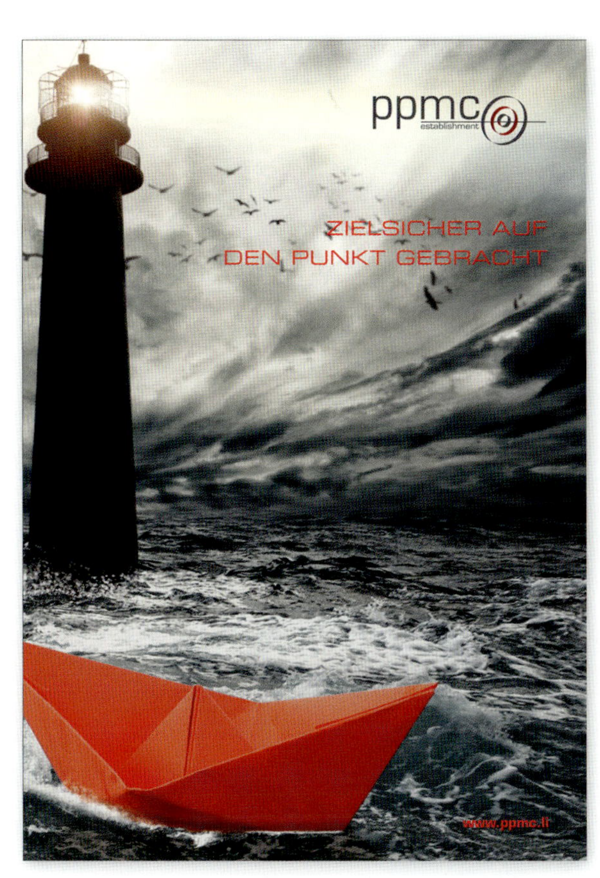

INDUSTRIE / B2B

WEITERE INDUSTRIEGÜTER

PRINT

ppmc establishment / „Zielsicher"

„Zielsicher auf den Punkt gebracht" lautet das Credo der ppmc in Bezug auf das Leistungs- und Produktportfolio. Aber nicht nur dort. Auch in der visuellen Kommunikation der Firma wird dieses Thema aufgegriffen. Papierschiffchen, eingefärbt auf Basis des Colorcodes, dominieren eindrucksvoll die Bildwelten und navigieren den Betrachter zielsicher zu den gewünschten Informationen. Die ausdrucksstarken Keyvisuals mit Bezug zu den Dienstleistungen und Produkten finden sich wieder auf der Website.

Crossmedia _ Kunde ppmc establishment, Triesen (Liechtenstein) Geschäftsführung Wolfgang Praschnig Marketingleitung Patrizia Dünser Werbeagentur Extra Marketing Service GmbH, Dornbirn (Österreich) Konzeption Josef Giselbrecht Creative Director Sabine Thurnher-Giselbrecht Grafik Marlene Schultz

INDUSTRIE / B2B

WEITERE INDUSTRIEGÜTER

KAMPAGNE

Siemens AG, Industry Sector /
Industry Automation Division
„Solar Campaign“

Siemens ist seit Jahrzehnten in der Solarbranche tätig. Neben schlüsselfertigen Solarkraftwerken liefert Siemens auch Einzelkomponenten für den Betrieb von Solaranlagen sowie Komponenten zur Herstellung von Glas, Wafern und anderen Produkten, die in der Solarbranche verwendet werden.

Diese Produkte werden von den Siemens-Sektoren Industry, Energy und Infrastructures and Cities geliefert. Bisher hatten die Sektoren unterschiedliche Solar-Kommunikationsauftritte.

Aufgabe war es, für ganz Siemens einen übergeordneten Solar-Auftritt zu schaffen. Ein Film illustriert die Gesamtstory und dient als Teaser. Ein Webfeature (www.siemens.de/solar) und Printmaterial runden die Kampagne ab.

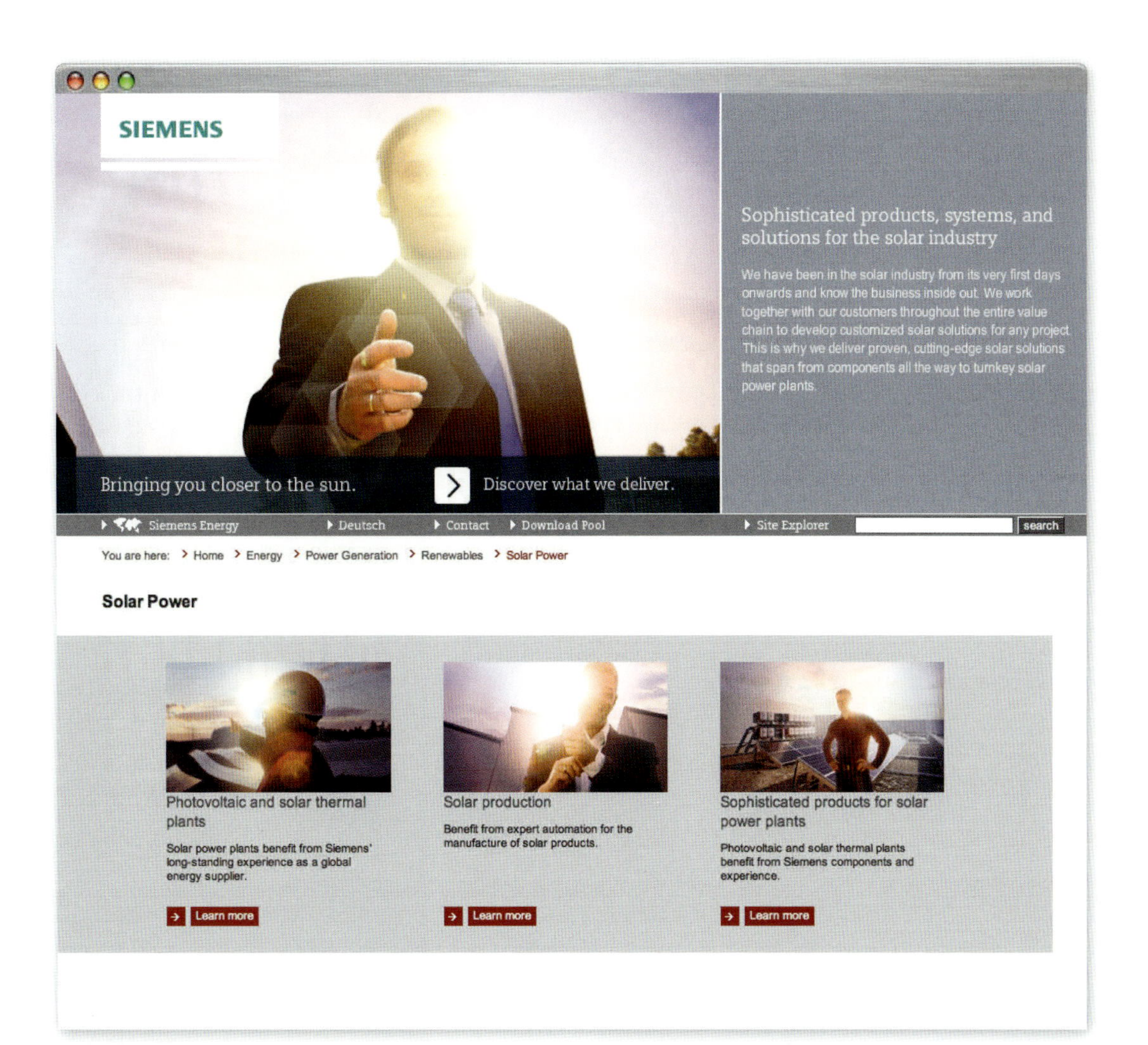

Kunde Siemens AG, Industry Sector, Industry Automation Division, Karlsruhe Werbeleitung Christiane Schuler / Michael Anger Werbeagentur feedback communication GmbH, Nürnberg Beratung Hannah Egelseer / Aniko Enderlein Konzeption Hannah Egelseer / Henning Kanemann Creative Director Henning Kanemann Art Director Patrick Wirschnitzer-Roller Producer Andreas Münch Text Ulf Hilzenbecher Grafik Stefan Pickenhahn / Viola Wolfermann Fotograf Stephan Minx Sounddesign / Filmschnitt Jacco Kliesch

INDUSTRIE / B2B

WEITERE INDUSTRIEGÜTER

PRINT

Uhlmann & Zacher GmbH /
Anzeigen 2012

Die Uhlmann & Zacher GmbH entwickelt und produziert elektronische Schließsysteme mit Transpondertechnologie. Unter der Produktlinie Clex prime werden Lösungen zur Absicherung unterschiedlicher Objekttypen wie Büro-, Industrie- und Verwaltungsgebäude sowie öffentliche Gebäude angeboten. Ein großer Vorteil des Systems liegt in der Offenheit bezüglich der Anbindung sowie in der Flexibilität und Skalierbarkeit, was wiederum in den in Fachzeitschriften erscheinenden Anzeigen im Mittelpunkt steht.

Kunde Uhlmann & Zacher GmbH, Waldbüttelbrunn Werbeagentur BEACHDESIGN Personengesellschaft, Waldbüttelbrunn Beratung Thomas Görgens Konzeption Thomas Görgens Creative Director Thomas Görgens Text Susanne Baumann Fotografie Conny Griebel

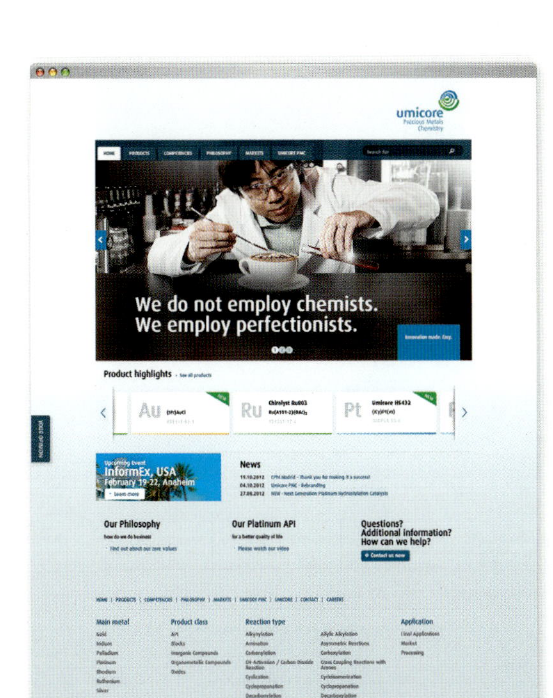

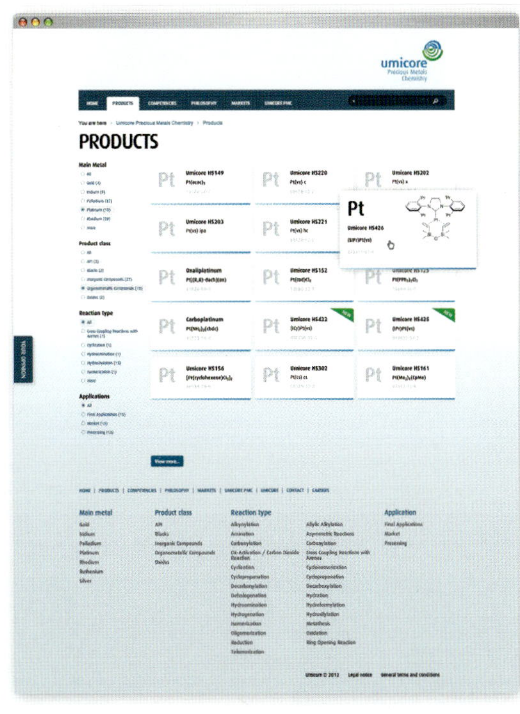

INDUSTRIE / B2B

WEITERE INDUSTRIEGÜTER

DIGITALE MEDIEN / UNTERNEHMENS-/ ORGANISATIONSWEBSEITEN

Umicore AG & Co. KG / Relaunch Website

Aufgabe war, die Umicore PMC Website zu optimieren. Als Zulieferer versorgt Umicore PMC Industriekunden mit chemischen Substanzen, die zu Alltagsprodukten verarbeitet werden. Hauptanliegen war, eine digitale Markenidentität zu schaffen. Dazu wurden die bestehende produktfokussierte Darstellung von einem am Menschen ausgerichteten Ansatz abgelöst und Fotoshootings mit Mitarbeitern aus aller Welt durchgeführt. Die entstandenen Motive wurden als Keyvisuals eingesetzt.

www.chemistry.umicore.com/home/

Kunde Umicore AG & Co. KG, Hanau-Wolfgang Marketingleitung Dr. Oliver Briel Werbeagentur LBi Germany AG, Köln Beratung Andrea Wellkamp (Projektmanager) / Kerstin Vollmert (Projektmanager) Konzeption Martin Bauermeister (Head of Strategy and Concept) / Steffen Schilb (Senior Concepter) Creative Director Andreas Teigeler (Executive Creative Director) / Sascha Michels (Creative Director) Art Director Enrico Aderhold (Art Director)

MEPHISTO RADIO 97.6

„Heads“

02

PREUSS UND PREUSS GMBH / BERLIN

01 Michael Preuss
02 Zuzana Havelcova

01

MEDIEN UND KOMMUNIKATION / B2C

TV UND RADIO

OUT OF HOME / MEDIEN

mephisto Radio 97.6 / „Heads“

Der Leipziger Radiosender für ein gebildetes und intellektuelles Publikum „mephisto Radio 97.6“ macht erstmalig seit Bestehen eine Printkampagne. Dies mit aufmerksamkeitsstarken und illustrierten Motiven, die charmant und mit liebevollen Details zeigen, was man bei mephisto Radio 97.6 bekommt: Radio, das im Kopf etwas bewegt.

Kunde mephisto Radio 97.6 KdöR, Leipzig Marketingleitung Ben Hänchen Werbeagentur Preuss und Preuss GmbH, Berlin Beratung Nina Preuss Creative Director Michael Preuss / Timm Holm Art Director Zuzana Havelcova / Björn von Buchholtz Illustration Zuzana Havelcova / Andrey Gordeev Bildbearbeitung Zuzana Havelcova

MEDIEN UND KOMMUNIKATION / B2C

TV UND RADIO

PRINT

egoFM RADIO NEXT GENERATION / Imagekampagne

Entwicklung einer Imagekampagne für den bayernweiten Radiosender egoFM. Das Konzept: Durch die kreative illustrative Umsetzung realer Bandnamen wird die einzigartige Musik- und Programmvielfalt des Senders auf außergewöhnliche und spektakuläre Weise gezeigt. So entsteht ein eindrückliches Bild von Programmablauf und Musikauswahl des Senders.

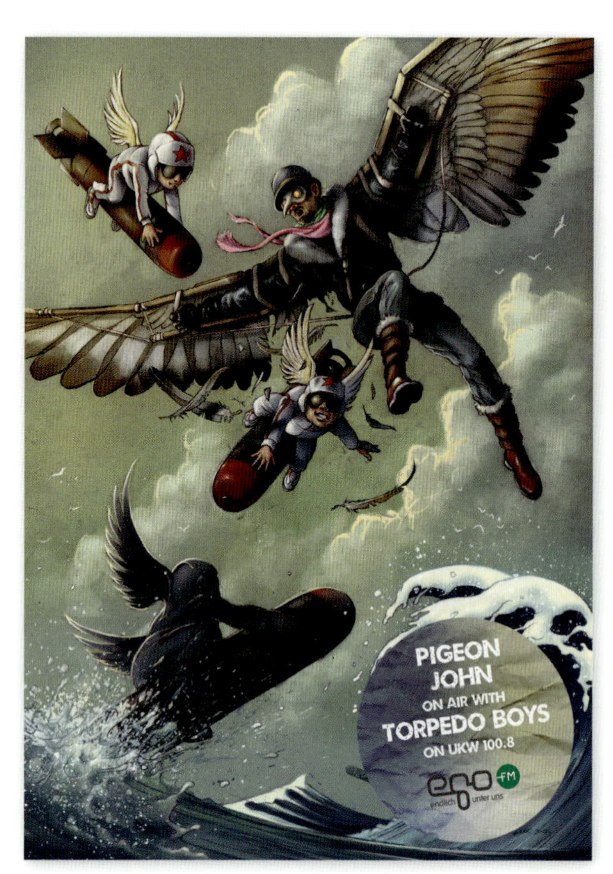

Kunde egoFM RADIO NEXT GENERATION GmbH & Co. KG, München Geschäftsführung Philipp von Martius Marketingleitung Chris Schröder Programmleitung Thomas Wetzel Werbeagentur Bloom Project GmbH, München Beratung Heiko Zimmermann Creative Director Holger Wiesenfarth (Art) / Robert Pfaffenzeller (Text) Art Director Julia Maier Text Markus Heindl / Elizabeth Kovach Grafik Christian Anzenberger Geschäftsführender Gesellschafter Steff Neukam Illustration Ralph Spitzer (Motiv „Frightened Rabbit") / Lukas Frese (Motiv „Pigeon John") / Reiko Gross (Motiv „TNT Jackson") / Robert Kraus (Motiv „Columbus")

MEDIEN UND KOMMUNIKATION / B2C

TV UND RADIO

PRINT

ORF Landesstudio Vorarlberg / Broschüre

In der Imagebroschüre möchte der ORF Vorarlberg – der regionale Fernseh- und Radiosender des Österreichischen Rundfunks – sowohl seine Leistungen als auch moderne und traditionelle Werte thematisieren bzw. verbinden. Ganz nach dem Motto „da bin ich daheim".

Kunde ORF Landesstudio Vorarlberg, Dornbirn (Österreich) Marketingleitung Thomas Pachole Produktleitung Marietta Fuchs Werbeleitung Thomas Pachole Werbeagentur zurgams Kommunikationsagentur GmbH, Dornbirn (Österreich) Beratung Jörg Ströhle Konzeption Ono Mothwurf / Jörg Ströhle Creative Director Jörg Ströhle Art Director Katharina Fink Text Ono Mothwurf Fotografie Rafaela Pröll

MEDIEN UND KOMMUNIKATION / B2C

TV UND RADIO

OUT OF HOME / MEDIEN

Radio/Tele FFH / „Lust auf Musik“

Plakatkampagne des hessischen Privatsenders HIT RADIO FFH zur Einführung der neuen Musikpositionierung „Lust auf Musik“. Zielgruppe: Radiohörer im Sendegebiet. Plakatmotivserie mit sechs verschiedenen Motiven, die auf Großflächen (18/1), Ganzstellen (6/1) und CLP plakatiert werden.

Kunde Radio/Tele FFH GmbH & Co. BetriebsKG, Bad Vilbel Geschäftsführung Hans-Dieter Hillmoth Produktleitung Geraldine Pfeffer Programmchef Roel Oosthout Stellvertretender Programmchef Marc Beeh Leiterin Promotion Julia Kraushaar Werbeagentur HUT FRANKFURT Werbeagentur GmbH, Frankfurt am Main Beratung Holger Brommer / Carolin Hankel Konzeption Alexander Pflug / Uwe Hellbusch Art Director / Grafik Alexander Pflug Text Uwe Hellbusch

MEDIEN UND KOMMUNIKATION / B2C

TV UND RADIO

OUT OF HOME / MEDIEN

Saarländischer Rundfunk / „SR 3. Meine Leidenschaft."

Wie sehr die wahre Identifikation mit dem Lieblingssender begeistert, zeigt SR 3 Saarlandwelle mit der Imagekampagne „Meine Leidenschaft". Die Überraschung: das SR 3-Logo als Tattoo, Bodypainting und Rasur – SR 3-Hören als leidenschaftliche Lebenseinstellung. Eben Radio, das ganz nah dran ist und sogar unter die Haut geht. Zu sehen waren die Motive als Großflächen- und Citylight-Plakate in allen größeren saarländischen Städten sowie als Anzeigen in der Tagespresse.

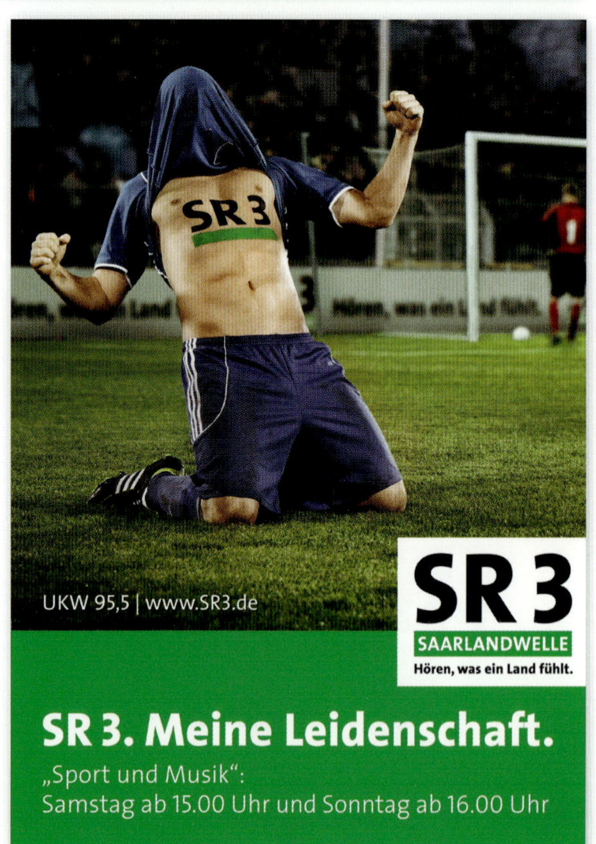

Kunde Saarländischer Rundfunk Anstalt des öffentlichen Rechts, Saarbrücken Geschäftsführung Thomas Kleist (Intendant des Saarländischen Rundfunks) Leitung SR Kommunikation Peter Meyer Projektleitung SR Kommunikation Anne Rosche Programmchef SR 3 Stefan Miller Werbeagentur Haag Marketing & Design GmbH, Saarbrücken Beratung Ralf Schmitt Konzeption Hansi Jüngling / Dennis Wagner Creative Director Marc Schäfer Art Director Dennis Wagner Grafik Sibylle Schmidt Fotografie Axl Klein Postproduction Martin Repplinger

MEDIEN UND KOMMUNIKATION / B2C

TV UND RADIO

DIGITALE MEDIEN / PRODUKT-/SERVICEWEBSEITEN

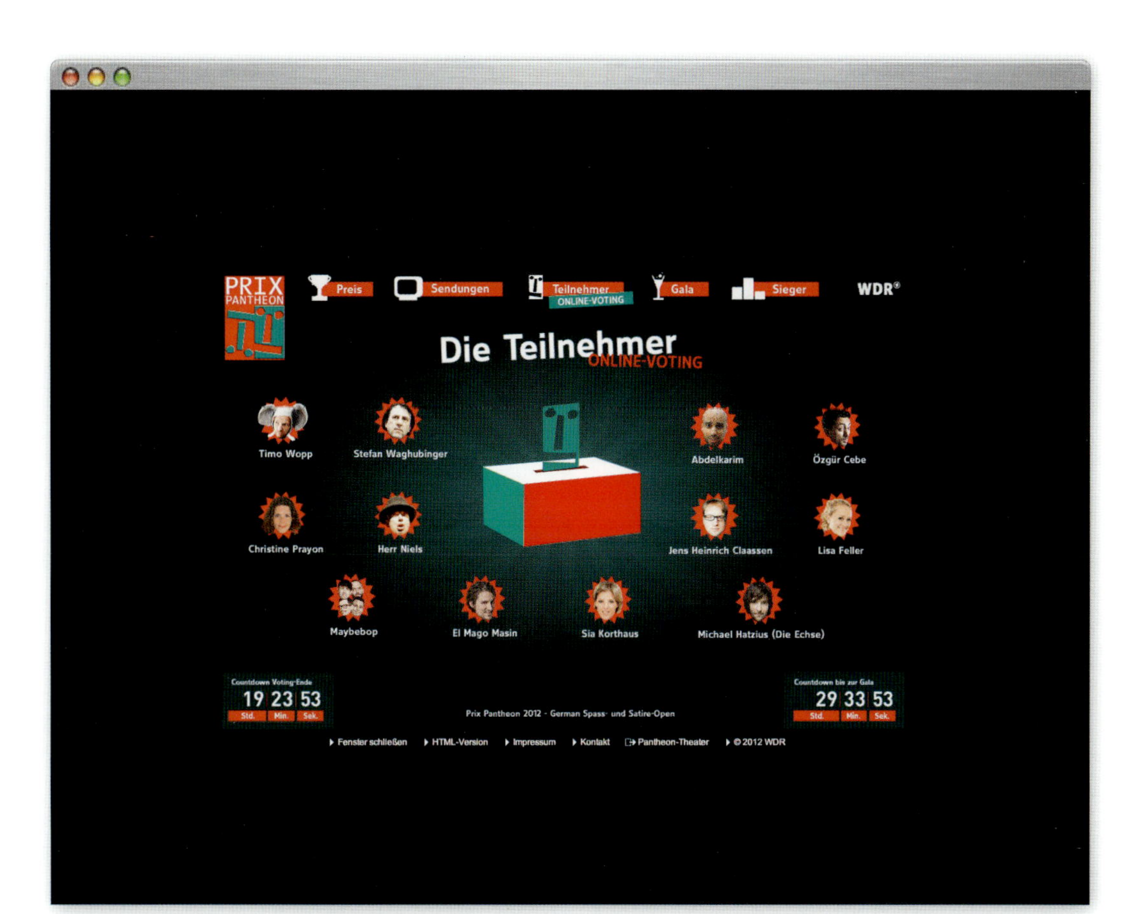

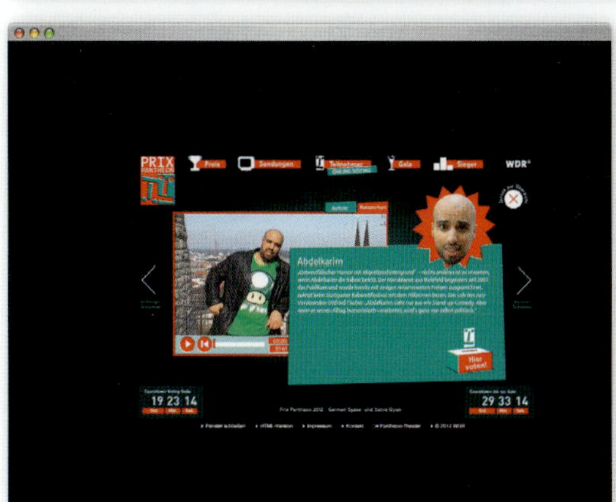

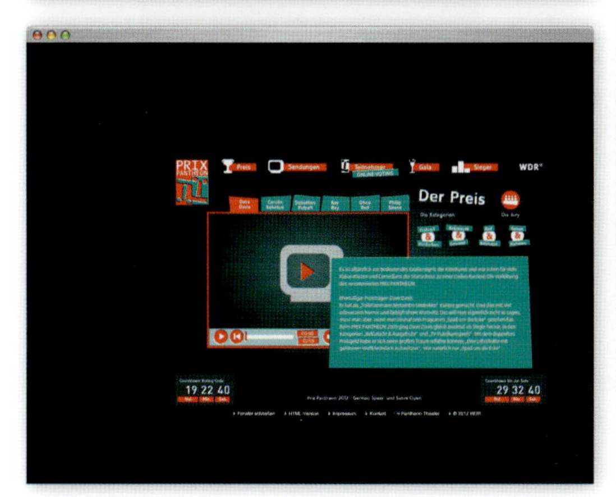

Westdeutscher Rundfunk / „Prix Pantheon“

Der Prix Pantheon ist der alljährliche und wichtigste deutsche Kabarettwettbewerb. Mit 11 Sendungen und 12 Teilnehmern wurde das Ereignis trimedial im Fernsehen, Radio und Internet begleitet. Auf der von Machbar für den WDR entwickelten Microsite konnten alle Auftritte der Teilnehmer angesehen und für den Publikumspreis in einem Online-Voting abstimmt werden. Der Sieger des Online-Votings wurde in der Galasendung ausgezeichnet.

www.prixpantheon.wdr.de

Kunde Westdeutscher Rundfunk Körperschaft des öffentlichen Rechts, Köln Intendantin Monika Piel Leiterin Redaktion „Comedy.wdr.de“ Karin Zahn Projektleitung Oliver Schwarz / Alexander Frieß Werbeagentur Machbar GmbH, Kassel Creative Director Christian Hecker Flash-Development Andreas Ewald Web-Development Sebastian Biermer

MEDIEN UND KOMMUNIKATION / B2C

TV UND RADIO

DIGITALE MEDIEN / DIGITALE/INTERAKTIVE ANWENDUNGEN

Westdeutscher Rundfunk / „Tony goes Vegas“

Tony Mono, der bekannte und beliebte Comedy-Star von 1LIVE feierte mit seinem neuen Song „Tony goes Vegas“ Weltpremiere – natürlich in Las Vegas. Zu Tonys Reise in die Wüstenmetropole und der exklusiven Vorführung konnten die Fans im Rahmen eines Gewinnspiels ein Video personalisieren und dem Sektor zeigen, wie der Morgen nach dem Megaevent von Tony Mono aussähe. Über Tracking-Koordinaten wird der vorproduzierte Real-Film mit den personalisierten Bild- und Textinformationen angereichert.

Einfach mit der Webcam ein Bild schießen oder ein vorhandenes hochladen, richtig positionieren, Name und Geschlecht angeben und los gehts: In Windeseile wird das personalisierte Video geladen, in dem an mehreren Stellen Porträt und Name nahtlos in den Real-Film eingebunden sind. Feiern, teilen und weiterleiten.

www.einslive.de/aktionen/2012/tony_mono/videoaktion/index.jsp

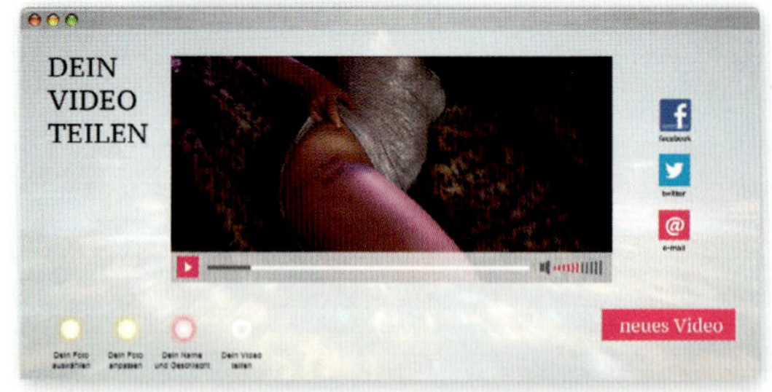

Kunde Westdeutscher Rundfunk Anstalt des öffentlichen Rechts, Köln Intendantin Monika Piel Leiter WDR-Online Angebot Stefan Moll Online-Redakteurin Schiva Schlei Werbeagentur Machbar GmbH, Kassel Beratung Andreas Feischen Creative Director Christian Hecker Flash-Development Andreas Ewald Backend-Support Sebastian Biermer / Michael Heppe Video-Produktion eitelsonnenschein GmbH Video-Keying und -Tracking pixellusion GmbH

AXEL SPRINGER MEDIAHOUSE BERLIN GMBH

Rolling Stone Magazine, Anzeigen

OLIVER VOSS WERBEAGENTUR GMBH / HAMBURG

MEDIEN UND KOMMUNIKATION / B2C

PUBLIKATIONEN

PRINT

Axel Springer Mediahouse Berlin GmbH / Rolling Stone Magazine, Anzeigen

Aufgabe: Eine neue Printkampagne für das Magazin „Rolling Stone".

Idee: Provokante Illustrationen und Headlines, die den Spirit der Zeitschrift einfangen.

Lösung: Vier Motive, die so unangepasst, wild und heftig sind wie der Rock 'n' Roll selbst!

Kunde Axel Springer Mediahouse Berlin GmbH, Berlin Geschäftsführung Petra Kalb Marketingleitung Volker Schadt Werbeagentur OLIVER VOSS Werbeagentur GmbH, Hamburg Beratung Christina Haas Creative Director Oliver Voss / Till Monshausen Art Director Till Monshausen / Florian Zwinge Text Oliver Voss / Florian Zwinge Fotografie Dominic Rose Illustration Klaus Aßmann / Florian Zwinge / Ini Neumann

MEDIEN UND KOMMUNIKATION / B2C

PUBLIKATIONEN

OUT OF HOME / MEDIEN

Artpartners GmbH / „Kunst statt Staatsanleihen“

In Gefahr und höchster Not bringt der Mittelweg den Tod.
Wohin also mit seinen Euros? Na, bloß nichts Herkömmliches.
Hier ein unkonventioneller Tipp für die Investition.
Diese Plakate hingen in Berlin rund um die Veranstaltungsstätten der abc (art berlin contemporary).

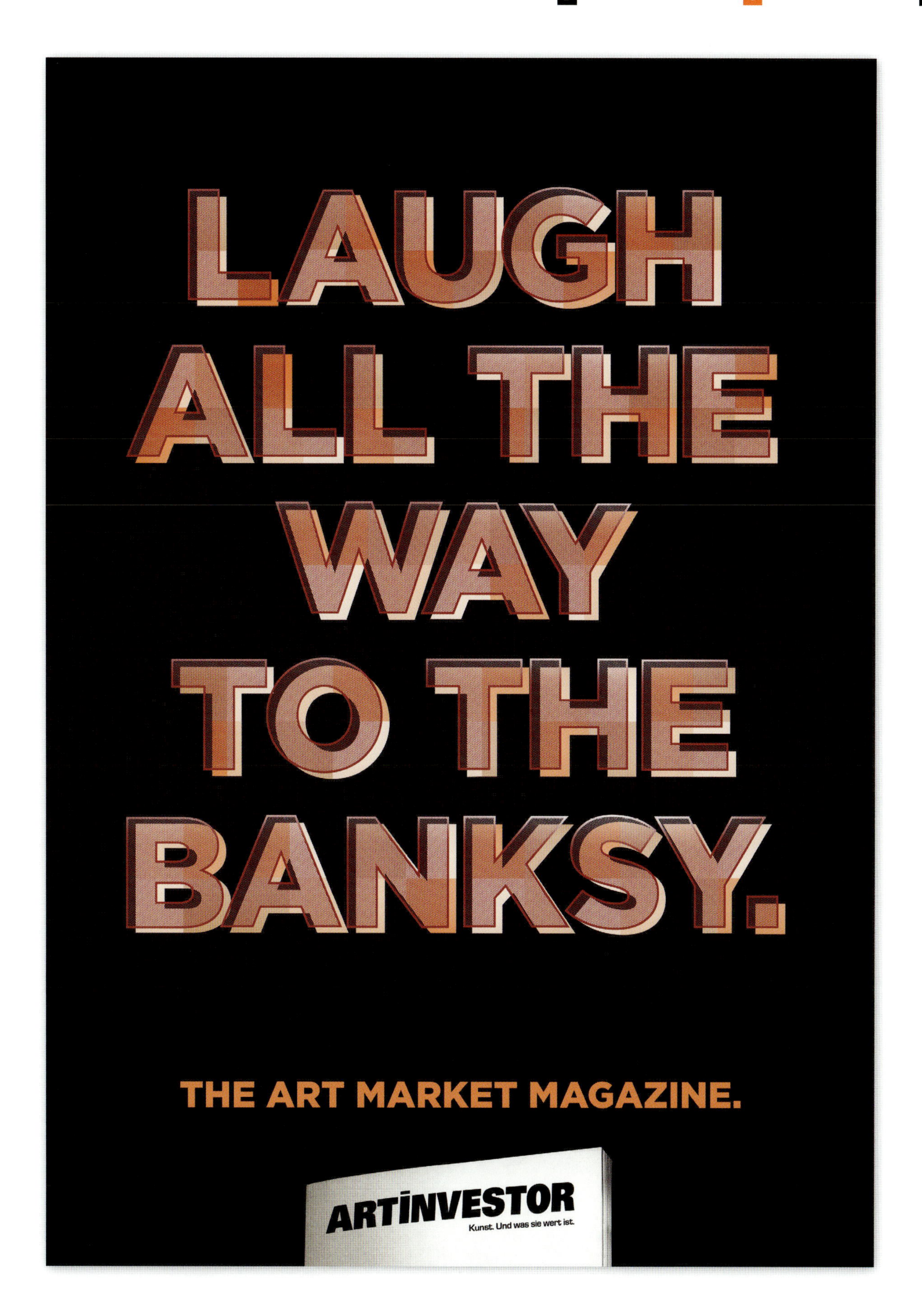

Kunde Artpartners GmbH, München Geschäftsführung Axel Zoerkendoerfer Marketingleitung Georg Fleischer Produktleitung Agnes Dabrowski Leitung Öffentlichkeitsarbeit Axel Zoerkendoerfer Werbeleitung Georg Fleischer Werbeagentur dieckertschmidt GmbH, Berlin Beratung Kurt Georg Dieckert Konzeption Stefan Schmidt Creative Director Kurt Georg Dieckert / Stefan Schmidt Art Director Kurt Georg Dieckert / Stefan Schmidt / Joao Peixoto Producer Kurt Georg Dieckert / Joao Peixoto Text Stefan Schmidt Grafik Joao Peixoto

MEDIEN UND KOMMUNIKATION / B2C

PUBLIKATIONEN

DIGITALE MEDIEN / BEWEGTBILDINHALTE

Axel Springer AG, WELT am SONNTAG / „Ein besonderer Tag verdient eine besondere Zeitung“

Aufgabe: Die WELT am SONNTAG-Markenkampagne „Ein besonderer Tag verdient eine besondere Zeitung“ soll in Social Networks verlängert werden, um jüngere Zielgruppen zu erschließen. Idee: Die Leute da abholen, wo sie gerade sind: auf Facebook. Zwischen Informationsflut und Nachrichten, in einer hektischen Woche.

Die Botschaft: Nach dem Wochenwahnsinn brauchst Du Entspannung. Darum gibt's das Sonntagsgefühl, in Form eines WELT am SONNTAG-Gutscheines, den man nach Ansicht des Filmes bestellen kann.

Funktionsweise: Die Facebook-App ist von Mitgliedern und Nichtmitgliedern nutzbar. Hier kann jeder seinen Freunden einen besonderen Gruß schicken: Einfach ein Bild eines Freundes und von sich hochladen, schon startet das personalisierte Video „Der besondere Freund“, welches per Link verschickt wird.

Medienkanäle: Die Bekanntmachung bzw. Initialzündung der viralen Kampagne verlief über die Sharing-Plattform „Share if you like“, Facebook-Werbung, Online-Banner bei Gegengeschäftspartnern, Einstellung eines Beispielvideos bei YouTube und Eigenwerbung in den Titeln der WELT-Gruppe.

www.derbesonderefreund.de

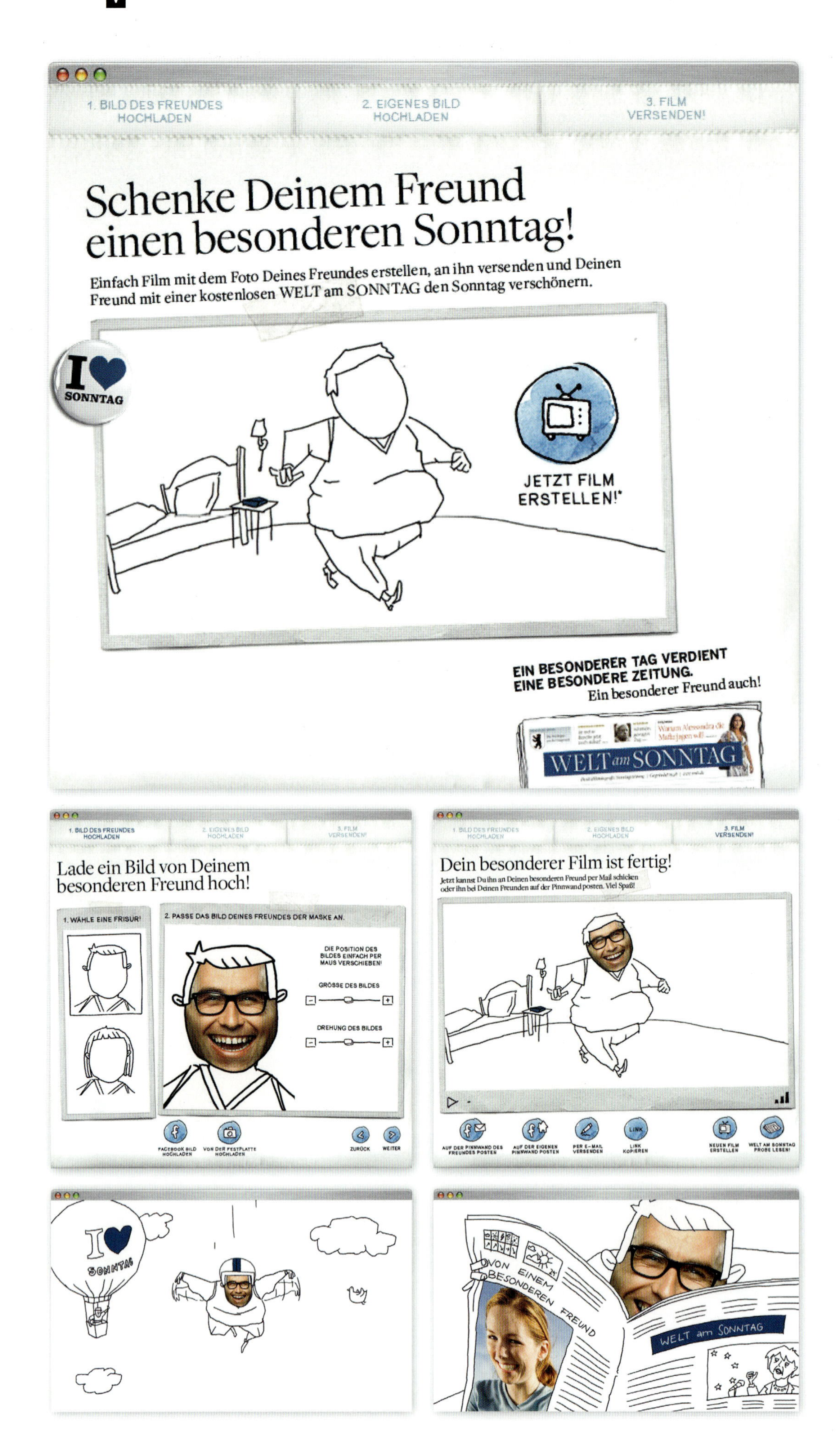

Crossmedia _ Kunde Axel Springer AG, Berlin Marketingleitung Johannes Boege / Anna Lena Mönter Werbeagentur OLIVER VOSS Werbeagentur GmbH, Hamburg Beratung Christina Haas Creative Director Oliver Voss / Till Monshausen Producer Georg Ilse Computeranimation Studio Fizbin GbR Filmproduktion CZAR Film GmbH Sounddesign DAMIENDAMIEN GbR Technische Umsetzung Personology GmbH

Oliver Voss

Lieber Nachbar, ein besonderer Tag verdient eine besondere Zeitung. Ein besonderer Nachbar auch! Deshalb schenke ich Dir meine WELT am SONNTAG. Die entspannt Dich so, dass Dich Montag alle fragen, ob Du 14 Tage im Urlaub warst. Herzlichst, ...

I ♥ SONNTAG

EIN BESONDERER TAG VERDIENT EINE BESONDERE ZEITUNG.
Ein besonderer Nachbar auch!

P.S.: Lieber Nachbar, willst Du die besondere Zeitung jeden Sonntag bekommen? www.wams.de/praemien oder 0800/9 26 75 37

MEDIEN UND KOMMUNIKATION / B2C

PUBLIKATIONEN

PRINT

Axel Springer AG, WELT am SONNTAG / „Ein besonderer Tag verdient eine besondere Zeitung"

Aufgabe: Man kennt die langweiligen Leser-werben-Leser-Anzeigen, die Leser mit Kaffeemaschinen und anderen Geschenken bewegen wollen, neue Leser zu werben.

Idee: Wir gingen einen anderen Weg mit diesen Anzeigen in der WELT am SONNTAG. Und diese forderten die Leser dazu auf, ihre ausgelesene WELT am SONNTAG an ihren Nachbarn weiterzuverschenken. Und ihm damit eine Freude zu machen. Das Kalkül: Wer einmal die WELT am SONNTAG kennengelernt hat, mag nicht mehr warten, bis sie der Nachbar bringt. ▸

Lieber Nachbar,
heute schenk ich Dir meine
WELT am SONNTAG.
Es ist keine alte. Sondern
die von heute. Gelesen und
für gut befunden! Und zu
schade fürs Altpapier. Lies
sie, genieß sie und gib sie
weiter. Heute! Dann freut
sich der Nächste über Deine
alte ... äh ... neue Zeitung.
Herzlichst, ...

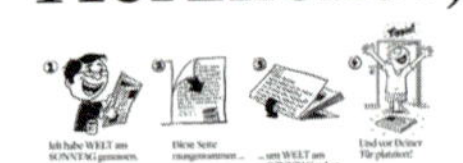

Lieber Nachbar,
heute gibt es von mir diese
WELT am SONNTAG.
Eine besondere Zeitung:
Du kannst damit in die
Vergangenheit schauen
(was letzte Woche war)
und auch in die Zukunft
(was nächste Woche sein
wird). Und das, obwohl sie
gar kein Horoskop enthält!
Herzlichst, ...

Crossmedia _ Kunde Axel Springer AG, Berlin Marketingleitung Johannes Boege / Anna Lena Mönter Werbeagentur OLIVER VOSS Werbeagentur GmbH, Hamburg Beratung Christina Haas Creative Director Oliver Voss / Till Monshausen Text Sebastian Melnik Grafik Tim Neumann Illustration Florian Zwinge Art Buying Katja Sluyter Bildbearbeitung Marius Schwiegk

MEDIEN UND KOMMUNIKATION / B2C

PUBLIKATIONEN

FILM

Bastei Lübbe, Eichborn / „Er ist wieder da“

Satireroman des Autors Timur Vermes: Sommer 2011. Adolf Hitler erwacht auf einem leeren Grundstück in Berlin-Mitte. Ohne Krieg, ohne Partei, ohne Eva. Im tiefsten Frieden, unter Tausenden von Ausländern und Angela Merkel.

66 Jahre nach seinem vermeintlichen Ende strandet der Gröfaz in der Gegenwart und startet gegen jegliche Wahrscheinlichkeit eine neue Karriere – im Fernsehen. Dieser Hitler ist keine Witzfigur und gerade deshalb erschreckend real. Und das Land, auf das er trifft, ist es auch: zynisch, hemmungslos erfolgsgeil und auch trotz Jahrzehnten deutscher Demokratie vollkommen chancenlos gegenüber dem Demagogen und der Sucht nach Quoten, Klicks und „Gefällt mir“-Buttons.

Eine Persiflage? Eine Satire? Polit-Comedy? All das und mehr: Timur Vermes' Romandebüt ist ein literarisches Kabinettstück erster Güte.

„Was für eine Fiktion! Satirisch. Saukomisch. Und bei allem Lachen bleibt ein Rest Gänsehaut.“
Christoph Maria Herbst

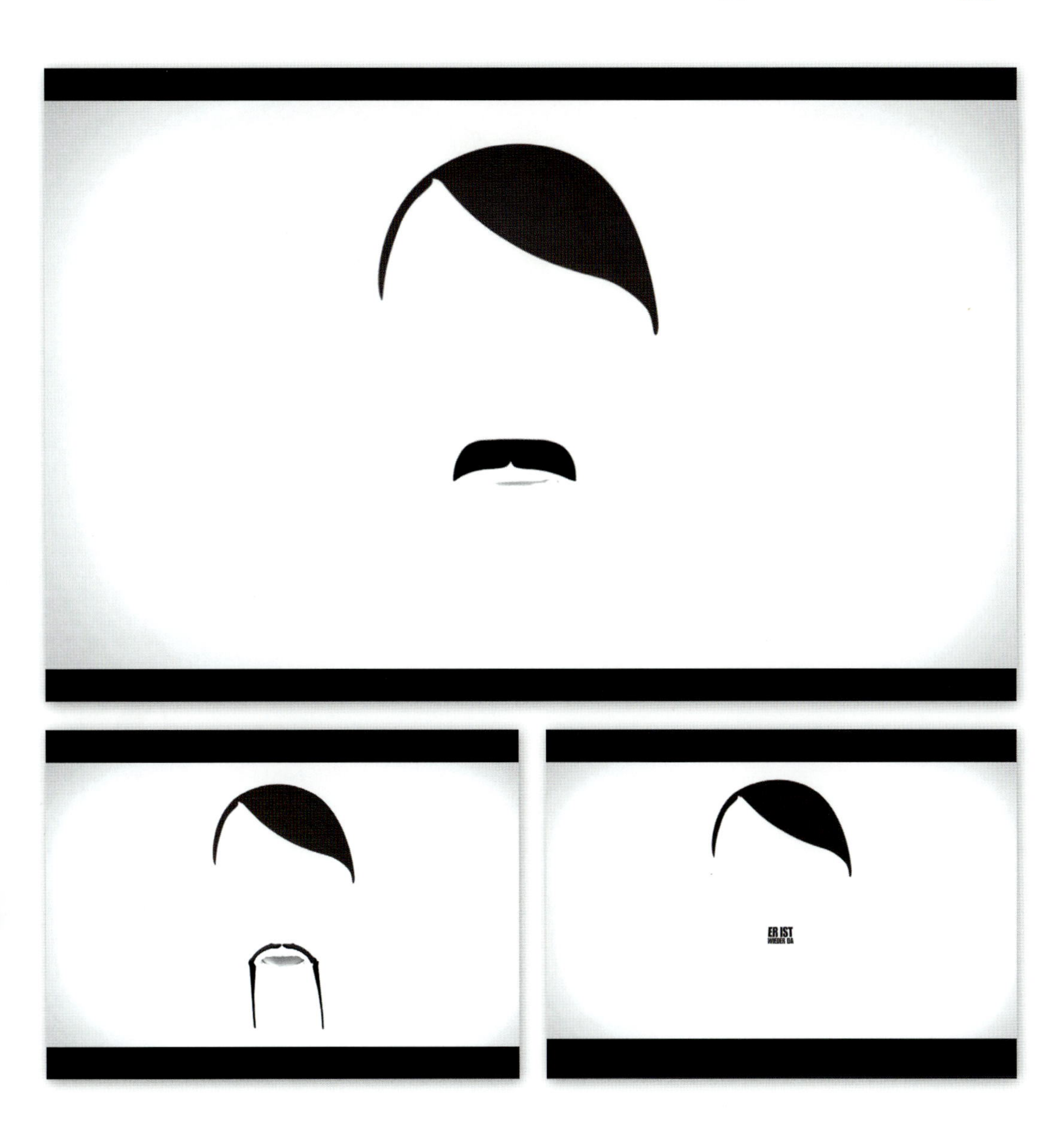

Trailerbriefing

Bild 1: Nur Scheitel. Ohne jeden Bart
AH:
Sagen Sie mal, Sawatzki, wo ist denn –
Wo ist denn ... wo ist denn jetzt da der Dings?
Na, Sie wissen schon, dieser kleine ...

(Franzosenbart erscheint)
AH:
Wieso denn der? Wo haben Sie denn den her? Ich dachte, den hätte ich schon 1940 gründlichst entfernt! Sogar mit einem Sichelschnitt.

(Türkenbart erscheint)
AH:
Nein!! Ich bitte Sie, schau'n Sie doch mal in Ihren Kalender. So lauf ich ja seit 1919 nicht mehr herum! Damit sieht man ja heutzutage aus wie dieser Saukerl, dieser Yilmaz aus der Reinigung!

(Chinesenbart erscheint)
AH:
Also das – also nein! Wissen Sie, was die Chinesen gegen die Gefahr aus dem Osten unternommen haben? Die haben eine Mauer gebaut. Und so was nennt sich Kultur! Ich sage Ihnen: eine Mauer in Deutschland – nicht, solange ich lebe!

(Ausufernder Marxbart erscheint)
AH:
Das musste ja kommen! Wissen Sie, was das Problem mit diesem Marx ist? Er vertraut nicht der Stärke, sondern der Masse. Wie Stalin.

(... wird zu Stalinbart)
AH:
Weg! Weg!! Weg!!! Ich sage Ihnen doch: Kriegsentscheidend ist nicht, wie groß ein Bart ist. Sondern wie fanatisch man ihn schneidet!

(Cover-Originalbart als Schriftzug: „Er ist wieder da“. Ganz kurze Lesepause. Dann:)
AH: Na endlich. Wurde ja auch Zeit.

Kunde Bastei Lübbe GmbH & Co. KG, Köln

MEDIEN UND KOMMUNIKATION / B2C

PUBLIKATIONEN

OUT OF HOME / MEDIEN

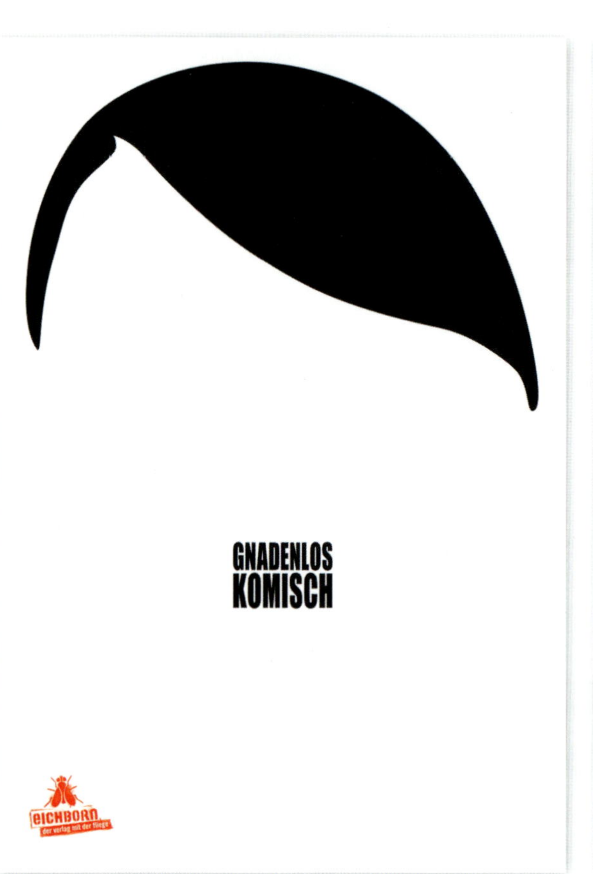

Bastei Lübbe, Eichborn / „Er ist wieder da“

Satireroman des Autors Timur Vermes: Sommer 2011. Adolf Hitler erwacht auf einem leeren Grundstück in Berlin-Mitte. Ohne Krieg, ohne Partei, ohne Eva. Im tiefsten Frieden, unter Tausenden von Ausländern und Angela Merkel.

66 Jahre nach seinem vermeintlichen Ende strandet der Gröfaz in der Gegenwart und startet gegen jegliche Wahrscheinlichkeit eine neue Karriere – im Fernsehen. Dieser Hitler ist keine Witzfigur und gerade deshalb erschreckend real. Und das Land, auf das er trifft, ist es auch: zynisch, hemmungslos erfolgsgeil und auch trotz Jahrzehnten deutscher Demokratie vollkommen chancenlos gegenüber dem Demagogen und der Sucht nach Quoten, Klicks und „Gefällt mir“-Buttons.

Eine Persiflage? Eine Satire? Polit-Comedy? All das und mehr: Timur Vermes’ Romandebüt ist ein literarisches Kabinettstück erster Güte.

„Was für eine Fiktion! Satirisch. Saukomisch. Und bei allem Lachen bleibt ein Rest Gänsehaut.“
Christoph Maria Herbst

Kunde Bastei Lübbe GmbH & Co. KG, Köln

MEDIEN UND KOMMUNIKATION / B2C

PUBLIKATIONEN

DIREKTMARKETING / PRINT

DPV DIRECT GmbH / „2.500 cm^2 SCHÖNER WOHNEN“

SCHÖNER WOHNEN suchte eine Lösung, um Abonnenten, die bereits gekündigt haben, zurückzugewinnen. SCHÖNER WOHNEN ist weit mehr als ein Magazin. Bestes Beispiel dafür: die eigene Tapetenkollektion. Wir überraschen mit einem Mailing, das von der Versandhülle bis zum Innenleben aus echtem Tapetenvlies besteht. Es spricht mit jeder Faser für SCHÖNER WOHNEN. Der Clou: Jedes Mailing ist ein Original – aus verschiedenen Tapetenstücken und -kollektionen.

Kunde DPV DIRECT GmbH, Hamburg Geschäftsführung Randi Greve (Abo-Werbeleiterin) Werbeagentur RMG Connect GmbH, Stuttgart Beratung Arno Hoffmann (Management Supervisor) Art Director Angela Brinkmann (Senior Art Director) Text Claudia Ehmann (Senior Copywriter)

MEDIEN UND KOMMUNIKATION / B2C

PUBLIKATIONEN

DIGITALE MEDIEN / DIGITALE/INTERAKTIVE ANWENDUNGEN

S. Fischer Verlag / „Erdmännchen-Duell“

Aufgabe: Entwicklung einer interaktiven Online-Kampagne zur Vermarktung der Comedybuch-Neuerscheinung „Ausgefressen“.

Ziel: Platzierung auf der SPIEGEL-Bestsellerliste.

Zielgruppe: internetaffine Leser/-innen von Comedybüchern, 18–35 Jahre.

Medien/Werbemittel: Microsite, Banner, Video, Facebook, YouTube.

Ergebnisse: 30 Wochen SPIEGEL-Bestsellerliste, 80.000 verkaufte Bücher.

nutcracker entwickelte aufgrund der tragenden Rolle der Erdmännchen in „Ausgefressen“ das erste „Erdmännchen-Duell“ der Welt.
Bei dem interaktiven Webgame liefern sich zwei Erdmännchen ein wildes Wettrennen quer über verschiedene, fiktive Websites.
Der User kann sich für eine Spielfigur entscheiden und muss dann im „Old-school-Jump-and-Run-Style“ auf Punktejagd gehen, um u.a. eine Namibiareise zu gewinnen.
Die im Game vorkommenden Websites greifen einerseits Inhalte der Bücher auf und persiflieren andererseits populäre Websites.
Zu dem Game führen Banner-Werbung, Facbook-Ads/-Tab sowie Pre-Roll-Videotrailer.

http://erdmaennchen-duell.de

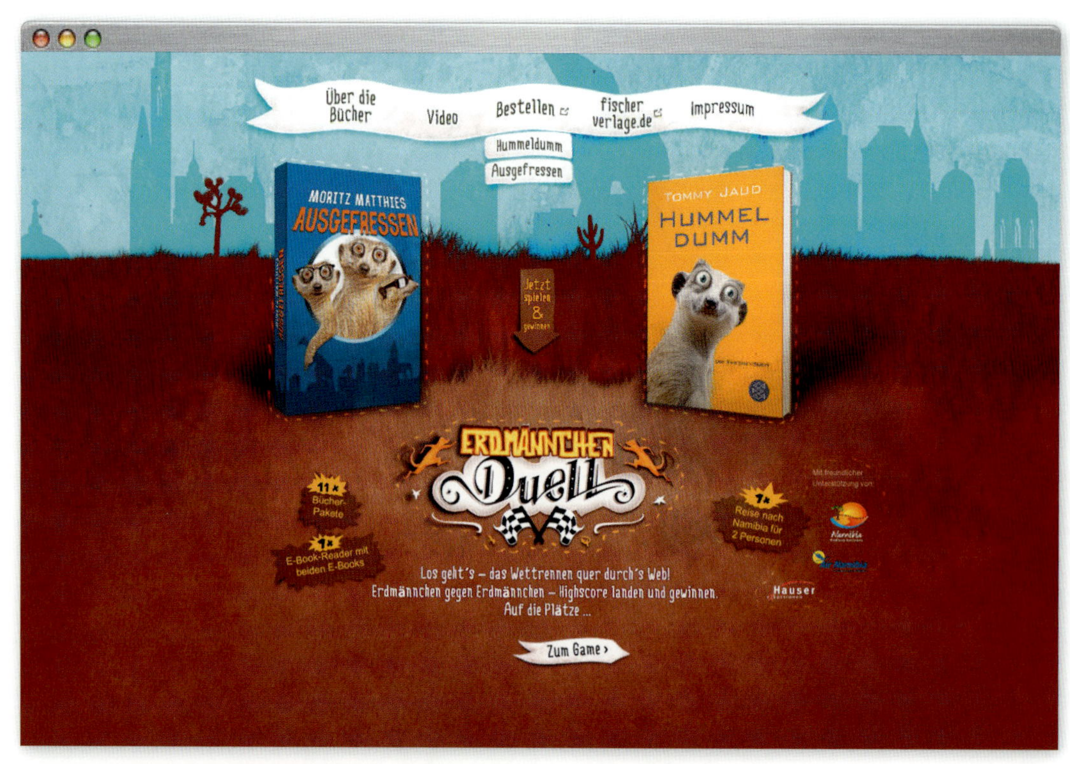

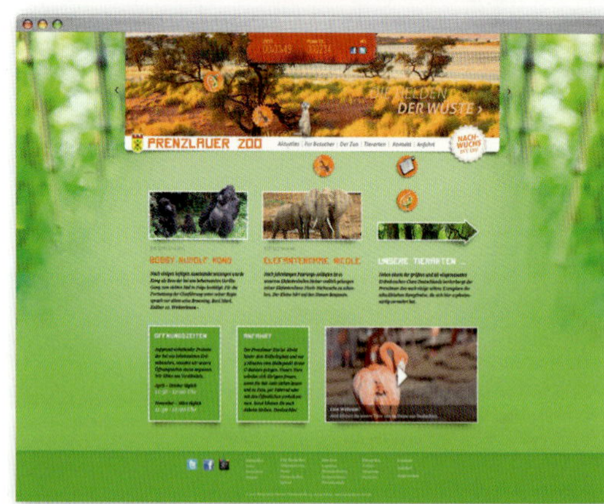

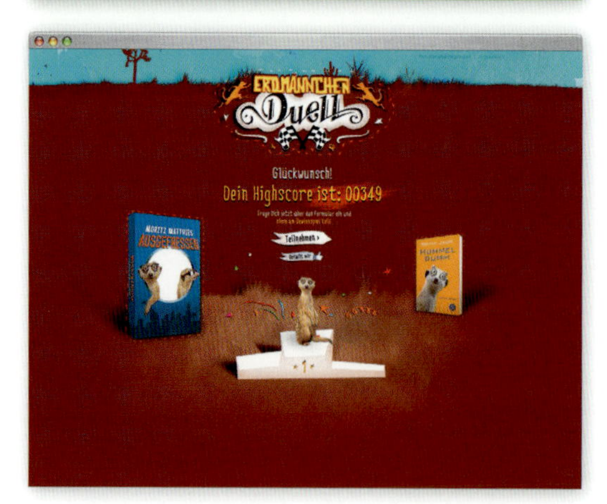

Integrierte Kampagne / Crossmedia _ Kunde S. Fischer Verlag GmbH, Frankfurt am Main Marketingleitung Thomas Reisch Produktleitung Indra Heinz Teamleitung Online-Marketing Caroline Roser Online-Marketing-Projektmanager Conny Karalus Werbeagentur nutcracker Onlinevideo-Kommunikation Einzelunternehmen, Frankfurt am Main Creative Director Klaus Schwope Art Director Jan Buchheit Text Klaus Schwope Grafik Jan Buchheit Programmierung Alex Skrinjar

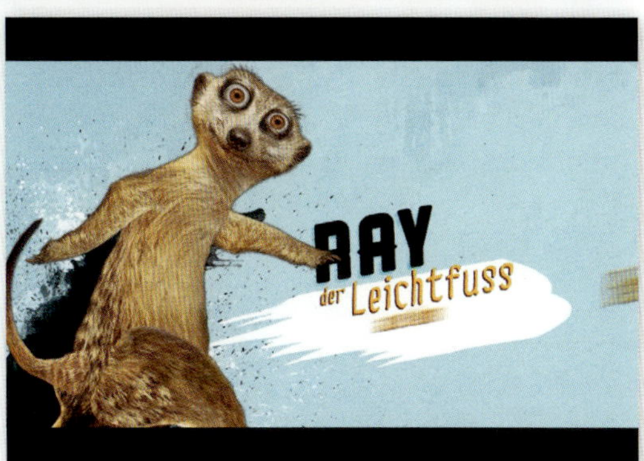

MEDIEN UND KOMMUNIKATION / B2C

PUBLIKATIONEN

FILM

S. Fischer Verlag / „Erdmännchen-Duell“

In einem boxpromotionartigen Video-Trailer werden die Kontrahenten des Webgames „Erdmännchen-Duell“ ironisch und überzogen vorgestellt.

OFF: „Der Wettkampf des Jahrtausends – Mann gegen Mann, Erdmann gegen Erdmann:

CARLOS – genannt der Raser – die schnellste Kralle unter der namibischen Sonne ... VERSUS ... RAY – der Leichtfuß aus dem Berliner Zoo – schneller als die Polizei erlaubt.
In welches Fell wirst Du schlüpfen?

ERDMÄNNCHEN-DUELL – das Webgame zum Buch.
Jetzt mitzocken und eine Namibiareise gewinnen!“

Integrierte Kampagne / Crossmedia _ Kunde S. Fischer Verlag GmbH, Frankfurt am Main Marketingleitung Thomas Reisch Produktleitung Indra Heinz Teamleitung Online-Marketing Caroline Roser Online-Marketing-Projektmanager Conny Karalus Werbeagentur nutcracker Onlinevideo-Kommunikation Einzelunternehmen, Frankfurt am Main Creative Director Klaus Schwope Art Director Jan Buchheit Text Klaus Schwope Grafik Jan Buchheit Motiondesign Jan Buchheit Filmproduktion nutcracker Onlinevideo-Kommunikation Einzelunternehmen Producer Klaus Schwope Motiondesign / Animation Jan Buchheit Tonstudio Studio Funk GmbH

GRUNER + JAHR AG & CO KG

„stern.de – Sekündlich aktualisiert“

KOLLE REBBE GMBH / HAMBURG

01 Jens Theil
02 Sascha Petersen
03 Petra Cremer

01

02

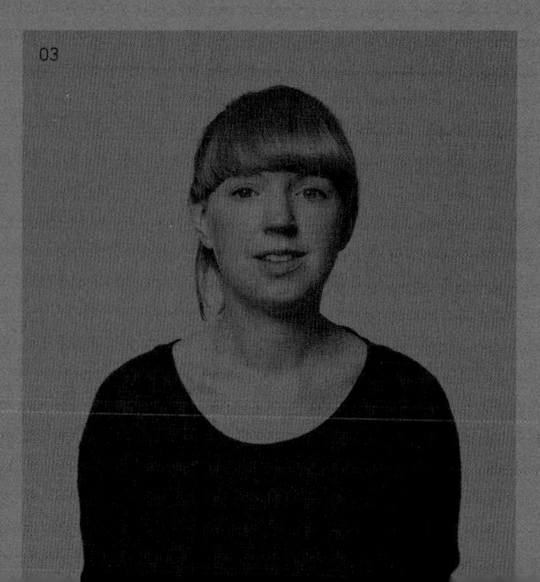
03

MEDIEN UND KOMMUNIKATION / B2C

ONLINEPLATTFORMEN-/DIENSTE

PRINT

Gruner + Jahr AG & Co KG /
„stern.de – Sekündlich aktualisiert"

Aufgabe war es, stern.de als Deutschlands führenden Nachrichtenanbieter im Internet zu positionieren. Da bei Online-Nachrichtendiensten vor allem Aktualität zählt, wurde dies zum Kern der Kampagne. Die Motive zeigen Situationen aus dem Weltgeschehen minimal zeitversetzt. Zusammen mit der Headline wird so verdeutlicht, dass stern.de im Sekundentakt aktualisiert wird. ▸

Kunde Gruner + Jahr AG & Co KG, Hamburg Marketingleitung Matthias Kupfer Werbeagentur Kolle Rebbe GmbH, Hamburg Beratung Tina Jappsen Creative Director Ingo Müller / Sven Klohk / Jens Theil Art Director Alexander Schmid Text Sascha Petersen Grafik Gerwin Schwäger Artbuying Katrin Grün Bildbearbeitung POP Postproduktion GmbH

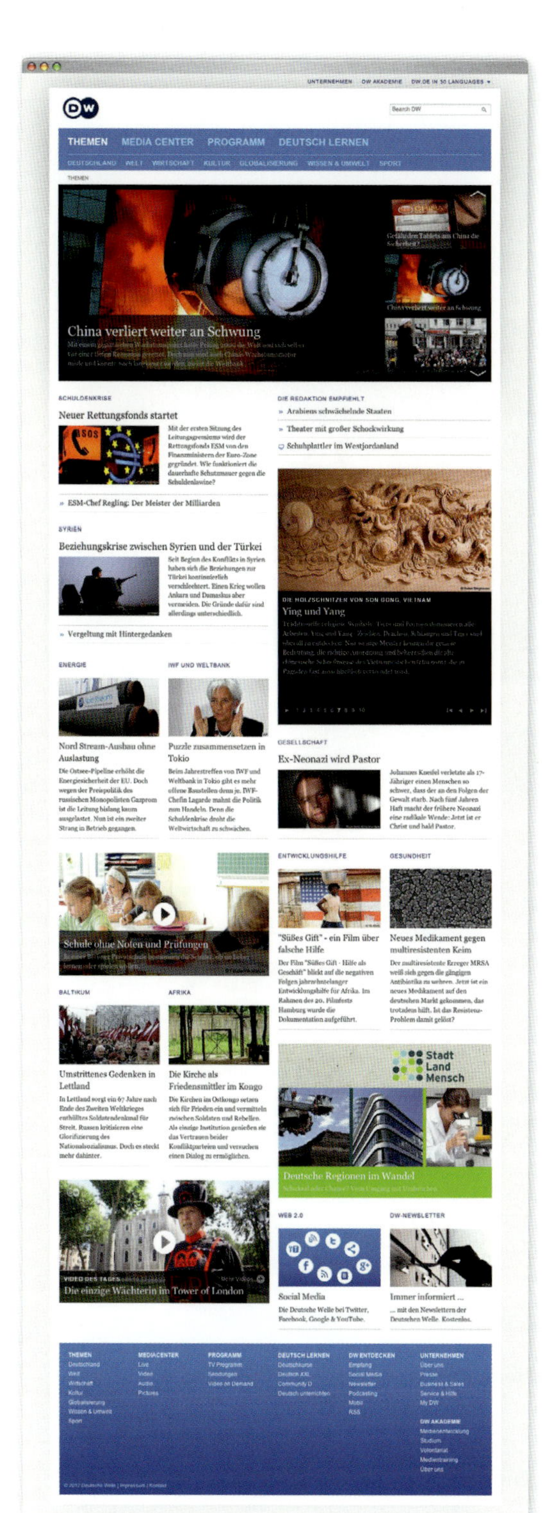

MEDIEN UND KOMMUNIKATION / B2C

ONLINEPLATTFORMEN-/DIENSTE

DIGITALE MEDIEN / REDAKTIONELLE INHALTE

Deutsche Welle / „Das 30-Sprachen-TV-News-Sprachkurs-Portal – www.dw.de“

Die Website der Deutschen Welle ist eine Visitenkarte der Bundesrepublik im Ausland in 30 Sprachen, darunter auch solche, die sich von rechts nach links lesen. Zudem werden die Sprachen durch unabhängige Redaktionen bespielt. Außerdem sollte das Design den Anforderungen alter Browser, niedriger Bandbreiten und selbstredend mobilen Endgeräten gerecht werden. Modular, minimal wurde ein spartanisches Design aus nur zwei Grundbausteinen entwickelt. Plus Navigation.

www.dw.de

Kunde Deutsche Welle Anstalt des öffentlichen Rechts, Bonn Projektleiter Ruth Kühn (Neue Medien Projektleitung) / Thomas Bastian (Neue Medien Projektmanagement) Projektteam Heiko Rutar / Philipp Schäfer / Diana Simon / Mathias Hädrich / Guido Baumhauer / Simone Bah Werbeagentur wysiwyg* software design GmbH, Düsseldorf Beratung Florian Breiter (Geschäftsführer) / Andreas Spee / Juliane Thierse (Projektmanager) Konzeption Alexander Koch (Creative Director) Creative Director Alexander Koch Art Director Svenja Schelberg Producer Alexander Koch (HTML/CSS) / Dirk Loose (Producer Javascript) Programmierung Florent Teuber (Entwickler) / Alexander Schulte (Entwickler) / Dirk Winkler (Entwickler)

MEDIEN UND KOMMUNIKATION / B2C

ONLINEPLATTFORMEN-/DIENSTE

KAMPAGNE

Springer Fachmedien München GmbH / www.autojob.de

Entwicklung von Wort-Bild-Marke, Claim, Corporate Design und Kampagne für das fachspezifische Online-Jobportal autojob.de. Die illustrative Umsetzung bekannter Songtitel holt die Zielgruppe emotional und sympathisch ab. Um zusätzliche Aufmerksamkeit bei Schülern, Studenten und Auszubildenden zu erzielen, wurden ergänzend Werbemittel konzipiert, die auf freche Weise Fachbegriffe aus der automobilen Welt thematisieren und die Lust auf einen Beruf in dieser Branche wecken.

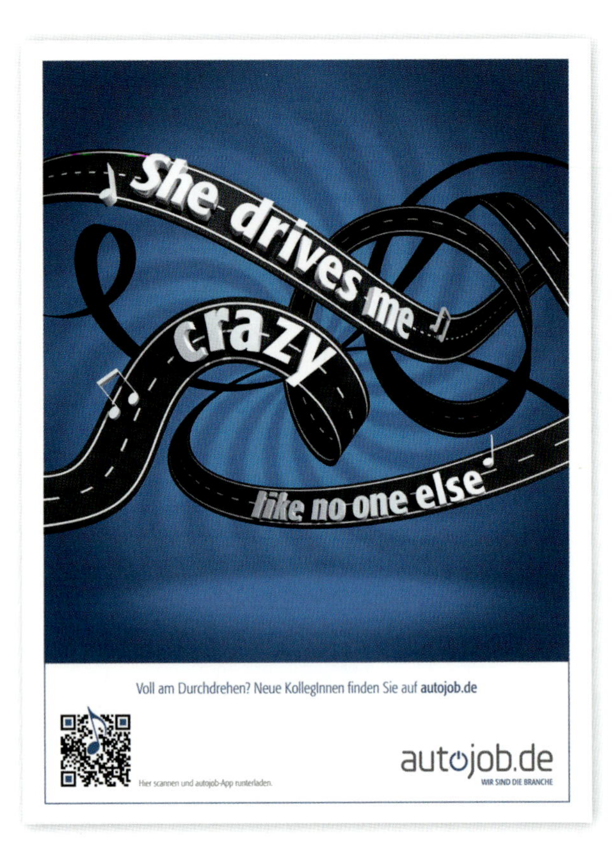

Kunde Springer Fachmedien München GmbH, München Marketingleitung Tanja Bensel Werbeagentur Bloom Project GmbH, München Beratung Carolin Aigner Creative Director Holger Wiesenfarth (Art) / Robert Pfaffenzeller (Text) Art Director Tom Koller / Melanie Castillo Text Birgit Andorf / Nino Schrepfer

MEDIEN UND KOMMUNIKATION / B2C

ONLINEPLATTFORMEN-/DIENSTE

OUT OF HOME / MEDIEN

Wikimedia Deutschland e. V. / „Wikipedia – Wissen“

Eine Headline-Kampagne, die kommuniziert, was Wikipedia seit zehn Jahren leistet. Selbstbewusst, schlau, direkt – genau wie Wikipedia. Auch die Gestaltung spiegelt durch ihre lizenzfreien Elemente das konsequent unkommerzielle Prinzip des Absenders wider. Die blaue Markierung verweist zudem auf die Tatsache, dass jeder Artikel permanent editiert und verändert wird. Jedes Motiv kommuniziert die Initiative, mit der sich Wikipedia als Weltkulturerbe bewirbt, und fordert zur Unterstützung auf.

Informationszeit, Alter! [Bearbeiten]

Wikipedia muss Weltkulturerbe werden!
Jetzt Petition unterstützen auf wikipedia.de/wke

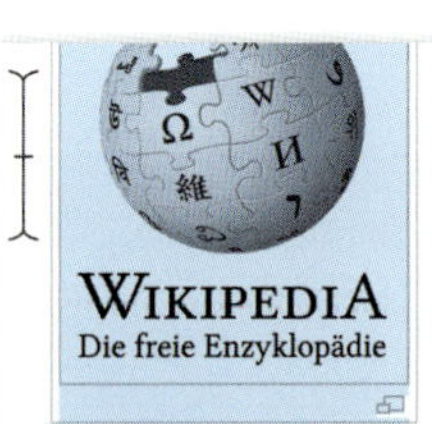

Voll gut gegen Halbwissen. [Bearbeiten]

Wikipedia muss Weltkulturerbe werden!
Jetzt Petition unterstützen auf wikipedia.de/wke

Wissen für alle.
Mehr social kann media nicht sein. [Bearbeiten]

Wikipedia muss Weltkulturerbe werden!
Jetzt Petition unterstützen auf wikipedia.de/wke

Immer mehr konvertieren vom Glauben zum Wissen. [Bearbeiten]

Wikipedia muss Weltkulturerbe werden!
Jetzt Petition unterstützen auf wikipedia.de/wke

5.500 Antworten pro Sekunde. Noch Fragen? [Bearbeiten]

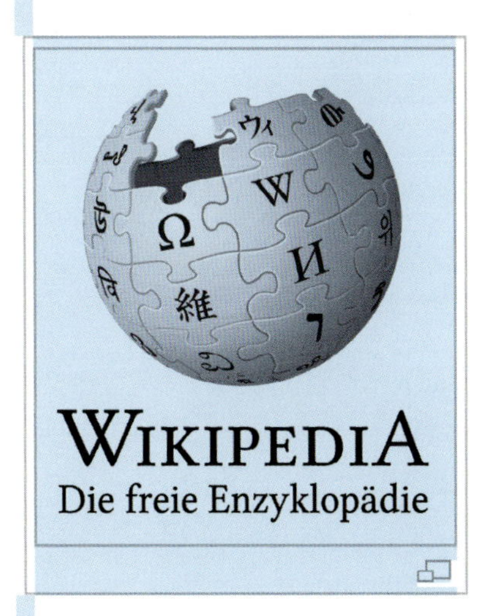

Wikipedia muss Weltkulturerbe werden!
Jetzt Petition unterstützen auf wikipedia.de/wke

Kunde Wikimedia Deutschland e.V., Berlin Geschäftsführung Pavel Richter Marketingleitung Sebastian Sooth Leitung Öffentlichkeitsarbeit Catrin Schoneville Werbeagentur Leo Burnett GmbH, Frankfurt am Main Beratung Andrea Albrecht / Franziska Fischer Creative Director Axel Tischer / Hans-Jürgen Kämmerer Art Director Marcel Günthel Producer Netti Weber Text Axel Tischer Chief Creative Officer Andreas Pauli

EELUSION GMBH

eevoo iPhone Game „The story of a genius“

JUNGMUT GMBH & CO. KG / KÖLN

01 Stephan Schönen
02 Andreas Peters
03 Lena Beckmann
04 Tim Hufermann
05 Sebastian Hansen

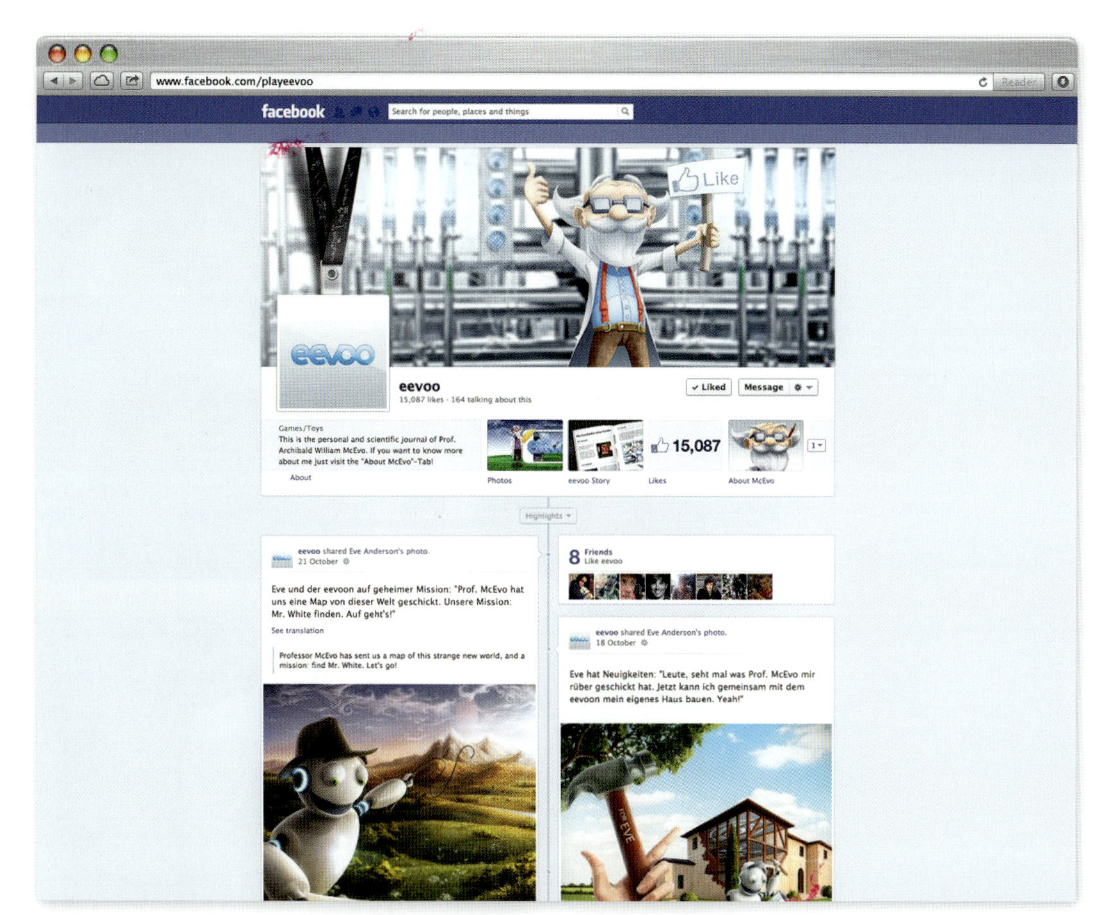

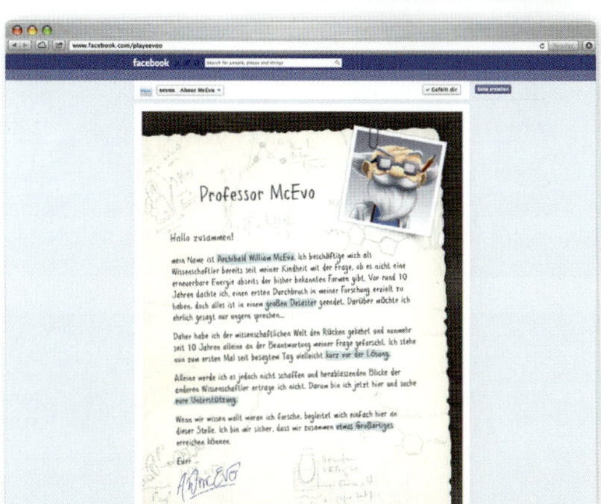

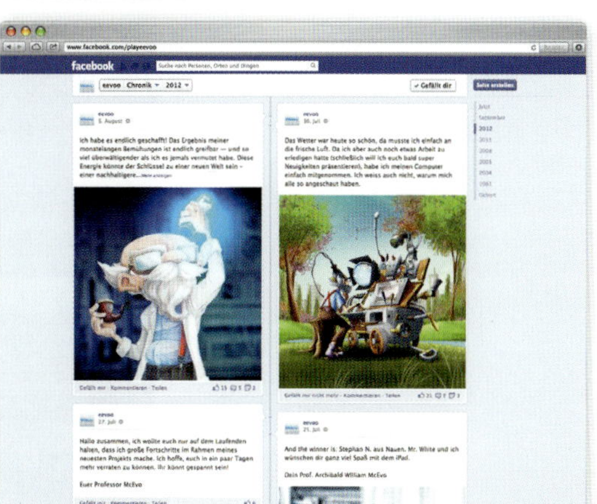

MEDIEN UND KOMMUNIKATION / B2C

WEITERE MEDIENPRODUKTE

DIGITALE MEDIEN / SOCIAL-MEDIA-AKTIVITÄTEN

eelusion GmbH / eevoo iPhone Game „The story of a genius“

Die eevoo-Facebook-Seite wurde im Vorfeld des Launchs zum Tagebuch von Prof. McEvo, der von der Entdeckung einer neuartigen Energiequelle und unbekannten Parallelwelt berichtete. Ziel war es, bereits vor dem Launch Gaming-affine iPhone-User mit der Mechanik und den Charakteren vertraut zu machen und ihre Neugierde zu wecken. Insgesamt konnten bereits über 15.000 Fans überzeugt werden, die mit dem Launch von eevoo selbst die Chance haben werden, den Verlauf der Story als Spieler mitzugestalten.

www.fb.com/playeevoo

Integrierte Kampagne / Crossmedia _ Kunde eelusion GmbH, Berlin Geschäftsführung Jürgen Lange / Guillaume Vaslin Illustration Robert Hellmundt / Christopher Steininger / Guillaume Vaslin Werbeagentur JUNGMUT GmbH & Co. KG, Köln Beratung Sebastian Hansen / Tim Hufermann Art Director Lena Beckmann Story / Konzept / Text Andreas Peters Konzept / Social Media Management Daniel Goihl Chief Creative Officer Stephan Schoenen

MEDIEN UND KOMMUNIKATION / B2C

WEITERE MEDIENPRODUKTE

OUT OF HOME / MEDIEN

eelusion GmbH / eevoo, iPhone Game, Guerillaaktivitäten

Für die Promotion von „eevoo“ wurde im Vorfeld des Launchs eine transmediale Story entwickelt. Zusätzlich zum Haupterzählstrang auf Facebook wurden fiktive Zeitungen und Poster angefertigt sowie in Köln, Berlin, Hamburg, München und San Francisco verteilt. Diese Aktionen unterstützten die Haupthandlung und ließen die Grenzen zwischen Realität und Fiktion verschwimmen – ein Effekt, der in „eevoo“ eine große Rolle spielt. So wurde ein wichtiger Grundstein für die Verbreitung der Story gelegt.

MEDIEN UND KOMMUNIKATION / B2C

WEITERE MEDIENPRODUKTE

OUT OF HOME / AKTIVITÄTEN

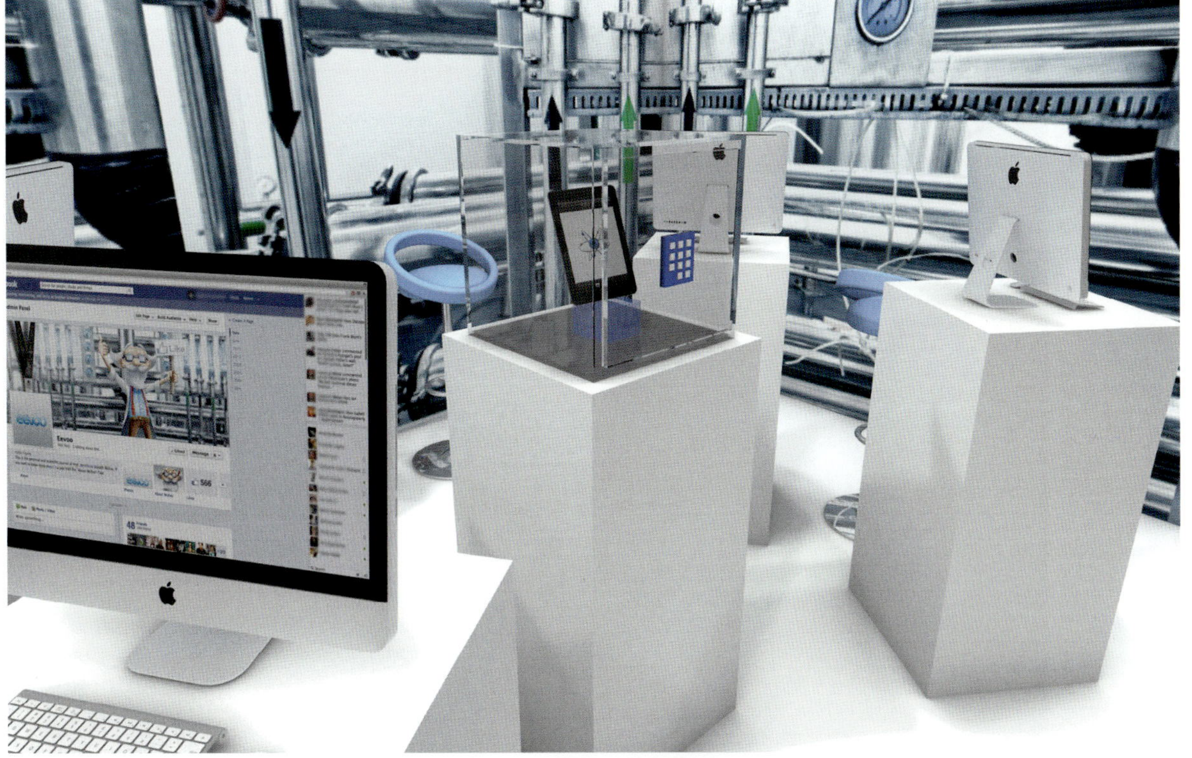

eelusion GmbH / eevoo iPhone Game „I want you to discover a new world!“

Als Mobile Game musste „eevoo“ natürlich auch auf der gamescom vertreten sein. Die Herausforderung: Es gab noch keine Spielinhalte, die gezeigt werden konnten. Daher wurde die gamescom zum Teil der Story und der Stand zum mobilen Labor von Prof. McEvo, der mithilfe zahlreicher Assistenten und Assistentinnen über 1.200 abenteuerlustige Gamer (zu FB-Fans) rekrutieren konnte, die nur darauf warten, mit McEvo gemeinsam die neue Welt zu erkunden und „eevoo“ zu spielen.

Integrierte Kampagne / Crossmedia _ Kunde eelusion GmbH, Berlin Geschäftsführung Jürgen Lange / Guillaume Vaslin Illustration Robert Hellmundt / Christopher Steininger / Guillaume Vaslin Werbeagentur JUNGMUT GmbH & Co. KG, Köln Beratung Sebastian Hansen / Tim Hufermann Art Director Lena Beckmann Story / Konzept / Text Andreas Peters Konzept / Social Media Management Daniel Goihl Chief Creative Officer Stephan Schoenen

MEDIEN UND KOMMUNIKATION / B2C

WEITERE MEDIENPRODUKTE

DIGITALE MEDIEN / REDAKTIONELLE INHALTE

Paramount Pictures Germany / Newsroom

Die Aufgabe war die Erstellung eines Newsrooms, der die Paramount Online-Kanäle aggregiert. Ziel war, die Auffindbarkeit von relevantem Content zu Paramount-Filmen zu verbessern. Zentrales Element ist eine Videobühne, auf der die aktuellen Trailer, Clips und Videos abgespielt werden. Mittels einer sich drehenden Kugel können die katalogisierten Videos gefiltert und leichter gefunden werden. Der Newsroom integriert Facebook, YouTube, Twitter, Twittkino, Picasa, den Blog und die Pressemitteilungen.

www.paramount-kino-newsroom.de

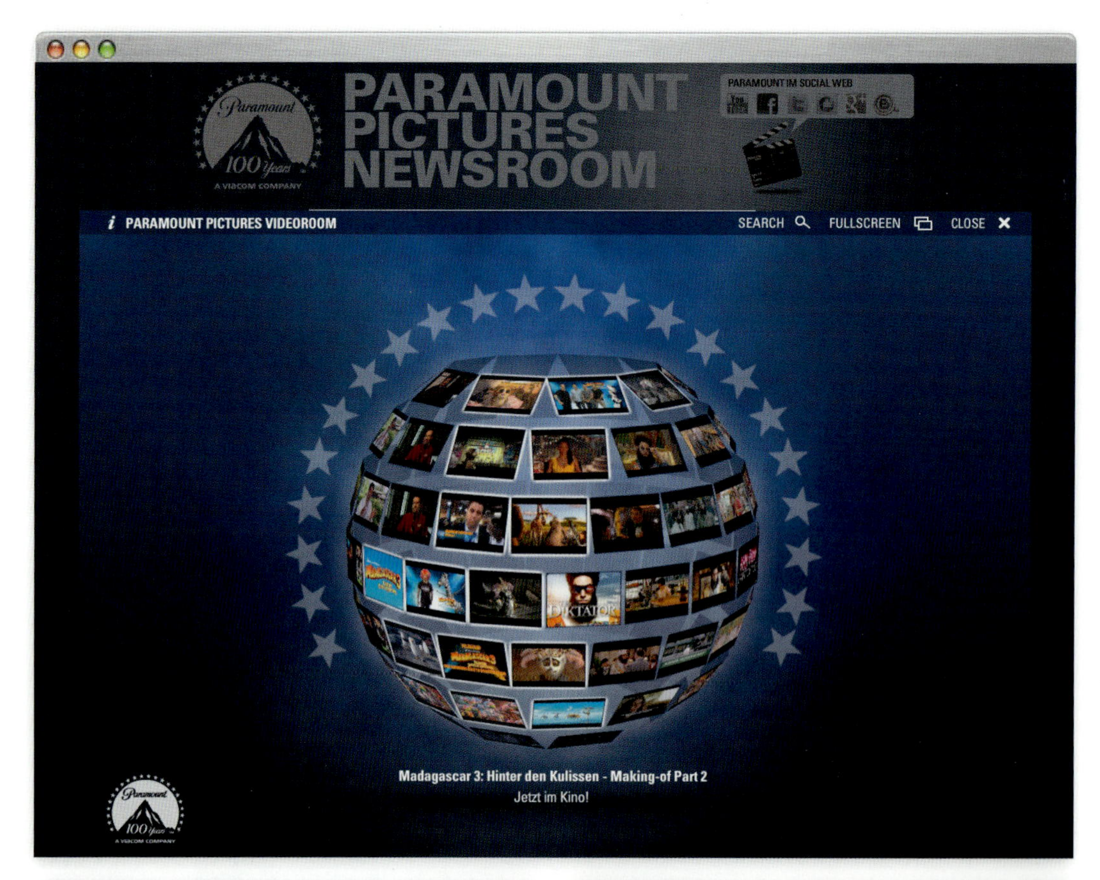

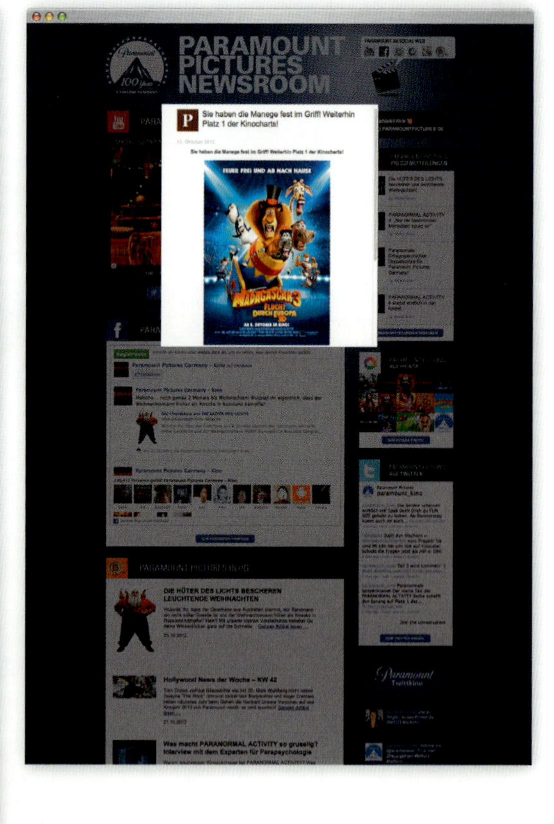

Kunde Paramount Pictures Germany GmbH, Unterföhring Marketingleitung Sandra Funck Werbeagentur LBi Germany AG, Köln Beratung Anya Rutsche (Social Media Consultant) Konzeption Martin Bauermeister (Head of Strategy and Concept) / Tino Engelmann (UX Architect) Creative Director Andreas Teigeler (Executive Creative Director) / Sascha Michels (Creative Director) Art Director Enrico Aderhold / Svein Olsen

OGILVYACTION GMBH

Client Coupons

OGILVYACTION GMBH / DÜSSELDORF

Martin Seele 01
Stefan Hilchenbach 02
Christian Metz 03
Mike Dawe 04
Hanna von Schultz 05
Toma Soare 06
Dietmar Bauer 07
▸

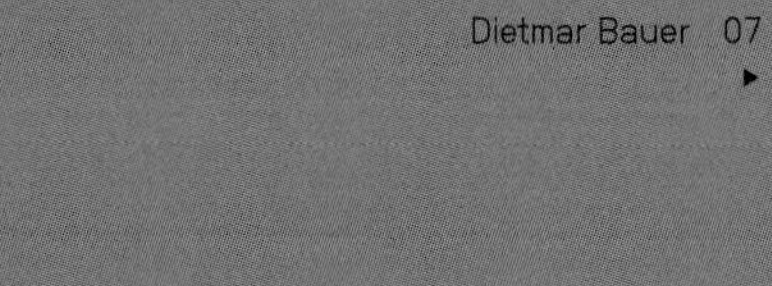

MEDIEN UND KOMMUNIKATION / B2B

WERBUNG / PR / EVENT / MESSE / BERATUNG

DIREKTMARKETING / PRINT

OgilvyAction GmbH / Client Coupons

Um den Aktivierungsleitgedanken von OgilvyAction zu veranschaulichen, haben wir ein per Post zu verschickendes Client Coupon Booklet kreiert, in dem wir einlösbare Services anboten.
Von einer Einladung zu einem kreativen Brainstorming bis hin zu einem traditionellen deutschen Würstchenessen war alles dabei.

Das Booklet wurde sowohl an Bestandskunden als auch an potenzielle Kunden gesendet.

87 % – 1 Coupon eingelöst.
50 % – mehr als 1 ...
... und fast alle wollen es in naher Zukunft tun.

Kunde OgilvyAction GmbH, Düsseldorf Geschäftsführung Dietmar Bauer (Managing Director) / Martin Seele (Executive Creative Director) Werbeagentur OgilvyAction GmbH, Düsseldorf Beratung Dietmar Bauer (Managing Director) Konzeption Martin Seele (Executive Creative Director) / Stefan Hilchenbach (Associate Creative Director) Creative Director Martin Seele (Executive Creative Director) Art Director Stefan Hilchenbach (Associate Creative Director) Text Martin Seele (Executive Creative Director) / Mike Dawe (Senior Copywriter) / Christian Metz (Copywriter) Grafik Stefan Hilchenbach Submission Awards Toma Soare Head of Project Management Hanna von Schultz Audioproduktion Sprachlabor Audioproduktionen GmbH Videoproduktion congaz Audio Visual Company GmbH Artwork RedWorks GmbH

MEDIEN UND KOMMUNIKATION / B2B

WERBUNG / PR / EVENT / MESSE / BERATUNG

DIGITALE MEDIEN / UNTERNEHMENS-/ ORGANISATIONSWEBSEITEN

Agentur am Flughafen / „Fasten your Seatbelts"

Dass sich Dialogmarketing und Internet problemlos vereinen lassen, wollte die Agentur mit ihrem neuen Webauftritt beweisen. Seit dem Launching der neuen Site haben 70 % (April bis August 2012: 600 Personen) der Businesspassagiere der Agentur am Flughafen ihren vollen Namen beim Check-in bekannt gegeben. Mehr als 60 Passagiere haben sich zudem fürs Vielfliegerprogramm angemeldet. Zudem wurde die Kreativagentur 2012 inzwischen von 10 renommierten Marken zum Pitch um den Gesamtetat eingeladen.

Die Kreativen setzen auf ihre Kernkompetenz und fordern zur Interaktion auf: Wer in der Businessclass surfen will, muss zuerst ordentlich einchecken. Daraufhin erhält man seinen persönlichen, virtuellen Boardingpass. Wer hingegen anonym bleiben will, fliegt als blinder Passagier im etwas heruntergekommenen Frachtraum mit. Pilotiert von einer nicht gerade vertrauenswürdigen Crew, wird er so nur mit spärlichen Informationen versorgt. Wer korrekt eincheckt und somit den Dialog mit der Crew aufnimmt, genießt einen gepflegten Businessclassflug mit vielen Informationen und herausragendem Inflight-Entertainment. Das ist aber noch nicht alles: Wer im Vielfliegerprogramm der Agentur am Flughafen seine Adresse hinterlässt, bekommt kurz nach seinem Websitebesuch per Post einen Papierflieger zugeschickt. Mit der integrierten Antwortkarte kann der Angeschriebene nun jährlich ein Geburtstagsgeschenk oder einfach den Newsletter der Agentur am Flughafen anfordern.

www.agenturamflughafen.com

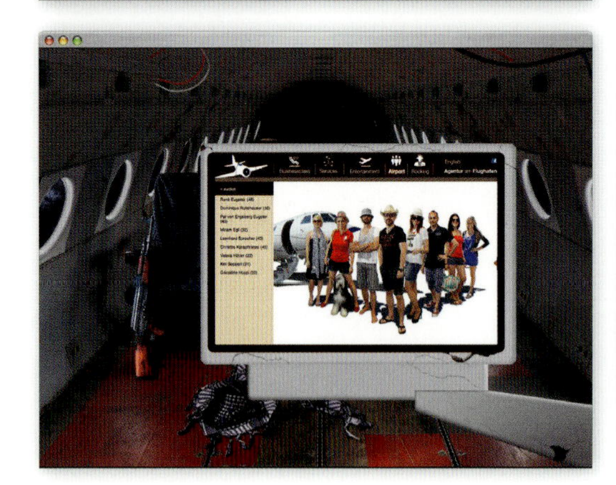

Kunde Agentur am Flughafen AG, Altenrhein (Schweiz) Geschäftsführung René Eugster Werbeagentur Agentur am Flughafen AG, Altenrhein (Schweiz) Beratung Miriam Egli Creative Director René Eugster Art Director Dominique Rutishauser Producer Mediabridge GmbH Text Miriam Egli

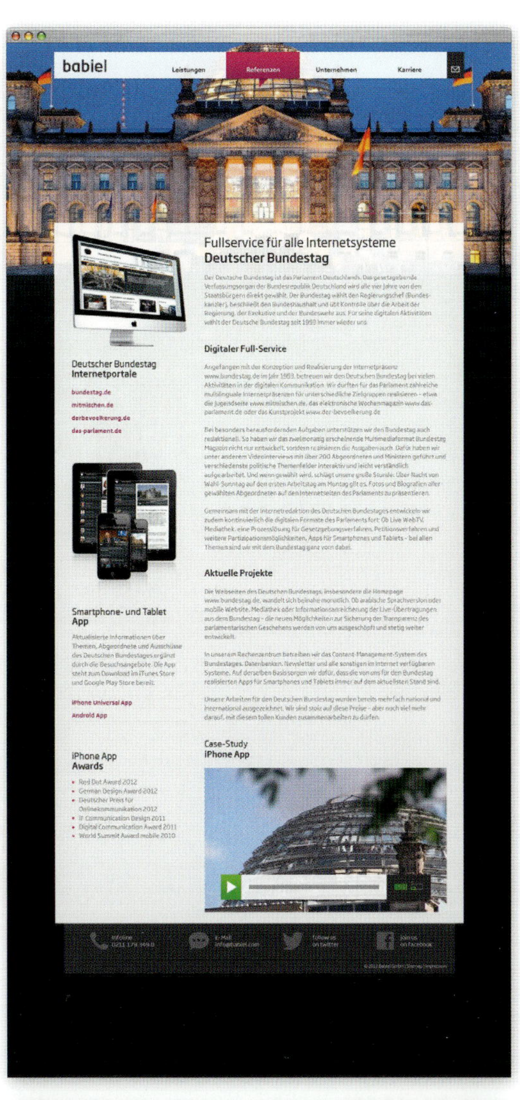

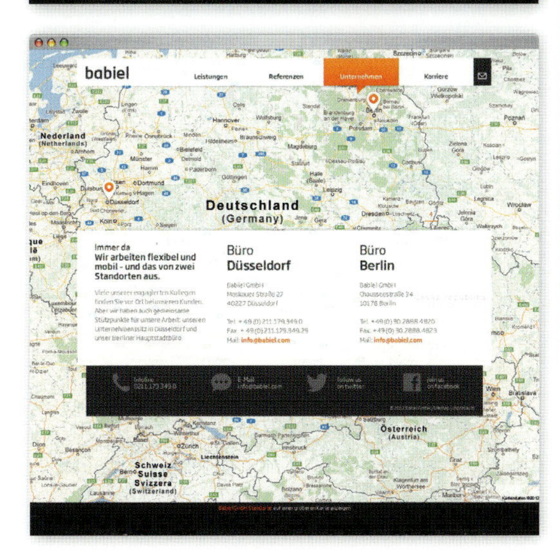

MEDIEN UND KOMMUNIKATION / B2B

WERBUNG / PR / EVENT / MESSE / BERATUNG

DIGITALE MEDIEN / UNTERNEHMENS-/ ORGANISATIONSWEBSEITEN

Babiel GmbH / Corporate Website

Die Internetagentur für B2B und eGov. will neben ihren Kernkompetenzen CMS, eCom. u. ISP ihre Fähigkeiten in Design und Beratung hervorheben. Ziel des Relaunches war die „Fokussierung auf den Kern“, d. h. Darstellung des Kundennutzens. Die Struktur und Inhalte der Site entsprechen den B2B-eGov.-Kundeninteressen. Auf das Wesentliche reduziert, kommuniziert die Site erfolgreich mithilfe emotionaler Visuals und prägnanter Texte die neue Positionierung. Die Seite ist elegant und gut strukturiert.

www.babiel.com

Kunde Babiel GmbH, Düsseldorf Geschäftsführung Dr. Rainer Babiel / Georg Babiel / Harald Babiel Marketingleitung Dr. Rainer Babiel Leitung Öffentlichkeitsarbeit Dr. Rainer Babiel Werbeagentur Babiel GmbH, Düsseldorf Beratung Dr. Rainer Babiel / Robin-Savas Savvidis Konzeption Dr. Rainer Babiel Creative Director Dr. Rainer Babiel Art Director Robin-Savas Savvidis Text Dr. Rainer Babiel Grafik Robin-Savas Savvidis

MEDIEN UND KOMMUNIKATION / B2B

WERBUNG / PR / EVENT / MESSE / BERATUNG

DIGITALE MEDIEN / UNTERNEHMENS-/ ORGANISATIONSWEBSEITEN

DIE INSEL Werbeagentur / Website

Alle Agenturen sind gleich: Sie lobhudeln die neusten Marketing-Hypes, richten ihre Kommunikation eher nach den Marketingentscheidern als nach den entscheidenden Zielgruppen aus – und vergessen dabei mitunter das, worauf es wirklich ankommt: gute Werbung.

Dass es auch anders geht, zeigt DIE INSEL mit ihrer neuen Homepage. Hier gibt es keine BuzzFeeds, keine animierten Flash-Blendungen und keine ellenlange Philosophie. Sondern einfach nur gute Werbung – für sich selbst und ihre Kunden.

www.die-insel.eu

Kunde DIE INSEL Werbeagentur GmbH, Filderstadt Geschäftsführung Horst Mück Werbeagentur DIE INSEL Werbeagentur GmbH, Filderstadt Konzeption Horst Mück Art Director Susanne Vasté Text Ole Schley / Margarita Schweiger Grafik Susanne Vasté Programmierung cron IT GmbH

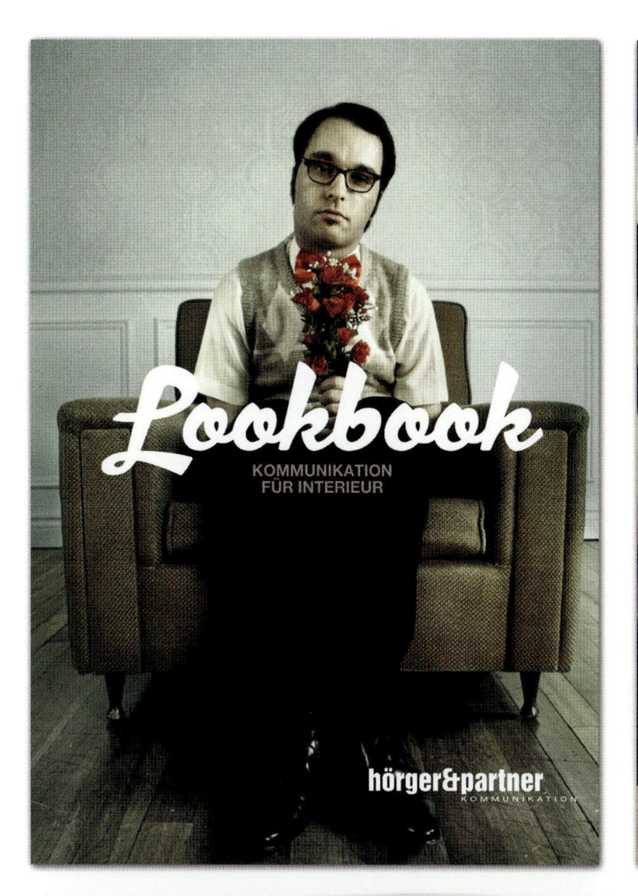

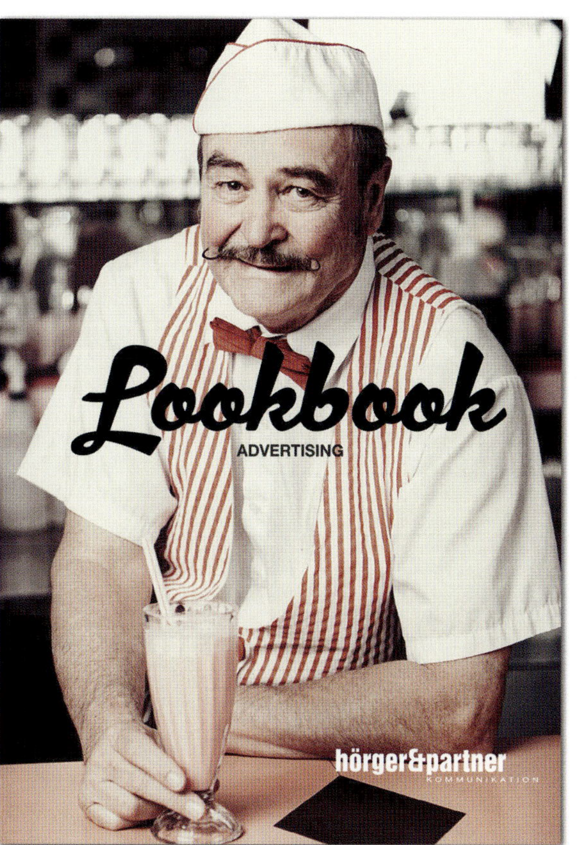

MEDIEN UND KOMMUNIKATION / B2B

WERBUNG / PR / EVENT / MESSE / BERATUNG

PRINT

Hörger&Partner Werbeagentur /
Lookbook 1 & 2

Die beiden Lookbooks von H&P – Eigenwerbung der Agentur ohne viele Worte. Blättern und entdecken – fast schon wie im Fashion-Bereich. Assoziativ und originell, auf jeden Fall überraschend. Lookbook 1 beweist die H&P-Kompetenz in sämtlichen Disziplinen der Interieur-Kommunikation. Lookbook 2 steht im Zeichen kreativen Handelsmarketings. Das Lookbook als ständig aktuelles Tool zur etwas anderen Neukundenakquise und Darstellung der Agentur. ▸

Kunde Hörger & Partner Werbeagentur GmbH, Ulm Geschäftsführung Manfred Hörger Marketingleitung Manfred Hörger Werbeagentur Hörger & Partner Werbeagentur GmbH, Ulm Konzeption Manfred Hörger Creative Director Manfred Hörger / Oliver Fischer Text Manfred Hörger / Oliver Fischer Grafik Christoph Rasemann

werbung a bunga

Außergewöhnliche Kommunikationspraktiken
www.knallrot.biz

MEDIEN UND KOMMUNIKATION / B2B

WERBUNG / PR / EVENT / MESSE / BERATUNG

PRINT

knallrot. GmbH / „werbunga bunga"

Wir laden Sie ein, mit uns „werbunga bunga" zu machen.
Wir glauben nicht ans Auffallen um jeden Preis. Wir glauben an Kommunikation mit Verantwortung. Wir wissen aber auch, dass nur ungewöhnliche Wege zum Erfolg führen.
Welche Anzeige ist Ihnen in diesem Buch aufgefallen?

Kunde knallrot. GmbH, Frankfurt am Main Geschäftsführung Maria Lang / Pit Hofmann Werbeagentur knallrot. GmbH, Frankfurt am Main Konzeption Maria Lang / Pit Hofmann / Gregor Aigner Creative Director Pit Hofmann Art Director Pit Hofmann Text Gregor Aigner Grafik Elizar Sirait

MEDIEN UND KOMMUNIKATION / B2B

WERBUNG / PR / EVENT / MESSE / BERATUNG

DIGITALE MEDIEN / UNTERNEHMENS-/ ORGANISATIONSWEBSEITEN

LässingMüller / Website

Die als Single Page konzipierte Website nimmt Abstand von typischen Websiterastern, verzichtet auf umfangreiche Informationen in Form langer Texte und unzähliger Referenzbeispiele, versteckt in diversen Unterkategorien. Prämisse war vielmehr Freiraum für Kreativität und Kreation. In einzelnen Kapiteln, die zusammen ein unendliches Gesamtbild ergeben, werden Agenturdenkweise, Arbeitsbeispiele und Making-ofs präsentiert.

So schuf der Designer eine bildschirmfüllende Bühne, die zu Entdeckungstouren animiert: Horizontale Scrollbar, Modal-Boxen, Tooltipps, Slide-Shows und Parallax-Elemente wecken den Spieltrieb. Ein zusätzliches Dropdown-Menü bietet eine „normale" Navigationsmöglichkeit, die auch dem eiligen Besucher einen schnellen Zugang zu den wesentlichen Informationen bietet.

www.lmwa.de

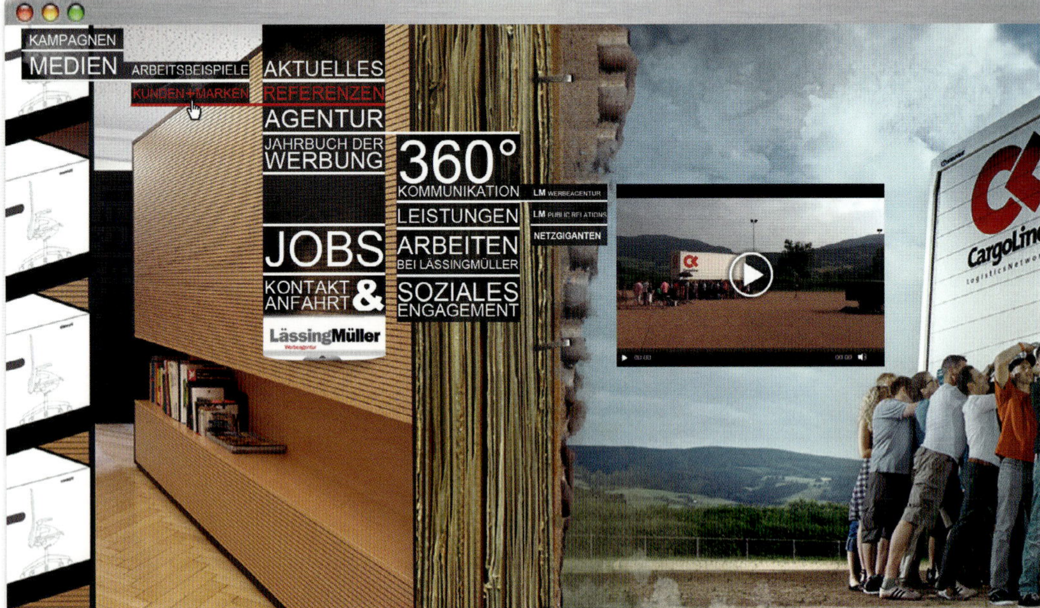

Kunde LässingMüller Werbeagentur GmbH & Co. KG, Stuttgart Werbeagentur LässingMüller Werbeagentur GmbH & Co. KG, Stuttgart Konzeption Jean Kleisz / Katharina Winter Art Director Jean Kleisz Text Stefan Wiegand

MEDIEN UND KOMMUNIKATION / B2B

WERBUNG / PR / EVENT / MESSE / BERATUNG

PRINT

P.O.S. Kresin Design / „Die Provinz lebt"

Ziel: Neukundengewinnung, Imagebildung

Aufgabe: Den Charme des provinziellen Standortes zum einen, die Güte der kreativen Leistungsfähigkeit zum andern durch spannende Motive und Wortwitz deutlich machen

Zielgruppe: Potenzielle Kunden (in der Region)

Eingesetzte Medien: Anzeigen, Online-Präsentation (Prezi), Buch, Film (online)

Kunde P.O.S. Kresin Design GmbH, Rosdorf Geschäftsführung / Marketingleitung Peter Pawlowski / Ralf Kresin Werbeagentur P.O.S. Kresin Design GmbH, Rosdorf

MEDIEN UND KOMMUNIKATION / B2B

WERBUNG / PR / EVENT / MESSE / BERATUNG

PRINT

Reinspicken Verlag / „Spickzettel – Das 1x1 der Kommunikationsmittel für Werbung, Design & Marketing“

Schluss mit der Ansammlung von Merkzetteln und Haftnotizen! Spickzettel ist ein handliches Nachschlagewerk, das bei der Erstellung von Kommunikationsmitteln effektiv unterstützt. Worauf kommt es bei einem Mailing an? Welche Verbote/Gebote gelten in der Werbung? Spickzettel vermittelt in leicht verständlicher Form alle wichtigen Elemente des jeweiligen Kommunikationsmediums. Die Beispiele greifen die gängigen Probleme und Fragen auf und ziehen sich als roter Faden durch das ganze Buch.

ANZEIGE

Aus der Masse hervorstechen!

Zeitschriften und Magazine bedienen anders als Zeitungen eine meist klar umrissene, an bestimmten Themen interessierte Leserschaft. Daher steht vor dem Schalten einer Anzeige erst einmal die Notwendigkeit einer detaillierten Auswahl der in Frage kommenden Printmedien, um die Anzeige auch der richtigen Zielgruppe zuzuführen.

Der Leser einer Anzeige zuhause, im Wartezimmer oder in der Straßenbahn hat Zeit, und wird daher einer Anzeige mehr Aufmerksamkeit schenken können als z.B. einem Plakat, das er nur im Vorübergehen erfassen kann. Daher sollte die eigene Anzeige die anderen in der Zeitschrift übertrumpfen und den Leser emotional ansprechen, damit er sich auf die Botschaft einlassen kann.

Da die Kosten für Anzeigen relativ teuer sind, und die Anzeigen selbst über einen längeren Zeitraum immer wieder geschaltet werden müssen, um die gewünschte Wirkung zu erzielen, ist eine gut ausgearbeitete Mediaplanung von großer Wichtigkeit.

14

CHECKLISTE

1 Logo/Firmenname, Slogan
2 Störer (z.B. „Jetzt vormerken“, „Gleich bestellen“)
3 Produktabbildung/Key Visual/Umsetzung Hauptbotschaft
4 Begründung des Nutzenversprechens
5 Grundnutzen als Headline, große Schrift (max. 7 Wörter)
6 ggf. Produktinfos (Preis, Bestell-Nr., Versand)
7 Bei Preisangaben §§ 1 PAngV, 5 a UWG
8 Zusatznutzen als Stich- und Schlagworte, kurze Auflistung
9 Bildnachweis/Quellenangabe
10 Bei Service-Rufnummer (Angabe der Kosten) § 1 PAngV
11 Name und Anschrift der Firma § 5 a Abs. 3 Nr. 2 UWG
12 Responsemöglichkeit (Coupon, Rückantwortkarte, Landingpage, QR-Code, Internetadresse)
13 ggf. Social Media Logos
ggf. Auszeichnungen/Qualitätssiegel, siehe auch S. 71
ggf. Sponsorenlogos
ggf. Zusatzinfos als Copytext, relativ kurz gehalten
ggf. Datum „Aktion gültig von ... bis ...“
ggf. Datum/Ort/Zeit (bei Veranstaltungen)
Trennung Werbung von redaktionellen Inhalten §§ 3, 4 UWG, 6 Abs. 1 Nr. 1 TMG
Siehe Copy-Strategie und Briefing S. 64-67
Siehe Werbung und Gesetze S. 68-71

TIPPS

- Anzeige auf ihre voraussichtliche Werbewirkung testen (Marktforschung)
- Anzeigenplatzierung im Heft links oder rechts (Text- und Grafikabstand zum Innenbund bedenken!)
- Formatgröße vorher bestimmen (1/1-, 1/4-, 1/3-Anzeige etc.)
- Ad-Special Anzeigen erhöhen die Aufmerksamkeit des Lesers
- Auswerten des Nutzerverhaltens mit Webadresse/QR-Code

Kunde Reinspicken Verlag, Freiburg i. Br. Geschäftsführerin und Autorin Gönül Pasinli Werbeagentur GP Visuelle Kommunikation, Freiburg i. Br. Text Christiane Pichler Text und Lektorat Sabine Stroh Rechtsberatung Christian-Oskar Marcachi Produktion schwarz auf weiss litho und druck GmbH

MEDIEN UND KOMMUNIKATION / B2B

WERBUNG / PR / EVENT / MESSE / BERATUNG

PRINT

SCHLEINER + PARTNER Kommunikation / „Das Strategie-Plus“

Keine Agenturbroschüre. Kein Mailing. Kein Gimmick. Sondern ein Buch. Ein richtiges Buch, das sich in 11 Kapiteln den nötigen Raum nimmt, um zu erläutern, wie die Agentur arbeitet und wofür die Agentur steht. „Das Strategie-Plus“ gibt es in zwei Ausführungen – einmal als gedrucktes (analoges) Buch, einmal als iPad-Version. In beiden Fällen positioniert es die Agentur glaubwürdig als Berater und Partner auf Augenhöhe seiner Kunden. ▸

DAS PATRIOTISCHSTE WM-PLAKAT
BILD, 21. Juni 2006

Inzwischen hängt das Plakat sogar im Bundeskanzleramt
WIRTSCHAFT IM SÜDWESTEN, Juni 2006

Achterkette in Ministerbüros: Plakat macht Karriere
DER SONNTAG, 4. Juni 2006

Schleiner punktet mit den Kanzlern
FREIBURGER WOCHENBERICHT, 3. Mai 2006

Dribbeln können auch die Kanzler
BADISCHE ZEITUNG, 16. Mai 2006

Freiburg lässt dribbeln
BADEN INTERN, Mai 2006

Von der BILD-Zeitung geadelt

Was so leicht, fast tänzerisch aussieht, ist das Ergebnis harter Arbeit. Aus hunderten von Bildern werden die eindrucksvollsten Posen ausgewählt. Für jeden Kanzler wird exakt der Ball recherchiert, der während seiner Regierungszeit von der FIFA in Gebrauch war. Und immer wieder wird am Text gefeilt, bis am Ende in schwarz-rot-goldenen Lettern zu lesen ist: „Einigkeit und Recht und Fußball".

Mehr braucht es nicht. Ganz Vilim Vasatas Credo folgend, dass die Einfachheit die Würze des Wesentlichen ist, soll damit zum Ausdruck gebracht werden, dass Fußball in Deutschland nicht irgendeine Freizeitbeschäftigung darstellt. Für weite Kreise in der Bevölkerung verdient der Kampf um das runde Leder nahezu Verfassungsrang.

Insofern verwundert es nicht, dass des Volkes populärste veröffentlichte Stimme eine besondere Auszeichnung ausspricht: Die BILD-Zeitung kürt unseren Werbeauftritt für das Haus der Geschichte kurzerhand zum „patriotischsten WM-Plakat".[14]

So vielfältig wie das Museum selbst: Das Museumsmagazin des Hauses der Geschichte eröffnet alle drei Monate neue Perspektiven.

[12] *Der Bonner General-Anzeiger spricht sogar von »über einer Million Besucher im Jahr 2008«, vgl. Thomas Kliemann: »Die bescheidene Republik: Interview mit Hans Walter Hütter«, in: General-Anzeiger, 9. Mai 2009.*

[13] *Mario Pricken: Kribbeln im Kopf. Kreativitätstechniken und Brain-Tools für Werbung und Design, Mainz 2002, S. 182.*

[14] *BILD, 21. Mai 2006.*

SEI UN... GEWÖHNLICH

www.was-gibts-zu-glotzen.de

Man kann zu ihr stehen, wie man will. Aber wenn Europas größte Boulevard-Zeitung über etwas berichtet, ist die Aufmerksamkeit weiter Teile der Öffentlichkeit garantiert. In gewohnt pointierter Form titelte die BILD-Zeitung am 7. April 2010: „Stächeles erfolgreiche Steuerfahnder-Kampagne".

Neben einem Foto, auf dem ein lachender Finanzminister Willi Stächele zufrieden den Daumen empor reckt, war zu lesen: „Baden-Württembergs ungewöhnliche Werbung für den Job als Betriebsprüfer oder Steuerfahnder zeigt Wirkung: Die Werbekampagne mit dem Motto ‚Was gibt's zu glotzen? Mein Chef ist Finanzminister' hat bereits die Bewerbungszahlen für ein Studium oder eine Ausbildung in der Finanzverwaltung nach oben schnellen lassen."

Und in der Tat: Dank der von SCHLEINER + PARTNER entwickelten integrierten Kampagne stieg die Zahl der Bewerberinnen und Bewerber für einen Job in der Finanzverwaltung in nur drei Monaten um fast 90 Prozent! Ein sensationeller Erfolg, der die anderen Finanzminister neidisch in Richtung Musterländle blicken ließ.

Kunde SCHLEINER + PARTNER Kommunikation GmbH, Freiburg i. Br. Geschäftsführung Michael Schleiner / Prof. Dr. Martin Ludwig Hofmann / Fritz Klieber Werbeagentur SCHLEINER + PARTNER Kommunikation GmbH, Freiburg i. Br. Beratung Michael Schleiner / Prof. Dr. Martin Ludwig Hofmann / Fritz Klieber Konzeption Prof. Dr. Martin Ludwig Hofmann Art Director Alex Hartwig Text Prof. Dr. Martin Ludwig Hofmann Grafik Alex Hartwig

MEDIEN UND KOMMUNIKATION / B2B

WERBUNG / PR / EVENT / MESSE / BERATUNG

DIREKTMARKETING / PRINT

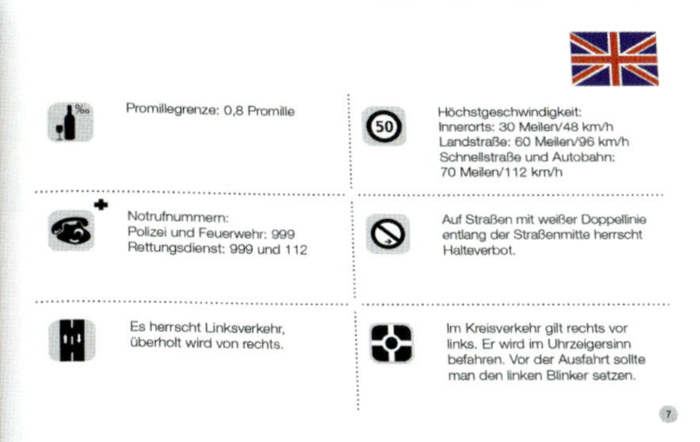

Promillegrenze: 0,8 Promille

Höchstgeschwindigkeit:
Innerorts: 30 Meilen/48 km/h
Landstraße: 60 Meilen/96 km/h
Schnellstraße und Autobahn:
70 Meilen/112 km/h

Notrufnummern:
Polizei und Feuerwehr: 999
Rettungsdienst: 999 und 112

Auf Straßen mit weißer Doppellinie entlang der Straßenmitte herrscht Halteverbot.

Es herrscht Linksverkehr, überholt wird von rechts.

Im Kreisverkehr gilt rechts vor links. Er wird im Uhrzeigersinn befahren. Vor der Ausfahrt sollte man den linken Blinker setzen.

7

Promillegrenze: 0,0 Promille

Höchstgeschwindigkeit:
Innerorts: 50 km/h
Außerorts: 90 km/h
Autobahn: 130 km/h

Notrufnummern:
Polizei: 107
Feuerwehr: 105
Rettungsdienst: 104 und 112

Mautpflicht für alle Fahrzeuge auf den Autobahnen:
M1, M3, M5, M6, M7, M30, M35.

Lichtpflicht tagsüber gilt nur außerhalb geschlossener Ortschaften.

Radfahrer müssen nachts und bei schlechter Sicht eine Warnweste tragen sowie Fußgänger außerhalb von Ortschaften.

19

schwecke.mueller Werbeagentur / „Dein Freund und Helfer im Urlaubsverkehr"

Kunden und Partner von schwecke. mueller können nun einfach ins Auto steigen und losfahren in den Urlaub! Und kommen doch unbeschadet durch den wildesten ausländischen Verkehrsdschungel. Denn das Agenturteam hat sich für sie schlaugemacht, welche Verkehrsregeln in den beliebtesten europäischen Urlaubsländern gelten. Und alle wissen jetzt: Hund anschnallen, wenn es nach Spanien geht.

Kunde schwecke.mueller Werbeagentur GmbH, München Geschäftsführung Claudia Schwecke / Ulla Müller-Frey Werbeagentur schwecke.mueller Werbeagentur GmbH, München Beratung Claudia Schwecke / Nina Illi Konzeption Natascha Würtz / Lina Judkele Creative Director Ulla Müller-Frey Art Director Natascha Würtz / Christiane Albrecht Producer Nina Illi Text Lina Judkele / Martina Müller Grafik Natascha Würtz / Christiane Albrecht Fotografie Natascha Würtz / Christiane Albrecht / Tanja Geier (Illustrationen)

MEDIEN UND KOMMUNIKATION / B2B

WERBUNG / PR / EVENT / MESSE / BERATUNG

DIGITALE MEDIEN / PRODUKT-/SERVICEWEBSEITEN

TWT Interactive / „Weihnachten 2011“

Zur Weihnachtssaison 2011 erzählt TWT eine kurze und modern verlängerte Version der Weihnachtsgeschichte – vom Aufbruch in Nazareth bis zum Kindchen in der Krippe. Die einzelnen Kapitel sind vielschichtig über eine parallax scrollende HTML5-Seite illustriert und jeweils mit einer versteckten Frage versehen, die sich über moderne digitale Werkzeuge beantworten lässt: der Weg von Nazareth nach Jerusalem über Google Maps, die vorhandenen Hotels in Betlehem über die Hotelsuche, Fans auf Facebook etc.

www.twt.de/weihnachten2011/html5.php

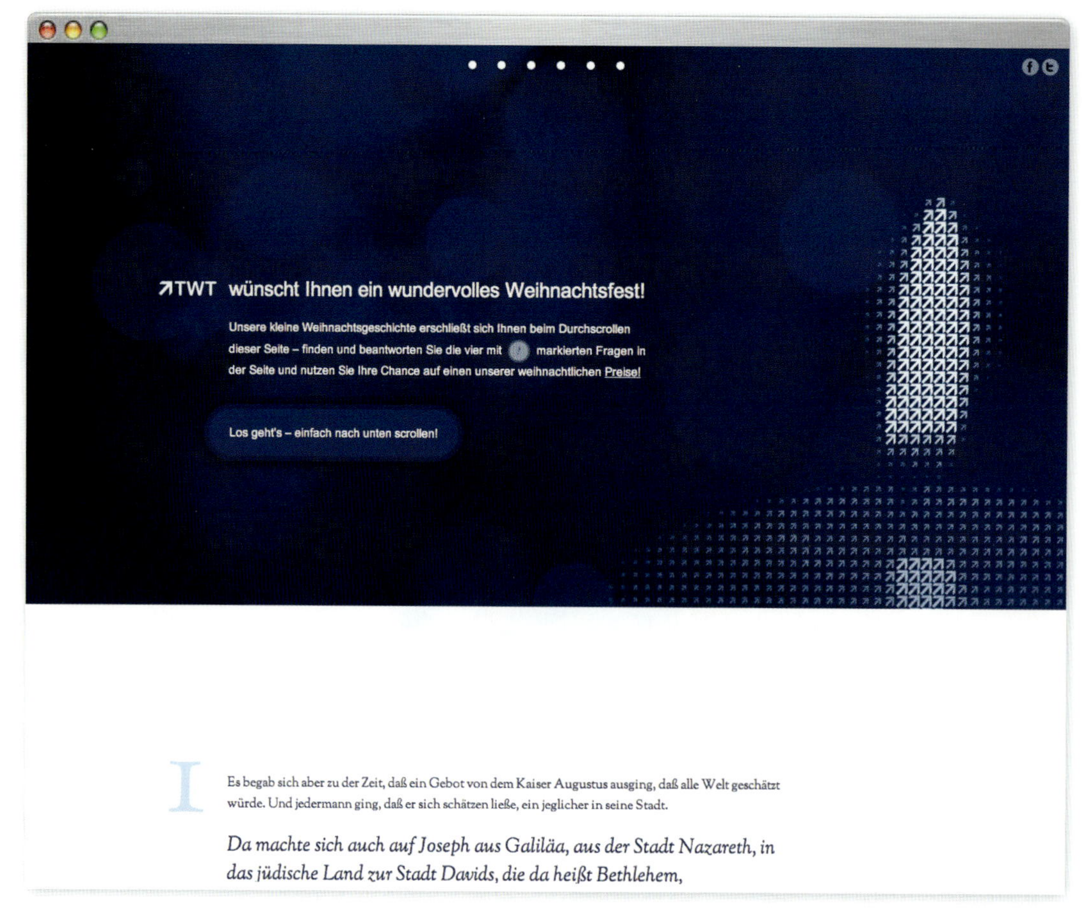

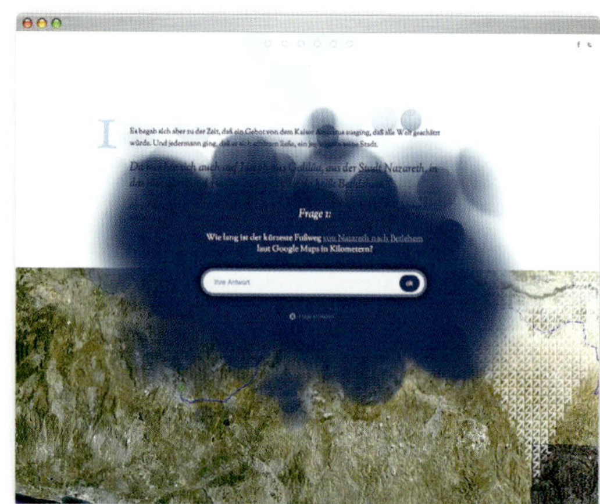

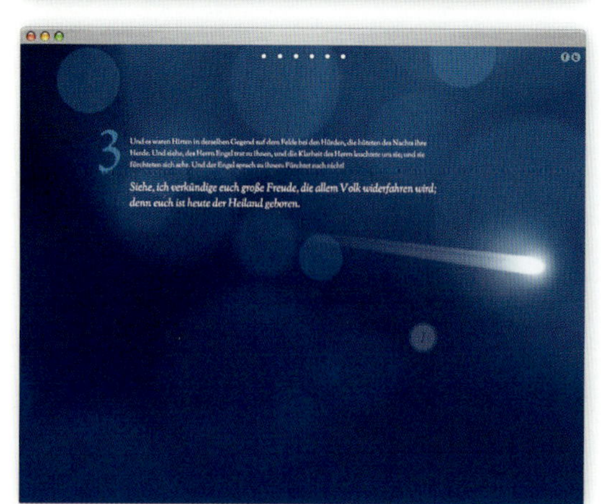

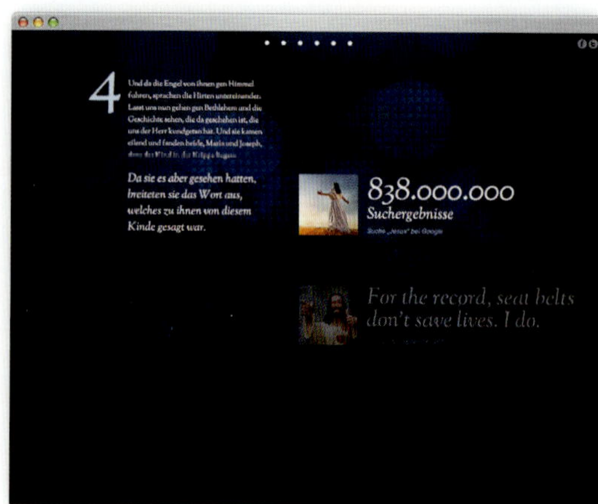

Kunde TWT Interactive GmbH, Düsseldorf Geschäftsführung Hans Jürgen Even / Marcel Kreuter Werbeagentur TWT Interactive GmbH, Düsseldorf Beratung Oliver Gelbrich (Creative Director) Creative Director Oliver Gelbrich Art Director Jens Michael Blümel Producer Alexander Zimmermann (Webentwickler) / Sebastian Spiller (Webentwickler)

MEDIEN UND KOMMUNIKATION / B2B

WERBUNG / PR / EVENT / MESSE / BERATUNG

PRINT

Wiethe Group / Imagemagazin

Threesixty ist der Titel des großformatigen (39,9 × 58 cm) Imagemagazins der Wiethe Group, nach dem Wiethe-Konzept der 360°-Kommunikation. 100 Seiten zeigen das Leistungsspektrum der Geschäftsfelder Interaktiv, Kommunikativ und Objektiv. Threesixty erscheint ab sofort vierteljährlich und berichtet über aktuelle Projekte, Entwicklungen, Kunden und Mitarbeiter. Verschickt wird das Magazin in eigens designten Folienbeuteln, wie üblich im Fashion-Bereich. Kostenfrei zu bestellen über wiethe.com.

Kunde Wiethe Group GmbH, Georgsmarienhütte Geschäftsführung Markus Wiethe Leitung Öffentlichkeitsarbeit Carina Schulz Werbeagentur Wiethe Kommunikativ GmbH & Co. KG, Georgsmarienhütte Beratung / Konzeption Markus Wiethe Art Director Birgit Götting Producer Andrea Kracke / Andreia Teixeira Rua Text Sonja Meyer Grafik Stefan Halle / Claudia Uhlig Fotografie Benjamin Gillmann / Matthias Knust Projektleitung Andrea Kracke Fotografie / Film Wiethe Objektiv GmbH & Co. KG

BASTEI LÜBBE

„pages“

BASTEI LÜBBE

01 Petra Jöllenbeck
02 Mathias Siebel

01

02

Pages
Neue Seiten von Bastei Lübbe
N° 1 / Frühjahr 2013
AUF TALENTSUCHE IN NEW YORK
60 Jahre BASTEI LÜBBE
SARAH LARK IN ANDALUSIEN

Talentpool New York

Unter seiner Schirmherrschaft entstehen große Romane: Literaturagent Al Zuckerman

dieses Manuskript besorgen, es in weniger als einem Tag lesen und entscheiden, ob sie ihrem Auftraggeber empfehlen, die Rechte an diesem Buch zu kaufen. Jane Starr: »Scouting ist ein 24-Stunden-Job, sieben Tage die Woche. Aber kein Tag ist wie der andere.« An diesem Tag empfiehlt Jane Starr die neue Autorin Becky Masterman und ihren unveröffentlichten Thriller »Rage Against the Dying«. Marco Schneiders: »Mit leuchtenden Augen hat Jane Starr sich komplett in das Buch hineingedacht. Ihre Begeisterung ist absolut echt und überträgt sich auch auf uns. – Genau das wollten wir erleben, genau darum wollten wir sie treffen. Es geht um die Authentizität des persönlichen Leseeindrucks, um Empathie. Seit ›Schweigen der Lämmer‹ hat es in einem Thriller wohl keine so starke Ermittlerin mit einem derart intensiven Charakter gegeben, die dem abgrundtief Bösen so nahe kommt.« Die Bastei Lübbe-Verantwortlichen machen der Agentin von Becky Masterman ein Angebot. Ein Angebot, das sie nicht ablehnen kann. Es ist sechsstellig. Während die Agentur das Angebot prüft, verabschieden sich die Kölner von Jane Starr und besuchen »einen Freund« (Marco Schneiders). Einen Mann, der seit über 30 Jahren mit dem Medienhaus Bastei Lübbe vernetzt ist: Al Zuckerman. Al Zuckerman ist eine Institution, eine Legende. Er ist Begründer und Chef der amerikanischen Literaturagentur »Writers House Inc.«, einer der erfolgreichsten Literaturagenturen der Welt. Sie vertritt eine große Zahl internationaler Bestsellerautoren, darunter auch Ken Follett.
Zuckermans Erfolgsrezept beschreibt Marco Schneiders so: »Al besitzt ein sehr großes Verständnis für Schriftsteller, für ihre Herausforderungen und emotionalen

»Ein Angebot, das sie nicht ablehnen kann«

pages 19 Frühjahr 2013

MEDIEN UND KOMMUNIKATION / B2B

WEITERE MEDIEN / KOMMUNIKATION

PRINT

Bastei Lübbe / „pages“

Was ist „pages“?
„pages“ ist das neue Unternehmensmagazin von Bastei Lübbe.
„pages“ informiert auf unterhaltsame (nicht verkäuferische!!!) Art und Weise über Neuerscheinungen, Entwicklungen, Zukäufe etc.
„pages“ verschicken wir 2 × im Jahr, bevor die Vorschauflut den Handel überrollt.
„pages“ erscheint im A4-Überformat (23,5 × 33 cm), Umfang: ca. 44 Seiten.
„pages“ hat eine Startauflage von 8.500 Exemplaren.

Für wen ist „pages“?
„pages“ ist ein Magazin, das wir speziell für unsere Partner entwickelt haben: Buchhändler, Presse, Agenten/Autoren, lizenzgebende Verlage etc.

Warum machen wir „pages“?
„pages“ soll das Image von Bastei Lübbe als Familienunternehmen schärfen, dem letzten familiengeführten Verlag in der Größenordnung ein Gesicht geben.
„pages“ soll neugierig machen. Nicht der Verkauf der Titel (wie in den Vorschauen) steht im Vordergrund. Wir wollen das Interesse wecken und unterhalten:
Wer sind die Menschen hinter den Büchern? Was inspiriert und motiviert den Autor? Wie sieht eigentlich der Verlagsalltag aus? ▸

Kunde Bastei Lübbe GmbH & Co. KG, Köln Abteilungsleiter Marketing Mathias Siebel Kommunikationsreferentin Marketing & Design Petra Jöllenbeck

MEDIEN UND KOMMUNIKATION / B2B

WEITERE MEDIEN / KOMMUNIKATION

PROMOTION / AKTIVITÄTEN

Discovery Communications Deutschland, DMAX / Survivalpack zum Weltuntergangstag

Entwicklung eines DMAX Survival Packs. Das Survival Pack ist das augenzwinkernde Promotion-Give-away für eine DMAX Roadshow zum Weltuntergangstag, zu dem DMAX ein Sonderprogramm sendet.

Kunde Discovery Communications Deutschland GmbH & Co. KG, München Geschäftsführung Susanne Aigner-Drews / Deirdre Forbes / Yitzchok Shmulewitz / John Honeycutt Leitung Trademarketing Julia Kraupa Werbeagentur Bloom Project GmbH, München Geschäftsführender Gesellschafter Stefan Neukam Beratung Heiko Zimmermann Creative Director Holger Wiesenfarth (Art) / Robert Pfaffenzeller (Text) Art Director Mick Köppen Text Nino Schrepfer Grafik Boris Purmann Junior Art Director Andreas Weixler

MEDIEN UND KOMMUNIKATION / B2B

WEITERE MEDIEN/KOMMUNIKATION

DIREKTMARKETING / PRINT

Discovery Communications, DMAX / Einladung zum DMAX Experience Tag 2012

Entwicklung einer Einladung zum DMAX Kundenevent Experience Tag 2012. Passend zum Event auf dem Rover Experience Center bei Düsseldorf zeigt eine illustrierte Karte des Geländes die verschiedenen Action-Stationen des Events. Als besonderer Hingucker wurden Dogtags im DMAXLook entwickelt und dem Mailing beigelegt.

Kunde Discovery Communications Deutschland GmbH & Co. KG, München Geschäftsführung Susanne Aigner-Drews / Deirdre Forbes / Yitzchok Shmulewitz / John Honeycutt Leitung Trademarketing Julia Kraupa Werbeagentur Bloom Project GmbH, München Geschäftsführender Gesellschafter Stefan Neukam Beratung Heiko Zimmermann Creative Director Holger Wiesenfarth Art Director Mick Köppen Text Nino Schrepfer Grafik Boris Purmann Junior Art Director Andreas Weixler

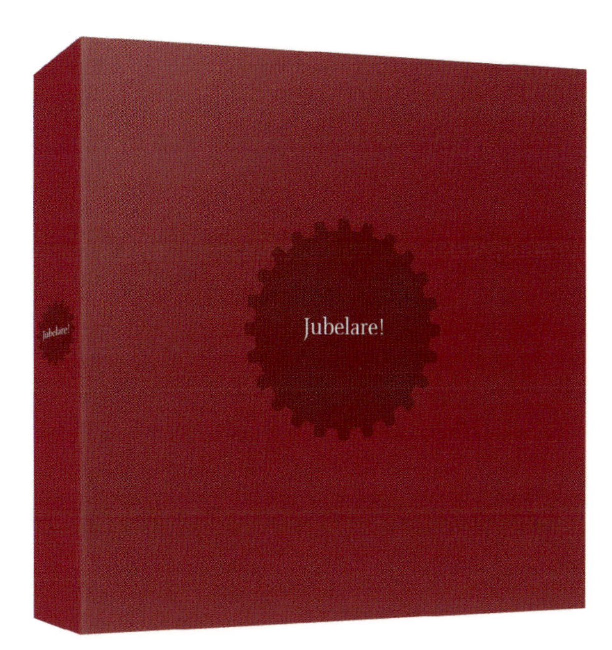

MEDIEN UND KOMMUNIKATION / B2B

WEITERE MEDIEN / KOMMUNIKATION

PRINT

Edel AG / „Jubelare!“ Festschriften

2011 feierte die Edel AG 25-jähriges, Tochterunternehmen optimal 20-jähriges Bestehen. Zwei Festschriften in einem Schuber erzählen charmant die Unternehmensgeschichten – in Bild und Tonalität abgestimmt. In Reportagen wird das Engagement von Edel und optimal lebendig. Gestalterisch symbolisiert das Zahnradmotiv die Zusammenarbeit. Mit Lesebändchen und Lesezeichen ging der Schuber als Dank an Mitarbeiter und Kunden – eine Wertschätzung aller, die Edel zu dem gemacht haben, was es ist.

PLATTEN STATT PELZE

Die Geschichte von Edel Music ist die vom Erwachsenwerden eines Unternehmens, Flegeljahre inbegriffen. 25 Jahre, in denen sich nicht nur unterschiedliche musikalische Moden spiegeln, sondern auch die Entwicklung einer Branche, die zu den turbulentesten überhaupt zählt.

Kunde Edel AG, Hamburg Vorstandsvorsitzender / Herausgeber der Festschriften Michael Haentjes Director Corporate Communications Bernd Hocke Werbeagentur Sehfeld GmbH ehem. Groothuis, Lohfert, Consorten GmbH; Groothuis. Gesellschaft der Ideen und Passionen mbH, Hamburg Konzeption Niko Müller Creative Director Rainer Groothuis Art Director Gerd Schröder Chefredakteur Bernd Hocke Druckerei optimal media GmbH Lithografie Frische Grafik

MEDIEN UND KOMMUNIKATION / B2B

WEITERE MEDIEN/KOMMUNIKATION

PRINT

Edel AG / „prego:“ – das Kulturmagazin

Das Motto des B2B-Kundenmagazins „prego:“ ist: „Das Leben ist bunt“. Denn bunt ist auch das Programm des Verlags selbst. „prego:“ bietet unterhaltsame Geschichten aus der Buch- und Musikwelt und stellt dabei auch Themen und Autoren des Verlagsprogramms vor. Dazu: Information und Unterhaltung auf hohem Niveau. Es geht um Bücher, aber auch um Musik, Fotografie, Buchhandelsmarketing oder ganz einfach: um das Leben. Die klare, moderne Gestaltung signalisiert: Bei uns zählen Qualität und Inhalt.

DAS LEBEN IST BUNT.

PREGO:

DAS KULTURMAGAZIN VON EDEL 02/2012

BOND-GIRLS: Eigenwillig und unabhängig – die Gespielinnen und Gegenspielerinnen von James Bond sind Ikonen und ihrer Zeit immer weit voraus.

KÜCHEN-KINDER: Gute Rezepte, Neugier, Freude am Tun und ein wenig Fingerspitzengefühl – mehr braucht man nicht, um gemeinsam etwas Leckeres zu kochen.

MÄNNER IN MONTREUX: Herbert Grönemeyer über sein Konzert auf dem Jazzfestival, bockige Wörter und, nun ja, die eine oder andere französische Freundin.

KULTKRIMI: John Nettles über seine Rolle und sein Leben als Inspector Tom Barnaby sowie die Blutgier in der Idylle.

AUSSERDEM: Jasmin Tabatabai am Jazz-Roundtable | Uli Borowka: Fußballer und Alkoholiker | Max Dax über Ennio Morricone | Jörg Thadeusz' Brief an Barack Obama | Das Weihnachtsoratorium in der Dresdner Frauenkirche | Gypsy Swing von Django Deluxe *und vieles mehr ...*

DER KLEINE UNTERSCHIED

Eine Liebeserklärung ans Vinyl.

TEXT: HOLLOW SKAI

Als Keith Richards noch in Dartford wohnte, war er davon überzeugt, meilenweit der einzige Chuck-Berry-Fan zu sein. Doch dann traf er eines Tages im Dezember 1961 am Bahnhof Mick Jagger, der nicht nur Berrys Album *Rockin' at the Hops* unterm Arm trug, sondern auch eins von Muddy Waters. So kamen die beiden ins Gespräch, und der Rest ist Geschichte: Im Juli 2012 haben die Rolling Stones ihr 50-jähriges Bandjubiläum gefeiert.

Heute würden sie wahrscheinlich aneinander vorbeilaufen und sich nie kennen lernen, weil beide mit einem iPod oder Smart Phone verkabelt und so von der Außenwelt abgeschirmt wären. Doch damals waren Schallplatten noch Mangelware. Man musste schon richtig heiß auf Rhythm & Blues sein, um sich von seinem Taschengeld bei einem Mail-Order-Versand aus Chicago ein paar rare Scheiben zu bestellen, wie das Mick Jagger getan hat. Und wenn man sich mit Freunden traf, nahm man die raren Exemplare halt mit, damit sie vorgespielt oder aufgenommen werden konnten.

Filesharing gab es also auch schon lange, bevor das Internet unser Leben so beschleunigte und uns zumindest theoretisch in die Lage versetzte, nahezu jedes Stückchen Musik hören zu können, das jemals konserviert wurde. Allein, die Auswahl an Musik war wesentlich bescheidener und die Möglichkeit, sie zu kopieren, weitaus umständlicher und zeitraubender.

Mit der Einführung der Kassette war das Hören später nicht mehr an einen Ort gebunden, und man konnte erstmals in der Geschichte der Tonaufzeichnungen seine Lieblingsmusik überallhin mitnehmen. Das Hören von Schallplatten, insbesondere von LPs, war aber längst zum Ritual geworden, und für jeden, der in den 1960ern und 1970ern aufgewachsen ist, verbinden sich damit Erinnerungen, die eng verknüpft sind mit seiner eigenen Entwicklung.

Meine Eltern besaßen nie einen Plattenspieler oder eine Musiktruhe, sodass ich mir meine erste LP relativ spät kaufte – das Juicy-Lucy-Album mit dem damals skandalösen Klappcover, auf dem eine mit Früchten garnierte Lucy so zu sehen war, wie der liebe Gott sie geschaffen hatte. Mit dem Kauf musste ich warten, bis meine Schwester sich einen Plattenspieler zulegte, sehe es aber noch heute vor mir, wie ich damit 1969 im Schallplatten-Center am Steintor in Hannover die Treppe zu den Kabinen hinaufstieg, in denen man sich die Platten anhören konnte, damit man die Katze nicht im Sack kaufen musste. Zuvor war mir von einem Angestellten noch gezeigt worden, wie ich eine Schallplatte anzufassen habe, und hinterher wurde penibel überprüft, ob die abgehörte Scheibe auch keinen Kratzer abbekommen hat.

Leider wurde dieser Service schon bald abgeschafft, weil manch einer die Zeit nutzte, um in den Kabinen mit seiner Freundin zu fummeln, ohne auch nur eine Platte zu kaufen. Und außerdem benötigte man viel zu viel Personal, um den Schallplattenklau zu verhindern, der zur Zeit der Jugendrevolte und Studentenbewegung schwer in Mode war.

Plattenläden waren damals nicht nur Geschäfte, in denen gut informierte und enthusiastische Fans jobbten und ihresgleichen berieten. In den späten Sechzigern und frühen Siebzigern des letzten Jahrhunderts waren sie auch Fluchtpunkt von Schülern und Jugendlichen, denen daheim die Decke auf den Kopf fiel und die etwas Abstand von ihren autoritären Eltern brauchten.

In vielen Plattenläden durfte man damals noch rauchen, ohne dass man von einem Erwachsenen gefragt wurde, ob man schon sechzehn sei. Man konnte dort ganze Nachmittage verbringen und, wenn man Glück hatte, eine der heißbegehrten Platten von Blodwyn Pig oder Steamhammer ergattern, von denen es in jeder Stadt immer nur sehr wenige Exemplare gab – die sich die Verkäufer meistens selbst sicherten, weil sie die Ersten waren, die den Zugriff darauf hatten. Denn damals konnte man Schallplatten nicht einfach bei einem Vertrieb oder einer Plattenfirma bestellen, weil die nur über ein sehr begrenztes Repertoire an neuen Bands verfügten. In den Sechzigern fuhr der Chef eines Plattenladens oft noch persönlich einmal im Monat nach London und kaufte dort neue Ware für sein Geschäft ein.

KULTKRIMI 25

INTERVIEW: ALEXANDER MENDEN

Mr. Nettles, wussten Sie, dass Angela Merkel ein großer Fan von Ihnen ist?
Nettles: Ja, und ich finde es sehr erfreulich. Als sie Premier David Cameron vergangenes Jahr auf seinem Landsitz Chequers besuchte, stellte sich in einem Gespräch heraus, dass sie beide *Inspector Barnaby* mochten. Ich habe sie dann leider nicht getroffen. Aber nur, weil ihr Zeitplan zu voll war, und nicht, wie die britische Presse schrieb, weil ich mich aus Prinzip geweigert hätte. Im Gegenteil, ich hätte Frau Merkel sehr gerne kennengelernt. Soweit ich das überblicken kann, ist sie momentan der einzige Politiker von Format in Europa.
Die Kanzlerin kennt Sie allerdings mit einer anderen Stimme. In Deutschland werden ja alle fremdsprachigen Serien synchronisiert. Haben Sie sich schon mal mit einer Synchronstimme gehört?
Nettles: Ja, in Deutschland ist mein Synchronsprecher derselbe, der auch Tom Selleck seine Stimme leiht [*Norbert Langer; Anm. d. Red.*]. Das ist schon in Ordnung. Meine Lieblingsstimme ist aber die französische. Der Kollege dort lässt meine Figur wunderbar sexy und intellektuell klingen.
Erkennen die Menschen Sie denn als Inspector Barnaby, wenn Sie ins Ausland reisen?
Nettles: Andauernd. Ich habe mal in Paris gedreht und wurde auf einer Seine-Brücke nacheinander von sechs verschiedenen Leuten angesprochen. Darunter waren Australier, Franzosen, Belgier – und sie alle nannten mich Inspector Barnaby. Die meisten unterscheiden natürlich auch nicht zwischen dem Darsteller und der Rolle. Für sie bin ich ein britischer Polizist. Das stört mich aber gar nicht. Ich würde mir erst Sorgen machen, wenn mich niemand mehr anspricht.
War irgendeine spezielle Vorbereitung auf die Figur nötig?
Nettles: Die Vorbereitung ist immer ähnlich. Man muss sich in den Kopf seiner Rolle versetzen: Wie denkt Tom Barnaby, was sind sein Hintergrund, seine Methoden und Überzeugungen, seine Gefühlswelt? Er durfte nicht zu emotional sein, brauchte etwas Distanz, um arbeiten zu können. Sonst wäre er über die Jahre mit den vielen Mordfällen gar nicht fertiggeworden. Barnaby ist ein Fall von »Stille Wasser sind tief«. Für mich ist er ein typischer Mensch der englischen Mittelschicht, ein sehr konservativer Gentleman von einer Art, die es eigentlich gar nicht mehr gibt. Mental eher eine Figur der Fünfziger- und Sechzigerjahre, die sich zufällig im 21. Jahrhundert wiederfindet.
Muss man Gemeinsamkeiten entdecken, um eine Figur so lange spielen zu können?
Nettles: Nach ungefähr zehn Jahren ist mir aufgefallen, dass ich begann, mich ein bisschen wie Tom Barnaby zu benehmen. Das ging natürlich nicht so weit, dass ich irgendwen verhaftet hätte. Aber ich fuhr das gleiche Auto, trug Blazer, solche Sachen. Da verschwimmen Rolle und Darsteller schon ein wenig. Den Preis muss man eben zahlen.
Sie haben den Inspector im Vergleich zum Vorbild aus Caroline Grahams Romanen ziemlich modifiziert. Grahams Barnaby zum Beispiel hatte ständig Verdauungsprobleme.
Nettles: Ja, das zu übernehmen wäre für den Zuschauer eher unattraktiv gewesen. Es gibt ein paar Sachen, die man bei Fernsehfiguren einfach unappetitlich findet – zum Beispiel, wenn sie dauernd kauen oder eben Verdauungsprobleme haben. Außerdem lenkt das die Aufmerksamkeit in unguter Weise unter die Gürtellinie. Dabei soll es doch um Gehirnleistungen gehen.
Die Grafschaft Midsomer repräsentiert, wie Barnaby selbst, ein England, das etwas aus der Zeit gefallen zu sein scheint.
Nettles: Es ist ein surreales England, letztlich ein Märchenland. Ich fand es bei den Dreharbeiten immer sehr amüsant, wenn unweit der kleinen reetgedeckten Häuschen, der Kirchlein und säuberlich geschnittenen Hecken eine Autobahn vorbeiführte, oben die Flugzeuge lärmten und in der Entfernung Züge vorbeirauschen. Alles Fiktion also.
Wie hat sich die für *Inspector Barnaby* typische Mischung aus klassischer Detektivgeschichte in der Agatha-Christie-Tradition und verfahrensorientiertem »police procedural« entwickelt?
Nettles: Das ging auf eine Initiative von mir selbst zurück. Am Anfang war Barnaby der charismatische Polizist, der alles allein machte. Er stapfte mit seinen Stiefeln durch den Tatort, fasste die Leichen ohne Handschuhe an und so weiter. So war das ja bis etwa Mitte der Achtzigerjahre auch wirklich gewesen. Ein britisches Magazin bewertete einmal alle Fernsehkrimis danach, wie realistisch sie waren. Wir bekamen null von zehn Punkten. Ich bat dann darum, ein bisschen mehr Beweis- und Spurensicherung einzubauen. Aber Barnabys Rolle ist es noch immer zu fragen, zu sammeln und dann alle Puzzleteile

24 KÜCHENGESPRÄCH

»MAN NASCHT BEIM KOCHEN! WANN DENN SONST?!«

Drei junge Köche schwingen den Silberlöffel.

TEXT: MIRIAM HOLZAPFEL-GROOTHUIS FOTOS: ALEXANDER MERTSCH

Essen kann jeder. Aber kochen will gelernt sein. Dass es dafür nicht sehr viel mehr bedarf als Neugier, Freude am Tun und ein wenig Fingerspitzengefühl, zeigt das gemeinsame Kochen mit Kindern. Die prego:*-Redaktion hat Fiona, Paula und Aaron in die Küche des Restaurants* Slowman *eingeladen, um dort den* Silberlöffel für Kinder *zu schwingen und drei Rezepte aus dem gleichnamigen Kochbuch auszuprobieren. Plat du jour sind: Sommersalat mit Cannellinibohnen, Kartoffelgnocchi mit Tomatensoße und Bananencreme zum Dessert. Die Messer sind gewetzt, Küchenchef Hanno steht für knifflige Fragen bereit. Viele Köche verderben den Brei? Ach was.*

Ran an den Speck, ihr Nachwuchsköche! Auf unserem Tisch liegen: eine Aubergine, eine gelbe Paprika und zwei schöne, reife Tomaten – alles Zutaten für den Salat. Was wir nicht haben, sind die Bohnen aus der Dose, ich habe getrocknete Cannellinibohnen gekauft und über Nacht eingeweicht. Und die müssen jetzt noch kochen. Damit fangen wir an, denn das dauert eine Weile.
Hanno: Getrocknete Bohnen sind eigentlich gar nicht schlecht, weil die sich beim Kochen besser für das Aroma öffnen. Man könnte da jetzt beispielsweise noch Lorbeerblätter ran tun, aber für Kinder ist es schön, das ganz *plain* zu machen. Wir geben nur ein bisschen Salz ins Wasser, das genügt.
Paula: Und im Rezept steht »glatte Petersilie«, was soll das denn heißen?
Glatte Petersilie haben wir hier, schau dir mal die Blätter an: Die sind ganz ohne Falten und ohne Kräusel. Eben glatt. Vom Gemüse nimmt sich jetzt jeder eine Sorte vor und schneidet kleine Würfel. Fiona die Aubergine, Aaron die Paprika und Paula die Tomaten.
Fiona: Was bitte bedeutet, man soll das »mit der Brückentechnik schneiden«? Geht das Messer unter der Brücke aus Fingern durch?
Ja, ganz genau. Du siehst das auf den Bildern vorne im Buch. Es geht vor allem darum, dass du dir nicht in die Finger schneidest.
Paula: Oooh, sind die Messer scharf. Wie fange ich bloß an? Erstmal das Grüne da oben raus? Und dann? Soll ich so Stücke machen?
Hanno: Probier es mal so (*zeigt, wie man die Tomaten schneidet*).
Aaron: Ey, schau mal, wie schön das aussieht, wenn ein echter Koch das macht! Richtige Scheiben!
Paula: Und bei mir fällt nur der Kernschwabbel da innen raus, wenn ich schneiden will.
Aaron: Mmh, die Paprika schmeckt gut!
Fiona: Du naschst, das macht man nicht!
Aaron: Natürlich macht man das, man nascht beim Kochen! Wann denn sonst?
Paula: Aber immer nur das, was man selber schneidet.
Während wir das Gemüse schneiden, garen die Cannellinibohnen mit etwas Salz. Etwa 40 Minuten später werden sie genau richtig sein – genug Zeit, um inzwischen die Kartoffeln für die Gnocchi vorzubereiten.
Beim Kartoffelschneiden ist wieder die Brückentechnik angesagt. Und mit so einem scharfen Messer schneidet sich die Kartoffel beinahe von alleine.
Fiona: Das kenn ich aus dem Kochkurs!
Du hast schon einen Kochkurs gemacht?
Fiona: Ja, mit drei Gängen. Ich koche auch zu Hause oft.
Was ist denn Dein Lieblingsrezept?
Fiona: Grießbrei und Bratkartoffeln. Und Lachs.
Du kannst schon Fisch zubereiten? Respekt! Wie machst Du den Lachs?
Fiona: So ganz normal mit Zwiebeln und Gemüse. Das ist eigentlich einfach. Man muss es halt nur schön lecker anbraten.
Kochst du auch, Paula?
Paula: Nur in den Schulferien, wenn meine Eltern arbeiten. Dann müssen meine Schwester und ich kochen. Meistens gibt es dann Nudeln, das essen alle gerne. Da kann man auch nicht viel falsch machen, außer, dass die Nudeln zu lange kochen. Und genau das ist uns auch schon passiert.
Und du, Aaron?
Aaron: Ich kann nicht kochen. Nur Fertigpizza. Schmeckt auch.
Für die Gnocchi soll man laut Rezept die Kartoffeln dämpfen. Hanno, wie macht ihr das in eurer Küche?
Hanno: Ja, dämpfen ist schon richtig für Gnocchi, weil die Kartoffeln nicht so viel Wasser beim Garen aufnehmen und der Teig dann besser gelingt. Dafür sollten sie aber besser ungeschält bleiben. Wenn sie allerdings geschält sind, dann kann man die Kartoffeln auch gleich kleiner schneiden, damit das Garen nicht mehr so lange dauert. Und seht ihr, was mit den Stücken passiert, wenn die hier so geschält rumliegen?
Paula: Iih, die werden braun!

Fiona, 11 Jahre:
»Gemüse anbraten, das kann wohl wirklich jeder!«

Kunde Edel AG, Hamburg Vorstandsvorsitzender / Herausgeber „prego" Michael Haentjes Director Corporate Communications Bernd Hocke Werbeagentur Sehfeld GmbH ehem. Groothuis, Lohfert, Consorten GmbH; Groothuis. Gesellschaft der Ideen und Passionen mbH, Hamburg Konzeption Rainer Groothuis Creative Director Rainer Groothuis Art Director Philipp Wesche Producer Carolin Beck (Herstellung) Chefredakteur Bernd Hocke Redaktionsleitung Miriam Holzapfel-Groothuis Redaktion Niko Müller / Joachim Otte Gesamtherstellung Firmengruppe APPL, Print.Forum Druck GmbH Lithografie Frische Grafik

JAKO-O

„Lasst Kinder einfach Kinder sein“

07

04

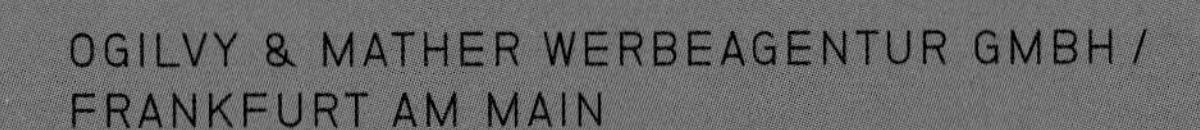

OGILVY & MATHER WERBEAGENTUR GMBH / FRANKFURT AM MAIN

01 Dr. Stephan Vogel
02 Peter Strauß
03 Ute Sonntag
04 Jens Friggemann
05 Larissa Kleemann
06 Nathalie Schulz
07 Andreas Best
08 Larissa Pohl

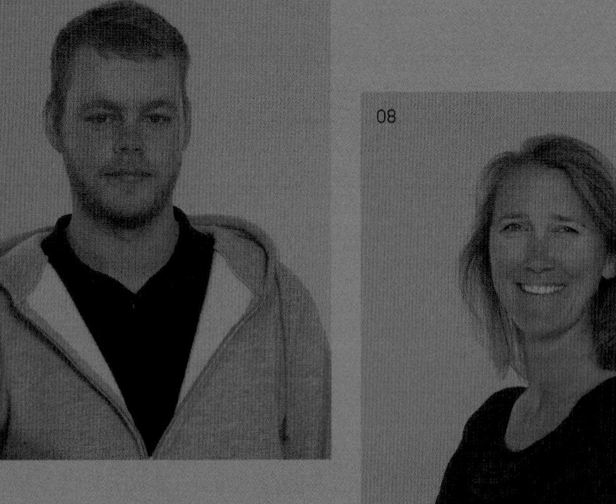

08

02

05/06

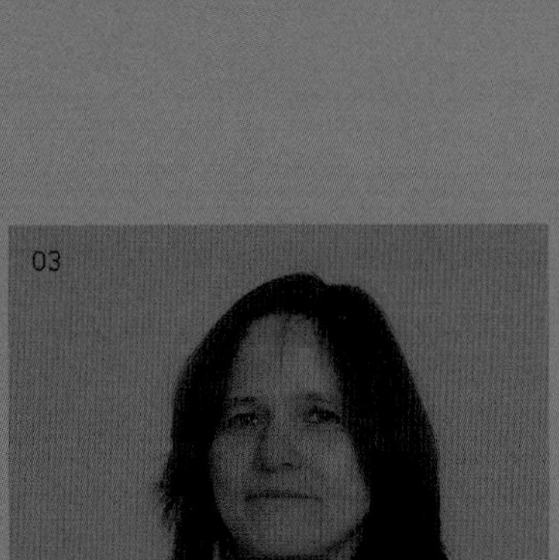

03

HANDEL / B2C

EINZELHANDEL

FILM

JAKO-O / „Lasst Kinder einfach Kinder sein"

JAKO-O ist ein bekannter und beliebter Versandhandel für Kindermode und Spielsachen. Problem: Kunden nehmen die Qualität der Produkte nicht ausreichend wahr und empfinden JAKO-O daher zunehmend als „zu teuer". Dabei ist JAKO-O in vieler Hinsicht ein Pionier der Branche.

Aufgabe: Verdeutlichen, dass JAKO-O für eine besondere Haltung und für kindgerechte Pädagogik steht, dass die Produkte deshalb besser durchdacht sind und zu einem glücklichen, entspannten Leben mit Kindern beitragen. ▸

Kunde JAKO-O GmbH, Bad Rodach Geschäftsführung Bettina Peetz Werbeagentur Ogilvy & Mather Werbeagentur GmbH, Frankfurt am Main Beratung Larissa Kleemann / Andreas Best Creative Director Dr. Stephan Vogel (CCO) / Peter Strauss Art Director Ute Sonntag Producer Claudia Vaternahm Text Lothar Müller / Jens Friggemann Planning Larissa Pohl / Sabina Pal Art Buyer Nathalie Schulz Creative Assistant Sophia Metzler Filmproduktion JO!SCHMID Filmproduktion GmbH Producer Anne Baeker Regie Martin Schmid Kamera Martin Schmid Schnitt Toni Froschhammer Musik Andreas Bruhn / Michi Besler Music Production Eardrum

HANDEL / B2C

EINZELHANDEL

PRINT

JAKO-O / „Lasst Kinder einfach Kinder sein"

JAKO-O ist ein bekannter und beliebter Versandhandel für Kindermode und Spielsachen. Problem: Kunden nehmen die Qualität der Produkte nicht ausreichend wahr und empfinden JAKO-O daher zunehmend als „zu teuer". Dabei ist JAKO-O in vieler Hinsicht ein Pionier der Branche.

Aufgabe: Verdeutlichen, dass JAKO-O für eine besondere Haltung und für kindgerechte Pädagogik steht, dass die Produkte deshalb besser durchdacht sind und zu einem glücklichen, entspannten Leben mit Kindern beitragen.

Kunde JAKO-O GmbH, Bad Rodach Geschäftsführung Bettina Peetz Werbeagentur Ogilvy & Mather Werbeagentur GmbH, Frankfurt am Main Beratung Larissa Kleemann / Andreas Best Creative Director Dr. Stephan Vogel (CCO) / Peter Strauss Art Director Ute Sonntag Text Peter Strauss / Lothar Müller / Jens Friggemann Fotografie Susanne Walström Art Buying Nathalie Schulz Planning Larissa Pohl Illustrator Rosa Sonntag Creative Assistant Sophia Melzer

HANDEL / B2C

EINZELHANDEL

DIGITALE MEDIEN / UNTERNEHMENS-/ ORGANISATIONSWEBSEITEN

Berchtold Sport + Fashion GmbH & Co. KG / Berchtold Sport und Fashion Internet

Ein junger, frischer Webauftritt für ein regionales Sport- und Fashiongeschäft

www.berchtold-sport-fashion.at

Kunde Berchtold Sport + Fashion GmbH & Co. KG, Götzis (Österreich) Geschäftsführung Martin Witzemann Marketingleitung Martin Witzemann Werbeagentur zurgams Kommunikationsagentur GmbH, Dornbirn (Österreich) Beratung Jörg Ströhle Konzeption Joachim Glawion / Jörg Ströhle Creative Director Jörg Ströhle Art Director Thomas Gschossmann Text Joachim Glawion

HANDEL / B2C

EINZELHANDEL

PRINT

114 Umweltschonung beim Transport Umweltschutz bei C&A

Umweltschonung beim Transport: die Logistik von C&A

Die Textilproduktion ist schon seit langer Zeit weltweit vernetzt – lange Transportwege sind die Folge. Darum setzen wir alles daran, unsere Logistik so umweltschonend und energiesparend wie möglich zu gestalten.

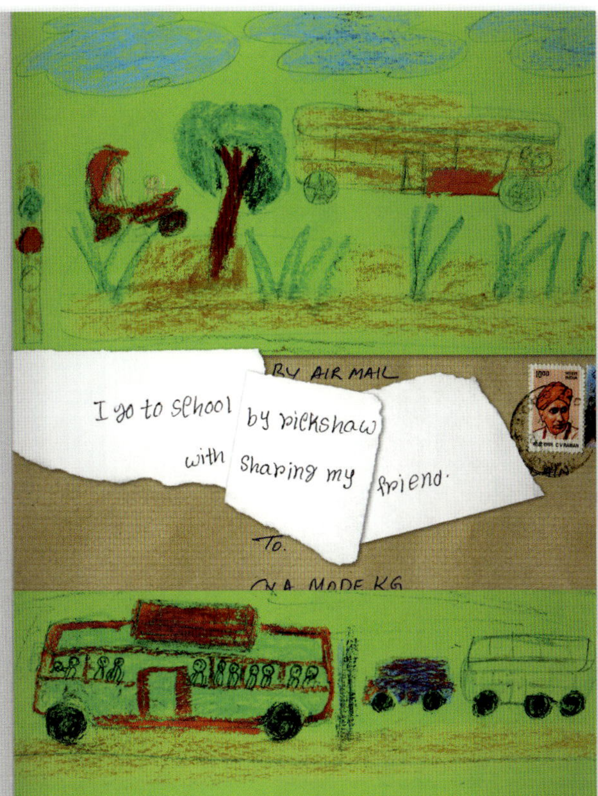

72 Die Arbeit der SOCAM C&As Grundsätze und deren Auditierung

C&As Grundsätze und deren Auditierung Zusammenfassung der SOCAM-Ergebnisse 73

Zusammenfassung der SOCAM-Ergebnisse:

Seit 1996 hat die SOCAM weltweit mehr als **25.000 Betriebe** in mehr als **60 Ländern** überprüft.

Im Jahr 2011 wurden insgesamt **1.724 Audits** in **25 Ländern** durchgeführt.

Damit wurden rund **73 %** der für **C&A arbeitenden Betriebe** überprüft.

87 % der **Auditierungen** fanden in **Asien** und auf dem **indischen Subkontinent** statt – alle weiteren in Europa und Nordafrika.

Etwa **80 %** der **C&A-Warenlieferanten** waren involviert.

In **65 %** der **Fälle** kam es zu **Beanstandungen**, die entweder zu sofortigen Verbesserungsmaßnahmen oder zur Vereinbarung verbindlicher Korrekturpläne führten.

Arbeitsschutzhandschuhe

C&A Europa Corporate Affairs / „We care. Nachhaltig handeln. C&A 2012."

Alle zwei Jahre veröffentlicht C&A seinen CR-Report. Darin berichtet das Unternehmen über seine Aktivitäten entlang der textilen Kette vor allem in Bezug auf Umweltschutz und Arbeitsbedingungen. Er richtet sich an Stakeholder und Fachjournalisten sowie an interessierte Kundinnen und Kunden. Die Auflage des Reportes beträgt 5.000 Exemplare, davon 2.000 auf Deutsch und 3.000 auf Englisch. Auf der C&A-Homepage www.c-and-a.com liegen zusätzlich PDF-Versionen in weiteren Sprachen zum Download bereit. ▸

Wenn ich ins Dorf gehe, um meine Oma zu besuchen, fühle ich mich glücklich.

Saranya, Tirupur, Indien

Das Unternehmen C&A — Basis unseres Handelns: Fairness und Vertrauen — 17

Basis unseres Handelns: Fairness und Vertrauen

C&A verkauft nicht einfach nur Bekleidung. Das Unternehmen beschäftigt über 37.500 Mitarbeiter und gibt vielen weiteren Menschen entlang der textilen Kette Arbeit. Diese Verantwortung verlangt nach einer klaren Strategie.

Die C&A-Strategie

Wir möchten das Vertrauen der an uns interessierten Menschen erlangen und bewahren, indem wir Verantwortung für die folgenden Kernbereiche übernehmen:

Wir bieten unseren Kunden sichere Produkte in guter Qualität und mit einem hervorragenden Preis-Leistungs-Verhältnis.

Wir unterstützen und fördern die nachhaltige Entwicklung verbesserter Arbeitsbedingungen in unserer Zulieferkette.

Wir handeln verantwortungsvoll in den Gemeinschaften, in denen wir tätig sind.

Wir lenken die öffentliche Aufmerksamkeit aktiv auf wichtige nachhaltige Themenbereiche.

Wir leisten – unter wirtschaftlichen Aspekten – einen aktiven Beitrag zum Schutz der Umwelt.

Gute Vorsätze

Die Grundsätze der C&A-Nachhaltigkeit

Ein Großteil der Bekleidung von C&A wird in Asien gefertigt. Das bedeutet, dass C&A auf die Verlässlichkeit und die Vertrauenswürdigkeit seiner Lieferanten insbesondere in Bezug auf Umwelt- und Arbeitsbedingungen angewiesen ist. Wir sehen die Zukunft unseres Unternehmens untrennbar mit einem verantwortungsvollen, ethischen Handeln im sozial- und umweltbezogenen Bereich verbunden. Dies ist die Kernaussage von „We C&Are", dem Motto unserer Nachhaltigkeitsstrategie.

Das Ziel unseres unternehmerischen Handelns ist die langfristige Sicherung unseres wirtschaftlichen Erfolges. Das ist das finanzielle Grundprinzip eines jeden Unternehmens, ohne das es nicht existieren kann. Nur wenn dieses Ziel erreicht wird, agiert ein Unternehmen nachhaltig am Markt und kann entsprechend handeln. Unser Angebot muss für unsere Kunden attraktiv bleiben, damit wir weiter erfolgreich und nachhaltig agieren können. Die eigentliche Herausforderung ist es, nicht „trotz" sondern „wegen" dieser Prämisse soziale und ökologische Ziele zu verfolgen.

Dieses Ziel ist nur zu erreichen, wenn sich soziale und ökologische Themen nicht dem Wirtschaftlichkeitsprinzip unterordnen müssen, sondern als gleichrangig betrachtet werden. Nur wenn das erreicht wird, kann

Das Motto der C&A-Nachhaltigkeitsstrategie lautet „We C&Are".

Kunde C&A Europa Corporate Affairs GmbH & Co. KG, Düsseldorf Geschäftsführung Martijn Brenninkmeijer Marketingleitung Andreas Seitz Produktleitung Philip Chamberlain Leitung Öffentlichkeitsarbeit Thorsten Rolfes Werbeagentur MelchesVonderstein Werbeagentur GmbH, Düsseldorf Beratung André Morgenstern Konzeption Stefan Vonderstein Creative Director Melanie Molz Art Director Beate Reinwaldt Text Michael Turowski Fotografie Jochen Manz Fotografenagentur Rockenfeller & Göbels E.K. Zeichnungen Kreativitätsschule e.V. / Kinder von C&A-Mitarbeitern, Düsseldorf und Brüssel / Kinderclub Regenschirm, Berlin, und Tisso School Tirupur, Indien

HANDEL / B2C

EINZELHANDEL

PRINT

Diehl & Brüser Handelskonzepte GmbH / „Emmas-Enkel-Flyer“

Emmas Enkel verfolgt ein erklärungsbedürftiges Multichannel-Konzept: Die Marke verbindet einen Online-Shop mit einem realen Ladengeschäft. Die Herausforderung bestand darin, dieses komplexe Produkt anschaulich zu erklären und Bedarf zu wecken. Der Flyer sollte die Relevanz von Emmas Enkel an Kunden kommunizieren, die das Angebot bislang nicht kannten. Der Flyer musste stellvertretend für die Marke Emmas Enkel stehen: also leicht zugänglich und verständlich sein.

Kunde Diehl & Brüser Handelskonzepte GmbH, Düsseldorf Geschäftsführung Sebastian Diehl / Benjamin Brüser Werbeagentur moveelevator GmbH, Oberhausen Beratung Hans Piechatzek Creative Director Andrea Krusen Text Dirk Wilkesmann

HANDEL / B2C

EINZELHANDEL

FILM

eFashion Boulevard, mawaju / TV-Kampagne Herbst/Winter 2012

mawaju.de ist einer der größten Online-Shops für Kinder- und Umstandsmode, der mode- und markenbewusste (werdende) Mütter von 25 bis 45 anspricht. Ziel der Kampagne ist, Visibility und Awareness in der Zielgruppe zu schaffen, mawaju.de mit einem positiven, emotionalen Image aufzuladen und als DEN Online-Shop für hochwertige Markenmode im Segment Kinder- und Umstandsmode zu positionieren. Die Kampagne läuft seit Oktober 2012 im deutschen Fernsehen.

In der Herbst/Winter-Kampagne dreht sich alles um 8 coole Kids, die mit viel Freude die neue Herbst/Winter-Mode präsentieren. Beim Casting wurde großer Wert darauf gelegt, unterschiedliche Altersgruppen und Typen von Kindern zu zeigen, um die Vielfalt des Sortiments von mawaju.de zu veranschaulichen. Outfit und Styling sollten die Persönlichkeit unterstreichen, dabei aber auch die Natürlichkeit der Kinder bewahren und sie nicht „verkleidet" aussehen lassen. Für jedes Kind wurde eine eigene Storyline entwickelt, die viel Raum für Spontaneität ließ. So sieht man die kleine Casey auf einer Couch tobend oder die Schwestern Nelly und Luzie, die sich necken und dabei kaputtlachen. Adrian macht Fotos von sich, und Attila betritt lässig zum Sound seiner Kopfhörer die Szenerie.
Das Set wurde bewusst nicht typisch kindlich, sondern eher reduziert gestaltet, um den Fashion-Charakter der Kampagne und die fröhlich-bunten Outfits zu betonen.
Die eigens für die Kampagne entwickelte Musik sollte die emotionale Bildsprache in einen „lässigen" Rahmen betten und die entspannt-fröhliche Stimmung unterstreichen. Allen 7 Spots gemein ist das Ending mit einem ausgelassenen Kinderlachen als Einleitung des Kampagnen-Slogans „mawaju.de – Wir liefern das Grinsen gleich mit."

Reminder (7 sec):
Ergänzt werden die 7 Hauptspots mit einem Reminder, in dem eine werdende Mami trendige Umstandsmode präsentiert.

Kunde eFashion Boulevard GmbH, Georgsmarienhütte Geschäftsführung Ger Boersma / Markus Wiethe Marketingleitung Anja Ziesche Werbeagentur Wiethe Objektiv GmbH & Co. KG, Georgsmarienhütte Konzeption Markus Wiethe / Anja Ziesche Creative Director Kai Klinke Art Director Sarah Schengber Producer Kai Klinke Filmproduktion Wiethe Objektiv GmbH & Co. KG Regie / Kamera / Schnitt Kai Klinke Musikproduktion Elbstudios Lars Ohlendorf

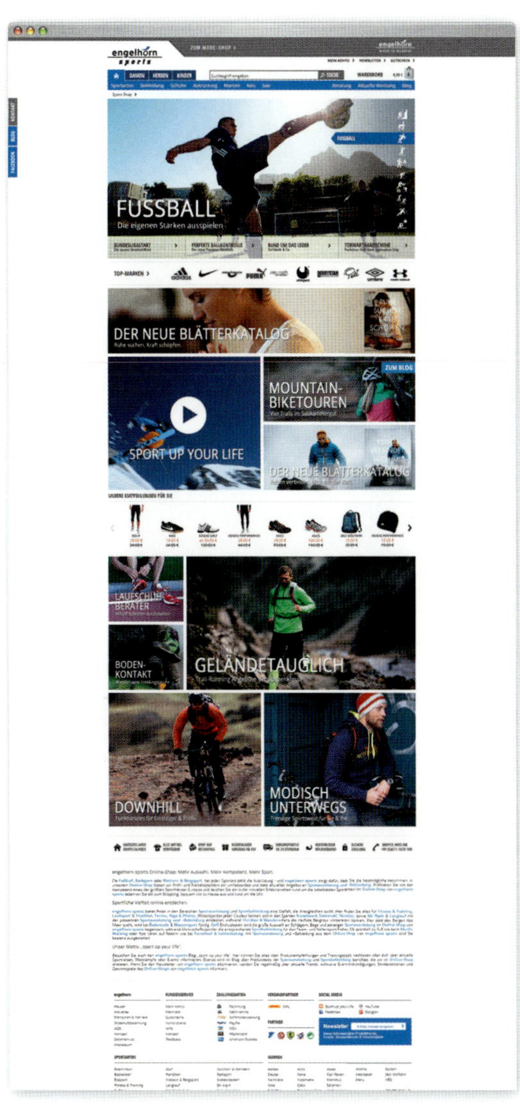

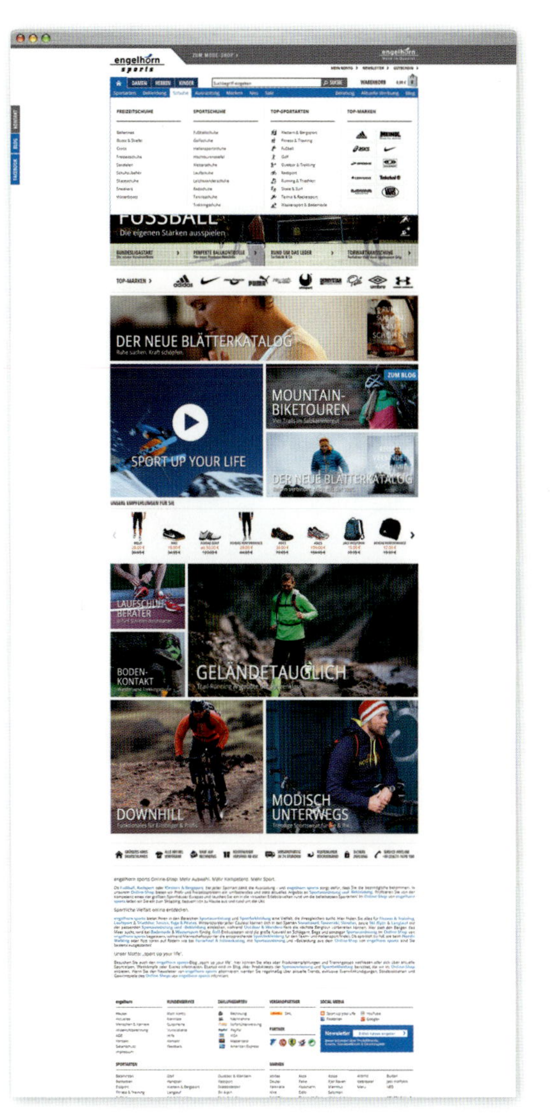

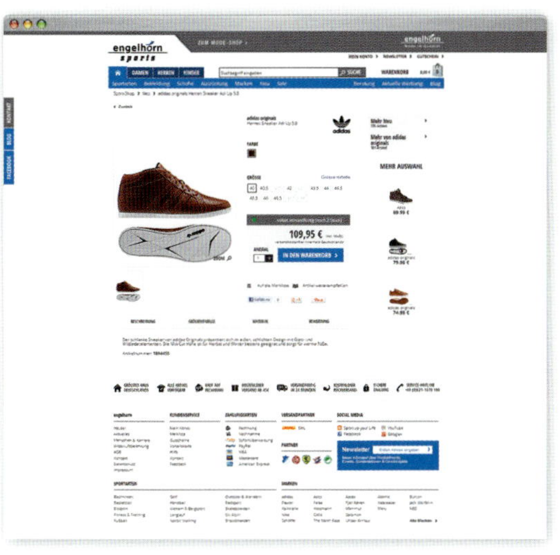

HANDEL / B2C

EINZELHANDEL

DIGITALE MEDIEN / PRODUKT-/SERVICEWEBSEITEN

engelhorn sports GmbH / engelhorn sports Online-Shop

Konzeption und technische Umsetzung des Online-Shops sollten die stationären Stärken des seit 1890 bestehenden Unternehmens widerspiegeln. So werden über 30.000 Artikel und 700 Mitte- und Premiummarken strukturiert und den Herstelleransprüchen entsprechend präsentiert. Authentische Bildwelten und Produktfotografie sprechen Sportler direkt an, auch die Sortimente und Marken sind konsequent nach Zielgruppen ausgerichtet. Ausgezeichnet mit dem Shop Usability Award 2012/Top 5.

Der Shop sollte übersichtlicher, intuitiver und in seiner Sortimentsvielfalt erlebbarer werden. Schnelle und verschiedene Einsprünge in alle Sportarten und die jeweiligen Spezialkategorien werden visuell herausragend dargestellt. Für den Sports-Shop sind verschiedene Sporterlebniswelten entwickelt worden, der Kunde kann aus insgesamt 23 Sportbereichen wählen. Je Saison stehen die 10 Topsportarten, wie zum Beispiel Klettern und Bergsport, Fußball oder Fitness und Training im Fokus. Das Sortiment lässt sich einfach durchstöbern, und beeindruckende Sportszenen sorgen dabei für Emotionalität und ein überzeugendes Sporterlebnis.

www.sports.engelhorn.de

Kunde engelhorn sports GmbH, Mannheim Bereichsleitung E-Commerce Michael Stolte Werbeagentur Wiethe Interaktiv GmbH & Co. KG, Georgsmarienhütte Projektleitung Roman von Heesen Fotografie / Film Wiethe Objektiv GmbH & Co. KG

HANDEL / B2C

EINZELHANDEL

PRINT

Hugendubel / „Für jeden mehr drin."

Seit den 70er-Jahren trägt die Hugendubeltüte die Marke Hugendubel nach außen. Deshalb ist sie für die „Heldenrolle" der Dachkampagne wie geschaffen. Das Markenversprechen „Für jeden mehr drin" positioniert Hugendubel als die Buchhandlung mit großem Mehrwert, die mehr an persönlichem Erlebnis, Spaß und Kundenfreundlichkeit bietet. Markensignale und -versprechen werden generationenfreundlich in allen Werbemitteln immer wieder klar vermittelt.

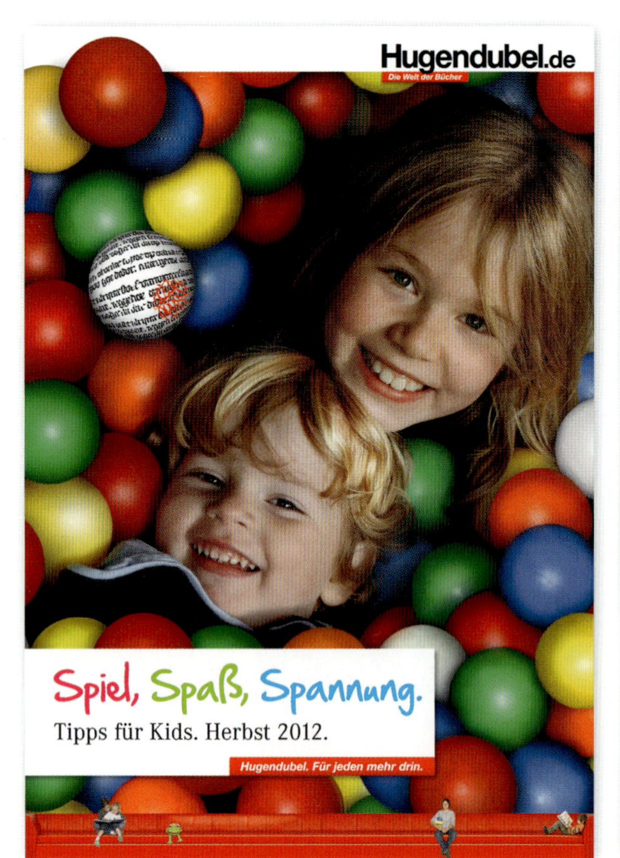

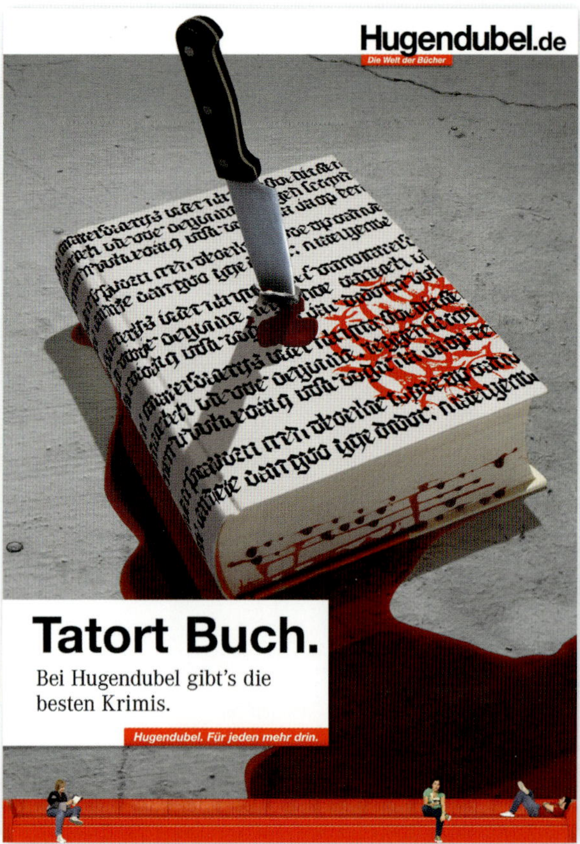

Kunde Hugendubel GmbH & Co. KG, München Geschäftsführung Nina Hugendubel / Dr. Maximilian Hugendubel / Thomas Nitz Marketingleitung Katrin Madel Produktleitung Nicole Zwierkowski Werbeleitung Katrin Madel Werbeagentur schwecke.mueller Werbeagentur GmbH, München Beratung Claudia Schwecke / Anna Neidlinger / Nina Illi / Wiebke Bähr Konzeption Ulla Müller-Frey Creative Director Ulla Müller-Frey Art Director Ulla Müller-Frey / Viola Leppek / Sophie Gerspach / Tanja Geier Producer Anna Neidlinger / Nina Illi / Wiebke Bähr Text Martina Müller Grafik Sophie Gerspach / Tanja Geier / Christiane Albrecht Fotografie Stockmaterial

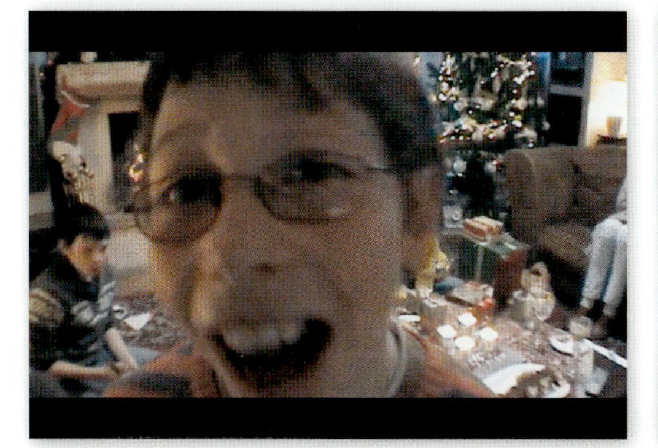

HANDEL / B2C

EINZELHANDEL

FILM

Media Markt / Weihnachts-kampagne

iPads, Flatscreens, Playstations, Smartphones etc. stehen ganz oben auf der Geschenkliste der Deutschen. Das Problem ist nur, dass die Menschen lieber Bargeld und Gutscheine verschenken. Das ist zwar vernünftig, sorgt aber für wenig Freude unterm Weihnachtsbaum.

Genau dafür entwickelten wir unseren Kampagnen-Claim, der den Zeitgeist auf den Punkt brachte: „Weihnachten wird unterm Baum entschieden".

Um in unseren TV-Spots die Botschaft „Weihnachten wird unterm Baum entschieden" authentisch zu inszenieren, haben wir keine Schauspieler gecastet, sondern die Reaktion echter Menschen beim Geschenkeauspacken gezeigt: Ein kleiner Junge, der sich wie verrückt über seine neue PS3 freut und daraufhin anfängt, wie wild zu tanzen; ein bärtiger Mann, der voller Freude lachend auf seinem neuen Laptop spielt und seinen Vater dankend fast erdrückt; ein Feuerwehrmann, der von seinen Kollegen eine SingStar bekommt, woraufhin alle „Oh Tannenbaum" einstimmen.

Off: „Weihnachten wird unterm Baum entschieden. Media Markt." ▸

Integrierte Kampagne _ Kunde Media Markt Management GmbH, München Geschäftsführung Wolfgang Kirsch Werbeagentur Ogilvy & Mather Werbeagentur GmbH, Frankfurt am Main Beratung Yves Rosengart / Jonas Bailly Creative Director Dr. Stephan Vogel (CCO) / Matthias Storath / Peter Römmelt / Simon Oppmann Art Director Julia Schäfer / Eva Stetefeld Producer Norman Strohmaier Text Taner Ercan / Holger Gaubatz Filmproduktion Markenfilm Berlin GmbH Producer Robert Tewes Regie Jan Wentz Kamera Franz Lustig Schnitt Kathrin Schmoll (NHB) Musik Playstation und Notebook The Kik – „A Christmas Song For You" / Singstar „Polka" Casting Troeber Casting Nina Griem & Nadine von Volkmann GbR

HANDEL / B2C

EINZELHANDEL

OUT OF HOME / MEDIEN

Media Markt / Weihnachts-kampagne

In den Mittelpunkt unserer Außen-werbungsmotive stellten wir ebenfalls unsere TV-Helden und zeigten die wahre Freude über echte Geschenke. Diese Freudenmomente wurden mit konkreten Produkten in Verbindung gebracht. So inszenierten wir unseren Claim „Weihnachten wird unterm Baum entschieden".

Integrierte Kampagne _ Kunde Media Markt Management GmbH, München Geschäftsführung Wolfgang Kirsch Werbeagentur Ogilvy & Mather Werbeagentur GmbH, Frankfurt am Main Beratung Yves Rosengart / Jonas Bailly Creative Director Dr. Stephan Vogel (CCO) / Matthias Storath / Peter Römmelt / Simon Oppmann / Helmut Meyer Art Director Eva Stetefeld / Julia Schäfer / Albert Chan / Lisa Reißner Text Taner Ercan / Holger Gaubatz

HANDEL / B2C

EINZELHANDEL

AUDIO

Media Markt / Weihnachtskampagne

Die Funk-Spots erzählen vergnügliche Geschichten mitten aus dem bundesdeutschen Leben rund um Weihnachten. Die zeigen, dass Media Markt eine wichtige Rolle für ein gelungenes Fest und funkelnde Augen spielt.

Spot-Flöte

Oma: „Jetzt noch ein Weihnachtslied und dann erst die Geschenke auspacken."

Kind: „Okaaay."

Kind spielt immer schneller werdend ein Weihnachtslied auf der Flöte.

Kind: „Fertig!"

Off: „Geschenke, auf die man sich so freut, gibt es bei Media Markt. Zum Beispiel die Nintendo Wii für 199 Euro. Weihnachten wird unterm Baum entschieden. Media Markt."

Spot-Weihnachtsgeschichte

Mutter: „Also, die Geschenke gibt es erst, wenn Papa die Weihnachtsgeschichte vorgelesen hat."

Vater: „Okay, gib her. Es begab sich aber zu der Zeit Joseph Maria Esel Bethlehem Wehen Krippe Christus Kind Halleluja – fertig."

Off: „Ruckzuck ran an die Geschenke.
Zum Beispiel, an die Nintendo Wii für 199 Euro.
Weihnachten wird unter dem Baum entschieden.
Media Markt."

Integrierte Kampagne _ Kunde Media Markt Management GmbH, München Geschäftsführung Wolfgang Kirsch Werbeagentur Ogilvy & Mather Werbeagentur GmbH, Frankfurt am Main Beratung Yves Rosengart / Jonas Bailly Creative Director Dr. Stephan Vogel (CCO) / Matthias Storath / Peter Römmelt / Simon Oppmann Text Taner Ercan / Holger Gaubatz / Jörg Schrod Produktion EXIT Studios GmbH Sprecher Christoph Jablonka

HANDEL / B2C

EINZELHANDEL

FILM

Media Markt / „Das Ende des Preis-Irrsinns“

Im Handel herrscht der Preisirrsinn. Immer scheint es irgendwie irgendwo irgendjemanden zu geben, der einen besseren Preis hat. Die Kunden beschleicht das Gefühl, bei jedem Kauf übers Ohr gehauen zu werden. Media Markt macht Schluss mit dem Preisirrsinn und führt das neue Preissystem ein: „Klare Ansage: der neue Media Markt Preis. Der erste Preis ohne den Preis-Irrsinn“. Mit nur einem Ziel: wieder Klarheit beim Preis schaffen und seinen Anspruch auf Preisführerschaft untermauern.

Ein Mann entspannt in seiner Badewanne. Im Hintergrund plärrt ein Radio und verkündet die neuesten Angebote: „Trüffi, das Preistrüffelschwein findet immer die besten Schnäppchen ...“. Aufgeschreckt durch die Berührung eines echten Schweins, folgt der Protagonist diesem in die fantastische Welt des Preisschwachsinns. Jahrmarktwesen, Marktschreier, Fabelwesen und Gauner locken ihn mit vermeintlichen Wahnsinnsangeboten, Rabatten und Schleuderpreisen. Berauscht von der wilden Schnäppchenjagd fällt er auf den angeblich billigsten Preis herein. Als sein Traumprodukt sich vor seinen Augen auflöst, landet er unter schallendem Gelächter der Fabelwesen im Matsch. Zornig über die Erkenntnis, dass der vermeintlich günstigste Preis nur eine Illusion war, schlägt er auf einen Buzzer, und die Fantasiewelt des Preisschwachsinns um ihn herum explodiert. Er schreckt hoch und erkennt erleichtert, dass alles nur ein wirrer Traum war. Darauf folgt das Media Markt Preisversprechen:

Off: „Das Ende des Preis-Irrsinns. Klare Ansage: der neue Media Markt Preis – der erste Preis ohne den Preis-Irrsinn. Media Markt.“

Integrierte Kampagne _ Kunde Media Markt Management GmbH, München Geschäftsführung Wolfgang Kirsch Werbeagentur Ogilvy & Mather Werbeagentur GmbH, Frankfurt am Main Beratung Yves Rosengart / Jonas Bailly / Nadine Ries / Eva Hoffmann Creative Director Dr. Stephan Vogel (CCO) / Matthias Storath / Helmut Meyer Art Director Albert Chan Producer Julia Stärkel Text Bent Kroggel / Lisa Reissner / Manuel Rentz Filmproduktion Partizan GmbH Producer Kirsten Sohrauer / Julian Holland Regie Nico Beyer Kamera Michael Mieke / Serge Roman Schnitt Peer-Arne Sveistrup Musik MoserMeyer Music

HANDEL / B2C

EINZELHANDEL

OUT OF HOME / MEDIEN

Media Markt / „Das Ende des Preis-Irrsinns"

Massiv geschaltete Blow-up-Poster riefen das Ende des Preis-Irrsinns aus. Das Herz der Außenwerbungskampagne war das „Wimmelbild", in dem Media Markt den ganzen Irrsinn geballt darstellte und mit der Headline „Das Ende der Preis-Irrsinns" das gewohnte System brach. Die Media Markt Tiefpreisplakette rief auf zum neuen täglich tiefen Preis – ohne den Preis-Irrsinn.

Integrierte Kampagne _ Kunde Media Markt Management GmbH, München Geschäftsführung Wolfgang Kirsch Werbeagentur Ogilvy & Mather Werbeagentur GmbH, Frankfurt am Main Beratung Yves Rosengart / Jonas Bailly / Nadine Ries / Eva Hoffmann Creative Director Dr. Stephan Vogel (CCO) / Matthias Storath / Helmut Meyer Art Director Albert Chan Text Bent Kroggel Fotografie Norman Konrad Art Buying Christina Hufgard Bildbearbeitung PX1 @ Medien GmbH Fotoproduktion Anja Wiroth Media Agency GmbH

HANDEL / B2C

EINZELHANDEL

PRINT

Media Markt / Beileger „Das Ende des Preis-Irrsinns“

Wie kein anderes Medium ist der legendäre Media Markt Beileger in millionenstarker Auflage das Medium, in dem die Rabattaktionen stattfanden.
Auch hier räumten wir mit dem Preis-Irrsinn auf und erklärten den neuen Media Markt Preis: „Täglich tief“.

Integrierte Kampagne _ Kunde Media Markt Management GmbH, München Geschäftsführung Wolfgang Kirsch Werbeagentur Ogilvy & Mather Werbeagentur GmbH, Frankfurt am Main Beratung Yves Rosengart / Nadine Ries Creative Director Dr. Stephan Vogel (CCO) / Matthias Storath / Helmut Meyer Art Director Albert Chan Text Bent Kroggel / Lisa Reißner Fotografie Norman Konrad / Moritz Schmid Art Buying Christina Hufgard Fotoproduktion Media Agency GmbH Bildbearbeitung PX1@Medien GmbH

HANDEL / B2C

EINZELHANDEL

DIGITALE MEDIEN / ONLINE-WERBEMITTEL

Media Markt / Schüttelbanner „Das Ende des Preis-Irrsinns"

So innovativ wie das neue Preissystem sollte auch die werbliche Inszenierung sein. In Kooperation mit Deutschlands größter Online-Tageszeitung (bild.de) haben wir ein außergewöhnliches Werbeformat entwickelt.
Darin tummeln sich zunächst die typischen Billigangebote. Bis eine Hand die komplette bild.de-Seite wegzieht, die Sonderangebote aus der Bannerbox herausschüttelt und sie wieder geleert zurückstellt. Der Banner verlinkte direkt zu den Preisbeweisen und zur Erklärung des neuen Preissystems.

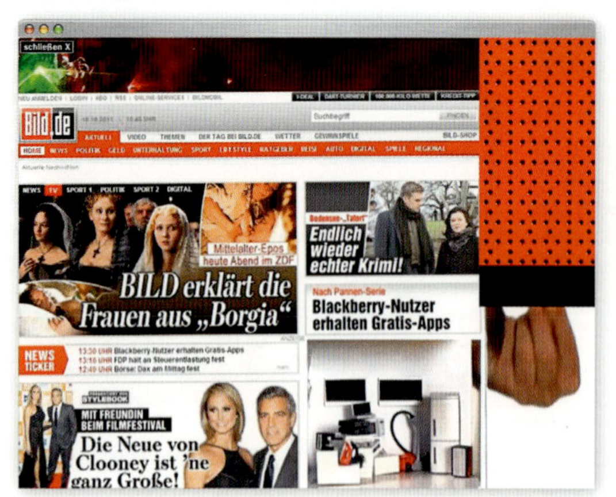

Integrierte Kampagne _ Kunde Media Markt Management GmbH, München Geschäftsführung Wolfgang Kirsch Werbeagentur Ogilvy & Mather Werbeagentur GmbH, Frankfurt am Main Beratung Yves Rosengart / Jonas Bailly / Nadine Ries / Eva Hoffmann Creative Director Michael Kutschinski / Matthias Storath / Uwe Jakob Art Director Jan Schulz / Klaus-Martin Michaelis Producer Jennifer Porst Technical Director Jens Steffen Application Engineer Ralf Zimmermann Creative Assistant Serge Blechschmidt Banner-Produktion plan.net campaign erste GmbH & Co. KG Mediaagentur plan.net media erste mediaagentur GmbH & Co. KG

HANDEL / B2C

EINZELHANDEL

DIGITALE MEDIEN / DIGITALE/INTERAKTIVE ANWENDUNGEN

OBI GmbH & Co. Deutschland KG / „Finger-Run“

Im August 2012 stellte OBI die Fingerfertigkeit seiner Fans unter Beweis und suchte Deutschlands schnellste Sprint-, Hürden- und Staffelläufer. Die Aufgabe war es, durch abwechselndes Fingertippen so schnell wie möglich ins Ziel zu kommen. Die gelaufene Bestzeit konnte dabei via Facebook-Connect an die Gewinnspielseite übermittelt werden. Der Finger-Run wurde innerhalb von einer Woche über 25.000 mal installiert und schaffte es in die Top 5 der beliebtesten Sport-Apps im Apple App Store.

Der Finger-Runner muss durch abwechselndes Fingertippen so schnell wie möglich ins Ziel kommen. Beim 110-m-Hürdenlauf muss der Spieler zusätzlich mit seinem Finger über den Bildschirm wischen, um Hürden zu überspringen. Im Staffellauf können bis zu drei Freunde miteinander spielen. Nach jeweils 100 Metern besteht ein Zeitfenster von drei Sekunden, um das Telefon an einen Freund weiterzureichen und gemeinsam eine Bestzeit zu erlaufen.

www.obi.de/fingerrun

Kunde OBI GmbH & Co. Deutschland KG, Wermelskirchen Marketingleitung Michael Lüttgen (Marketingleitung Deutschland) Werbeagentur Appmotion GmbH, Hamburg Beratung Martin Spitzenberg Konzeption Lasse Lüders Art Director Lasse Lüders Producer Patrick Thiel Grafik Jörg Iversen 3D Artist Tomasz Piasecki Ideengeber Jung von Matt / brand activation GmbH

HANDEL / B2C

EINZELHANDEL

DIGITALE MEDIEN / DIGITALE/INTERAKTIVE ANWENDUNGEN

OTTO GmbH & Co KG / „Die Koffer-packen-App“

Die Urlaubszeit 2012 stand vor der Tür und wurde zum thematischen Aufhänger für unsere Social-Media-Maßnahme, die als Teil einer Kampagne von OTTO auf Facebook ihre Bühne fand. Mit innovativen Funktionen sollten neue Fans generiert und viral eine Menge Spaß verbreitet werden. „Koffer-packen“ wurde zu einem echten Sommerspaß 2012: 2.377 User installierten die App, und 2.041 Koffer wurden mit 15.193 OTTO-Produkten gepackt. Die Gewinnerin konnte am Ende mit einem Reisegutschein ihr Fernweh stillen.

Bevor der Spaß losgehen konnte, musste auf der OTTO-Facebook-Seite die App geöffnet und installiert werden. Anschließend suchte sich der User ein Koffermodell aus und platzierte es auf einer von Google Maps generierten Landkarte an seinem Traumziel. Dabei war es sogar möglich, den Koffer zielgenau in einer bestimmten Straße eines Ortes und in einem bestimmten Hotel zu positionieren. Eine kurze Begründung für die eigene Wahl gab dem Gewinnspiel nicht nur eine sympathisch persönliche Note, sondern auch Anlass, mit seinen Freunden ins Gespräch zu kommen. Diese lud man dann nämlich dazu ein, den Koffer mit Produkten von OTTO zu packen. Die Einladung kam in Gestalt einer E-Mail-Benachrichtigung, die mit einem Link versehen war, über den der Eingeladene zum Koffer und den Produkten gelangte. Mit maximal 10 Produkten war der Koffer „voll“ und der User automatisch für die Teilnahme am Gewinnspiel um eine Traumreise von OTTO-Reisen qualifiziert.

www.facebook.com/diutestseite/app_365919836806842

Kunde OTTO GmbH & Co KG, Hamburg Projektleitung Jessica Claes Werbeagentur DI UNTERNEHMER – Digitalagentur GmbH, Hamburg Creative Director Eike Pässler Art Director Wibke Murke Technische Konzeption / Programmiererin Sophie Tschulden

HANDEL / B2C

EINZELHANDEL

DIGITALE MEDIEN / DIGITALE/INTERAKTIVE ANWENDUNGEN

OTTO GmbH & Co KG / „Fashionjagd"

OTTO-Fans sind modeinteressiert. Sie sind aber noch viel mehr. Kreativ und kommunikativ zum Beispiel. Deshalb ermöglichten wir ihnen im Rahmen der OTTO-Fashionjagd, ihrer Kreativität freien Lauf zu lassen und ihr modisches Trendgespür zu beweisen. Dafür konnten die Teilnehmer eigene Styles erstellen und diese von anderen Usern bewerten lassen. Rund 30.000 begeisterte Teilnehmer folgten dem Lockruf der Fashionjagd und freuten sich über die innovative Spielmechanik mit viraler Dynamik.

Die OTTO-Fashionjagd machte es den Teilnehmern ganz einfach, nach Lust und Laune angesagte Outfits zu kreieren: Kleidungsstücke konnten nach Belieben ausgewählt und durch Klicken und Ziehen zu kreativen Collagen zusammengefügt werden. Die Präsentation und Bewertung der Collagen fand direkt auf otto.de und via Social-Media-Kanälen wie Facebook statt. Dabei konnte man nicht nur als Ersteller eines Styles fette Beute machen, sondern auch als Voter.

http://tools.otto.de/facebook/apps/styleeditor_test/fashionjagd/einstieg.php

Kunde OTTO GmbH & Co KG, Hamburg Teamleiterin Online-Kampagnen und Kampagnenstrategie Kristina von Kempen Projektleiter Online-Kampagnen und Kampagnenstrategie Dominique Korschinek Marketing Manager Online Dialog Management Christopher Knie Werbeagentur DI UNTERNEHMER – Digitalagentur GmbH, Hamburg Beratung Eike Pässler Konzeption Daniela Richardson Art Director Anna Frank Technische Umsetzung Frontend Sophie Tschulden Technische Umsetzung System Stefan Lüth Head of Artbuying Sarah Rissen Filmproduktion i7film

HANDEL / B2C

EINZELHANDEL

DIREKTMARKETING / PRINT

Pitsch Sport / „Abwrackprämie auf alte Laufschuhe“

Um die Sommerflaute im Sportgeschäft zu überbrücken, wurde für Pitsch Sport aus Gossau eine Aktion lanciert, die dem Laden zusätzliche Frequenz verschaffte. Bestehenden Kunden wurde ein personifizierter Schuhsack geschickt mit der Aufforderung, die alten Laufschuhe einzutüten, zu Pitsch Sport zu sprinten und fünf Franken Abwrackprämie zu kassieren. Selbstverständlich durften sie ihren persönlichen Schuhsack behalten. Die ersten Läufer ließen nicht lange auf sich warten.

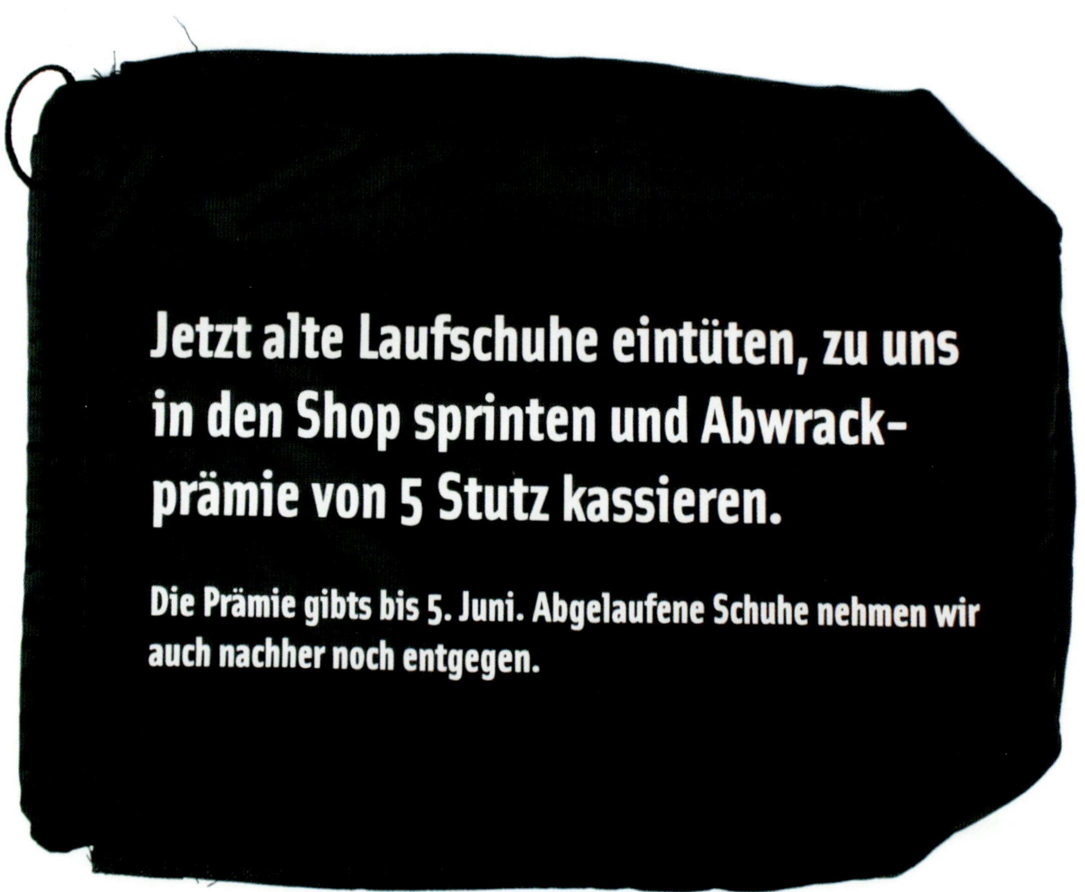

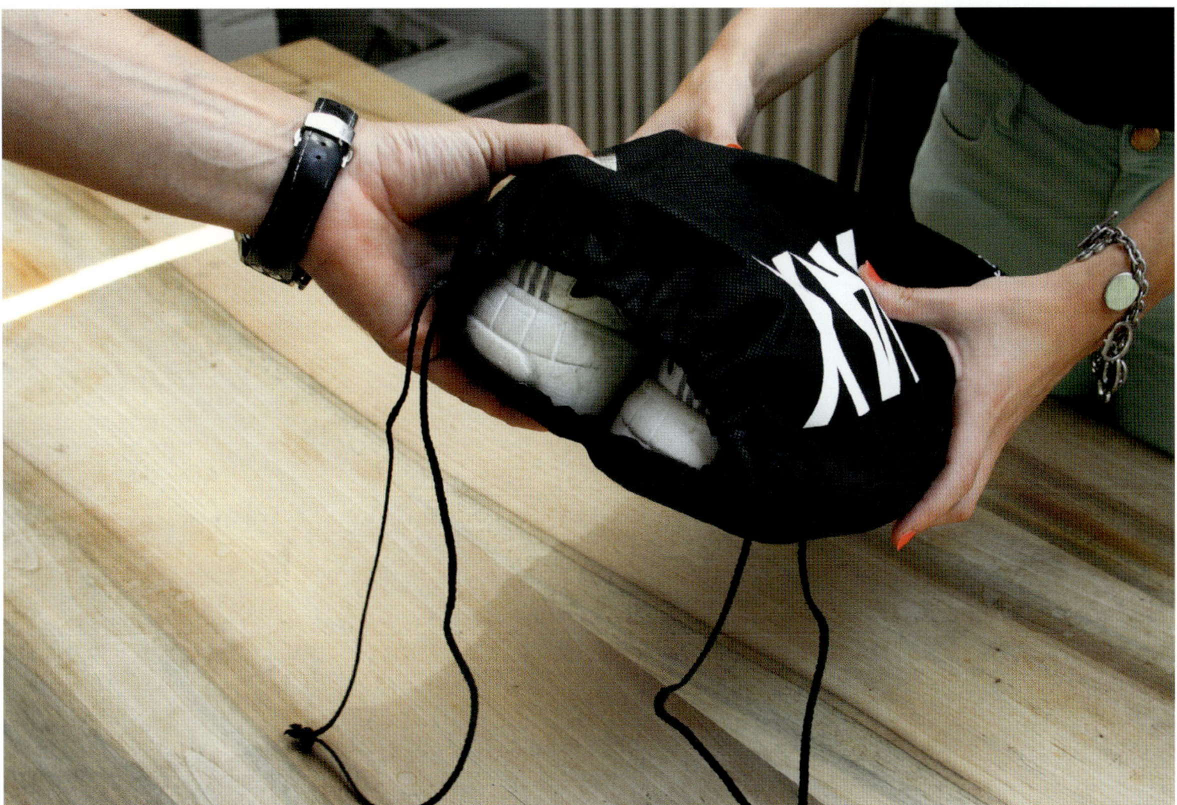

Kunde Pitsch Sport GmbH, Gossau (Schweiz) Geschäftsführung Peter Pitsch Bernhardsgrütter Werbeagentur Agentur am Flughafen AG, Altenrhein (Schweiz) Beratung Miriam Egli Creative Director René Eugster Art Director Dominique Rutishauser Text Patrick Lindner Grafik Valeria Hörler

HANDEL / B2C

EINZELHANDEL

DIREKTMARKETING / PRINT

real,- / Grillmailing

Sommer ist Grillzeit! Die Vielseitigkeit des Themas machte real,- im Juni 2012 seinen PAYBACK Kunden mit einem Mailing schmackhaft. Versendet wurde ein Selfmailer mit im Innenteil aufgespendeter Broschüre. Von klassisch bis exotisch wurden verschiedene Varianten vorgestellt, mehr Abwechslung auf den Grill zu zaubern. In Kombination mit Vorteils-Coupons wurden mehr als 20 % der Mailingempfänger, von denen über 70 % mehrere Coupons einlösten, dazu motiviert, den perfekten Grillabend zu veranstalten.

Kunde real,- SB-Warenhaus GmbH, Mönchengladbach Marketingleitung Manfred Mandel (CMO Marketing International) Bereichsleitung Kundendialog Philipp Blome Abteilungsleitung CRM Christian Welsing Projektleitung Heike Dören Werbeagentur WF.P.. Werbeagentur Felske + Partner GmbH + Co. KG, Mönchengladbach Beratung Wiebke Hahn Konzeption Thomas Leuschen Creative Director Thomas Leuschen Art Director Silvia Königs Producer Robert Leipnitz Text Daniel Fries Grafik Jessica Faßbender

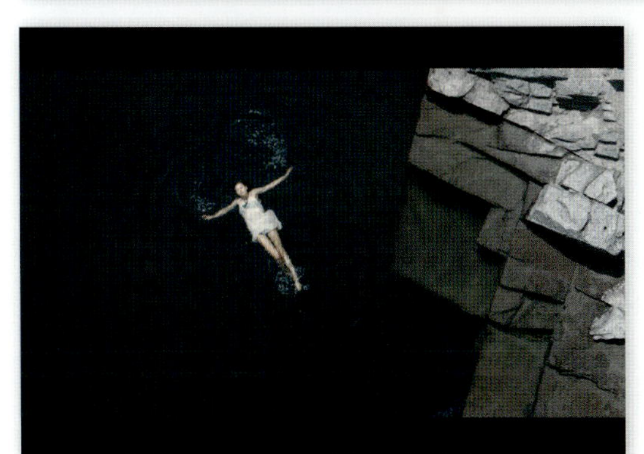

HANDEL / B2C

EINZELHANDEL

FILM

REWE Markt / „Besser leben."

„REWE. Besser leben." stellt klar den Kundennutzen in den Vordergrund und positioniert REWE als Lebensverbesserer, dessen Anspruch über den reinen Ein- und Verkauf von Waren deutlich hinausgeht. Konsequent wird die grundsätzliche Qualität des REWE-Konzeptes vermittelt und dessen Relevanz für den Verbraucher.
Der TV-Spot reflektiert, wie wichtig bewusste Ernährung, Nachhaltigkeit und Vereinfachung unseres täglichen Lebens einerseits und Innovation, Inspiration und Genuss andererseits sind.

Frisch, Frisch, Frisch.
Das sagt man immer so. Aber was heißt denn das eigentlich?
Frisch – müsste doch eigentlich total einfach sein.
Weil das Gute, das Bessere immer einfach ist. So schwer kann das doch nicht sein. Also warum machen wir es uns dann so schwer, bewusster hinzuschauen, zu essen und zu leben. Woran liegt das? Fehlt es uns an Inspiration oder wissen wir nur nicht, wo wir danach suchen müssen? Nach einem echten Lebensmittelpunkt. Am Ende haben wir doch alle ein Ziel. Besser leben.

Kunde REWE Markt GmbH, Köln Geschäftsführung Lionel Souque / Martin Orterer Marketingleitung Marcus Haus Werbeleitung René Joosten Werbeagentur HEIMAT Werbeagentur GmbH, Berlin Beratung Matthias von Bechtolsheim (GF Beratung) / Manuela Graf Konzeption HEIMAT Berlin Creative Director Moritz Grub Art Director Ricardo Distefano Producer Ute Ressler Text Stephen Quell / Moritz Grub Grafik Kin Luen Shum Filmproduktion B-Reel Stockholm/ Cobblestone Filmproduktion GmbH Producer Martin Ronström / Juri Wiesner Regie Johan Perjus Kamera Jo Eken Torp Schnitt Tobias Suhm Musik YouGuys

HANDEL / B2C

EINZELHANDEL

DIGITALE MEDIEN / REDAKTIONELLE INHALTE

VAN GRAAF GmbH / Online-Magazin

Das Online-Magazin des Modeanbieters VAN GRAAF informiert seine Kunden über die neuesten Trends aus Fashion und Lifestyle. In der Rubrik „Trend" geht es um die Modetrends und die It-Pieces der Saison. Service und Kundennutzen stehen im Trendmagazin im Vordergrund: Praktische Styling-Tipps geben Hilfestellung bei verschiedenen Outfit-Fragen. Die Rubriken City Style sowie Musik und Kultur bieten spannende Insights aus den Modemetropolen der Welt.

Das VAN GRAAF Trendmagazin findet man im VAN GRAAF Online-Shop; dabei sind Shop und Magazin miteinander verknüpft. So können z. B. vorgestellte Promi-Looks aus dem Magazin direkt im Shop bestellt werden. Die Bewerbung der aktuellen Magazinbeiträge findet dabei auf den Startseiten im Shop, dem VAN GRAAF Newsletter und auf Social-Media-Plattformen wie www.facebook.com/vangraaf.de statt.

www.vangraaf.com/de/magazine

Kunde VAN GRAAF GmbH, Hamburg Geschäftsführung James Cloppenburg / Ludger Wonnemann / Felix Schröder Werbeagentur Wiethe Group GmbH, Georgsmarienhütte Art Director Thorsten Piehl Text Carina Schulz / Laura Behncke Grafik Thorsten Piehl

HANDEL / B2C

EINZELHANDEL

PRINT

WestPark Shoppingcenter /
Eröffnungskampagne, Anzeige

WestPark ist als regionale Marke durch eine integrierte Kampagne kommunikativ aufgebaut: das Ingolstädter Shoppingcenter, nach Erweiterung von 100 auf 145 Shops noch größer und schöner. „Eine Welt für Dich" lautet das Motto – Anzeigen, Citylights, Großflächen, Ambientmedien und Web zeigen, dass auf Ingolstadt und Region etwas Großes, Neues, Grünes zukommt. West-Park ist kein Shoppingcenter, sondern eine Welt für Dich!

Integrierte Kampagne _ Kunde Westpark Shopping-Center GmbH, Ingolstadt Marketingleitung / Centermanagement Frank Hausschmid Werbeagentur Hörger&Partner Werbeagentur GmbH, Ulm Beratung Anita Krinke Konzeption / Creative Director Manfred Hörger Art Director / Grafik Gerhard Jungbauer

HANDEL / B2C

EINZELHANDEL

OUT OF HOME / MEDIEN

WestPark Shoppingcenter / Eröffnungskampagne

WestPark ist als regionale Marke durch eine integrierte Kampagne kommunikativ aufgebaut: das Ingolstädter Shoppingcenter, nach Erweiterung von 100 auf 145 Shops noch größer und schöner. „Eine Welt für Dich" lautet das Motto – Anzeigen, Citylights, Großflächen, Ambientmedien und Web zeigen, dass auf Ingolstadt und Region etwas Großes, Neues, Grünes zukommt. WestPark ist kein Shoppingcenter, sondern eine Welt für Dich!

Integrierte Kampagne _ Kunde Westpark Shopping-Center GmbH, Ingolstadt Marketingleitung / Centermanagement Frank Hausschmid Werbeagentur Hörger & Partner Werbeagentur GmbH, Ulm Beratung Anita Krinke Konzeption Manfred Hörger Art Director / Text Gerhard Jungbauer

HANDEL / B2C

EINZELHANDEL

DIGITALE MEDIEN / UNTERNEHMENS-/ ORGANISATIONSWEBSEITEN

WestPark Shoppingcenter / Eröffnungskampagne, Homepage-Relaunch

WestPark ist als regionale Marke durch eine integrierte Kampagne kommunikativ aufgebaut: das Ingolstädter Shoppingcenter, nach Erweiterung von 100 auf 145 Shops noch größer und schöner. „Eine Welt für Dich" lautet das Motto – Anzeigen, Citylights, Großflächen, Ambientmedien und Web zeigen, dass auf Ingolstadt und Region etwas Großes, Neues, Grünes zukommt. WestPark ist kein Shoppingcenter, sondern eine Welt für Dich!

Die neue WestPark-Homepage bietet vollen Informationsgehalt im schicken Look der Kampagne.

www.westpark-center.de

Integrierte Kampagne _ Kunde Westpark Shopping-Center GmbH, Ingolstadt Marketingleitung / Centermanagement Frank Hausschmid Werbeagentur Hörger & Partner Werbeagentur GmbH, Ulm Beratung Anita Krinke Konzeption Manfred Hörger Art Director / Text Gerhard Jungbauer Content-Management Christoph Rasemann

HANDEL / B2B

GROSS- UND FACHHANDEL

KAMPAGNE

Dachdecker-Einkauf Ost eG / „Dachdecker1kauf"

Es werden in der Branche bekannte Komponenten (Farbe Rot, Dachform des Zeichens) in ein intelligentes, aber verständliches Gestaltungskonzept integriert. Zwei stilisierte Dachhälften fügen sich zu einem Ganzen, die darin (und im Namen) enthaltene Ziffer macht den Führungsanspruch und den genossenschaftlichen Gedanken deutlich. Fotografien von Mitgliedern sorgen für Authentizität.

Kunde Dachdecker-Einkauf Ost eG, Braunschweig Geschäftsführung Stefan Klusmann / Christian Kurth Marketingleitung Jasmin Zeddies / Eberhard Hinz Werbeagentur Heine Warnecke Design GmbH, Hannover Beratung Cord Warnecke Konzeption Dirk Heine Producer Wiebke Alm Grafik Annika Sunder Fotografie Dirk Heine

HANDEL / B2B

GROSS- UND FACHHANDEL

DIREKTMARKETING / PRINT

GALERIA Kaufhof GmbH / Mailing GALERIA Geschenkkarte! „Das zieht Kreise“

Schenken im Geschäftsleben ist nicht leicht – mit einer GALERIA Geschenkkarte schon. Aber wie macht man Unternehmen darauf aufmerksam? Indem man sie mit einem besonderen Mailing fasziniert. Dieses muss der Empfänger drehen, um es zu lesen. Warum? Weil auf der Suche nach dem passenden Geschenk sich die Gedanken schon mal im Kreis drehen. Im Zentrum des Textes bietet sich die Lösung: die GALERIA Geschenkkarte. Damit „entfaltet“ sich eine Auswahl aus ca. 500.000 Artikeln.

GALERIA Kaufhof GmbH
Bereich Geschenkgutscheine
Gabriele Watzelhahn
0221/223 2997
gabriele.watzelhahn@kaufhof.de
Leonhard-Tietz-Straße 1
50676 Köln

Frau
Maria Mustermann
Musterstraße 123
00000 Musterstadt

Köln, im November 2011

Drehen sich Ihre Gedanken beim Thema Schenken auch immer im Kreis?

Sehr geehrte Frau Mustermann,

es ist gar nicht so einfach, ein passendes Geschenk für Mitarbeiter, Geschäftspartner oder Kunden zu finden – gibt es doch so viele unterschiedliche Anlässe: Dienstjubiläum, Geburtstag, Hochzeit oder Geburt des Kindes. Die Liste ist lang und die Liste möglicher Geschenke ebenso. Da können sich die Gedanken schon mal im Kreis drehen: Soll es wieder ein Präsentkorb sein? Aber was sollte alles drin sein? Oder doch lieber einen Kalender, Kaffeebecher oder Kugelschreiber? Haben Sie das nicht bereits im letzten Jahr verschenkt? Sie drehen sich weiter und denken nach. Vielleicht ein Buch? Aber welches Genre? Krimi, Roman oder Sachbuch? Gar nicht so einfach. Aber wir hätten da eine Lösung: Wie wäre es, wenn Sie aufhören, sich im Kreis zu drehen – und immer perfekt schenken? Und zwar hiermit:

Wir wünschen Ihnen erfolgreiches Schenken!
Mit freundlichen Grüßen

Thomas Vollbrecht   Gabriele Watzelhahn

PS: Eine Auswahl unserer GALERIA Geschenkkarten Motive sowie weitere Informationen entnehmen Sie der beigefügten Broschüre!

GALERIA Kaufhof

GALERIA Kaufhof GmbH
Bereich Geschenkgutscheine
Gabriele Watzelhahn
0221/223 2997
gabriele.watzelhahn@kaufhof.de
Leonhard-Tietz-Straße 1
50676 Köln

Frau
Maria Mustermann
Musterstraße 123
00000 Musterstadt

Köln, im November 2011

Drehen sich Ihre Gedanken beim Thema Schenken auch immer im Kreis?

Sehr geehrte Frau Mustermann,

es ist gar nicht so einfach, ein passendes Geschenk für Mitarbeiter, Geschäftspartner oder Kunden zu finden – gibt es doch so viele unterschiedliche Anlässe: Dienstjubiläum, Geburtstag, Hochzeit oder Geburt des Kindes. Die Liste ist lang und die Liste möglicher Geschenke ebenso. Da können sich die Gedanken schon mal im Kreis drehen: Soll es wieder ein Präsentkorb sein? Aber was sollte alles drin sein? Oder doch lieber einen Kalender, Kaffeebecher oder Kugelschreiber? Haben Sie das nicht bereits im letzten Jahr verschenkt? Sie drehen sich weiter und denken nach. Vielleicht ein Buch? Aber welches Genre? Krimi, Roman oder Sachbuch? Gar nicht so einfach. Aber wir hätten da eine Lösung: Wie wäre es, wenn Sie aufhören, sich im Kreis zu drehen – und immer perfekt schenken? Und zwar hiermit:

Mit der GALERIA Geschenkkarte!
Hier stecken bis zu 500.000 Geschenkmöglichkeiten drin!

Wir wünschen Ihnen erfolgreiches Schenken!
Mit freundlichen Grüßen

Thomas Vollbrecht   Gabriele Watzelhahn

PS: Eine Auswahl unserer GALERIA Geschenkkarten Motive sowie weitere Informationen entnehmen Sie der beigefügten Broschüre!

GALERIA Kaufhof

Kunde GALERIA Kaufhof GmbH, Köln Geschäftsführung Lovro Mandac Marketingleitung Volker Schlinge Produktleitung Thomas Vollbrecht Werbeagentur Jahns and Friends AG, Düsseldorf Beratung Wiebke Linde / Tim Freiwald Konzeption Stefanie Mallard / Andreas Gappel / Sarah Kossak Art Director Stefanie Mallard / Andreas Gappel Text Sarah Kossak

HANDEL / B2B

GROSS- UND FACHHANDEL

DIGITALE MEDIEN / PRODUKT-/SERVICEWEBSEITEN

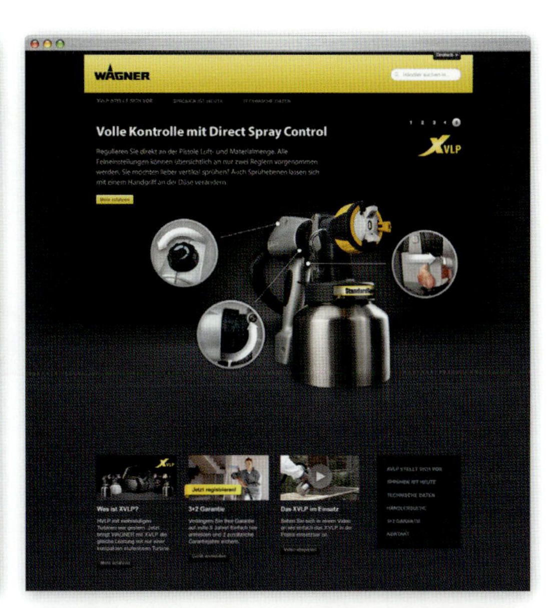

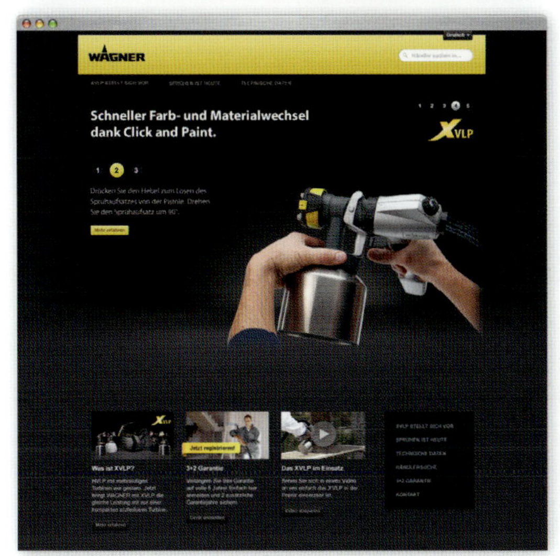

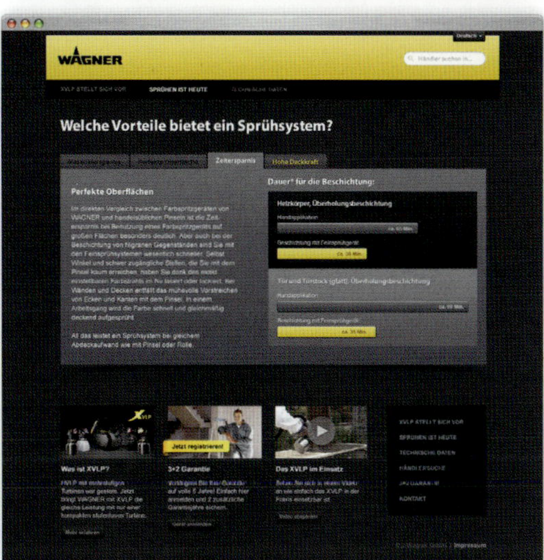

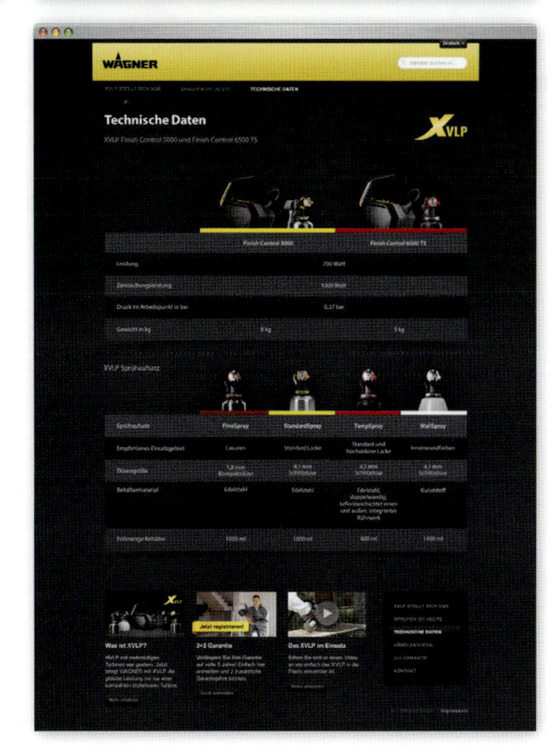

J. Wagner GmbH / XVLP Microsite

Ziel war es, die neue XVLP Linie von Wagner, ein Einsteigergerät im Bereich der Farbsprühsysteme, europaweit bei der Zielgruppe der Handwerker im B2B-Geschäft zu platzieren. Da im Speziellen junge Handwerker als Einsteiger angesprochen werden sollten, wurde das XVLP wie ein Consumer Product extrem hochwertig und vor allem leicht verständlich inszeniert. Diese einfache und erlebbare Art der visuellen Inszenierung ist im B2B-Segment der Maler und Lackierer ein Novum.

www.wagner-xvlp.com

Kunde J. Wagner GmbH, Markdorf **Marketing Services Professional Finishing** Verena Ruch **Werbeagentur** polargold GmbH Kreativagentur für neue Medien, Hamburg **Beratung** Farid Rawas / Antonia Krug **Creative Director** Adde Adesokan **Art Director** Jan-Eike Koormann / Lennart Basler / Benjamin Schulenberg

HANDEL / B2B

GROSS- UND FACHHANDEL

KAMPAGNE

Miele & Cie. KG / Miele Professional, Integrierte Verkaufsförderungs-Kampagne

Diese Kampagne hatte die Aufgabe, die Bekanntheit der „kleinen Großen" – der Einstiegsklasse der professionellen Waschmaschinen und Trockner – im Fachhandel zu steigern und zusätzliche Absatzmöglichkeiten bei deren Kunden im Segment Handwerk und Hotellerie zu erschließen.

In der ersten Stufe wurde ein Direct Mailing verschickt, eine Woche später dann ein E-Mail-Newsletter, der auf die Microsite überleitete und auf der letzten Seite den Kontakt zum zuständigen Außendienstmitarbeiter herstellte (www.id-stein.de/miele.html).

Kunde Miele & Cie. KG, Gütersloh Geschäftsführung Olaf Bartsch / Dr. Markus Miele / Dr. Heiner Olbrich / Dr. Eduard Sailer / Dr. Reinhard Zinkann Werbeleitung Christoph Schings (Miele Professional) Geschäftsbereich Professional Werbung Johannes Baxpöhler Leiter Marketing Professional VG Deutschland Jan-Bernd Rapp Marketing Professional Produktbetreuung Wäschereitechnik VG Deutschland Michael Arendes Werbeagentur ID Kommunikation Stein e.K., Werther (Westfalen) Konzeption Markus Stein / Margit Stein Text / Grafik Markus Stein E-Mail-Marketing-Dienstleister w3work – Gesellschaft für Kommunikation und Medien Gneuß & Arnold GbR

HANDEL / B2B

GROSS- UND FACHHANDEL

DIREKTMARKETING / PRINT

Rauch Möbelwerke GmbH / Messe-einladung

Rauch ist Hersteller von Schlafräumen, Jugendzimmern und Studiolösungen. Konzipiert wurde ein 3-stufiges Einladungsmailing anlässlich der Herbstmesse, auf der Rauch dem Handel die neuesten Schlafzimmertrends und Produktneuheiten präsentiert. Alle Mailingstufen wurden mehrsprachig realisiert.

Kunde Rauch Möbelwerke GmbH, Freudenberg am Main Marketingleitung Andreas Spaniol Werbeagentur Werbeagentur Müller GmbH, Coburg Beratung Wolfgang Müller Konzeption / Grafik Ursula Noack / Diana Ströhlein Text Julia Lang

HANDEL / B2B

GROSS- UND FACHHANDEL

DIREKTMARKETING / PRINT

Robert Bosch Hausgeräte GmbH / Compact Class Frühstücksset

Alles, was man zu einem guten Frühstück braucht: Compact Class von Bosch. Ein komplettes Frühstücksset zum Einstiegspreis. Leistungsstarke, robuste und sichere Geräte in modernem Design und frischen Farben für eine breite, preisorientierte Zielgruppe. Die Information des Handels zur Einführung der Geräte erfolgt über ein Mailing. Am PoS unterstreicht ein attraktives Präsentations-Display inklusive Produktflyer mit komplettem Gerätesortiment die Kompetenz von Bosch in diesem Bereich.

Kunde Robert Bosch Hausgeräte GmbH, München Geschäftsführung Harald Friedrich / Volker Klodwig Leiter Strategische Marketingkommunikation Consumer Products Richard Weidenbach Leitung Werbung / Kommunikation Consumer Products Monika Lenz Werbeagentur Hauk Werbeagentur GmbH, München Beratung Mario Hauk Art Director Axel Schmalschläger

Bringen Sie Ihre Kunden
auf den Geschmack.

HANDEL / B2B

GROSS- UND FACHHANDEL

DIREKTMARKETING / PRINT

Robert Bosch Hausgeräte GmbH /
Filtrino Heißwasserspender

Mit Filtrino Tea Moments kommen Teetrinker in den Genuss stets perfekt zubereiteten Tees. Fünf Stufen sind wählbar – von kochend über 90 °C, 80 °C und 70 °C bis hin zur Zimmertemperatur. Für jeden Tee die richtige Temperatur – ob schwarzer, grüner oder weißer Tee.
Um Handel und Kunden „auf den Geschmack" von Filtrino Tea Moments zu bringen, gibt es ein Handelsmailing und unterstützende Werbemaßnahmen wie Produktfilm, Flyer und PoS-Display für den Abverkauf. ▸

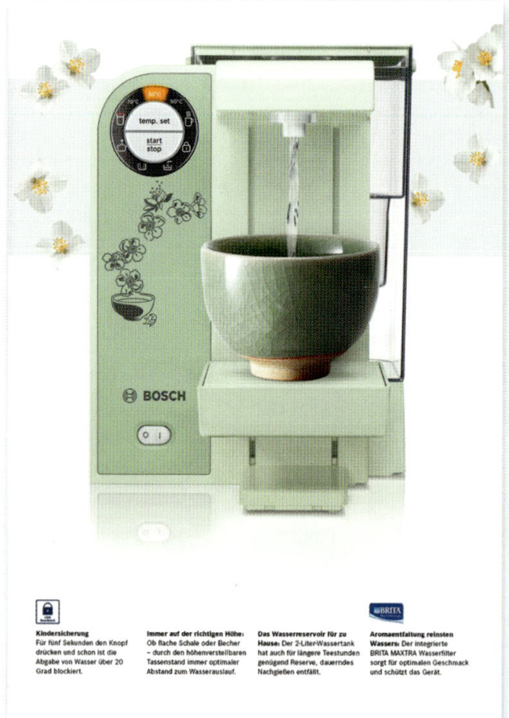

Kunde Robert Bosch Hausgeräte GmbH, München Geschäftsführung Harald Friedrich / Volker Klodwig Leiter Strategische Marketingkommunikation Consumer Products Richard Weidenbach Leitung Werbung / Kommunikation Consumer Products Monika Lenz Werbeagentur Hauk Werbeagentur GmbH, München Beratung Mario Hauk Art Director Axel Schmalschläger

HANDEL / B2B

GROSS- UND FACHHANDEL

PRINT

Robert Bosch Hausgeräte GmbH / MoveOn-Bügeleisen

Bügeln nach links, rechts, oben und unten. Dank multidirektionaler Bügelsohle lässt sich das neue MoveOn-Bügeleisen von Bosch leicht in alle Richtungen bewegen. Diese herausstechende Eigenschaft wird konsequent und unterhaltsam in allen Medien illustriert. So überzeugt der farbenfrohe Newcomer von Bosch in seinem Rundumkommunikationskonzept vom PoS-Auftritt bis hin zum unterhaltsamen Produktfilm durch seine aufmerksamkeitsstarke Visualisierung.

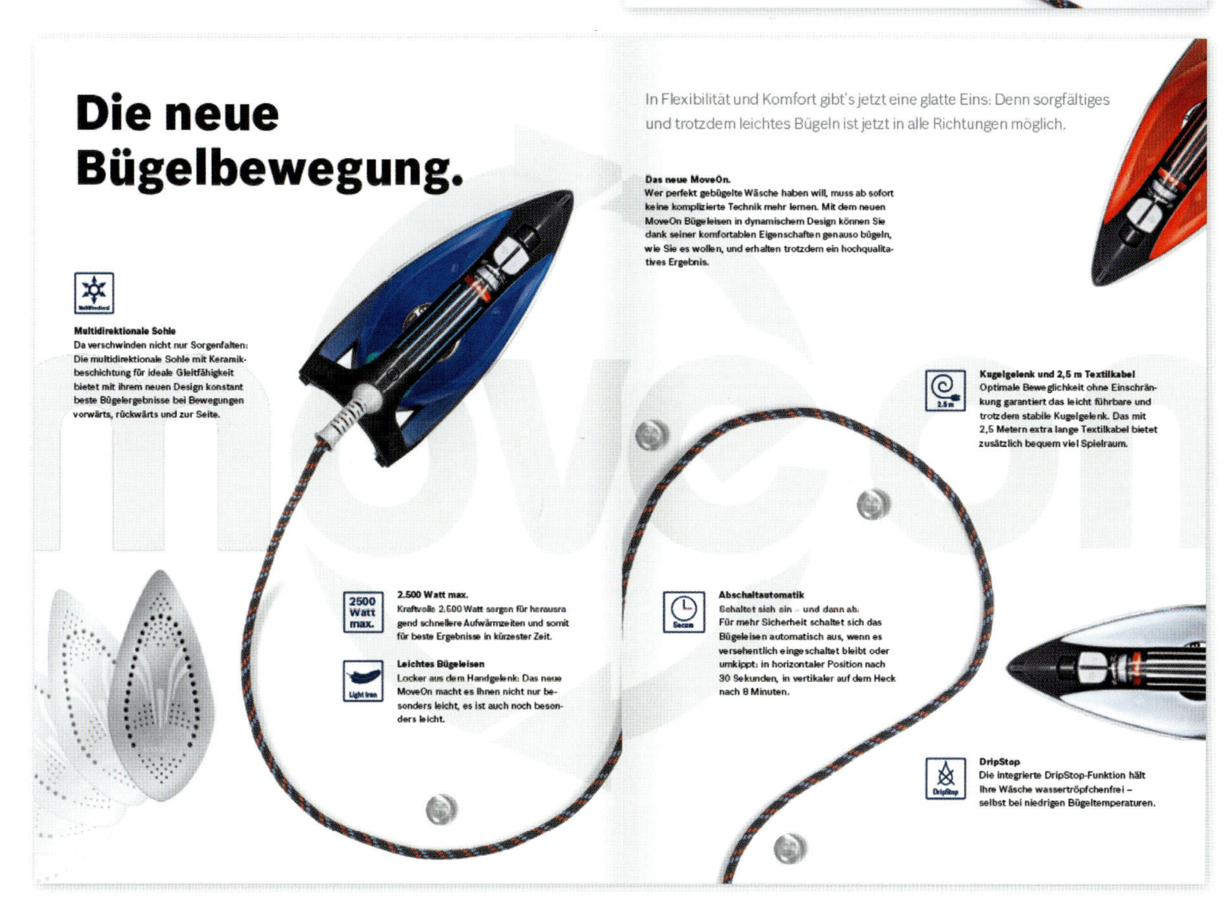

Kunde Robert Bosch Hausgeräte GmbH, München Geschäftsführung Harald Friedrich / Volker Klodwig Leiter Strategische Marketingkommunikation Consumer Products Richard Weidenbach Leitung Werbung / Kommunikation Consumer Products Monika Lenz Werbeagentur dube. visuelle kommunikation Einzelunternehmen, München Beratung Anja Möhner Creative Director Dietrich Dube Art Director Christian Schmidt Fotografie Christopher Tech

HANDEL / B2B

GROSS- UND FACHHANDEL

PRINT

Robert Bosch Hausgeräte GmbH / MUM5 CubeCutter

Jetzt können Bosch Kunden mit dem CubeCutter ganz einfach sämtliche Lebensmittel in genau 0,8 × 0,8 × 0,8 cm große Würfel schneiden. Mit einer knackigen Bild-Text-Idee wird der Produktnutzen hier sehr direkt kommuniziert, und zugleich wird die Ingenieursmarke Bosch in ihrer Substanz bestätigt.

Kunde Robert Bosch Hausgeräte GmbH, München Geschäftsführung Harald Friedrich / Volker Klodwig Leiter Strategische Marketingkommunikation Consumer Products Richard Weidenbach Leitung Werbung / Kommunikation Consumer Products Monika Lenz Werbeagentur dube. visuelle kommunikation Einzelunternehmen, München Beratung Teresa Steidl Creative Director Dietrich Dube Art Director Christian Schmidt Fotografie Frank Messlinger

HANDEL / B2B

GROSS- UND FACHHANDEL

PRINT

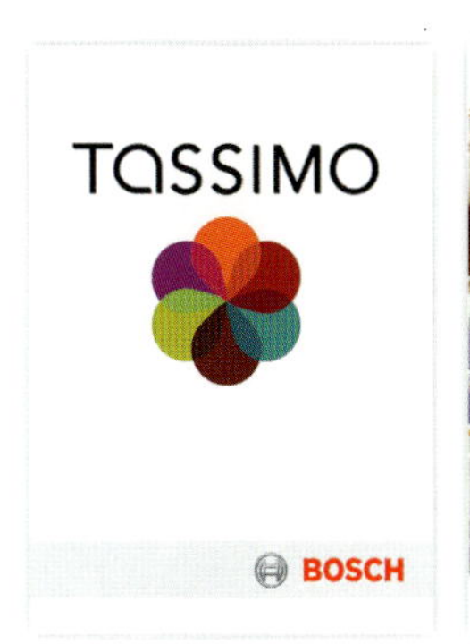

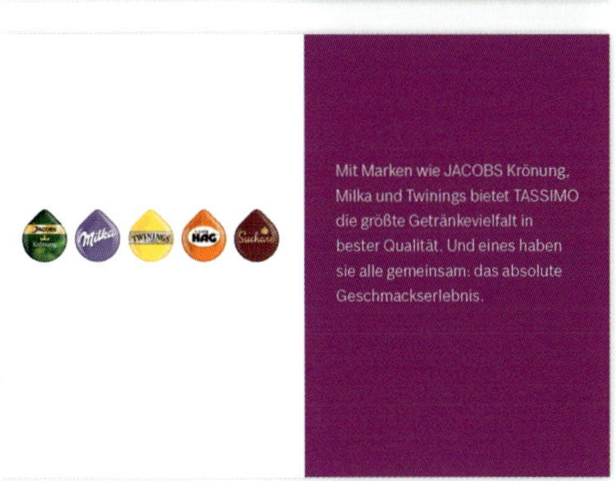

Robert Bosch Hausgeräte GmbH / TASSIMO Salesmappe

TASSIMO ist Vielfalt – in seinen Produkten und in seiner Kommunikation. Mit einer großen Herbstpromotion legte TASSIMO den Grundstein für ein starkes Weihnachtsgeschäft. In einer ansprechenden Salesmappe findet der Händler dazu alles Wissenswerte. Im freundlichen TASSIMO-Look informieren verschiedene Mittel über Produktneuheiten, ATL-Aktivitäten und Möglichkeiten der aufmerksamkeitsstarken PoS-Gestaltung. So beweist TASSIMO einmal mehr ein Gespür für überraschende Vielfalt im attraktiven Design.

Kunde Robert Bosch Hausgeräte GmbH, München Geschäftsführung Harald Friedrich / Volker Klodwig Leiter Strategische Marketingkommunikation Consumer Products Richard Weidenbach Leitung Werbung / Kommunikation Consumer Products Monika Lenz Werbeagentur dube. visuelle kommunikation Einzelunternehmen, München Beratung Teresa Steidl Creative Director Dietrich Dube Art Director Christian Schmidt Fotografie Christopher Tech

HANDEL / B2B

GROSS- UND FACHHANDEL

DIREKTMARKETING / PRINT

Robert Bosch Hausgeräte GmbH / VeroBar AromaPro Kaffeevollautomat

Mit der neuen VeroBar AromaPro ist es Bosch gelungen, neue Standards für individuellen Kaffeegenuss zu setzen. Bis zu sechs Personen können jetzt die spezifischen Einstellungen all ihrer Lieblingsgetränke speichern und nach Wunsch auf Knopfdruck wieder abrufen. Ein Kaffeevollautomat, der durch einzigartige Vielfalt sowie stets perfektes Aroma überzeugt und dessen Launch mit einem Mailing für den Handel, einem Produktfilm und Feature-Clips sowie umfangreichen PoS-Werbemitteln begleitet wird.

Kunde Robert Bosch Hausgeräte GmbH, München Geschäftsführung Harald Friedrich / Volker Klodwig Leiter Strategische Marketingkommunikation Consumer Products Richard Weidenbach Leitung Werbung / Kommunikation Consumer Products Monika Lenz Werbeagentur Hauk Werbeagentur GmbH, München Beratung Mario Hauk Art Director Axel Schmalschläger

bis zu 30% schneller*

Saugt schneller, als Ihr Haustier Haare verliert.

Besonders gründlich und extrakraftvoll: Die neue Zoo'o ProAnimal Serie mit AirTurbo System und innovativer ProAnimal Turbobürste.

BOSCH
Technik fürs Leben

PartnerProgramm

HANDEL / B2B

GROSS- UND FACHHANDEL

PRINT

Robert Bosch Hausgeräte GmbH / Zoo'o ProAnimal

Nicht nur die Düse, sondern der gesamte Staubsauger wurde für die Nutzung in Haushalten mit Tieren völlig neu entwickelt. Das Ergebnis: Die neuen Zoo'o ProAnimal Staubsauger saugen schneller, als Ihr Haustier Haare verliert. Für die glaubwürdige und aufmerksamkeitsstarke Visualisierung dieses Benefits werden Hunde und Katzen durch das umfassende 360°-Kommunikationspaket gejagt. Das Ergebnis ist ein in sich geschlossener PoS-Auftritt, der auf Anhieb überzeugt.

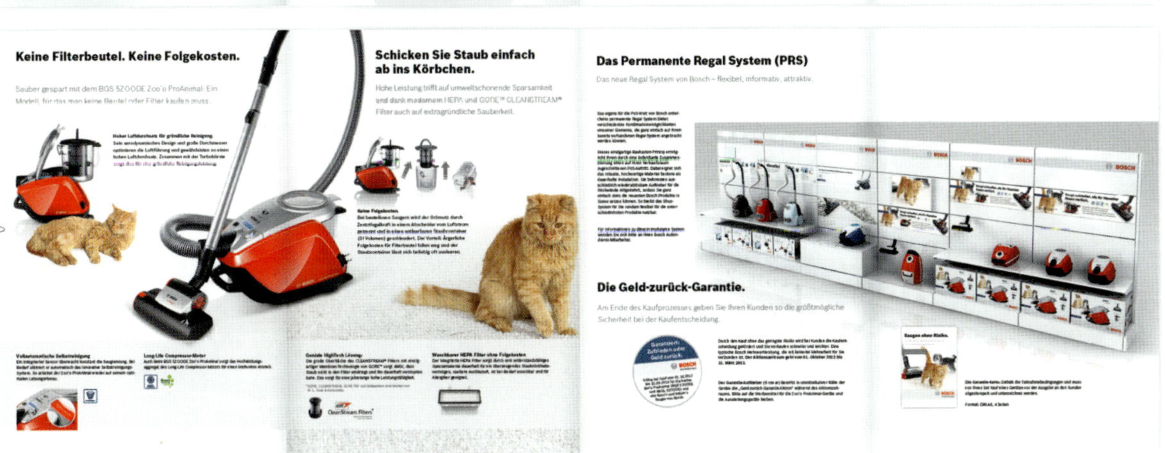

Kunde Robert Bosch Hausgeräte GmbH, München Geschäftsführung Harald Friedrich / Volker Klodwig Leiter Strategische Marketingkommunikation Consumer Products Richard Weidenbach Leitung Werbung / Kommunikation Consumer Products Monika Lenz Werbeagentur dube. visuelle kommunikation Einzelunternehmen, München Beratung Teresa Steidl Creative Director Dietrich Dube Art Director Christian Schmidt Fotografie Christoper Tech

HANDEL / B2B

GROSS- UND FACHHANDEL

DIREKTMARKETING / PRINT

Siemens-Electrogeräte GmbH / extreme edition

Gleich eine ganze Kampagne begleitet die Markteinführung des leisesten Staubsaugers von Siemens. Den Auftakt machte ein Händlermailing, das alle Gerätehighlights eindrucksvoll veranschaulicht. Zahlreiche PoS-Werbemittel wurden dem Handel auch im Rahmen des Mailings angeboten.
Eine nationale Großflächenplakatierung macht das sensationelle Geräteangebot auch außerhalb der Läden für den Endkunden sichtbar. Auf die Resonanz dieser Aktion wurde der Handel in einem Extramailing vorbereitet.

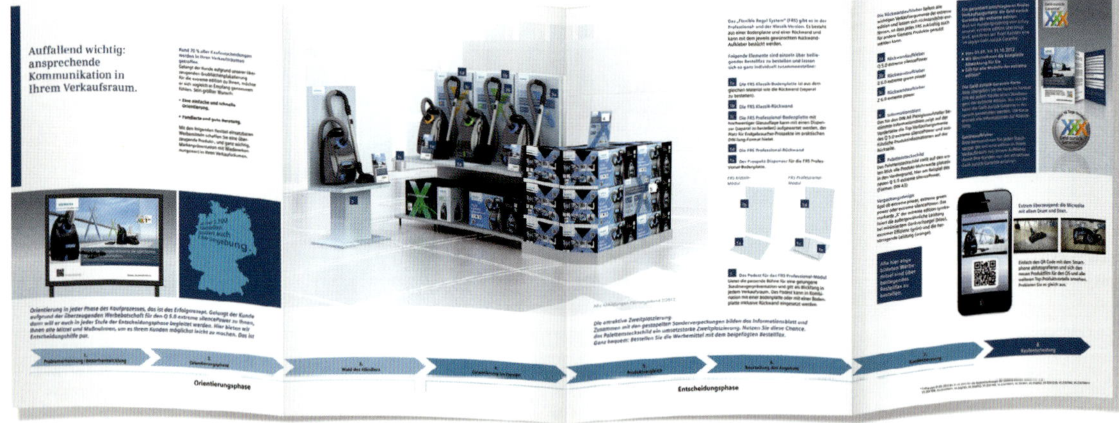

Kunde Siemens-Electrogeräte GmbH, München Geschäftsführung Roland Hagenbucher / Volker Klodwig Leiter Strategische Marketingkommunikation Consumer Products Richard Weidenbach Leitung Werbung / Kommunikation Consumer Products Monika Lenz Werbeagentur RESpublica Agentur für Kommunikation GmbH, München Beratung Ralf Bossecker Art Director Robert Winter Text Ralf Bossecker Fotografie München Studio Messlinger

HANDEL / B2B

GROSS- UND FACHHANDEL

DIREKTMARKETING / PRINT

Siemens-Electrogeräte GmbH /
EQ.7 Plus aromaSense

„Genuss ist eben auch eine Frage der Technik." Dank dieser bewährten Formel verspricht auch die neueste Generation der Siemens Kaffeevollautomaten wieder ein voller Erfolg zu werden. Das aufwendige Händlermailing, bestehend aus Kuvert, Anschreiben, Salesfolder, Kompetenz-Leporello für den Endgebraucher, präsentiert alle technischen Neuerungen und das aktuelle Design. Das exakt auf den PoS zugeschnittene Werbemittelangebot rundet den starken Auftritt ab.

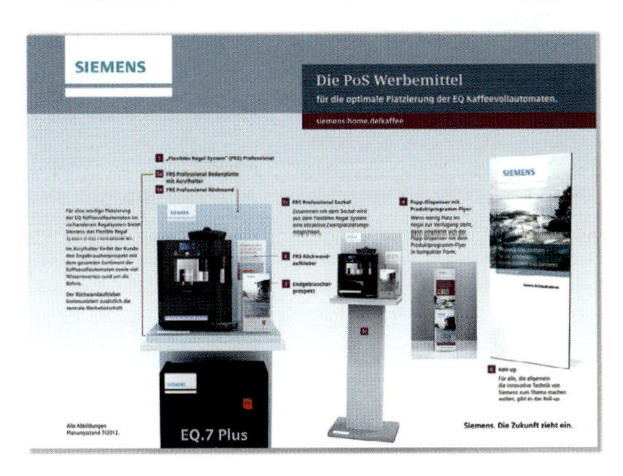

Kunde Siemens-Electrogeräte GmbH, München Geschäftsführung Roland Hagenbucher / Volker Klodwig Leiter Strategische Marketingkommunikation Consumer Products Richard Weidenbach Leitung Werbung / Kommunikation Consumer Products Monika Lenz Werbeagentur RESpublica Agentur für Kommunikation GmbH, München Beratung Ralf Bossecker Art Director Stefanie Schenkendorf Text Michael Bossecker Fotografie Andreas Achmann

HANDEL / B2B

GROSS- UND FACHHANDEL

DIREKTMARKETING / PRINT

Siemens-Electrogeräte GmbH / sensorIntelligence

„Bügeln war gestern – Entspannen ist heute." Mit dieser Neuigkeit wurde im September 2012 die zweite Generation der erfolgreichen Dampfstationenreihe sensorIntelligence vorgestellt. Das Händlermailing, bestehend aus Kuvert, Anschreiben, Salesfolder, Bestellfax für Werbemittel und Kompetenz-Leporello für den Endgebraucher, wurde durch ein umfangreiches PoS-Werbemittelangebot abgerundet.

Kunde Siemens-Electrogeräte GmbH, München Geschäftsführung Roland Hagenbucher / Volker Klodwig Leiter Strategische Marketingkommunikation Consumer Products Richard Weidenbach Leitung Werbung / Kommunikation Consumer Products Monika Lenz Werbeagentur RESpublica Agentur für Kommunikation GmbH, München Beratung Ralf Bossecker / Andreas Sapara Art Director Oliver Kögler Text Andreas Dorrer Fotografie Studio Messlinger München

HANDEL / B2B

GROSS- UND FACHHANDEL

OUT OF HOME / MEDIEN

Vereinigte Papierwarenfabriken GmbH / „Wir machen keine halben Sachen“

In Sachen Klimaschutz geht kaum ein mittelständisches Unternehmen so weit wie die VP Group. Diesen Fakt vermitteln Plakate am VP-Firmenstandort Feuchtwangen. Zur CO_2-Kampagne gehören zusätzlich B2B-Imageanzeigen in Fachmagazinen, die in fünf verschiedenen Sprachversionen veröffentlicht wurden. Für zusätzliche Transparenz sorgten Pressemeldungen in der Fachpresse, welche die Klimaschutzaktivitäten des Spezialisten für Verpackungslösungen näher erläuterten.

Kunde Vereinigte Papierwarenfabriken GmbH, Feuchtwangen Geschäftsführung Alexander Kurz / Thomas Lux / Heiko Brandl Werbeagentur querformat GmbH & Co. KG, Crailsheim Beratung Stephan Kurz Konzeption Jutta Zielosko Art Director Stephan Kurz Text Jutta Zielosko Grafik Stephan Kurz

BAUSPARKASSE SCHWÄBISCH HALL

„Der wichtigste Ort der Welt“

OGILVY & MATHER WERBEAGENTUR GMBH / FRANKFURT AM MAIN

01 Jennifer Porst
02 Michael Fucks
03 Xenia Kern
04 Dr. Stephan Vogel
05 Simon Oppmann
06 Peter Römmelt

DIENSTLEISTUNGEN / B2C

BANKEN / SPARKASSEN / INVESTMENT

FILM

Bausparkasse Schwäbisch Hall /
„Der wichtigste Ort der Welt"

Die Kampagne bildet die Sehnsucht vieler Menschen nach einer physischen und emotionalen Heimat ab.
Dabei geht es nicht um den traditionellen Heimatbegriff, sondern um ein Heimatgefühl, das dem Bedürfnis nach sozialer Einbindung, Handlungsfähigkeit, Sinnstiftung und Vertrautheit entspringt.
Oder einfacher: Man kauft kein Haus.
Man kauft viel mehr den wichtigsten Ort der Welt.
Damit ist es gelungen, Schwäbisch Hall-Bausparen als relevantes und einfaches Finanzprodukt für jedermann zu etablieren.

Du kaufst keine Wohnung und auch kein Haus. Du kaufst die Frau von nebenan, die dir immer Eier leiht, und den Nachbarn, der das gleiche Hobby hat.

Du kaufst einen Abenteuerspielplatz und die Kneipe, in der du die Typen kennenlernst, mit denen du einmal die Woche Fußball spielst.

Du kaufst alle Möglichkeiten, die dir die Stadt bietet oder das Land. Du kaufst ein Schlachtfeld, einen Zoo und den Feierabend auf deinem Balkon.

Du kaufst den Ort, an dem du eine Familie gründest und mit den Folgen fertig werden musst. Du kaufst das Theater, das Kino, das Museum, den Bäcker, der irgendwann deinen Namen kennt.

Du kaufst die Sonne, die auf deine Terrasse scheint.
Du kaufst kein Haus.
Du kaufst den wichtigsten Ort der Welt.
Schwäbisch Hall.

Kunde Bausparkasse Schwäbisch Hall AG, Schwäbisch Hall Marketingleitung Jochen Maier Vorstandsmitglied Klaus Oskar Schmidt Teamleiter Markenkommunikation Alexander Krüger Werbeagentur Ogilvy & Mather Werbeagentur GmbH, Frankfurt am Main Beratung Xenia Kern / Alexandra Hetzel Creative Director Dr. Stephan Vogel (Chief Creative Officer) / Peter Römmelt / Simon Oppmann Art Director Simon Oppmann / Julia Schäfer Text Peter Römmelt Agentur Producer Jennifer Porst Filmproduktion erste liebe filmproduktion GmbH Producer Fabian Heine Regie Cadmo Quintero Kamera Manel Ruiz Schnitt Sven Budelmann Musik MassiveMusic, Bird On The Wire „Cowboy at Sea"

DIENSTLEISTUNGEN / B2C

BANKEN / SPARKASSEN / INVESTMENT

DIGITALE MEDIEN / DIGITALE/INTERAKTIVE ANWENDUNGEN

BNP Paribas Aktiengesellschaft /
Trader's Box

Im Mittelpunkt der Konzeption der App zum Handel mit Derivaten lagen die Nutzerorientierung und eine optimale, neu entwickelte Suchlogik, welche aus mehreren Tausend Produkten genau die jeweils für den Nutzer passende heraussucht.
Zielgruppe sind neben den Kunden der BNP Paribas sämtliche grundsätzlich an aktuellen Kursen des Aktienmarktes interessierte Bürger.

Die Version 2.0 der Trader's Box bietet weit mehr als eine Übersicht und Aktien- sowie Derivatekurssuche der herkömmlich bekannten Finanzapps: Sie ist schneller, einfacher und besitzt Funktionen, um dem Nutzer im zeitsensiblen und unübersichtlichen Derivatehandel ein intelligentes Tool zur Verfügung zu stellen. Die Derivatesuche und die Darstellung sind einzigartig und innovativ. Nach der intuitiven Eingabe der Basiswerte und Hebel präsentiert die selbstlernende Suche nicht wie sonst Hunderte Ergebnisse, sondern – unter Berücksichtigung vorheriger Aktionen des Nutzers – nur die besten vier Ergebnisse. Schnell und übersichtlich, mit nur 3 Klicks, werden Hebelprodukte gefunden. Lediglich Basiswert, Richtung der Position, Basispreis oder Hebel eingeben. Hebel und Basiswert können per Fingerzeig geändert werden, was zu neuen Suchergebnissen führt. Diese Transparenz ist ein wesentlicher Vorteil. Das gewünschte Produkt kann direkt in zwei Klicks beim Broker gehandelt werden. Ferner bietet die App
WATCHLIST: Produkte direkt zur Watchlist hinzufügen und beobachten.
REALTIME KURSE: Pushkurse von Indizes, Währungen, Aktien und Rohstoffen.
NEWS: Aktuelle Börsenmeldungen, Finanznachrichten und Newsletter mit Expertenprognosen zu DAX®, Aktien, Öl, Edelmetallen, FX u. US-Märkten täglich vor Börseneröffnung.
KONTAKT: E-Mail oder Anruf direkt aus der App.

http://itunes.apple.com/de/app/traders-box/id425359663?mt=8

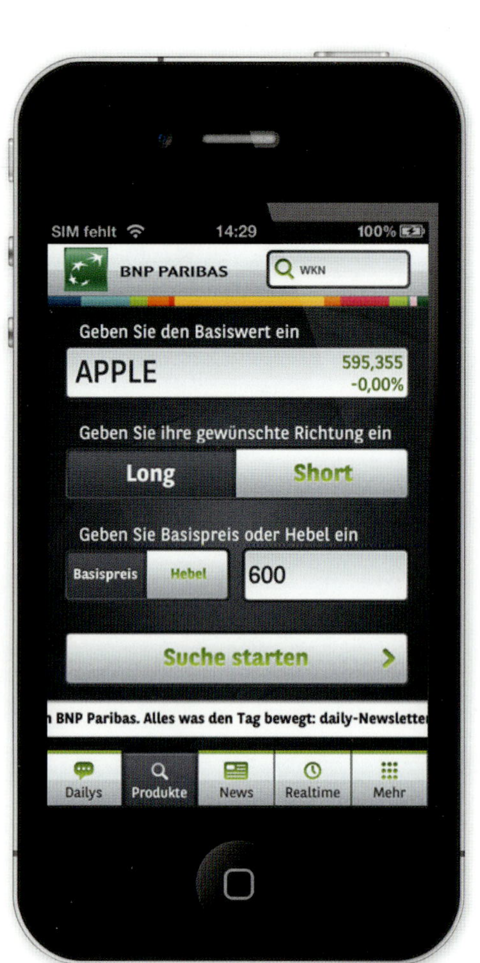

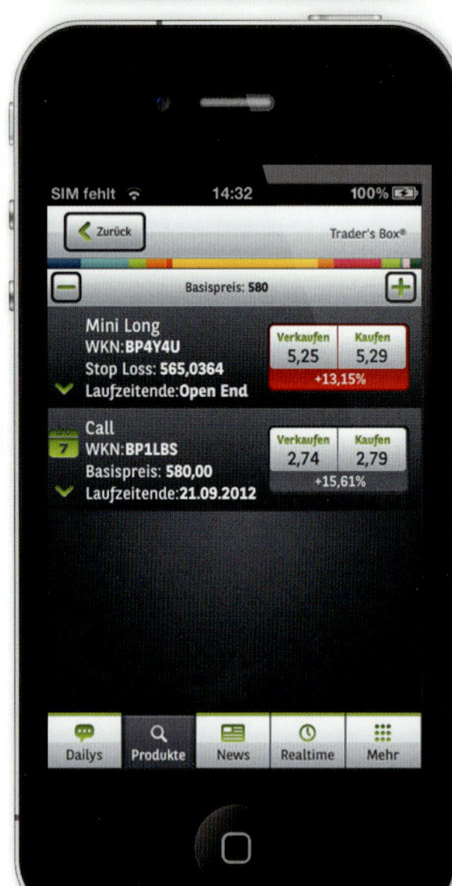

Kunde BNP Paribas Aktiengesellschaft, Frankfurt am Main Marketingleitung Volker Meinel Produktleitung Benjamin Krüger Werbeagentur Babiel GmbH, Düsseldorf Beratung / Konzeption / Creative Director Dr. Rainer Babiel Art Director / Grafik Robin-Savas Savvidis

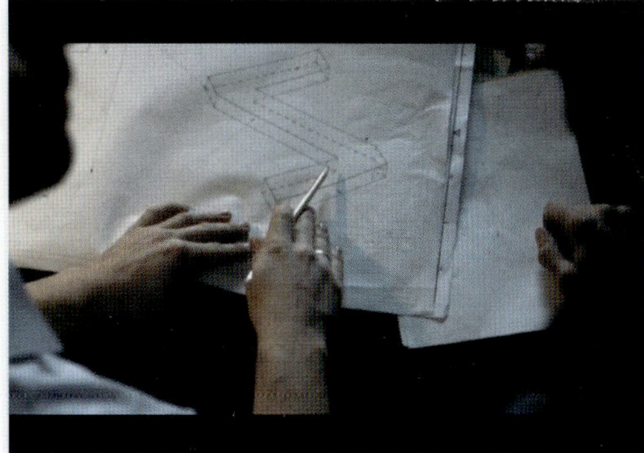

DIENSTLEISTUNGEN / B2C

BANKEN / SPARKASSEN / INVESTMENT

FILM

GEFA Gesellschaft für Absatzfinanzierung mbH / „Zinsen Made in Germany“

Die GEFA BANK ist ein Ableger des Mittelstandsfinanzierers GEFA. Sie bietet Privatkunden Anlageprodukte wie Tagesgeld, Festgeld oder klassische Sparkonten. Das Besondere: Das angelegte Geld wird über die GEFA als Kredit an mittelständische Unternehmen vergeben. Wenn also deutsche Erfolgsfirmen erfolgreich arbeiten, erarbeiten sie dabei auch die Zinsen der Anleger.

Diese einfache und überzeugende Botschaft wurde im Claim „Zinsen Made in Germany“ verdichtet und im TV-Spot mit starken Bildern inszeniert. Im Mittelpunkt stehen dabei die Menschen eines mittelständischen Unternehmens, die die Zinsen im wahrsten Sinne des Wortes produzieren. So wird klar, dass die Produkte der GEFA BANK genauso solide sind wie der Mittelstand selbst.

Diese Botschaft kommt an: Als kompletter Neuling in einem wettbewerbs- und kommunikationsintensiven Markt hat die GEFA BANK viele Kunden überzeugt und ihre Marketingziele weit übertroffen.

Kunde GEFA Gesellschaft für Absatzfinanzierung mbH, Wuppertal Geschäftsführung Jochen Jehmlich Marketingleitung Gerrit Kirstein Head of Transaction Management Andreas Thomas Werbeagentur Dievision Agentur für Kommunikation GmbH, Hannover Beratung Jan Jaspersen / Axel Kempen / Jana Wente Konzeption Jan Jaspersen / Martin Kontzog / Mathias Bauz Creative Director Martin Kontzog Art Director Mathias Bauz Text Martin Kontzog Grafik Mathias Bauz / Johanna Raida Filmproduktion Markenfilm GmbH & Co. KG Producer Tatjana Bolte Regie Tibor Glage Kamera Sten Mende Schnitt Felix Drawe Musik Maximilian Olowinsky / Felix Müller / Florian Lakenmacher

DIENSTLEISTUNGEN / B2C

BANKEN / SPARKASSEN / INVESTMENT

DIGITALE MEDIEN / DIGITALE/INTERAKTIVE ANWENDUNGEN

ING-DiBa AG / „Bitte nicht das Smartphone werfen!"

Aufgabe: Bei der Basketball-Junioren-weltmeisterschaft in Deutschland soll vor allem die leistungsorientierte, jüngere Zielgruppe auf die ING-DiBa aufmerksam gemacht werden.

Strategischer Grundgedanke: Gerade diese Zielgruppe hat immer ihr Smart-phone bei sich.

Kreative Umsetzung: Wir verwendeten eine digitale Plakatwand, die zum virtu-ellen Basketballkorb für die Passanten wurde. Diese konnten sich über Face-book Connect mit der LCD-Wand ver-binden und ihre 3 Freiwürfe starten.

Mithilfe von Out-of-Home-Ingenieuren und Experten für Mobilanwendungen entwickelten wir eine Technik, die durch den Beschleunigungs- und Richtungs-sensor des Smartphones den digitalen Screen beeinflusst und zugleich einen in-house entwickelten 3-D-Film abspielt. Ein System ermittelte die Reihenfolge und signalisierte dem Spieler auf dem di-gitalen Screen und Smartphone, wann er mit seinen 3 Freiwürfen starten durfte. Beim Check-in wurde automatisch an der Facebook-Pinnwand des Spielers eine Nachricht für seine Freunde hinter-lassen. Diese konnten auf einer extra ein-gerichteten Microsite die Aktion via Livestream verfolgen und mit ihren Likes ihre Spieler anfeuern. Der Applaus wurde visuell und akustisch an die digitale Pla-katwand übertragen.
Eine extra eingerichtete Webcam sendete jedem Spieler am Ende seiner 3 Freiwürfe ein Bild seines besten Wurfs an dessen Smartphone.
So veröffentlichten Hunderte Spieler das Foto auf Facebook und transportierten die ING-DiBa Aktionsbotschaft: Wenn Du einen Treffer landest, ist es DiBaDu.

Ergebnis: Täglich über 200 begeisterte Spieler vor Ort (5 Tage). Über 7.000 Likes durch die Freunde der Spieler.
Und ein zerbrochenes Smartphone.

www.diba.propagate-ideas.com

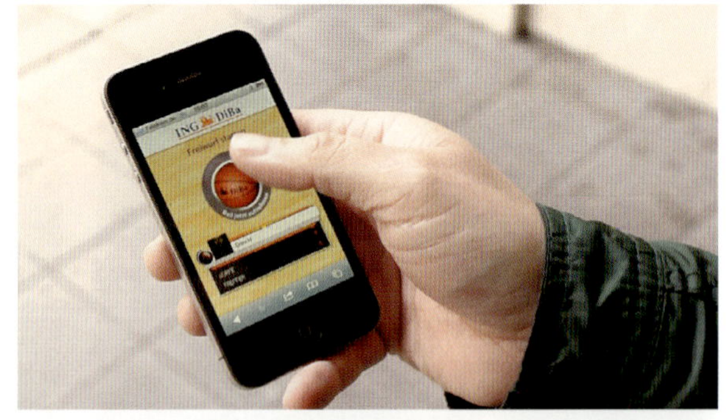

Kunde ING-DiBa AG, Frankfurt am Main Ressortleiterin Sponsoring Christiane Kriesche Werbeagentur agenta agenturgruppe GmbH, Münster Beratung Oliver Grage / André C. Schmechta / Michael Hartung Konzeption Dominik Heinrich / Oliver Grage / André C. Schmechta / Pelle Boese (gjuce GmbH) / Guido Bliss (planus media GmbH) Creative Director Dominik Heinrich Art Director Camilla Ullrich / Milton Decamotan (3-D-Visuals) Text Florian Kähler Software Developer Leo Herking Social-Media-Spezialist Jan Mensing Sonstige Krisz Kreuzer (bass, Hamburg – Musik) / Lisa Lenz (agenta werbeagentur – Award-Einreichung) / Alex Dragon (gjuce GmbH – Kontakt) Mobile-Agentur gjuce GmbH Spezialmittler planus media GmbH

DIENSTLEISTUNGEN / B2C

BANKEN / SPARKASSEN / INVESTMENT

PRINT

Landessparkasse zu Oldenburg / „Privatkunden"

Die LzO bietet Privatkunden in jeder Lage die richtige Lösung. Dies wird in überraschenden Motiven fortlaufend kommuniziert – situationsorientiert, lebensnah und immer mit einem kleinen Augenzwinkern.

Kunde Landessparkasse zu Oldenburg, Oldenburg Vorstand Martin Grapentin (Vorstandsvorsitzender) / Harald Tölle (stv. Vorstandsvorsitzender) / Gerhard Fiand (Mitglied des Vorstandes) / Michael Thanheiser (Mitglied des Vorstandes) Stabsbereich Vorstand Udo Unger (Direktor) / Hans Günter Rostalski (stv. Direktor) / Olaf Meenen (Leiter Marktkommunikation) / Ingo Kürten (Marktkommunikation) / Thomas Rost (Marktkommunikation) Werbeagentur von Mende Marketing GmbH, Oldenburg Beratung Tordis Krause Konzeption Tordis Krause Art Director Andrea Hohmann Text Tordis Krause Grafik Andrea Hohmann Fotografie Harry Köster (Mann mit Spaghetti) / plainpicture (Glühbirne)

DIENSTLEISTUNGEN / B2C

BANKEN / SPARKASSEN / INVESTMENT

FILM

quirin bank / „Wer fair berät, schläft einfach besser."

Für die quirin bank, die erste Honorarberaterbank Deutschlands wurde ein TV-Spot entwickelt, der die egoistische Profitorientierung des derzeitigen Bankensystems thematisiert und zum Wechsel in ein neues, faires Bankmodell auffordert. Der Spot zeigt schlaflose Bankberater, die aufgrund ihres schlechten Gewissens nachts einfach nicht zur Ruhe kommen. Die Berater der quirin bank – und natürlich auch deren Kunden – hingegen können ganz ruhig schlafen.

Kunde quirin bank AG, Berlin Marketingleitung Kathrin Kleinjung Werbeagentur Havas Worldwide München GmbH, München Beratung Lothar Marx Creative Director Helmut Huber / Florian Scherzer Art Director Andrea Zeiller / Barbara Kistner Text Max Valentin / Jürgen Geiger Filmproduktion clip up GmbH Producer Marko Savnik / Nick Grgic Regie Gerd Schneider Kamera Pascal Remond Post Production Company clip up GmbH Sound Design Company m-sound

DIENSTLEISTUNGEN / B2C

BANKEN / SPARKASSEN / INVESTMENT

KAMPAGNE

Sparda-Bank Hannover eG / „SpardaGirOkonto“

Zur Steigerung der Neukundenabschlüsse für das Girokonto der Sparda-Bank Hannover eG setzen die Marketing-Verantwortlichen aktuell auf das im Geschäftsgebiet sehr bekannte Testimonial „Günther, der Treckerfahrer“. In allen Medien stellt der Comedian auf seine unverwechselbare Art die vielen Vorteile des Produkts vor und fordert zum Kontowechsel auf. Der Erfolg ist für alle Beteiligten messbar.

Kunde Sparda-Bank Hannover eG, Hannover Geschäftsführung Winfried Blecking / Andreas Dill / André-Christian Rump Marketingleitung Hans-Joachim Wenck / Ariane Rehbein Produktleitung Anette Kotowski Werbeagentur freitag van geigk GmbH, Hannover Beratung Thomas Geigk Konzeption Thomas Geigk / Michael Leonhard Creative Director Michael Leonhard Art Director Olaf Peters Producer Peer Schöndorf Text Torsten Kurth Grafik Diana Motzkuhn Fotografie Jörg Kyas

DIENSTLEISTUNGEN / B2C

BANKEN / SPARKASSEN / INVESTMENT

PRINT

Südtiroler Volksbank Gen.aA /
Volksbank-App

Die Südtiroler Volksbank positioniert sich als Bank mit Gesicht, die für Innovation steht.
Die viel beachtete Kampagne der Volksbank-App setzt bei der Einführung der ersten App für mobiles Banking in der Region ein animierendes Ausrufezeichen!

Kunde Südtiroler Volksbank Gen.aA, Bozen (Italien) Geschäftsführung Johannes Schneebacher (Generaldirektor) / Fabrizio Galli Zugaro (Direktor Vertrieb) Marketingleitung Silvia Lardschneider Werbeagentur hannomayr.communication OHG, Bozen (Italien) Beratung Hanno Mayr Creative Director Hanno Mayr Art Director Anna König / Dario Bonamassa Text Julia Alber Grafik Anna König / Egon Larcher Fotografie Oskar Dariz

DIENSTLEISTUNGEN / B2C

BANKEN / SPARKASSEN / INVESTMENT

OUT OF HOME / MEDIEN

Volksbank Mitte eG / „Meine Vertrauensbank“

Ziel: mit emotionalen Motiven die Marke „VB Mitte“ plus Bildmarke „Blaue Bank“ weiter im Bewusstsein der Bevölkerung verankern. Kundennähe vermitteln.
Aufgabe: Abbildung von Privat-/Geschäftskunden der VB Mitte in ihrem privaten/geschäftlichen Umfeld; „Blaue Bank“ als zentrales Bildelement; starke, emotionale Bindung zwischen Kunde und Volksbank Mitte zeigen.
Zielgruppe: (potenzielle) Kunden in der Region
Eingesetze Medien: Großflächenplakate, Anzeigen, Kinospot

Kunde Volksbank Mitte eG, Duderstadt Geschäftsführung Kurt Klemens Marketingleitung Mario Apert-Vandrey Leitung Öffentlichkeitsarbeit Cornelia Kurth-Scharf Werbeagentur P.O.S. Kresin Design GmbH, Rosdorf

GOTHAER VERSICHERUNGSBANK

„Die Gothaer befreit die Menschen von ihren Sorgen.“

BRAWANDRIEKEN
WERBEAGENTUR GMBH /
HAMBURG

Gabi Neumann-Terkowski 01
Heiko Höhn 02
Liliana Wald 03
Meike Langhoff 04
Peter Brawand 05
Stefan Doerks 06
Torsten Rieken 07
Katrin Herrmann 08
Andrea Hartig 09
▸

DIENSTLEISTUNGEN / B2C

VERSICHERUNGEN

FILM

Gothaer Versicherungsbank / „Die Gothaer befreit die Menschen von ihren Sorgen."

„Die Gothaer befreit die Menschen von ihren Sorgen." Das ist die Kernaussage der im Februar 2012 lancierten Sorgenkampagne. Im Mittelpunkt stand ein TV-Spot, der das Thema Privathaftpflicht fokussierte und auf reichweitenstarken Sendern zu sehen war. Ziel der Kampagne war es, Aufmerksamkeit und Awareness für das Produkt Privathaftpflicht über alle Kanäle zu generieren. Neben einem Marken- und Imageaufbau wurden auch eine Steigerung des Abverkaufs und eine Verjüngung der Zielgruppe angestrebt.

Wir Deutschen sind Spezialisten in Sachen „sich sorgen". Die weltweit bekannte „German Angst" ist nichts weiter als die Tatsache, dass kein Volk der Welt sich mehr sorgt als die Deutschen. Gefühlt: heute schlimmer denn je. Wir machen uns Sorgen um die Rente, um das Haus, ums Auto, um die Familie und ums Geld. Auch wenn jeder von uns andere Sorgen hat, eins haben sie alle gemeinsam: Sorgen nerven – wie lästige Fliegen. Fliegen kann man verjagen ...
... oder an die Wand klatschen. Aber Sorgen?
Nun, bei Sorgen geht das auch – wenn man bei der Gothaer versichert ist. Denn die Gothaer hat für fast jede Sorge die passende Versicherung.

Und das zeigt auch unser Film:
Wir sehen eine junge Frau, der gerade ihr neuer Laptop nach Hause geliefert wurde. Sie packt ihn voller Vorfreude aus und möchte ihn direkt mitnehmen. Als sie den Laptop in die Tasche steckt und sich auf den Weg zur Haustür macht, tauchen ihre personifizierten Sorgen auf. Die „SORGE um Hab und Gut" und die „SORGE um Schadenersatz" weisen sie auf die möglichen Risiken hin, jetzt mit dem neuen Laptop das Haus zu verlassen. Für die Protagonistin ist das aber kein Problem, denn sie ist bei der Gothaer versichert. Deshalb lösen sich ihre Sorgen sofort in Luft auf.

Integrierte Kampagne _ Kunde Gothaer Versicherungsbank VVaG, Köln Marketingleitung Gerd Lindenburger Werbeleitung Stephanie Hennig Vorstand Vertrieb und Marketing Dr. Hartmut Nickel-Waninger Marketing Managerin Beatrice Noffke-Kürten Werbeagentur BrawandRieken Werbeagentur GmbH, Hamburg Geschäftsführer Beratung Peter Brawand Beratung Heiko Höhn / Meike Langhoff / Andrea Hartig Konzeption Werner Busam / Torsten Rieken Strategie Katrin Herrmann Art Director Liliana Wald Producer Regine Schrempf Text Gabi Neumann-Terkowski Filmproduktion blm filmproduktion GmbH Regie Ron Eichhorn Kamera Thomas Kiennast Schnitt Peer-Arne Sveistrup Musik Krüger-Wilckens Musikproduktion

DIENSTLEISTUNGEN / B2C

VERSICHERUNGEN

PRINT

Gothaer Versicherungsbank / „Die Gothaer befreit die Menschen von ihren Sorgen."

„Die Gothaer befreit die Menschen von ihren Sorgen." Ziel war es, diese Aussage auch in die Printmedien zu übertragen. Dafür wurden Anzeigemotive für mehrere Versicherungsprodukte entwickelt, die in regionalen Zeitungen geschaltet wurden. Die Motive kamen außerdem auf Messen und im VKF-Bereich zum Einsatz.
Dem Endverbraucher wurde auf unterhaltsame Art und Weise gezeigt, wie einfach es ist, seine Sorgen loszuwerden.

Integrierte Kampagne _ Kunde Gothaer Versicherungsbank VVaG, Köln Marketingleitung Gerd Lindenburger Werbeleitung Stephanie Hennig Vorstand Vertrieb und Marketing Dr. Hartmut Nickel-Waninger Marketing Managerin Beatrice Noffke-Kürten Werbeagentur BrawandRieken Werbeagentur GmbH, Hamburg Geschäftsführer Beratung Peter Brawand Beratung Heiko Höhn / Meike Langhoff / Andrea Hartig Konzeption Werner Busam / Torsten Rieken Strategie Katrin Herrmann Art Director Liliana Wald Producer Regine Schrempf Text Gabi Neumann-Terkowski Fotografie Gerd George

DIENSTLEISTUNGEN / B2C

VERSICHERUNGEN

DIGITALE MEDIEN / DIGITALE / INTERAKTIVE ANWENDUNGEN

Gothaer Versicherungsbank / „Die Gothaer befreit die Menschen von ihren Sorgen."

Ziel / Aufgabenstellung: Um die Makler mit der „Alle-Sorgen-los!"-Kampagne vertraut zu machen und ihnen die personifizierten Sorgen näherzubringen, wurde speziell nur für diese Zielgruppe ein Online-Game entwickelt. Ziel war es, die Gothaer auf sympathische Art im Relevant Set der Makler zu verankern.

Innerhalb eines Zeitlimits lässt der Makler möglichst viele Sorgen seiner Kunden verpuffen. Je schwerer die Sorgen zu klicken sind, desto mehr Provisionspunkte erhält er. Gespielt wird mit der Maus (zielen, klicken), nachgeladen wird natürlich mit Versicherungsanträgen durch die Spacetaste. Die aufgrund des Zeitlimits kurze Dauer des Spiels und das bekannte Prinzip sorgten für einen leichten Einstieg und schnelle Erfolgserlebnisse. Zusätzlich war gewährleistet, dass die eigenen „Highscores" durch erneutes Spielen immer weiter gesteigert werden konnten.
Das Online-Game erzielte nach einem Monat 7.481 Seitenaufrufe mit 4.799 Unique Usern bei einer Abbruchrate von nur 1 %.

www.sorgen-los-spiel.gothaer.de

Integrierte Kampagne _ Kunde Gothaer Versicherungsbank VVaG, Köln Marketingleitung Gerd Lindenburger Werbeleitung Stephanie Hennig Vorstand Vertrieb und Marketing Dr. Hartmut Nickel-Waninger Marketing Managerin Katharina Beckers Werbeagentur BrawandRieken Werbeagentur GmbH, Hamburg Geschäftsführer Beratung Peter Brawand Beratung Heiko Höhn / Meike Langhoff / Andrea Hartig Konzeption Stefan Doerks / Torsten Rieken Strategie Katrin Herrmann Art Director Stefan Doerks Text Gabi Neumann-Terkowski

DIENSTLEISTUNGEN / B2C

VERSICHERUNGEN

FILM

Gothaer Versicherungsbank / „Die Gothaer befreit die Menschen von ihren Sorgen."

In Ergänzung zur klassischen Kommunikation sollte das Viral die personifizierten Sorgen bei den Endverbrauchern etablieren und den Kerngedanken „Die Gothaer befreit die Menschen von ihren Sorgen" bei der relevanten Zielgruppe verankern. Darüber hinaus sollten Aufmerksamkeit und Sympathie für die Marke geschaffen werden. Das Viral wurde als Pre-Roll auf YouTube geschaltet und über 450.000-mal aktiv aufgerufen. Eingebunden wurde es auch auf dem YouTube-Kanal der Gothaer und deren Facebook-Seite.

Integrierte Kampagne _ Kunde Gothaer Versicherungsbank VVaG, Köln Marketingleitung Gerd Lindenburger Werbeleitung Stephanie Hennig Vorstand Vertrieb und Marketing Dr. Hartmut Nickel-Waninger Marketing Managerin Katharina Beckers Werbeagentur BrawandRieken Werbeagentur GmbH, Hamburg Geschäftsführer Beratung Peter Brawand Beratung Heiko Höhn / Meike Langhoff / Andrea Hartig Konzeption Gabi Neumann-Terkowski / Torsten Rieken Strategie Katrin Herrmann Art Director Liliana Wald Producer Regine Schrempf Text Gabi Neumann-Terkowski

DIENSTLEISTUNGEN / B2C

VERSICHERUNGEN

FILM

Barmenia Krankenversicherung a. G. / „Wenn der Kunde 3 × klingelt …“

Versicherungen sind alle gleich. Alle? Nein, denn die Barmenia Versicherungen aus Wuppertal nehmen ihren Serviceanspruch ernst. So ernst, dass man daraus einen actionreichen und humorvollen TV-Spot drehen kann, der eins deutlich macht: Für ihre Kunden gibt die Barmenia einfach alles!

Medien: ARD, ZDF, RTL, N24, n-tv

Der TV-Spot „Wenn der Kunde 3 × klingelt …“ ist Teil der Markenkampagne und beweist: Barmenia ist 100 % für die Kunden da. Diese Leistungsbereitschaft ist als Actionfilm konzipiert und gedreht worden. Ein Barmenia-Mitarbeiter überschlägt sich fast, um rechtzeitig für seine Kunden da zu sein: Er steht gerade am Kaffeeautomaten, als sein Telefon klingelt. In beeindruckender Actionfilmmanier rutscht er mit der Tasse in der Hand über einen Konferenztisch, überwindet den Rollcontainer des Postmanns und muss einen wahrlichen Stuntsprung vollbringen, um sein Telefon noch vor dem dritten Klingeln zu erreichen. Der Film zeigt anschaulich, wofür die Marke Barmenia steht: „Verlässlicher, schneller. 100 % für Sie da!“ Oder: Besser Barmenia. Besser leben.

Kunde Barmenia Krankenversicherung a. G., Wuppertal Geschäftsführung Dr. Josef Beutelmann (Vorstandsvorsitzender) Marketingleitung Jürgen Brebach Werbeleitung Nils Kulik Werbeagentur stöhr, MarkenKommunikation GmbH, Düsseldorf Beratung Annette Breitenstein Konzeption Michael Steeger Creative Director Michael Steeger / Bernd Bücker Art Director Rolf Ringelhan Producer Christiane Wilhelm Text Einar Armbruster Grafik Chi-Chun Man / Sanjita Singh CEO und Strategie Jürgen Stöhr Filmproduktion radical media GmbH Producer Catherine Baikousis Regie Sebastian Schipper Kamera Frank Blau Musik Christoph Kähler

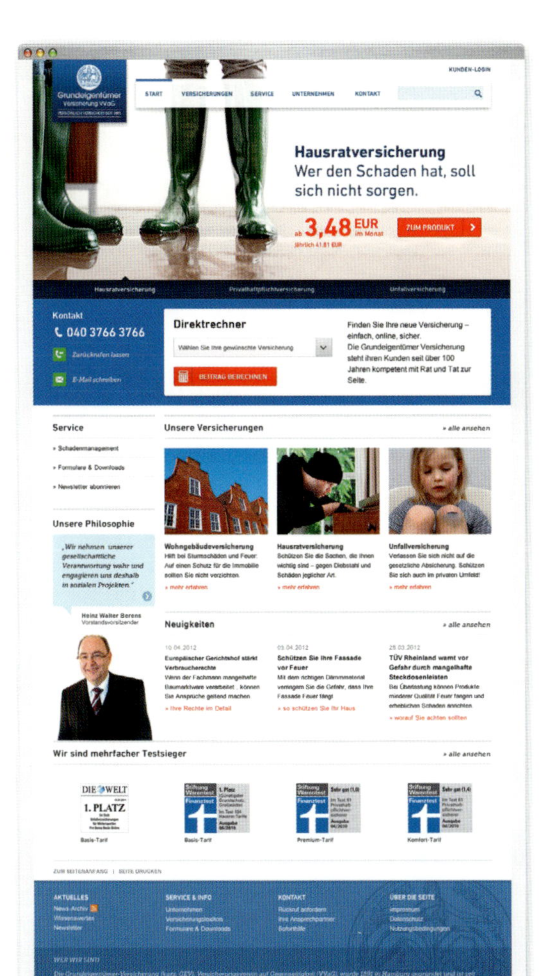

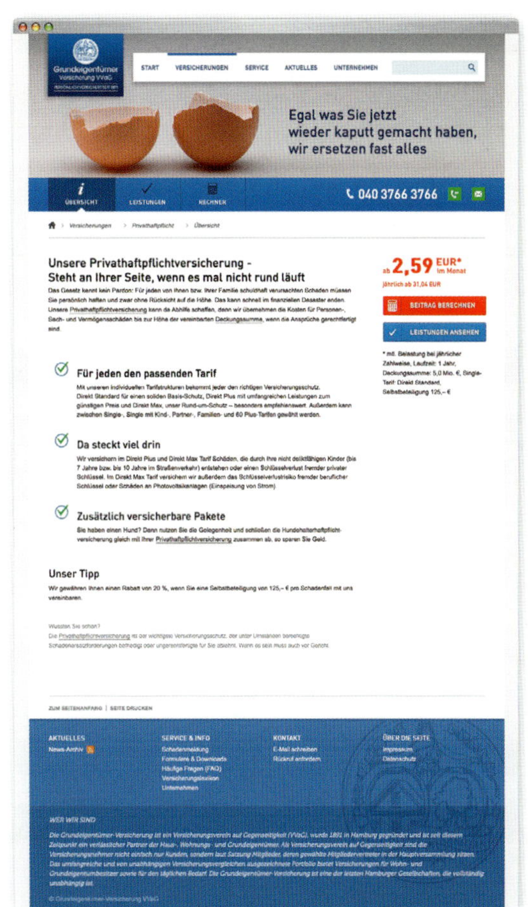

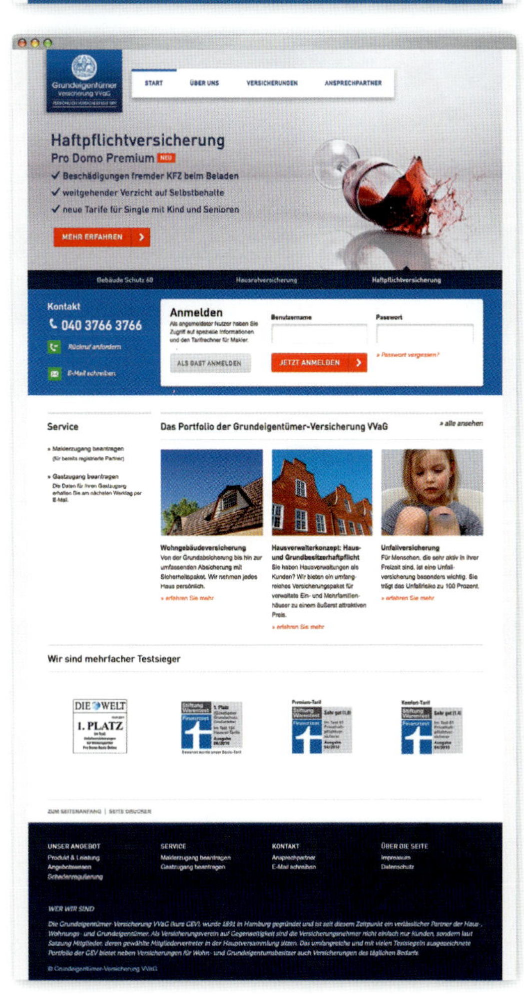

DIENSTLEISTUNGEN / B2C

VERSICHERUNGEN

DIGITALE MEDIEN / UNTERNEHMENS-/ ORGANISATIONSWEBSEITEN

Grundeigentümer Versicherung / www.grundvers-direkt.de

Die Grundeigentümer Versicherung ist eine Versicherungsplattform, auf der die Nutzer je nach Interessen persönlich angesprochen werden. Im Vordergrund stehen die positive Darstellung der Traditionsmarke und die Förderung des Internet-Direktvertriebs. Mit dem neuen Auftritt erreichen alle Zielgruppen mit wenigen Klicks die gewünschten Inhalte. Neue Funktionen wie der Direktrechner führen einfacher und schneller zu Versicherungsabschlüssen.

www.grundvers-direkt.de

Kunde Grundeigentümer Versicherung VVaG, Hamburg Geschäftsführung Heinz Walter Berens / Rüdiger Buyten Marketingleitung Torsten Bahr Werbeagentur reality bytes neue medien GmbH, Köln Konzeption Torsten Seiler Grafik Afra Böning Projektleitung Markus Gorzinewski / Burkhard Theß Programmierer Wolfgang Ben-Barmer / Reiner Braun / Renat Golubchyk / Lars Kollin / Andreas Scheben

DIENSTLEISTUNGEN / B2C

VERSICHERUNGEN

FILM

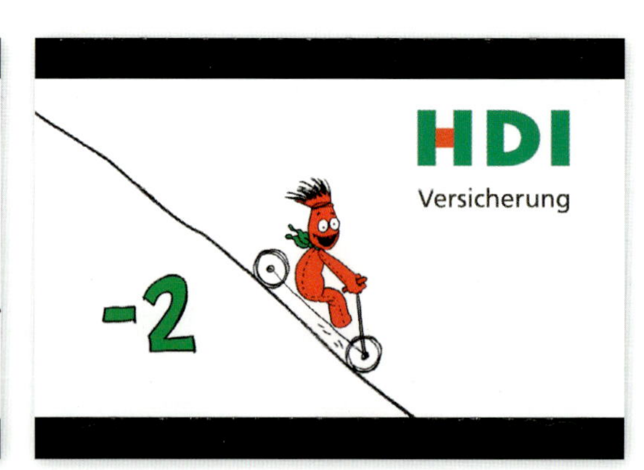

HDI Versicherung / Wetterpatronanz

In Form einer Wetterpatronanz im öffentlich-rechtlichen Fernsehen (ORF 2) werden die Minus-7-Bonusstufen der HDI Versicherung in sympathischer und kurzweiliger Darstellung an Zuschauer vermittelt. Hauptdarsteller ist das Maskottchen der Versicherung, die Voodoo-Puppe, die sowohl im Opener vor als auch im Closer nach dem Wetterbericht die Minus-7-Bonusstufen in animierter Form bewirbt.

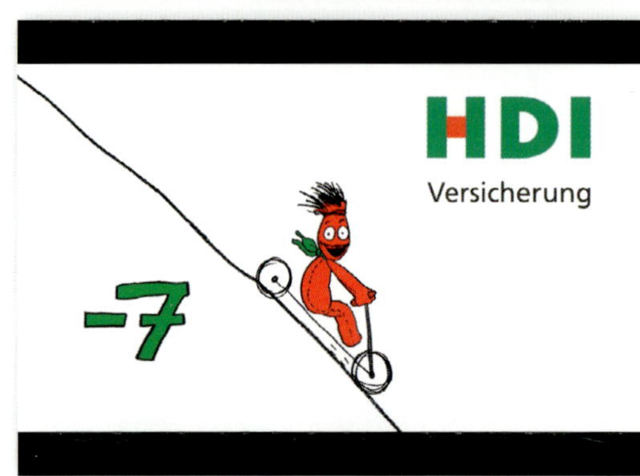

Integrierte Kampagne _ Kunde HDI Versicherung AG, Wien (Österreich) Geschäftsführung Günther Weiß / Ing. Thomas Lackner Marketingleitung / Produktleitung / Werbeleitung Wolfgang Kaiser Werbeagentur CIDCOM Werbeagentur GmbH, Wien (Österreich) Beratung Markus Biedermann Konzeption / Creative Director Stephanos Berger Art Director James William Porter III Producer Alexander Frohner Text Stephanos Berger Grafik Monika Legenstein Filmproduktion Frohner Film GmbH Producer / Regie / Schnitt Alexander Frohner

DIENSTLEISTUNGEN / B2C

VERSICHERUNGEN

PRINT

HDI Versicherung / „HDI Hilft Dir Immer."

HDI Hilft Dir Immer. Dieser Slogan wird auf Plakaten, in Print- und Online-Anzeigen österreichweit auf auffällige und verständliche Weise dargestellt und kommuniziert. Die Printsujets stellen die vielfältigen Hilfeleistungen und Produkte – vom umfassenden Werkstattnetz der HDI bis hin zu den Minus-7-Bonusstufen – auf witzige Art in den Vordergrund und vermitteln aufmerksamkeitsstark die Kernaussage der HDI Versicherung: HDI Hilft Dir Immer.

Integrierte Kampagne _ Kunde HDI Versicherung AG, Wien (Österreich) Geschäftsführung Günther Weiß / Ing. Thomas Lackner Marketingleitung / Produktleitung / Werbeleitung Wolfgang Kaiser Werbeagentur CIDCOM Werbeagentur GmbH, Wien (Österreich) Beratung Markus Biedermann Konzeption Stephanos Berger Creative Director Stephanos Berger Art Director James William Porter III Text Stephanos Berger Grafik Katrin Rehling Fotografie Julia Spicker

DIENSTLEISTUNGEN / B2C

VERSICHERUNGEN

AUDIO

HDI Versicherung / „Jetzt geht's bergab"

Zur optimalen Kommunikation der Minus-7-Bonusstufen der HDI Versicherung im Hörfunk wurde die ausdrucksstarke Form des Rummelplatzes gewählt. Unter dem Slogan „Jetzt geht's bergab" geht es gleich minus siebenmal bergab bei HDI – inszeniert mit bekannten Sprechern Österreichs. Witzig, kurzweilig und auffallend konnte die Botschaft der Kampagne, die Minus-7-Bonusstufen der Versicherung, vermittelt werden.

Zu hören war der Spot auf Österreichs Privatradiosendern sowie Ö3.

SFX: Rummelplatzgeräusche, Lachen, Kreischen

Mann: Kommensiefahrensie-Miiiinussieben-HDI!

SoFa: Einmal bergab, bitte.

Mann: Setzens eana gscheit eine und owe geht's.

SoFa: Mnja, I glaub, des spar i mir lieber ...

Mann: Sichaa – siebenmal sparen's bei uns – festhoidn!

SFX: Rattern der startenden Hochschaubahn

SoFa: ... minusvierminusfünfminussechs, minussieeeee ... (verhallend)

Lucke: Jetzt geht's bergab – gleich bis zu sieben Extra-KFZ-Bonusstufen sparen – nur bei der wirklich günstigen HDI Versicherung. Hilft. Dir. Immer.

SoFa: Na toll!

Integrierte Kampagne _ Kunde HDI Versicherung AG, Wien (Österreich) Geschäftsführung Günther Weiß / Ing. Thomas Lackner Marketingleitung / Produktleitung / Werbeleitung Wolfgang Kaiser Werbeagentur CIDCOM Werbeagentur GmbH, Wien (Österreich) Beratung Markus Biedermann Konzeption Stephanos Berger Creative Director Stephanos Berger Art Director James William Porter III Text Stephanos Berger Produktion Tic Music Tonstudio Ges.m.b.H. Producer / Regie / Ton Bernhard Zorzi

RWE AG

Corporate Website

PIXELPARK AG / ELEPHANT SEVEN UNTERNEHMENSGRUPPE GMBH / BERLIN

Maik Herrmann 01
Matthias Denke 02
Udo Hoffmann 03
Peter Kohlberger 04
Kostas Tsomplektsis 05
Miriam Mittler 06
Dr. Ralf Niemann 07
Vanessa Reinhard 08

▸

DIENSTLEISTUNGEN / B2C

ENERGIEVERSORGUNG

DIGITALE MEDIEN / UNTERNEHMENS-/ ORGANISATIONSWEBSEITEN

RWE AG / Corporate Website

Die Energiewende führte zu weitreichenden thematischen und strukturellen Veränderungen bei den Energiekonzernen: RWE entschied sich daher frühzeitig für eine Neupositionierung.

Der „RWE.com Refresh" hatte zum Ziel, die neuen Werte und Themen einer gut informierten und skeptischen Zielgruppe glaubhaft zu vermitteln. Er stellt die drei Themen – erneuerbare Energie, Netzausbau und Energieeffizienz – in den Mittelpunkt, fördert den Social-Media-Dialog und setzt auf intuitive Benutzeroberflächen.

www.rwe.com

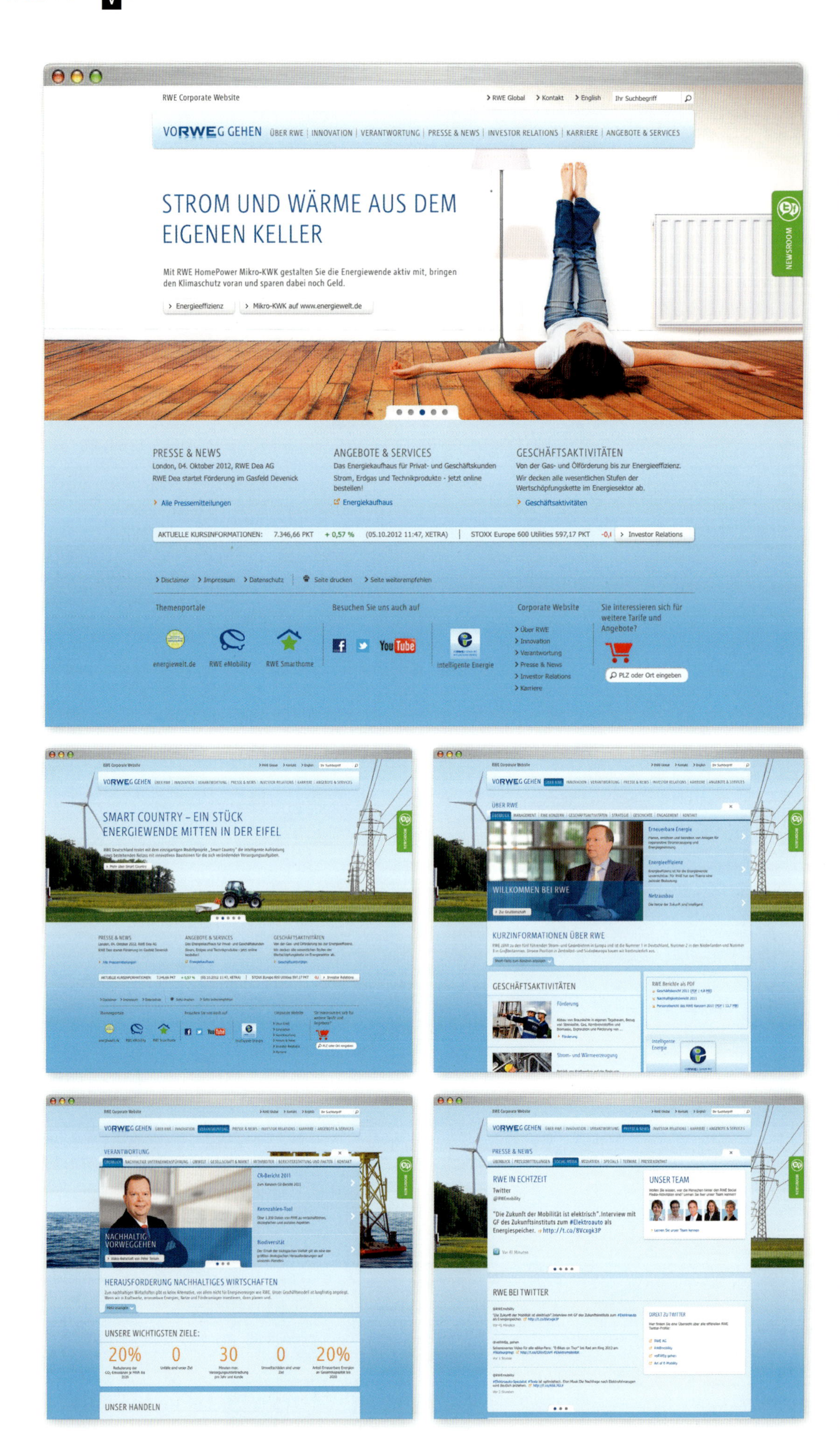

Kunde RWE AG, Essen Interne und Online-Konzernkommunikation Sandra Köhler Werbeagentur Pixelpark AG / Elephant Seven Unternehmensgruppe GmbH, Berlin Beratung Dr. Andreas Pütz / Maik Herrmann Konzeption Matthias Denke Creative Director Udo Hoffmann Art Director Peter Kohlberger Grafik Kostas Tsomplektsis / Miriam Mittler Account Director Dr. Ralf Niemann Project Manager Vanessa Reinhard

DIENSTLEISTUNGEN / B2C

ENERGIEVERSORGUNG

DIGITALE MEDIEN / UNTERNEHMENS-/ ORGANISATIONSWEBSEITEN

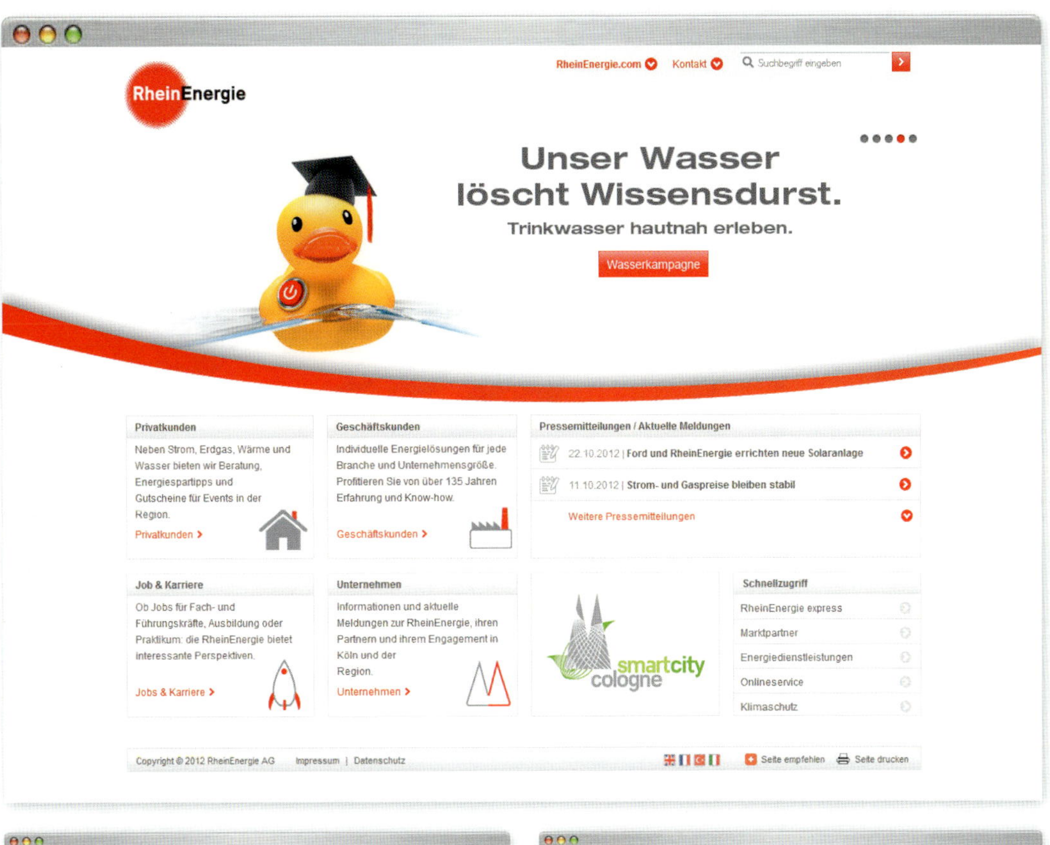

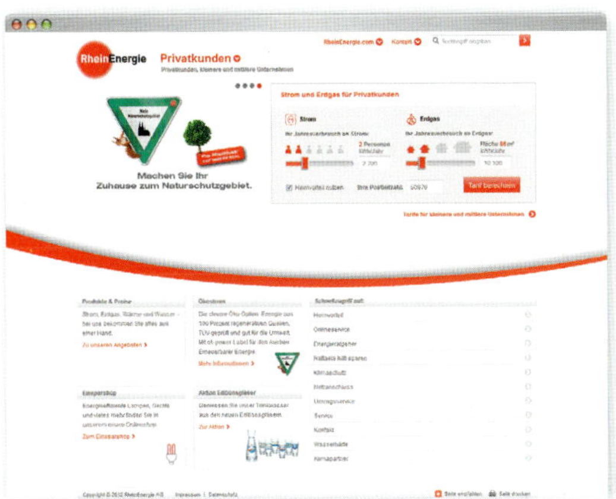

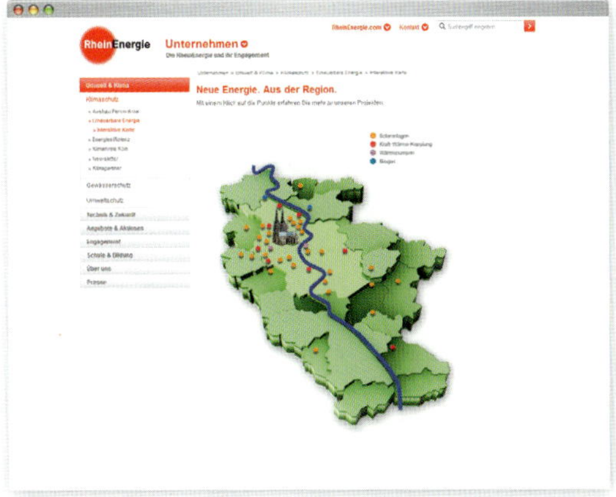

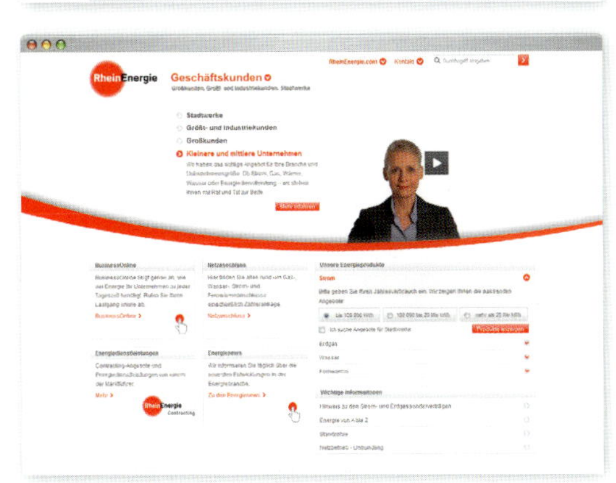

RheinEnergie AG / Website

Mit dem neuen Internetauftritt bietet die RheinEnergie ihren Kunden und Interessenten mehr Orientierung und Auswahlmöglichkeiten. Besucher erhalten auf www.rheinenergie.com einen individuell auf sie zugeschnittenen Online-Service. Das Portal der RheinEnergie fokussiert unterschiedliche Zielgruppen, allen voran Privatkunden, Geschäftskunden und Jobsuchende. Es wird Wert auf eine klare Struktur und auf eine ansprechende Gestaltung des Informations- und Serviceangebots gelegt.

www.rheinenergie.com

Kunde RheinEnergie AG, Köln Marketingleitung Frank Burghardt Produktleitung Harry Gersabeck Vorstand Dr. Dieter Steinkamp (Vorsitzender) / Thomas Breuer / Dr. Andreas Cerbe / Dieter Hassel / Uwe Schöneberg Leitung Presse- u. Öffentlichkeitsarbeit / Werbung Christoph Preuß Leitung Internetteam Christoph Preuß (Redaktion) / Frank Blumberg (Technik) Werbeagentur kernpunkt GmbH, Köln Beratung Matthias Steinforth Konzeption Christian Wenzel Entwicklung Martin Melcher / Julian Seiss / Patrick Gollmer Kreation Benjamin Sudau Projektleitung Daniel Kynast

DIENSTLEISTUNGEN / B2C

ENERGIEVERSORGUNG

PRINT

Städtische Werke Magdeburg GmbH & Co. KG / Geschäftsbericht SWM

Größe ist nicht nur Wirtschaftskraft. Sie zeigt sich vielfältig. Diesen Facettenreichtum von „Größe“ stellen die SWM in ihrem Geschäftsbericht 2011 auf unkonventionelle Art vor. Konzeptionell, gestalterisch und inhaltlich hat wirDesign im Imageteil die Facetten der „Größe“ der SWM auf die Welt des Kinofilms transferiert und jeweils die Adaption eines Kinoplakats mit einem Tätigkeitsschwerpunkt der SWM und einem spezifischen Aspekt von „Größe“ ganzheitlich und mit einem Augenzwinkern verbunden.

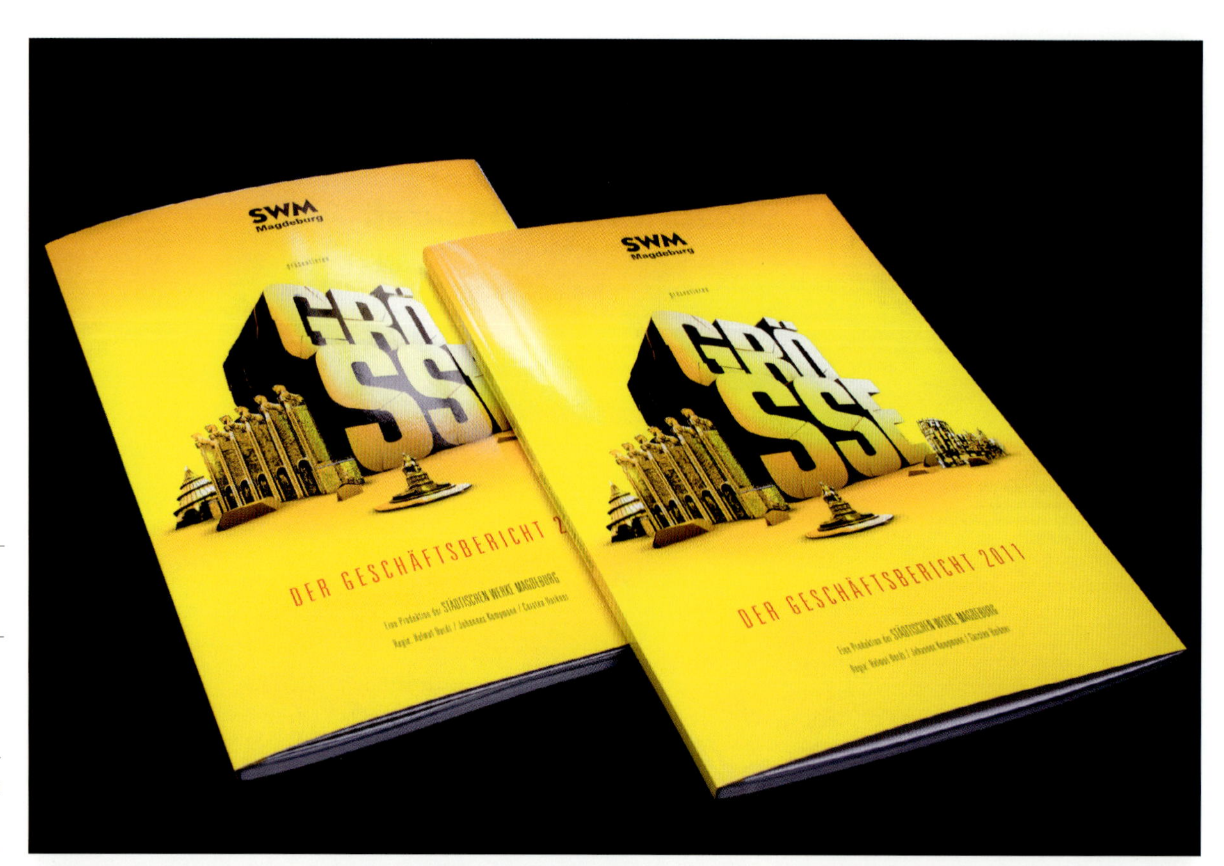

Kunde Städtische Werke Magdeburg GmbH & Co. KG, Magdeburg Marketingleitung Anne-Kathrin Beyer Werbeagentur wirDesign communications AG, Braunschweig Beratung Brigida Kempf Konzeption Brigida Kempf / Dr. Jan Straßenburg Creative Director Brigida Kempf Art Director Sandra Zeller / Frederik Wilken Producer Annette Bartsch Text Dr. Jan Straßenburg Fotografie Sebastian Vollmert Projektmanagement Jana Bauer

DIENSTLEISTUNGEN / B2C

ENERGIEVERSORGUNG

PRINT

Stadtwerke Göttingen AG /
Imagekampagne „Kurs: natürlich Zukunft“

Um die Wahrnehmung der Stadtwerke Göttingen AG als serviceorientierten, sympathischen Versorger und nachhaltig handelnden Treiber der Energiewende zu stärken, hat Blackbit eine mehrmotivige Imagekampagne entwickelt.

Die Leistungen der Stadtwerke werden durch kindlich formulierte Texte und charmante Illustrationen kommuniziert – unter besonderer Berücksichtigung der ökologischen Ausrichtung des Unternehmens.

Kunde Stadtwerke Göttingen AG, Göttingen Geschäftsführung Dr. Gerd Rappenecker (Direktor) / Norbert Liekmeier (Vorstandsvorsitzender) Leiter Medien und Kommunikation Klaus Plaisir Werbeagentur Blackbit neue Werbung GmbH, Göttingen Beratung Daniel Gerlach (Geschäftsführer) Konzeption Volker Zarnack / Annika Milde Art Director Volker Zarnack Text Annika Milde / Volker Zarnack

DIENSTLEISTUNGEN / B2C

ENERGIEVERSORGUNG

OUT OF HOME / AKTIVITÄTEN

Stadtwerke Heidelberg / Karlsplatzfest

Eine Guerillaaktion während und nach der EM 2012 in der Heidelberger Fußgängerzone machte auf das Karlsplatzfest 2012, welches am 7. September in der Altstadt stattfand, aufmerksam. Die kreative Herausforderung war es, das Sujet „Spielzeit 2012/13" des Heidelberger Theaters mit deren Höhepunkten im Herbst, Winter, Frühjahr und Sommer in eine Licht-Ton-Installation umzusetzen. Es wurde ein Spektrum visueller Sprachen und Stile gezeigt, die auf die Architektur des bespielten Gebäudes abgestimmt waren.

Kunde Stadtwerke Heidelberg GmbH, Heidelberg Geschäftsführung Michael Teigeler Marketingleitung Maria Homfeld Werbeagentur GoYa! Die Markenagentur GmbH, Heidelberg Beratung Roland Albrecht Art Director Phil Himmelmann / Katja Lafeld Grafik Peter Maximowitsch / Rene Fueloep

45 m langer und 2,80 m hoher Zaun mit Lifter, 6,90 m breite und 4,50 hoch als Aussenwerbefläche

Perspektive Zaun Werbefläche von oben

Beileger DIN A4 mit Suchspiel und Rotfilterlupe zum Entschlüßeln. Links Cover, Rechts Rückseite

Online Game: Suchspiel mit Mouseover als Lupe

Der Teilnehmer muss 4 verschiedene Gegenstände finden.

Wurde das Spiel erfolgreich beendet wird dem User die Teilnahme freigeschaltet

DIENSTLEISTUNGEN / B2C

ENERGIEVERSORGUNG

KAMPAGNE

Stadtwerke Neuwied / „Der SWN-Tarif-Detektiv“

Mit dem Tarif-Detektiv der SWN wurde für Strom- und Gasverbraucher ein Tarif vorgestellt. Bei einem interaktiven Gewinnspiel konnte der Verbraucher via Zeitungsbeileger in der Regionalpresse sowie online in einem Suchspiel ein Jahr Strom und Gas gewinnen. Wie ein Detektiv sucht der Teilnehmer nach Hinweisen und findet Informationen rund um den Tarif „Kombipack24“. Die Aktion wurde mit Außenwerbung, Flyern und mit einem Walking-Act bei einem Event erfolgreich abgeschlossen.

Kunde Stadtwerke Neuwied GmbH, Neuwied Werbeagentur Thielker+Team Werbeagentur GmbH, Neuwied Beratung Desiree Biegel / Susanne Schäfer Konzeption Lars Thielker / Desiree Biegel / Susanne Schäfer Art Director Silke Ruttert Text Desiree Biegel / Silke Schnorr Grafik Constantin Sturm / Rebekka Evers Projektmanager Desiree Biegel

SEA LIFE DEUTSCHLAND

„Flying Sharks“

LEO BURNETT GMBH / FRANKFURT AM MAIN

01 Helge Kniess
02 Benjamin Merkel

01

02

DIENSTLEISTUNGEN / B2C

TOURISMUS UND VERKEHR

OUT OF HOME / MEDIEN

SEA LIFE Deutschland / „Flying Sharks“

Nirgendwo kann man die Schönheit der Unterwasserwelt eindrucksvoller erleben als in einem der über 30 Großaquarien von SEA LIFE. Einziges Problem: Das weiß bisher niemand. Unsere Aufgabe war es deshalb, neue Besucher für SEA LIFE zu ködern. Und wer sind die besten Werbebotschafter für ein Aquarium? Die Fische selbst! Mit ihrer Hilfe verwandelten wir öffentliche Räume in ein riesiges Aquarium, mit dem Unterschied, dass unsere Fische nicht schwammen, sondern ferngesteuert durch die Luft flogen.

Kunde SEA LIFE Deutschland GmbH, Speyer Marketingleitung Daniela Fuehrer Werbeagentur Leo Burnett GmbH, Frankfurt am Main Beratung Carolin Böttcher Creative Director Hans-Jürgen Kämmerer Art Director Helge Kniess Producer Netti Weber / Gabi Sanchez-Palacio Text Benjamin Merkel Chief Creative Officer Andreas Pauli

DIENSTLEISTUNGEN / B2C

TOURISMUS UND VERKEHR

OUT OF HOME / MEDIEN

Damülser Seilbahnen GmbH & Co KG / Damüls, Winterkampagne 2011/12

Schneereich Damüls. Im schneereichsten Dorf der Welt präsentieren sich die Seilbahnen und der Ort mit einem gemeinsamen neuen Markenauftritt. Der Fokus der Umsetzung liegt auf „echtem Wintersporterlebnis im Schneereich der alten Walser" und wirbt authentisch und unverfälscht für qualitätsbewusste Wintergäste. Das gemeinsame „tief verschneite" Logo und die regionstypische Holzschindelwand prägen den neuen serienfähigen Auftrittsstil der beliebten westösterreichischen Urlaubsdestination.

Kunde Damülser Seilbahnen GmbH & Co KG, Damüls (Österreich) Geschäftsführung Mag. Wolfgang Beck / Pascal Keiser Werbeagentur Ender Werbung GmbH & Co KG, Lustenau (Österreich) Beratung / Konzeption / Creative Director Gerhard Peiker Art Director Harry Marte

DIENSTLEISTUNGEN / B2C

TOURISMUS UND VERKEHR

FILM

DB Mobility Logistics AG / „20 Jahre BahnCard“

20 Jahre unverändert gut: Das gilt für die BahnCard. Und das gilt für die Menschen, die die BahnCard nutzen.

Das beweisen wir, indem wir private Fotos und Schnappschüsse 20 Jahre später mit den gleichen Personen eins zu eins nachstellen. Basierend auf dem Fotokonzept „Back to the future“ der argentinischen Fotokünstlerin Irina Werning, die auch die Bildwelt der Kampagne inszenierte.

Das Resultat: eine extrem emotionale Kampagne für den 20. Geburtstag einer Plastikkarte.

Szenen, in denen die unterschiedlichsten Menschen Kinderfotos, Einschulungsfotos und andere Schnappschüsse 20 Jahre später nachstellen. Eines dieser Bilder zeigt die BahnCard von vor 20 Jahren. Der Sprecher:
„20 Jahre unverändert gut: die BahnCard.“

Integrierte Kampagne _ Kunde DB Mobility Logistics AG, Berlin Geschäftsführung Ulrich Klenke Marketingleitung Gabriele Handel-Jung Leiter Kampagnenmanagement Fernverkehr Markus Fälsch Kampagnenmanagement Fernverkehr Peter Krämer Werbeagentur Ogilvy & Mather Werbeagentur GmbH, Frankfurt am Main Beratung Roland Stauber / Veronika Sikvölgyi / Fiona Schaefer / Benedikt Buschbeck Creative Director Dr. Stephan Vogel (Chief Creative Officer) / Peter Roemmelt / Simon Oppmann Art Director Catrin Farrenschon / Julia Kohlenberger / Simon Oppmann / Anna Beimel / Benjamin Beck Producer Claudia Vaternahm / Rebekka Burkart Text Peter Roemmelt / Taner Ercan / Holger Gaubatz / Manuel Renz Filmproduktion Cobblestone Filmproduktion GmbH Regie Niklas Weise Kamera Irina Werning / Matthias Schoeningh

DIENSTLEISTUNGEN / B2C

TOURISMUS UND VERKEHR

PRINT

DB Mobility Logistics AG / „20 Jahre BahnCard“

20 Jahre unverändert gut: Das gilt für die BahnCard. Und das gilt für die Menschen, die die BahnCard nutzen.

Das beweisen wir, indem wir private Fotos und Schnappschüsse 20 Jahre später mit den gleichen Personen eins zu eins nachstellen. Basierend auf dem Fotokonzept „Back to the future“ der argentinischen Fotokünstlerin Irina Werning, die auch die Bildwelt der Kampagne inszenierte.

Das Resultat: eine extrem emotionale Kampagne für den 20. Geburtstag einer Plastikkarte.

DB BAHN
1992
2012
20 Jahre unverändert gut.
Die BahnCard.
Zum Jubiläum für nur 20 Euro.
www.facebook.com/dbbahn

DB BAHN
1992
2012
20 Jahre unverändert gut.
Die BahnCard.
Zum Jubiläum für nur 20 Euro.
www.facebook.com/dbbahn

DB BAHN

1992

2012
20 Jahre unverändert gut.
Die BahnCard.
Zum Jubiläum für nur 20 Euro.
www.facebook.com/dbbahn

Integrierte Kampagne _ Kunde DB Mobility Logistics AG, Berlin Geschäftsführung Ulrich Klenke Marketingleitung Gabriele Handel-Jung Leiter Kampagnenmanagement Fernverkehr Markus Fälsch Kampagnenmanagement Fernverkehr Peter Krämer Werbeagentur Ogilvy & Mather Werbeagentur GmbH, Frankfurt am Main Beratung Roland Stauber / Veronika Sikvölgyi / Fiona Schaefer / Benedikt Buschbeck Creative Director Dr. Stephan Vogel (Chief Creative Officer) / Peter Roemmelt / Simon Oppmann Art Director Catrin Farrenschon / Julia Kohlenberger / Simon Oppmann / Anna Beimel / Benjamin Beck Text Catrin Farrenschon / Julia Kohlenberger / Simon Oppmann / Anna Beimel / Benjamin Beck

DIENSTLEISTUNGEN / B2C

TOURISMUS UND VERKEHR

OUT OF HOME / MEDIEN

DB BAHN
1992
2012
20 Jahre unverändert gut.
Die BahnCard.
Zum Jubiläum für nur 20 Euro.
www.facebook.com/dbbahn

DB BAHN
1992
2012
20 Jahre unverändert gut.
Die BahnCard.
Zum Jubiläum für nur 20 Euro.
www.facebook.com/dbbahn

DB Mobility Logistics AG / „20 Jahre BahnCard“

20 Jahre unverändert gut: Das gilt für die BahnCard. Und das gilt für die Menschen, die die BahnCard nutzen.

Das beweisen wir, indem wir private Fotos und Schnappschüsse 20 Jahre später mit den gleichen Personen eins zu eins nachstellen. Basierend auf dem Fotokonzept „Back to the future“ der argentinischen Fotokünstlerin Irina Werning, die auch die Bildwelt der Kampagne inszenierte.

Das Resultat: eine extrem emotionale Kampagne für den 20. Geburtstag einer Plastikkarte.

Integrierte Kampagne _ Kunde DB Mobility Logistics AG, Berlin Geschäftsführung Ulrich Klenke Marketingleitung Gabriele Handel-Jung Leiter Kampagnenmanagement Fernverkehr Markus Fälsch Kampagnenmanagement Fernverkehr Peter Krämer Werbeagentur Ogilvy & Mather Werbeagentur GmbH, Frankfurt am Main Beratung Roland Stauber / Veronika Sikvölgyi / Fiona Schaefer / Bendedikt Buschbeck Creative Director Dr. Stephan Vogel (Chief Creative Officer) / Peter Roemmelt / Simon Oppmann Art Director Catrin Farrenschon / Julia Kohlenberger / Simon Oppmann / Anna Beimel / Benjamin Beck Text Peter Roemmelt / Taner Ercan / Holger Gaubatz / Manuel Renz Art Buyer Caroline Walczok

Entdecken Sie die Region:
www.bahn.de/rhein-main-erleben

- Egal, ob Tourist oder in der Region verwurzelt, ob Club, Bar oder Museum: **auf www.bahn.de/rhein-main-erleben** finden Sie die ganze Vielfalt, die Rhein-Main so besonders macht.
- Pendler mit einer Monats- oder Jahreskarte finden hier die ideale Lösung, ohne Mehrkosten ihre Freizeit zu gestalten und Rhein-Main zu erleben.

Die Bahn macht mobil.

DIENSTLEISTUNGEN / B2C

TOURISMUS UND VERKEHR

OUT OF HOME / MEDIEN

DB Regio AG / Regio Hessen AG / „Rhein-Main erleben“

Online planen – offline erleben. Mit ein paar Klicks die Region entdecken! Die Herausforderung dieser Kampagne bestand darin, ein Kampagnenmotiv zu entwickeln, welches die Funktionalität des Erlebnisportals mit dem echten Erlebnis verknüpft. Durch die geschickte Inszenierung der visuell markanten Geo-Tags wird eine starke Verbindung zwischen realem Leben und Produkt hergestellt. Zudem werden die Vorteile des Portals für den Betrachter schnell sichtbar und verständlich.

Kunde DB Regio AG, Region Hessen AG, Frankfurt am Main Geschäftsführung Charlott Lutterbeck Marketingleitung Charlott Lutterbeck Produktleitung Marcus Straßfeld Leiterin Marketingkommunikation und Medien, DB Mobility Logistics AG Gabriele Handel-Jung Leiter Kampagnenmanagement Nahverkehr / Transport und Logistik / Corporate, DB Mobility Logistics AG Oliver Schmidt Kampagnenmanagement, DB Mobility Logistics AG Anna Wilczek Werbeagentur Haag Marketing & Design GmbH, Saarbrücken Beratung David Strauß Konzeption Dennis Wagner Creative Director Marc Schäfer Art Director Dennis Wagner Postproduction Gass Medienservice GmbH & Co. KG

DIENSTLEISTUNGEN / B2C

TOURISMUS UND VERKEHR

DIREKTMARKETING / DIGITAL

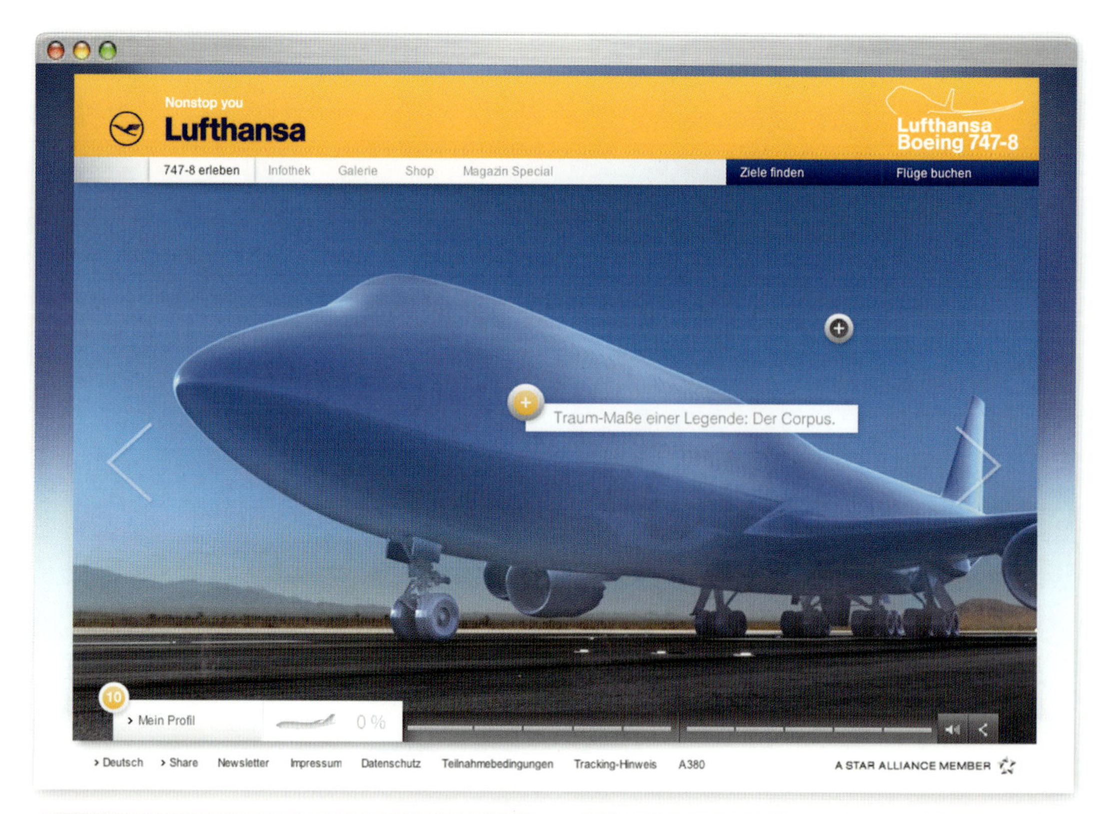

Deutsche Lufthansa AG / „Boeing 747-8"

Zur Premiere der neuen Boeing 747-8 richtet sich Lufthansa an Fluggäste und Luftfahrtbegeisterte in aller Welt. Um die Enthüllung des neuen Jumbos spannend zu gestalten, wird die Maschine sozusagen in Einzelteilen per E-Mail verschickt. Auf einer Website kann der Jumbofan sich aus den Teilen nach und nach seine eigene Maschine als hochwertiges 3-D-Modell zusammenbauen und so ein Ticket für den Jungfernflug gewinnen. Im ersten Monat wurden 7 Mio. Page Impressions und rund 900.000 Visits erzielt.

Kunde Deutsche Lufthansa AG, Frankfurt am Main Werbeagentur SCHOLZ & VOLKMER GmbH, Wiesbaden Beratung Eva Dyck (Unit Direction) / Donika Lilova (Account Direction) / Tim Sobczak (Projektleitung) / Nadine Bücking (Project Management) / Victoria Röber (Project Management) Konzeption Tim Sobczak (Creative Direction) / Björn Abels (Trainee Konzept) / Georg Cockburn (Freelancer) Creative Director Philipp Bareiss Art Director Tzvetan Kostov / Monika Schneider / Robert Achtel / Mario Jilka (Freelancer) Text Tim Sobczak Grafik Hannah Kim (Motion Design) Technik Sascha Hillingshäuser (IT Direction) / Jens Franke (Technical Direction / Freelancer) / Niklas Armbruster (Flash-Programmierung) / Fabian Kretschmer (Backend-Programmierung) / Sebastian Weyrauch (Backend-Programmierung / Freelancer) / Arman Savuk (Web Analytics) / Benjamin Knichel (Content-Management / Freelancer) 3-D-Produktion Pixomondo Studios GmbH & Co KG

DIENSTLEISTUNGEN / B2C

TOURISMUS UND VERKEHR

PRINT

Deutsche Lufthansa AG / Anzeigen „Nonstop you"

Das Ziel: Mit einer Printkampagne in den großen deutschen Tagezeitungen und überregionalen Magazinen die Angebote und Services von Lufthansa bewerben.
Die Bilder: menschlich warm, spontan wie Schnappschüsse.
Die Texte: jeder Text eine in sich geschlossene Geschichte rund um ein Lufthansa-Angebot oder -Produkt. So entsteht ein geschlossenes Kampagnenbild, das mit jedem Motiv auf die neue Markenhaltung einzahlt: Nonstop you.

Integrierte Kampagne _ Kunde Deutsche Lufthansa AG, Frankfurt am Main Marketingleitung Dr. Reinhold Huber Werbeleitung Benita Struve Werbeagentur Kolle Rebbe GmbH, Hamburg Beratung Katharina Jung / Nina Frank / Sandra Vetter Creative Director Petra Cremer (Art) / Maik Beimdieck (Art) / Philip Bartsch (Art) Art Director Andreas Leithäuser / Frederieke Coninx / Astrid Wermke Producer Stephan Gerlach / Lore Glander / Britta Meyer (Reinzeichnung) Text Susanne Pakravesh / Edgar Linscheid / René Ewert / Sven Keitel / Henning Robert Grafik Esther Lögers Executive Creative Director Jens Theil Strategische Planung Ralph Poser Artbuying Alice Feja Bildbearbeitung sevengreen picture works GmbH Fotografie Sam Robinson

DIENSTLEISTUNGEN / B2C

TOURISMUS UND VERKEHR

OUT OF HOME / MEDIEN

DB Mobility Logistics AG / „Nonstop you“

Das Ziel: mit einem großen, regional ausgesteuerten Outdoor-Flight die Angebote von Lufthansa bewerben. Die Kampagne umfasste Plakatflächen in ganz Deutschland, Platzierung an den Flughäfen und auf Verkehrsmitteln in den großen Metropolen. Mit authentischen, natürlichen Bildern und sympathischen Texten, die eine emotionale Reisegeschichte erzählen, machte sie nicht nur auf die umfassende Kundenorientierung der Lufthansa, sondern damit auch auf den neuen Kommunikationsstil aufmerksam.

Integrierte Kampagne _ Kunde Deutsche Lufthansa AG, Frankfurt am Main Marketingleitung Dr. Reinhold Huber Werbeleitung Benita Struve Werbeagentur Kolle Rebbe GmbH, Hamburg Beratung Katharina Jung / Nina Frank / Stephanie Timm Creative Director Petra Cremer (Art) / Maik Beimdieck (Art) / Sandra Gelewski (Art) / Ales Polcar (Text) Art Director Andreas Leithäuser Producer Stephan Gerlach / Britta Meyer (Reinzeichung) Text Matthias Ludynia / Edgar Linscheid / Henning Robert / Christoph Hildebrandt Grafik Esther Lögers Executive Creative Director Jens Theil Strategische Planung Ralph Poser Bildbearbeitung sevengreen picture works GmbH Fotografie Sam Robinson

DIENSTLEISTUNGEN / B2C

TOURISMUS UND VERKEHR

AUDIO

Deutsche Lufthansa AG / „Nonstop you“ (Privatreise Interkontinental)

Wer hat nicht schon einmal davon geträumt, in den USA über Highways zu düsen oder in Asien auf Dschunken zu segeln? Mit den günstigen Interkontinentalflügen von Lufthansa kann nun jeder seine Träume wahr werden lassen. In zwei Funkspots lassen wir Reisende von der ganz eigenen Poesie dieser faszinierenden Erdteile berichten.

Der Radiospot Poesie / USA:

MVO: Harley geborgt, über Highway gegurkt,
Country gefiedelt, im Salzsee gespiegelt,
Durch Canyons gepaddelt, in Vegas gedaddelt,
Museen durchkämmt, Burger geschlemmt,
Wellen gesurft, Cocktails geschlürft,
Wolken gekratzt, bis Mittag geratzt,
Den Moment genossen, in USA verschossen.

ANN: Erleben Sie die Poesie Amerikas. Mit Lufthansa. Zum Beispiel New York – schon ab 541 Euro. Jetzt buchen auf lufthansa.com.

SFX: Soundlogo.

ANN: Nonstop you. Lufthansa.

Der Radiospot Poesie / Asien:

MVO: Auf die Mauer geklettert, mit Tuktuks gebrettert,
Korallen geguckt, Pazifik geschluckt,
Am Strand flaniert, im Sand paniert,
In Kneipen geknobelt, Karaoke gejodelt,
Hühnchen gefuttert, Hündchen gefüttert,
In Dschunken gesegelt, im Dschungel geekelt,
Auf Boxer gewettet, von Asien geplättet.

ANN: Erleben Sie die Poesie Asiens. Mit Lufthansa. Zum Beispiel Peking – schon ab 723 Euro. Jetzt buchen auf lufthansa.com

SFX: Soundlogo.

ANN: Nonstop you. Lufthansa.

Integrierte Kampagne _ Kunde Deutsche Lufthansa AG, Frankfurt am Main Marketingleitung Dr. Reinhold Huber Werbeleitung Benita Struve Werbeagentur Kolle Rebbe GmbH, Hamburg Beratung Katharina Jung Creative Director Ales Polcar Producer Bey-Bey Chen-Rönz / Julia Rudloff Text Sven Keitel Executive Creative Direction Jens Theil Strategische Planung Ralph Poser Produktion Studio Funk Hamburg GmbH & Co. KG Regie / Ton Torsten Hennings Musik BOY „Little Numbers“ Sprecher Jens Wawreczek / Mirko Thiele Off-Sprecher Simon Jäger

DIENSTLEISTUNGEN / B2C

TOURISMUS UND VERKEHR

AUDIO

Deutsche Lufthansa AG / „Nonstop you“ (Berlin Push)

Drei Funkspots für Berlin. Die Aufgabe: die günstigen One-Way-Flüge von Lufthansa bewerben. Denn jetzt kommt man nonstop von Berlin zu 49 Zielen in Europa – und das ab 49 Euro. Das Angebot ist so günstig, da packt ganz Berlin die Koffer. Was dann in der Hauptstadt los ist, zeigen diese Spots.

Der Radiospot „Feuerwehr“

SFX: Telefontuten, Anrufbeantworter.
MVO: Guten Tag ... äh ... Sie sind mit der Berliner Feuerwehr verbunden. Im Moment befindet sich keiner unserer Mitarbeiter am Platz. Bitte hinterlassen Sie Namen und Adresse, und wir werden Ihnen in den nächsten Tagen einen Löschzug schicken ...
ANN: Ganz Berlin verreist. Mit Lufthansa: 49 Ziele ab 49 Euro. One way nonstop. Jetzt buchen unter lufthansa.com.
SFX: Soundlogo.
ANN: Nonstop you. Lufthansa.

Der Radiospot „Vermisstenmeldung“

MVO: Wir unterbrechen unser Programm für eine Suchmeldung: Vermisst werden in Berlin Männer und Frauen zwischen 0 und 98 Jahren mit kurzen grauen bis langen blonden Haaren oder auch ganz ohne. Die gesuchten Personen sind klein, mittel oder groß und tragen Hosen oder Röcke und – Schuhe.
ANN: Ganz Berlin verreist. Mit Lufthansa: 49 Ziele ab 49 Euro. One way nonstop. Jetzt buchen unter lufthansa.com
SFX: Soundlogo.
ANN: Nonstop you. Lufthansa.

Der Radiospot „Fußballkommentator“

SFX: Fußball wird gepasst.
MVO: Und wieder Maruttke! Er nimmt den Ball an, verlängert zu ... Maruttke. Kein Verteidiger weit und breit, Pass von Maruttke an ... Maruttke. Kein Abseits. Maruttke köpft und Tooor Maruttke!
SFX: Schiedsrichterpfeife.
MVO: Und Schiedsrichter Maruttke pfeift ab. 29 zu 0 für den FC Pankow! Ein schönes Ding.
ANN: Ganz Berlin verreist. Mit Lufthansa. 49 Ziele ab 49 Euro. One way nonstop. Jetzt buchen unter lufthansa.com.
SFX: Soundlogo.
ANN: Nonstop you. Lufthansa.

Integrierte Kampagne _ Kunde Deutsche Lufthansa AG, Frankfurt am Main Marketingleitung Dr. Reinhold Huber Werbeleitung Benita Struve Werbeagentur Kolle Rebbe GmbH, Hamburg Beratung Katharina Jung Creative Director Ales Polcar Producer Bey-Bey Chen-Rönz / Julia Rudloff Text Sebastian Spengler (Fußball) / Matthias Ludynia (Feuerwehr / Vermisstenmeldung) Executive Creative Direction Jens Theil Strategische Planung Ralph Poser Produktion Studio Funk Hamburg GmbH & Co. KG Regie Torsten Hennings Ton Torsten Hennings / Markus Roseneck (nhb ton) / Stefan Lügger (nhb ton) Musik BOY „Little Numbers“ Sprecher Volker Bogdan (Fußball) / Mirko Thiele (Vermisstenmeldung) / Lothar von Versen (Feuerwehr) Off-Sprecher Simon Jäger Produktion nhb ton GmbH

DIENSTLEISTUNGEN / B2C

TOURISMUS UND VERKEHR

FILM

Deutsche Lufthansa AG / „Nonstop you" (Eule)

Süße Schnäbel und zartes Gefieder haben sie zwar nicht zu bieten, aber im Unterschied zu manchen anderen Vögeln kann man bei denen von Lufthansa einsteigen und richtig günstig mitfliegen. Das hat dieser Film in ganz Deutschland mit großem Erfolg bekannt gemacht. Und zugleich die neue Tonalität in der Kommunikation von Lufthansa vorgestellt: sympathisch, emotional und überraschend.

Wir sehen eine süße Eule, die gekrault wird.

(Super:) Vogel mit niedlichen Federn.

Eine zweite Eule, auch sie genießt das Kraulen.
(Super:) Vogel mit niedlichen Augen.

Noch eine Eule, auch sie wird gekrault.
(Super:) Vogel mit niedlichem Schnabel.

Schnitt auf einen mächtigen Airbus A 380.
(Super:) Vogel mit niedlichem Preis.

Schnitt auf ein Flugzeug in der Luft.
Der Content-Bubble supert ein:
Über 100 Ziele in Europa Hin + Zurück ab 99 €.

Schnitt in das Innere des Fliegers, dort sitzt eine junge Frau. Neben ihr zufriedenes Grinsen supert der Claim-Bubble ein: Nonstop you.

Der Bubble geht über in das Lufthansa-Logo. Dazu supert die Lufthansa-URL ein.

Integrierte Kampagne _ Kunde Deutsche Lufthansa AG, Frankfurt am Main Marketingleitung Dr. Reinhold Huber Werbeleitung Benita Struve Werbeagentur Kolle Rebbe GmbH, Hamburg Beratung Katharina Jung Konzeption Christoph Hildebrandt (Idee) Creative Director Petra Cremer Executive Creative Director Jens Theil FFF Lars Wiepking / Bey-Bey Chen-Rönz / Julia Rudloff Filmproduktion nhb video GmbH Producer Tim Tibor Schnitt Yvonne Strömer Musik BOY „Little Numbers" Tonmeister Stefan Lügger Sound Design (Soundlogo Redesign) Hastings Audio Network GmbH

DIENSTLEISTUNGEN / B2C

TOURISMUS UND VERKEHR

FILM

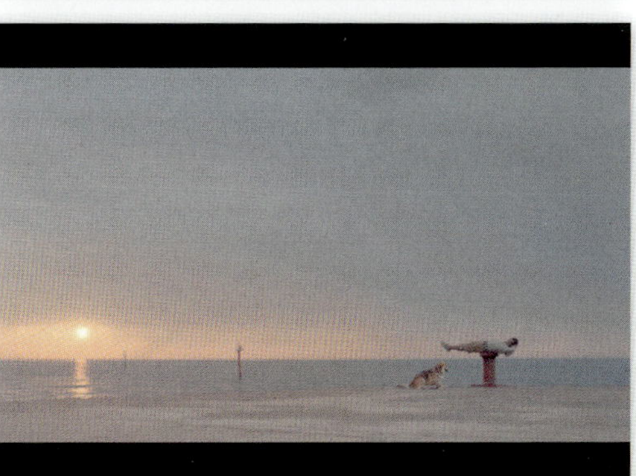

Deutsche Lufthansa AG / „Nonstop you“ (Liegen)

Ob im Meeting, in der Bahn oder der Bibliothek: Überall muss man sitzen oder stehen, dabei würden die meisten Menschen doch viel lieber liegen. Zumindest bei Lufthansa können sie das jetzt. Mit dem ersten Business Class der Unternehmensgeschichte beweist Lufthansa Mut und zeigt überraschende Mikro-Geschichten, die die Liebe der Menschen zum Liegen zeigen. Hero des Spots: die voll absenkbaren Sitze in der Business Class von Lufthansa.

Zwei Hände baumeln entspannt über einem Schwimmbecken, im Hintergrund ein Stadtpanorama. Eine kahle Betonwand. In einer der Öffnungen liegt lässig eine Frau. Ein leerer Sportplatz. Auf dem Feld ruht sich ein Mann aus. Seine Aktentasche liegt neben ihm. In einer Bibliothek: Ein Mann hat sich wie eine Brücke zwischen zwei Regalen ausgestreckt und liest. Das Schwimmbad aus der ersten Vignette. Wir sehen jetzt den ganzen Körper. Der Mann liegt dösend auf dem Sprungbrett. Ein Meeting hoch über der Stadt. Ein Mann hat es sich auf dem Konferenztisch bequem gemacht. Die Nachbildung eines Mammuts in einem Park. An einen der Stoßzähne schmiegt sich eine junge Frau. Ein Kai im Hafen. Ein Mann hat sich über einen Poller gelegt. Sein Hund beäugt ihn befremdet. Auf einer Rolltreppe fährt eine Frau – im Liegen. Auf dem Boden hat sich ein Paar ausgestreckt. Ein Shot auf ein Glasdach. Dort sonnt sich ein Mann. Ein Super erscheint: weil Menschen gern liegen. Schnitt in das Innere einer Lufthansa-Maschine. Ein Passagier betätigt das Touchpad des Sitzes. Der Sitz senkt sich ab, bis der Mann eine waagerechte Position hat. Ein gelber Bubble mit dem Produkt-Abbinder erscheint. Auf Knopfdruck flach: die Sitze der neuen Business Class. Der Bubble dreht sich und wird zum Nonstop-you-Button. Das Soundlogo erklingt. Der Nonstop-you-Button dreht sich wieder und wird zum Lufthansa-Logo.

Integrierte Kampagne _ Kunde Deutsche Lufthansa AG, Frankfurt am Main Marketingleitung Dr. Reinhold Huber Werbeleitung Benita Struve Werbeagentur Kolle Rebbe GmbH, Hamburg Beratung Katharina Jung / Sandra Vetter Konzeption René Ewert (Idee) Art Director Philip Bartsch Text Jens Theil Executive Creative Director Jens Theil Strategische Planung Ralph Poser FFF Bey-Bey Chen-Rönz Filmproduktion Markenfilm GmbH & Co. KG Producer Oliver Schertlein / René van Kann (Executive Producer) Regie Mario Zozin Kamera Jens Maasboel Schnitt Anne Beutel Musik BOY „Little Numbers“ Ton Markenfilm GmbH & Co. KG Sound Design (Redesign Soundlogo) Hastings Audio Network GmbH

DIENSTLEISTUNGEN / B2C

TOURISMUS UND VERKEHR

DIGITALE MEDIEN / PRODUKT-/SERVICEWEBSEITEN

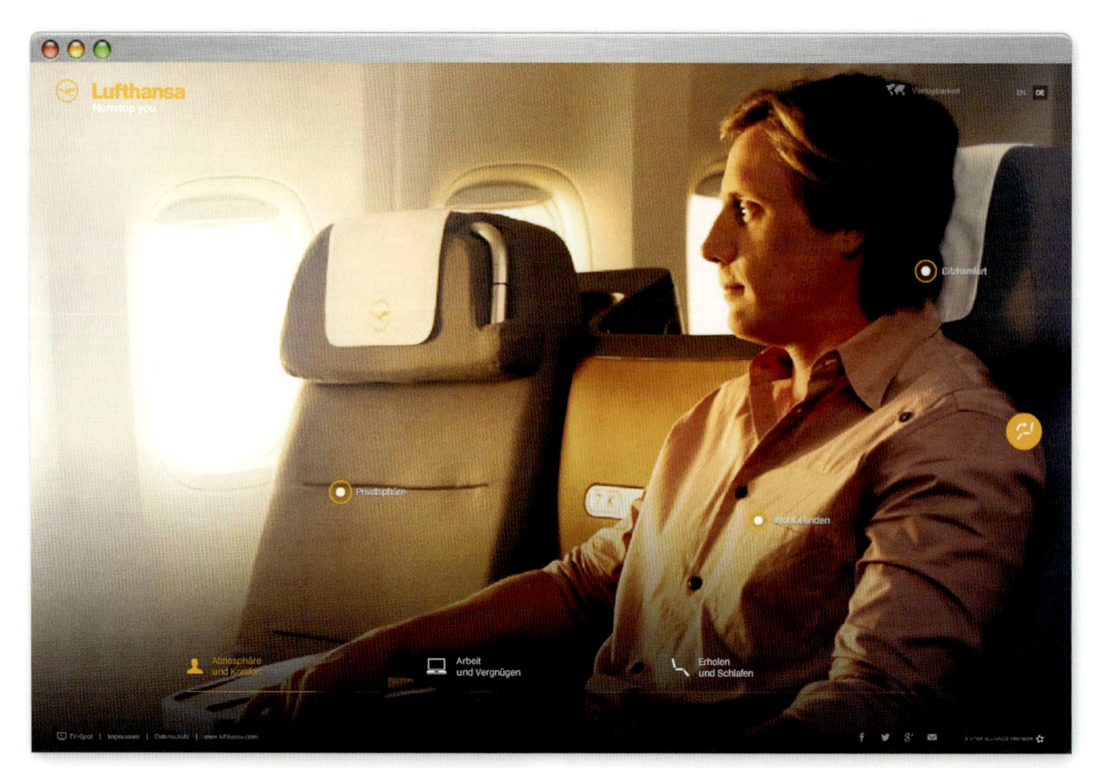

Deutsche Lufthansa AG / „Nonstop you“ (Geschäftsreise – Die Neue Business Class)

Eine neue Generation von Sitzen feierte 2012 in der Lufthansa Business Class Weltpremiere: Sitze, die sich auf Wunsch in eine komplett flache Position bringen lassen. Aus diesem Anlass launchte Lufthansa die erste Microsite, die man ausschließlich im Liegen erleben kann.

Per Face Detection erkennt die Microsite anhand der Position der Augen, ob der User liegt oder sitzt. Liegt er, legt sich die Microsite ebenfalls um 90 Grad auf die Seite und gibt dann exklusiven, interaktiven Content frei.

http://die-neue-business-class.lufthansa.com/microsite

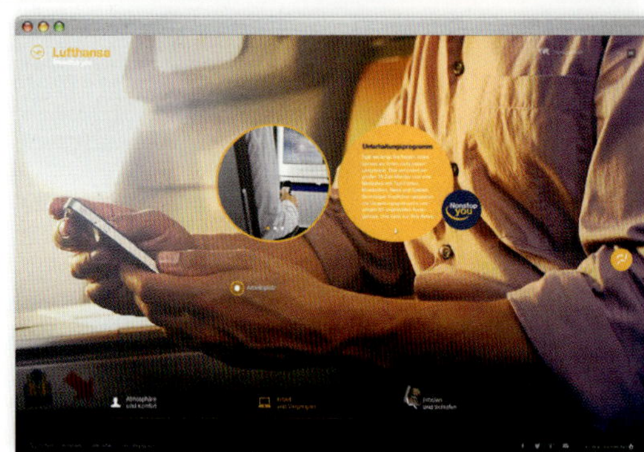

Integrierte Kampagne – Kunde Deutsche Lufthansa AG, Frankfurt am Main Marketingleitung Dr. Reinhold Huber Werbeleitung Benita Struve Werbeagentur Kolle Rebbe GmbH, Hamburg Beratung Sandra Vetter / Marc Seibert Konzeption Christian Rentschler Creative Director Matthias Erb / Jens Theil / Ales Polcar Art Director Christian Heins Text Mesut Geyik Fotografie Özgür Albayrak Programmierung Tobias Böhning / Benjamin Munzel Schnitt Christian Hilfinger / Monika Hütter Fotografenagentur Emeis Deubel GbR

DIENSTLEISTUNGEN / B2C

TOURISMUS UND VERKEHR

OUT OF HOME / AKTIVITÄTEN

Deutsche Lufthansa AG / ITB-Messestand 2012

Digitale Attraktionen versprühten auf dem ITB-Messestand der Lufthansa pure Urlaubsfreude und informierten gleichzeitig über das Leistungsangebot der neuen Marke Lufthansa Holidays. Die digitalen Entertainment-Anwendungen haben viele Besucher gefesselt und zum Mitmachen animiert. Diese setzten auch auf Augmented Reality-Effekte, bei denen die Aufnahmen der Gesichter von Standbesuchern mit typischen Accessoires oder humorvollen Sinnsprüchen in Gedankenblasen „dekoriert“ wurden.

Kunde Deutsche Lufthansa AG, Frankfurt am Main Teamleitung Sport- und Eventmarketing Ute Lauer Werbeagentur people interactive GmbH, Köln Beratung Elke Mallmann Konzeption Thomas Hornstein Creative Director Dr. Tillman Bardt Art Director Michael Tobehn Producer Sven Bröker Text Dr. Tillman Bardt / Thomas Hornstein Grafik Mathias Fritzen Messebau Expotechnik Heinz Soschinski GmbH Übergreifendes Standkonzept Wunderman GmbH

DIENSTLEISTUNGEN / B2C

TOURISMUS UND VERKEHR

OUT OF HOME / MEDIEN

Hotel Montafoner Hof / „Jäger Ski-WM“

Das Montafon – eines der schönsten Ski- und Jagdgebiete Österreichs – veranstaltet die Jäger-Ski-WM – ein Event, der einmalig ist auf der Welt.
Zwei Disziplinen müssen dafür bewältigt werden. Die Teilnehmer fahren einen leichten Riesentorlauf und müssen auf halber Strecke an einem Schießstand jeweils zwei Schuss abgeben.
Das aufmerksamkeitsstarke Keyvisual bringt auf humorvolle Weise beide Disziplinen zusammen und stilsicher auf den Punkt.

Crossmedia _ Kunde Hotel Montafoner Hof, Tschagguns (Österreich) Geschäftsführung / Marketingleitung Gertrud Tschohl Werbeagentur zurgams Kommunikationsagentur GmbH, Dornbirn (Österreich) Beratung Jörg Ströhle Konzeption Thomas Gschossmann / Jörg Ströhle Creative Director / Text Jörg Ströhle Art Director / Grafik Thomas Gschossmann Fotografie Marcel Mayer

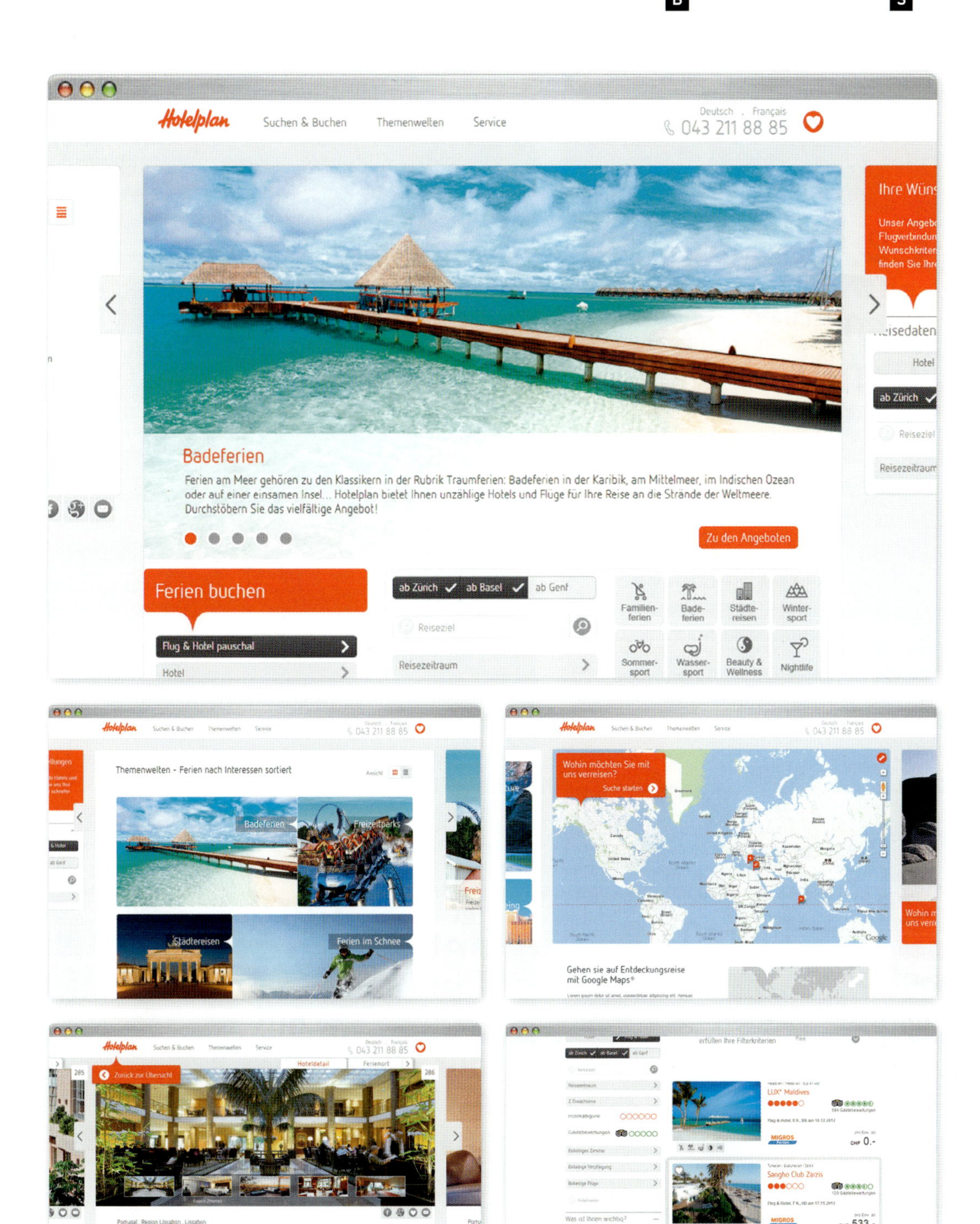

DIENSTLEISTUNGEN / B2C

TOURISMUS UND VERKEHR

DIGITALE MEDIEN / PRODUKT-/SERVICEWEBSEITEN

Hotelplan Management / Relaunch Hotelplan.ch

Das neue Reiseportal der zweitgrößten Schweizer Reisemarke macht die Urlaubssuche online zu einem inspirierenden Erlebnis. Es hebt sich durch sehr hochwertiges Design ab und stellt die individuellen Suchbedürfnisse der Nutzer konsequent in den Mittelpunkt. Auch auf dem Tablet kann der Nutzer die Website ganz einfach navigieren. Alle Inhalte sind im Responsive Design gestaltet, sodass sich die Seiteninhalte und Bilder immer optimal an die Größe des Bildschirms anpassen.

Charakteristisch für das neue Reiseportal sind die drei möglichen Einstiege in die Urlaubssuche – eine interaktive Weltkarte, inspirierende Themenwelten und eine facettierte Suche. Die Navigationsstruktur der Website basiert auf Prinzipien mobiler Endgeräte, die auf das Web übertragen wurden. Genau wie auf der Startseite kann der Nutzer auch auf allen Themenseiten und Hoteldetailseiten mit einfachem Wischen navigieren. Erweiterbare Module mit Detailinformationen lassen sich auf dem Tablet ganz einfach per Touch aufrufen.
Über großformatige Fotos lassen sich zu allen Hotels hochwertige Bildergalerien aufrufen, die eindrucksvolle Impressionen von Urlaubsregionen und Unterkünften vermitteln. Die Umgebung des Hotels lässt sich auf einer interaktiven Karte mit POIs wie Restaurants oder Sport- und Unterhaltungsangeboten erforschen.
Die leistungsfähige Player-Hub-Technologie der Firma Peakwork, auf der die Seite basiert, sorgt dafür, dass die facettierten Suchmöglichkeiten sich jederzeit verändern lassen und sich die Sucherergebnisse parallel dynamisch aktualisieren. Gleichzeitig werden die Informationen und Verfügbarkeiten von Reiseprodukten fast minütlich vom Server überprüft.

www.hotelplan.ch

Kunde Hotelplan Management AG, Glattbrugg Director Business Support & Projects Tim Bachmann Werbeagentur people interactive GmbH, Köln Beratung Elke Mallmann Konzeption Joachim von Maltzan Creative Director Michael Tobehn Art Director Judith Ewald Project Management Frank Thurisch UX Designer Simone Carrier / Wolfgang Gauss Player-Hub-Technologie Peakwork GmbH Frontend-Programmierung freshcells systems engineering GmbH

DIENSTLEISTUNGEN / B2C

TOURISMUS UND VERKEHR

PRINT

Illwerke Tourismus / „Golm“

Der Golm ist geografisch das Skigebiet, das sich am ersten Berg des Montafons befindet.
Dieser geografische Vorteil bildet die Basis für die Positionierung des Skigebiets. Unter dem Claim „Der erste Berg im Montafon“ wird das gesamte Spektrum an Leistungen beworben.

Kunde Illwerke Tourismus, Schruns-Rodund (Österreich) Marketingleitung Monika Paterno Werbeagentur zurgams Kommunikationsagentur GmbH, Dornbirn (Österreich) Beratung Jörg Ströhle Konzeption Ono Mothwurf / Jörg Ströhle Creative Director Jörg Ströhle Art Director Thomas Gschossmann Text Ono Mothwurf Grafik Philipp Kleber

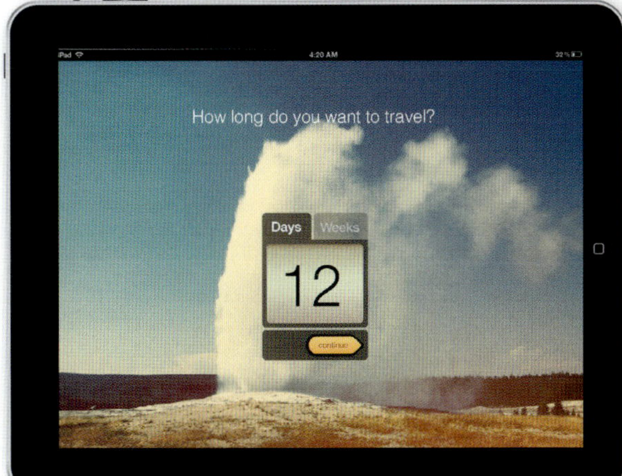

DIENSTLEISTUNGEN / B2C

TOURISMUS UND VERKEHR

DIGITALE MEDIEN / DIGITALE/INTERAKTIVE ANWENDUNGEN

itravel Individual Travel GmbH / iPad App „Traumreisen entdecken“

Die itravel iPad-App eröffnet Nutzern eine mobile Möglichkeit zur Individualreisebuchung und macht die Angebotsvielfalt von itravel intuitiv erlebbar.

Geboten werden erstklassige Urlaubsinspirationen und Reiseziele in einem großflächigen Design. Herzstück der Anwendung ist der „Zeitstrahl“, auf dem sich z. B. Urlaubszeiten und Hotelbausteine per Drag and Drop kombinieren lassen. Ohne Umwege kann der Nutzer anschließend seine Buchungsanfrage an das itravel-Expertenteam senden und bestätigen.

Erklärung dazu: Die Umsetzung der itravel iPad App ist für die Tourismusindustrie und insbesondere mit Blick auf die Funktionalität des „Zeitstrahls“ neuartig sowie richtungsweisend. Der renommierte US-Blog VentureBeat titelte es „itravel for iPad puts vacation inspiration at your fingertips“. Die Funktionalität soll anhand der drei folgenden Punkte hervorgehoben werden:

- Inspiration: Wie beim Durchblättern eines hochwertigen Magazins werden Nutzer durch die visuelle Aufbereitung der Produkte inspiriert.

- Individualität: Im Sinne des itravel-Leitbildes lässt sich die individuelle Traumreise in wenigen Schritten online zusammenstellen – ohne dabei auf die Vorteile einer exklusiven Reiseberatung verzichten zu müssen.

- Übersichtlichkeit: Es können verschiedene Reiseziele und Aktivitäten auf dem „Zeitstrahl“ kombiniert werden, die itravel im Anschluss in Form eines unverbindlichen Angebots konfektioniert.

http://bit.ly/itravel_iPad

Kunde itravel Individual Travel GmbH, Köln Geschäftsführung Axel Schmiegelow / Erik Schmiegelow / York Engelskirchen Content-Redaktion Marco Haiplik Werbeagentur dw capital GmbH, Köln Konzeption Gerald Koenen Senior User Experience Designer Massimo Mosna / Markus Dermietzel Geschäftsführung Axel Schmiegelow / Erik Schmiegelow

DIENSTLEISTUNGEN / B2C

TOURISMUS UND VERKEHR

PRINT

Leipziger Verkehrsbetriebe (LVB) GmbH / „BENZINPREISWAHNSINN – JETZT UMSTEIGEN!“

ÖPNV-Aktionswoche vom 10. bis 13. April 2012. In diesem Zeitraum wurden Kfz-Zulassungen als Fahrausweise in Bussen und Bahnen anerkannt. Ziel war es, Autofahrer aufgrund der hohen Benzinpreise zum Umstieg auf den ÖPNV zu bewegen und somit Neukunden zu gewinnen.
Eingesetzte Medien: CLP, Handzettel-Hauswurfsendung (200.000 Haushalte), Anzeigen, Radio

Kunde Leipziger Verkehrsbetriebe (LVB) GmbH, Leipzig Geschäftsführung Dr. Sabine Groner-Weber / Ronald Juhrs / Ulf Middelberg (Sprecher) Marketingleitung Peter Nebe Produktleitung Peter Nebe Werbeleitung Peter Nebe Werbeagentur Leipziger Verkehrsbetriebe (LVB) GmbH, Leipzig Konzeption Peter Nebe Grafik Steffen Lisz

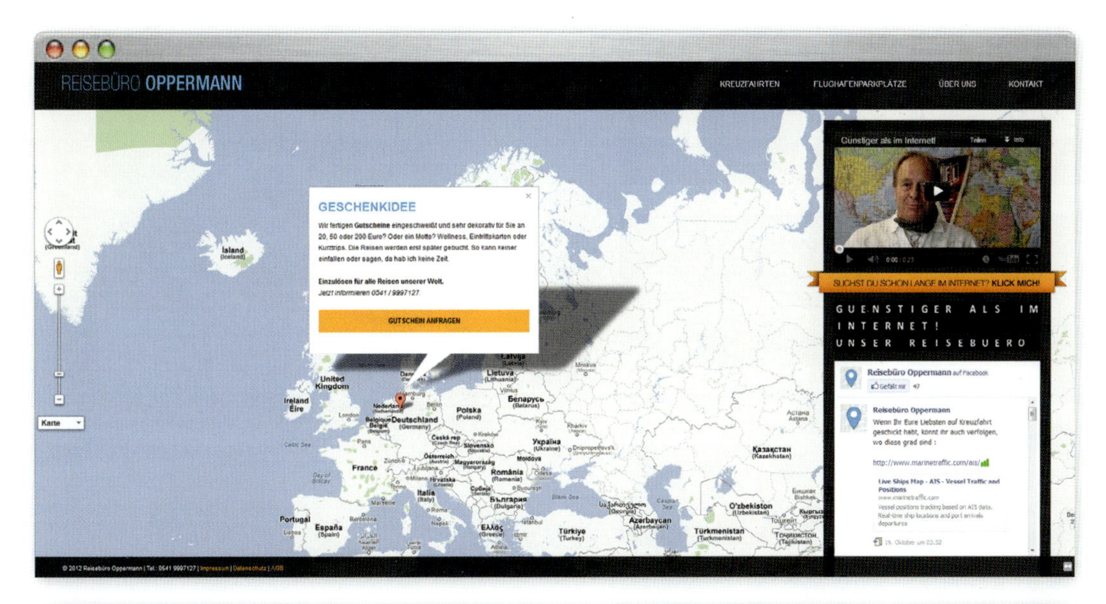

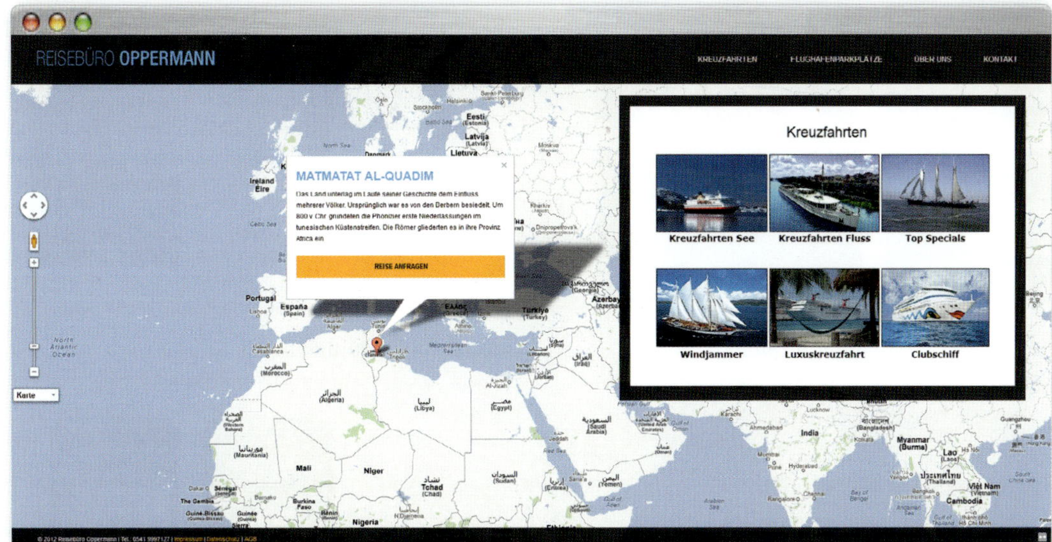

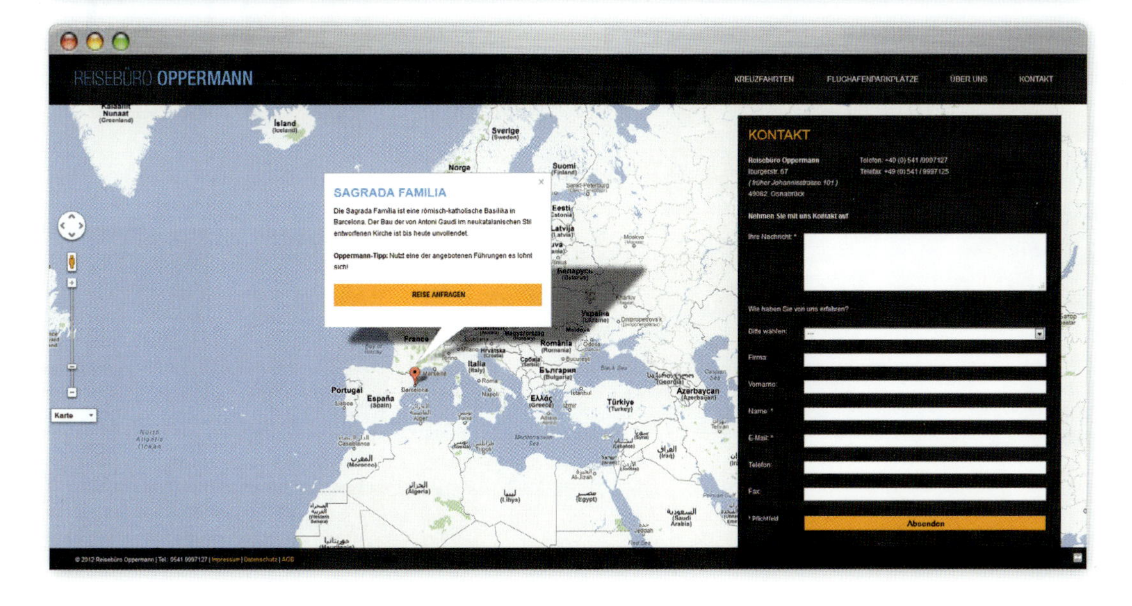

DIENSTLEISTUNGEN / B2C

TOURISMUS UND VERKEHR

DIGITALE MEDIEN / UNTERNEHMENS-/ ORGANISATIONSWEBSEITEN

Reisebüro Oppermann / „Entdecke die Welt!“

Ein Reisebüro im Internet, das seine Angebote aber gar nicht über das Internet anbieten möchte? Das war auf jeden Fall eine Herausforderung, die eine außergewöhnliche Umsetzung erforderte. Direkt beim Einstieg in die Seite steht dem Betrachter nun die ganze Welt offen – die Weltkarte ist zusätzlich gespickt mit Insidertipps des Reisebüros und macht Lust auf mehr. Allerdings über die persönliche Kontaktfunktion und nicht über eine unpersönliche Online-Buchung!

www.oppermanns-online.de

Kunde Reisebüro Oppermann Einzelunternehmung, Osnabrück Werbeagentur: medienweite GmbH & Co. KG, Osnabrück

DIENSTLEISTUNGEN / B2C

TOURISMUS UND VERKEHR

KAMPAGNE

Ski Arlberg, Pool West – Lech-Oberlech-Zürs GesbR / „Der Weiße Ring"

Der Weiße Ring ist eines der längsten Skirennen der Welt, die Strecke bringt Freude, macht Herzklopfen und steht Wintersportlern in Lech Zürs jeden Tag zur Verfügung. Im Dezember 2011 startete die gleichnamige Kampagne, die in drei aufeinander folgenden Wintersaisons Skifahrer/innen im Alter 35+ als Tagesgäste ins Skigebiet bringen soll. Bis im April 2014, jeweils zum Saisonstart und Saisonende, werden die zwei Visuals verstärkt publiziert. Über die ganze Saison wird über mehrere Kanäle kommuniziert: Inserate, Plakate, Online-Banner und PR, Social Media, Infoflyer und als POS direkt im Skigebiet. Zudem gibt es jährlich ein großes Gewinnspiel.

www.derweissering.at

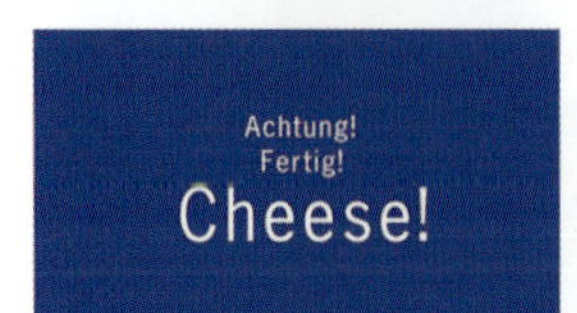

Imagetrailer mit Gewinnspiel

Imagetrailer

Website

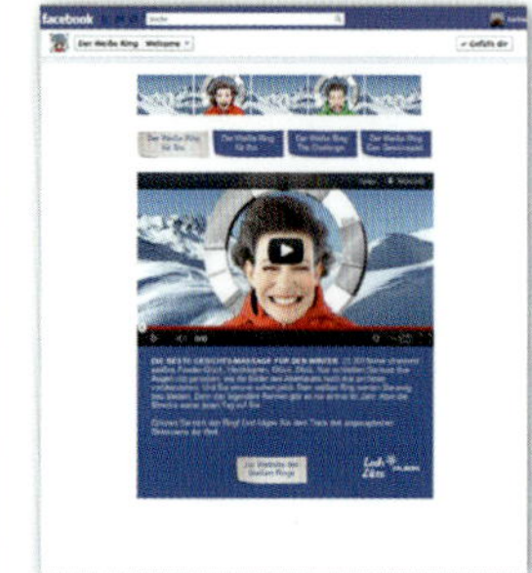

facebook Seite und Apps

iPhone App

Online-Banner und PR

Pocketfolder

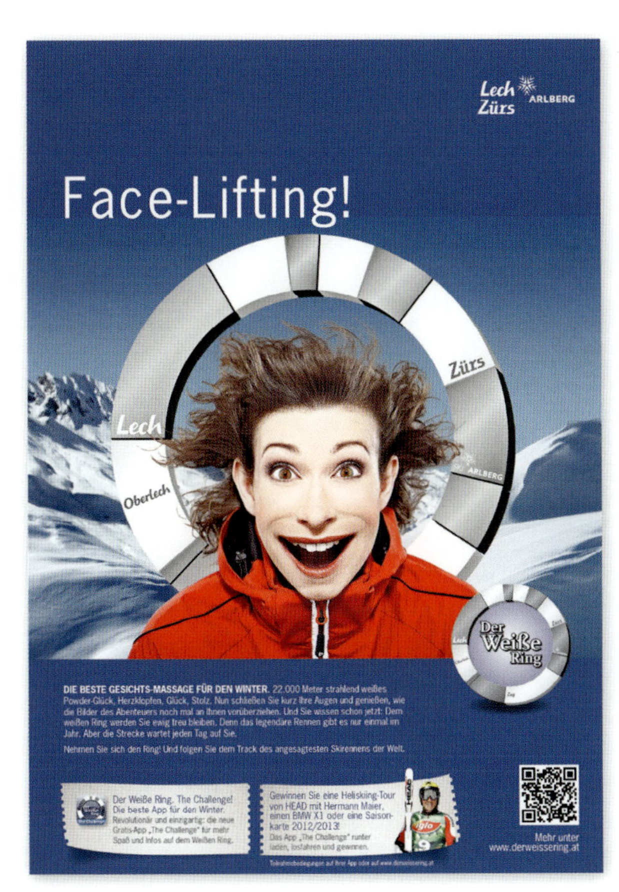

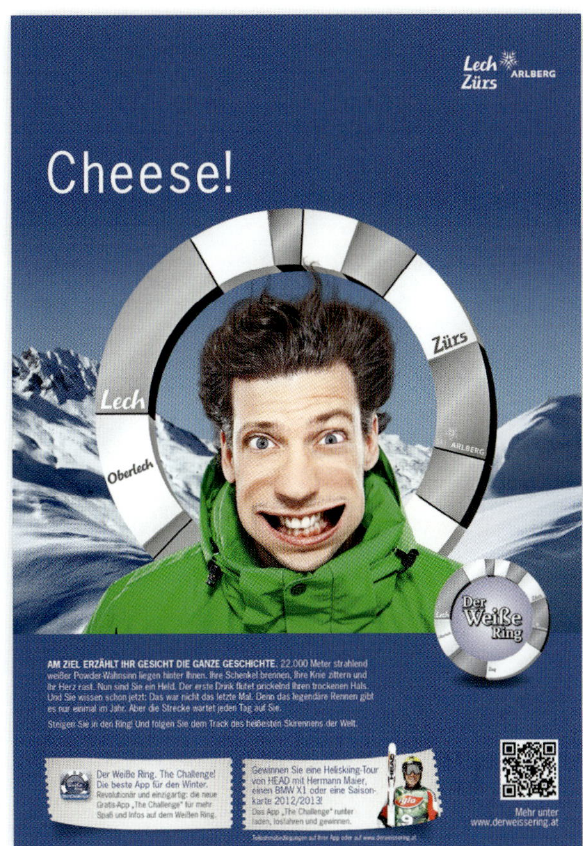

Anzeigen

Tageszeitung Mantel

Stele im Skigebiet

Kunde Ski Arlberg, Pool West – Lech-Oberlech-Zürs GesbR, Lech am Arlberg (Österreich) Geschäftsführung Klaus Huber Werbeagentur die3 Agentur für Werbung und Kommunikation GmbH, Dornbirn (Österreich) Beratung Bruno Welzenbach Konzeption Mario Lorenz Creative Director Mario Lorenz / Andreas Gorbach Art Director Mario Lorenz Producer Stephan Feichtinger Text Andreas Gorbach Grafik Alxander Grass Fotografie Markus Gmeiner

DIENSTLEISTUNGEN / B2C

TOURISMUS UND VERKEHR

KAMPAGNE

Stadtwerke München / MVG Jubiläumskampagne

2011 richtet die MVG eine Großveranstaltung aus, in der folgende drei Jubiläen gefeiert werden: 150 Jahre Nahverkehr, 135 Jahre Tram und 40 Jahre U-Bahn in München. Die Retrokampagne transportiert schnell und auf ansteckend fröhliche Weise zwei für die Jubiläen wichtige Momente: Historizität und das Bedürfnis des Menschen nach Mobilität.

Hauptwerbemittel sind Großflächen, Litfaßsäulen, Citylights und Infoscreen, flankiert von Fahrzeugwerbung, Anzeigen und Promotions.

Kunde Stadtwerke München GmbH, München Geschäftsführung Herbert König Marketingleitung Bettina Peter Leitung Öffentlichkeitsarbeit Oliver Schwankl / Doris Betzl Werbeagentur schwecke.mueller Werbeagentur GmbH, München Beratung Claudia Schwecke Konzeption Ulla Müller-Frey / Martina Müller Creative Director Ulla Müller-Frey Art Director Ulla Müller-Frey / Nadja Wolter Producer Claudia Schwecke / Felix Antoine Text Martina Müller Grafik Nadja Wolter / Moritz Kartheuser Fotografie Stockmaterial / Getty Images / Voller Ernst

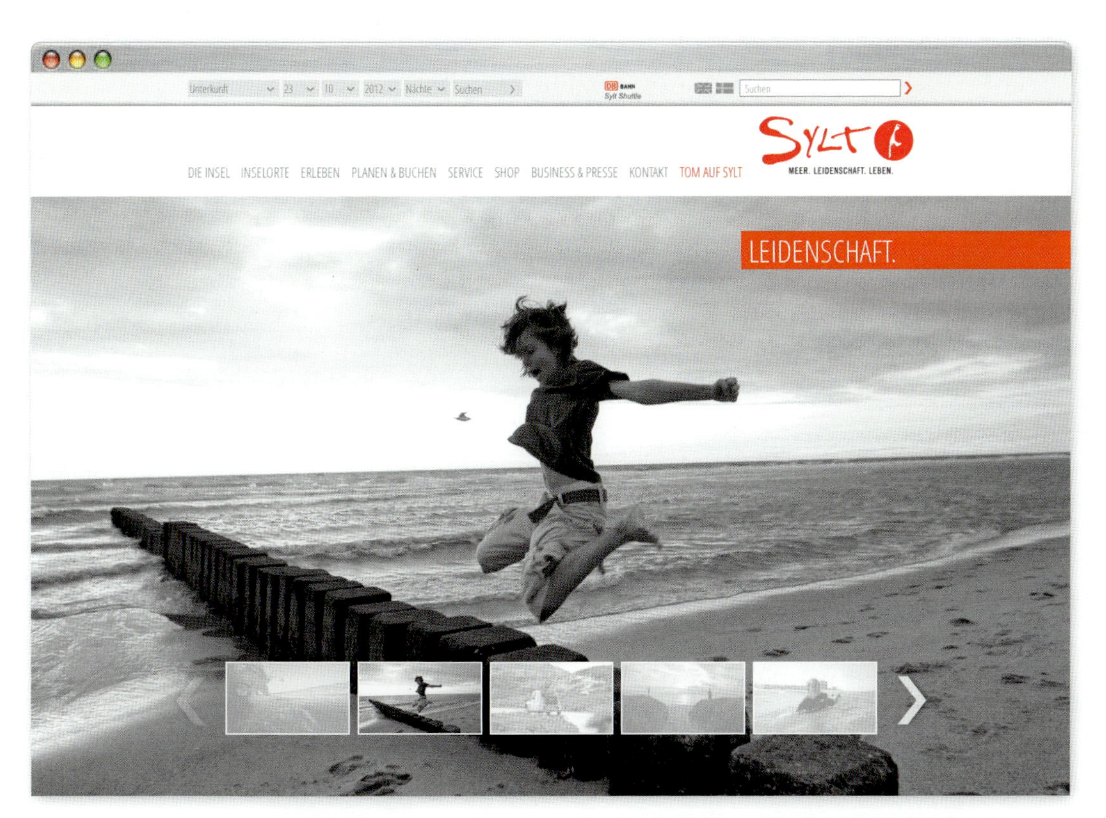

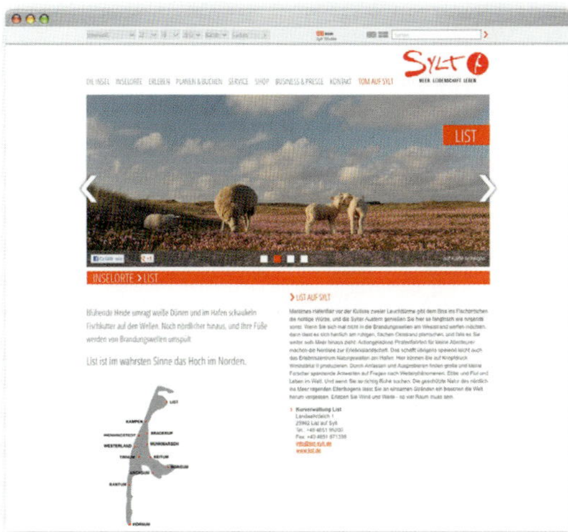

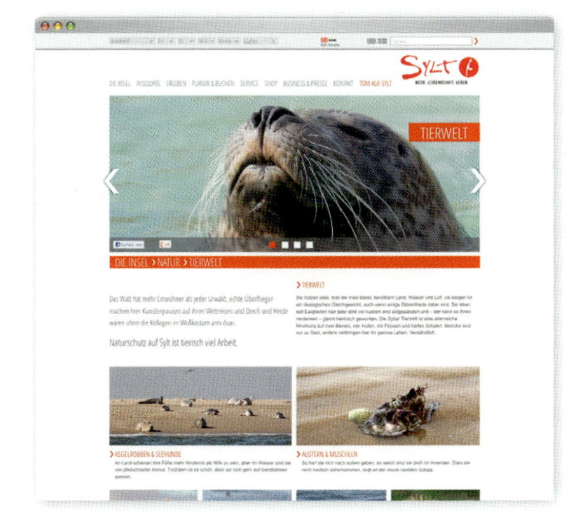

DIENSTLEISTUNGEN / B2C

TOURISMUS UND VERKEHR

DIGITALE MEDIEN / PRODUKT-/SERVICEWEBSEITEN

Sylt Marketing / „Mit dem ersten Klick live auf der Insel“

Noch zu Hause, aber gefühlt schon mittendrin. Seit 2012 ist Sylt mit einem neuen Internetauftritt online. Konzept und Design sind von Thielker+Team, die bereits den Markenrelaunch der Insel verantwortete. Auch der neue Internetauftritt setzt auf bildstarke Inhalte und das sylttypische Design. Klar strukturiert mit sattem Inselrot und schönen Inselmotiven, abgestimmt auf die Zielgruppen und Syltbesucher: Familie, Surfer, Partyleute und Naturliebhaber.

www.sylt.de

Kunde Sylt Marketing GmbH, Westerland / Sylt Werbeagentur Thielker+Team Werbeagentur GmbH, Neuwied Beratung Heike Speier Konzeption Lars Thielker / Heike Speier Art Director Daniela Fugger Text Sylt Marketing GmbH Projektmanager Heike Speier

DIENSTLEISTUNGEN / B2C

TOURISMUS UND VERKEHR

PROMOTION / MITTEL

TC Touristik GmbH / „Temperaturen Kalender“

Der erste Kalender, dessen Datumsanzeige sich aus Temperaturen von Urlaubsorten zusammensetzt. Für jeden der Urlaubsorte werden auf dem Kalender aktuelle Reiseangebote von Thomas Cook eingeblendet. Über QR-Codes gelangt man mit seinem Smartphone direkt auf die Angebote und kann sie spontan buchen.
Hierfür entwickelten wir eine vollkommen neue Software, die täglich alle Angebote mit den Daten von wetter.com abgleicht. Die passende Auswahl wird dann über W-LAN / SIM-Karte an den Kalender übertragen.

Kunde TC Touristik GmbH, Oberursel Marketingleitung Christian Evers Werbeagentur serviceplan gruppe gmbh & co. kg, München Beratung Anna Arnert / Friederike Barf Creative Director Oliver Palmer Art Director Michel Maurice Lück / Sebastian Struppler Text Sebastian Wolf Fotografie Stephon Karolus Chief Creative Officer Alexander Schill Executive Creative Director Matthias Harbeck Screendesign / Programmierer .NFOINetzfrequenz GmbH Produktion Demo Designmodellbau GmbH Online plan.net Solutions Tonstudio Neue Westpark Studios GmbH

DIENSTLEISTUNGEN / B2C

TOURISMUS UND VERKEHR

OUT OF HOME / MEDIEN

Verkehr und Wasser GmbH / „Verbindungen“

Nicht selten haben öffentliche Verkehrsbetriebe Probleme mit dem Image, weil kleine Pannen von den Medien riesig aufgeblasen werden. Unsere Kampagne hält dagegen, dass für VWG bei allen möglichen Schwierigkeiten der Mensch immer das Maß der Dinge bleibt. Deshalb erzählen wir kleine Beförderungsgeschichten, mal augenzwinkernd, mal warmherzig. Auf Großflächen, Citylights, in Anzeigen, auf Bierdeckeln und in den Bussen selbst.

Crossmedia _ Kunde Verkehr und Wasser GmbH, Oldenburg Geschäftsführung Dipl.-Ing. Michael Emschermann Marketingleitung Mareike Juds Leitung Öffentlichkeitsarbeit Dipl.-Ing. Morell Predoehl Werbeagentur Frese & Wolff Werbeagentur GmbH, Oldenburg Beratung Claudia Pfeifers Creative Director Gabriele Schnückel Art Director Thorsten Abeln Text Ingo Steuber

DIENSTLEISTUNGEN / B2C

TOURISMUS UND VERKEHR

PRINT

Verkehr und Wasser GmbH / „Verbindungen“

Nicht selten haben öffentliche Verkehrsbetriebe Probleme mit dem Image, weil kleine Pannen von den Medien riesig aufgeblasen werden. Unsere Kampagne hält dagegen, dass für VWG bei allen möglichen Schwierigkeiten der Mensch immer das Maß der Dinge bleibt. Deshalb erzählen wir kleine Beförderungsgeschichten, mal augenzwinkernd, mal warmherzig. Auf Großflächen, Citylights, in Anzeigen, auf Bierdeckeln und in den Bussen selbst.

Crossmedia _ Kunde Verkehr und Wasser GmbH, Oldenburg Geschäftsführung Dipl.-Ing. Michael Emschermann Marketingleitung Mareike Juds Leitung Öffentlichkeitsarbeit Dipl.-Ing. Morell Predoehl Werbeagentur Frese & Wolff Werbeagentur GmbH, Oldenburg Beratung Claudia Pfeifers Creative Director Gabriele Schnückel Art Director Thorsten Abeln Text Ingo Steuber

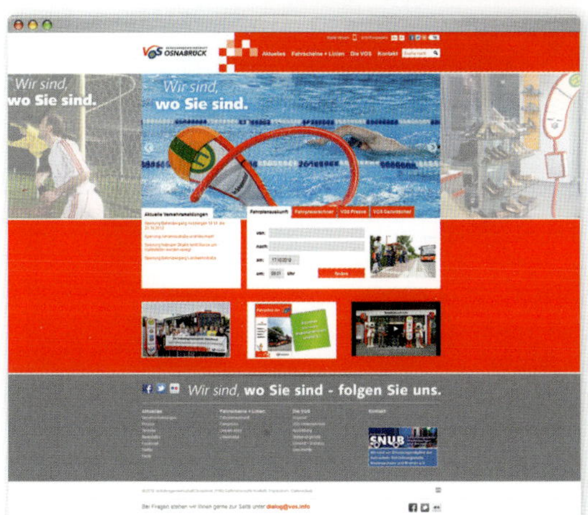

DIENSTLEISTUNGEN / B2C

TOURISMUS UND VERKEHR

DIGITALE MEDIEN / UNTERNEHMENS-/ ORGANISATIONSWEBSEITEN

Verkehrsgemeinschaft Osnabrück (VOS) / Online-Mobilität

Mobilität mobil machen; das war das Motto bei der Umsetzung der Website der Verkehrsgemeinschaft Osnabrück. Das Dienstleistungsangebot wurde so aufbereitet, dass alle erdenklichen (mobilen) Endgeräte eine optimale Darstellung bieten; so ist auch unterwegs das Abrufen und Lesen des Fahrplans ein Kinderspiel.

www.vos.info

Kunde Verkehrsgemeinschaft Osnabrück (VOS), Osnabrück Werbeagentur medienweite GmbH & Co. KG, Osnabrück

DIENSTLEISTUNGEN / B2C

TOURISMUS UND VERKEHR

OUT OF HOME / MEDIEN

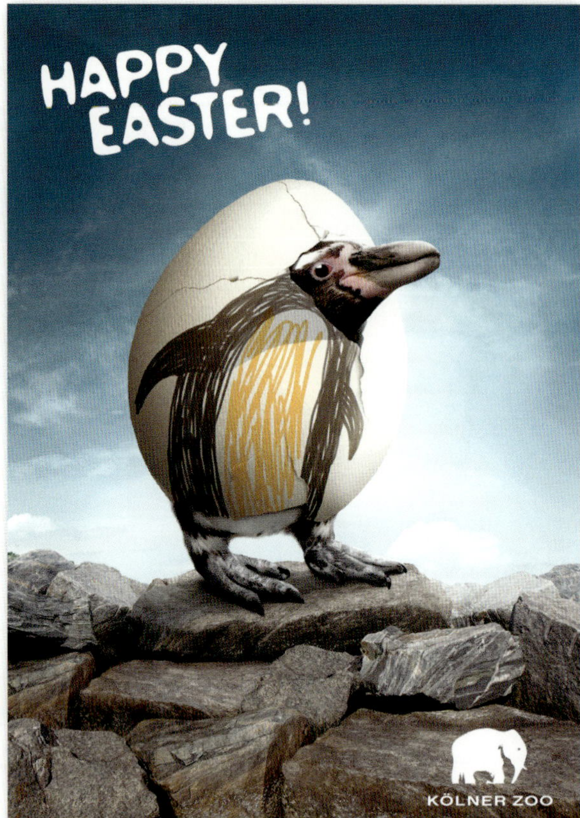

Zoologischer Garten Köln / „Schlüpfen“

Diesen kindlich-naiv mit Krokodil, Flamingo und Pinguin bemalten Ostereiern entschlüpft auf diesen Plakat- und Anzeigenmotiven eine kleine Überraschung: echte Zootiere.

Das macht Vorfreude auf einen Besuch im Kölner Zoo, denn dort gilt: Was draufsteht, ist auch drin! So verspricht der Zoobesuch zu einem lustigen und spannenden Erlebnis zu werden, nicht nur zu Ostern.

Kunde Zoologischer Garten Köln AG, Köln Marketingleitung Annett Dornbusch Werbeagentur Preuss und Preuss GmbH, Berlin Beratung Nina Preuss Konzeption Zuzana Havelcova Creative Director Michael Preuss Art Director Zuzana Havelcova Grafik Julia Becker

DIENSTLEISTUNGEN / B2C

TOURISMUS UND VERKEHR

OUT OF HOME / MEDIEN

Zoologischer Garten Köln / Kölner Zoo in Düsseldorf

Köln hat einen wundervollen, großen Zoo. Und was hat Düsseldorf? Viele hohe Tiere, aber keinen Zoo! Insofern böte sich der in Köln als Ausflugsziel für Düsseldorfer durchaus an. Wäre da nicht diese ewige Rivalität. Also haben sich die Kölner eine List überlegt und den Gegner per Plakatkampagne überrumpelt. Mit der selbstironischen Schlagzeile „Schaut euch mal die Kölner Affen an!" lockten sie nicht nur D'dorfer in die Domstadt, sondern sorgten auch noch für jede Menge Presse und Gesprächsstoff.

Kunde Zoologischer Garten Köln AG, Köln Geschäftsführung Theo Pagel / Christopher Landsberg Marketingreferentin Annett Dornbusch / Julia Sander Werbeagentur Intevi Werbeagentur GmbH, Köln Beratung Iris Langer Creative Director Gerd Kaspar Art Director Mareike Milz Text Gerd Kaspar Grafik Nicole Peters

UPC CABLECOM GMBH

„Straw Crazy Deal“ / „Windkanal Internet“

VIZNERBOREL GMBH / ZÜRICH (SCHWEIZ)

Lajos Vizner 01
Florian Steiner 02
Jürg Waeber 03
Fabian von Rechenberg 04
Reto Salimbeni 05
Shannon Mildon 06
Beat Fingerhuth 07

DIENSTLEISTUNGEN / B2C

TELEKOMMUNIKATION

FILM

upc cablecom GmbH / „Straw Crazy Deal“

Das Ziel der TV-Spots ist es, allen Leuten in der Schweiz auf eine lustige und sympathische Weise (with a twinkle in the eye) zu vermitteln, dass upc cablecom die schnellste Internetverbindung der Schweiz anbietet.

DIENSTLEISTUNGEN / B2C

TELEKOMMUNIKATION

FILM

upc cablecom GmbH / „Windkanal Internet“

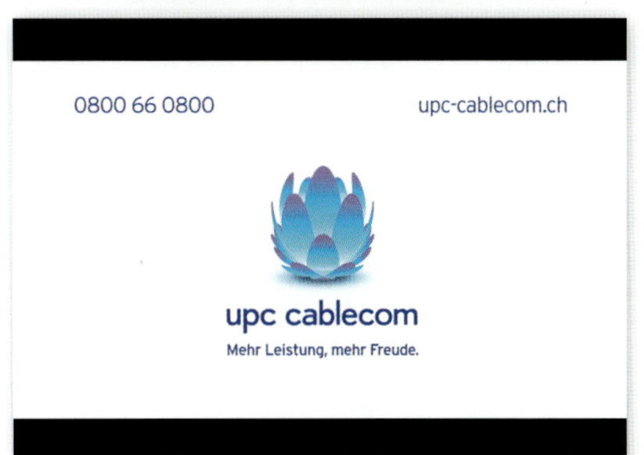

Kunde upc cablecom GmbH, Zürich (Schweiz) Vice President Marketing & Products Koen Verwee Director Marketing Communication Beat Fingerhuth Werbeagentur ViznerBorel GmbH, Zürich (Schweiz) Beratung Lajos Vizner / Fabian von Rechenberg Konzeption Jürg Waeber Art Director Florian Steiner Filmproduktion Manifesto Films GmbH Producer Shannon Midon Regie Reto Salimbeni

DIENSTLEISTUNGEN / B2C

TELEKOMMUNIKATION

FILM

FONIC GmbH / „Der Mann, der immer die Wahrheit sagt."

Der deutsche Mobilfunkmarkt befindet sich in einem Umbruch. FONIC möchte die gestiegene Nachfrage nach Smartphones nutzen, um sich als attraktiver Anbieter im Mobilfunkmarkt weiter zu positionieren. Für Kunden, die wenig telefonieren und für ihr Smartphone eine Handy-Internet-Flat benötigen, hat FONIC den idealen Tarif. Hierzu wurde eine aufmerksamkeitsstarke TV- und Online-Kampagne entwickelt, die sich speziell an die Zielgruppe der 18- bis 55-Jährigen richtet.

„Der Mann, der immer die Wahrheit sagt" ist kein Orakel, er ist auch nicht der Allwissende oder der Mann, der immer recht hat. Sondern er ist ein Mann, der in seiner Reinheit und Klarheit immer nur die Wahrheit sagt. Auch wenn es unbequem erscheint. Ein Transporteur der FONIC Markenwerte: Wahrheit, Einfachheit und Transparenz.

Im TV-Spot wird die Suche nach genau diesem Mann und wie er letztlich gefunden und auf die Wahrheit geprüft wurde, gezeigt. Genau wie die Marke FONIC steht „Der Mann, der immer die Wahrheit sagt" auch im TV-Spot als starkes Symbol für die Wahrheit.

Kunde FONIC GmbH, München Geschäftsführung Kai Czeschlik Marketingleitung Natalie Kressin Werbeagentur HEIMAT Werbeagentur GmbH, Berlin Beratung Matthias von Bechtolsheim (GF Beratung) / Frank Ricken / Vivien Ott Konzeption HEIMAT Berlin Creative Director Guido Heffels (GF Kreation) / Moritz Grub Art Director Alexander Stauss Producer Kerstin Heffels Text Laura Müller-Rossbach Grafik Kin-Luen Shum Filmproduktion trigger happy productions GmbH Producer Stephan Vens / Miliane Nani Meimeth Regie Pep Bosch Kamera Jo Molitoris Schnitt Frabizio Rossetti Musik Robert Henke

DIENSTLEISTUNGEN / B2C

TELEKOMMUNIKATION

DIGITALE MEDIEN / PRODUKT-/SERVICEWEBSEITEN

FONIC GmbH / „Der Mann, der immer die Wahrheit sagt.“

Auf der Microsite www.der-mann-der-immer-die-wahrheit-sagt.de wird das Thema Wahrheit über die aus dem Spot bekannten Charaktere, Elemente und Szenarien weitergespielt. Die Microsite stellt neben dem Hauptfilm auch viele kleine Geschichten über die anderen Charaktere und Elemente des Films vor. Neben filmischem Zusatzmaterial findet man auf der Microsite Songs aus dem Film zum Herunterladen, Verlinkungen zu den FONIC Social-Media-Kanälen sowie Hintergrundgeschichten zu vielen Protagonisten und anderen Elementen der Geschichte.

www.der-mann-der-immer-die-wahrheit-sagt.de

Kunde FONIC GmbH, München Geschäftsführung Kai Czeschlik Marketingleitung Natalie Kressin Werbeagentur HEIMAT Werbeagentur GmbH, Berlin Beratung Matthias von Bechtolsheim (GF Beratung) / Frank Ricken / Vivien Ott Konzeption HEIMAT Berlin Creative Director Moritz Grub / Tim Schneider Art Director Alexander Stauss Producer Kerstin Heffels Text Laura Müller-Rossbach Grafik Kin Luen Shum Online-Agentur vranz GmbH & Co. KG

DIENSTLEISTUNGEN / B2C

TELEKOMMUNIKATION

FILM

Swisscom AG / „Auflegen"

Bekanntmachung der neuen Preispläne der NATEL® infinity Abos, die dem Nutzer unlimitiertes Telefonieren, SMS/MMS und Surfen ermöglichen. Im Zentrum der Kommunikation steht die unbeschwerte Mobilfunknutzung. Die Abos bieten die Möglichkeit, den mobilen Lebensstil von heute voll auszuleben. Zielgruppe sind: Opinionleader, gut gebildet/informiert. Das Smartphone ist ein Prestigeobjekt und ständiger Begleiter. Die Kampagne wurde in den Bereichen TV, Print und Online schweizweit eingesetzt.

Wir sehen einen noch jungen Mann, der offensichtlich mit seiner Liebsten telefoniert. Sie können sich nicht trennen, spielen immer wieder das gleiche Spiel, wer wohl als Erster auflegt. Wir erleben unterschiedliche Tageszeiten und Szenarien. Im Laufe der Zeit erkennt man, dass der Protagonist immer älter wird und das Pärchen noch immer bis ins hohe Alter hinein vor lauter Sehnsucht und Verliebtheit miteinander telefoniert – ohne je aufzulegen.

Kunde Swisscom AG, Bern (Schweiz) Marketingleitung Alexandra Reich Werbeleitung Davide Pincin Werbeagentur HEIMAT Werbeagentur GmbH, Berlin Beratung Christina Müller / Julia Bubenik Konzeption HEIMAT Berlin Creative Director Guido Heffels / Myles Lord Art Director Alexander Stauss Producer Kerstin Heffels Text Laura Müller-Rossbach Filmproduktion Markenfilm GmbH & Co. KG Producer Johannes Bittel / Katherine Smithson Regie Jan Wentz Kamera Sebastian Pfaffenbichler Schnitt Sören Görth Musik MassiveMusik

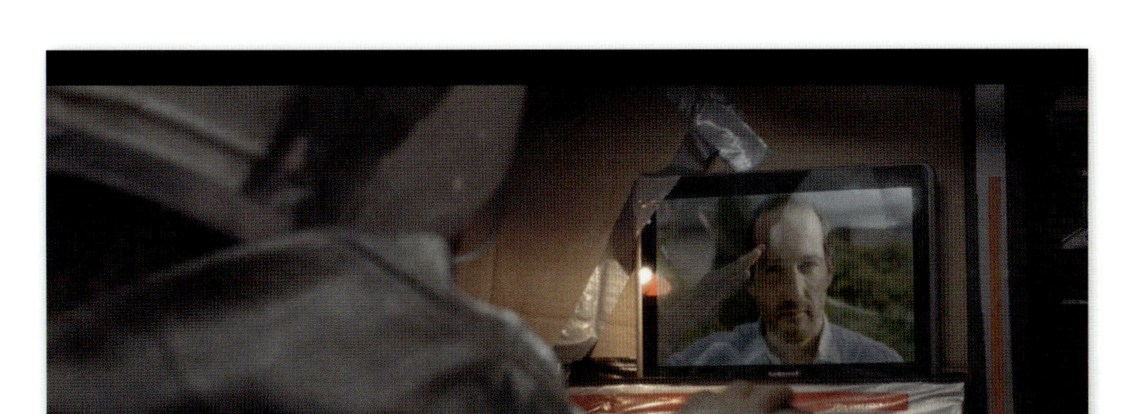

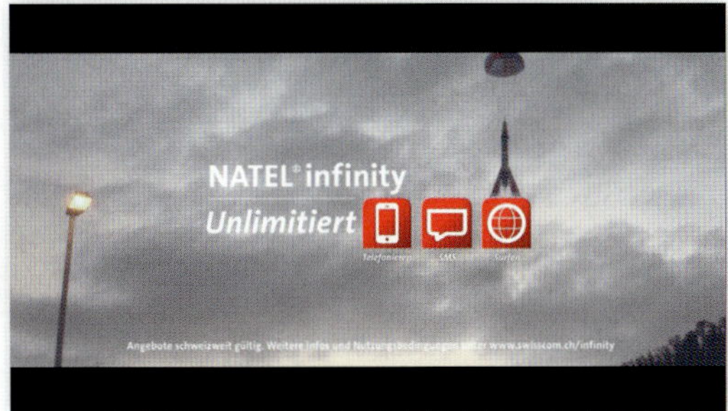

DIENSTLEISTUNGEN / B2C

TELEKOMMUNIKATION

FILM

Swisscom AG / „Rakete“

Wir sehen einen kleinen Jungen, er trägt einen Raumanzug. Der Junge schreitet durch das Haus, den Garten, an seinem Vater vorbei und klettert in eine Riesen-papprakete. Der Vater kniet ein paar Schritte entfernt neben einer wesentlich kleineren, offensichtlich echten Rakete und bringt dort ein Smartphone an. Die Rakete steigt gen Himmel. Per Video-streaming verfolgt der kleine Junge den Flug der Rakete auf einem Tablet im Inneren der Papprakete. Wir sehen von außen den Vater an der Rakete rütteln, um den Flug noch realer für seinen kleinen Sohn zu machen.

Kunde Swisscom AG, Bern (Schweiz) Marketingleitung Alexandra Reich Produktleitung Olivier Staehli Werbeleitung Davide Pincin Werbeagentur HEIMAT Werbeagentur GmbH, Berlin Beratung Christine Müller / Julia Bubenik Konzeption HEIMAT Berlin Creative Director Guido Heffels (GF Kreation) / Alexander Stauss / Laura Müller-Rossbach Producer Kerstin Heffels Text Laura Müller-Rossbach Filmproduktion Markenfilm GmbH & Co. KG Producer Johannes Bittel Regie Jan Wentz Kamera Sebastian Pfaffenbichler Schnitt Sören Görth Musik Massive Amsterdam

DIENSTLEISTUNGEN / B2C

TOURISMUS UND VERKEHR

OUT OF HOME / MEDIEN

Teleport Consulting und Systemmanagement / highspeed Internet

Österreichs schnellstes Internet.
Als regionaler Breitband-Internetanbieter gibt „highspeed“ seinem Namen alle Ehre und baut mit einer Produktneueinführung seine dominierende Marktstellung weiter aus. Bereits die Namensgebung NITRO und TURBO lässt die Höchstgeschwindigkeiten erahnen, auf die Kunden im Privat- und Businessbereich voll abfahren. Über ganzseitige Teaser-Inserate erfolgte der impactstarke Rollout der crossmedialen Kampagne mit dem Aufruf, nicht unnötig Zeit zu verschwenden.

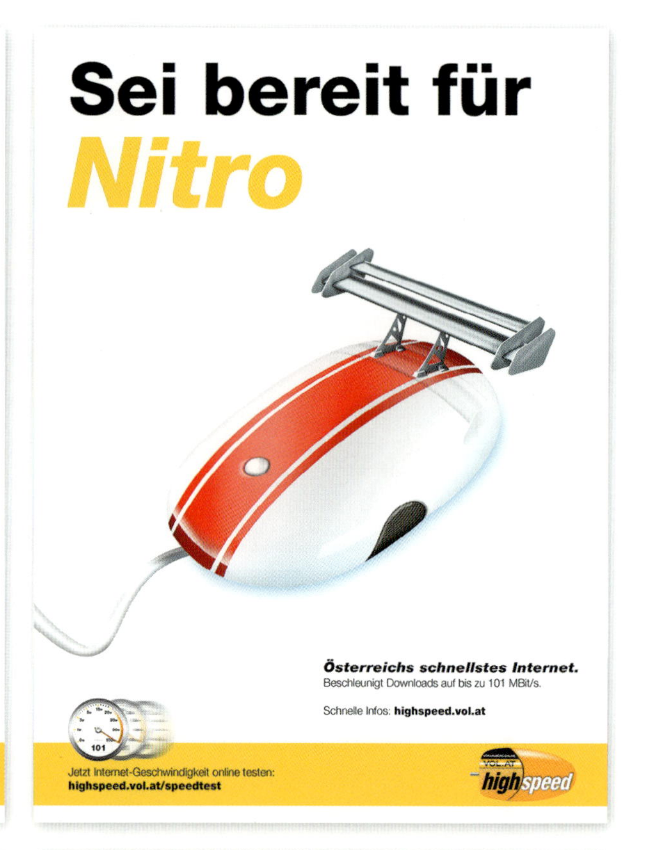

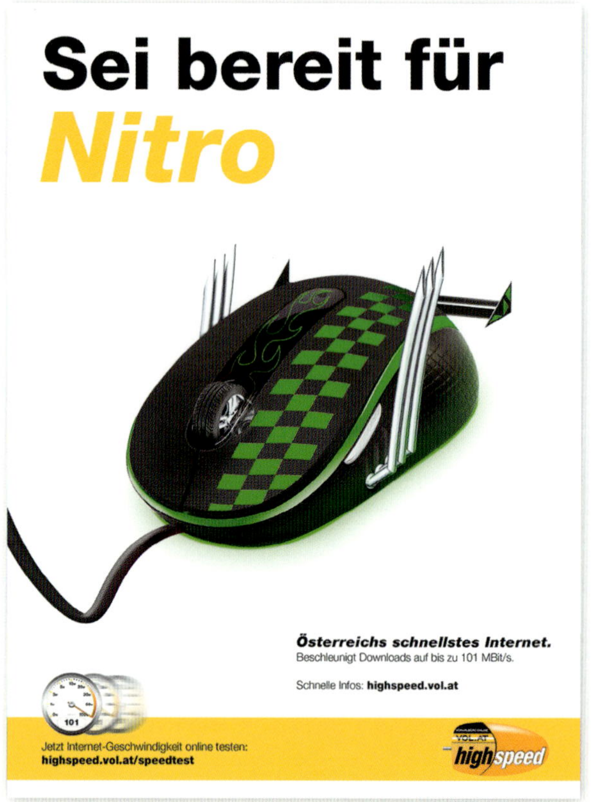

Kunde Teleport Consulting und Systemmanagement GesmbH, Schwarzach (Österreich) Geschäftsführung Peter Rädler Marketingleitung Mag. Florian Salomon Werbeagentur Ender Werbung GmbH & Co KG, Lustenau (Österreich) Beratung Gerhard Peiker Konzeption Gerhard Peiker Creative Director Gerhard Peiker Art Director Chris Feurstein

01

04

UNIVERSITÄTSKLINIKUM HAMBURG-EPPENDORF

psychenet

HEYE & PARTNER GMBH / HAMBURG

Reinhard Crasemann 01
Detlef Arnold 02
Michael Theuner 03
Petra Beckamp 04
Günther Schneider 05
Uta Krüger 06
Freya Winnmann 07

06

02

07

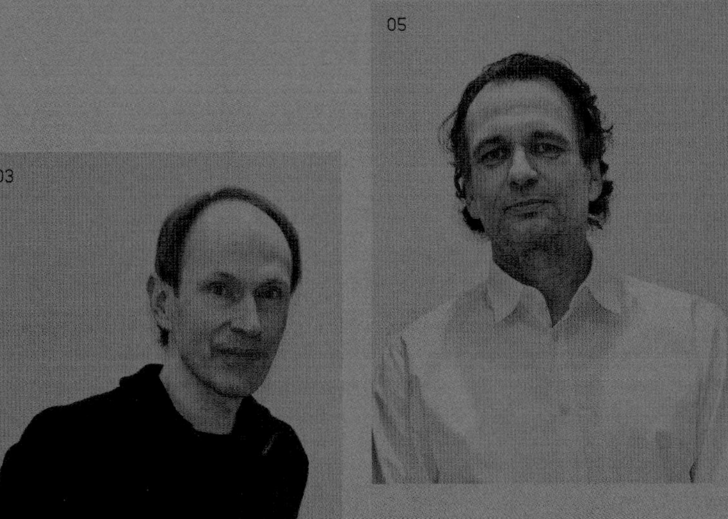

05

03

DIENSTLEISTUNGEN / B2C

GESUNDHEITSKOMMUNIKATION

FILM

Universitätsklinikum Hamburg-Eppendorf / psychenet, Kinofilme „Hendrik“ und „Rolf“

Um psychische Erkrankungen in der Gesellschaft zu entstigmatisieren, erzählen die psychenet-Kinofilme die realen Geschichten betroffener Menschen mit psychischen Erkrankungen wie Depression oder Bipolarer Störung.

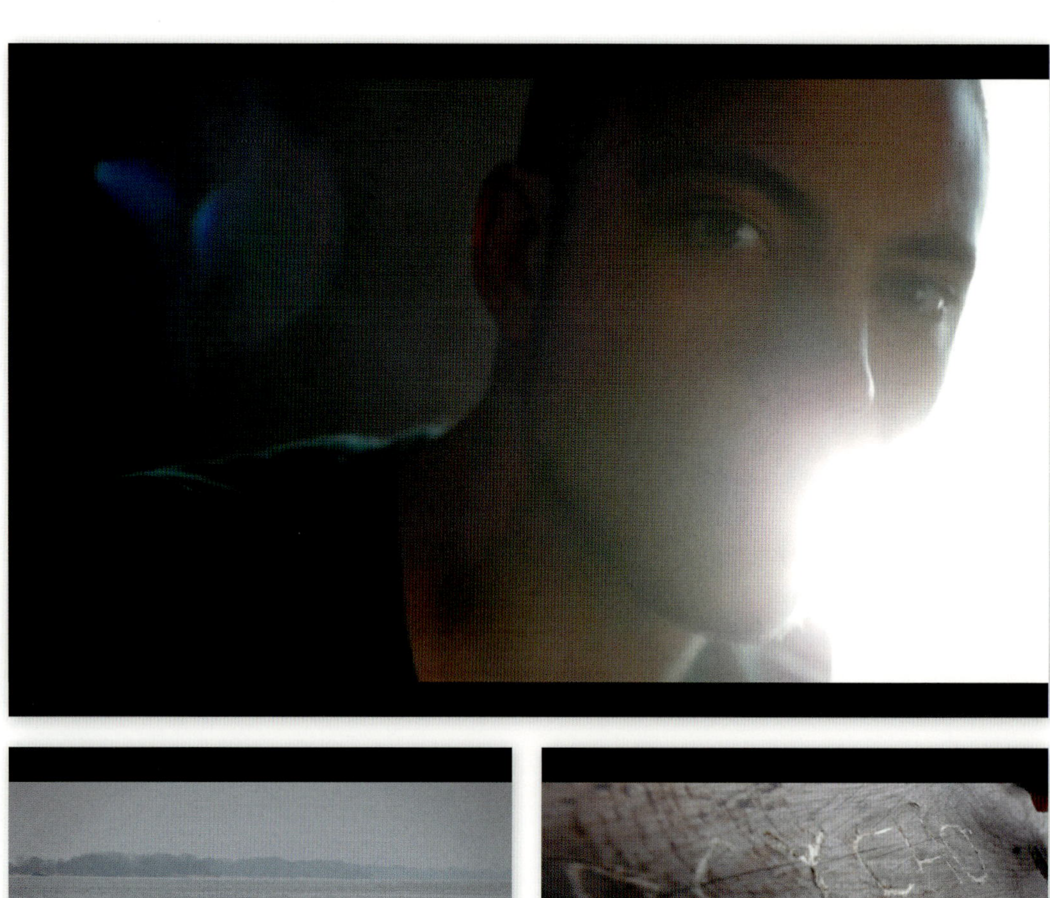

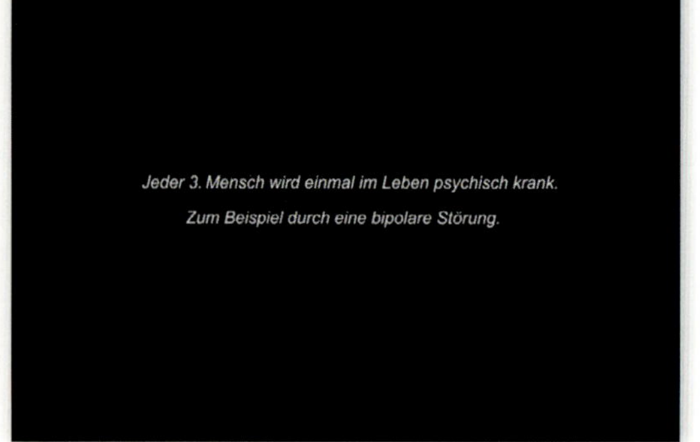

Kunde Universitätsklinikum Hamburg-Eppendorf Institut und Poliklinik für Medizinische Psychologie, Hamburg Werbeagentur Heye & Partner GmbH, Hamburg Creative Director Günther Schneider Art Director Michael Theuner Producer Petra Beckamp Text Günther Schneider Managing Director Reinhard Crasemann / Detlef Arnold Filmproduktion BLM Filmproduktion GmbH Producer Hannes Bühring Kamera Sven Siegrist Schnitt Jan Zander Musik Michael Kadelbach Drehbuch Björn Ahmend

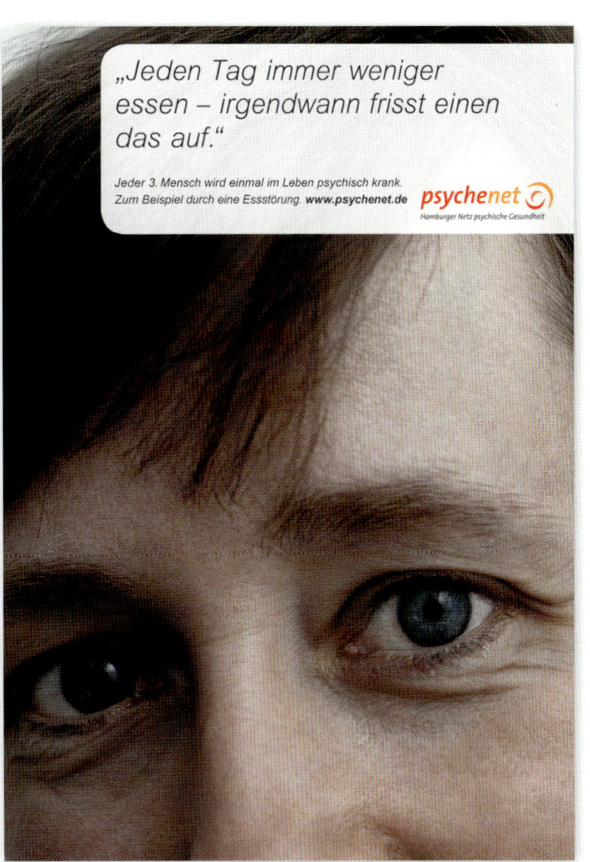

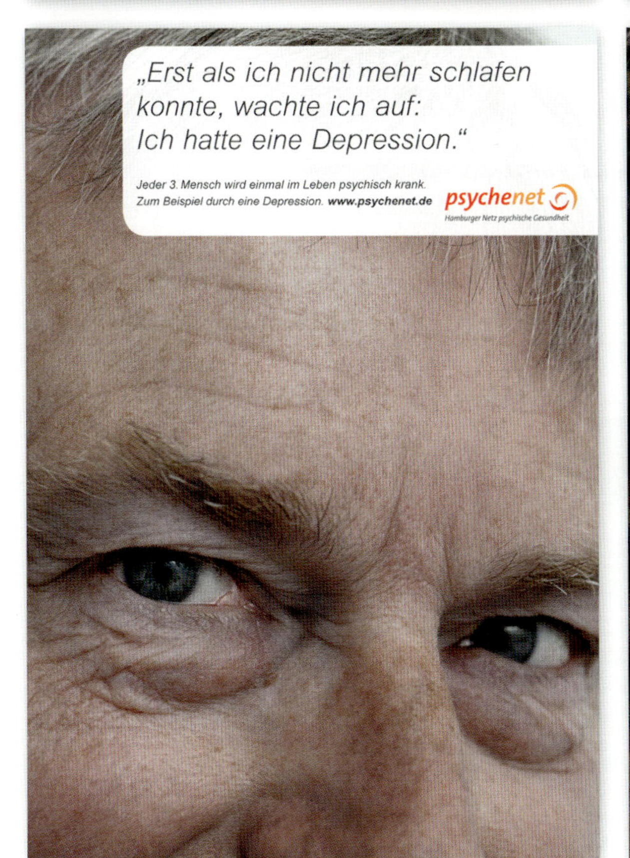

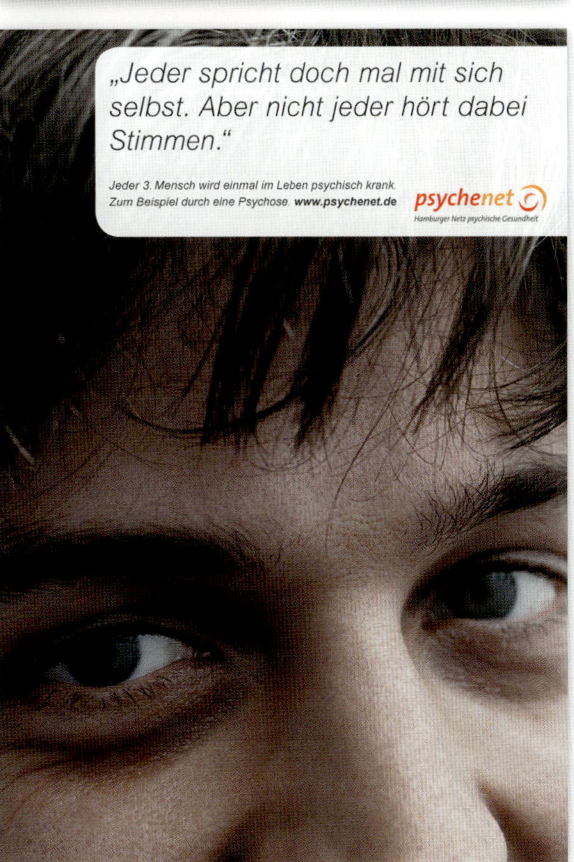

DIENSTLEISTUNGEN / B2C

GESUNDHEITSKOMMUNIKATION

OUT OF HOME / MEDIEN

Universitätsklinikum Hamburg-Eppendorf / psychenet, Plakate

Aufgabe: psychenet, das Hamburger Netzwerk für psychische Gesundheit, möchte das Thema „Psychische Erkrankungen" in der Gesellschaft entstigmatisieren.
Idee: Die Augen als Spiegel der Seele. Wir fotografierten ungewöhnliche Nahporträts von Menschen, die an Depression, Psychose, Magersucht oder am Borderlinesyndrom erkrankt sind.
Lösung: Eine Plakatkampagne, deren Porträtfotografie durch Nähe und Authentizität das Thema „Psychische Erkrankungen" in der Öffentlichkeit entstigmatisiert.

Kunde Universitätsklinikum Hamburg-Eppendorf Institut und Poliklinik für Medizinische Psychologie, Hamburg Werbeagentur Heye & Partner GmbH, Hamburg Beratung Freya Winnmann Creative Director Günther Schneider Art Director Michael Theuner Producer Uta Krüger Text Günther Schneider Fotografie Thomas Rusch Managing Director Reinhard Crasemann / Detlef Arnold

DIENSTLEISTUNGEN / B2C

GESUNDHEITSKOMMUNIKATION

KAMPAGNE

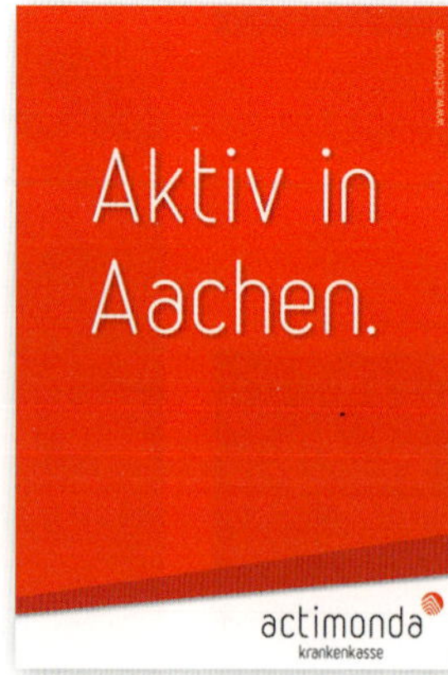

actimonda Krankenkasse / Corporate Design

Die ehemalige Betriebskrankenkasse der Prym Werke bekommt mit dem Umzug nach Aachen einen neuen Namen und ein neues CD: actimonda steht für die Welt der Aktiven. Entsprechend dynamisch ist das neue Logo, das über eine große Kampagne in Aachen Präsenz zeigt. Mit Botschaften wie „Wir sind da" und „Wie geht's?" kündigt sich die actimonda zunächst an. Drei Wochen später folgt die Auflösung: actimonda gibt sich mit Markenversprechen wie „Wo Ihre Gesundheit zuhause ist" als Krankenkasse zu erkennen.

Kunde actimonda Krankenkasse, Aachen Geschäftsführung Josef Alt Marketingleitung Marco Hennewald Werbeagentur markenmut AG, Trier Beratung Lisa Dauvermann / Sarah Weber Konzeption Tobias Voigt Art Director Matthias Lass Grafik Timo Naber / Yvonne Feller

DIENSTLEISTUNGEN / B2C

GESUNDHEITSKOMMUNIKATION

OUT OF HOME / MEDIEN

Engelhard Arzneimittel GmbH & Co. KG / Nisita®, Packungsredesign

Mit dem Redesign von Nisita® wurde eine neue, emotionale Verpackungslinie ins Leben gerufen. Die verschiedenen Blautöne stehen dabei für die durch Nisita® ausgelöste Frische und optimale Feuchtigkeit von Nasen- bzw. Mundschleimhaut. Im Zentrum des Designs stehen illustrierte Wellen, die als grafische Elemente sanft die kreativ abgebildeten Anwendungsgebiete – Nase bzw. Mund – umspielen. Die besondere Silberfolienveredelung ist ein zusätzlicher Blickfang in der Apotheke.

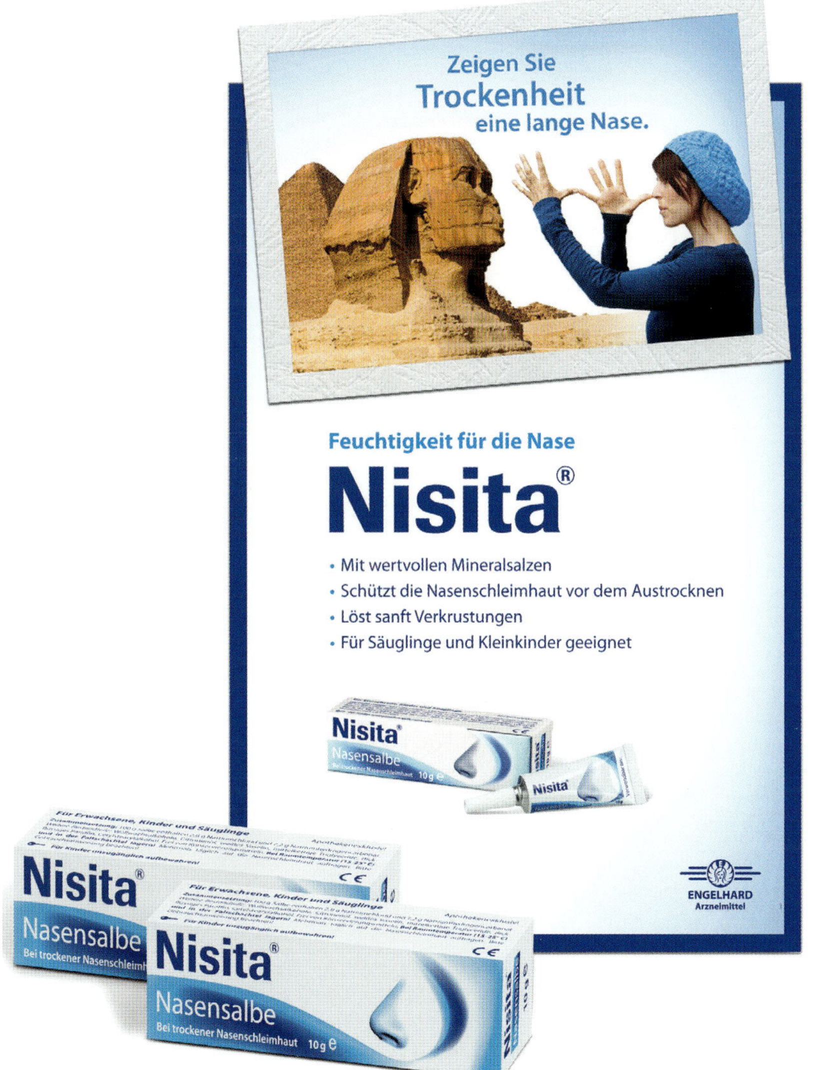

Kunde Engelhard Arzneimittel GmbH & Co. KG, Niederdorfelden Leitung Produktmanagement II Marita Möllers Werbeagentur ISGRO Gesundheitskommunikation GmbH & Co. KG, Mannheim Beratung Peter Zöll Konzeption David Salinas Creative Director Dr. Susanne Isgro Art Director Sabine Hrabowski Wissenschaftliche Leitung PD Dr. med. Frank Isgro

DIENSTLEISTUNGEN / B2C

GESUNDHEITSKOMMUNIKATION

PRINT

GEHE Pharma Handel GmbH / Kundenmagazin „gesund leben“

Das „gesund leben“-Magazin ist für Deutschlands größte Apothekenkooperation ein wichtiger Baustein im Dialog mit dem Kunden. Mit bis zu vier Erscheinungsterminen pro Jahr versorgt das im Stil einer modernen Publikumszeitschrift konzipierte Magazin den Apothekenkunden mit Wissenswertem sowie Anregungen und Tipps zu saisonalen Gesundheitsthemen.
Glanzer + Partner zeichnet für die Magazinerstellung von der Entwicklung des Redaktionskonzepts bis zum Finish für die Produktion gesamtverantwortlich.

Eine Werbeinformation aus Ihrer Apotheke

Sanfte Heilkraft aus der Hausapotheke

Verbandsmaterial, Schmerzmittel und Fieberthermometer gehören ganz selbstverständlich in jede Hausapotheke. Daneben sind homöopathische Arzneien und Heilkräuter in Form von Tees oder Tinkturen sinnvolle Ergänzungen für den heimischen Arzneischrank.

Tees zählen wohl zu den bekanntesten natürlichen Arzneimitteln. Fast jeder hat schon einmal zum Kamillentee für einen verstimmten Magen, einem Erkältungs- oder Nieren- und Blasentee gegriffen. Bei Säuglingen ist Fencheltee ein beliebtes Hausmittel gegen Blähungen. Es gibt noch viele andere Heilkräuter, die etwa entzündungshemmend, beruhigend oder entwässernd wirken. Sie können nicht nur als Tee, sondern auch in Form von Salben oder Tinkturen zum Einsatz kommen.

Selbstheilungskräfte anregen
Viele Menschen schwören auf die Heilkraft homöopathischer Mittel. Hier werden die Wirkstoffe in stark verdünnter Form als Globuli, kleine Zuckerkügelchen oder Tropfen eingenommen und sollen die Selbstheilungskräfte des Körpers anregen. Wissenschaftlich ist die Wirksamkeit dieser Methode umstritten, Erfahrungsberichte belegen aber eine positive Wirkung, etwa bei Erkältungskrankheiten oder zur Schmerzstillung, sodass auch manche Ärzte ihren Patienten die kleinen Kügelchen empfehlen. Ähnlich der Homöopathie funktionieren die Schüßler-Salze. Dabei handelt es sich um Mineralsalze, die ebenfalls in stark verdünnter Form verabreicht werden. Diese sollen Ungleichgewichte im Mineralhaushalt der Körperzellen ausgleichen und so Krankheiten heilen. Auch bei dieser Methode ist die Wirksamkeit nicht wissenschaftlich belegt.

Auf den individuellen Bedarf abgestimmt, können sowohl homöopathische Mittel wie auch Schüßler-Salze eine sinnvolle Ergänzung der Hausapotheke darstellen. Fragen Sie in unserer Apotheke. Wir beraten Sie gerne.

Tipp: Werfen Sie bei dieser Gelegenheit auch einen Blick auf das Mindesthaltbarkeitsdatum Ihrer Arzneimittel und sortieren Sie Altes direkt aus.

DIE TOP TEN FÜR DIE WINTERFESTE HAUSAPOTHEKE

Herbstzeit – Erkältungszeit: Ist Ihre Hausapotheke bereit für das nasskalte Wetter? Hier die zehn wichtigsten Medikamente und Hilfsmittel, die jetzt keinesfalls im Medizinschränkchen fehlen sollten:

1. Fieberthermometer
2. Erkältungstee
3. Hustensaft
4. Ätherische Öle zum Inhalieren
5. Nasenspray
6. Schmerztabletten
7. Mittel gegen Halsschmerzen
8. Fiebersenkende Medikamente
9. Erkältungsbad
10. Wärmflasche

36

37

Kunde GEHE Pharma Handel GmbH, Stuttgart Geschäftsführung André Blümel (Vorsitzender) / Rainer Baumgärtner / Karl-Heinz Berschet / Klaus Völker / Jan Wohlert Marketingleitung Fabian Maier Werbeagentur G+P Glanzer+Partner Werbeagentur GmbH, Stuttgart Beratung Fritz Matz / Jochen Westphalen / Kathrin Wiedmaier Konzeption Jochen Westphalen / Kathrin Wiedmaier Art Director Andrea Sturm Text MbMed Medienbüro Medizin Grafik Lena Wakayama Redaktionsbüro Medienbüro Medizin – Der Ratgeberverlag GmbH

DIENSTLEISTUNGEN / B2C

GESUNDHEITSKOMMUNIKATION

OUT OF HOME / MEDIEN

Johnson & Johnson GmbH / „Das Dolormin Kopfschmerz Trampolin"

In Kooperation mit dem Eventanbieter Rene Blunk bestückten wir Bungee-Trampolins mit Bannern, die Personen mit Kopfschmerz zeigen. Das optische Zusammenspiel von real springenden Menschen auf den schmerzgepeinigten Kopfbildern machte die Aktion zu einem echten Hingucker. Und vermittelt aufmerksamkeitsstark die Botschaft: Kopfschmerzen? Dolormin Extra hilft extra schnell.

Kunde Johnson & Johnson GmbH, Neuss Senior Brand Manager Sandra Ehrlich Werbeagentur Heye & Partner GmbH, Hamburg Beratung Kirsten Schmidt Creative Director Günther Schneider Art Director Alexander Bartel Producer Uta Krüger Managing Director Reinhard Crasemann / Detlef Arnold

DIENSTLEISTUNGEN / B2C

GESUNDHEITSKOMMUNIKATION

PROMOTION / MITTEL

Matrixcosmetics OHG / Silberquarzit Ursteinmassage

Zur Markteinführung von Silberquarzit wurde das CI/CD und ein Startpackage für Hotels und Spas entwickelt. Das Package umfasst Handbücher mit zahlreichen Informationen zur Massage sowie alle dazu notwendigen Elemente, wie Ursteine, Essenzen, Behandlungsöle, Granulat, Balsam, eine Entspannungs-CD, Tee und eine Decke.

Kunde Matrixcosmetics OHG, Sterzing (Italien) Werbeagentur Montfort Werbung AG, Ruggell (Liechtenstein) Beratung Nina Mayer Konzeption Tino Le Duigou / Martin Keim / Nina Mayer Grafik Martin Keim

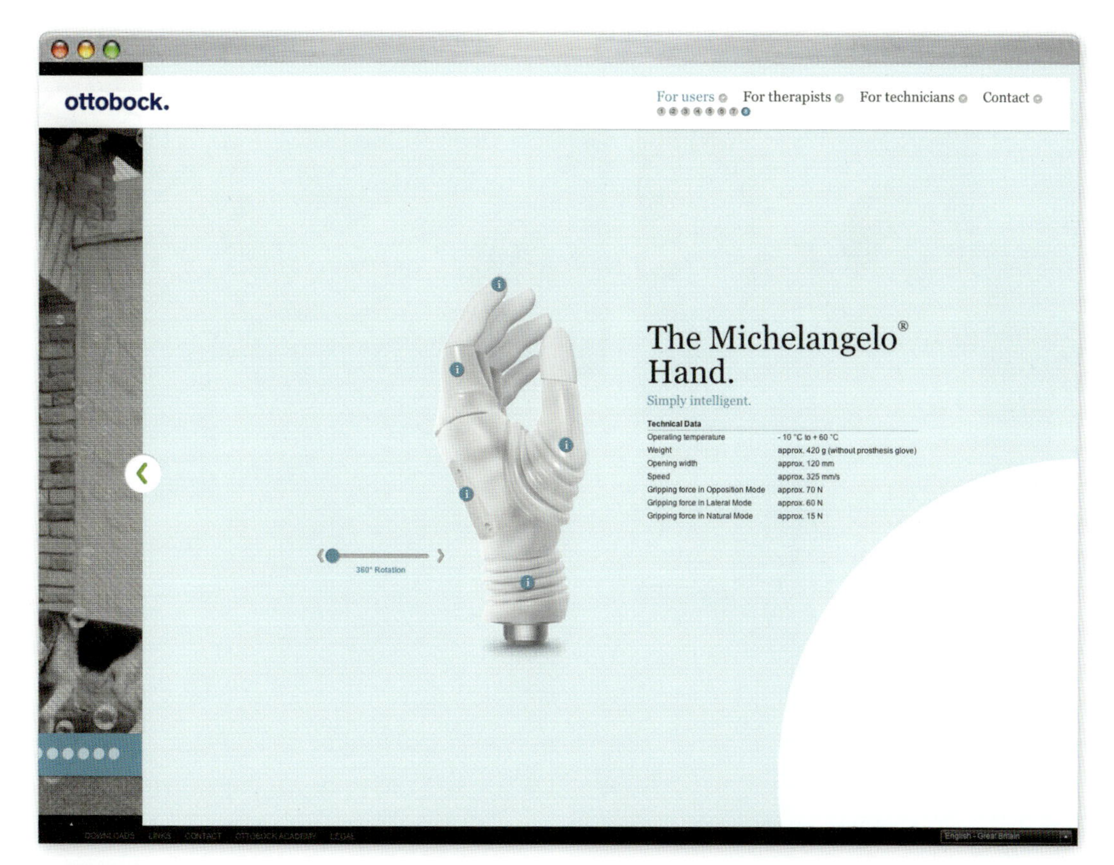

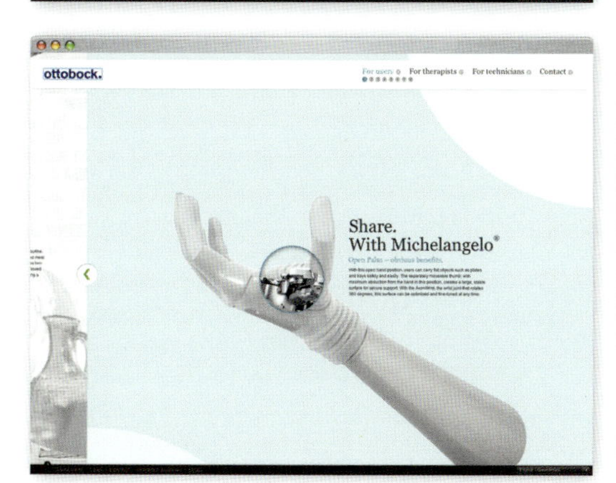

DIENSTLEISTUNGEN / B2C

GESUNDHEITSKOMMUNIKATION

DIGITALE MEDIEN / PRODUKT-/SERVICEWEBSEITEN

Otto Bock HealthCare GmbH / „Leben mit Michelangelo."

Grafisch eindrucksvolle Inszenierung der neuen ottobock Armprothese „Michelangelo".
Wir konzipierten eine explorative Welt rund um die Michelangelo-Prothese, die den Produktnutzen unmittelbar mit den technischen Funktionen verknüpft und so das Produkt – entsprechend seiner hohen Qualität – inszeniert.
Die Armprothese „Michelangelo" ist eine der erfolgreichsten Produkteinführungen der Otto Bock HealthCare GmbH seit der Einführung des mikroprozessorgesteuerten Kniegelenks C-Leg im Jahr 1997.

Eine explorative Navigation, die Nutzung eines Parallax-Effekts sowie die innovative Umsetzung in HTML5 schafft eine Verbindung der emotionalen und technischen Sicht des Produktes und macht dieses erlebbar.

http://happiness-is-the-fuel-for-creativity.com/jdw/michelangelo/

Kunde Otto Bock HealthCare GmbH, Duderstadt Werbeagentur pilot Hamburg GmbH & Co. KG, Hamburg Beratung Tobias Gärtner (Managing Director) / Pascal Kompalla (Projektmanager) Konzeption Michael Peters Creative Director Daniel Richau (Executive Creative Director) / Jörg Westpfahl (Creative Director Art) Art Director Lizbeth Sanchez Text Michael Peters (Copywriter und Konzept) Grafik Lizbeth Sanchez (Art Director) Programmierer Matthias Brock

DIENSTLEISTUNGEN / B2C

GESUNDHEITSKOMMUNIKATION

PRINT

PROLIFE homecare GmbH /
PROLIFE

Für Unternehmen im Bereich der Homecare-Dienstleistungen werden Vernetzung und Professionalisierung immer wichtiger, um erfolgreich bestehen zu können. act&react begleitet die PROLIFE homecare GmbH bei der neuen strategischen Aufstellung. Entstanden sind neben Logo, Farb- und Bildwelten und Geschäftsausstattung, Patienteninformationen, Mailings, Werbemittel und vor allem Anzeigen.

Kunde PROLIFE homecare GmbH, Kassel Geschäftsführung Guido Hörmann / Ansgar Tump Werbeagentur act&react Werbeagentur GmbH, Dortmund Beratung Arkadius Prosowski Art Director Sabrina Cirikovic Text Vera Weigert

DIENSTLEISTUNGEN / B2C

GESUNDHEITSKOMMUNIKATION

PRINT

Siemens Audiologische Technik GmbH / Flyer „Pure LE"

Die Siemens Hörgeräte Pure LE Sonder-Edition wird in zwei exklusiven Designvarianten in limitierter Auflage angeboten. Zielgruppe sind Endverbraucher mit höchsten Ansprüchen. In einem 8-seitigen Flyer werden die beiden Sondermodelle als kleine Designobjekte inszeniert. Das einzigartige Dekor und die Exklusivität der Geräte werden auf den ersten Blick sichtbar. Gestanzte Ränder und Ornamente in einer silbern schimmernden Sonderfarbe unterstreichen den Premiumcharakter der Produkte.

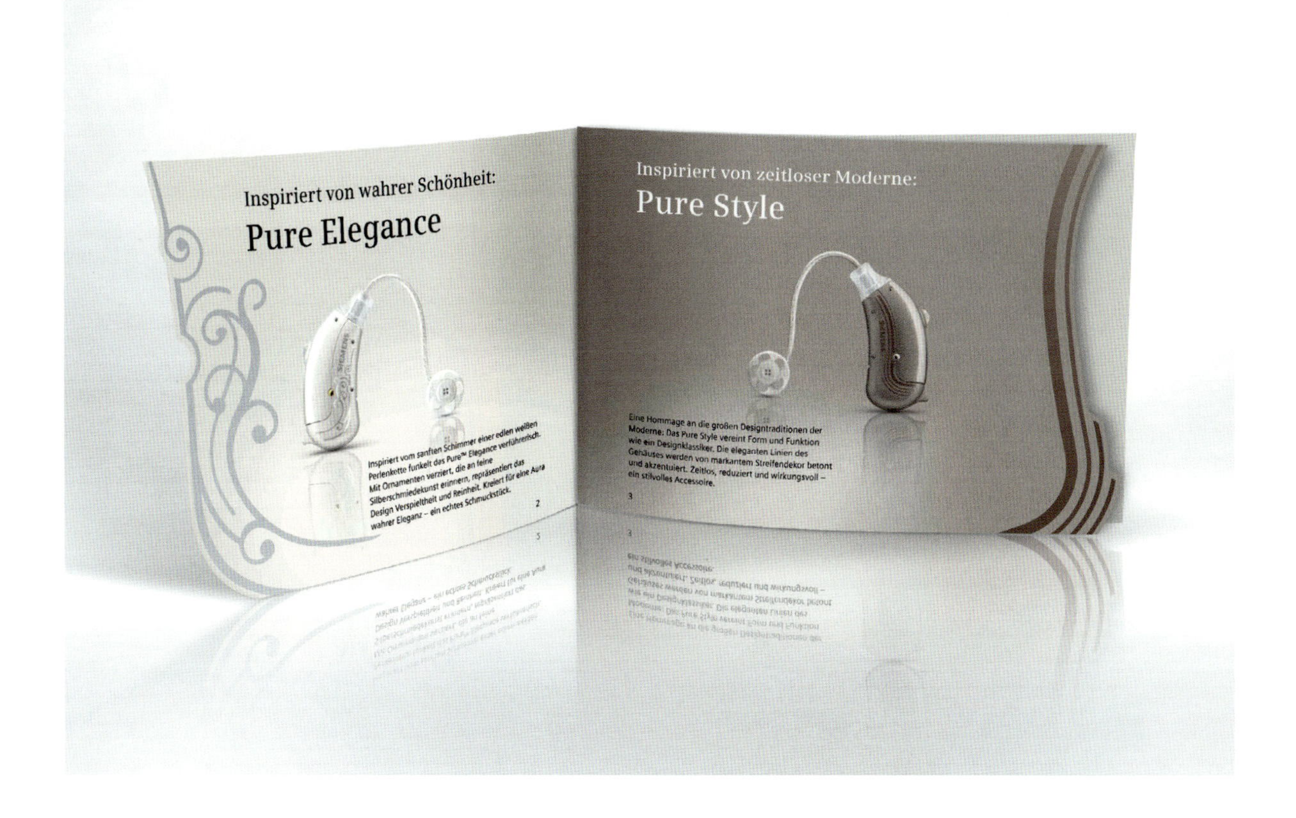

Kunde Siemens Audiologische Technik GmbH, Erlangen Marketingleitung Silke Vogler Werbeagentur Bloom Project GmbH, Nürnberg Beratung Eva-Maria Engelbrecht Creative Director Stefan Maier-Wimmer Art Director Claudia Schramm Text Diana Diroll Reinzeichnung André Krenz

DIENSTLEISTUNGEN / B2C

GESUNDHEITSKOMMUNIKATION

FILM

W. Spitzner Arzneimittelfabrik GmbH / Lasea® „Mein Ruhestifter"

Endverbraucherwerbung für das pflanzliche Arzneimittel Lasea®, mit einem Wirkstoff aus Arzneilavendel. Es stiftet Ruhe bei innerer Unruhe, Angstgefühlen und daraus resultierenden Schlafstörungen. 24-sekündiger TV-Spot mit flankierender Printkampagne und verschiedenen Maßnahmen am POS.

„Gegen innere Unruhe, Angstgefühle und daraus resultierenden Schlafstörungen gibt es ein pflanzliches Arzneimittel.

Lasea® mit einem speziellen Wirkstoff aus Lavendel.

Es ist einfach einzunehmen und macht nicht müde oder abhängig.

Lasea®. Der pflanzliche Ruhestifter.

Jetzt in Ihrer Apotheke.

Zu Risiken und Nebenwirkungen lesen Sie die Packungsbeilage und fragen Sie Ihren Arzt oder Apotheker."

Kunde W. Spitzner Arzneimittelfabrik GmbH, Ettlingen Geschäftsführung Dr. Traugott Ullrich Marketingleitung Inga Stein Produktleitung Claudia Perrot Werbeagentur HUT FRANKFURT Werbeagentur GmbH, Frankfurt am Main Beratung Holger Brommer Konzeption / Art Director Katja Lebkücher Producer G+K Filmproduktions AG Text Uwe Hellbusch Fotografie Knut Wörner Filmproduktion G+K Filmproduktions AG Producer Rene Piroth Regie Rainer Gehrisch Director of Photography (DoP) Ekkehart Pollack

DIENSTLEISTUNGEN / B2C

GASTRONOMIE

DIREKTMARKETING / PRINT

IDEAL Café Restaurant Bar GmbH /
IDEAL Direct-Mailing

Die Neueröffnung des IDEAL wurde durch ein Mailing unterstützt, welches einen kulinarischen Vorgeschmack vermitteln und Lust auf das erweiterte Angebot des IDEAL machen sollte. Namen und Logos wurden eigens für die Columbus Bar und das Restaurant EAT entwickelt. Die unverschnörkelten Karten sollen puren Genuss am Essen übermitteln.

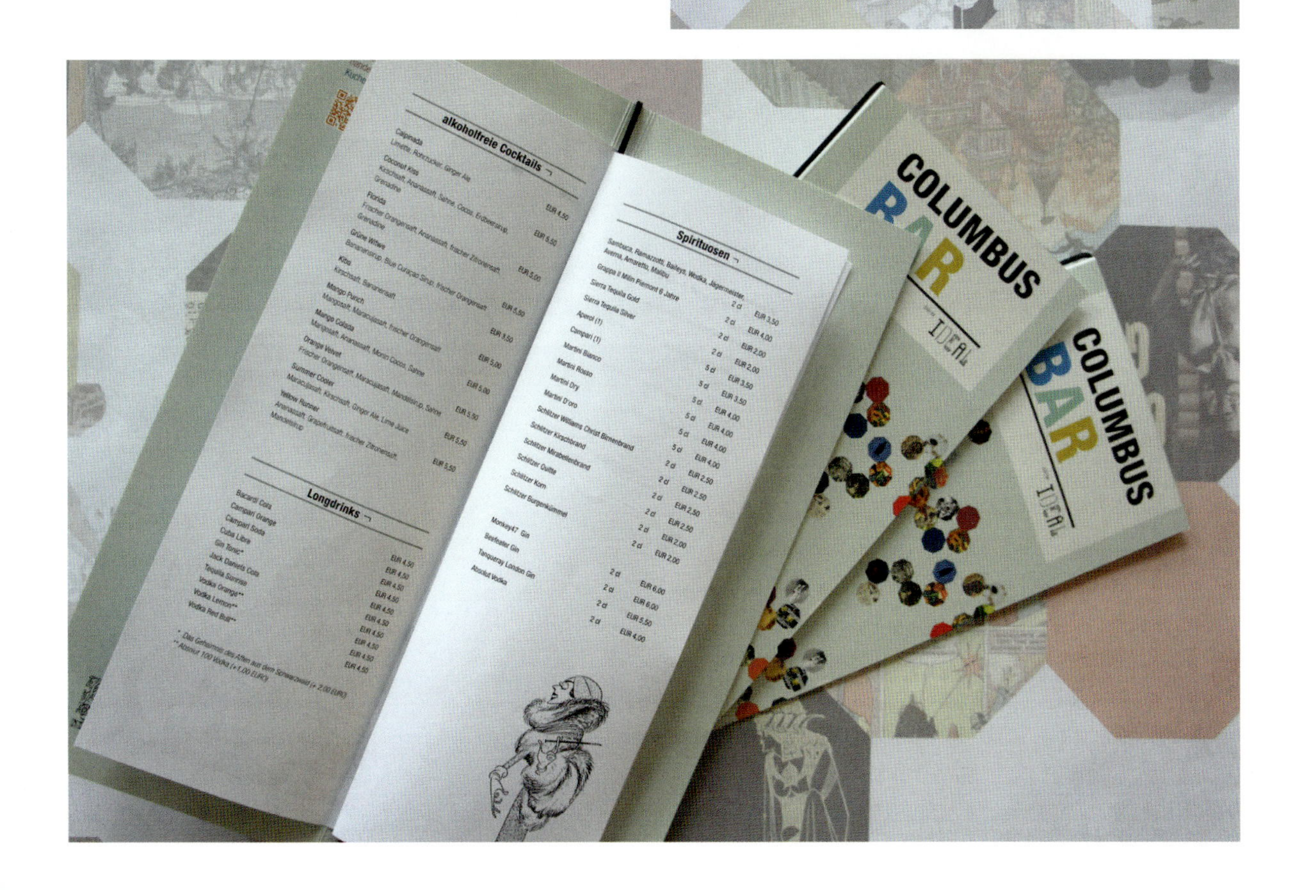

Kunde IDEAL Café Restaurant Bar Gastronomie GmbH, Fulda Geschäftsführung Ute Ziegler Werbeagentur S/COMPANY · Die Markenagentur GmbH, Fulda

DIENSTLEISTUNGEN / B2C

GASTRONOMIE

FILM

IDEAL Café Restaurant Bar GmbH /
IDEAL Kino-Spot

Der 30-sekündige Kino-Spot, den eine musikalische Eigenkomposition unterstreicht, wurde dem Intro der Website entnommen und in regionalen Kinos ausgestrahlt. Die eindrucksvolle Bildsprache spielt mit den Elementen des IDEAL CDs. So stellen die Oktaederelemente beispielsweise bildschrimfüllend eine Weltkarte, kurze Sequenzen bedeutende geschichtliche Momente dar.

Kunde IDEAL Café Restaurant Bar Gastronomie GmbH, Fulda Geschäftsführung Ute Ziegler Werbeagentur: S/COMPANY · Die Markenagentur GmbH, Fulda Filmproduktion S/COMPANY · Die Markenagentur GmbH

DIENSTLEISTUNGEN / B2C

GASTRONOMIE

PROMOTION / MITTEL

IDEAL Café Restaurant Bar GmbH /
IDEAL POS-Material / Store Design

Das IDEAL POS-Material perfektioniert den hochwertigen Auftritt. Unter anderem wurden eine Gutscheinserie, Streichhölzer, Visitenkarten und Schürzen mit hochwertiger Bestickung gestaltet.

Kunde IDEAL Café Restaurant Bar Gastronomie GmbH, Fulda Geschäftsführung Ute Ziegler Werbeagentur S/COMPANY · Die Markenagentur GmbH, Fulda

DIENSTLEISTUNGEN / B2C

GASTRONOMIE

PROMOTION / MITTEL

IDEAL Café Restaurant Bar GmbH /
IDEAL Postkartenserie

Um auf das umfassende Programm des IDEAL aufmerksam zu machen, wurde eine Postkartenserie mit aktuellen Angeboten, Events und mehr entwickelt. Die Postkartenserie findet bei der Zielgruppe großen Anklang und wird je nach Aktivität saisonal fortgesetzt.

Kunde IDEAL Café Restaurant Bar Gastronomie GmbH, Fulda Geschäftsführung Ute Ziegler Werbeagentur S/COMPANY · Die Markenagentur GmbH, Fulda Filmproduktion S/COMPANY · Die Markenagentur GmbH

DIENSTLEISTUNGEN / B2C

GASTRONOMIE

OUT OF HOME / MEDIEN

Playboy Club Cologne / Eröffnung

Ziel war es, Interesse für das neue Gastronomiekonzept zu wecken und das Eröffnungsdatum zu kommunizieren. Hierzu entwarf H-ZWO eine neue Skyline mit überdimensionalen Hasenohren neben bekannten Wahrzeichen von Köln – darunter der Neologismus: PanOHRama. Um eine hochwertige Optik zu erzeugen, wurde das Motiv reduziert in Schwarz-Weiß gestaltet. Mit dezenter Lederstruktur wurde dem Motiv eine stärkere Tiefendimension und ein edler Look verliehen.

Plakatschaltung auf 273 Großflächen in Köln

Kunde Playboy Club Cologne, Köln Geschäftsführung Jörn Schäfer Werbeagentur H-ZWO Agentur für Kommunikation GmbH, Köln Beratung Vanessa Herzog Konzeption Frank Holtey / Verena Dubois / Vanessa Herzog / Steffen Wallefeld Creative Director Frank Holtey Text Verena Dubois Grafik Steffen Wallefeld

DIENSTLEISTUNGEN / B2C

GASTRONOMIE

PROMOTION / MITTEL

Playboy Club Cologne / Eröffnung

Als ergänzende Maßnahme zur Plakatkampagne wurden in Kölner Szene-Stores kostenlose City Cards ausgelegt, um das junge, trendige und ausgehfreudige Publikum anzusprechen. Neben dem PanOHRama-Entwurf gab es weitere Motive in einem reduziert-edlen Look mit wechselnden, kreativen Heads und den Logo-Ohren. Durch die ansprechende Gestaltung sollte die Streuung innerhalb der Zielgruppe erhöht werden.

Outlets: 65
Gebuchte Auflage: 27.300

Kunde Playboy Club Cologne, Köln Werbeagentur H-ZWO Agentur für Kommunikation GmbH, Köln Beratung Vanessa Herzog Konzeption Frank Holtey / Verena Dubois / Vanessa Herzog / Steffen Wallefeld Creative Director Frank Holtey Text Verena Dubois Grafik Steffen Wallefeld

SIXT GMBH & CO. AUTOVERMIETUNG KG

„SPART DA!“

OLIVER VOSS
WERBEAGENTUR GMBH /
HAMBURG

▸

DIENSTLEISTUNGEN / B2C

WEITERE DIENSTLEISTUNGEN

OUT OF HOME / MEDIEN

Sixt GmbH & Co. Autovermietung KG / „SPART DA!"

Läuft man am Münchener Flughafen auf den Europcar-Counter zu, dann wird man von dieser Sixt-Werbefläche empfangen. Sie hängt direkt vor dem Sixt-Counter und macht klar, warum es sich lohnt, ein paar Schritte weiterzugehen.

Kunde Sixt GmbH & Co. Autovermietung KG, Pullach Geschäftsführung Erich Sixt / Konstantin Sixt Marketingleitung Sonja Magnus Werbeleitung Jörn Hombert Werbeagentur OLIVER VOSS Werbeagentur GmbH, Hamburg Beratung Christina Haas Creative Director Oliver Voss / Till Monshausen Art Director Till Monshausen / Victoria Walter Text Carolina Vinqvist

DIENSTLEISTUNGEN / B2C

WEITERE DIENSTLEISTUNGEN

DIGITALE MEDIEN /
INTERAKTIVE ANWENDUNGEN

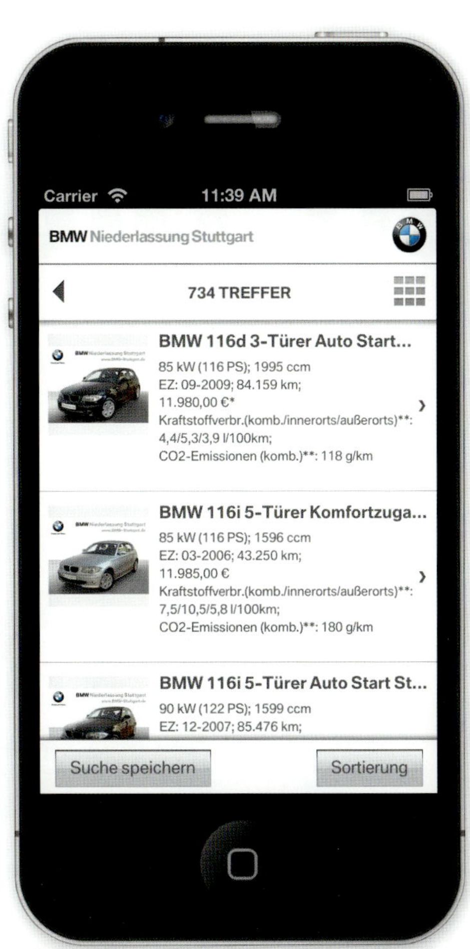

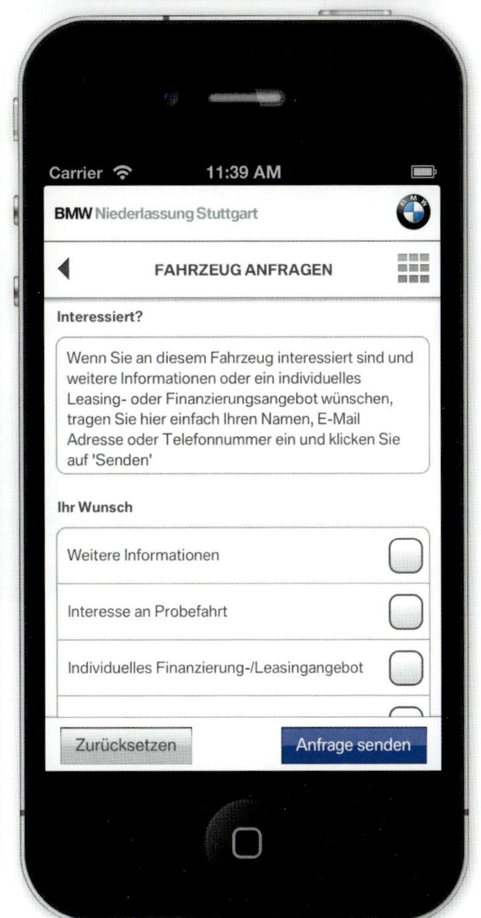

BMW AG / iPhone App

Alle deutschen BMW-Niederlassungen in einer iPhone App
Durch intuitive Navigation findet man die BMW-Niederlassung in seiner Nähe. In der Fahrzeugsuche kann man sein neues Fahrzeug von unterwegs aussuchen und in den Favoriten „parken“. Die Kontaktseiten bieten die Möglichkeit der direkten Kontaktaufnahme per Mail und Telefon.
Überblick:

- Intuitive Navigation zur BMW-Niederlassung seiner Nähe
- Push-Funktion Suchaufträge
- Finanzierung über BMW Bank
- Fahrzeuganfrage mit Kontaktformular

https://itunes.apple.com/de/app/bmw-niederlassungen/id510906653?mt=8

Kunde BMW AG, München Werbeagentur pixelconcept GmbH, Kassel Konzeption Torben Ullmann Grafik Matthias Roth Technische Entwicklung Daniel Hoffmeister

DIENSTLEISTUNGEN / B2C

WEITERE DIENSTLEISTUNGEN

PRINT

Baden-Auto GmbH / „Statt Blumen"

Autos verkauft man nur über den Preis? Billiger? Super-Spezial-Sonderangebote? Jetzt zugreifen? Baden-Auto, die größte Mehrmarken-Autohandelsgruppe in Südbaden, überzeugt stattdessen mit einem unkonventionellen Auftritt und kreativen Verkaufs- und Imageanzeigen („Die Autoflüsterer", „Statt Blumen"), die sich deutlich von der typischen preisgetriebenen Werbestrategie anderer Autohäuser abhebt.

Statt Blumen.
Seit 63 Jahren bewegt Baden-Auto die Menschen – mit dem VW Käfer und vielen weiteren Modellen und Marken. Und einem Service, der eine Spur persönlicher ist. Schließlich geht es um Ihr Auto.
www.schleiner.de
Baden-Auto • Lörracher Straße 4 • 79115 Freiburg
Tel. 0761/4902-0 • info@baden-auto.de
www.baden-auto.de

Kunde Baden-Auto GmbH, Freiburg i. Br. Geschäftsführung André Garrels Werbeagentur SCHLEINER + PARTNER Kommunikation GmbH, Freiburg i. Br. Beratung Michael Schleiner / Prof. Dr. Martin Ludwig Hofmann / Fritz Klieber Art Director Dagmar Eckert

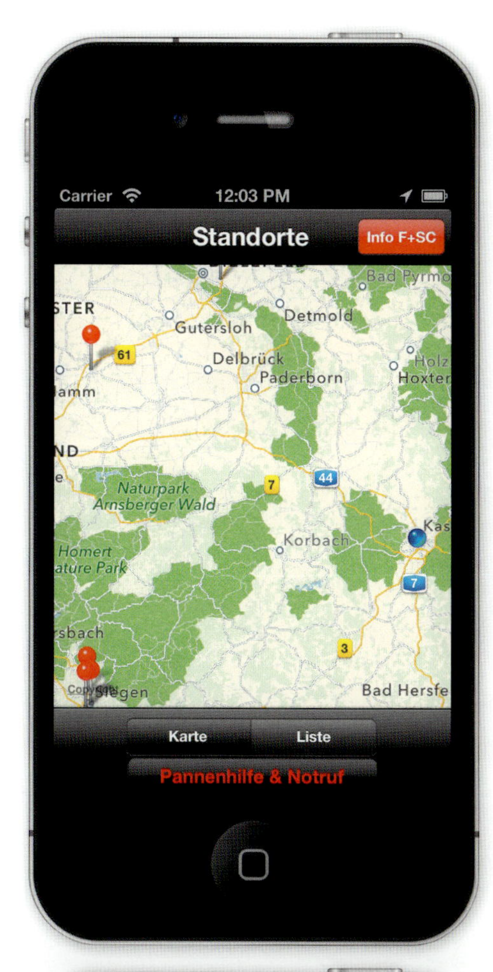

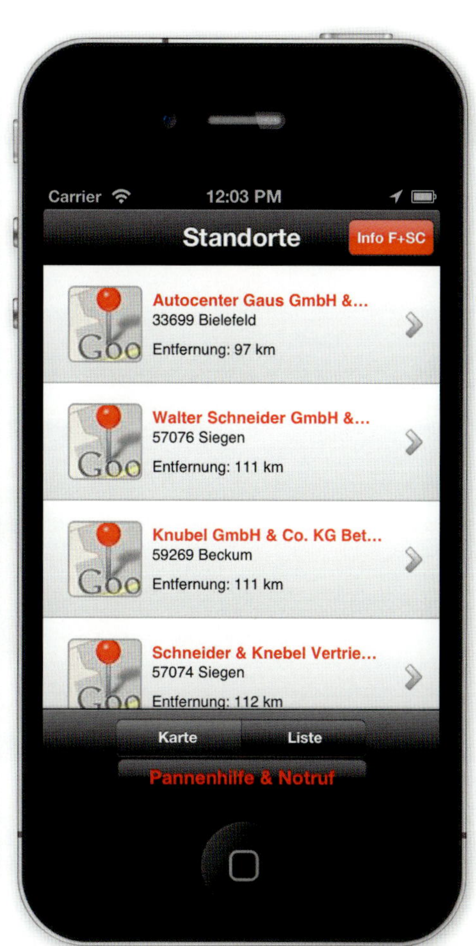

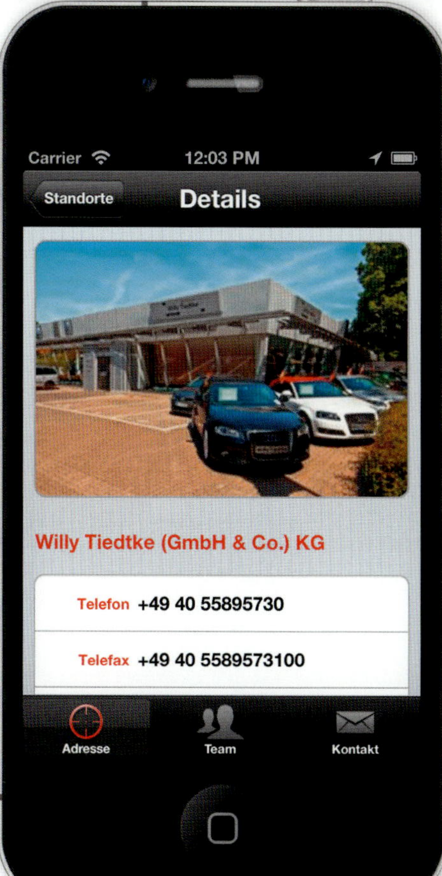

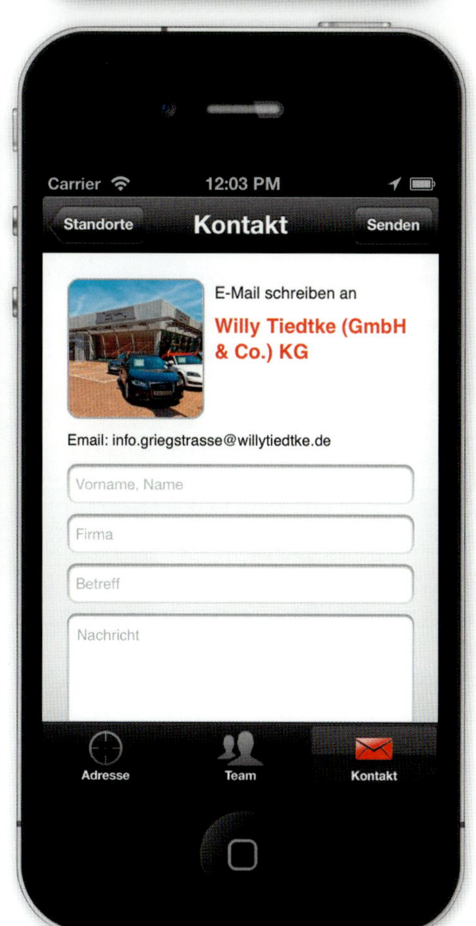

DIENSTLEISTUNGEN / B2C

WEITERE DIENSTLEISTUNGEN

DIGITALE MEDIEN / INTERAKTIVE ANWENDUNGEN

Fleetcar + Service Community /
Android & iPhone App

Diese App vereint mehr als 50 F + SC Leistungszentren von VW für Dienstfahrzeuge innerhalb Deutschlands. Im Pannenfall erhält man erstklassige Betreuung durch zertifizierte Serviceberater, die intuitive Navigation zeigt den aktuellen Standort sowie den nächsten F+SC Partner.

Überblick:
- Komplette Deutschlandkarte mit F + SC Partner und Entfernungsangabe
- Standortübersicht mit Ansprechpartnern
- Pannenhilfe und Notruf der F + SC, 365 Tage im Jahr (24/7)
- Navigation zu F + SC Pa

https://itunes.apple.com/de/app/fleetcar+service-community/id456568345?mt=8

Kunde Fleetcar + Service Community GmbH & Co. KG, Eschborn Werbeagentur pixelconcept GmbH, Kassel Konzeption Torben Ullmann / Alexander Herwig Grafik Matthias Roth Technische Entwicklung Daniel Hoffmeister / Oliver Stannarius

DIENSTLEISTUNGEN / B2C

WEITERE DIENSTLEISTUNGEN

DIGITALE MEDIEN / UNTERNEHMENS-/ ORGANISATIONSWEBSEITEN

Kamps Zentrale Dienste GmbH & Co. KG / www.kamps-gruppe.de

Die Website der Kamps Gruppe ist klar strukturiert und gibt einen Überblick der Premiumhersteller. Wenige Klicks geben einen Überblick über Marken, Standorte, Ansprechpartner, Unternehmenshistorie sowie den Großkundenbereich.

Das Highlight der Homepage ist die Fahrzeugbörse.

Die Fahrzeugbörsen-Features:
- Intuitive Fahrzeugsuche, Fahrzeugdarstellung mit Video
- Bis zu 3 Fahrzeuge können verglichen werden
- Gesuchsagent mit Verkäuferkontakt
- Fahrzeugkontaktformular

www.kamps-gruppe.de

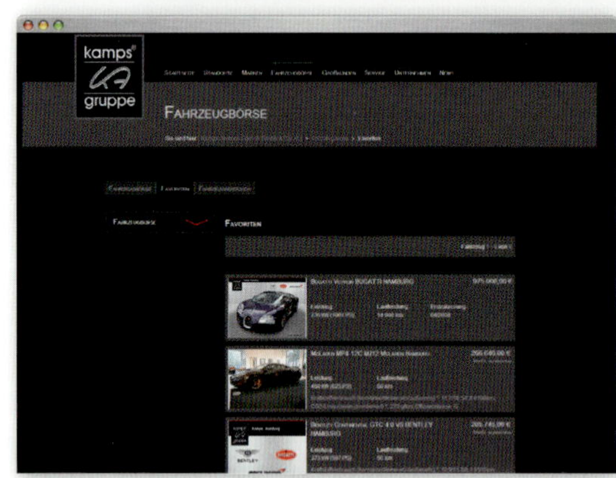

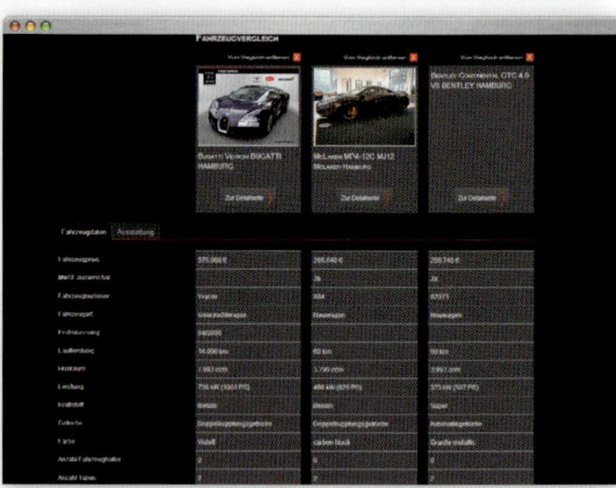

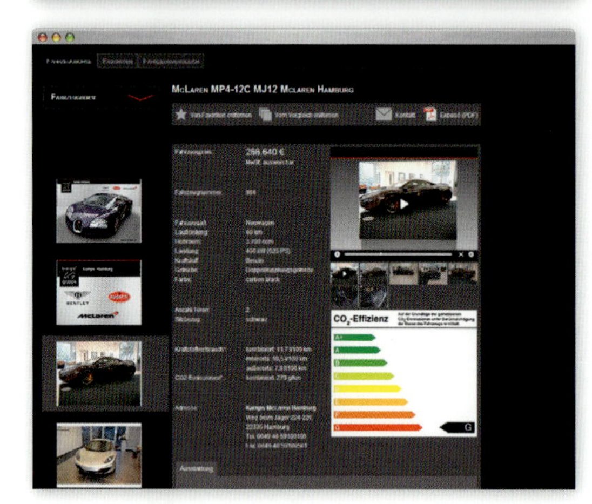

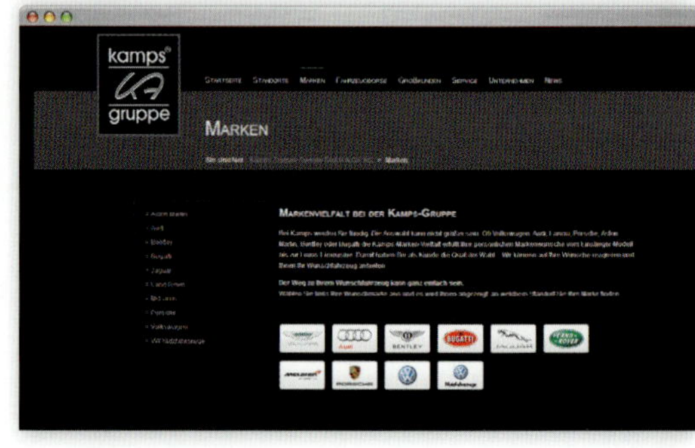

Kunde Kamps Zentrale Dienste GmbH & Co. KG, Bergkamen Werbeagentur pixelconcept GmbH, Kassel Konzeption Torben Ullmann / Alexander Herwig Grafik Matthias Roth Technische Entwicklung Sven Dieling / Jens Rieck

DIENSTLEISTUNGEN / B2C

WEITERE DIENSTLEISTUNGEN

PRINT

LWB Leipziger Wohnungs- und Baugesellschaft mbH / „Wohnungen mit Ausblick" / „Wohnungen mit Fahrstuhl" / „Wohnungen mit Service"

Die Plakatmotive setzen den erfolgreichen Auftritt der LWB fort, der die Alleinstellung der LWB am Leipziger Markt stützt. Durch die Illustrationen lassen sich „Wohnsituationen" schnell und punktgenau ins Bild setzen. So werden unterschiedliche Aspekte des Wohnens überhöht dargestellt: komfortables Wohnen (z. B. mit Aufzug), Wohnungen mit Balkon, Wohnungen mit Tageslichtbad, betreutes Wohnen.

Kunde LWB Leipziger Wohnungs- und Baugesellschaft mbH, Leipzig Geschäftsführung Dr. Gabriele Haase / Ute Schäfer Marketingleitung Siegfried Gallitschke Produktleitung Nico Pöhlandt Werbeagentur AD Konzept GmbH, Leipzig Beratung Ulrich Friedrich Konzeption Ulrich Friedrich / Jörg Rahnfeld Creative Director Jörg Rahnfeld

DIENSTLEISTUNGEN / B2C

WEITERE DIENSTLEISTUNGEN

DIGITALE MEDIEN / MOBILE MARKETING

Ottmann GmbH & Co Südhausbau KG / Südhausbau mobile

Für die Südhausbau, eines der ältesten Wohnungsunternehmen in Bayern, erfolgte aufgrund des stetig steigenden Anteils mobiler User knapp 2 Jahre nach dem Launch die Erweiterung ihres Online-Angebots. Speziell für Smartphones und Tablets wurden eigenständige Versionen entwickelt, die das vielfältige und komplexe Angebot medienspezifisch optimal präsentieren.
Das mobile Angebot ist eine konsequente Erweiterung der Online-Kommunikation und Etablierung der Südhausbau als innovatives Unternehmen.

www.suedhausbau.de

Kunde Ottmann GmbH & Co Südhausbau KG, München Geschäftsführung Prof. Dr. rer. pol. Matthias Ottmann Marketingleitung Branka Kern Produktleitung Chantal Bossaller Werbeagentur CODE64 GmbH, München Beratung Lucia Schauer Konzeption Andreas Schauer / Kanyika Kini Creative Director Andreas Schauer Art Director Kanyika Kini Screendesign Florian Reuting Programmierung / Umsetzung Huy Duy Dao

DIENSTLEISTUNGEN / B2C

WEITERE DIENSTLEISTUNGEN

OUT OF HOME / MEDIEN

Primetime Fitness / „fatboy“

Primetime Fitness: das Studio genau dort, wo man auch arbeitet. Und wie macht man am besten darauf aufmerksam? Mit einem einzigartigen Medium, das wie kein Zweites für Bequemlichkeit steht: den „fatboy-Sitzsäcken“. Allerdings produzierten wir fatboys, die nicht nur so hießen, sondern einem die Folgen des Nichtstuns drastisch vor Augen führten. Dann platzierten wir diese in Foyers von Bürotürmen, in Restaurants und in Cafés. Unser Promotion-Motto war auch schnell gefunden: Don't get fat, boy.

Kunde Primetime Fitness GmbH & Co. KG, Frankfurt Geschäftsführung Henrik Gockel Werbeagentur Leo Burnett GmbH, Frankfurt am Main Beratung Carolin Böttcher Creative Director Hans-Jürgen Kämmerer / Jörg Hoffmann Art Director Helge Kniess Producer Netti Weber / Fred Schikora Text Benjamin Merkel Chief Creative Officer Andreas Pauli

DIENSTLEISTUNGEN / B2C

WEITERE DIENSTLEISTUNGEN

OUT OF HOME / MEDIEN

SP-GmbH & Co. KG / „Nur gebräunt ist lecker!“

SUNPOINT ist die Nr. 1 der Sonnenstudioketten in Deutschland. Bisher wurden in der Werbung meist sonnengebräunte Menschen gezeigt.
Eine Abgrenzung zum Wettbewerb ist so nicht vorhanden. Der neue Kommunikationsansatz setzt daher humorvolle, überraschende Akzente und unterstreicht die Einzigartigkeit der Marke. Maximale Aufmerksamkeit ist garantiert, denn die Image- und POS-Kampagne zeigt unter dem Motto „Nur gebräunt ist lecker“ ungewöhnliche Bilder, die man zum Thema Sonnenbräune nicht erwartet.

Kunde SP-GmbH & Co. KG, Puhlheim Werbeagentur Counterpart GmbH, Köln Beratung / Konzeption Judith Dobner Creative Director Matthias Behr Art Director Jochen Kirchhof Text Uwe Clemens Fotografie Jo Kirchherr

DIENSTLEISTUNGEN / B2C

WEITERE DIENSTLEISTUNGEN

PRINT

Südhausbau Verkaufsgesellschaft /
Vermarktungskonzept

Vermarktungskonzept und Exposé für ein innovatives Wohn- und Geschäftshaus der Südhausbau in München, das neben herausragender Architektur und guter Lage auch emotionalen Mehrwert bietet. Gebäude und Wohnungen lassen Vielfalt zu, sind auf hohe Energieeffizienz und qualitative Nachhaltigkeit ausgelegt und strahlen Komfort und Exklusivität aus. Zielgruppe ist die obere Mittel- bzw. Oberschicht mit hohem Lebensstandard und ausgeprägt individuellem sowie innovativem Lebensstil.

Kunde Südhausbau Verkaufsgesellschaft mbH, München Geschäftsführung Prof. Dr. Matthias Ottmann Marketingleitung Branca Kern Produktleitung Max Edelmann / Gerhard Urban Werbeagentur schwecke.mueller Werbeagentur GmbH, München Beratung Claudia Schwecke Konzeption / Creative Director Ulla Müller-Frey Art Director Ulla Müller-Frey / Viola Leppek Producer Claudia Schwecke Text Martina Müller / Ulla Müller-Frey Grafik Viola Leppek / Svenja Maday Fotografie Renderings und Fotos Südhausbau / Fotos Stockmaterial

DIENSTLEISTUNGEN / B2C

WEITERE DIENSTLEISTUNGEN

PRINT

Wirtschaftskammer Vorarlberg /
Landesinnung Dachdecker /
Anzeige „Innung der Dachdecker"

„Jahres-Check" der Innung der Dachdecker
Getreu dem Motto „Vorsicht ist besser als Nachsicht" kommunizieren die Inserate der Innung der Dachdecker das Thema der Werterhaltung. Dabei stehen die Serviceleistungen der Dachdecker, die gerade nach dem Winter sehr wertvoll sind, im Vordergrund. Veröffentlicht in den Vorarlberger Gemeindeblättern, sind vor allem Haus- oder Eigentumsbesitzer mit Gebäuden, die über 15 Jahre alt sind, angesprochen.

Kunde Wirtschaftskammer Vorarlberg, Landesinnung Dachdecker Körperschaft des öffentlichen Rechts, Feldkirch (Österreich) Geschäftsführung Ing. Peter Fleischhacker (Fachgruppen-Geschäftsführer) Werbeagentur die3 Agentur für Werbung und Kommunikation GmbH, Dornbirn (Österreich) Beratung Bruno Welzenbach Konzeption / Creative Director / Art Director Mario Lorenz Producer Stephan Feichtinger Text Matthias Steu Grafik Alexander Grass Fotografie Michael Gunz

DIENSTLEISTUNGEN / B2B

BANKEN / SPARKASSEN / INVESTMENT

PRINT

Landessparkasse zu Oldenburg / „Firmenkunden"

Eine Bank, die damit wirbt, was sie nicht kann? Das ist ungewöhnlich. Aber es steckt eine tiefere Botschaft dahinter: Die LzO behauptet nicht, die Geschäfte ihrer Kunden besser zu verstehen als diese selbst – sie vertritt aber stets den Anspruch, auch individuellsten Kunden die jeweils beste Lösung zu bieten. Das schafft hohe Sympathie, Glaubwürdigkeit und kommt bei den Firmenkunden der LzO gut an.

Kunde Landessparkasse zu Oldenburg, Oldenburg Vorstand Martin Grapentin (Vorstandsvorsitzender) / Harald Tölle (stv. Vorstandsvorsitzender) / Gerhard Fiand (Mitglied des Vorstandes) / Michael Thanheiser (Mitglied des Vorstandes) Stabsbereich Vorstand Udo Unger (Direktor) / Hans Günter Rostalski (stv. Direktor) / Olaf Meenen (Leiter Marktkommunikation) / Ingo Kürten (Marktkommunikation) / Thomas Rost (Marktkommunikation) Werbeagentur von Mende Marketing GmbH, Oldenburg Beratung Tordis Krause Konzeption / Text Tordis Krause Art Director / Grafik Andrea Hohmann Fotografie Harry Köster (Schule und Restaurant) / Matton Images (Hong Kong) / plainpicture (Mann)

DIENSTLEISTUNGEN / B2B

BANKEN / SPARKASSEN / INVESTMENT

PRINT

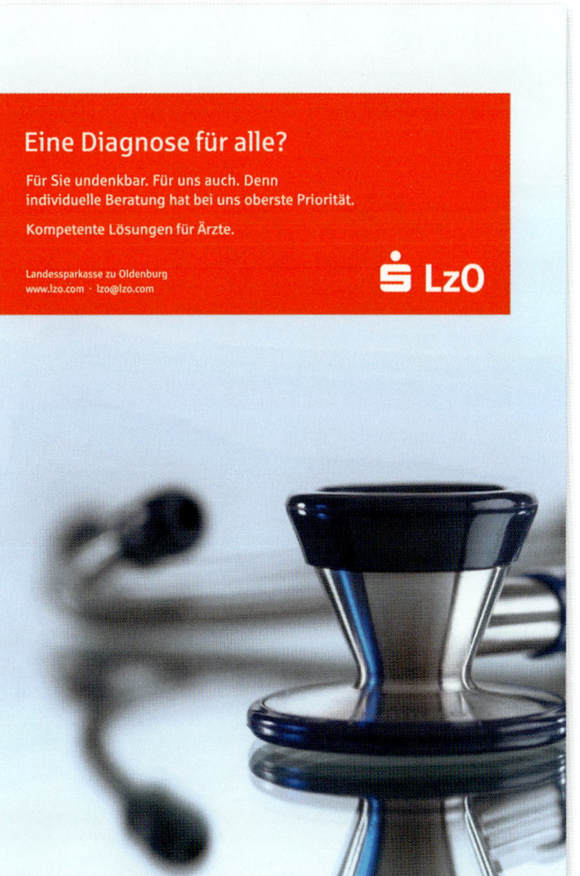

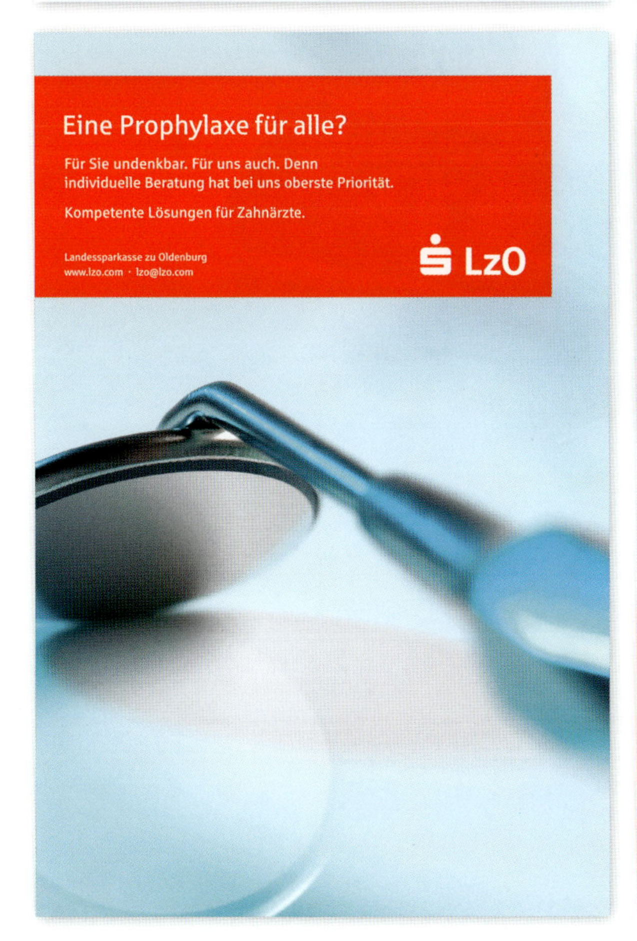

Landessparkasse zu Oldenburg / „Freiberufler“

Kein Arzt würde allen Patienten das gleiche Medikament verschreiben. Genauso wenig würde die LzO allen Kunden das Gleiche empfehlen. Denn individuelle und kompetente Beratung hat auch bei der Zielgruppe der Freiberufler aus dem medizinischen Sektor oberste Priorität.

Kunde Landessparkasse zu Oldenburg, Oldenburg Vorstand Martin Grapentin (Vorstandsvorsitzender) / Harald Tölle (stv. Vorstandsvorsitzender) / Gerhard Fiand (Mitglied des Vorstandes) / Michael Thanheiser (Mitglied des Vorstandes) Stabsbereich Vorstand Udo Unger (Direktor) / Hans Günter Rostalski (stv. Direktor) / Olaf Meenen (Leiter Marktkommunikation) / Ingo Kürten (Marktkommunikation) / Thomas Rost (Marktkommunikation) Werbeagentur von Mende Marketing GmbH, Oldenburg Beratung / Konzeption Tordis Krause Art Director Andrea Hohmann Text Tordis Krause Grafik Andrea Hohmann Fotografie Corbis (Löffel) / Masterfile (Pille und Stethoskop) / Fotolia (Spiegel)

DIENSTLEISTUNGEN / B2B

BANKEN / SPARKASSEN / INVESTMENT

PRINT

Raiffeisenlandesbank Vorarlberg / Geschäftsbericht

Was unterscheidet eine genossenschaftliche Bank von anderen? Der Geschäftsbericht zeigt das Prinzip „Miteinander“ schon in seiner Entstehung, an der Mitarbeiter und Kunden beteiligt waren. Es wird auch durch groß visualisierte Begriffe symbolisiert, die am Ende einen Satz bilden. Die Worte wurden von den Teilnehmern selbst erdacht und geformt: So wächst „Wachstum“ als Kresse, so wird „fördern“ von Kindern in Knetmasse modelliert, so wird „Zukunft“ von Nachwuchstechnikern in Metall gefräst und mehr. In der Online-Version gibt es die Videos zur Entstehung der Worte.

MAG. MICHAEL ALGE

Solide Basis für herausfordernde Zeiten

PERSONAL

Es macht Sinn, was wir machen

Kunde Raiffeisenlandesbank Vorarlberg reg. Gen. m.b.H., Bregenz Geschäftsführung Wilfried Hopfner (Vorstand) Marketingleitung Stephan Marent (Prokurist) Werbeagentur die3 Agentur für Werbung und Kommunikation GmbH, Dornbirn (Österreich) Beratung Petra Grass / Andreas Gorbach Konzeption Petra Grass / Andreas Gorbach / Mario Lorenz Creative Director Mario Lorenz Art Director Mario Lorenz / Alexander Grass Producer Stephan Feichtinger Grafik Alexander Grass Fotografie Michael Gunz

DIENSTLEISTUNGEN / B2B

BANKEN / SPARKASSEN / INVESTMENT

PRINT

TARGOBANK AG & Co. KGaA / Vertriebspackage TARGOBANK & BASE Mobile Payment

TARGOBANK und BASE führten ein innovatives Produkt ein, den Bezahlchip fürs Handy. Vertriebskanal: rund 400 BASE Shops. wrw united entwickelte ein Informations- und Motivationspackage für den Vertrieb.
Ziel: Durchblick bei den Vorteilen des mobilen Bezahlens von Anfang an.
Motto: Manche Chips können einfach mehr!
Jeder BASE Shop erhielt eine Tüte mit Sichtfenster, deren Inhalt hungrig auf knackige Umsätze macht.
In Agenturhand: Konzeption, Artwork, Produktionsabwicklung.

Kunde TARGOBANK AG & Co. KGaA, Düsseldorf Geschäftsführung Jürgen Lieberknecht (Mitglied des Vorstandes) Marketingleitung Dirk Böhme (Marketing Direktor) Produktleitung Anke Reitz (Projektmanager Lokales Marketing) / Brigitte Meerkamp (Senior Projektmanager Lokales Marketing) / Tine Vogt (Bereichsleiterin Strategie Produkte und Marketing) Werbeleitung Katharina Rubbert-Störmer (Bereichsleiterin Marke & Werbung) / Roman Schida (Abteilungsleiter Lokales Marketing & Sponsoring) Werbeagentur wrw united werbeagentur GmbH, Köln Beratung Esther Everz (Account Director) Konzeption Udo Bechmann Creative Director Andrea Gotzes Text Udo Bechmann Produktioner Udo Frohn (Dialog-Team Fienhold GmbH) Lithoanstalt / Druckerei Heike Eckermann (druckpartner Druck- und Medienhaus GmbH) Werbemittler Yvonne Bouguila (Allround Werbeservice)

RHOMBERG BAU GMBH

„SinnEntFalter“

DIE3 AGENTUR FÜR WERBUNG UND KOMMUNIKATION GMBH / DORNBIRN (ÖSTERREICH)

01 Bruno Welzenbach
02 Mario Lorenz
03 Silke Breznik
04 Stephan Feichtinger

03

01

02

04

N°1 | Juli 2012
Nachhaltigkeitsbericht der Rhomberg Gruppe
Ideen, die bestehen.

SinnEntFalter

22%
UMSATZPLUS...

UNSER BEITRAG FÜR EIN LEBENSWERTES MORGEN

DIE RHOMBERG AKADEMIE...

LEBENSZYKLUS-OPTIMIERUNG...

BAHN MACHT SINN

INFORMATION ZUM SINNENTFALTER

DIENSTLEISTUNGEN / B2B

BAUWIRTSCHAFT

PRINT

Rhomberg Bau GmbH / „SinnEntFalter“

Die Zeitung „SinnEntFalter“ dokumentiert die Visionen und Aktionen der Rhomberg Gruppe im Bereich Nachhaltigkeit. Von ökologischen bis zu sozialen Themen entfaltet das Mailing auf 16 Seiten die zahlreichen Facetten der Nachhaltigkeit und zeigt Kunden wie Mitarbeitern, dass es um mehr geht als nur Ressourcen schonen und Energie sparen.

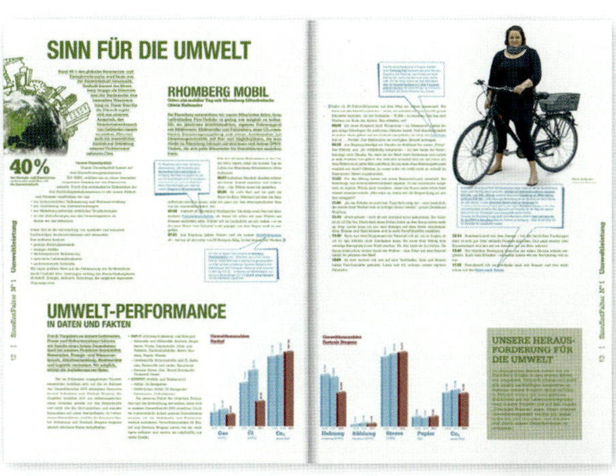
SINN FÜR DIE UMWELT

RHOMBERG MOBIL

40%

UMWELT-PERFORMANCE
IN DATEN UND FAKTEN

UNSERE HERAUSFORDERUNG FÜR DIE UMWELT

WARUM MACHT RHOMBERG SINN?

PROJEKTE UND HIGHLIGHTS ZUR NACHHALTIGKEIT

CREE & LIFECYCLE TOWER: SINN AUS HOLZ!

PROJEKT UNTERINNTAL: BAHN MACHT SINN

WEITERE SINNVOLLE PROJEKTE

DIALOG MACHT SINN

STEINBRUCH HOHENEMS

„AUF HOLZ KLOPFEN!“

Früher wurde nicht nur architektonisch hochwertig gebaut

Moralische Argumente ziehen nicht

Man muss die Dinge auch erfahren können

SINN FÜR MITARBEITER UND GESELLSCHAFT

UNSERE HERAUSFORDERUNG HEISST WORK-LIFE-BALANCE

ERSTER UNIVERSITÄTSLEHRGANG

UNSER ENGAGEMENT FÜR DIE GESELLSCHAFT

MITARBEITER ALS FUNDAMENT: DIE RHOMBERG AKADEMIE

UNSERE PERFORMANCE IN ZAHLEN

Kunde Rhomberg Bau GmbH, Bregenz (Österreich) Geschäftsführung DI Hubert Rhomberg Produktleitung Laura Wohlfahrt Werbeagentur die3 Agentur für Werbung und Kommunikation GmbH, Dornbirn (Österreich) Beratung Bruno Welzenbach Konzeption Bruno Welzenbach / Mario Lorenz Creative Director Mario Lorenz Art Director Mario Lorenz / Silke Breznik Producer Stephan Feichtinger Text Laura Wolfahrt / Martin Weißhäupl Grafik Silke Breznik Fotografie Rhomberg Gruppe / Michael Gruz / die3

DIENSTLEISTUNGEN / B2B

BAUWIRTSCHAFT

PRINT

alsecco / Broschüre „Funktionsfassaden“

Über die erwähnten Mailings konnte die Zielgruppe der Architekten und Planer die „Funktionsfassaden-Fibel“ als profundeste und detaillierteste Information zu den alsecco Funktionsfassaden anfordern, und sie wurde dafür mit netten Gimmicks, wie z. B. einem Infrarotthermometer, belohnt. Aufgrund ihrer hohen Informationsdichte ist die Fibel fast schon so etwas wie die „alsecco Bibel“. Optisch und haptisch glänzt die inhaltsschwere Broschüre im Carbon-Look mit partiellen Lackierungen.

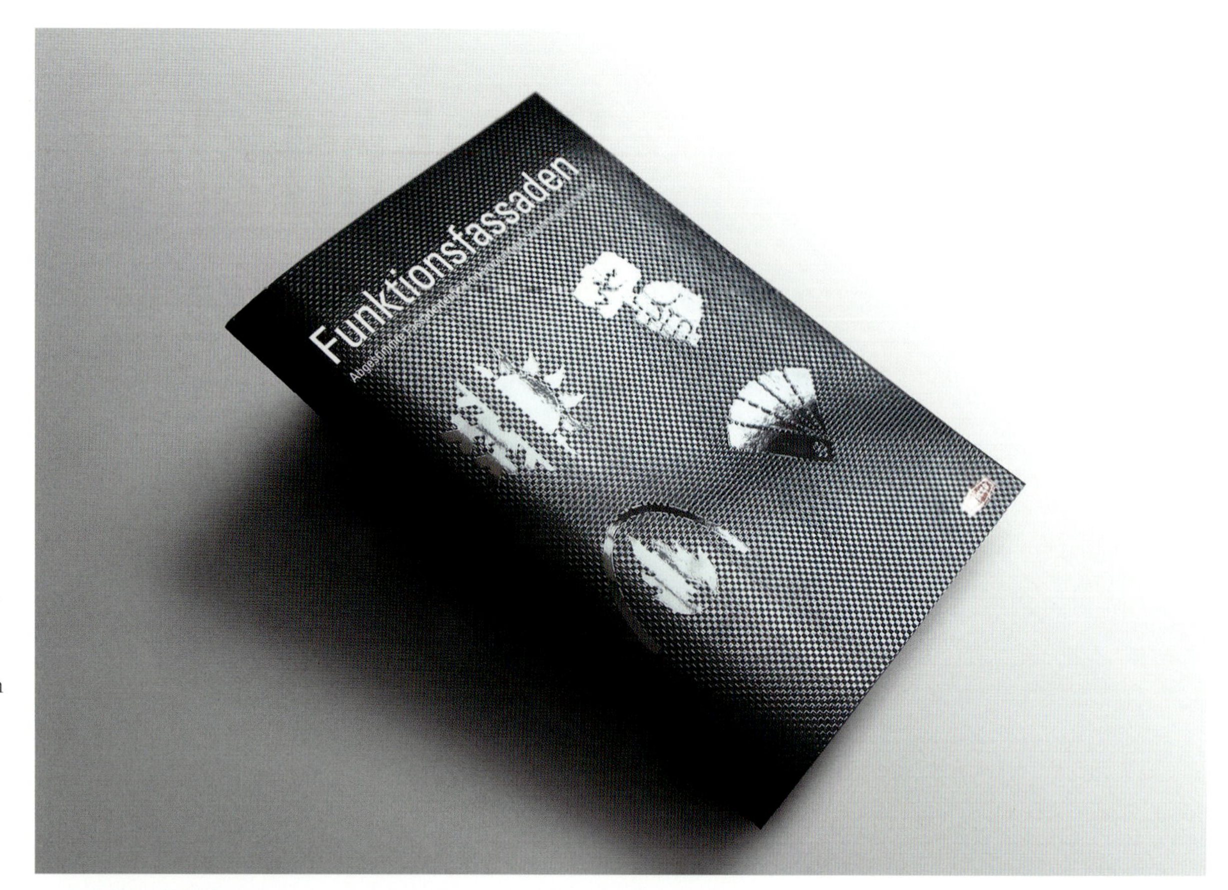

Integrierte Kampagne _ Kunde alsecco, DAW Stiftung & Co KG Geschäftsbereich alsecco, Gerstungen Geschäftsführung Andreas Neubeck Produktleitung Heiko Stark Leitung Öffentlichkeitsarbeit / Werbeleitung Jörg Lamprecht Werbeagentur vergissmeinnicht Werbeagentur GmbH, Überlingen Beratung Jochen Grauer Konzeption Wolfgang Gerstenhauer Creative Director / Art Director / Grafik Achim Günter Text Wolfgang Gerstenhauer / Raphael Grützmann Druckerei Eberl Print GmbH

DIENSTLEISTUNGEN / B2B

BAUWIRTSCHAFT

PRINT

alsecco / Fachanzeigen „Funktionsfassaden“

Die Fassadendämmsysteme von alsecco verfügen über viele positive Funktionen, die sie gegenüber herkömmlichen WDV-Systemen abgrenzen. vergissmeinnicht prägte dafür den Begriff „Funktionsfassaden“. Für die Fachanzeigenkampagne gegenüber den Architekten und Planern nutzte vergissmeinnicht die bildhaft umgesetzte Analogie zu moderner Funktionsbekleidung, die den Gesamtnutzen der WDV-Systeme sowie ihre wichtigsten Funktionen jeweils unmittelbar verdeutlicht.

Integrierte Kampagne _ Kunde alsecco, DAW Stiftung & Co KG Geschäftsbereich alsecco, Gerstungen Geschäftsführung Andreas Neubeck Produktleitung Heiko Stark Leitung Öffentlichkeitsarbeit / Werbeleitung Jörg Lamprecht Werbeagentur vergissmeinnicht Werbeagentur GmbH, Überlingen Beratung Jochen Grauer Konzeption Wolfgang Gerstenhauer Creative Director / Art Director Achim Günter Text Wolfgang Gerstenhauer Grafik / Fotografie Christian Scherer EBV mquadrat-media GbR

DIENSTLEISTUNGEN / B2B

BAUWIRTSCHAFT

PRINT

alsecco / Mailing-Strecke „Funktionsfassaden“

Mit vier Mailings vertiefte alsecco die Informationen der Fachanzeigenkampagne für die Zielgruppe Architekten und Planer. Dabei stand immer jeweils eine zentrale Funktion der Funktionsfassaden im Zentrum, die in Form eines einfachen Experiments anhand eines Putzmusters zu den Themen Brandschutz, Hagelwiderstand, thermische Spannungen sowie Widerstandsfähigkeit gegenüber Schlägen umgesetzt wurde. Das erste der vier Mailings wurde in der Printausgabe von Fischer‘s Archiv vorgestellt.

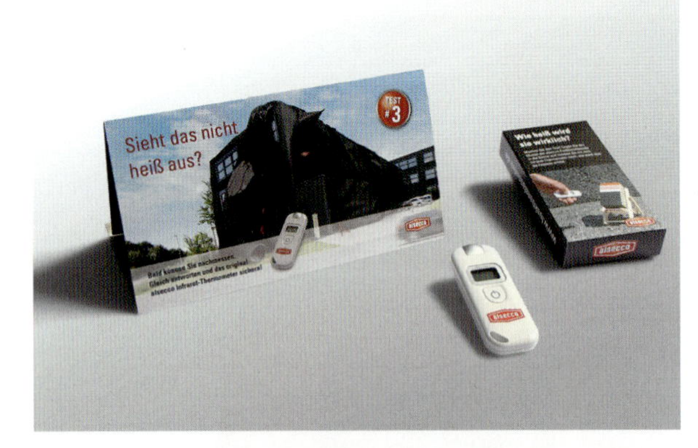

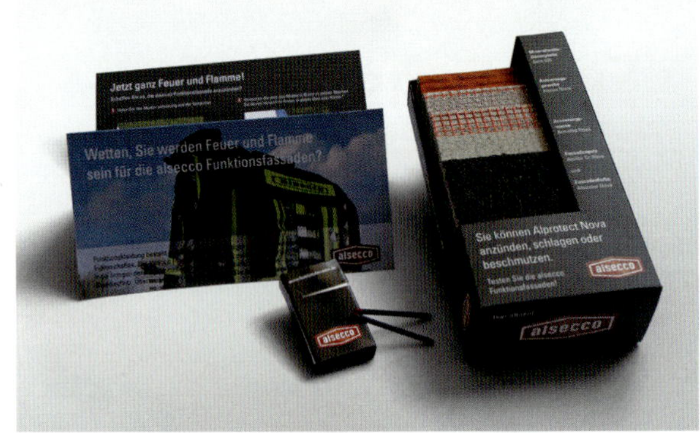

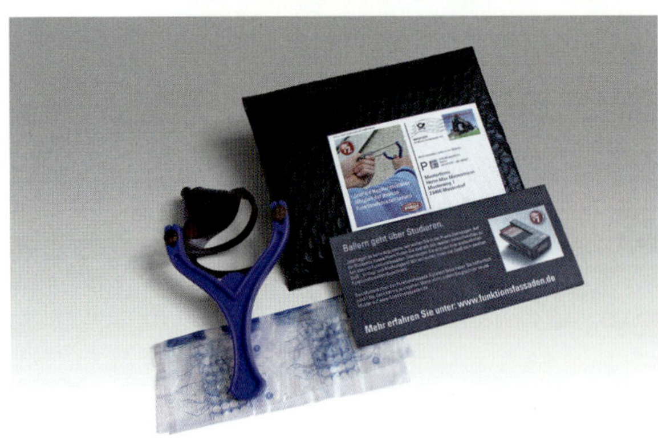

Integrierte Kampagne _ Kunde alsecco, DAW Stiftung & Co KG Geschäftsbereich alsecco, Gerstungen Geschäftsführung Andreas Neubeck Produktleitung Heiko Stark Leitung Öffentlichkeitsarbeit / Werbeleitung Jörg Lamprecht Werbeagentur vergissmeinnicht Werbeagentur GmbH, Überlingen Beratung Jochen Grauer Konzeption Wolfgang Gerstenhauer Creative Director Achim Günter Text Wolfgang Gerstenhauer / Raphael Grützmann Grafik Christian Scherer / Steffen Fridgen / Daniela Costa Filipe Verpackungsentwicklung / Druck Chesapeake Neu-Isenburg GmbH Agentur / Lettershop Roland Albrecht

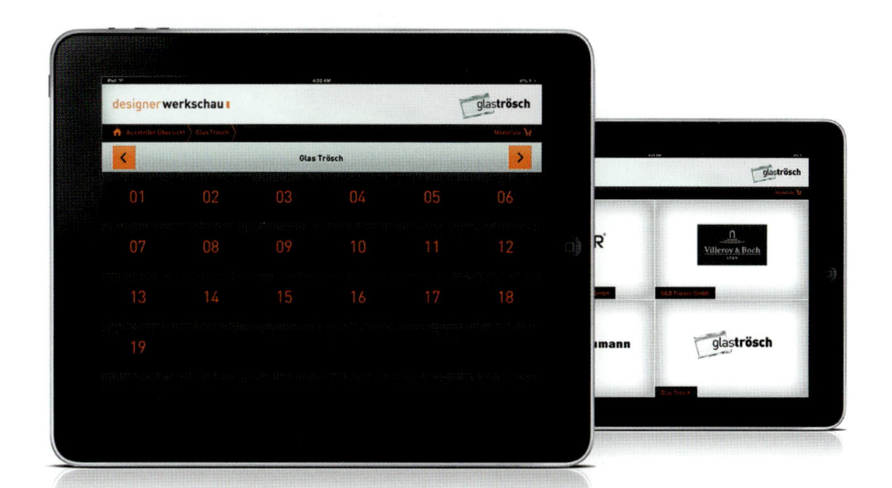

DIENSTLEISTUNGEN / B2B

BAUWIRTSCHAFT

DIGITALE MEDIEN / INTERAKTIVE ANWENDUNGEN

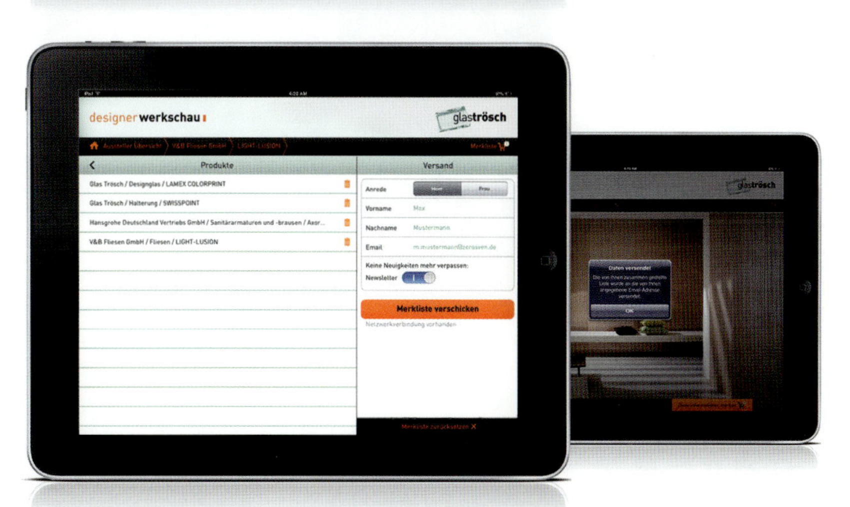

Glas Trösch Beratungs-GmbH / iPad App designerwerkschau

Als Gründungsmitglied des designers' saturday (Langenthal/CH) sowie Initiator des designerwerktags eröffnete Glas Trösch gemeinsam mit namhaften Partnern die designerwerkschau. Professionelle Bauherren, Architekten, Innenarchitekten, Designer und Kunden können fortan kreative Lösungen und spezielle Designs für den Innenraum vor Ort entdecken. Auf der Ausstellung werden iPads zu Visual Guides und bieten Produktinformationen wie technische Details, Preise und Kontaktdaten.

Besucher der designerwerkschau bekommen am Eingang für die Dauer ihres Besuchs ein iPad als Visual Guide überreicht (analog Audioguide, wie man ihn zum Beispiel aus Museen kennt). Hier sind alle Aussteller bzw. Ausstellungsstücke hinterlegt und können gezielt ausgewählt werden. Beim Gang durch die Ausstellung wählt der Besucher den jeweiligen Hersteller in der App aus, und per Tap auf eine Nummer wird die Detailinfo zum Ausstellungsstück angezeigt. Die Details können dann auf die Merkliste gesetzt werden. Die Merkliste wird an den Glas Trösch Server übertragen, dieser generiert on-the-fly eine Broschüre mit den gewünschten Informationen und versendet sie an den Interessenten. Innerhalb der Anwendung wird per Breadcrumb-Navigation zwischen Produkten und auch zwischen Ausstellern navigiert.

Neben dem Angebot von umfangreichen Informationen konnte Glas Trösch dank der insgesamt zehn eingesetzten iPads den Personalaufwand für die designerwerkschau reduzieren. Ein weiterer Erfolg der Maßnahme ist die Generierung von qualitativ hochwertigen Kundendaten.

Kunde Glas Trösch Beratungs-GmbH, Ulm Werbeagentur zeroseven design studios für digitale Markenwelten GmbH, Ulm Beratung Thomas Seruset Konzeption Alexander Steinhart / Jürgen Meier Art Director Sebastian Feurle

DIENSTLEISTUNGEN / B2B

BAUWIRTSCHAFT

DIGITALE MEDIEN / UNTERNEHMENS-/ ORGANISATIONSWEBSEITEN

KS-ORIGINAL / Internetauftritt

Keine Sorgen: Der neue Internetauftritt von KS-ORIGINAL positioniert sich als digitale Informationsquelle rund ums Bauen mit Kalksandstein für Bauinteressierte und Fachleute. Integriert in die national laufende Kampagne der bekanntesten Kalksandsteinmarke Deutschlands transportiert die Seite neben wichtigen Fachinformationen auch die Werte der Marke.

www.ks-original.de

Kunde KS-ORIGINAL GmbH, Hannover Geschäftsführung Rainer Fehring Werbeagentur KAAPKE GmbH, Emstek / ecopark Beratung Timo Kaapke Creative Director Timo Kaapke Art Director Dominik Wiewel / Benedikt Kläne Text Martin Kronshage Grafik Lisa Krüger / Dirk Milzarek Projektmanagement Martina Lohr

Warum KS* Bauherren ausgelassener sind?

Darum:

Weil sie in ihrem massiv gebauten Haus keine Sorgen haben – mit dem Kalksandstein-Original von KS*. Damit haben sie an alles gedacht: z.B. an gesundes Raumklima.

Noch mehr gute Gründe für KS* auf www.ks-original.de oder telefonisch unter 0800 7002070

*KEINE SORGEN.

Der Kalksandstein KS* DAS ORIGINAL

DIENSTLEISTUNGEN / B2B

BAUWIRTSCHAFT

PRINT

KS-ORIGINAL / Kampagne „Keine Sorgen“

Wer schon einmal ein Haus gebaut hat, der weiß, was alles schiefgehen kann. Bauherren wünschen sich nichts mehr als keine Sorgen. Wer sein Haus mit Kalksandstein baut, der hat mit Sicherheit viele Sorgen weniger – ein bewährter Baustoff für massives Bauen, der modernsten Ansprüchen gerecht wird, z. B. Energieeffizienz, Lärmschutz – und noch etwas: ein deutschlandweites Servicenetz für persönliche Beratung.

So ist KS* nach wie vor die Abkürzung für Kalksandstein. – Und nun auch für: Keine Sorgen.

Kunde KS-ORIGINAL GMBH, Hannover Geschäftsführung Rainer Fehring Werbeagentur KAAPKE GmbH, Emstek / ecopark Beratung Timo Kaapke Creative Director Timo Kaapke Art Director Dominik Wiewel / Benedikt Kläne Text Martin Kronshage Grafik Dirk Milzarek Projektmanagement Martina Lohr

DIENSTLEISTUNGEN / B2B

BAUWIRTSCHAFT

PRINT

quick-mix Gruppe / Imageanzeigen „Einfach clevere Baustoffe"

quick-mix macht wahr, was Bauprofis wollen: Baustoffe, die einfach anzuwenden sind und einfach clever funktionieren. Die Imagekampagne lädt den Markenclaim „Einfach clevere Baustoffe" mit Botschaften zu den Strategieprodukten des Unternehmens auf. Die Gesichter der Kampagne stammen aus den auf Facebook und YouTube gelaunchten Internet-Clips mit Ralf Richter alias „Kalle". Aufgeräumtes Design, klare Botschaften und viel Emotion: Das ist der spezielle Mix dieser B2B-Anzeigenstrecke.

Kunde quick-mix Gruppe GmbH & Co. KG, Osnabrück Marketingleitung Helmut Wilke Werbeagentur graef advertising GmbH, Osnabrück Beratung Hans-Joachim Graef Konzeption Katharina Bosse / Dirk Kolhosser Art Director Katharina Bosse / Antje Koglin Text Dirk Kolhosser Projektmanagement Malte Goldbeck

DIENSTLEISTUNGEN / B2B

BAUWIRTSCHAFT

FILM

quick-mix Gruppe / Social-Media-Einführungskampagne „Kalle kann's!"

Unter dem Serientitel „Kalle kann's!" entstanden insgesamt sieben Kurzclips: Ralf Richters Kultfigur „Kalle" aus „Was nicht passt, wird passend gemacht" wurde dabei für den Kunden quick-mix weiterentwickelt: „Kalle" ist jetzt Chef seiner eigenen Baufirma und demonstriert dabei vor allem solides Halbwissen am Bau. Dezidiert wollten wir die Kultfigur nicht als Marken-Testimonial einsetzen: Kalles Geschichten und der quick-mix Promotion-Part blieben in den Clips sauber voneinander getrennt.

Integrierte Kampagne _ Kunde quick-mix Gruppe GmbH & Co. KG, Osnabrück Marketingleitung Helmut Wilke Werbeagentur graef advertising GmbH, Osnabrück Beratung Hans-Joachim Graef Konzeption Dirk Kolhosser / Katharina Bosse Art Director Katharina Bosse Text Dirk Kolhosser Projektmanagement Malte Goldbeck Filmproduktion Videograph GmbH Regie Axel Breuer Schnitt Thomas Blume Geschäftsführer Jürgen Eckeberg

DIENSTLEISTUNGEN / B2B

BAUWIRTSCHAFT

DIGITALE MEDIEN / SOCIAL-MEDIA-AKTIVITÄTEN

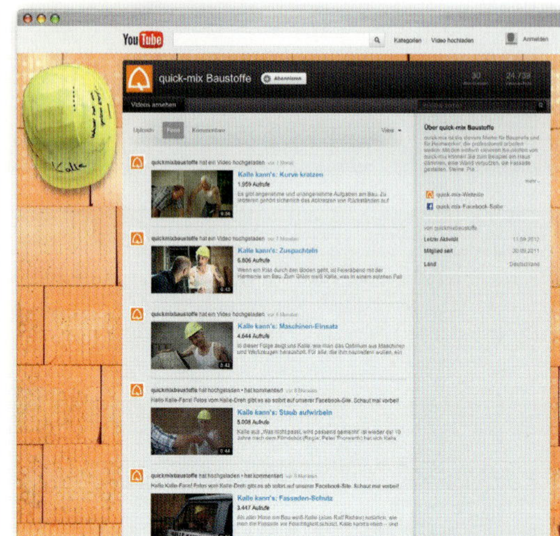

quick-mix Gruppe / Social-Media-Einführungskampagne „Kalle kann's!"

Eine solide Facebook-Fan-Base für ein vornehmlich im B2B-Bereich tätiges mittelständisches Baustoffunternehmen ist nicht so leicht zu schaffen. Mit einer echten Kultfigur als Zugpferd gelang der erfolgreiche Einstieg: Ralf Richter alias „Kalle" aus „Was nicht passt, wird passend gemacht" wurde zum Protagonisten der Einführungskampagne mit sieben sukzessive auf YouTube und Facebook veröffentlichten Kurzclips sowie thematisch angegliederten Facebook-Aktionen und Promotions im Fachhandel.

www.facebook.com/quickmixbaustoffe

DIENSTLEISTUNGEN / B2B

BAUWIRTSCHAFT

PROMOTION / MITTEL

quick-mix Gruppe / Social-Media-Einführungskampagne „Kalle kann's!“

Zur Unterstützung der Social-Media-Einführung stellte quick-mix dem Baustofffachhandel ein ganzes Paket voller Kalle-Fanutensilien zur Verfügung: Wer schon immer das Original-Kalle-Unterhemd tragen oder sich seinen Bulli mit einem Kalle-Aufkleber verschönern wollte, bekam jetzt das Material dafür. Zusätzlich erhielt der Handel die Möglichkeit, die Kalle-Clips für das eigene POS-TV zu bestellen.

Integrierte Kampagne _ Kunde quick-mix Gruppe GmbH & Co. KG, Osnabrück Marketingleitung Helmut Wilke Werbeagentur graef advertising GmbH, Osnabrück Beratung Hans-Joachim Graef Konzeption Dirk Kolhosser / Katharina Bosse Art Director Katharina Bosse Text Dirk Kolhosser Projektmanagement Malte Goldbeck

DIENSTLEISTUNGEN / B2B

BAUWIRTSCHAFT

DIGITALE MEDIEN / DIGITALE/INTERAKTIVE ANWENDUNGEN

SOLARLUX Aluminium GmbH / SOLARLUX, iPad App „Spaces & Products“

Die iPad App „Spaces & Products“ ist ein starkes Vertriebstool und ermöglicht zudem eine zentrale Datenpflege und direkten Abgleich. Solarlux präsentiert damit Architekten, Partnern sowie allen Architektur- und Designinteressierten Orte aus aller Welt, die Drinnen und Draußen scheinbar verschmelzen lassen. Darüber hinaus kann die App von Vertriebsmitarbeitern und Geschäftskunden gleichermaßen genutzt werden.

Mit gezielter Suche oder über einen intelligenten Schnittmengenfilter gelangt der User zu seiner individuellen Auswahl architektonischer Projekte. Direkt mit der jeweiligen Referenz verknüpft, erhält er neben Bildmaterial auch Expertenwissen zu System, Funktionalität, Design und Ausführung in Form von PDFs. Seine Favoriten kann er markieren und später in der Dokumentenansicht detailliert betrachten. Solarlux Vertriebsmitarbeiter erhalten über die frei zugänglichen Bereiche hinaus mit ihrem Account Zugriff auf weitere Informationsbereiche. Basis der Darstellung der Dokumente bildet die eigens in den zeroseven design studios entwickelte PDF-App, die mit einer dynamischen Referenz- und Dokumentenverwaltung Änderungen im Dokumentenstamm in Echtzeit über die App abbildet. So werden beispielsweise Bilder und Dokumente direkt bei Solarlux in Sharepoint gepflegt, und über die 07-JSON-Schnittstelle gelangen sie auf direktem Wege in die App. Neben der Referenzdatenbank stellt die App auch Informationen über Solarlux bereit. Auch diese Inhalte können permanent aktualisiert werden. Erstmals wurde die iPad-App auf der fensterbau/frontale 2012 eingesetzt und unterstützte damit Solarlux bei der eindrucksvollen und umfangreichen Präsentation seiner Kompetenzen.

https://itunes.apple.com/de/app/spaces-products/id502866129?mt=8

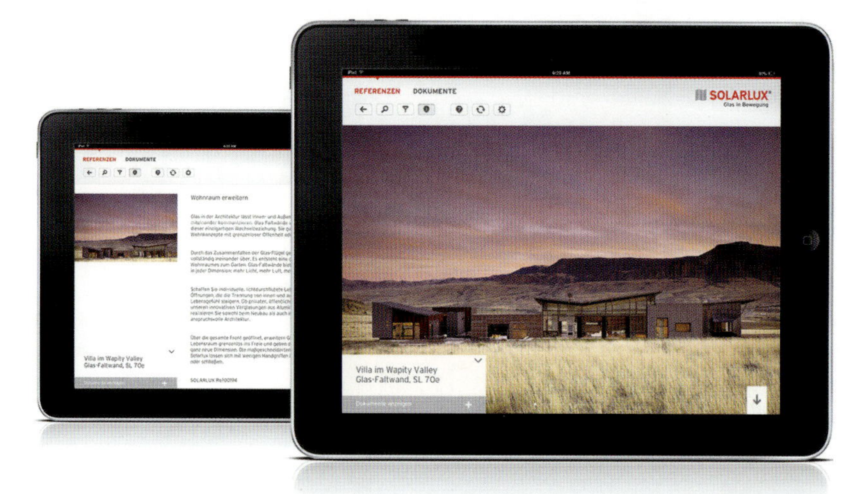

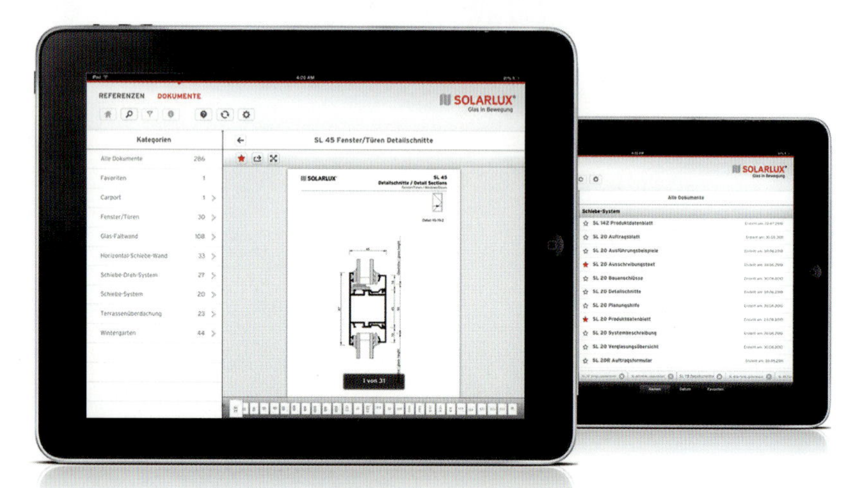

Kunde SOLARLUX Aluminium GmbH, Bissendorf Werbeagentur zeroseven design studios für digitale Markenwelten GmbH, Ulm Beratung Thomas Seruset Konzeption Alexander Steinhart / Jürgen Meier Art Director Sebastian Feurle

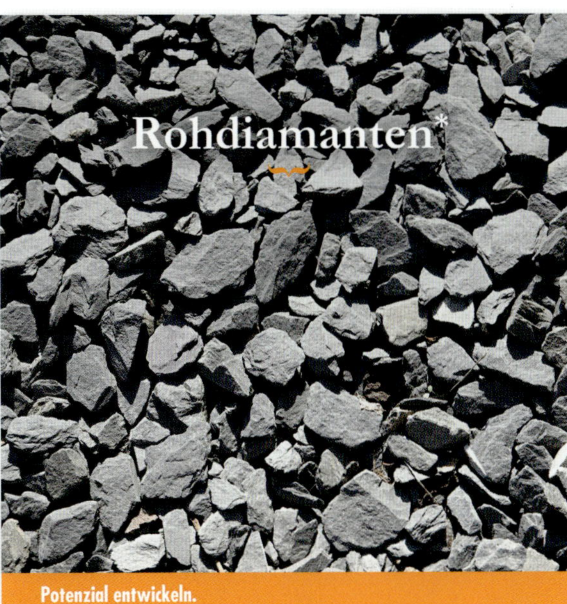

Potenzial entwickeln.

* Für uns sind Industriebrachen wie Rohdiamanten. Mit Erfahrung in der Flächenentwicklung und Kreativität geben wir ihnen den richtigen Schliff und entwickeln ihr Potenzial.

aurelis. Ideen finden Stadt.

So schaffen wir:
→ attraktive Stadtquartiere und lebendige Innenstädte für Kommunen
→ individuelle Arbeits- und Lebensräume für Mieter und Eigennutzer
→ nachhaltige Werte für Bauträger, Projektentwickler und Investoren

aurelis Real Estate GmbH & Co. KG
Anckelmannsplatz 1, 20357 Hamburg
Tel.: +49 (0)40 23 51 38-0
info@aurelis-real-estate.de

www.aurelis-real-estate.de

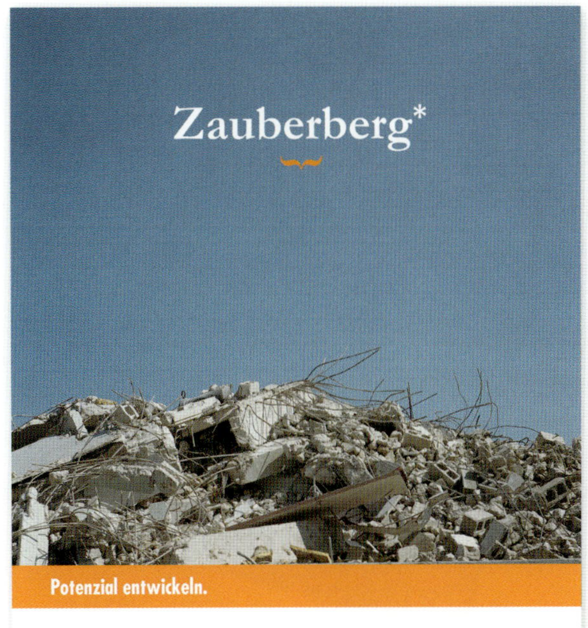

Potenzial entwickeln.

* Jede Industriebrache und ungenutzte Fläche ist für uns ein Zauberberg. Mit Erfahrung in der Flächenentwicklung und Kreativität entwickeln wir das Potenzial dieser Areale und machen aus Brachen Lebensräume.

aurelis. Ideen finden Stadt.

So schaffen wir:
→ attraktive Stadtquartiere und lebendige Innenstädte für Kommunen
→ individuelle Arbeits- und Lebensräume für Mieter und Eigennutzer
→ nachhaltige Werte für Bauträger, Projektentwickler und Investoren

aurelis Real Estate GmbH & Co. KG
Anckelmannsplatz 1, 20357 Hamburg
Tel.: +49 (0)40 23 51 38-0
info@aurelis-real-estate.de

www.aurelis-real-estate.de

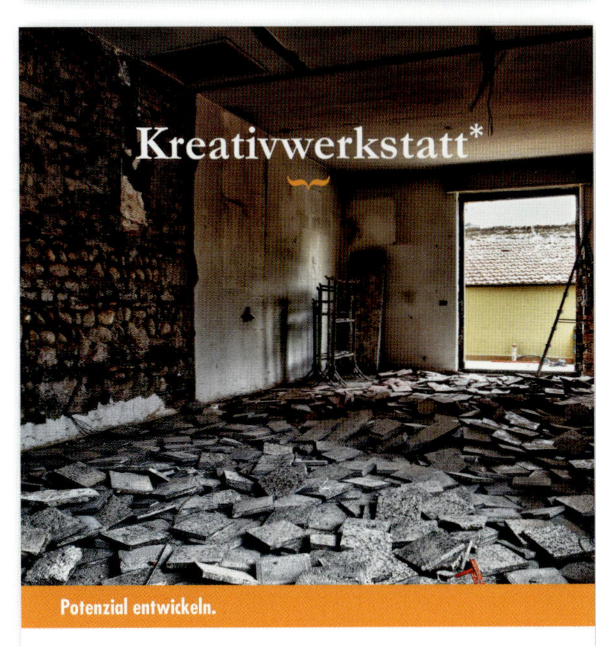

Potenzial entwickeln.

* Historische Gebäude auf unseren Flächen sind für uns eine Kreativwerkstatt. Mit Erfahrung in der Revitalisierung von Immobilien entwickeln wir ihr Potenzial und verleihen ihnen neuen Glanz.

aurelis. Ideen finden Stadt.

So schaffen wir:
→ individuelle Arbeits- und Lebensräume für Mieter und Eigennutzer
→ nachhaltige Werte für Bauträger, Projektentwickler und Investoren
→ attraktive Stadtquartiere und lebendige Innenstädte für Kommunen

aurelis Real Estate GmbH & Co. KG
Anckelmannsplatz 1, 20357 Hamburg
Tel.: +49 (0)40 23 51 38-0
info@aurelis-real-estate.de

www.aurelis-real-estate.de

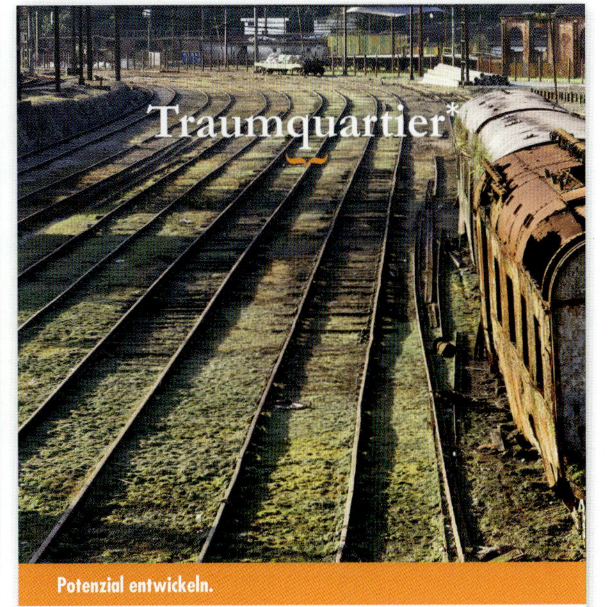

Potenzial entwickeln.

* Jede Industriebrache hat für uns das Zeug zum Traumquartier. Mit Erfahrung in der Flächenentwicklung und Kreativität entwickeln wir das Potenzial dieser Areale und schaffen neue Lebensräume für Wohnen, Arbeiten und Freizeit.

aurelis. Ideen finden Stadt.

So schaffen wir:
→ attraktive Stadtquartiere und lebendige Innenstädte für Kommunen
→ individuelle Arbeits- und Lebensräume für Mieter und Eigennutzer
→ nachhaltige Werte für Bauträger, Projektentwickler und Investoren

aurelis Real Estate GmbH & Co. KG
Anckelmannsplatz 1, 20357 Hamburg
Tel.: +49 (0)40 23 51 38-0
info@aurelis-real-estate.de

www.aurelis-real-estate.de

DIENSTLEISTUNGEN / B2B

WEITERE DIENSTLEISTUNGEN

PRINT

aurelis Real Estate / „Zauberberge“

Wie werden aus Industriebrachen urbane Lebens- und Arbeitswelten?

Geschäftszweck: Entwicklung industrieller Flächen wie Gleisanlagen, Bahnhofsareale, Industriebrachen

Aufgaben: Dekontaminierung, Masterpläne, Flächennutzungspläne, Baurecht

Zielsetzung: Entwicklung einer Kampagne als „Stolperstein“ für die Zielgruppen Projektentwickler, Bauträger

Umsetzung: Bild und Überschrift stehen im Widerspruch, um die einzigartige Kreativität und Kompetenz von aurelis zu zeigen.

- Bahndammsteine: ROHDIAMANTEN
- Schutthaufen: ZAUBERBERGE
- Bahnhofsbaracken: KREATIVWERKSTÄTTEN
- Gleisanlagen: TRAUMQUARTIERE

Media: Fachmagazine Immobilienwirtschaft; Banner Immobilienmesse Expo Real

Kunde aurelis Real Estate GmbH & Co. KG, Eschborn Geschäftsführung Dr. Joachim Wieland Marketingleitung / Leitung Öffentlichkeitsarbeit / Produktleitung Susanne Heck Werbeagentur RUECKERCONSULT GmbH, Berlin Beratung / Konzeption / Text Thomas Rücker (geschäftsführender Gesellschafter) Creative Director / Art Director / Producer / Grafik / Fotografie Kathrin Dost (Geschäftsführerin kaiserwetter GmbH)

DIENSTLEISTUNGEN / B2B

WEITERE DIENSTLEISTUNGEN

DIREKTMARKETING / PRINT

h. reuffurth GmbH / „LIVING COLORS AND EFFECTS“

Wer eine Druckerei sucht, wünscht sich, dass diese zu Außergewöhnlichem fähig ist. Für reuffurth entwickelt knallrot. das Mailing „Living colors & effects“ – eine Imagebroschüre mit einer knalligen 1-Meter-XL-Bildkomposition. Intensive Farbigkeit und außergewöhnliche Leuchtkraft durch hochpigmentierte Farben und Veredelung durch Drip-off-Lack bei klimaneutralem Druck sind die Themen, mit denen erfolgreich Kunden geworben wurden.

Kunde h. reuffurth GmbH, Mühlheim am Main Geschäftsführung Hans Reuffurth / Kordula Preuß Werbeleitung Kordula Preuß Werbeagentur knallrot. GmbH, Frankfurt am Main Beratung Maria Lang Konzeption / Creative Director / Art Director Pit Hofmann Text Ulli Zahn Grafik reuffurth

DIENSTLEISTUNGEN / B2B

WEITERE DIENSTLEISTUNGEN

PRINT

MHP Mieschke Hofmann und Partner mbH / Imagekampagne „Lenkrad“

MHP steht für Excellence in Process- and IT-Consulting for Automotive. Das können zufriedene Kunden und Mitarbeiter bestätigen. Aber wie kommuniziert man diesen Leitsatz? Mit Anzeigen, die die automobilaffine Zielgruppe begeistern – Kunden wie Bewerber. Und dazu eignen sich Details eines Porsches besonders gut. Es kommt bei einer Beratung eben aufs Detail an. Zusammen mit den Headlines entstehen so ungewöhnliche Motive, die unter anderem im Managermagazin oder der Automobilwoche zu sehen sind.

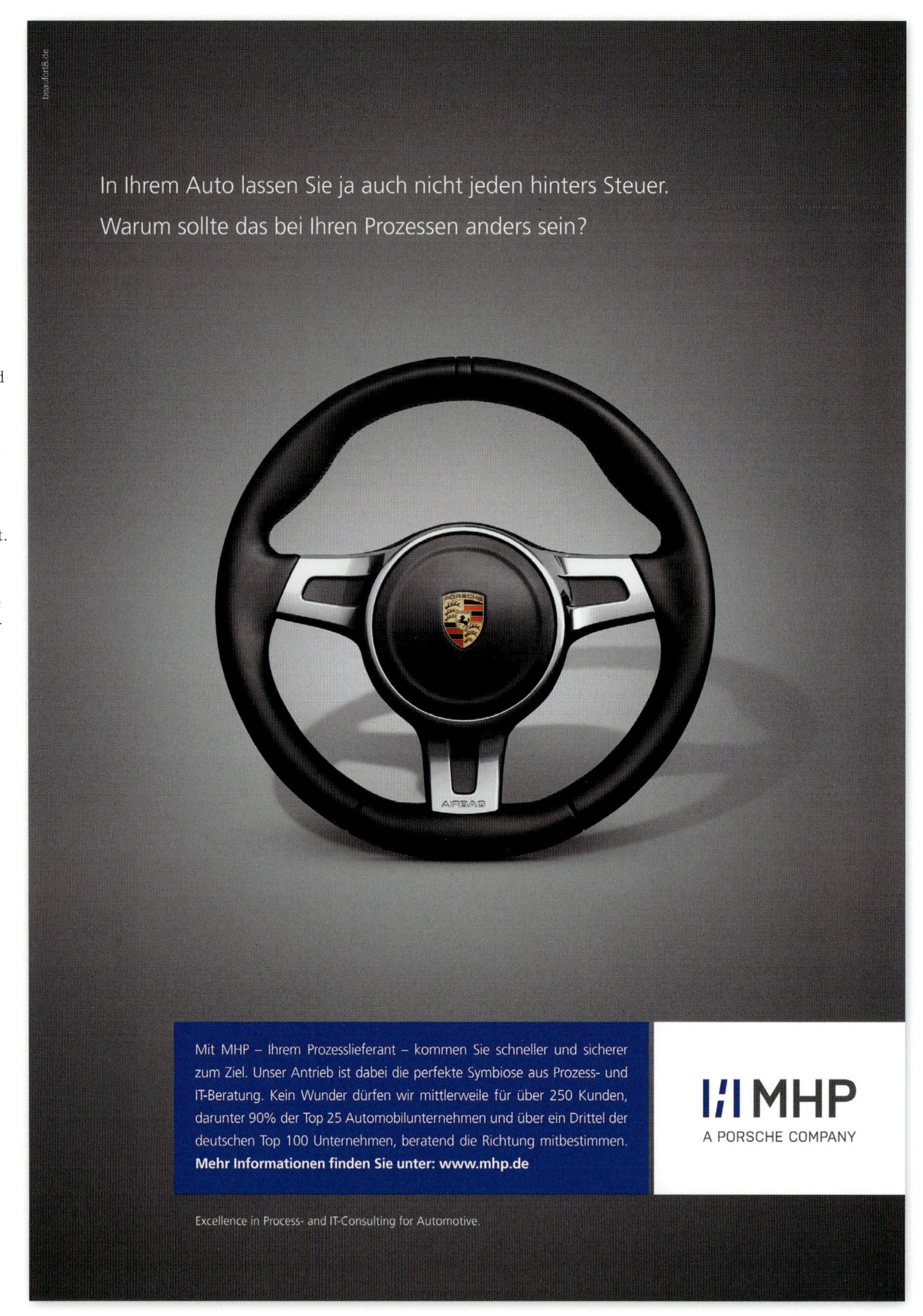

Kunde MHP Mieschke Hofmann und Partner mbH, Freiberg am Neckar Geschäftsführung Dr.-Ing. Ralf Hofmann / Frank Dettke Marketingleitung Ingo Guttenson Werbeagentur Beaufort 8 GmbH, Stuttgart Beratung Corinna Drißner Creative Director Jonas Ruch (Art) / Philipp Heimsch (Text) Art Director Sonja Schuberth / Matthias Ott Text Felix Brockmeyer / José A. Diego Ferreiro

DIENSTLEISTUNGEN / B2B

WEITERE DIENSTLEISTUNGEN

PRINT

Öschberghof / Kochbuch „Genuss III“

Der Öschberghof, Business- und Wellnessresort in Donaueschingen, ist bekannt für seine exzellente Küche. Was liegt daher näher, als ein eigenes Kochbuch zu publizieren, das schmackhafte Rezepte und kreative Ideen für zu Hause liefert?
Aufgrund des Erfolges bei Gästen, Partnern und Freunden realisiert Ender Werbung bereits den 3. Band der Serie: Genuss III. Das Kochbuch eignet sich ideal als Geschenk, um auch Freunde und Familie von der Kochkunst des Öschberghofs zu überzeugen.

Kunde Der Öschberghof GmbH, Donaueschingen Geschäftsführung Alexander Aisenbrey Werbeagentur Ender Werbung GmbH & Co KG, Lustenau (Österreich) Beratung / Konzeption / Creative Director Mag. Simon Ender Art Director Sascha Retschitzegger

DIENSTLEISTUNGEN / B2B

WEITERE DIENSTLEISTUNGEN

PRINT

Schenker AG / DB Schenker Vermarktungskampagne Russland

Zweistufiges Imagemailing für die Vermarktung der Landverkehre zwischen Russland und Europa mit dem jeweiligen Motto „Let's go East" und „Let's go West". Die 1. Stufe umfasst eine Mailingkarte mit Aufkleber. Die 2. Stufe beinhaltet eine Mappe mit Informationsmaterial (Kampagnenbroschüre sowie Informationen über die beworbenen Länder, Success Stories, Zollabwicklung, Laufzeiten und eine Landkarte als Poster). Die Kampagne wurde in mehreren Sprachen und für insgesamt 21 Länder realisiert.

Kunde Schenker AG, Essen Marketingleitung Claus-Henning Wahl Werbeagentur Werbeagentur Müller GmbH, Coburg Beratung Gerhard Müller Konzeption Oliver Heß / Heiko Nagel Text Heiko Nagel / Julia Lang Grafik Oliver Heß / Sebastian Strobel / Katharina Weißpfennig

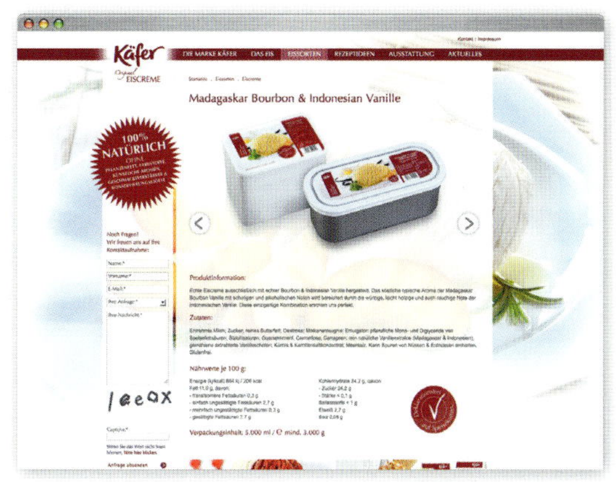

DIENSTLEISTUNGEN / B2B

WEITERE DIENSTLEISTUNGEN

DIGITALE MEDIEN / UNTERNEHMENS-/ ORGANISATIONSWEBSEITEN

Süd-Eis GmbH & Co KG / Käfer Eis

Käfer Eis steht als Submarke des Traditionsunternehmens Feinkost Käfer für Qualität, Leidenschaft und Kreativität. Der Webauftritt der neuen Eismarke begrüßt seine Besucher mit einer großzügigen Bilderwelt, die Appetit auf die außergewöhnlichen Eiskreationen macht. Beibehaltene Grundelemente des Corporate Designs der Dachmarke sorgen zudem für den entsprechenden Wiedererkennungswert. Die passend zur Internetpräsenz gestaltete Facebook-Seite rundet den genussvollen Markenauftritt ab.

www.kaefer-eis.de

Kunde Süd-Eis GmbH & Co KG, Osnabrück Geschäftsführung Frank Urbahn / Graziano Piccoli Marketingleitung Frank Urbahn Werbeagentur team4media GmbH, Osnabrück Beratung Jörg Fiedler / Veronica Rendler Konzeption Veronica Rendler Art Director / Grafik Veronica Rendler Text Frank Urbahn Programmierung / Technik Christian Rath Fotografie Gayer Fotodesign, Stephanie & Andreas Gayer GbR

DIENSTLEISTUNGEN / B2B

WEITERE DIENSTLEISTUNGEN

PRINT

Teleport Consulting und Systemmanagement GesmbH / Jubiläumsbroschüre

Teleport informiert, vernetzt und verbindet. Bereiche, Institutionen, Medien, Unternehmen und Menschen. Getrieben von der rasanten Entwicklung neuer technologischer Lösungen, mit der Innovationskraft und dem umfassenden Know-how seiner Mitarbeiter ist Teleport der zuverlässige Partner in allen Belangen der Telekommunikation. Die Jubiläumsbroschüre präsentiert diese rasante Entwicklung über 15 Jahre in einer übersichtlichen Leistungsdokumentation mit klassischen und digitalen Response-Elementen.

Kunde Teleport Consulting und Systemmanagement GesmbH, Schwarzach (Österreich) Geschäftsführung Peter Rädler Marketingleitung Mag. Florian Salomon Werbeagentur Ender Werbung GmbH & Co KG, Lustenau (Österreich) Beratung / Konzeption / Creative Director / Text Gerhard Peiker Art Director Sascha Retschitzegger Grafik Sascha Retschitzegger

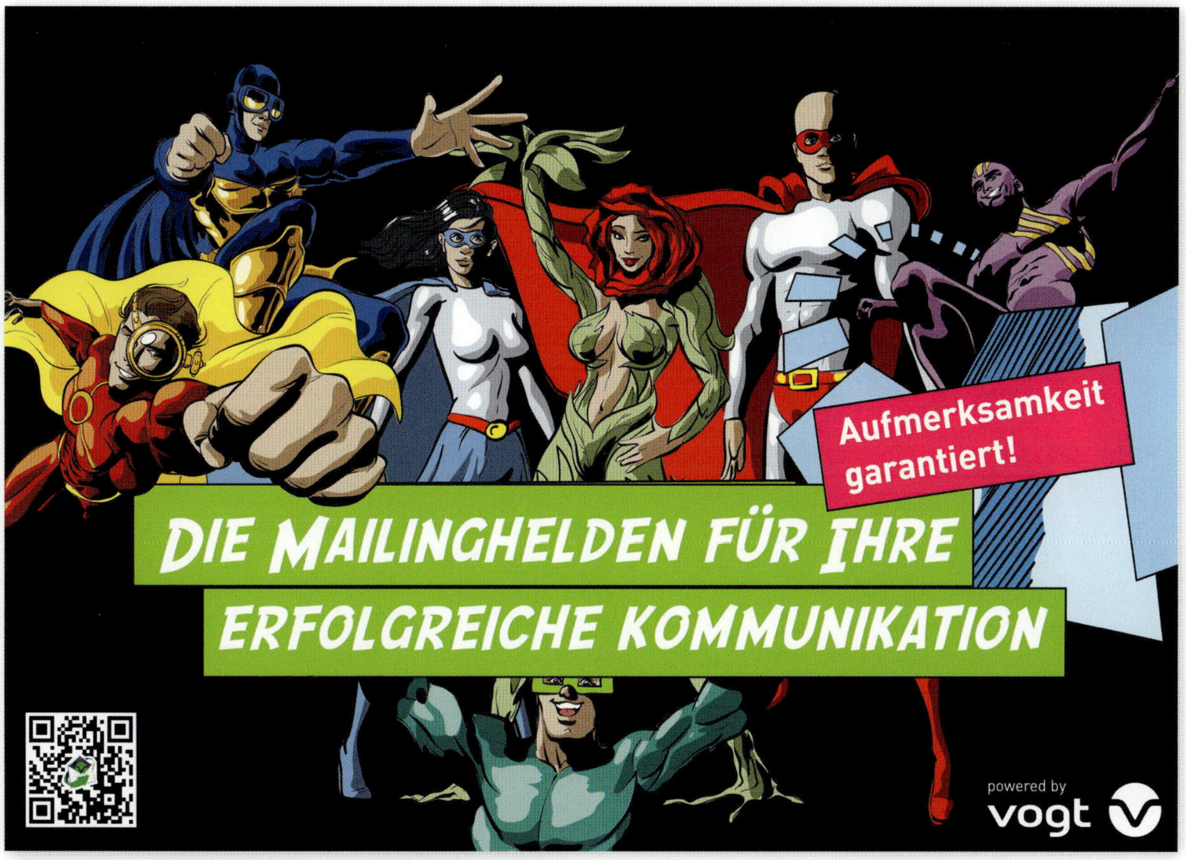

Aufmerksamkeit garantiert!
DIE MAILINGHELDEN FÜR IHRE ERFOLGREICHE KOMMUNIKATION
powered by
vogt

DIENSTLEISTUNGEN / B2B

WEITERE DIENSTLEISTUNGEN

DIREKTMARKETING / PRINT

Vogt Foliendruck GmbH / „Die Mailinghelden"

Die innovative Vogt Foliendruck GmbH hat aktuell eigene Mailingkonzepte mit verschiedenen Printeffekten auf den Weg gebracht. Interessant sind diese Konzepte für Werbeagenturen, Markenartikler, Verlage, kleine und mittelständische Unternehmen. Die Mailingvarianten werden als Full-Service-Dienstleistung angeboten: von der Ideenfindung bis hin zur Postauslieferung, alles aus einer Hand. Über Mailings, Messepräsenzen und Landingpages wurde dieses Angebot an potenzielle Kunden kommuniziert.

vogt
MAILINGHELD 2012
HRE
KATION
WWW.MAILINGHEL
vogt

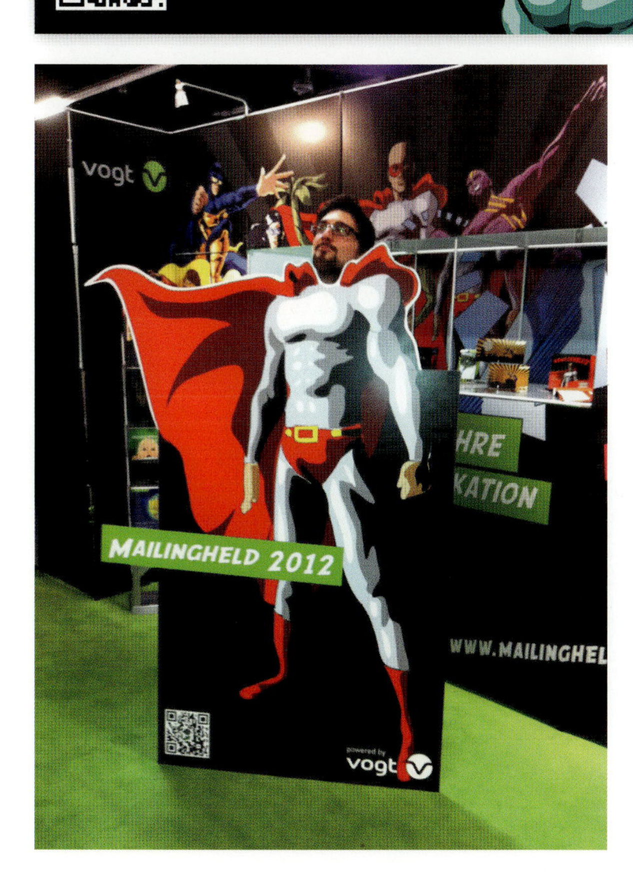

Crossmedia _ Kunde Vogt Foliendruck GmbH, Hessisch Lichtenau Geschäftsführung Holger Vogt Marketingleitung Daniel Petersen Verkaufsleitung Marcus Schröder Werbeagentur Vogt Foliendruck GmbH, Hessisch Lichtenau Beratung / Konzeption / Creative Director / Art Director / Producer / Text / Grafik / Fotografie Daniel Petersen Design der Helden Carsten Mell Illustration

BUNDESVERBAND FRAUENBERATUNGSSTELLEN UND FRAUENNOTRUFE

„Beating Facts“

SERVICEPLAN GRUPPE / PLAN.NET GRUPPE GMBH & CO. KG / MÜNCHEN

01 Tobias Pechstein
02 Tanja Glamann
03 Christian Aussem
04 Cornelia Blasy-Steiner
05 Markus Maczey
06 Annika Nagel

GESELLSCHAFT, SOZIALES UND KULTUR / B2C

VEREINE / VERBÄNDE / GEMEINSCHAFTEN / STIFTUNGEN

DIGITALE MEDIEN / MOBILE MARKETING

Bundesverband Frauenberatungsstellen und Frauennotrufe / „Beating Facts“

Im Rahmen des internationalen Tages gegen Gewalt an Frauen 2011 wurde eine iPad Anzeige innerhalb der redaktionellen Strecke in der deutschen VOGUE iPad App geschaltet.

Über die Wischmechanik und ein eingebundenes Video wird demonstriert, dass jede vierte Frau in Deutschland Gewalt erlebt.

Wir wollten in einem unerwarteten Umfeld die Leser überraschen und Aufmerksamkeit für dieses brisante Thema schaffen: Die Anzeige sieht zunächst wie eine ganz normale Beautystrecke der VOGUE-App aus. Öffnet der User auf dem iPad die Modestrecke, startet beim vierten Umblättern zum nächsten Foto ein Film. Die Frau auf dem Foto erhält synchron mit dem „Wischen“ des Users einen dumpfen Schlag ins Gesicht und fliegt aus dem Bild. Sie kommt verprügelt zurück. Es erscheint die Auflösung inklusive Spendenaufruf.

www.thisisforthejury.com/Beating_Facts/index_g.html

Kunde Bundesverband Frauenberatungsstellen und Frauennotrufe Frauen gegen Gewalt e.V., Berlin Marketingleitung Katja Grieger Werbeagentur serviceplan gruppe / plan.net gruppe gmbh & co. kg, München Beratung Annika Nagel Creative Director Markus Maczey / Cornelia Blasy-Steiner Art Director Tobias Pechstein Text Christian Aussem Grafik Tanja Glamann Fotografie Michael Leiss Chief Creative Officer Alexander Schill Chief Digital Officer Friedrich von Zitzewitz Programmierer Stefan Schrader Produktionsfirma Neverest GmbH & Co KG

GESELLSCHAFT, SOZIALES UND KULTUR / B2C

VEREINE / VERBÄNDE / GEMEINSCHAFTEN / STIFTUNGEN

OUT OF HOME / MEDIEN

Bundesverband Deutscher Bestatter e. V. / „Früher war alles anders“

Der Bund Deutscher Bestatter e. V. möchte mit seiner Plakatkampagne „Früher war alles anders“ auf das wenig präsente Thema Bestattungsvorsorge aufmerksam machen.
Als Plakatmotive wurden Jugendfotos der heutigen Generation 60 plus gewählt, die in der Hauptsache für das Thema sensibilisiert werden soll. Weg von esoterischen und generischen Motiven wird das Thema mit Biografien „echter“ Menschen besetzt und die Beratungskompetenz der Bestatter des Verbandes herausgestellt.

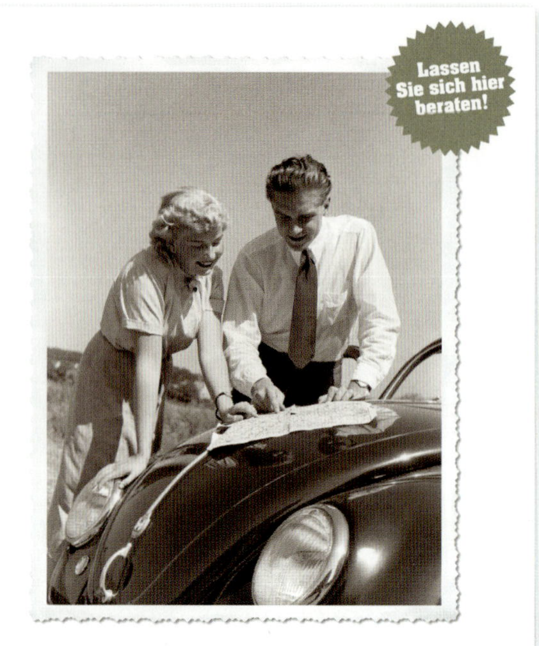

Kunde Bundesverband Deutscher Bestatter e.V., Düsseldorf Geschäftsführung Dipl.-Theol. Oliver Wirthmann Marketingleitung Karol Sowka Werbeagentur Klunk Kommunikation Einzelunternehmer, Düsseldorf Konzeption / Creative Director Werner Philipp Klunk

GESELLSCHAFT, SOZIALES UND KULTUR / B2C

VEREINE / VERBÄNDE / GEMEINSCHAFTEN / STIFTUNGEN

KAMPAGNE

Cyber Security Austria / Cyber Security Challenge „Verboten gut“

Aufgabe: Für Österreichs erste IT Security-Talentsuche nach IKT-Spezialisten, auch Hacker genannt, entwickelt upart den gesamten Kommunikationsauftritt.

Ziel: Möglichst viele IT-Schüler/-innen sollen sich zur Challenge anmelden.

Maßnahmen: Um junge Hacker zu gewinnen, verzichteten wir auf traditionelle Werbung und setzten auf virale Aktionen. Unter dem Motto „Du bist verboten gut? Dann zeig's uns!“ geht die Kampagne on- und offline on air: eigene Website (www.verbotengut.at), Facebook-Account, Guerillaaktionen an Schulen und ein YouTube-Clip.

Ergebnis: Trotz minimalem Budget wird die Cyber Security Challenge zu einer Erfolgsgeschichte; die Anmeldungen übertrafen alle Erwartungen. ▸

Kunde Cyber Security Austria – Verein zur Förderung der Sicherheit Österreichs strategischer Infrastruktur, Wien (Österreich) Werbeagentur upart Werbung & Kommunikation GmbH, Linz (Österreich) Beratung Daniel Frixeder / Verena Gnigler Creative Director Mag. Günter Klinger Art Director Mark Kirchberger Text Mag. Günter Klinger Grafik Simon Binder Geschäftsführung / Strategie Daniel Frixeder Filmproduktion Rene Berger Filmproduktion

GESELLSCHAFT, SOZIALES UND KULTUR / B2C

VEREINE / VERBÄNDE / GEMEINSCHAFTEN / STIFTUNGEN

OUT OF HOME / MEDIEN

Deutscher Tierschutzbund e. V. / „Cartoon“

In unserem Medienalltag wimmelt es von Gewalt und Brutalität. Um für die Anliegen des Deutschen Tierschutzbundes zu sensibilisieren, gehen wir deshalb einen ungewöhnlichen Weg und inszenieren das Grauen als Cartoon. Bunt, knallig – und witzig. Aber das Lachen bleibt schon beim zweiten Blick im Hals stecken. Und die Botschaft ist platziert.

Kunde Deutscher Tierschutzbund e.V., Bonn Geschäftsführung Thomas Schröder Leitung Öffentlichkeitsarbeit Marion Dudla Werbeagentur Frese & Wolff Werbeagentur GmbH, Oldenburg Beratung Heiko Ciesla Creative Director Uwe Linthe Text Ingo Steuber Illustration Dennis Richter

GESELLSCHAFT, SOZIALES UND KULTUR / B2C

VEREINE / VERBÄNDE / GEMEINSCHAFTEN / STIFTUNGEN

DIGITALE MEDIEN / SOCIAL-MEDIA-AKTIVITÄTEN

Die Mappenschule / „Dein Facebook-Gesicht“

Aufgabe: Wie können für die Marke „Die Mappenschule“ Kompetenz, Vertrauen und Emotion vermittelt und virale Potenziale genutzt werden?

Lösung: Eine Porträtaktion auf Facebook, bei der jedes neue „Gefällt mir“ ein persönliches, von Hand gezeichnetes Porträt des eigenen Profilbilds bekommt.

Zielerreichung: 10 % der Anmeldungen für die Mappenkurse kommen von Facebook. Über 1.000 neue „Gefällt mir“-Angaben. Virale Reichweite um 28 % gesteigert.

www.facebook.com/Mappenschule

Kunde Die Mappenschule, Stuttgart Geschäftsführung Michael Kühnle Werbeagentur Verlag M. Kühnle Einzelunternehmung, Ditzingen-Heimerdingen Beratung / Konzeption / Creative Director / Art Director / Producer / Text / Grafik Michael Kühnle

GESELLSCHAFT, SOZIALES UND KULTUR / B2C

VEREINE / VERBÄNDE / GEMEINSCHAFTEN / STIFTUNGEN

PRINT

DJV – Deutscher Journalisten-Verband / „Meinungsfreiheit"

An vielen Orten der Welt riskieren Journalisten täglich für Meinungsfreiheit und Demokratie ihr Leben.
Das gerät manchmal in Vergessenheit. Der Deutsche Journalistenverband sieht Handlungsbedarf. Ein aufmerksamkeitsstarkes Motiv soll die Funktion der Presse als unabhängiges Kontroll- und Korrekturorgan wieder ins Bewusstsein der Menschen rücken.

Kunde DJV – Deutscher Journalisten-Verband, Berlin Pressesprecher Hendrik Zörner Werbeagentur Leo Burnett GmbH, Frankfurt am Main Beratung Carolin Böttcher Konzeption Anna Beimel Creative Director Matthias Fickinger Art Director Anna Beimel / Albert Schlierbach Producer Netti Weber Text Andreas Stalder / Ulf von Wallersbrunn Fotografie Per Schorn Project Manager Bernd Mau Chief Creative Officer Andreas Pauli

GESELLSCHAFT, SOZIALES UND KULTUR / B2C

VEREINE / VERBÄNDE / GEMEINSCHAFTEN / STIFTUNGEN

OUT OF HOME / MEDIEN

Johanniter-Unfall-Hilfe e. V. / „Radio Geister“

Jeder 11. Verkehrstote hängt mit Trunkenheit am Steuer zusammen. Um zu zeigen, wie gefährlich Alkohol am Steuer ist, schalten wir Radiospots, die das Geschehen des Verkehrsunfalls aus Sicht eines toten Verkehrsopfers erzählen: eines Radiogeistes. Das Besondere: Um die Radiospots zu senden, installieren wir in Hamburg an echten Unglücksorten Radiofunksender in Form von aufmerksamkeitsstarken Holzkreuzen. Mithilfe dieser UKW-Radiosender senden wir Radiospots direkt in anhaltende Fahrzeuge.

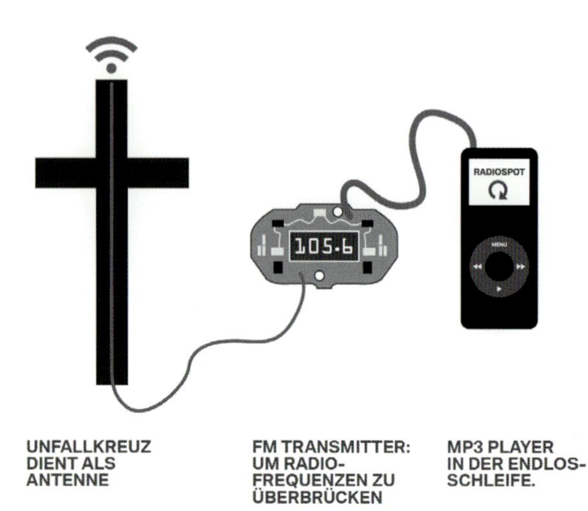

Unfallkreuz

MP3-Player

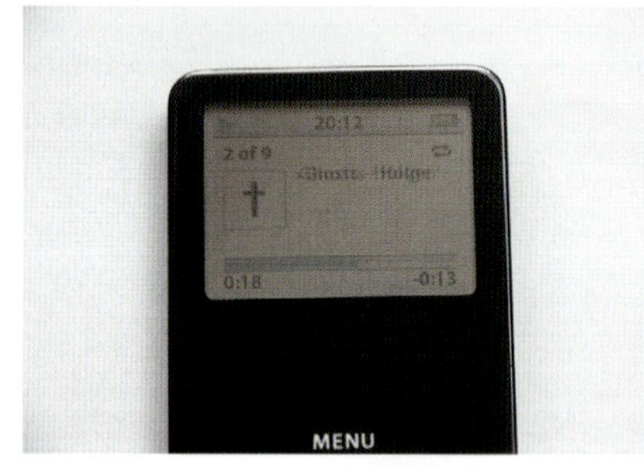

FM Transmitter

Dipole Antenna

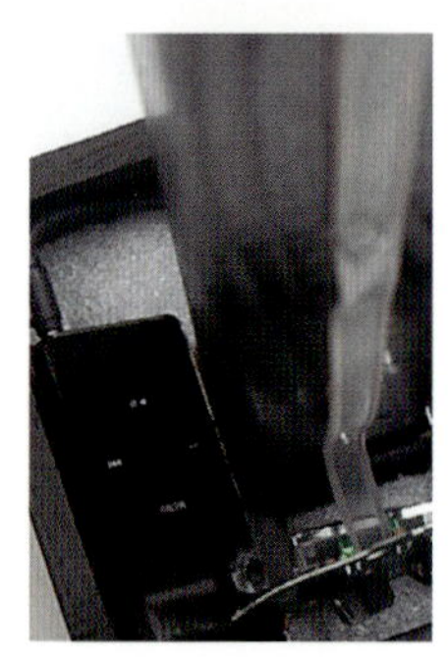

Kunde Johanniter-Unfall-Hilfe e. V., Hamburg Bereichsleiterin Marketing / Fachdienste Nanette Paukstadt Werbeagentur serviceplan gruppe gmbh & co. kg, München Beratung Kristian von Elm / Ines Herbold Creative Director Till Diestel / Marc Vosshall Text Andreas Schriewer Chief Creative Officer Alexander Schill Creative Producer Florian Panier Produktionsfirma German Wahnsinn Team

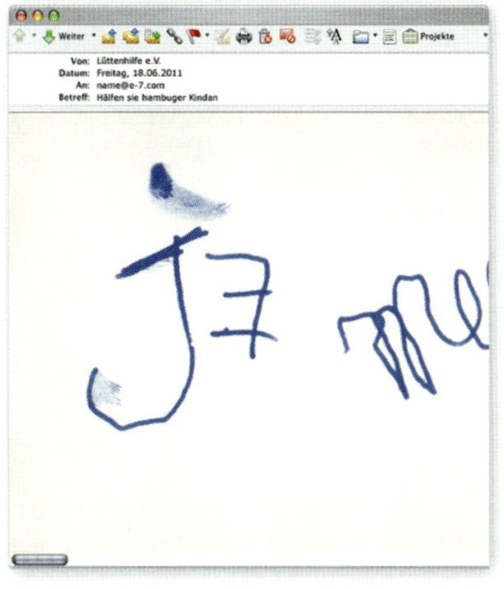

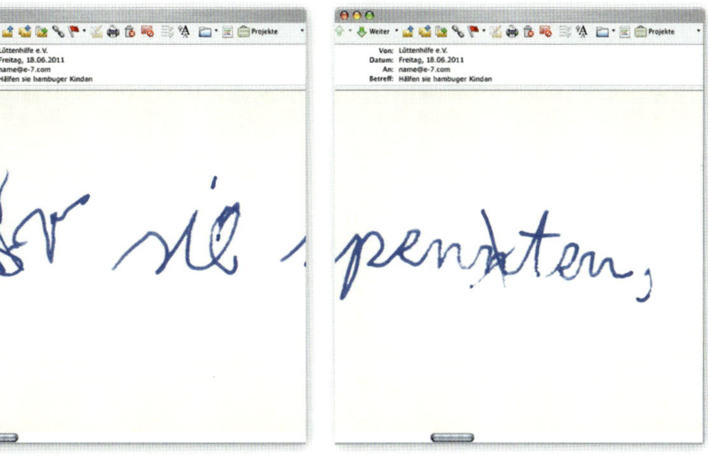
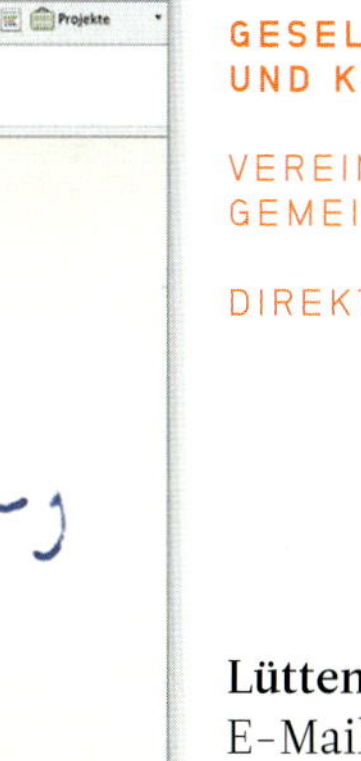
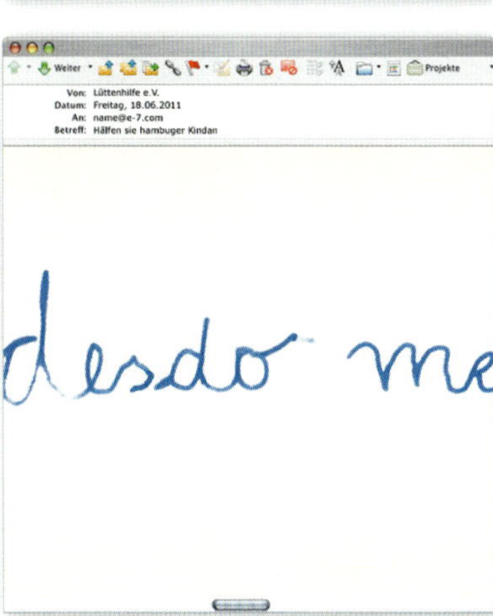

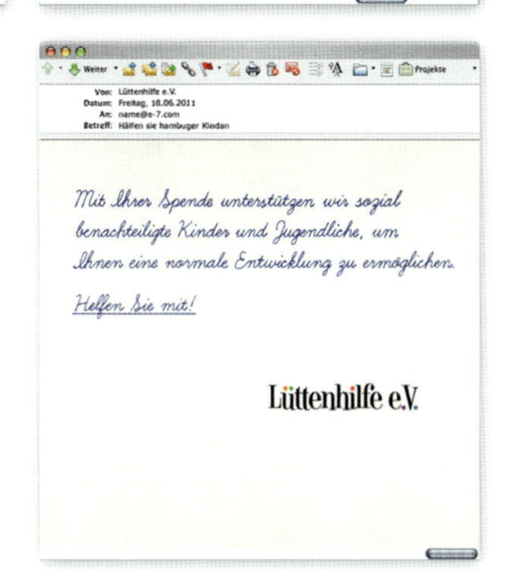

GESELLSCHAFT, SOZIALES UND KULTUR / B2C

VEREINE / VERBÄNDE / GEMEINSCHAFTEN / STIFTUNGEN

DIREKTMARKETING / DIGITAL

Lüttenhilfe e. V. / „Nachhilfe per E-Mail“

Die gemeinnützige Organisation Lüttenhilfe e. V. unterstützt Kinder aus sozial schwachen Familien, z. B. mit kostenloser Hausaufgabenbetreuung. Wie können wir ehemalige Förderer davon überzeugen, zu diesem Zweck erneut zu spenden? Mit einer überraschenden E-Mail: Beim Scrollen sieht der Empfänger, wie sich die Rechtschreibung eines Kindes nach und nach verbessert – und erfährt am Ende, dass seine Spende genau dafür sorgen kann.

Kunde Lüttenhilfe e.V., Hamburg Geschäftsführung Doris Webs Werbeagentur Pixelpark AG / Elephant Seven Unternehmensgruppe GmbH, Berlin Creative Director Kai Becker Art Director Oliver Baus Text Nils Liedmann Grafik Julia Kestner / Katja Borsdorf Programmierung Hanno Rippe

GESELLSCHAFT, SOZIALES UND KULTUR / B2C

VEREINE / VERBÄNDE / GEMEINSCHAFTEN / STIFTUNGEN

PRINT / OUT OF HOME / MEDIEN

Naturschutzbund Deutschland (NABU), Landesverband Hessen e. V. / „Megacities“

Die Skylines großer Städte symbolisieren Fortschritt und Wachstum. Doch die zunehmende Urbanisierung hat ihren Preis. Jedes Jahr fallen ihr weltweit über 130.000 Quadratkilometer Wald zum Opfer, mit gewaltigen Auswirkungen auf Natur und Umwelt. Der NABU hat es sich deshalb zur Aufgabe gemacht, die Menschen auf die Folgen des ungebremsten Flächenverbrauchs hinzuweisen. Dazu wurde eine Kampagne entwickelt, die den Zusammenhang zwischen Verstädterung und Abholzung dramatisch vor Augen führt.

Kunde Naturschutzbund Deutschland (NABU) Landesverband Hessen e.V., Wetzlar Geschäftsführung Hartmut Mai Werbeagentur Leo Burnett GmbH, Frankfurt am Main Creative Director Hans-Jürgen Kämmerer Art Director Hans-Jürgen Kämmerer / Markus Georg / Claudia Böckler Producer Netti Weber Text Benjamin Merkel / Jon Wilson / Hans-Jürgen Kämmerer Fotografie Markus Georg Chief Creative Officer Andreas Pauli

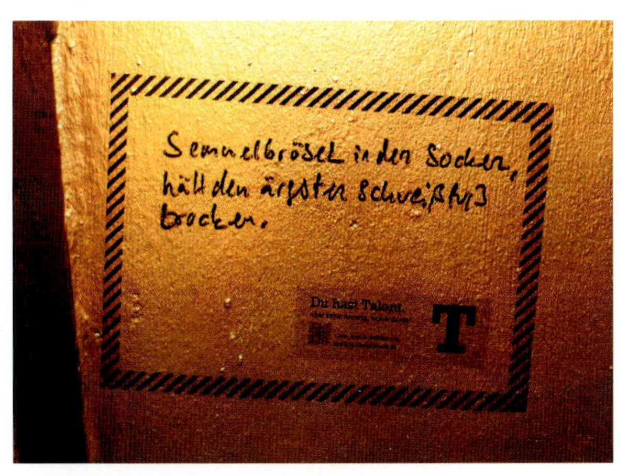

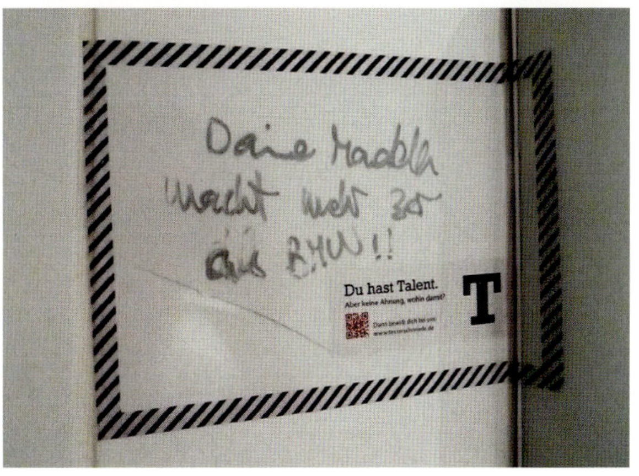

GESELLSCHAFT, SOZIALES UND KULTUR / B2C

VEREINE / VERBÄNDE / GEMEINSCHAFTEN / STIFTUNGEN

OUT OF HOME / MEDIEN

Texterschmiede Hamburg e. V. / „Hidden Talents“

Die Texterschmiede ist die beste deutschsprachige Schule für Texter. Trotzdem sind geeignete Bewerber schwer zu finden. Denn viele Nachwuchskreative wissen noch gar nichts von ihrem Talent. In Bars, Clubs und Kneipen machten wir uns auf die Suche nach kreativen Sprüchen. Mithilfe von transparenten Stickern verwandelten wir besonders charmante Verse in kostenlose Werbeanzeigen. Ein integrierter QR-Code führt neugierig Gewordene anschließend direkt zur Homepage der Texterschmiede.

Kunde Texterschmiede Hamburg e.V., Hamburg Geschäftsführung Matthias Berg Marketingleitung Nicole Petrucela Werbeagentur Pixelpark AG / Elephant Seven Unternehmensgruppe GmbH, Berlin Creative Director Kai Becker Art Director Oliver Baus Text Nils Liedmann / Julia Molina Grafik Katja Borsdorf

GESELLSCHAFT, SOZIALES UND KULTUR / B2C

VEREINE / VERBÄNDE / GEMEINSCHAFTEN / STIFTUNGEN

PRINT

VDA / Magazin „Vernetzung. Die digitale Revolution im Automobil"

Das Magazin führt die interessierte Öffentlichkeit in die Zukunft einer digitalen Mobilität. Vorboten dieser weitreichenden Revolution stellen schon heute Car-Sharing-Modelle, vernetzte Teststrecken und zahllose Smartphone-Apps dar. Das Magazin informiert darüber, wie vernetzter Verkehr die zukünftigen Herausforderungen Klimawandel, Rohstoffknappheit oder Bevölkerungswachstum bewältigen kann. Ziel ist es, die deutsche Automobilindustrie als Vorreiter dieses Fortschritts zu positionieren.

KAPITEL 01 MOBILITÄT

Verkehr im Wandel

Urbanisierung, zunehmende Motorisierung und steigende Mobilität in schnell wachsenden Volkswirtschaften sowie anschwellende Güterströme stellen bestehende Verkehrssysteme vor neue Herausforderungen.

Die Welt, die wir kennen, verändert sich rasant

Mobilität ist die Voraussetzung für wirtschaftliches Leben. Sie bringt Waren und Dienstleister in Bewegung, Menschen zur Arbeit und Produkte nach Hause. Steigende Verkehrsleistung und wirtschaftliches Wachstum gehören zusammen. Sie sind die Grundlage für zunehmenden Wohlstand in allen Teilen der Welt. Mobilität macht die Teilhabe am gesellschaftlichen und kulturellen Leben vielfach erst möglich. Sie verbindet Menschen, bereichert den Alltag und erweitert den Horizont.

Vor dem Hintergrund endlicher Ressourcen und des Klimawandels wird die Befriedigung der Grundbedürfnisse aller Menschen zu einer immer komplexeren Aufgabe. Einer Aufgabe, die durch die intelligente Verknüpfung und Nutzung von Informationen aus allen Lebensbereichen gelöst werden kann. Die weltweite Vernetzung im Zuge der digitalen Revolution zeigt im Verkehrssektor Lösungen auf, die Mobilität, Wachstum, Teilhabe, Ressourcenschutz und mehr Sicherheit im Straßenverkehr vereinen. Diese Lösungen werden von der deutschen Automobilindustrie mit dem Ziel entwickelt, innovative leistungsfähige und alltagstaugliche Systeme bereitzustellen.

Die Vernetzung wächst – nicht nur digital

Weltweit werden Güter immer dezentraler und arbeitsteiliger produziert und geliefert. Zeitsensibel aufeinander abgestimmte Produktionsprozesse an unterschiedlichen Orten werden punktgenau mit den zu verarbeitenden Gütern versorgt. Der Gütertransport erhält eine immer stärkere Bedeutung.

Deutschland als Transitland im Herzen Europas ist mit einem deutlich wachsenden Verkehrsaufkommen konfrontiert. Allein im Güterverkehr wird bis zum Jahr 2025 ein Anstieg um 40 Prozent prognostiziert. Dies trifft auf eine Infrastruktur – Schiene, Straße, Wasserweg – an der Kapazitätsgrenze, deren Ausbau nicht immer populär und deren Bestandspflege chronisch unterfinanziert wird.

In aufstrebenden Schwellenländern erreicht diese Entwicklung eine völlig neue Dimension. Bis zum Jahr 2025 wird in den BRIC-Staaten ein Anstieg des Güterverkehrs um bis zu 80 Prozent prognostiziert.

Doch auch individuelle Mobilität sorgt für steigendes Verkehrsaufkommen. In China zum Beispiel kommen heute erst 29 Millionen Automobile auf 1,3 Milliarden Einwohner – doch die Motorisierung steigt rasant an: 2015 werden es doppelt so viele Fahrzeuge sein. Ein Ausbau der Infrastruktur im gleichen Tempo ist in diesen Ländern kaum zu leisten. Unsichere Überlandstraßen und verstopfte Verkehrsadern in den Megacitys können den Verkehr schon heute kaum bewältigen.

In Deutschland legt ein Erwachsener durchschnittlich eine Gesamtstrecke von rund 39 Kilometern am Tag zurück. 79 Prozent aller Wege werden trotz der zunehmenden Nutzung von Fahrrad und öffentlichen Verkehrsmitteln im motorisierten Individualverkehr absolviert. 2010 überstieg der Kraftfahrzeugbestand erstmals in der deutschen Geschichte die 50-Millionen-Marke, 2012 waren bereits 58 Millionen Fahrzeuge gemeldet.

Flüssiger, zuverlässiger und sicherer Verkehr ist für jedes Land der Welt ein Grundpfeiler für Wachstum und Wohlstand. Der Verkehr der Zukunft muss daher intelligent vernetzt werden, um Stillstand zu verhindern und Fortschritt zu begünstigen. Fahrzeuge werden dank der neuen Möglichkeiten der digitalen Revolution intelligenter, um die neuen Anforderungen besser zu erfüllen. Die Interaktion von Verkehrsträgern und der Infrastruktur ist eine logische Folge des Mobilitätswandels. Vernetzung macht zudem eine präzise Steuerung des Gütertransports über große Strecken und verschiedene Verkehrsträger möglich.

Wie die Vernetzung des Verkehrs genau aussehen wird, steht noch nicht fest. Sicher ist aber, dass Informationsaustausch und Kommunikation dabei eine herausragende Rolle spielen werden.

VDA-MAGAZIN: VERNETZUNG – SEITE 4

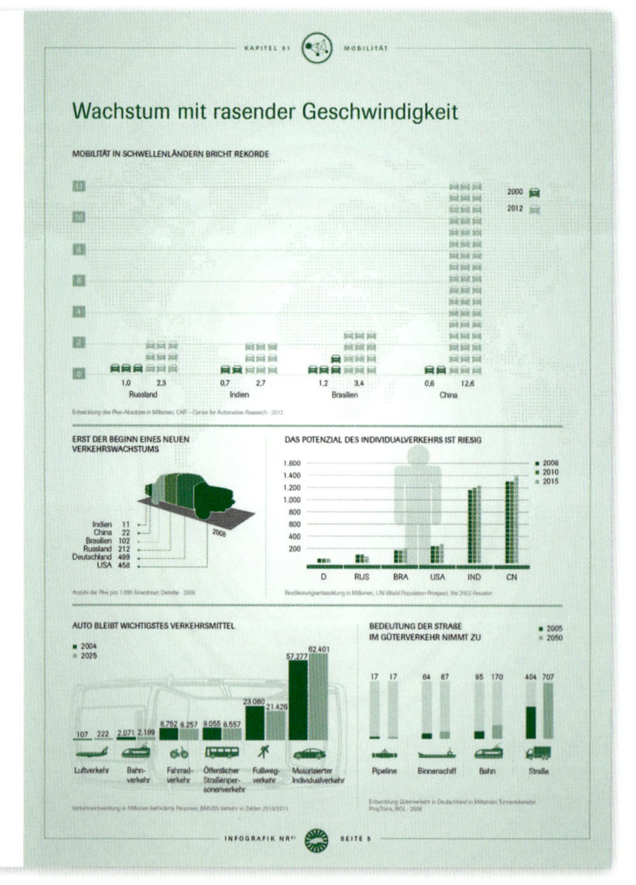

KAPITEL 04 SICHERHEIT

sim^TD — Sichere Intelligente Mobilität Testfeld Deutschland

HINDERNISWARNUNG

AMPELPHASEN-ASSISTENT

AMPELSCHALTUNG

CAR-TO-CAR-KOMMUNIKATION
Fahrzeuge warnen sich gegenseitig vor Veränderungen des Bodenbelags, wenn sie unerwartet bremsen müssen oder eine Kollision beider Fahrzeuge droht.

STRASSENWETTER-WARNUNG
Wetterdaten aus Messstationen und Fahrzeugen ermöglichen es, Wettergefahren frühzeitig zu erkennen und zu verbreiten.

ZENTRALE

Stationen

STANDORT-INFORMATIONSDIENSTE
Standortbezogene Informationen betreffen zum Beispiel Wetter, Veranstaltungen oder Parkhäuser, die den Fahrer über freie Parkplätze informieren.

BAUSTELLEN-INFORMATIONEN
Der Fahrer erhält Informationen über die Länge der Baustelle sowie Grund und Dauer der Bauarbeiten. Zudem sieht er Verkehrslage und Baustellenschema auf der Basis der Bewegungen vorausfahrender Fahrzeuge.

EINSATZFAHRZEUGWARNUNG

VERKEHRSZEICHEN-ASSISTENT

ELEKTRONISCHES BREMSLICHT

www.simtd.de

INFOGRAFIK NR. SEITE 8

KAPITEL 01 KOMFORT

Gut bedient

Beim Autofahren geht es den meisten Menschen um mehr als das Überbrücken einer Distanz. Sie wollen die Reise positiv erleben. Studien haben ergeben: Eine Mischung aus Sportlichkeit und Komfort macht ganz besondere Freude. Intelligent vernetzte Fahrzeuge und eine intuitive Bedienung entlasten den Fahrer, ein neues Fahrerlebnis erobert die Welt.

Das Fahrzeug als persönlicher Assistent

Fahren ist schon heute ein Erlebnis. Beständige Innovationen haben es so angenehm und bequem wie noch nie gemacht. Federung, niedrige Geräuschpegel, bequeme, rückenstützende Sitze, Klimatisierung, Funktionalität und Bedienbarkeit beeinflussen klassischerweise das Komfortempfinden im Fahrzeug. Zahlreiche serienmäßige Assistenzsysteme haben diesen Komfortbegriff stark erweitert. Sicherheitsfeatures wie das Antiblockiersystem (ABS) oder das elektronische Stabilitätsprogramm (ESP) und Hilfen wie Tempomat, Einparkassistent, Licht- und Scheibenwischerautomatik oder Reifendruckkontrolle sind heute fast selbstverständlich. Und die Liste der im Auto einsetzbaren Fahrerassistenzsysteme wird von Jahr zu Jahr länger.

Die intelligente Vernetzung verwandelt das Auto schließlich in einen umfassenden Dienstleister, der die Bedürfnisse des Fahrers kennt und ihm assistierend zur Seite steht. Dadurch wird Zeit gespart und die Belastung für den Fahrer reduziert.

Vollautomatisches Einparken ohne Zutun des Fahrers ist dank einer Entwicklung von Valeo und Volkswagen seit 2007 möglich. Fahrzeuge übernehmen auf Wunsch inzwischen auch automatisch das wiederholte Anfahren und Abbremsen im Stau und entlasten den Fahrer in dieser monotonen Situation. Der Stauassistent von Continental erkennt auch anspruchsvolle Fahrspurvorgaben wie Leitplanken oder gelbe Fahrbahnmarkierungen sowie ein- und ausscherende Verkehrsteilnehmer oder seitlich fahrende Fahrzeuge. Eine Fusion von Radar- und Kameratechnologien macht es möglich. Der Schritt zum vollständig automatisierten Fahrzeug ist rein technisch nicht mehr weit: Google darf seit Kurzem ein selbstfahrendes Auto auf den Straßen Nevadas in der Praxis testen. Damit wurde erstmals ein automatisiert fahrendes Fahrzeug für den Straßenverkehr zugelassen. Mit dem *Temporary Auto Pilot* hat auch Volkswagen gemeinsam mit Forschern der Universität Braunschweig ein Assistenzsystem zum automatisierten Fahren entwickelt. Bei Geschwindigkeiten bis zu 130 km/h kann das Fahrzeug eigenständig steuern. Jedoch ist der Einsatz in Europa noch in weiter Ferne: Sehr hohe rechtliche Hürden sind zunächst zu überwinden.

Neben dem eventuell möglichen optionalen selbstständigen Fahren eines Fahrzeugs machen viele andere Dienste Autofahren schon heute komfortabler. Verschiedene Apps wie ParkatmyHouse, entwickelt in Zusammenarbeit mit BMW i, unterstützen Autofahrer bei der zeitaufwendigen und lästigen Parkplatzsuche in der Stadt. Durch Vernetzung führen Werkstätten Diagnosen und Problembehebungen aus der Ferne durch. Fahrzeuge lassen sich bei Diebstahl automatisch orten, per Smartphone werden Nutzer bereits vor dem Einsteigen über den Ladestatus ihres Elektrofahrzeugs oder den

VDA-MAGAZIN: VERNETZUNG — SEITE 16

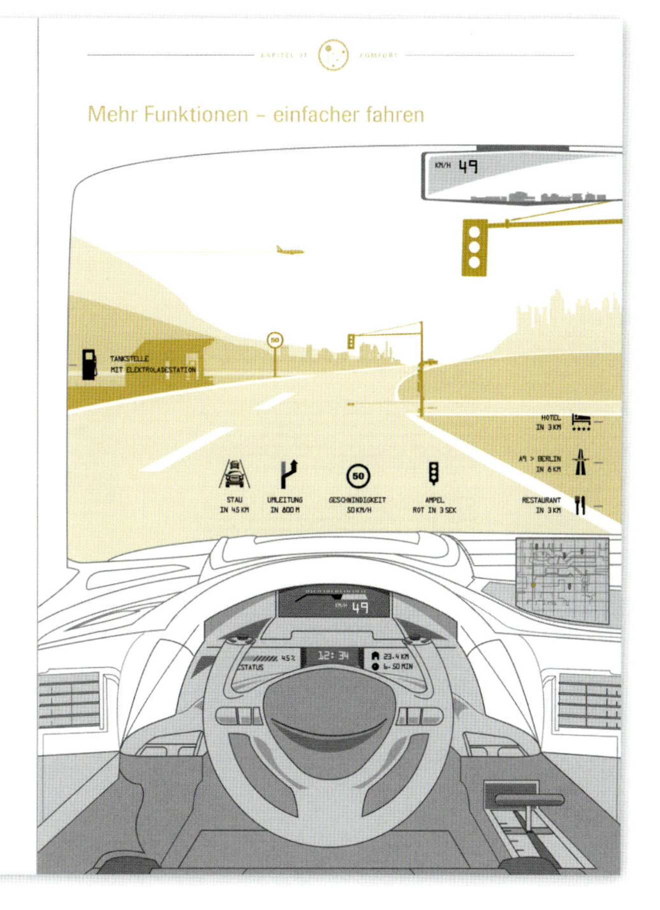

Kunde Verband der Automobilindustrie (VDA) e.V., Berlin Geschäftsführung Klaus Bräunig / Dr.-Ing. Ulrich Eichhorn / Dr. Kay Lindemann Präsident Matthias Wissmann Leiter Abteilung Kommunikation Dirk O. Evenson Abteilung Kommunikation Angelika Ohse Werbeagentur Marschall Wernecke & Andere Accelerate GmbH, Berlin Beratung / Konzeption Frank Wernecke / Constantin Sayn-Wittgenstein Creative Director Oliver Stubel / Carsten Giese Art Director Sarah Lange Text Mary Herrmann Druckerei Brandenburgische Universitätsdruckerei und Verlagsgesellschaft Potsdam mbH

GESELLSCHAFT, SOZIALES UND KULTUR / B2C

VEREINE / VERBÄNDE / GEMEINSCHAFTEN / STIFTUNGEN

DIGITALE MEDIEN / REDAKTIONELLE INHALTE

VDA / Webseite „Vernetzung. Die digitale Revolution im Automobil"

Die Webseite führt eine interessierte Öffentlichkeit in die Zukunft einer digitalen Mobilität. Vorboten dieser weitreichenden Revolution stellen schon heute Car-Sharing-Modelle, vernetzte Teststrecken und zahllose Smartphone-Apps dar. Die Seite informiert darüber, wie vernetzter Verkehr die zukünftigen Herausforderungen Klimawandel, Rohstoffknappheit oder Bevölkerungswachstum bewältigen kann. Ziel ist es, die deutsche Automobilindustrie als Vorreiter dieses Fortschritts zu positionieren.

www.vernetzung.vda.de

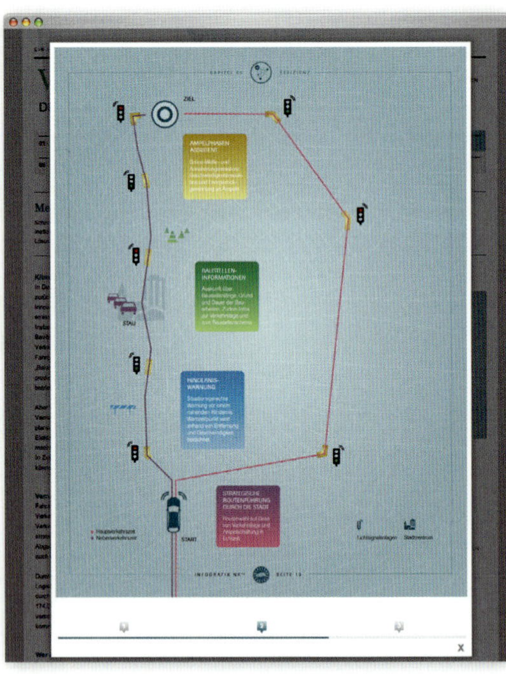

Kunde Verband der Automobilindustrie (VDA) e.V., Berlin Geschäftsführung Klaus Bräunig / Dr.-Ing. Ulrich Eichhorn / Dr. Kay Lindemann Präsident Matthias Wissmann Leiter Abteilung Kommunikation Dirk O. Evenson Abteilung Kommunikation Angelika Ohse Werbeagentur Marschall Wernecke & Andere Accelerate GmbH, Berlin Beratung / Konzeption Frank Wernecke / Constantin Sayn-Wittgenstein Creative Director Oliver Stubel / Carsten Giese Art Director Sarah Lange Text Mary Herrmann Programmierung / Technik Benjamin Laubscher

GESELLSCHAFT, SOZIALES UND KULTUR / B2C

VEREINE / VERBÄNDE / GEMEINSCHAFTEN / STIFTUNGEN

KAMPAGNE

Verein zur Förderung von Jugendl. m. b. s. Schwierigkeiten e. V. / „Gegen den Strich“

Kinderprostitution? Keiner will in Stuttgart davon hören, aber immer mehr junge Menschen machen es. Einem Stuttgarter Verein geht das gehörig gegen den Strich. Aber wie kann man die Menschen für dieses Problem sensibilisieren? Und wie kann man sie zum Spenden bewegen? Mit einer Botschaft, die unter die Haut geht. Und einer Aktion, die ein totgeschwiegenes Thema zum Stadtgespräch macht.
Im Mittelpunkt der Kampagne stand ein speziell programmiertes Babyphone mit einem expliziten Stricher-Freier-Dialog. Solche Babyphone standen überall in Stuttgart. An Haltestellen, in der Fußgängerzone ... In der ganzen Stadt erregten wir Aufmerksamkeit; Funkspots verstärkten die Wirkung. ▸

Kunde Verein zur Förderung von Jugendl. m. b. s. Schwierigkeiten e. V., Stuttgart Geschäftsführung Silke Grasmann Werbeagentur RMG Connect GmbH, Stuttgart Beratung Wolfgang Zimmerer (Managing Director) / Arno Hoffmann (Management Supervisor) Art Director Simone Werdel / Alexander Krippahl / Janine Stekeler Text Christian Klee (Copywriter)

WWF

Gestern war sie noch da.
5 Euro helfen, die Wilderei zu stoppen.
wwf.de

Sende per SMS*
GESTERN
an die Rufnummer
81190

GESELLSCHAFT, SOZIALES UND KULTUR / B2C

VEREINE / VERBÄNDE / GEMEINSCHAFTEN / STIFTUNGEN

PRINT

WWF Stiftung / „Gestern war sie noch da!"

Jahr für Jahr fallen in Afrika über 10.000 Elefanten wegen ihrer wertvollen Stoßzähne skrupellosen Wildererbanden zum Opfer. Die Kampagne soll via Print, Plakat, TV und Online genau diese Botschaft kommunizieren und dazu animieren, sich mit geringem Aufwand für die Elefanten einzusetzen.

Crossmedia _ Kunde WWF Stiftung, Berlin Geschäftsführung Eberhard Brandes Marketingleitung / Werbeleitung Dr. Dirk Reinsberg Produktleitung Rainer Litty Leitung Öffentlichkeitsarbeit Marco Vollmar Werbeagentur HELDISCH GmbH, Berlin Beratung Dave Lerch / Jörn Kriebel Creative Director Mikael Oskarsson Producer Titanfilm (TV) Text Jörn Kriebel Grafik Mikael Oskarsson

BERLINER STADTREINIGUNGSBETRIEBE (BSR)

„Trenntstadt Berlin“

PEPERONI WERBE- UND PR-AGENTUR GMBH / POTSDAM

01 Arne Lindhorst
02 Deniz Keskin
03 Jochen Kirch
04 Juliane Filep
05 Katharina Kiklas
06 Oliwer Buchen
07 Peer Kriesel
08 Peter Eibenstein

Glasrecycling in Berlin spart jährlich 30.000 Tonnen CO_2. Danke.

Trenntstadt Berlin ist eine Initiative der Berliner Stadtreinigung
mit den Partnern ALBA, Berlin Recycling und der Stiftung Naturschutz Berlin.

GESELLSCHAFT, SOZIALES UND KULTUR / B2C

ÖFFENTLICHE / STAATLICHE INSTITUTIONEN / STÄDTE UND KOMMUNEN

OUT OF HOME / MEDIEN

Berliner Stadtreinigungsbetriebe (BSR) / „Trenntstadt Berlin"

Die als CLP, 18/1 und Anzeigen eingesetzten Motive sollen verdeutlichen, dass erst sauber nach Materialien getrennter Müll effektives Recycling ermöglicht, wodurch der CO_2-Ausstoß sowie der Abbau natürlicher Ressourcen gemindert werden kann. Das macht Mülltrennung zu einem aktiven Beitrag zum Umweltschutz.
Die von der Berliner Stadtreinigung initiierte Kampagne richtet sich an die breite Berliner Öffentlichkeit mit dem Ziel, die Mülltrennungsquoten stabil zu halten bzw. weiter zu steigern. ▸

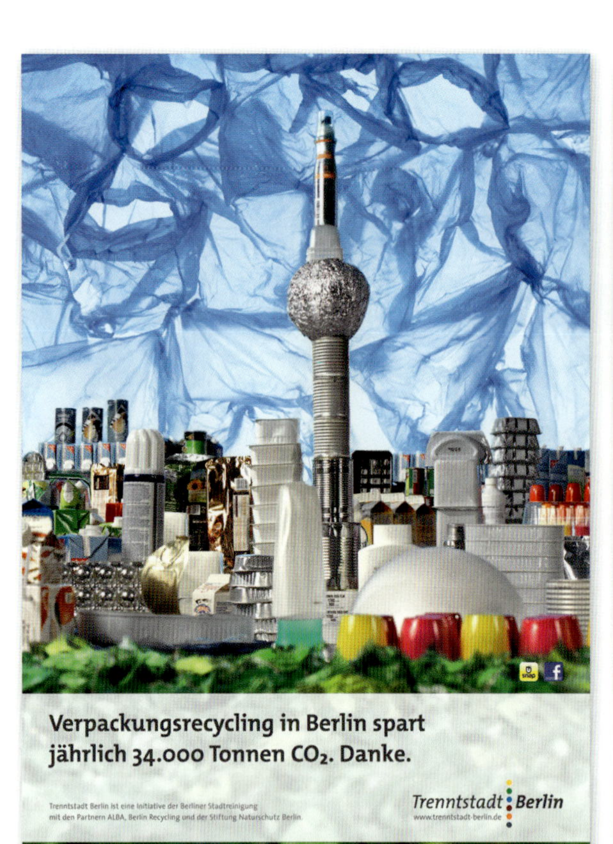

Integrierte Kampagne _ Kunde Berliner Stadtreinigungsbetriebe (BSR) Anstalt des öffentlichen Rechts, Berlin Leitung Vorstandsbüro Andreas Thürmer Leitung Marketing Birgit Nimke-Sliwinski Werbeagentur PEPERONI Werbe- und PR-Agentur GmbH, Potsdam Beratung Jochen Kirch / Arne Lindhorst Art Director Juliane Filep Text Peter Eibenstein Grafik Deniz Keskin Fotografie Peter Van Heesen (PX Studio) Fotografie / Post Production PX1 GmbH

Integrierte Kampagne _ Kunde Berliner Stadtreinigungsbetriebe (BSR) Anstalt des öffentlichen Rechts, Berlin Leitung Vorstandsbüro Andreas Thürmer Leitung Marketing Birgit Nimke-Sliwinski Marketing Silke Tebbe Werbeagentur PEPERONI Werbe- und PR-Agentur GmbH, Potsdam Beratung Jochen Kirch Konzeption Peter Quester Creative Director Peter Eibenstein / Jochen Kirch Text Katharina Kiklas Filmproduktion Trigger Happy Productions GmbH Producer Stephan Vens (Executive Producer) / Josefine Bothe Regie Stian Smestad Kamera Julian Hohndorf Schnitt James Rosen Musik „Disco Africa" by The Ogyatanaa Show Band

GESELLSCHAFT, SOZIALES UND KULTUR / B2C

ÖFFENTLICHE / STAATLICHE INSTITUTIONEN / STÄDTE UND KOMMUNEN

FILM

Berliner Stadtreinigungsbetriebe (BSR) / „Trenntstadt Berlin – Füchse Berlin-Kooperation"

Der Spot ist ein Baustein der Trenntstadt Berlin-Kampagne, einer Initiative der Berliner Stadtreinigung, die das Thema „Mülltrennung" auf überraschende Weise inszenieren und zum „Mittrennen" anregen will. Denn Mülltrennung spart Energie und natürliche Ressourcen und ist damit ein aktiver Beitrag zum Umweltschutz. Der Spot wurde mit Unterstützung der Handballmannschaft Füchse Berlin realisiert und zeigt unter dem Motto „Abfall trennen ist ein Heimspiel", wie jeder bei sich zu Hause punkten kann.

Ort: Das unter Denkmalschutz stehende Corbusierhaus in Berlin-Charlottenburg. Das nach den Plänen des Architekten Le Corbusier entwickelte Haus wurde 1957 zur Internationalen Bauausstellung in Berlin errichtet. Es umfasst 530 Wohnungen auf 17 Geschossen.
Handlung: Ein junger Mann wirft nach Befüllen der Waschmaschine im Waschkeller die leere Waschmittelpackung einfach aus dem Fenster – wo sie von einem vorbeilaufenden Mann gefangen wird. Eine junge Frau steht unter der Dusche und quetscht den letzten Rest Duschgel heraus. Als sie fertig ist, greift eine Hand von außen herein und nimmt ihr die leere Flasche ab.
Eine Mutter sitzt im Wohnzimmer auf der Couch. Nachdem sie den letzten Rest Orangensaft in ein Glas gegossen hat, nimmt ein Spieler des Bundesliga-Handballvereins Füchse Berlin ihr die leere Verpackung ab und wirft sie durch die offene Wohnungstür hinaus, wo sie von einem anderen Spieler im Vorbeilaufen aufgefangen wird.
Auch in anderen Szenen helfen die Spieler der Füchse Berlin den Mietern bei der Mülltrennung, indem sie ihnen die verschiedenen Abfallobjekte abnehmen, sich spielerisch damit quer durchs Haus zuwerfen, vom Hausdach sowie von Balkon zu Balkon. Unten vor dem Haus steht Silvio Heinevetter, Torhüter der Füchse, der letztlich alle Objekte auffängt und sie in der jeweils richtigen Mülltonne entsorgt.
Abbinder: Mülltrennung ist Heimspiel.

GESELLSCHAFT, SOZIALES UND KULTUR / B2C

ÖFFENTLICHE / STAATLICHE INSTITUTIONEN / STÄDTE UND KOMMUNEN

DIGITALE / INTERAKTIVE ANWENDUNGEN

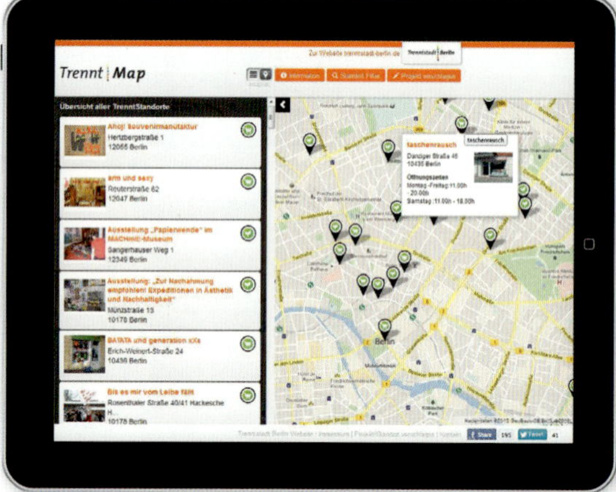

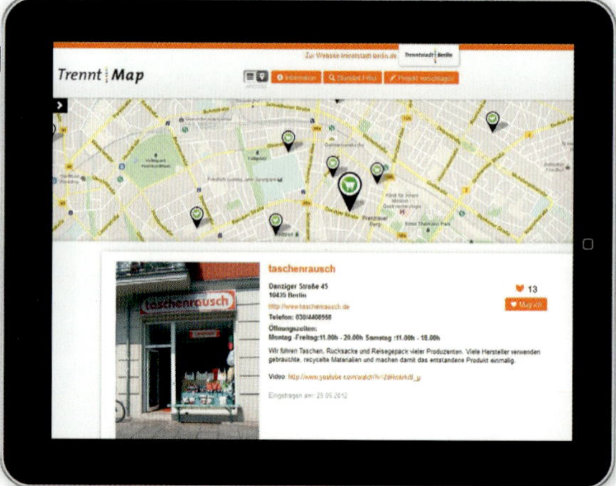

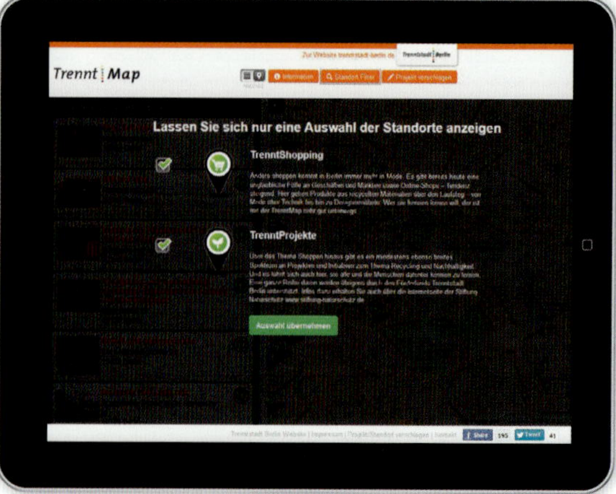

Berliner Stadtreinigungsbetriebe (BSR) / „TrenntMap"

Die TrenntMap ist eine interaktive Karte auf der Website www.trenntstadt-berlin.de. Mit ihr haben Interessierte die Möglichkeit, sich schnell einen Überblick darüber zu verschaffen, wo sie in Berlin nachhaltig einkaufen können, von Recycling-Mode bis zum Brot vom Vortag. Darüber hinaus zeigt die Karte in der Stadt angesiedelte Projekte, die sich mit dem Thema Mülltrennung/-vermeidung auseinandersetzen, von Theaterstücken zum Thema Nachhaltigkeit bis hin zu Ausstellungen.

Die TrenntMap basiert auf Google Maps© inklusive deren intuitiver Navigation. Betreiber entsprechender „TrenntOrte" können sich über ein Online-Formular anmelden und Infos sowie Fotos hochladen, wobei zwischen „TrenntShopping" und „TrenntProjekten" unterschieden wird. Nutzer können die Suche mit diesen Kategorien entsprechend eingrenzen und sich die TrenntOrte in der Karte sowie auch alphabetisch als Liste anzeigen lassen. Zu jedem Eintrag werden Adresse, Kurzbeschreibung, Fotos und externe Links angezeigt.
Die TrenntMap wurde mit aktuellen Web-Technologien wie HTML5, CSS3 und dem JavaScript-Framework Backbone.js als Web-App entwickelt. Durch die Nutzung von Responsive Design wird so eine geräteunabhängige HTML-Codebasis ermöglicht, d. h., sie funktioniert gleichermaßen auf Desktop- bzw. Laptop-Computern wie auch auf Tablets und Smartphones.

www.trenntstadt-berlin.de/map

Integrierte Kampagne _ Kunde Berliner Stadtreinigungsbetriebe (BSR) Anstalt des öffentlichen Rechts, Berlin Leitung Vorstandsbüro Andreas Thürmer Leitung Marketing Birgit Nimke-Sliwinski Marketing Gerhard Postel Werbeagentur PEPERONI Werbe- und PR-Agentur GmbH, Potsdam Beratung Jochen Kirch / Arne Lindhorst Konzeption Jochen Kirch / Peer Kriesel Art Director Peer Kriesel Web Development Oliver Buchen Einzelunternehmung

GESELLSCHAFT, SOZIALES UND KULTUR / B2C

ÖFFENTLICHE / STAATLICHE INSTITUTIONEN / STÄDTE UND KOMMUNEN

KAMPAGNE

AgenZ Berlin Deutsche Gesellschaft für Internationale Zusammenarbeit (GIZ) / „Bewerbungskampagne für den Grünen Klimafonds"

Die Bundesregierung hat beim Klimagipfel in Durban (COP 17, Dezember 2011) ihr Interesse bekundet, das Sekretariat des „Green Climate Fund" (GCF) in Deutschland anzusiedeln (Standort Bundesstadt Bonn).
Der Fonds wird Kredite und Zuschüsse an Entwicklungs- und Schwellenländer für Maßnahmen der Vermeidung und der Anpassung an den Klimawandel vergeben. Um die Kampagne zu unterstützen, wurden zahlreiche Marketingtools eingebunden, darunter die Entwicklung des Keyvisuals „Turning Vision into Impact" sowie ein Kampagnenfilm. Zusätzlich wurde eine Homepage programmiert und eine umfangreiche Broschüre erstellt. ▸

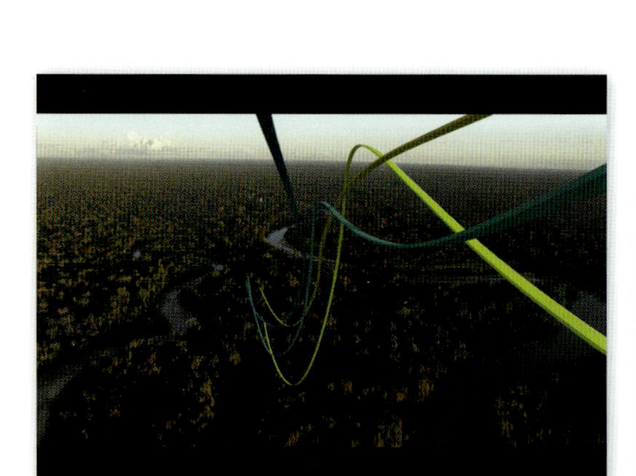

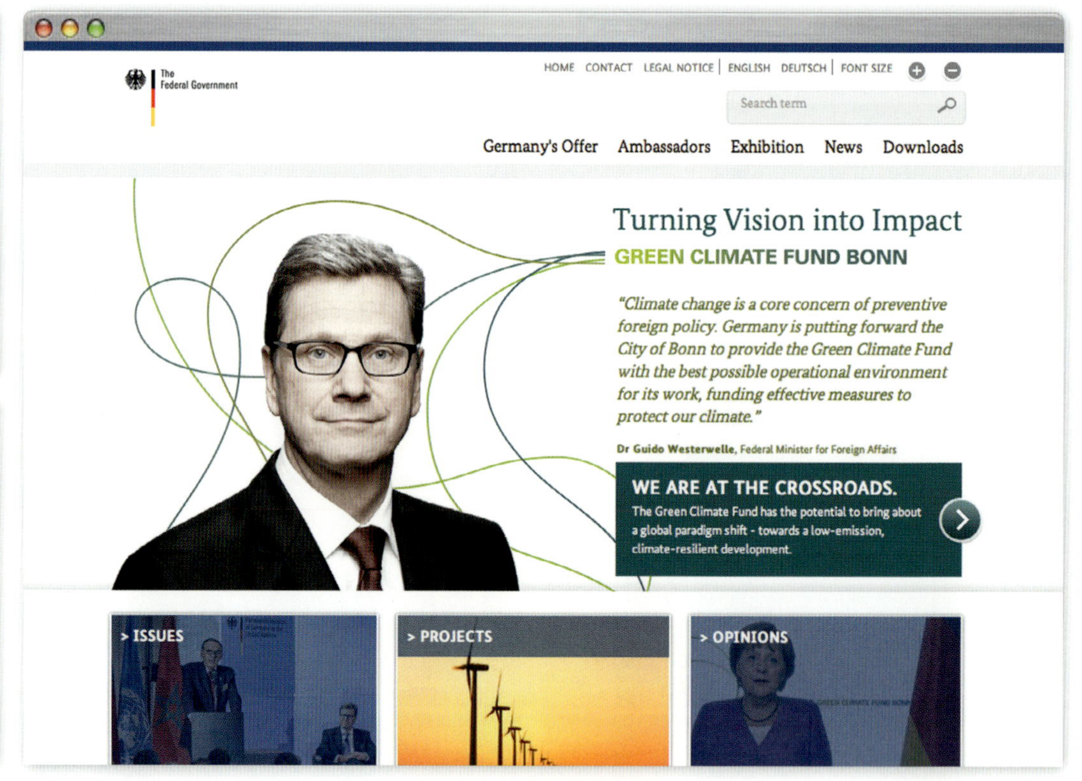

Kunde AgenZ Berlin Deutsche Gesellschaft für Internationale Zusammenarbeit (GIZ) GmbH, Berlin Marketingleitung Dr. Oliver Gnad / Dr. Sabine Tonscheidt Werbeagentur Bloom GmbH, München Beratung Christina Böhme / Heike Hart / Thomas Schilling Konzeption Marc Sülzle Creative Director Holger Wiesenfarth / Sascha Portisch Art Director Julia Maier Text Robert Pfaffenzeller Grafik Julia Maier / Marina Skrtic Strategische Beratung Hans-Peter Hösl Strategie- und PR-Agentur Edelman GmbH 3-D-Produktion TULP DESIGN GmbH

GESELLSCHAFT, SOZIALES UND KULTUR / B2C

ÖFFENTLICHE / STAATLICHE INSTITUTIONEN / STÄDTE UND KOMMUNEN

FILM

Amt der Oö. Landesregierung, OÖ Familienreferat / „Die neuen Väter“

Aufgabe: Das Familienreferat macht „neuen Vätern“ Mut, sich für Kinder verstärkt einzubringen. Die Kampagne soll eine gesellschaftliche Diskussion in Gang setzen. Vermeintliche Unvereinbarkeiten zwischen „väterlicher Fürsorge“ und „Männlichkeit“ sollen überwunden werden.
Maßnahmen: Anzeigen, Plakate, Kino- und YouTube-Spot richten sich an junge und werdende Väter.
Ergebnis: Die Kampagne löst ein enormes Echo aus. In Medien und breiter Öffentlichkeit geht eine lebhafte Diskussion durchs Land.

Integrierte Kampagne / Crossmedia _ Kunde Amt der Oö. Landesregierung, OÖ Familienreferat, Linz (Österreich) Werbeagentur upart Werbung & Kommunikation GmbH, Linz (Österreich) Beratung Karin Fuchs Creative Director / Text Mag. Günter Klinger Art Director / Grafik Mark Kirchberger Geschäftsführung / Strategie Daniel Frixeder Filmproduktion bildstadt GmbH Tonstudio CCP-Studio / Claus Prellinger Fotografie hannes kutzler photographer + digital artist

GESELLSCHAFT, SOZIALES UND KULTUR / B2C

ÖFFENTLICHE / STAATLICHE INSTITUTIONEN / STÄDTE UND KOMMUNEN

OUT OF HOME / MEDIEN

Amt der Oö. Landesregierung, OÖ Familienreferat / „Die neuen Väter“

Aufgabe: Das Familienreferat macht „neuen Vätern“ Mut, sich für Kinder verstärkt einzubringen. Die Kampagne soll eine gesellschaftliche Diskussion in Gang setzen. Vermeintliche Unvereinbarkeiten zwischen „väterlicher Fürsorge“ und „Männlichkeit“ sollen überwunden werden.
Maßnahmen: Anzeigen, Plakate, Kino- und YouTube-Spot richten sich an junge und werdende Väter.
Ergebnis: Die Kampagne löst ein enormes Echo aus. In Medien und breiter Öffentlichkeit geht eine lebhafte Diskussion durchs Land.

Integrierte Kampagne _ Kunde Amt der Oö. Landesregierung, OÖ Familienreferat, Linz (Österreich) Werbeagentur upart Werbung & Kommunikation GmbH, Linz (Österreich) Beratung Karin Fuchs Creative Director Mag. Günter Klinger Art Director Mark Kirchberger Text Mag. Günter Klinger Grafik Mark Kirchberger Geschäftsführung / Strategie Daniel Frixeder Rendering OFFICE LE NOMADE Fotografie hannes kutzler photographer + digital artist

GESELLSCHAFT, SOZIALES UND KULTUR / B2C

ÖFFENTLICHE / STAATLICHE INSTITUTIONEN / STÄDTE UND KOMMUNEN

OUT OF HOME / MEDIEN

AWIGO Abfallwirtschaft Landkreis Osnabrück GmbH / Plakat „Unsere Waldbewohner“

Die Wälder des Osnabrücker Landes sind das Zuhause zahlreicher Wanderer und Erholungsuchender. Nicht immer benehmen sich allerdings die Naturliebhaber wie zu Hause – ein drängendes Thema der AWIGO, zuständig für die Abfallwirtschaft im Landkreis Osnabrück. Ihr Auftrag: ein Plakatmotiv, das Naturliebhaber für das Thema saubere Wälder sensibilisiert, ohne den mahnenden Finger zu heben. „Unsere Waldbewohner“ sind seit Mitte 2012 an zahlreichen Wanderparkplätzen im Osnabrücker Land zu sehen.

Kunde AWIGO Abfallwirtschaft Landkreis Osnabrück GmbH, Georgsmarienhütte Marketingleitung Tino Krieger Text Tino Krieger Werbeagentur Hagenhoff Werbeagentur GmbH & Co. KG, Osnabrück Beratung Martin Hagenhoff Konzeption / Art Director Helge Lewandowsky Text Helge Lewandowsky / Martin Hagenhoff

GESELLSCHAFT, SOZIALES UND KULTUR / B2C

ÖFFENTLICHE / STAATLICHE INSTITUTIONEN / STÄDTE UND KOMMUNEN

FILM

Bayerische Energieagentur ENERGIE INNOVATIV / Kampagne „Stromsparen rockt!"

brainwaves wurde von der Bayerischen Energieagentur mit der Entwicklung und Gestaltung einer Sensibilisierungskampagne zum Thema „Stromsparen" beauftragt. Hierfür konzipierte brainwaves eine crossmediale Kampagne. Diese Kampagne wurde massenmedial, mittels zielgruppenaffiner Mediakanäle, wie TV, Kino, Funk, Print, Großfläche, Ambient, Infoscreen, OOH-Channel, Eventtour, Online, Social Media, PR und ÖA etc. landesweit kommuniziert und von Medien und Meinungsführern entsprechend multipliziert.

Crossmedia _ Kunde Bayerische Energieagentur ENERGIE INNOVATIV im Bayerischen Staatsministerium für Wirtschaft, Infrastruktur, Verkehr und Technologie, München Öffentlichkeitsarbeit Volker Brand Werbeagentur brainwaves GmbH & Co. KG, München Beratung Prof. Dr. h. c. Herbert Binder / Ines Schulz Konzeption Oliver Oelkers Art Director Susanne Kayser Grafik Susanne Kayser Filmproduktion Wolff Brothers GmbH

GESELLSCHAFT, SOZIALES UND KULTUR / B2C

ÖFFENTLICHE / STAATLICHE INSTITUTIONEN / STÄDTE UND KOMMUNEN

OUT OF HOME / MEDIEN

Bayerische Energieagentur ENERGIE INNOVATIV / Kampagne „Stromsparen rockt!“

Crossmedia _ Kunde Bayerische Energieagentur ENERGIE INNOVATIV im Bayerischen Staatsministerium für Wirtschaft, Infrastruktur, Verkehr und Technologie, München Öffentlichkeitsarbeit Volker Brand Werbeagentur brainwaves GmbH & Co. KG, München Beratung Prof. Dr. h. c. Herbert Binder / Ines Schulz Konzeption / Art Director / Grafik Susanne Kayser

GESELLSCHAFT, SOZIALES UND KULTUR / B2C

ÖFFENTLICHE / STAATLICHE INSTITUTIONEN / STÄDTE UND KOMMUNEN

PRINT

Entwicklungs- und Wirtschaftsförderungsgesellschaft für Rheine mbH / Geschäftsbericht 2011

Wie zeigt man für 15.000 € nicht nur der Fachschaft, sondern der ganzen Stadt Rheine, wie gut sie sich entwickelt? Indem man alles, was ihre Entwicklungs- und Wirtschaftsförderungsgesellschaft 2011 realisierte, in einem Geschäftsbericht der anderen Art zusammenfasst: als Beilage in der Tageszeitung. Der Geschäftsbericht bedient sich der Stärken eines guten Zeitungsdesigns. Plakative Infografiken, eine prägnante Ikonografie und Typografie inszenieren die Inhalte spannend, aufgeräumt und neu.

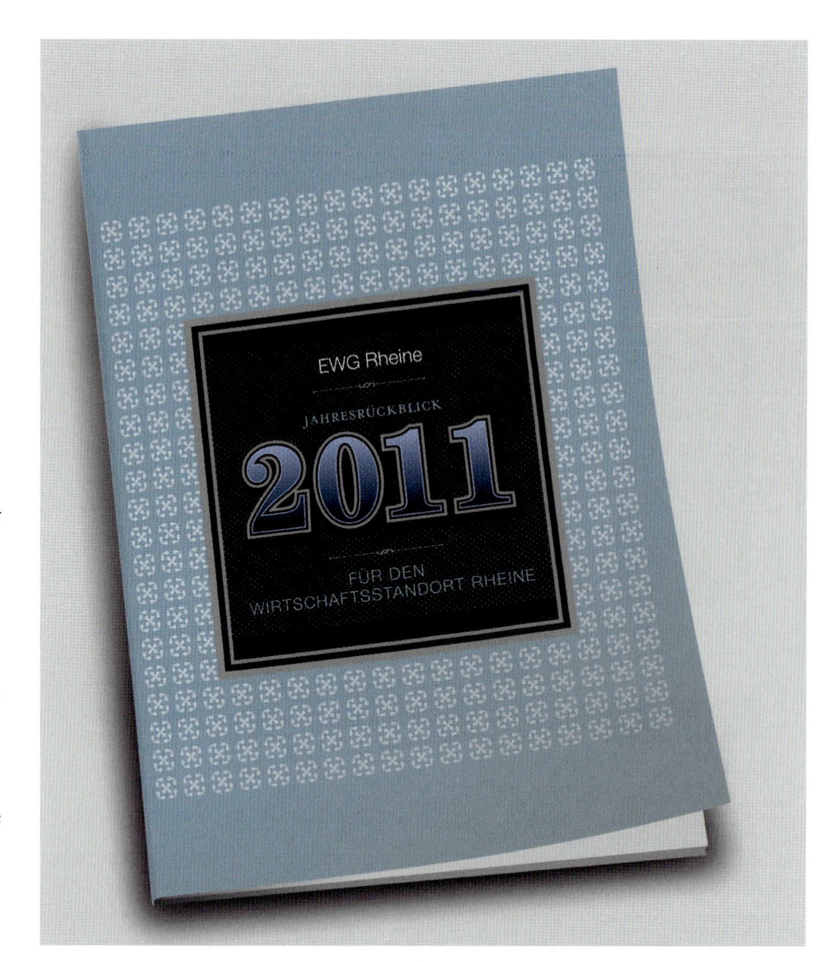

Kunde Entwicklungs- und Wirtschaftsförderungsgesellschaft für Rheine mbH, Rheine Werbeagentur conceptX Strategische Kommunikation GmbH, Rheine

GESELLSCHAFT, SOZIALES UND KULTUR / B2C

ÖFFENTLICHE / STAATLICHE INSTITUTIONEN / STÄDTE UND KOMMUNEN

OUT OF HOME / MEDIEN

Familienstützpunkt Waldbüttelbrunn / Öffentliche Einrichtung / Plakat Familienfest 2012

Der Familienstützpunkt Waldbüttelbrunn zählt zu den Standorten eines Modellprojekts der Bayerischen Staatsregierung und bildet eine erste Anlauf- und Kontaktstelle für Familien. Zusätzlich soll die Kooperation und Entwicklung von Vernetzungsstrukturen in der Region verstärkt werden. Hierfür wurde das 1. Familienfest in Waldbüttelbrunn mit zahlreichen Aktionen unter Einbeziehung der örtlichen Vereine organisiert. Die Einladung erfolgte mittels Plakaten im öffentlichen und halböffentlichen Raum.

Kunde Familienstützpunkt Waldbüttelbrunn Öffentliche Einrichtung, Waldbüttelbrunn Werbeagentur BEACHDESIGN Personengesellschaft, Waldbüttelbrunn Beratung / Konzeption / Creative Director / Text Thomas Görgens Grafik Natalia Yablunovska / Evelyn Zismann

GESELLSCHAFT, SOZIALES UND KULTUR / B2C

ÖFFENTLICHE / STAATLICHE INSTITUTIONEN / STÄDTE UND KOMMUNEN

PRINT

Hochschule Osnabrück / „Sag's uns!"

Im Rahmen der Evaluation an der Hochschule Osnabrück wurden fünf Kampagnenmotive entwickelt, von denen zwei hier stellvertretend gezeigt werden. Mit aufmerksamkeitsstarken Motiven im Pop-Art-Stil werden die Studierenden dazu aufgerufen, Probleme, die sie sehen, aber auch positive Erfahrungen, die sie bei ihrem Studium machen, mitzuteilen.

Kunde Hochschule Osnabrück Körperschaft öffentlichen Rechts in der Trägerschaft einer Stiftung öffentlichen Rechts, Osnabrück Werbeagentur medienweite GmbH & Co. KG, Osnabrück

GESELLSCHAFT, SOZIALES UND KULTUR / B2C

ÖFFENTLICHE / STAATLICHE INSTITUTIONEN / STÄDTE UND KOMMUNEN

PRINT

IHK Nürnberg für Mittelfranken / Geschäftsbericht 2011

Der Geschäftsbericht 2011 der IHK Nürnberg für Mittelfranken veranschaulicht anhand von fünf exemplarischen Exzellenzthemen den Wirkungsbereich der Organisation. Die für die Metropolregion Nürnberg bedeutsamen Themenbereiche werden von modernen, zeitgemäßen Composings im Illu-Stlye untermalt und setzen die zentralen Botschaften der Inhalte effektvoll in Szene. Das Cover mit Stanzung des IHK-Logos teasert die künstlerische Gestaltung im Pop-Art-Stil an und motiviert so zur Lektüre.

Leitbild des Ehrbaren Kaufmanns

Der Ehrbare Kaufmann als Leitbild der kaufmännischen Selbstverwaltung manifestiert sich gerade in Nürnberg, als Wiege der kaufmännischen Gerichtsbarkeit mit über 500-jähriger Tradition. Wie bereits im Mittelalter gilt auch heute „Ehrbarkeit" als essentielles Kriterium für wirtschaftliches Gelingen. Der Begriff steht für Charaktereigenschaften und ethische Grundprinzipien, die für nachhaltigen, unternehmerischen Erfolg sowie gesellschaftliches Verantwortungsbewusstsein von wesentlicher Bedeutung sind. Gerade in Zeiten der Wirtschafts- und Finanzkrise kann das Leitbild des Ehrbaren Kaufmanns Orientierung bieten und das Vertrauen der Menschen in die Wirtschaft stärken.

Nach § 1 des IHK-Gesetzes haben die Industrie- und Handelskammern die Aufgabe, „für Wahrung von Anstand und Sitte des ehrbaren Kaufmanns zu wirken." Es gilt, den Ehrbaren Kaufmann durch gezielte Informationen in Form von Vorträgen und Publikationen mit Leben zu füllen. Vor allem die in Zusammenarbeit mit Prof. Dr. Nick Lin-Hi entwickelten Broschüren „Der ehrbare Kaufmann" und „CSR-Glossar", die sich großer Nachfrage erfreuen, haben das Thema wesentlich befördert. So stärkt die IHK Nürnberg das Rechtsbewusstsein unter den Unternehmen und versucht, für die Verantwortung, die sich aus der gesellschaftlichen Stellung des Unternehmers ergibt, zu sensibilisieren.

Die IHK engagiert sich gegen unlauteren Wettbewerb und gegen Produkt- und Markenpiraterie, setzt sich für eine Verhinderung und Bekämpfung der Korruption ein und unterstützt kaufmännische Mediation und Schiedsgerichtsbarkeit. Die IHK tritt grundsätzlich für alle Bestrebungen ein, deren Ziel es ist, den Ehrbaren Kaufmann zu fördern.

Um die Unternehmer von morgen bereits im Studium auf dieses Thema aufmerksam zu machen, setzt die Friedrich-Alexander Universität Erlangen-Nürnberg die IHK-Broschüre „Der ehrbare Kaufmann" in den Erstsemester-Veranstaltungen des Fachbereichs Wirtschaftswissenschaften ein. Und auch die Georg-Simon-Ohm Hochschule nutzt das Glossar „Corporate Social Responsibility – Die gesellschaftliche Unternehmensverantwortung von A-Z" für Lehrzwecke. Ein weiterer Ausbau des Angebots ist, im engen Kontakt mit den hiesigen Lehrstühlen, geplant.

Ab 2013 wird der Zertifikatslehrgang „Corporate Social Responsibility (CSR) in der Unternehmenspraxis" anlaufen, der gemeinsam von der IHK Nürnberg und der DIHK-Bildungs-GmbH als bundesweites Konzept entwickelt wurde. Ziel des Lehrgangs ist es, Führungskräften einen Überblick über das Themenfeld CSR zu geben und sie bei der Einführung eines professionellen CSR-Managements zu unterstützen.

Der Ehrbare Kaufmann ist ein Grundpfeiler der kaufmännischen Selbstverwaltung.

Aktiva

			31.12.2011	31.12.2010
			Euro	Euro
A.		**Anlagevermögen**	**57.295.206,67**	**57.276.957,59**
	I.	**Immaterielle Vermögensgegenstände**	243.853,00	271.805,00
		1. Konzessionen, gewerbliche Schutzrechte und ähnliche Rechte und Werte, sowie Lizenzen an solchen Rechten und Werten	243.853,00	271.805,00
		2. Geleistete Anzahlungen	0,00	0,00
	II.	**Sachanlagen**	17.669.800,00	17.937.491,00
		1. Grundstücke, grundstücksgleiche Rechte und Bauten, einschließlich Bauten auf fremden Grundstücken	16.261.516,00	16.494.396,00
		2. Technische Anlagen und Maschinen	111.930,00	124.412,00
		3. Andere Anlagen, Betriebs- und Geschäftsausstattung	1.296.355,00	1.318.683,00
		4. Geleistete Anzahlungen und Anlagen im Bau	0,00	0,00
	III.	**Finanzanlagen**	39.381.553,67	39.067.661,59
		1. Wertpapiere des Anlagevermögens	16.957.915,40	16.948.565,40
		2. Sonstige Ausleihungen und Rückdeckungsansprüche	22.423.638,27	22.119.096,19
B.		**Umlaufvermögen**	**23.841.192,78**	**16.072.696,66**
	I.	**Vorräte**	308.244,85	330.673,60
		1. Roh-, Hilfs- und Betriebsstoffe	52.573,39	42.000,00
		2. Unfertige Leistungen	0,00	0,00
		3. Fertige Leistungen	59.958,35	66.969,30
		4. Geleistete Anzahlungen	195.713,11	221.704,30
	II.	**Forderungen und sonstige Vermögensgegenstände**	1.203.333,21	1.629.709,94
		1. Forderungen aus Beiträgen, Gebühren, Entgelten und sonstigen Lieferungen und Leistungen	1.007.666,59	1.473.936,82
		2. Forderungen gegen verbundene Unternehmen	0,00	0,00
		3. Sonstige Vermögensgegenstände	195.666,62	155.773,12
	III.	**Kassenbestand, Bundesbankguthaben, Guthaben bei Kreditinstituten und Schecks**	22.329.614,72	14.112.313,12
C.		**Aktive Rechnungsabgrenzungsposten**	**1.407.306,71**	**1.588.577,68**
		Bilanzsumme	**82.543.706,16**	**74.938.231,93**

Passiva

			31.12.2011	31.12.2010
			Euro	Euro
A.		**Eigenkapital**	**40.376.532,15**	**33.500.724,97**
	I.	**Nettoposition**	14.000.000,00	14.000.000,00
	II.	**Ausgleichsrücklage**	11.727.000,00	11.727.000,00
	III.	**Andere Rücklagen**	5.882.441,00	5.882.441,00
	IV.	**Bilanzgewinn/-verlust**	8.767.091,15	1.891.283,97
		davon Ergebnisvortrag	*1.891.283,97*	*6.598.524,65*
		davon Rücklagenveränderung	*0,00*	*-5.141.200,00*
B.		**Sonderposten**	**2.093.962,50**	**2.409.228,00**
		1. Sonderposten für Investitionszuschüsse zum Anlagevermögen	2.093.962,50	2.409.228,00
C.		**Rückstellungen**	**39.322.450,00**	**37.566.349,00**
		1. Rückstellungen für Pensionen und ähnliche Verpflichtungen	35.471.406,00	34.406.546,00
		2. Steuerrückstellungen	49.800,00	16.200,00
		3. Sonstige Rückstellungen	3.801.245,00	3.143.603,00
D.		**Verbindlichkeiten**	**750.572,09**	**1.461.729,52**
		1. Verbindlichkeiten gegenüber Kreditinstituten	0,00	135,02
		2. Erhaltene Anzahlungen auf Bestellungen	16.650,00	9.800,00
		3. Verbindlichkeiten aus Lieferungen und Leistungen	457.963,26	872.088,49
		4. Sonstige Verbindlichkeiten	275.958,82	579.715,02
		davon aus Steuern	*137.619,41*	*120.807,94*
		davon im Rahmen der sozialen Sicherheit	*5.569,74*	*5.423,11*
E.		**Passive Rechnungsabgrenzungsposten**	**191,43**	**191,43**
		Bilanzsumme	**82.543.706,16**	**74.938.231,93**

2011 2012 JAHRES ABSCHLUSS

Kunde Industrie- und Handelskammer Nürnberg für Mittelfranken KdöR., Nürnberg Geschäftsführung Markus Lötzsch Leitung Öffentlichkeitsarbeit Dr. Kurt Hesse Präsident Dirk von Vopelius Werbeagentur Lingner Marketing GmbH, Fürth Beratung Boris Schachschneider Konzeption René Schultz Creative Director Florian Heubach Geschäftsführung Sibylle Lingner

GESELLSCHAFT, SOZIALES UND KULTUR / B2C

ÖFFENTLICHE / STAATLICHE INSTITUTIONEN / STÄDTE UND KOMMUNEN

PRINT

Industrie- und Handelskammer, Dortmund / Jahresbericht 2011 der IHK zu Dortmund

Wie vielen Unternehmen, Auszubildenden und Selbstständigen hat die IHK im letzten Jahr mit Rat und Tat zur Seite gestanden? Welche bemerkenswerten Neuigkeiten gibt es aus den einzelnen Ressorts? Welche Menschen und Dinge hat die IHK zu Dortmund 2011 bewegt? Mit den Fakten als Protagonisten entsteht ein Jahresbericht, der die Leistungen der IHK auf neue Art in Szene setzt und den bemerkenswerten Inhalt modern, freundlich und unkonventionell verpackt.

Kunde IHK Industrie- und Handelskammer zu Dortmund Geschäftsführung Udo Dolezych Marketingleitung Georg Schulte Werbeagentur act&react Werbeagentur GmbH, Dortmund Beratung Vera Weigert Creative Director Thomas Szabo Art Director Oliver Spigiel

GESELLSCHAFT, SOZIALES UND KULTUR / B2C

ÖFFENTLICHE / STAATLICHE INSTITUTIONEN / STÄDTE UND KOMMUNEN

PRINT

Stadt Dortmund, Fachbereich im Dezernat 2 Schwingungen / Dortmund – Die Musikstadt

Das Buch widmet sich einer Facette der Ruhrgebietsstadt, die selbst manch Kulturinteressierten überraschen dürfte. Hier erfahren Leser Wissenswertes über den großen musikalischen Reichtum der westfälischen Metropole: ob Historie, traditionelle Unterhaltungsmusik der Bergleute, berühmte Orgeln, Unternehmen der Musikbranche, das erste Rockkonzert in der Westfalenhalle 1966, das für seine herausragende Akustik weltberühmte Konzerthaus oder preisgekrönte Dortmunder Chöre.

Cecilia Bartoli

kalkulieren und einhalten. Bei einem Ligeti-Abend mit einem Streichquartett darf ich nicht das Gefühl vermitteln, das Konzert müsse voll sein. Wenn der Blockbuster nicht ausverkauft ist, haben wir ein Problem. Wenn 50 Leute sich ein Bläserquintett von Ligeti anhören, ist das schön.

Wenn Sie die verschiedenen Publikumsschichten gut bedienen, wo bleibt das Image des Konzerthauses? Ist es die Qualität in der Vielfalt?

Die klassische Musik ist unser Kernrepertoire. Es gibt inzwischen aber auch Musik, die der Klassik ästhetisch gleichberechtigt gegenüber steht. Im Jazz, in der Weltmusik, aber auch in der Popmusik. In jedem Fall muss uns ein Konzert inhaltlich weiterbringen. Wir dürfen nichts machen, was uns selbst langweilig erscheint. Natürlich haben wir auch ein Profil über unsere Exklusivkünstler, die bei uns jahrelang aufgetreten sind, Fazil Say und Renaud Capuçon. In der Saison 2010/11 folgte ihnen mit Esa-Pekka Salonen ein weiterer Weltstar. Das sind Gesichter unseres Hauses, die auch nach außen wirken und sich mit dem Haus identifizieren. Die Jungen Wilden sind ein anderes Beispiel, acht internationale Künstler, die drei Jahre ans Haus gebunden sind und unser Gesicht prägen.

In anderen Philharmonien gibt es die artists in residence, die meist jedes Jahr wechseln. Sie setzen auf längerfristige Partnerschaften. Der Begriff „Exklusivkünstler" ist noch relativ neu, oder?

Wir haben den Begriff 2006 eingeführt. Das Konzept, Künstler an das Haus zu binden, geht auf. Die „Jungen Wilden" kommen gern wieder und können aufbauen, persönlich wie programmatisch, auf dem, was sie gemacht haben. Die Exklusivkünstler kamen und kommen in verschiedenen Formationen, solo, mit Kammerensemble, mit Orchester, als Dirigent oder Komponist. Das Publikum kann eine Entwicklung der Künstler mitbekommen und eine intensivere Beziehung aufbauen. Und damit auch zu dem Haus, dessen Identität von den Künstlern mit geprägt wird. Wir sind natürlich auch ein Tourneehaus, aber so schaffen wir eine Bindung. Das gibt es an keinem anderen Konzerthaus.

Viele Philharmonien – wie auch die Theater – versuchen eine größere Bindung durch Einführungen, Gespräche, kleine Extraveranstaltungen zu erreichen. Machen Sie das auch?

Das gibt es natürlich auch, aber wir setzen vor allem auf die Künstler. Die Menschen wollen die Künstler sehen. Dadurch entsteht ein Zusammengehörigkeitsgefühl, ein Milieu. Hier sollen Milieus entstehen.

Ein Konzerthaus soll ja auch Impulse in eine Stadt hinein geben. Wie erleben sie das bisher?

Die Leute stehen zum Teil schon ehrfürchtig vor so einem Haus wie diesem. Das ist schon ein Glaspalast. Durch eine bodenständige, direkte Kommunikation der offenen Tür ist es uns gelungen, die Botschaft zu vermitteln, ihr könnt ins Haus kommen. Durch die Familienkonzerte, die „Symphonie um Vier" mit Kinderbetreuung, die „Jungen Wilden" und ihre Schulbesuche, auch in Problemvierteln, hat das Haus eine Öffnung geschafft. Wir werden wahrgenommen, die Dortmunder verstehen, was wir tun. Die Leute sprechen von „unserem Haus" und „unserem Akustikwunder", die Verbundenheit ist da.

Wie nehmen Sie das Dortmunder Musikleben außerhalb des Konzerthauses wahr? Ist das eine musikalisch lebendige Stadt?

Es wird. Als ich hierher kam, war Dortmund für mich mehr eine Fußballstadt als eine Musikstadt. Aber es hat sich bewegt. Das Konzerthaus ist ein Motor, ebenso wie die Chorakademie und das Orchesterzentrum, in enger räumlicher Zusammenballung. Es gibt eine große Chortradition, die Oper hat großes Potential und mit dem neu eröffneten Dortmunder U verfügt die Stadt inzwischen über einen weiteren kulturellen Leuchtturm. Wir brauchen vor allem Sympathie. Und wir dürfen nicht größenwahnsinnig werden.

Yannick Nézet-Séguin und das Rotterdam Philharmonic Orchestra

30 31

3 Auf Wagnerwogen durch die Stürme der Zeit

8 Traditionelle Unterhaltungsmusik in Dortmund

Identität und Nostalgie – die Bergmannskapellen

„Glückauf, Glückauf, der Steiger kommt" – die bekannte Melodie erklingt in Moll und vermischt sich mit dem Sehnsuchtsschlager „La Paloma". Die Bergmannskapelle, die derart melancholisch tönt, sieht auch anders aus, als man sie in Erinnerung hat: Einige Herren tragen Unterwäsche, andere spielen barfuß, sie hocken leger auf dem Boden oder hocken auf winzigen Kinderstühlen. Das Ganze ist Teil einer Videoinstallation von Adolf Winkelmann im Dortmunder U, sichtbar für jeden Besucher, der mit der Rolltreppe aufwärts fährt. Mit dem Niedergang des Bergbaus ist auch die große Zeit seiner Kapellen längst vorbei. Doch die Bilder sind nicht nur eine nostalgische Erinnerung, mit dem Steigerlied und der musikalisch beschworenen Kameradschaft verbindet sich immer noch ein großes Stück Ruhrgebietsidentität.
180 Bergmannslieder haben Forscher allein für das Ruhrgebiet im 19. und 20. Jahrhundert nachgewiesen. Das Musizieren nach Feierabend bedeutete weit mehr als nur ein Hobby. Die Werksorchester und Chöre waren und sahen sich als Botschafter einer speziellen Bergmannskultur, geprägt von Standesbewusstsein und Stolz. Was heute eher pittoresk anmuten mag – die Trachten, die Bräuche, die Huldigung der harten Arbeit – hatte eine große soziale Bedeutung. Instrumente wie das Bandoneon als „Klavier des kleinen Mannes", die Schalmei oder das Akkordeon wurden typisch für die Musik des Ruhrgebiets. Während mancher Streiks oder in den politisch aufgeheizten Zwanzigerjahren wurden die Bergmannslieder auch zu politischen Kampfsongs. Bis zum Aufkommen des Rock'n'Roll war es für junge Männer selbstverständlich und eine Ehre, beim Werksorchester oder -chor mitwirken zu dürfen. Bis weit in die Fünfzigerjahre des 20. Jahrhunderts hinein war diese Form der Unterhaltungsmusik Teil der Jugendkultur.
Berührungspunkte gab es dabei besonders zur geistlichen Musik. Messen zur Verehrung der Heiligen Barbara am 4. Dezember gehörten zu den Ritualen der Bergmannskultur. Hier waren vor allem Blas- und Posaunenensembles gefragt, die zusammen mit den Chören prächtige Gottesdienste gestalteten. Aber auch Sinfonieorchester waren in diesen Barbaramessen zu hören. In manchen Städten des Ruhrgebietes wird diese Tradition seit einigen Jahren wieder stärker gepflegt.
Die Hoesch AG, die zu ihren Hochzeiten ein Fünftel der arbeitenden Dortmunder Bevölkerung beschäftigte, hatte natürlich auch ein bedeutendes Werksorchester. Der Musiker Hans Richter, der als Fahrer bei Hoesch arbeitete, komponierte 1970 sogar ein eigenes Stück, den Marsch „Gruß von Hoesch" für Blas- und Streich-Salon-Orchester. Zwar löste sich das Hoesch-Orchester 1983 auf, aber der Marsch ist manchmal noch zu hören. Für die Chorgemeinschaft Dortmund-Derne hat Hans Richter einen Text zur Melodie verfasst, das Stück wurde auf CD eingespielt.

Operette, Tanzkapellen, Kabarett

Jenseits des Stadttheaters gab und gibt es in Dortmund eine lebendige Szene von kleinen und größeren Bühnen, die sich der Unterhaltungsmusik widmen. Auch die Caféhäuser spielten in diesem Bereich eine wichtige Rolle. Der erste feste Theaterbau waren keineswegs die 1904 eröffneten städtischen Bühnen, sondern zwei Jahre früher das Olympia-Theater am Burgwall. Vorher wurde in Sälen gespielt, in denen oft Verzehrzwang herrschte, die Zuschauer saßen an Tischen. Das Olympia-Theater bot ein riesiges Parkett und zwei Ränge, insgesamt fanden 1.700 Zuschauer Platz. Hier gab es große Operettengastspiele, zum Beispiel vom Central-Theater Dresden, das Paul Linckes aufwändige „Frau Luna" zeigte. Der berühmte Chansonnier Otto Reutter füllte ebenso den Saal wie Gastspiele des Zirkus Renz oder des Dompteurs Hagenbeck. Später übernahmen die städtischen Bühnen kurzfristig die Spielstätte, bevor sie wieder privatisiert wurde. Es war schon damals nicht leicht, ein so großes Theaterunternehmen privatwirtschaftlich mit Gewinn zu führen.
In der rasant wachsenden Stadt blühte das Nachtleben. Auf der Brückstraße gab es in den ersten Jahrzehnten des 20. Jahrhunderts eine Cabaret-Bühne neben der anderen, und alle boten einen abwechslungsreichen Spielplan, der alles enthielt, was zu der Zeit gerade beliebt war. Das bedeutendste dieser Theater war wohl der „Varieté Palast" Odeon, der 1.100 Besucher unterbringen konnte. Hier gastierten die beliebten Girl-Truppen aus Berlin, die für die extrem langen Beine der Tänzerinnen berühmt waren. Doch schon in den Zwanzigerjahren schwand die Faszination der Revuen, das populäre Kino trat seinen Siegeszug an, auch das Odeon wurde zum Lichtspieltheater. Auch kleinere Bühnen kämpften um die Gunst des Publikums. Laut Legende soll die erste Girl-Reihe Dortmunds in der „Fledermaus" am Burgwall zu sehen gewesen sein. Allerdings bestand das Ensemble aus gerade einmal vier jungen Damen. Das Kabarett „Jungmühle" entdeckte kurz vor dem Ersten Weltkrieg den Tango. Worauf im Dortmunder General-Anzeiger zu lesen war: „Und sie ging im Tangokleid – Ach, der Schlitz war reichlich breit".

La Paloma – Kunstvertikale im Dortmunder U

Damenkapellen und Tanztee – die musikalische Kaffeehauskultur

Während die Varietés florierten, kämpften auch die Restaurants und Kaffeehäuser mit Musikprogrammen um die Gunst des Publikums. Die Erkenntnis, dass es mit der Küche allein nicht getan ist, spiegelt sich in einigen Werbekampagnen der Zeit. Die Corso-Betriebe am Westenhellweg zum Beispiel rühmten sich, das „größte und schönste Konzertcafé" Dortmunds zu sein. Dort spielte zum Beispiel das damals sehr renommierte und auf Schellack-

Das Konzerthaus Dortmund ist weltberühmt für seine herausragende Akustik. Dortmunder Chöre werden immer wieder ausgezeichnet. Das Juicy Beats Festival ist erste Adresse für elektronische Musik. Und der Jazzclub domicil wird von Kennern zu den besten Clubs der Welt gezählt.
Doch das Musikleben Dortmunds hat noch viele andere Facetten. Ob traditionelle Unterhaltungsmusik der Bergleute, berühmte Orgeln der Stadt oder Unternehmen in der Musikbranche – dieses Buch zeigt den großen musikalischen Reichtum der westfälischen Metropole.
Die Autoren sind ausgewiesene Musikexperten und nehmen die Leser mit auf eine Reise: von der musikalischen Vergangenheit in die Gegenwart und quer durch die bunte Vielfalt des Dortmunder Musiklebens.
Spüren Sie schon die Rhythmen? Wippen Sie bereits im Takt? Lassen Sie sich von der Musikstadt Dortmund verzaubern!

9783837506914 11,95 €

KLARTEXT

Kunde Stadt Dortmund, Fachbereich im Dezernat 2, Dortmund Geschäftsführung Jörg Stüdemann Leitung Öffentlichkeitsarbeit Jörg Stüdemann Werbeagentur Michael Wiczoreck Kommunikationsdesign, Dipl.- Journalistin Katrin Pinetzki Autor Stefan Keim Autor Didi Stahlschmidt Freie Redakteurin Hedi Marietta Struß

02

RED ONION GMBH

TEDxBerlin

MARSCHALL WERNECKE & ANDERE
ACCELERATE GMBH / BERLIN

01 Frank Wernecke
02 Benjamin Laubscher
03 Oliver Stubel

01

03

GESELLSCHAFT, SOZIALES UND KULTUR / B2C

ORGANISATIONEN

DIGITALE MEDIEN / REDAKTIONELLE INHALTE

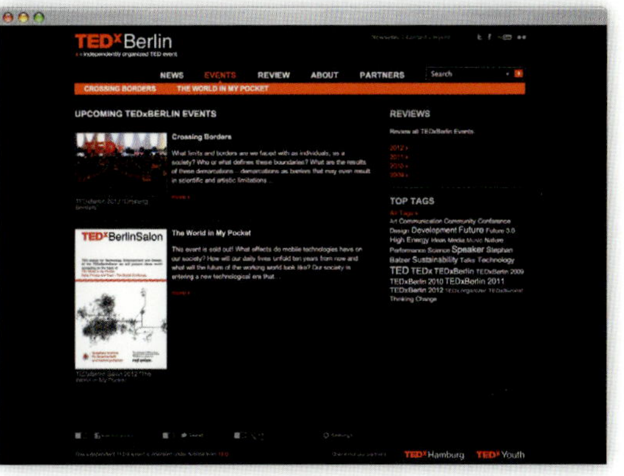

red onion GmbH / TEDxBerlin

Das Portal stellt Reviews, Veranstaltungen und zahlreiche Videos bereit. Denn bei TEDxBerlin präsentieren Menschen in 18 Minuten getreu dem Motto „ideas worth spreading“ außergewöhnliche Ideen oder Erkenntnisse aus allen erdenklichen Disziplinen. Das Portal soll diese Präsentationen und die Interviews der hochrangigen Speaker einem interessierten Publikum in hochwertiger Form zur Verfügung stellen. Social-Media-Verknüpfungen runden das Angebot der TEDxBerlin-Website ab.

www.tedxberlin.de

Kunde red onion GmbH, Berlin Geschäftsführung Stefan Balzer Projektmanagerin Stephanie Igunbor Werbeagentur Marschall Wernecke & Andere Accelerate GmbH, Berlin Beratung Frank Wernecke Creative Director Oliver Stubel Programmierung / Technik Benjamin Laubscher

GESELLSCHAFT, SOZIALES UND KULTUR / B2C

ORGANISATIONEN

PRINT

Erzdiözese Freiburg / „Meet, Sing, Pray, Dance!“

Die Erzdiözese Freiburg ist Gastgeberin des Deutschen Katholikentags in Mannheim 2012. Und als Gastgeberin spricht sie eine besondere Einladung an junge Menschen aus: „Meet, Sing, Pray, Dance!“ Großflächenplakate, Traffic Boards, Online und ein Film-Spot bilden die Kernelemente der Einladungskampagne, die offenkundig Erfolg hat: Mehr als 80.000 Menschen besuchen den Deutschen Katholikentag.

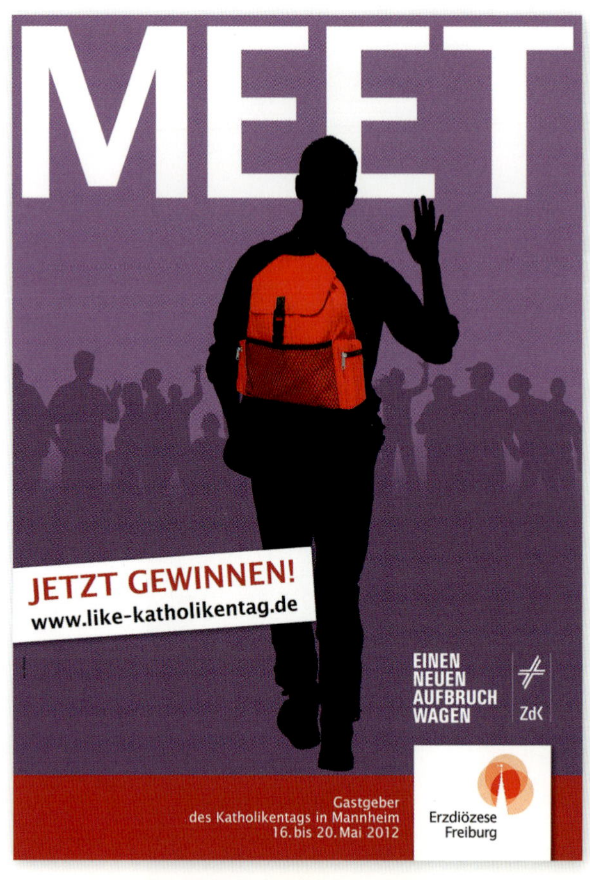

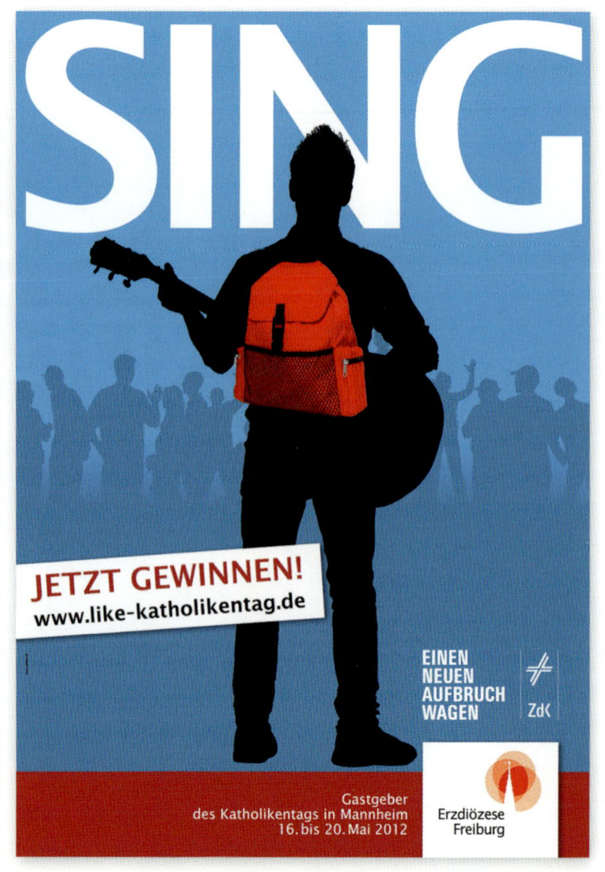

Kunde Erzdiözese Freiburg Erzbistum, Freiburg Geschäftsführung Generalvikar Dr. Friedolin Keck Leitung Öffentlichkeitsarbeit Robert Eberle Werbeagentur SCHLEINER + PARTNER Kommunikation GmbH, Freiburg Beratung Michael Schleiner / Prof. Dr. Martin Ludwig Hofmann / Fritz Klieber Art Director Alex Hartwig Text Sandra Stratmann-Grandke

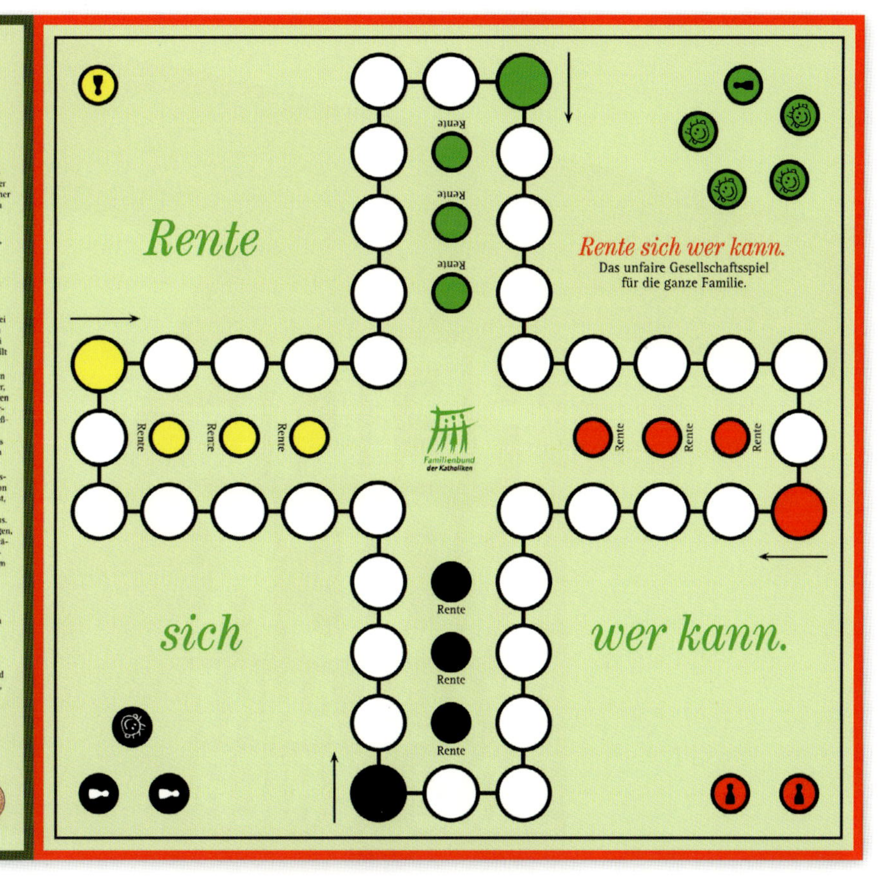

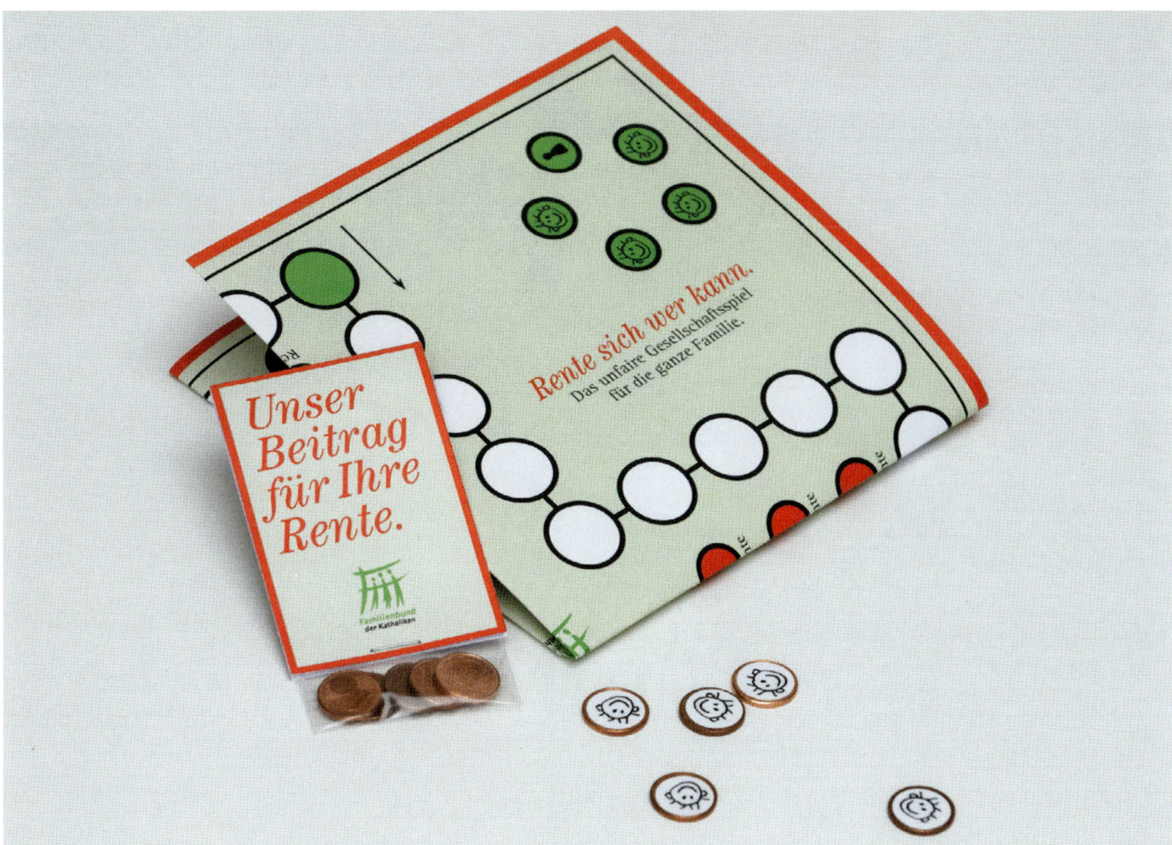

GESELLSCHAFT, SOZIALES UND KULTUR / B2C

ORGANISATIONEN

KAMPAGNE

Familienbund der Katholiken / „Rente sich wer kann" / (K)ein Kinderspiel.

„Rente sich wer kann" veranschaulicht auf spielerische Weise die Defizite der gesetzlichen Rentenversicherung: Kindererziehung wird dort viel geringer bewertet als Erwerbsarbeit, obwohl Kinder nicht nur die Altersversorgung ihrer Eltern, sondern auch die der kinderlosen/kinderarmen Familien finanzieren. Das ist ungerecht.

Mit dem unfairen Gesellschaftsspiel für die ganze Familie lädt der Familienbund der Katholiken dazu ein, über diese Ungerechtigkeit nachzudenken und die Forderungen für Familiengerechtigkeit in der Rente zu unterstützen.

Kunde Familienbund der Katholiken Bundesverband, Berlin Geschäftsführung Carolin Fischer (Bundesgeschäftsführerin) Marketingleitung Claudia Hagen (Berlin) / Georg Zimmermann (Freiburg) Werbeagentur Gute Botschafter GmbH, Haltern am See

GESELLSCHAFT, SOZIALES UND KULTUR / B2C

ORGANISATIONEN

KAMPAGNE

Heilig-Rock-Wallfahrtsbüro / Landesinnung Dachdecker / Heilig-Rock-Wallfahrt 2012

Die Heilig-Rock-Wallfahrt in Trier: ein herausragendes Ereignis der katholischen Kirche. Erstmals seit 1959 und 1996 fand sie 2012 wieder statt. Das Bistum Trier und markenmut setzten auf eine authentische und moderne Zielgruppenansprache, um möglichst viele Pilger zu einem Trierbesuch zu bewegen. Die Wallfahrt wurde nicht als reine „Reliquienwallfahrt“, sondern als offene Plattform der Kommunikation und des Austauschs unter Christen positioniert. So konnte die Kirche ihre Aktualität im Alltag zeigen.

Kunde Heilig-Rock-Wallfahrtsbüro, Trier Geschäftsführung Wolfgang Meyer / Msgr. Dr. Georg Bätzing Marketingleitung Thomas Theis Leitung Öffentlichkeitsarbeit Dr. Stephan Kronenburg Werbeagentur markenmut AG, Trier Beratung Bernd Neisen / Ulrike Lambert Konzeption Bernd Neisen / Maria Ienco / Nick Lambert Art Director Maria Ienco Grafik Yvonne Feller

GESELLSCHAFT, SOZIALES UND KULTUR / B2C

ORGANISATIONEN

PRINT

missio – Internationales Katholisches Missionswerk / Broschüre „Club der guten Hoffnung“

Das katholische Missionswerk missio ist auf der Suche nach starken Partnern, die mit ihrem Wissen und ihrer Kraft auf ihr Kerngeschäft zugeschnittene Projekte im „Club der guten Hoffnung“ unterstützen. Mit neuem Logo und einer ansprechenden Broschüre informiert missio Entscheider über die Vorteile eines Engagements für Frieden und Gerechtigkeit.

Kunde missio – Internationales Katholisches Missionswerk KdöR, München Referentin CSR / Kooperationen / Leitung Marketing Sabine Schwab Werbeagentur Marschall Wernecke & Andere Accelerate GmbH, Berlin Beratung Frank Wernecke / Constantin Sayn-Wittgenstein Konzeption Frank Wernecke / Constantin Sayn-Wittgenstein Creative Director Oliver Stubel / Carsten Giese Art Director Sarah Lange Text Mary Herrmann Druckerei dieUmweltDruckerei GmbH

GESELLSCHAFT, SOZIALES UND KULTUR / B2C

ORGANISATIONEN

PRINT

terre des hommes / Plakat-kampagne

Seit der Gründung von terre des hommes im Jahr 1966 ist viel Zeit vergangen, und viele Dinge haben sich geändert. Das Ziel ist aber das gleiche geblieben, nämlich gegen die Ausbeutung von Kindern in allen Formen und Facetten vorzugehen. Für die Plakatkampagne setzt public:news deshalb auch nur auf eines: Aufmerksamkeit schaffen für Kinder in Not. Making-of, E-Cards und selektive Bannerplatzierung komplettieren das Maßnahmenpaket gegen Kinderarbeit.

Kunde terre des hommes Deutschland e.V., Osnabrück Vorstand Kommunikation / Vorstandsvorsitz Danuta Sacher Pressesprecher Wolf-Christian Ramm Leiter Spendenreferat Stephan Stolze Werbeagentur publicnews GmbH, Hamburg Beratung Matthias Thamling Konzeption Gerald Gebhardt Art Director Anika Frank Fotostudio Delight Rental Studios Berlin GmbH Fotograf Anatol Kotte

GESELLSCHAFT, SOZIALES UND KULTUR / B2C

ORGANISATIONEN

DIGITALE MEDIEN / PRODUKT-/SERVICEWEBSEITEN

UNICEF / Aktionstag Kinderrechte

Als zentrales Element der von UNICEF ins Leben gerufenen Kampagne „Ich hab immer Rechte" wurde eine Website konzipiert, deren Ziel es ist, die Rechte der Kinder deutschlandweit in den Mittelpunkt zu stellen und die Kinder selbst zu Wort kommen zu lassen.

Abgegebene Statements werden auf einer Karte lokal dargestellt und an Politiker aus den jeweiligen Wahlkreisen weitergeleitet, um einen themenbezogenen Dialog zwischen Kindern und Politikern zu ermöglichen. So bleibt keine Stimme ungehört!

www.aktionstag-kinderrechte.de

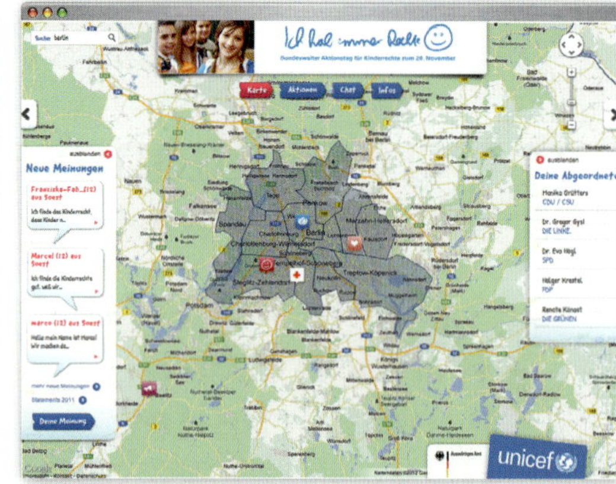

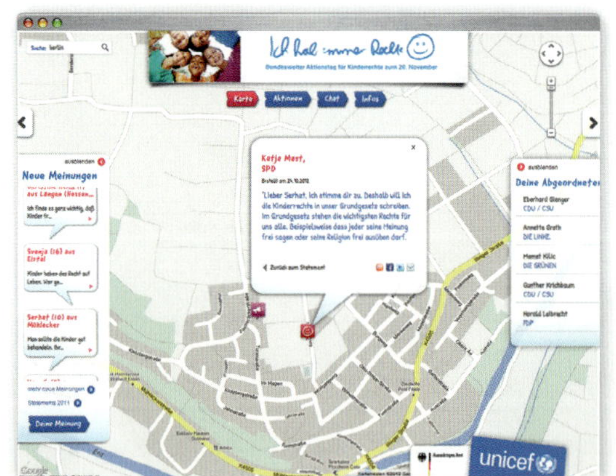

Kunde UNICEF Deutschland e.V., Köln Koordination Internet / Bereich Kommunikation und Kinderrechte Juliane Roux Werbeagentur JUNGMUT GmbH & Co. KG, Köln Beratung Isabell Timm / Tim Hufermann Konzeption Andreas Peters / Nils Herrmann Art Director Lena Beckmann Technische Umsetzung Marcel Kalveram Chief Creative Officer Stephan Schoenen

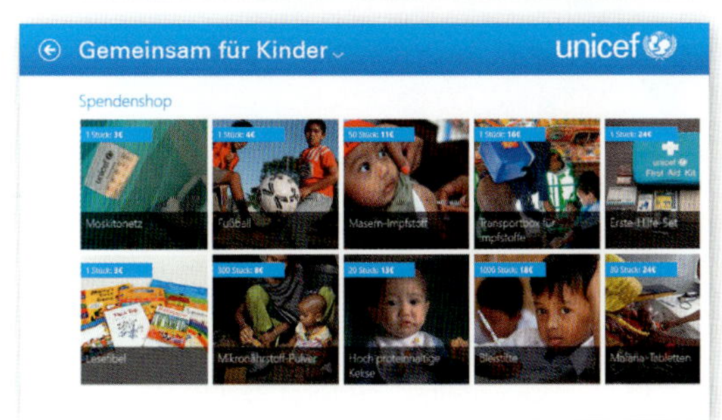

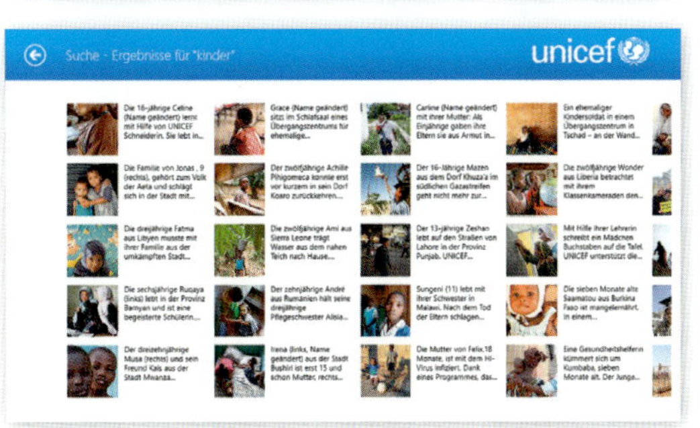

Kunde Deutsches Komitee für UNICEF e.V., Köln Produktleitung Susanne Nandelstädt Werbeagentur Babiel GmbH, Düsseldorf Beratung Jens vom Dorp / Richard Wisniewski / Dr. Rainer Babiel Konzeption Jens vom Dorp / Richard Wisniewski Creative Director Dr. Rainer Babiel Art Director / Grafik Frank Fürtjes

GESELLSCHAFT, SOZIALES UND KULTUR / B2C

ORGANISATIONEN

DIGITALE MEDIEN / DIGITALE/INTERAKTIVE ANWENDUNGEN

UNICEF / Windows-8-App

Ziel der ersten UNICEF Win 8 App ist es, die Projekte, d. h. die Geschichten und die Schicksale der Kinder der Welt in einer eindrucksvollen Weise allen Nutzern auf allen digitalen Geräten näherzubringen und ihnen die Möglichkeit zu geben, direkt aus der App heraus zu spenden. Neben den packenden Texten sind es die hervorragenden Bilder, welche die Atmosphäre und die Situation der Kinder emotional wiedergeben.

Die App ist eine Kombination einer emotional starken Picture-App, einem Magazinformat mit packenden Artikeln und einer Spenden-App mit dem Unterschied, dass sie alle Funktionen einer emotionalen und hoch funktionalen App vereinigt. Das macht sie einzigartig. Durch die Nutzung des innovativen Bedienkonzepts von Win 8 und der einzigartigen neuen Funktionalitäten wie „Snap-View", der parallelen Darstellung der App und eines Programmfensters, sowie der „Semantic Zoom"-Funktion, erhält der Nutzer eine verbesserte Übersicht über thematisch ähnliche Artikel und Bilder. Besonders hervorzuheben sind die emotional starken, großformatigen UNICEF-Fotos und ausführlichen Textinfos zu jedem Foto.
Die App besteht aus:
BILDERGALERIE mit drei Unterkategorien. Die erste zeigt die Kinder der Welt, die zweite zeigt, wie UNICEF wirkt, und die dritte zeigt, wie die aktuelle UNICEF-Hilfe aussieht. Für jedes der Fotos sind auf der ARTIKELSEITE ausführliche Texte abrufbar – individuelle Geschichten über die Kinder dieser Welt sowie Hintergrundinfos über die Arbeit und Wirkungsweise von UNICEF. Projekte werden auf einer Bing-Karte dargestellt.
SPENDENSHOP: Hier können Nutzer konkrete Hilfsgüter auswählen und sicher online spenden.
ÜBER UNICEF: Infos über UNICEF und dessen Aufgaben.

http://apps.microsoft.com/webpdp/de-de/app/unicef-app/9d1757ec-ab30-4201-8aab-5ab84b7f1041

GESELLSCHAFT, SOZIALES UND KULTUR / B2C

ORGANISATIONEN

PRINT

Zentralkomitee der deutschen Katholiken (ZdK) e. V. / Deutscher Katholikentag

Gute Kommunikation bedeutet, komplexe Botschaften in einfache Bilder zu übersetzen: Das gelingt der Kampagne für den Deutschen Katholikentag 2012. Sie überträgt das theologisch aufgeladene Leitwort „Einen neuen Aufbruch wagen" in ein gleichermaßen einfaches wie prägnantes Motiv: einen leuchtend roten Rucksack. Die Ergebnisse sprechen für sich: Mehr als 80.000 Besucher ließen sich davon inspirieren und nahmen am Deutschen Katholikentag teil.

Kunde Zentralkomitee der deutschen Katholiken (ZdK) e.V., Bonn Geschäftsführung Alois Glück (Präsident) / Dr. Stefan Vesper (Generalsekretär) Werbeagentur SCHLEINER + PARTNER Kommunikation GmbH, Freiburg Beratung / Konzeption Michael Schleiner / Prof. Dr. Martin Ludwig Hofmann / Fritz Klieber Art Director Juliane Robinson

GESELLSCHAFT, SOZIALES UND KULTUR / B2C

ORGANISATIONEN

OUT OF HOME / AKTIVITÄTEN

Zentralkomitee der deutschen Katholiken (ZdK) e. V. / Deutscher Katholikentag

Er ist ein allgegenwärtiges Element auf dem Deutschen Katholikentag 2012: der leuchtend rote Rucksack. Als Rauminstallation, auf der zentralen Bühne, als Wegweiser, auf Flyern und als Merchandising-Artikel. Der Rucksack ist mehr als ein Keyvisual, er wird zum echten Markenzeichen des Mannheimer Katholikentags, der mit mehr als 80.000 Besuchern zu den erfolgreichsten Katholikentagen der letzten Jahre zählt.

Kunde Zentralkomitee der deutschen Katholiken (ZdK) e.V., Bonn Geschäftsführung Alois Glück (Präsident) / Dr. Stefan Vesper (Generalsekretär) Werbeagentur SCHLEINER + PARTNER Kommunikation GmbH, Freiburg Beratung / Konzeption Michael Schleiner / Prof. Dr. Martin Ludwig Hofmann / Fritz Klieber Art Director Juliane Robinson

02

„AN DER ALTEN FÖRSTEREI" STADIONBETRIEBS AG

Kampagne „Alte-Försterei-Aktie"

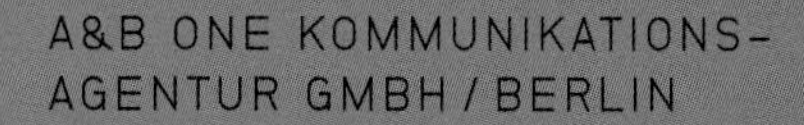
A&B ONE KOMMUNIKATIONS-AGENTUR GMBH / BERLIN

01 Olivia Jüstel
02 Ralf Kuschka
03 Daniel F. Zimniak

01

03

GESELLSCHAFT, SOZIALES UND KULTUR / B2C

KUNST, KULTUR UND SPORT

KAMPAGNE

„An der Alten Försterei" Stadionbetriebs AG / Kampagne „Alte-Försterei-Aktie"

Mit dem Neubau der Haupttribüne werden das Stadion des 1. FC Union Berlin in eine AG umgewandelt und Aktien ausgegeben. Nur Mitglieder können die Alte-Försterei-Aktie erwerben. Künftig sollen die Aktionäre so über die Zukunft des Stadions mitentscheiden. Die crossmediale Kampagne sorgt u.a. mit Plakaten, Ambientmedien, Promos und einem Viralspot dafür, dass die Aktie und der Verein nicht nur zum Stadtgespräch werden, sondern auch national und international strahlen. Mit dem Verkauf von rund 5.500 Aktien wurden die Kampagnenziele erreicht (Mitspracherecht, Vereinsmitgliedersperrminorität). Außerdem wird Union mit rund 2.500 Neumitgliedern zum mitgliederstärksten Verein Ostdeutschlands. ▸

Kunde „An der Alten Försterei" Stadionbetriebs AG, Berlin Geschäftsführung Dirk Zingler (Präsident) / Oskar Kosche (Geschäftsführer) Marketingleitung Jörg Taubitz (Vermarktung) Leitung Öffentlichkeitsarbeit Christian Arbeit (Pressesprecher) Kampagnenmanagement Nadine Schulz Werbeagentur A&B One Kommunikationsagentur GmbH, Berlin Beratung Alice Gittermann (Etatdirektion) Konzeption Daniel F. Zimniak (Text und Konzeption) / Cornelis Stettner (Text und Konzeption) Art Director Ralf Kuschka (Art-Direktion und Konzeption) / Olivia Jüstel (Junior Art-Direktion) Filmproduktion Peter & der Wolf (Peter Domsch und Wolfgang Gresenz) Fotograf Bodo Vitus Photography – Represented by UPPERorange Lithografie und Postproduction twentyfour seven creative media services GmbH

GESELLSCHAFT, SOZIALES UND KULTUR / B2C

KUNST, KULTUR UND SPORT

DIGITALE MEDIEN / UNTERNEHMENS-/ ORGANISATIONSWEBSEITEN

1. FSV Mainz 05 e. V. / Website

Ersetzen kann eine Website das Fußballstadion nicht, aber sie kann begleiten und ergänzen. Wichtig war uns, die Seele des Vereins einzufangen und auf allen Ebenen des Portals authentisch widerzuspiegeln. Deshalb setzten wir vor allem auf eines: große Bilder voller Emotionen! So können sich Fans, Gäste, Presse, Partner und Sponsoren ansprechend und erst recht aktuell über alle Aktivitäten umfassend informieren. Wer die Website einmal besucht hat, kommt immer gerne wieder – auch ohne Dauerkarte.

www.mainz05.de

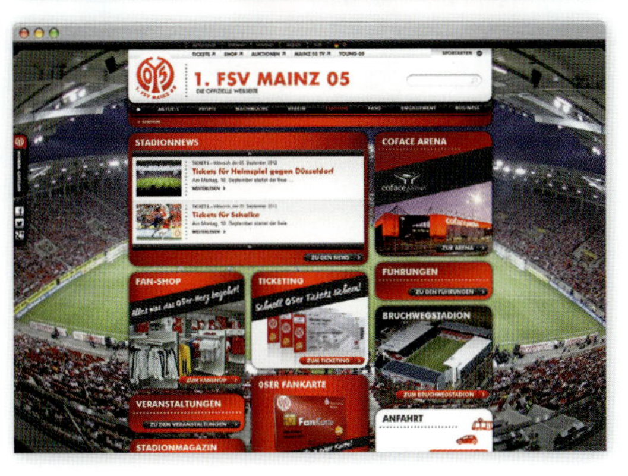

Kunde 1. FSV Mainz 05 e.V., Mainz Projektleiter Tobias Sparwasser Werbeagentur DI UNTERNEHMER – Digitalagentur GmbH, Wiesbaden Beratung Jan Heinritz Konzeption Carla Wensor Art Director Annette Pohlisch / Ercan Sarigül Text Julian Müller (Contentmanagement) Projektleiter Martin Hörl / Carla Wensor Technische Leiter Axel Klahr Programmierer Isabel Marquardt / Stefan Tauchert

GESELLSCHAFT, SOZIALES UND KULTUR / B2C

KUNST, KULTUR UND SPORT

PRINT

ASC American Sports Club Osnabrück Tigers e. V. / Osnabrück Tigers

Getreu ihrem Motto „Aufstehen. Kämpfen. Und Siegen." haben die Osnabrück Tigers ihre Krallen ausgefahren. Neue Saison, neues Outfit. Und das spiegelt den Spirit des American Footballs wider. Neben der durch team4media konzipierten Grundausstattung wie Saisonheft, Spieltagsflyer und Eintrittskarten wurden crossmediale Promotionaktionen auf Facebook, Twitter und YouTube geschaltet. Die richtige Strategie aus diesen Kommunikationsinstrumenten macht den American Football für die Fans erlebbar.

GESELLSCHAFT, SOZIALES UND KULTUR / B2C

KUNST, KULTUR UND SPORT

DIGITALE MEDIEN / UNTERNEHMENS-/ ORGANISATIONSWEBSEITEN

ASC American Sports Club Osnabrück Tigers e. V. / Osnabrück Tigers

www.gotigers.de

Kunde ASC American Sports Club Osnabrück Tigers e.V., Osnabrück Clubpräsident Dr. Thomas Krätzig Pressesprecherin Ursula Schrader Werbeagentur team4media GmbH, Osnabrück Beratung Axel Voß Konzeption Axel Voß / Christina Kasperczyk Art Director / Grafik Christina Kasperczyk

GESELLSCHAFT, SOZIALES UND KULTUR / B2C

KUNST, KULTUR UND SPORT

KAMPAGNE

berlin daily / Kampagne zur Ausstellung „Generation Loveparade“

Die Editionsgalerie berlin daily widmet sich der bildjournalistischen Fotografie zum Thema Berlin und zeigt die täglichen Momente der Stadt in einzigartigen Bildern. Die Kampagne im Rahmen der „LIEB MICH“-Ausstellung rund um die Loveparade spiegelt mit ihrer Gestaltung die Stimmung der 90er-Jahre wider. Neben der Ausstellungseinladung gab es Newsletter, Poster, Postkarten und Buttons mit verschiedenen Motiven der Musik- und Liebesbegeisterten.

POSTER DIN A1

EINLADUNG

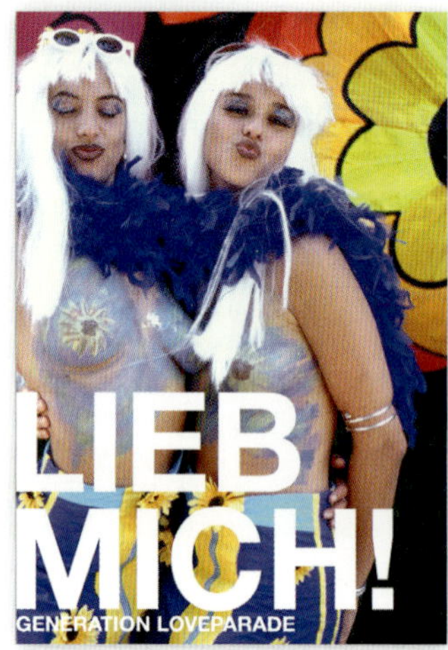

POSTKARTEN (VERSCH. MOTIVE)

RÜCKSEITE

BUTTON

NEWSLETTER

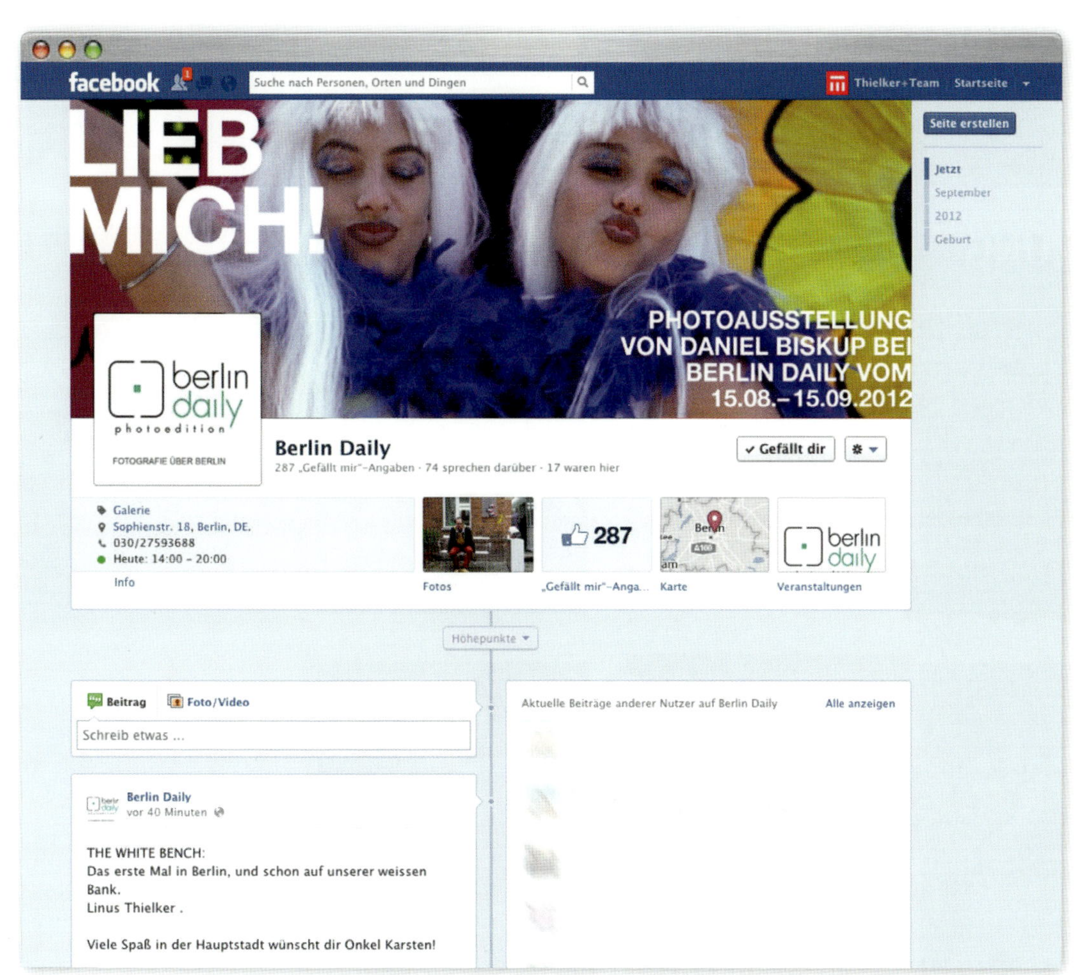

FACEBOOKAUFTRITT

Kunde berlin daily GbR, Berlin Werbeagentur Thielker + Team Werbeagentur GmbH, Neuwied Beratung Lars Thielker Konzeption Lars Thielker / Melanie Reinhard / Sebastian Held Art Director Silke Ruttert Text Karsten Thielker / Friederike Zenk Projektmanager Melanie Reinhard

GESELLSCHAFT, SOZIALES UND KULTUR / B2C

KUNST, KULTUR UND SPORT

PRINT

Bregenzer Festspiele / Abendprogramme 2012

Die Abendprogramme sollen über Künstler und Werk informieren, darüber hinaus die Marke Bregenzer Festspiele beim Publikum verankern.
Das übergeordnete Motto von 2012 „Erinnerungen an die Zukunft“ wird in einer eigenen Bildsprache mittels sich überlagernden Bildern in alle Werke übersetzt und nimmt immer wieder den See als Alleinstellungsmerkmal der Bregenzer Festspiele thematisch auf.

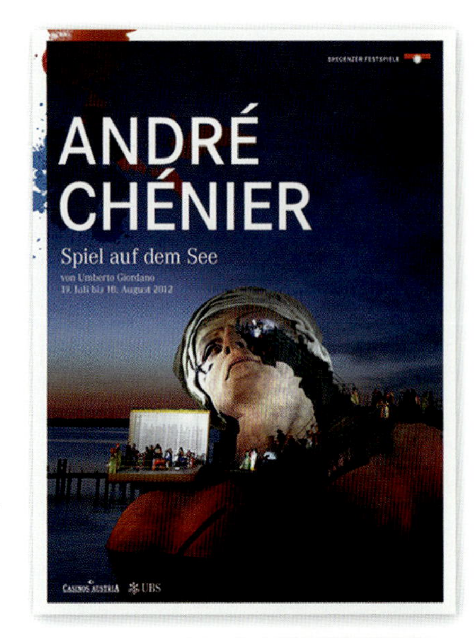

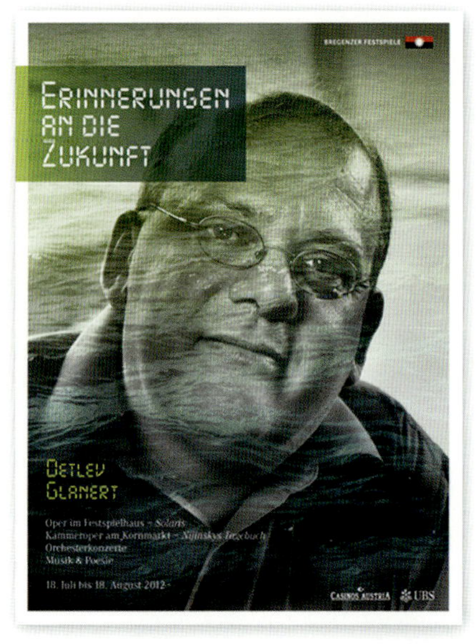

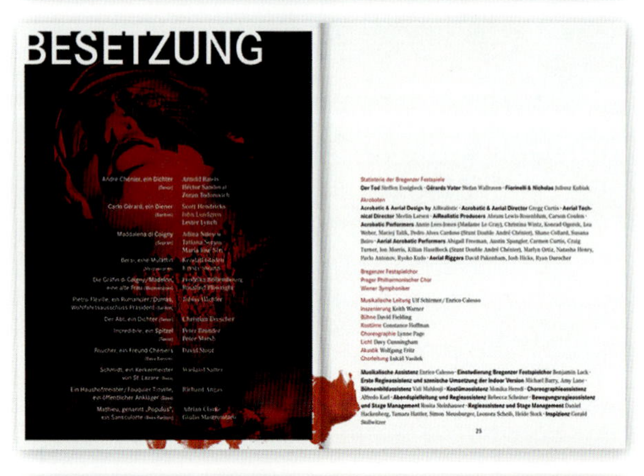

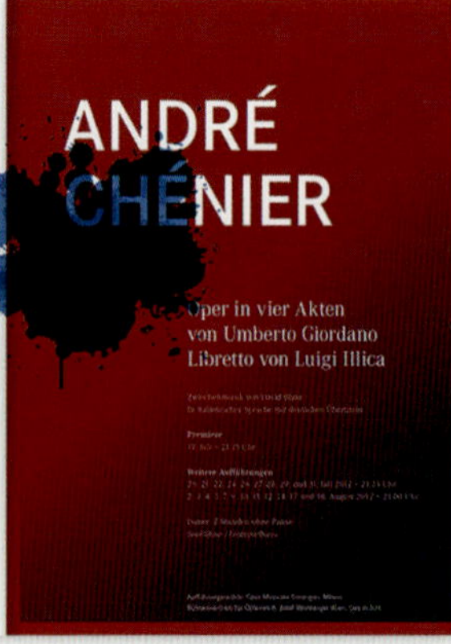

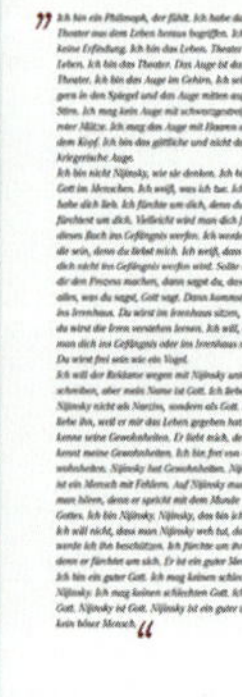

Kunde Bregenzer Festspiele GmbH, Bregenz (Österreich) Geschäftsführung David Pountney (Intendant) / Michael Diem (Kaufmännischer Leiter) Leitung Öffentlichkeitsarbeit Axel Renner Werbeagentur die3 Agentur für Werbung und Kommunikation GmbH, Dornbirn (Österreich) Beratung / Creative Director Mario Lorenz Konzeption Mario Lorenz / Dorothée Schaeffer Art Director Mario Lorenz / Silke Breznik Producer Stephan Feichtinger Text Bregenzer Festspiele Kommunikation Grafik Silke Breznik Fotografie Bregenzer Festspiele

GESELLSCHAFT, SOZIALES UND KULTUR / B2C

KUNST, KULTUR UND SPORT

PRINT

Kasseler Musiktage e. V. / Magazin „VORKLANG“

Der Ruf nach Neuem, das Verlangen nach Abwechslung und Veränderung, sind dominierende Merkmale unserer Lebens- und Kulturpraxis. Alles bewegt sich und mischt sich ineinander, Bewegung verselbstständigt sich und gewinnt eine virtuelle Qualität.

Die „kmt – Kasseler Musiktage 2012“, eines der ältesten europäischen Musikfestivals, wollen in diese kreisend bewegte Welt eine Schneise schlagen, wollen absichtsvoll der Wahrnehmung Raum und Zeit geben. Einen VORKLANG auf das Festival bietet das neue Magazin.

Kunde Kasseler Musiktage e. V., Kassel Geschäftsführung Christoph Schluckwerder Marketingleitung Dr. Dieter Rexroth Werbeagentur take off – media services christowzik + scheuch GbR, Kassel Beratung / Konzeption / Creative Director / Grafik Anna Christowzik / Claudius Scheuch

GESELLSCHAFT, SOZIALES UND KULTUR / B2C

KUNST, KULTUR UND SPORT

PRINT

Pro HC Erlangen / Kommunikationsauftritt

Der Handballclub Erlangen weiß in der 2. Bundesliga sportlich zu überzeugen. Neben Fans, Engagement, Können und Leidenschaft braucht er daher nicht nur im Spiel, sondern auch in der Kommunikation einen treffsicheren Auftritt. Das neue Profil in Geschäftsausstattung, Printmedien, Fotografie und Film bildet ein schlagkräftiges Spielfeld, auf dem der Handballsport in Erlangen noch populärer werden kann.

Kunde Pro HC Erlangen GmbH & Co. KG, Erlangen Geschäftsführung / Marketingleitung Tina Weber Werbeagentur hl-studios GmbH, Erlangen Beratung Alfons Loos / Hans-Jürgen Krieg Creative Director Matthias Ritter Art Director Julia Müller Producer Annabelle Busanny / Martina Mirsberger

GESELLSCHAFT, SOZIALES UND KULTUR / B2C

KUNST, KULTUR UND SPORT

OUT OF HOME / MEDIEN

skin deep art GmbH / Schweinehauttattoo

Um eine große Anzahl Besucher an die 11. Tattoo Convention im schweizerischen St. Gallen zu bewegen, musste etwas Außergewöhnliches initiiert werden. Mit Lowest-Budget sollte bei der richtigen Zielgruppe möglichst viel Aufmerksamkeit erzielt werden. Der Organisator der Tattoo Convention hat ganze Arbeit geleistet, echte (Schweine-)Häute tätowiert und mit diesen wild den Ausgangsrayon der Stadt St. Gallen plakatiert. „The Product is the Hero.“ Die Häute wurden dann als Plakat genutzt.

Kunde skin deep art GmbH, St. Gallen (Schweiz) Geschäftsführung Pele Brunner Werbeagentur Agentur am Flughafen AG, Altenrhein (Schweiz) Beratung Miriam Egli Creative Director René Eugster Art Director Dominique Rutishauser Producer Pele Brunner

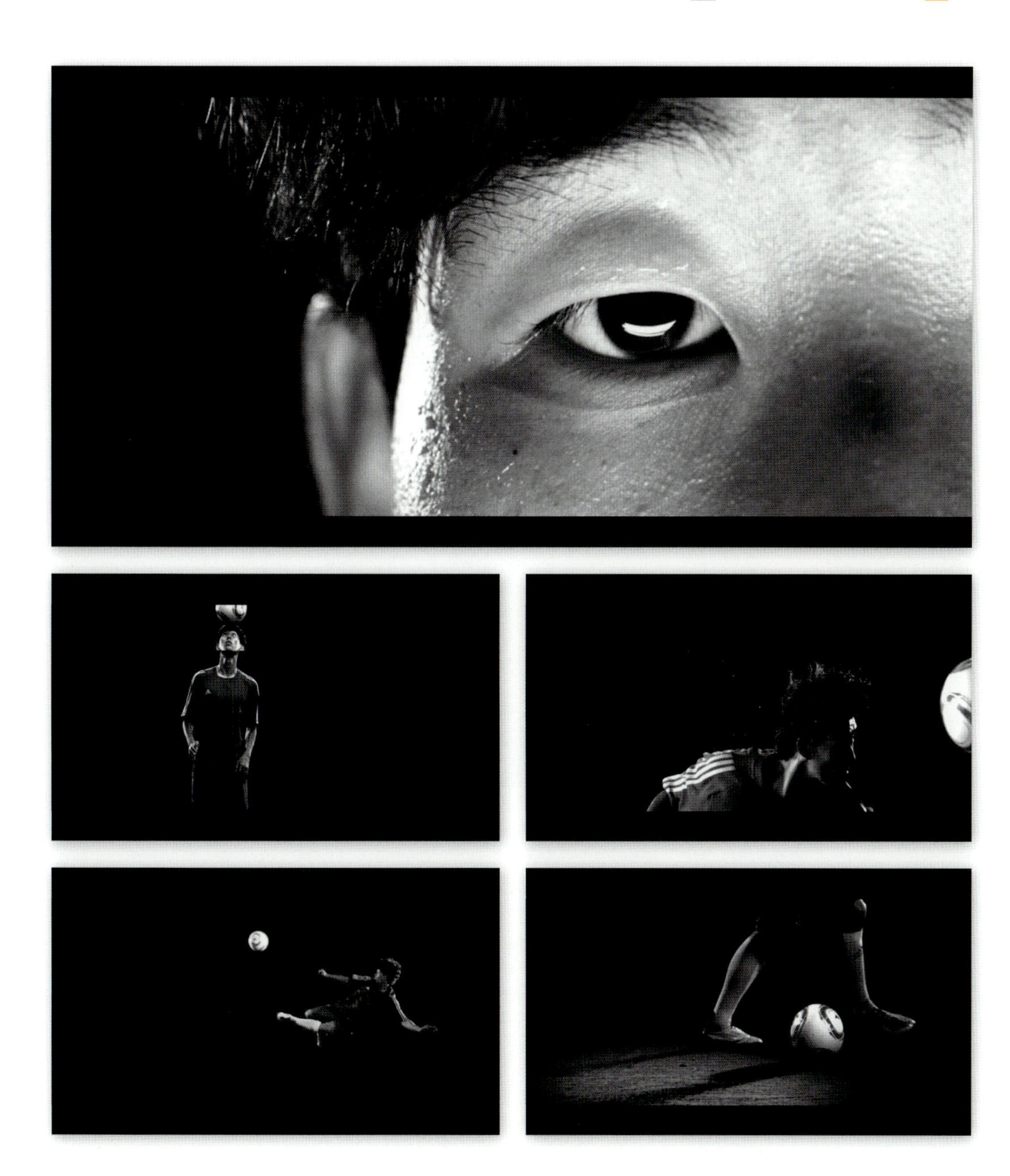

GESELLSCHAFT, SOZIALES UND KULTUR / B2C

KUNST, KULTUR UND SPORT

FILM

Sports United Sportmanagement /
Website-Relaunch Heung-Min Son

Um den Fans und Sponsoren den koreanischen Superstar Heung-Min Son zu präsentieren, hat mpeyer Communication in Zusammenarbeit mit gloss und Mädchenfilm ein innovatives Website-Konzept entwickelt und umgesetzt. Heung-Min Son, der in seiner Heimat bereits mit 19 in der Nationalmannschaft debütierte und als Volksheld gefeiert wird, wird in einer dynamischen und einzigartigen Weise in Szene gesetzt, und seine Stärken werden filmisch und interaktiv hervorgehoben.

Vor schwarzem Hintergrund setzen wir den Spieler Heung-Min Son in ein kontrastreiches, kantiges Licht. Dabei schießt, dribbelt, springt und köpft er über die Bildfläche und zeigt dabei sein Können.

Crossmedia _ Kunde Sports United Sportmanagement GbR, Hamburg Geschäftsführung Thies Bliemeister Werbeagentur mpeyer Communication GmbH, Hamburg Konzeption Fred Schuler Art Director Christian Mai Producer Marvin Braun Filmproduktion Mädchenfilm GbR, Hamburg Producer Lisa Mary Kracke Regie Fred Schuler Kamera Jakob Süß Schnitt Fred Schuler Postproduction gloss postproduction GmbH Postproduction 25fps Freelancer

GESELLSCHAFT, SOZIALES UND KULTUR / B2C

KUNST, KULTUR UND SPORT

DIGITALE MEDIEN / BEWEGTBILDINHALTE

Sports United Sportmanagement / Website-Relaunch Heung-Min Son

Um den Fans und Sponsoren den koreanischen Superstar Heung-Min Son zu präsentieren, hat mpeyer Communication in Zusammenarbeit mit gloss und Mädchenfilm ein innovatives Website-Konzept entwickelt und umgesetzt. Heung-Min Son, der in seiner Heimat bereits mit 19 in der Nationalmannschaft debütierte und als Volksheld gefeiert wird, wird in einer dynamischen und einzigartigen Weise in Szene gesetzt, und seine Stärken werden filmisch und interaktiv hervorgehoben.

Geht man auf die Startseite, öffnet sich ein Video. Alle Unterseiten, Informationen und externen Links werden in diesem Video (in Video-Links) je nach Passage dargestellt. Dies bedeutet, dass das Konzept abseits gewöhnlicher Mechanismen von Websites nur allein und ausschließlich über dieses Video gesteuert wird.
Dies ermöglicht eine sehr dynamische und spielerische „Erkundung" der Page, die multi- und crossmedial aufgesetzt ist und eine sehr schöne und virale Einbindung von Partnern und Sponsoren ermöglicht.
Heung-Min Son wird im Video in seinen Aktionen von einem ständigen „Koordinatensystem" aus Zahlen, Links und Content begleitet.
Dieses „Koordinatensystem" ist der technische und spielerische Ansatz und ermöglicht eine Kombination aus der realen Welt und einer computerartigen Science-Fiction-Welt.

www.heung-min-son.com

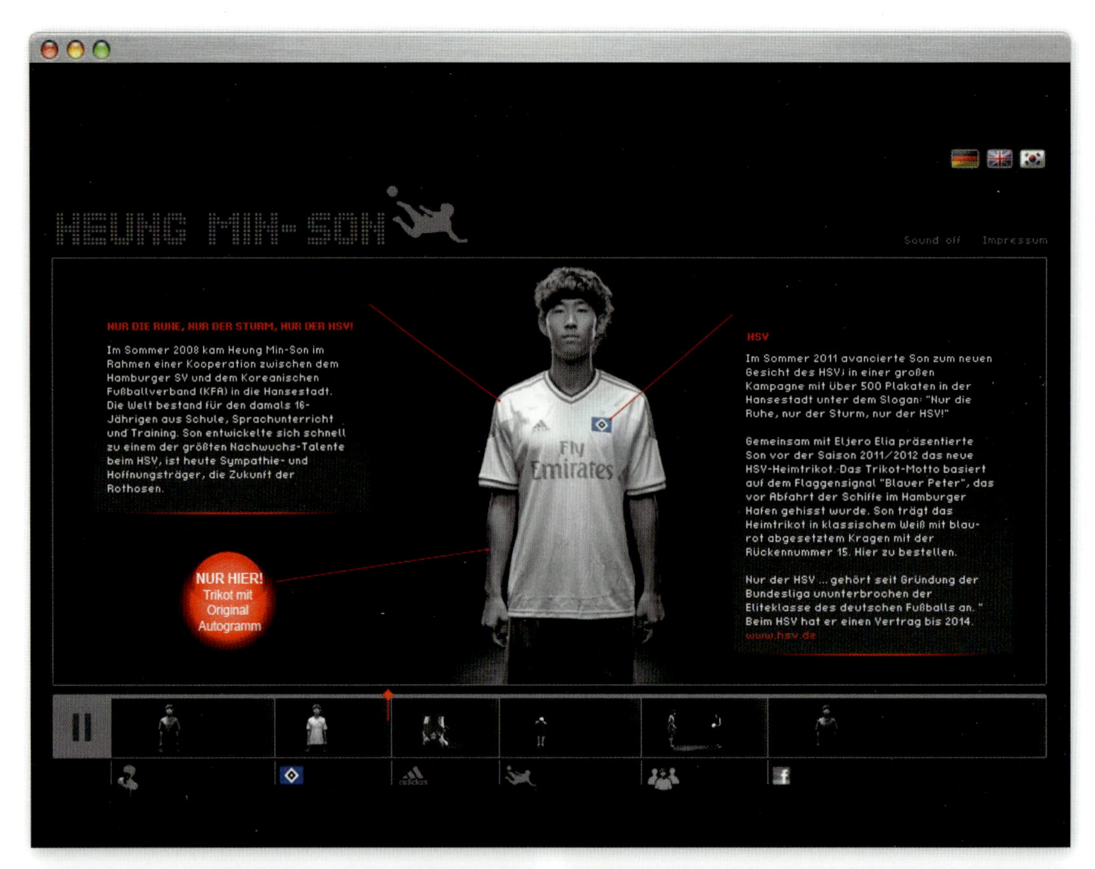

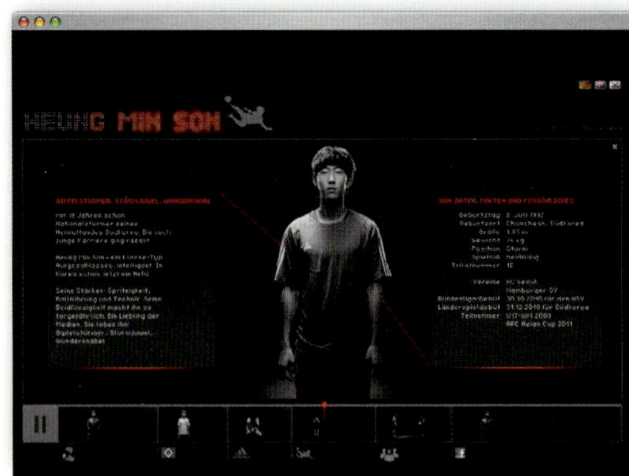

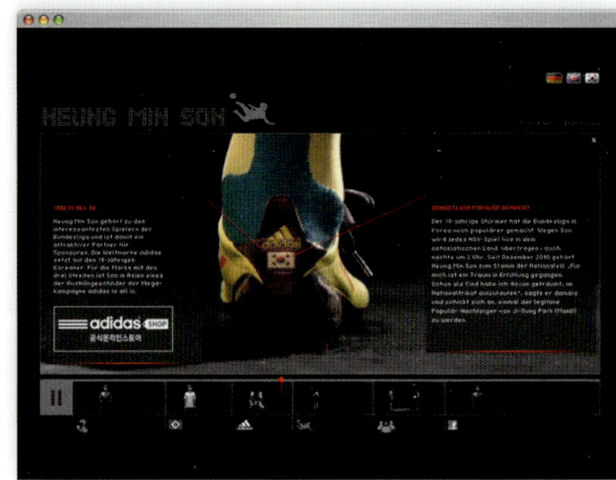

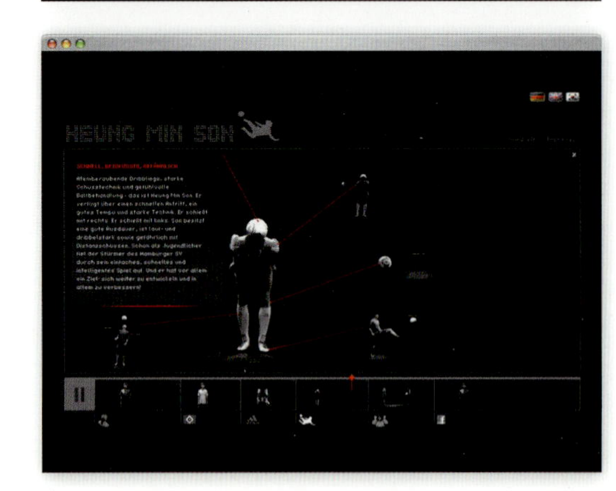

Crossmedia _ Kunde Sports United Sportmanagement GbR, Hamburg Geschäftsführung Thies Bliemeister Werbeagentur mpeyer Communication GmbH, Hamburg Konzeption / Producer Marvin Braun Art Director Christian Mai Grafik Rabea Meyer Mediendienstleister Mädchenfilm GbR

GESELLSCHAFT, SOZIALES UND KULTUR / B2C

KUNST, KULTUR UND SPORT

KAMPAGNE

Stadt Kassel, documenta-Stadt, Kulturamt / Kulturamt „KasselKultur2012"

Hauruck, wir heben das Niveau: Wie in jedem documenta-Jahr startete die Stadt Kassel 2012 das große kulturelle Rahmenprogramm. 100 Kulturschaffende mit über 1.000 Aktionen bereichern von Mai bis Dezember das kulturelle Leben. Und wie die letzten zwei Male hat Machbar das Projekt als Agentur begleitet. Dafür wurden das Erscheinungsbild, eine Kampagne und die umfangreiche Website unter www.kasselkultur2012.de mit Filterfunktion entwickelt. 1.000-fach entdeckt, geteilt, und erlebt! ▸

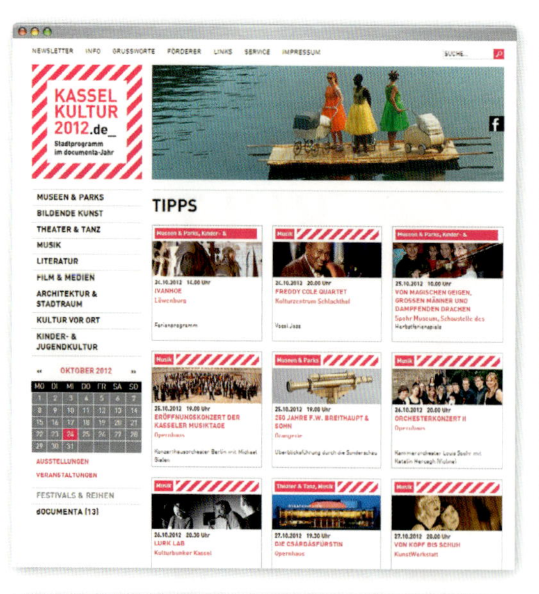

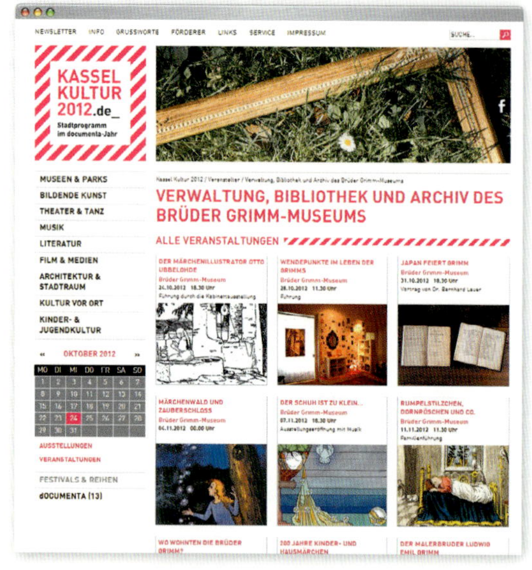

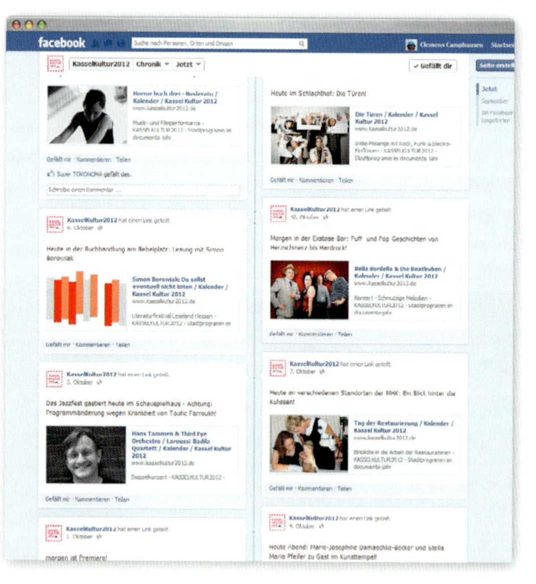

Kunde Stadt Kassel, documenta-Stadt, Kulturamt Körperschaft des öffentlichen Rechts, Kassel Leiterin Kulturamt Ruth Wagner Koordination Tobias Hartung / Henner Koch Werbeagentur Machbar GmbH, Kassel Beratung Andreas Feischen Creative Director Christian Hecker Art Director Sebastian Rode Producer Marko Pohl

GESELLSCHAFT, SOZIALES UND KULTUR / B2C

KUNST, KULTUR UND SPORT

KAMPAGNE

STATTBAD Galerie / Einladung zur Editionsgalerie „berlin daily“

Um die Neuwieder Kunstszene mit neuen Impulsen zu bereichern, lädt die Werbeagentur Thielker+Team seit 2011 alle Kunstbegeisterten in die STATTBAD Galerie ein. Die Ausstellungseinladung zur Editionsgalerie „berlin daily“ konzentriert sich auf die bewegten Momente der Hauptstadt. Mit Bildern aus verschiedenen Epochen zeigt bereits die Einladung die Vielseitigkeit der Galerie.

VORDERSEITE DER ZWEIFACH GEFALZTEN EINLADUNG

RÜCKSEITE

FAXANTWORT

RÜCKSEITE AUFGEKLAPPT

INNENTEIL AUFGEKLAPPT

Kunde STATTBAD Galerie GmbH & Co. KG, Neuwied Werbeagentur Thielker+Team Werbeagentur GmbH, Neuwied Konzeption Lars Thielker / Sebastian Held Art Director Silke Ruttert Text Karsten Thielker / Friederike Zenk Grafik Sebastian Held Projektmanager Melanie Reinhard

GESELLSCHAFT, SOZIALES UND KULTUR / B2C

KUNST, KULTUR UND SPORT

KAMPAGNE

STATTBAD Galerie / Aufruf zur Freiheit „Die Akte“

111 Regalkilometer Schriftgut wurden in der Fotoserie des Künstlers Andreas Rehmann festgehalten und in der STATTBAD Galerie ausgestellt. Ausstellungseinladung, Mesh-Banner, Facebook-Auftritt sowie die Microsite gehören zum Gesamtpaket. Die Kampagne bot bereits mit der Abbildung eines vollständigen Regals in der Einladung einen ersten Einblick in die Ausstellung. Die Gestaltung in Form einer Akte mit angehängtem Passfoto des Fotodesigners erinnert an den Überwachungsapparat in der DDR.

VORDERSEITE DER DREIFACH GEFALZTEN EINLADUNG

RÜCKSEITE

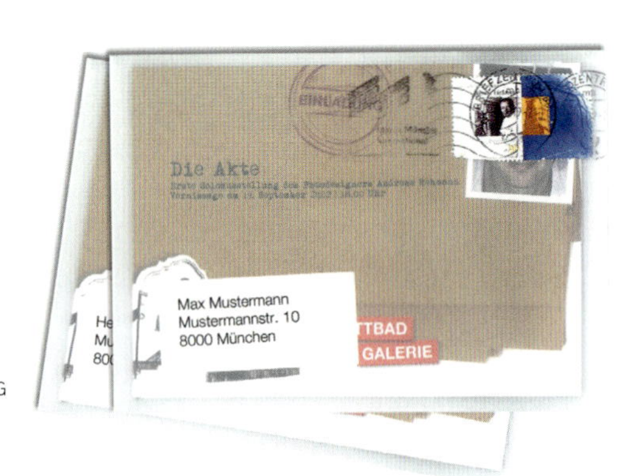

ORIGINAL EINLADUNG

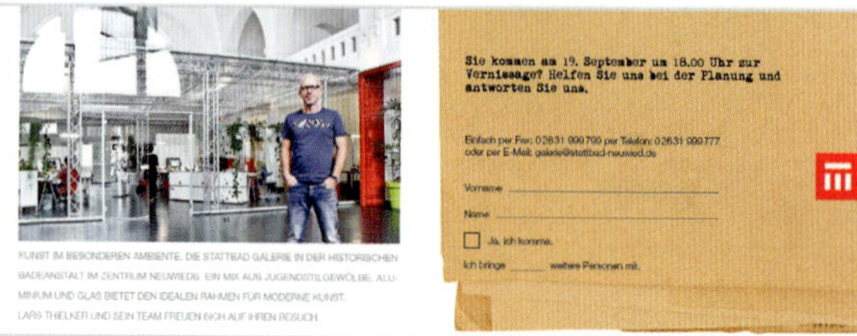

WWW.STADTBAD-NEUWIED.DE

FACEBOOKAUFTRITT

Kunde STATTBAD Galerie GmbH & Co. KG, Neuwied Werbeagentur Thielker + Team Werbeagentur GmbH, Neuwied Konzeption Lars Thielker / Sebastian Held Art Director Silke Ruttert Text Susanne Schäfer Grafik Sebastian Held Projektmanager Susanne Schäfer / Denissa Selimovic

GESELLSCHAFT, SOZIALES UND KULTUR / B2C

KUNST, KULTUR UND SPORT

FILM

Viva con Agua de Sankt Pauli e. V. /
„tschutti heftli" Stadionspot

Mehr als 30 Künstler aus Deutschland und der Schweiz haben für das alternative Schweizer Fußballmagazin „tschutti heftli" mit viel Herzblut und Kreativität das dritte Sammelalbum auf die Beine gestellt. Der Erlös kommt dem Viva con Agua e. V. Netzwerk zugute, welches sich für Zugang zu sauberem Trinkwasser in Entwicklungsländern einsetzt. Zur Unterstützung hat die mpeyer Communication GmbH in Zusammenarbeit mit der Mädchenfilm einen Spot für das Millerntor-Stadion des FC St. Pauli produziert.

Der kleine Liam ist mit seinen 11 Jahren der jüngste Künstler im „tschutti heftli". Er malte die komplette französische Nationalmannschaft, ist aber leidenschaftlicher St. Pauli-Fan.
Als Dankeschön von Viva con Agua für die Kooperation mit mpeyer Communication wurden drei Spieler vom FC St. Pauli eingeladen, um für Liam Modell zu stehen.

Kunde Viva con Agua de Sankt Pauli e.V., Hamburg Werbeagentur mpeyer Communication GmbH, Hamburg Beratung Christian Vartan Konzeption Fred Schuler / Thomas Feith Art Director Rabea Meyer Producer Marvin Braun Filmproduktion Mädchenfilm GbR, Hamburg Producer Thomas Feith Regie / Schnitt Fred Schuler Kamera Mateo Bialokozowicz

01

TEXTILVERBAND SCHWEIZ

„Achtung Verstrickungsgefahr“

AGENTUR AM FLUGHAFEN AG / ALTENRHEIN (SCHWEIZ)

René Eugster 01
Miriam Egli 02
Dominique Rutishauser 03
▸

03

02

RECRUITING, MITARBEITER-KOMMUNIKATION

DIREKTMARKETING / PRINT

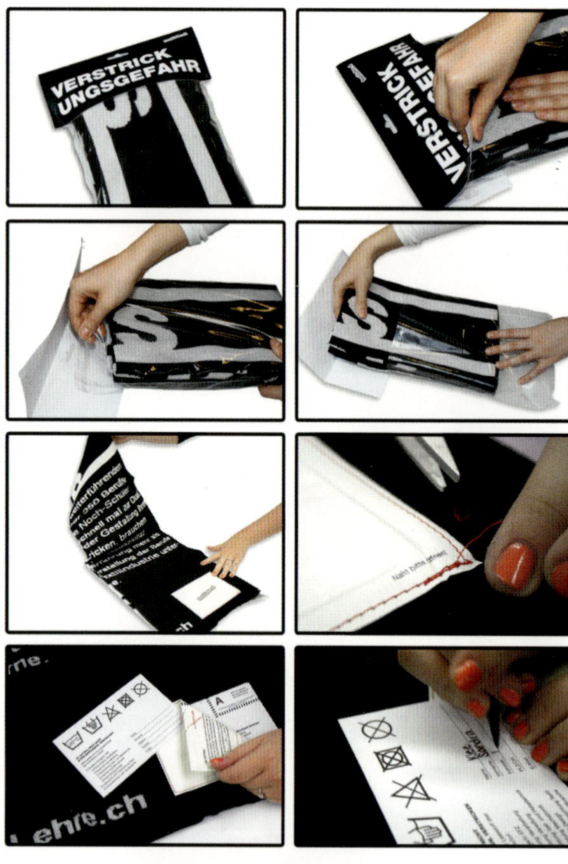

Textilverband Schweiz / „Achtung Verstrickungsgefahr“

Um Lehrer und Schüler gleichermaßen von einer Ausbildung in der Textilindustrie zu überzeugen, wurde ein Mailing aus einem überdimensionalen, gestrickten Schal kreiert. Damit wurde die Botschaft gleich textil verarbeitet und darauf aufmerksam gemacht, wie leicht man sich im Dschungel der zahlreichen Berufswahloptionen verstricken kann. Bereits in der ersten Woche nach dem Versand meldeten sich über 50 Lehrer und wünschten, dass ihren Schülern die Berufe der Textilindustrie nähergebracht werden.

Kunde Textilverband Schweiz, St. Gallen (Schweiz) Marketingleitung Corinne Egli Werbeagentur Agentur am Flughafen AG, Altenrhein (Schweiz) Beratung Miriam Egli Creative Director René Eugster Art Director Dominique Rutishauser Producer Textilverband Schweiz Text Patrick Lindner

RECRUITING, MITARBEITER-KOMMUNIKATION

DIGITALE MEDIEN / SOCIAL-MEDIA-AKTIVITÄTEN

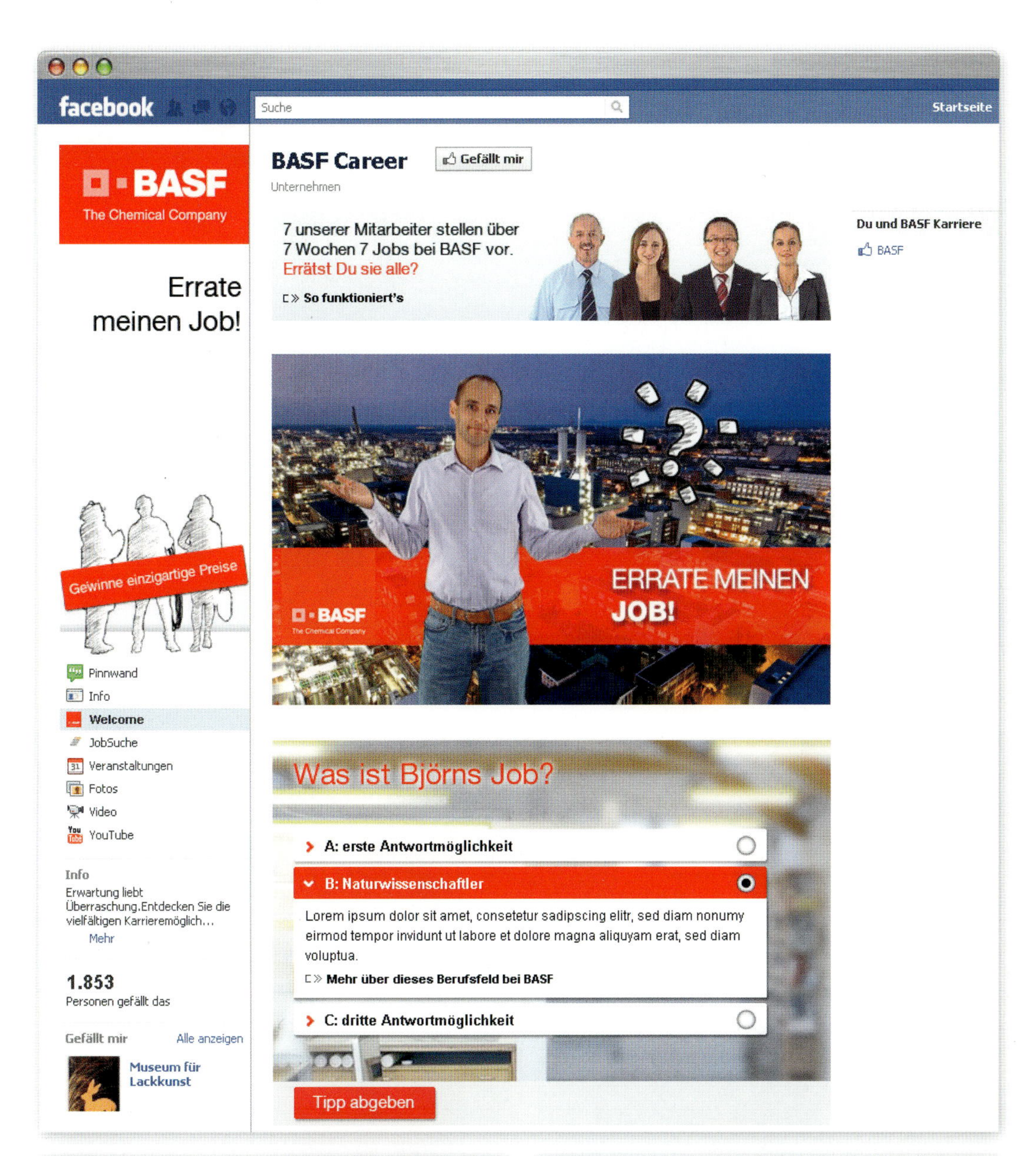

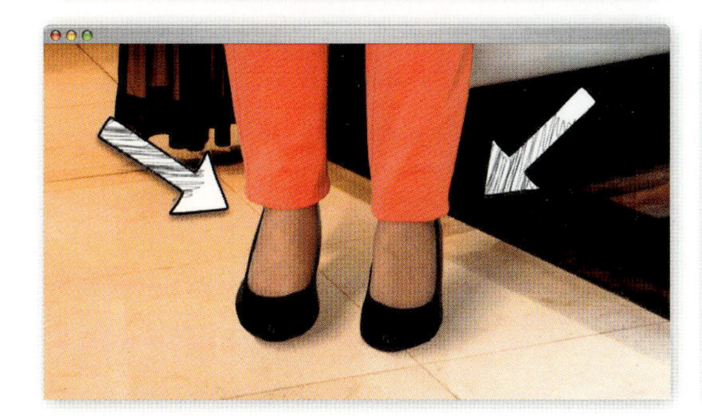

BASF / „Guess my job“

Die BASF möchte mit einer innovativen Kampagne auf Facebook ihre Arbeitgebermarke stärken und neue Wege bei der Personalakquise beschreiten.

Ziele:
- Imagegewinn für die BASF als Arbeitgeber
- Zugewinn von Fans auf der nationalen und internationalen Page

Idee:
- Entwicklung eines interaktiven Video-Quiz rund um das Thema Möglichkeiten und Vielfalt der Jobs bei der BASF
- „7 Wochen, 7 Menschen, 7 Jobs“: Die User erraten jede Woche anhand eines Videos den Job eines BASF-Mitarbeiters

http://www.facebook.com/basfcareer/app_115245851915030

Kunde BASF SE, Ludwigshafen Center of Expertise European Recruiting – Communications & Employer Branding Nina Paulus / Anna Rebecca Lohmann Werbeagentur Pixelpark AG / Elephant Seven Unternehmensgruppe GmbH, Berlin Beratung Laura Wenz Konzeption Felix Kühn Art Director Peter Kohlberger Grafik Ulisses Machado / Miriam Mittler Account Director Roland Westermaier Technische Umsetzung Christian Scholz

RECRUITING, MITARBEITER-KOMMUNIKATION

PRINT

C&A Mode / „Mein C&A. 100 Jahre C&A Deutschland."

Anlässlich des 100. Geburtstages von C&A in Deutschland wurden alle Mitarbeiterinnen und Mitarbeiter sowie alle Pensionäre des Modeunternehmens aufgerufen, ihre eigene C&A-Geschichte zu erzählen. Aus den zahlreichen Anekdoten, Erfahrungsberichten, Fotos und Erinnerungsstücken entstand das Buch „Mein C&A". Es wurde in einer Auflage von ca. 35.000 Stück gedruckt und allen aktuellen und ehemaligen Mitarbeiterinnen und Mitarbeitern zu Weihnachten 2011 als Geschenk überreicht.

34 JAHRE habe ich bei C&A gearbeitet. Von den vielen Geschichten ist bei mir eine besonders hängen geblieben. Unser Ateliersleiter, der auch im Verkauf tätig war, brachte unsere Kunden mit „seiner Spezialität" immer wieder zum Staunen. Wenn diese um ein besonders schnelles Kürzen einer Hose baten, steckte er die Hose vor Ort ab und trennte die Nähte auf dem Weg ins Atelier schon im Fahrstuhl mit einer Schere auf, die er immer bei sich trug. So brauchte die Hose dort nur noch schnell umgenäht zu werden. Durch diese Zeitersparnis konnte er den Kunden die fertige Hose oft schon nach einer knappen Viertelstunde überreichen.

Ernst-Dieter Kufner, Bad Schwartau

WIE wahrscheinlich heute auch mussten die Lehrlinge damals den einen oder anderen Spaß über sich ergehen lassen. Hatte zum Beispiel ein Kleidungsstück im Schaufenster noch eine kleine Falte, wurde ein gutgläubiger Lehrling ins Atelier geschickt, um eine Tüte „Bügeldampf" zu holen. Dieser Dampf wurde von einem Schneider mittels Bügeleisenunterseite in eine Plastiktüte geblasen. Dem Lehrling wurde aufgetragen, die Tütenöffnung gut zuzuhalten, damit keine Luft entweiche. Im Schaufenster wurde dann das jeweilige Kleidungsstück „behandelt" und glatt gezogen. Diese Methode prägte sich bei einigen Dekorateuren so ein, dass sie auch nach ihrer Lehre zur Anwendung kam!

Lothar Schmiz, Mering

Kunde C&A Mode GmbH & Co. KG, Düsseldorf Geschäftsführung Bart F. Brenninkmeijer Marketingleitung Frank Bussmann Produktleitung / Leitung Öffentlichkeitsarbeit Thorsten Rolfes Werbeleitung Hans-Peter Ennemoser Werbeagentur MelchesVonderstein Werbeagentur GmbH, Düsseldorf Beratung André Morgenstern Konzeption / Creative Director Roderich Melches Art Director Sandra Rüttger Text Michael Turowski

RECRUITING, MITARBEITER-KOMMUNIKATION

DIGITALE MEDIEN / MOBILE MARKETING

DAIKIN Airconditioning Germany /
„Komm! (w/m)“

Der Fachkräfte- und Nachwuchsmangel der Kälte-Klima-Branche ist bekannt, aber nicht bekannt genug. Deshalb starten Weltmarktführer DAIKIN und seine Fachpartner eine einzigartige Arbeitgeberinitiative! Die Ziele: Erhöhung der Bewerbungen für Top-Stellenangebote bei Deutschlands größter Kälte-Klima-Allianz! Gemeinsam nutzen Handwerk und Industrie ihre Stärken, um ihren Bekanntheitsgrad zu steigern, mit zukunftssicheren Berufsangeboten Mitarbeiter zu gewinnen und neue Absatzpotenziale zu schaffen.

Das Komm!-Webportal ist die gemeinsame Stellenbörse von DAIKIN und den Fachpartnern. Es enthält außer Stellenangeboten alle Infos zur Kälte-Klima-Allianz, zu seinen Initiatoren, zu typischen Berufsbildern und Zukunftsperspektiven, außerdem branchenrelevante News. Das Portal ist im Responsive Webdesign aufgebaut und passt sich auch iPhones, iPads, Tablet-PCs und Smartphones an. Es ist über zwei Zugänge erreichbar: über die zentrale Kampagnen-URL und über die individuellen URLs der einzelnen Fachpartner. Bei begleitenden regionalen Werbemaßnahmen dienen diese URLs gezielt als Responsekanal und unterstützen die Bekanntheit der Partner. Je nachdem, von welcher Webadresse aus das Portal erreicht wird, wird der Besucher zu seiner gewünschten Contentseite geführt. Die Kampagnen-URL führt auf eine Startseite, von der aus zu allen Bereichen navigiert werden kann. Der Zugang von Fachpartner-Websites führt direkt auf die jeweilige Fachpartner-Microsite mit den spezifischen Inhalten: Stellenangebote, Unternehmensprofil, Fotos, Download-Material. Jeder Fachpartner editiert seine Microsite über einen Log-in-Code, kann Stelleanzeigen austauschen und Kampagnen-Werbemittel bestellen.

www.MeinZukunftsberuf.com

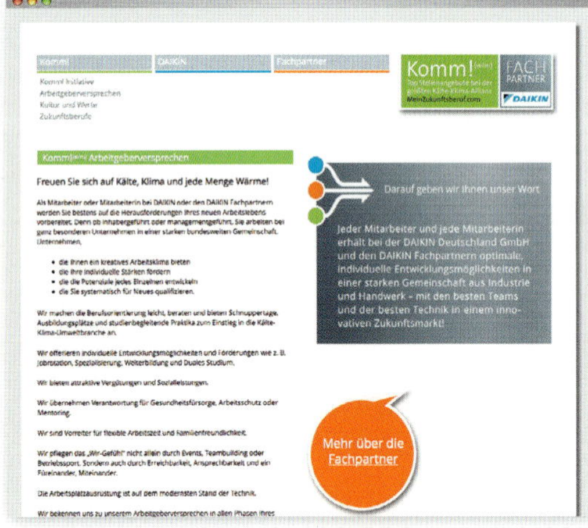

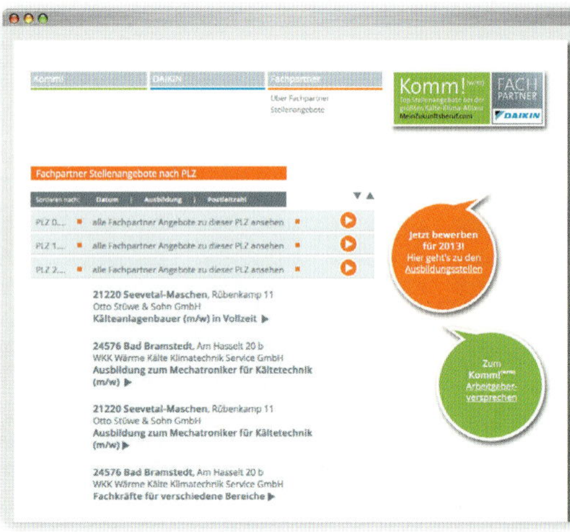

Crossmedia _ Kunde DAIKIN Airconditioning Germany GmbH, Unterhaching / München Geschäftsführung Gunther Gamst / Peter Van Den Broecke Marketingleitung Bernhard Schöner Produktleitung Andreas Ferstl / Peter Kugler Leitung Öffentlichkeitsarbeit Bernhard Schöner Werbeleitung Matthias Bühler Leiter Finanzen und Administration Manfred Auer Werbeagentur ASM Werbeagentur GmbH GWA, München Beratung Peter Scheer / Petra Liersch Konzeption / Creative Director Peter Scheer Art Director Ute Mann Producer Petra Liersch Text Peter Scheer Grafik Ute Mann / Sabine Sauber / Martina Wilhelm Mediaplanung Ulla Forstmeier Programmierung detailgetreu by Christian Müller

WER WEITER-KOMMEN WILL, BRAUCHT GUTE VERBINDUNGEN.

Wie wäre es mit unseren?

Große Ziele erreicht man selten allein. Gemeinsames Engagement für große Herausforderungen bringt das gesamte Team weiter – aber auch jede Menge Spaß am Job für den Einzelnen. Nach diesem Prinzip arbeiten wir bei Henn. Und das mit Erfolg. Henn ist der weltweit führende Hersteller innovativer Verbindungstechnik im Bereich Ladeluft- und Kühlwassersysteme. Unsere Technologie findet man in vielen Motoren von Mercedes-Benz, über Porsche bis hin zu BMW. Damit das so bleibt, brauchen wir Sie. Als

Qualitätstechniker/in

kontrollieren Sie den Zusammenbau und die Verwaltung der Werkzeuge, den Eingang von Serienteilen und sind für die Prüfmittel verantwortlich. Sie beurteilen Prototypen, erstellen Prüfberichte und kümmern sich im Team um unser Qualitätsmanagement.

Was Sie dafür mitbringen müssen?
- Eine abgeschlossene technische Ausbildung (Lehre, Fachschule oder HTL)
- Berufserfahrung im Metall- oder metallnahen Bereich
- Fremdsprachenkenntnisse

Wenden Sie sich mit Ihrer aussagekräftigen Bewerbung an:
MAYER Personalmanagement GmbH · 6830 Rankweil · Ringstraße 2
Herr Mag. Bösch oder Herr Dr. Huber; Ref. 8146
T +43 (0)5522 45142-14 · personalberater@mayer.co.at

www.henn.at

WILLKOMMEN IN EINEM JOB, BEI DEM ENDLICH ALLES BESTENS PASST.

Teamgeist, Eigenverantwortung, Weiterbildung, Zukunftsperspektiven: Sie haben Ziele und wollen beruflich viel erreichen. Dann sind Sie bei uns in bester Gesellschaft – Henn ist der weltweit führende Hersteller innovativer Verbindungstechnik im Bereich Ladeluft- und Kühlwassersysteme. Kein Wunder, dass man unsere Ideen in vielen Motoren von Mercedes-Benz, über Porsche bis hin zu BMW findet. Wir wollen auch weiterhin an der Spitze stehen – und darum suchen wir Sie. Als

Mitarbeiter/in
Technische Entwicklung

arbeiten Sie in der Entwicklung und Konstruktion von Werkzeugen und Serienprodukten mit, entwickeln im Team Konzepte, Analysen und Dokumentationen und optimieren unsere Fertigungsprozesse intern wie extern.

Was Sie dafür mitbringen müssen?
- Ausbildung in Maschinenbau, Werkzeugbau oder dem MB-Ingenieurwesen, der Mechanik, Automatisierungstechnik, Konstruktion oder einer vergleichbaren Ausrichtung
- Berufserfahrung im Metall- oder metallnahen Bereich
- EDV-Kenntnisse, CAD-CATIA sowie SolidWorks
- Kreativität und Kommunikationsfähigkeit

Wenden Sie sich mit Ihrer aussagekräftigen Bewerbung an:
MAYER Personalmanagement GmbH · 6830 Rankweil · Ringstraße 2
Herr Mag. Bösch oder Herr Dr. Huber; Ref. 8151
T +43 (0)5522 45142-14 · personalberater@mayer.co.at

www.henn.at

VOM ANSCHLUSS AN DIE WELT-SPITZE TRENNT SIE AB HIER NICHT MEHR VIEL.

Marktführer zu sein ist etwas sehr Schönes. Birgt aber auch die Aufgabe, den hohen Anforderungen der Kunden gerecht zu werden. Dabei handelt es sich schließlich nicht um irgendwen: Die weltweit führende Verbindungstechnik von Henn findet man in den Ladeluft- und Kühlwassersystemen von Mercedes-Benz, Porsche, BMW und vielen anderen großen Automobilmarken. Wenn man für die Weltspitze arbeitet, ist man natürlich viel unterwegs – so wie Sie, wenn Sie zu Henn kommen. Wir suchen Sie nämlich für den

Technischen Kundendienst / Montage

Bei uns in Dornbirn, aber auch bei Kunden in den USA, Mexiko, Europa und Asien betreuen Sie den Service, die Wartung und Inbetriebnahme unserer Montagepressen. Sie arbeiten bei der Weiterentwicklung bestehender Anlagen mit und setzen kundenspezifische Lösungen gemeinsam mit uns um.

Was Sie dafür mitbringen müssen?
- Eine abgeschlossene technische Ausbildung (Lehre, Fachschule oder HTL)
- Erste Berufserfahrung im Metall- oder metallnahen Bereich
- EDV-Kenntnisse, CAD-Kenntnisse von Vorteil
- Englisch-Kenntnisse

Wenden Sie sich mit Ihrer aussagekräftigen Bewerbung an:
MAYER Personalmanagement GmbH · 6830 Rankweil · Ringstraße 2
Herr Mag. Bösch oder Herr Dr. Huber; Ref. 7989
T +43 (0)5522 45142-14 · personalberater@mayer.co.at

www.henn.at

RECRUITING, MITARBEITER-KOMMUNIKATION

PRINT

HENN / Personalanzeigen

HENN ist ein führendes Unternehmen in der Verbindungstechnik für die Automobilindustrie. Gute Mitarbeiter bilden dabei die Basis für den Erfolg. Mithilfe eines starken Keyvisuals sowie passender Headlines sorgen die Personalanzeigen für auffallend kreativen Auftritt auf den Recruiting-Seiten.

Kunde HENN GmbH & Co. KG, Dornbirn (Österreich) Geschäftsführung Martin Ohneberg Marketingleitung Martin Ohneberg Werbeagentur zurgams Kommunikationsagentur GmbH, Dornbirn (Österreich) Beratung / Konzeption / Creative Director / Art Director Thomas Gschossmann Text Alexander van der Louw Grafik Philipp Kleber

RECRUITING, MITARBEITER-KOMMUNIKATION

PRINT

hl-studios GmbH / Eigenwerbung

Ästhetische Formen, raffinierte Positionen, herausfordernde Stoffe prägen die hl-Stellenanzeigen. Ach, ’ne Frau ist auch mit drauf!
Was ist hier wirklich sexy? Was atemberaubend? Was lecker? In der Welt der Industriekommunikation von hl-studios ist das Aufregende oft nicht das, was sich vordergründig aufzudrängen scheint. Wer diese Sicht der Dinge kennt, ist herzlich eingeladen, Liebe zur Technik, Leidenschaft für Materialien und Prozesse sowie Faszination für das Detail mit uns zu teilen.

Kunde hl-studios GmbH, Erlangen Marketingleitung Jürgen Hinterleithner Werbeagentur hl-studios GmbH, Erlangen Beratung Gregor Bruchmann Creative Director Katja Littow / Matthias Ritter Fotografie Jürgen Hinterleithner

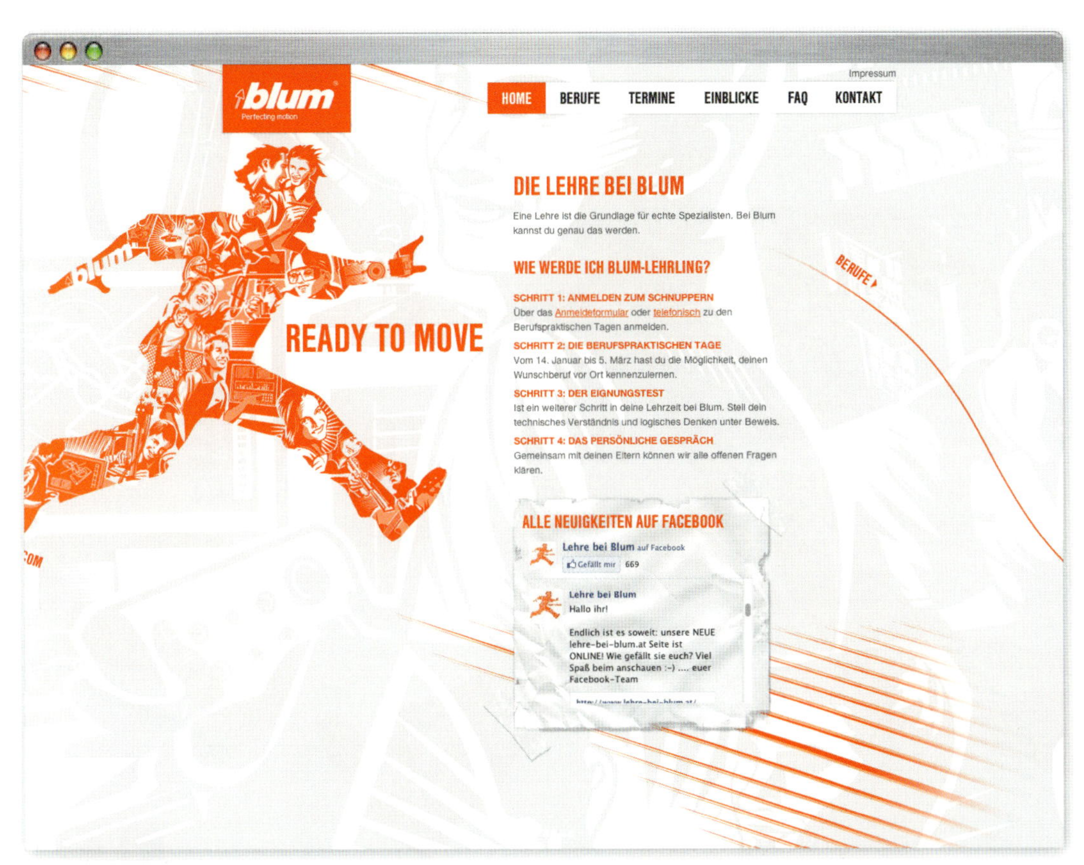

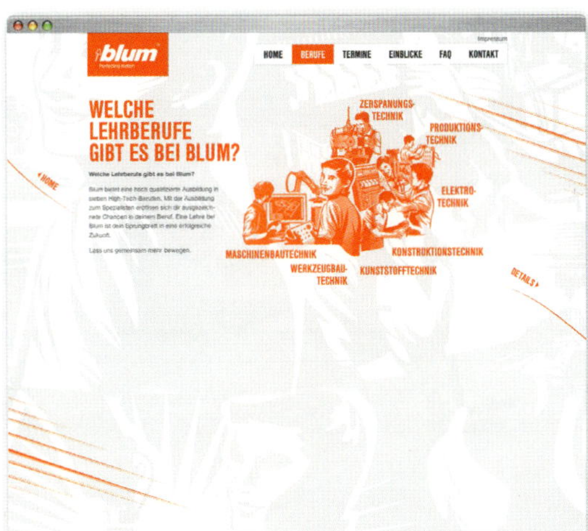

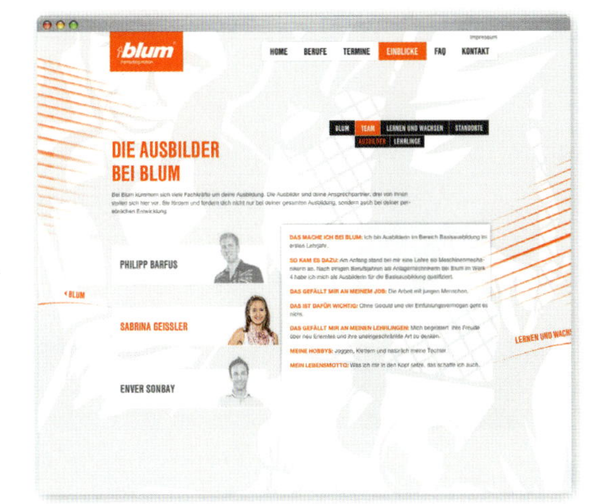

RECRUITING, MITARBEITER-KOMMUNIKATION

DIGITALE MEDIEN / SOCIAL-MEDIA-AKTIVITÄTEN

Julius Blum GmbH / Website „Ready to move“

Unter der Leitidee „Ready to move“ fordert der österreichische Beschläge-hersteller Blum Jugendliche dazu auf, ihre Zukunft in die Hand zu nehmen und sich um einen Ausbildungsplatz zu bewerben. Mit einer jugendgerechten Sprache und Bildwelt und echten Erfahrungsberichten aus der Lehrlingswelt stellt sich Blum dem Wettbewerb. Bei der Umsetzung im Web steht die Vernetzung der digitalen Medien im Mittelpunkt.

Die Internetseite wurde als Responsive Design umgesetzt und gewährleistet so die Nutzerfreundlichkeit auf Desktop, Tablet und Smartphone.
Ganz nach dem Slogan „Perfecting Motion“ wird die Navigation auf der Internetseite durch parallaxes Scrolling zum Erlebnis. Der Besucher kann die Lehrlingswelt wie im Flug entdecken.

www.lehre-bei-blum.at

Integrierte Kampagne / Crossmedia _ Kunde Julius Blum GmbH, Höchst (Österreich) Geschäftsführung Gerhard E. Blum / Herbert Blum Marketingleitung Bernhard Hirt Projektleitung Geraldine Steiner Leiter Ausbildung Dieter Hämmerle Fotografie Klaus Fußenegger Werbeagentur LIGHTHOUSE Marken-Navigation GmbH, Lindau Beratung Daniela Tritsch Konzeption Sabrina Dür Creative Director Daniel Scheiterlein Text Werner Waltenberger

RECRUITING, MITARBEITER-KOMMUNIKATION

OUT OF HOME / MEDIEN

Julius Blum GmbH / Plakat „Ready to move“

Unter der Leitidee „Ready to move“ fordert der Beschlägehersteller Blum Jugendliche dazu auf, ihre Zukunft in die Hand zu nehmen und sich um einen Ausbildungsplatz zu bewerben. Mit einer jugendgerechten Sprache und Bildwelt und echten Erfahrungsberichten aus der Lehrlingswelt stellt sich Blum dem Wettbewerb.

An den Schulen und im Einzugsgebiet sind Plakate und Citylights im Einsatz. So ist Blum im Alltag der Jugendlichen präsent. Zusätzlich wird das Augenmerk auf Bewerbungstermine gelenkt.

Integrierte Kampagne / Crossmedia _ Kunde Julius Blum GmbH, Höchst (Österreich) Geschäftsführung Gerhard E. Blum / Herbert Blum Marketingleitung Bernhard Hirt Projektleitung Geraldine Steiner Leiter Ausbildung Dieter Hämmerle Werbeagentur LIGHTHOUSE Marken-Navigation GmbH, Lindau Beratung Daniela Tritsch Konzeption / Mediaplanung Sabrina Dür Creative Director Daniel Scheiterlein Art Director Walter Dür Text Werner Waltenberger

RECRUITING, MITARBEITER-KOMMUNIKATION

PRINT

Julius Blum GmbH / Planer „Ready to move“

Während der gesamten Bewerbungsphase ist die Broschüre Informationsquelle und Begleiterin im praktischen Taschenformat. Neben einem Kalendarium enthält sie auch Platz für persönliche Notizen.

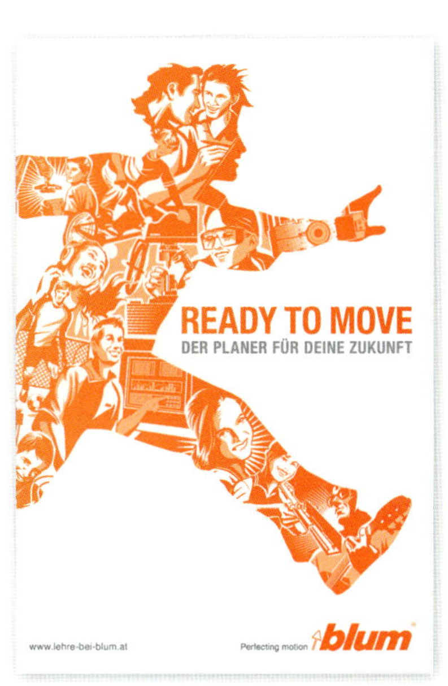

Integrierte Kampagne / Crossmedia _ Kunde Julius Blum GmbH, Höchst (Österreich) Geschäftsführung Gerhard E. Blum / Herbert Blum Marketingleitung Bernhard Hirt Projektleitung Geraldine Steiner Leiter Ausbildung Dieter Hämmerle Fotografie Klaus Fußenegger Werbeagentur LIGHTHOUSE Marken-Navigation GmbH, Lindau Beratung Daniela Tritsch Konzeption Sabrina Dür Creative Director Daniel Scheiterlein Art Director Walter Dür Text Werner Waltenberger

RECRUITING, MITARBEITER-KOMMUNIKATION

PRINT

MHP Mieschke Hofmann und Partner / Recruitingkampagne „Schlüssel"

MHP steht für Excellence in Process- and IT-Consulting for Automotive. Das können zufriedene Kunden und Mitarbeiter bestätigen. Aber wie kommuniziert man diesen Leitsatz? Mit Anzeigen, die die automobilaffine Zielgruppe begeistern – Kunden wie Bewerber. Und dazu eignen sich Details eines Porsches besonders gut. Es kommt bei einer Beratung eben aufs Detail an. Zusammen mit den Headlines entstehen so ungewöhnliche Motive, die unter anderem im Managermagazin oder der Automobilwoche zu sehen sind.

Kunde MHP Mieschke Hofmann und Partner GmbH, Stuttgart Geschäftsführung Dr.-Ing. Ralf Hofmann / Frank Dettke Marketingleitung Ingo Guttenson Werbeagentur Beaufort 8 GmbH, Stuttgart Beratung Corinna Drißner Creative Director Jonas Ruch (Art) / Philipp Heimsch (Text) Art Director Sonja Schuberth / Matthias Ott Text Felix Brockmeyer / José A. Diego Ferreiro

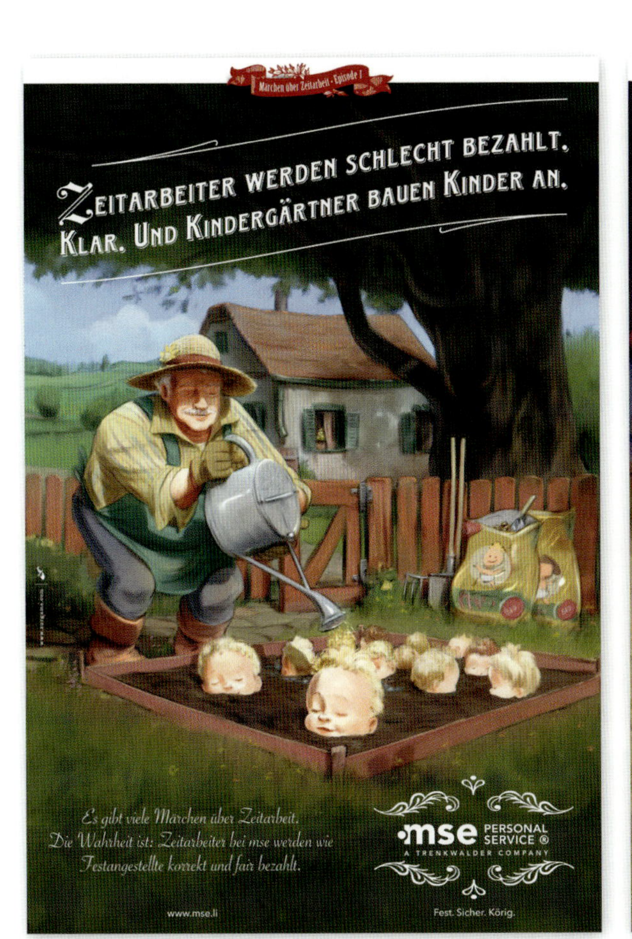

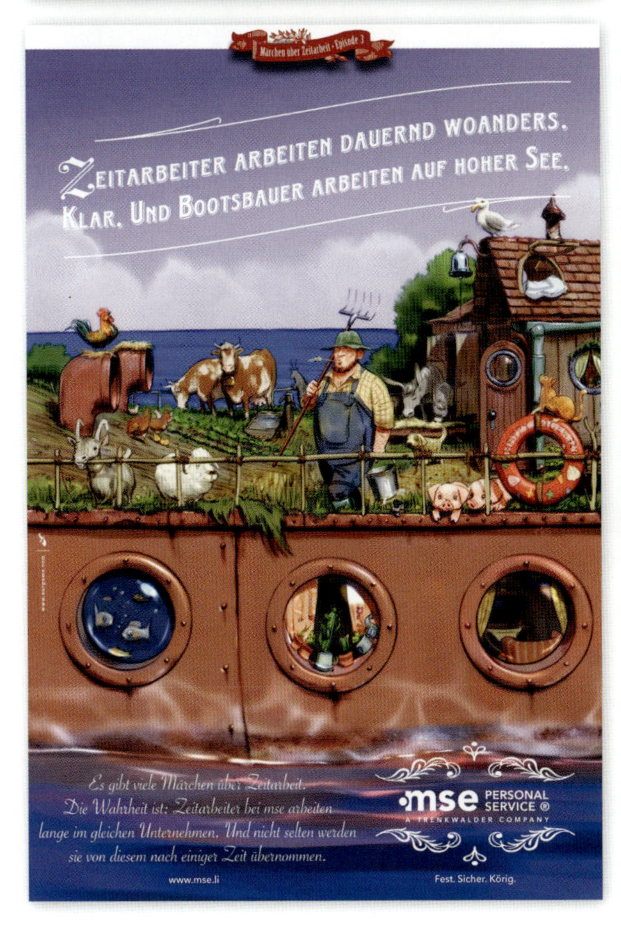

RECRUITING, MITARBEITER-KOMMUNIKATION

PRINT

MSE Personal Service / „Zeitarbeiter“

Über das Thema Zeitarbeit sind viele Gerüchte bzw. Märchen im Umlauf – dies ergab eine eigens angelegte Marktforschung.
Mit einer charmant-witzigen Kampagne werden diese Märchen aufgelöst.

Kunde MSE Personal Service AG, Eschen (Liechtenstein) Geschäftsführung Christoph Bitschnau / Stefan Zitt Marketingleitung Julia Hofbauer Werbeagentur zurgams Kommunikationsagentur GmbH, Dornbirn (Österreich) Beratung Jörg Ströhle Konzeption Martin Grass / Jörg Ströhle Creative Director Jörg Ströhle Art Director / Grafik Thomas Gschossmann Text Martin Grass Illustration Martin Weinknecht

RECRUITING, MITARBEITER-KOMMUNIKATION

FILM

REHAU / Kinospot „Ingenieure gesucht!"

Als erfolgsgetriebenes, weltweit agierendes und wachsendes Unternehmen ist REHAU stets auf der Suche nach qualifizierten Mitarbeitern. Für eine zeitgemäße Ansprache potenzieller Bewerber entschied sich Polymerspezialist REHAU bewusst für die Kommunikation in Bewegtbildern.
Eingesetzte Medien: Kinoschaltung in ausgewählten deutschen Kinos, Einbindung in REHAU Recruiting-Websites, Einsatz auf HR-Messen, Kommunikation über REHAU Social-Media-Kanäle.

In dem Kinospot wird zunächst ein typisches Verkaufsgespräch in einem Autohaus gezeigt. Zwei Männer und eine Frau laufen auf ein Auto zu. Der Zuschauer identifiziert anfangs gewollt den Dipl.-Ing. Daniel Peters als Autoverkäufer. Seine Frau und der eigentliche Autoverkäufer werden damit zum Pärchen stilisiert, welches sich für das Auto interessiert. Daniel Peters hebt die für ihn entscheidenden Vorteile des Autos hervor: die Bauteile von REHAU, die er mit entwickelt hat. Als Dipl.-Ing. ist er natürlich von der Perfektion „seiner" Bauteile begeistert. Doch mag sein Funke der Begeisterung nicht so recht auf das vermeintliche Pärchen im Hintergrund überspringen. Vielmehr dominiert beim eigentlichen Autoverkäufer mehr und mehr Ratlosigkeit bzw. Frust. Die Frau von Daniel Peters dagegen kennt ihren Mann genau so: autobegeistert, detailverliebt, exakt in dem, was er tut - ein „likeable geek". REHAU präsentiert sich als sympathischen Arbeitgeber, als Automobilzulieferer, der hohe Ansprüche an die eigenen Entwicklungen stellt - die Vorgaben internationaler Auftraggeber aber zuverlässig und projekterfahren erfüllt. Statt mit gesprochenem Texten wird die Story mit vielsagenden Blicken, leidenschaftlichen Handbewegungen, eingängiger Musikuntermalung und markanten Geräuschen erzählt. Ästhetische Nahaufnahmen der einzelnen REHAU Bauteile runden das Gesamtkonzept ab.

Crossmedia _ Kunde Rehau AG+Co, Rehau Leitung Öffentlichkeitsarbeit Wolfgang Narr PR-Managerin Tanja Heinlein Werbeagentur move medien Hauenstein & Heidenreich GbR, Pegnitz Beratung Andreas Heidenreich (move medien) / Thomas Hauenstein (move medien) Konzeption Andreas Heidenreich (move medien) / Thomas Hauenstein (move medien) Creative Director / Art Director / Producer Andreas Heidenreich (move medien) Filmproduktion move medien Hauenstein & Heidenreich GbR Producer / Regie / Schnitt Andreas Heidenreich Kamera Marco Schmidt-Polex Musik Thomas Hauenstein

RECRUITING, MITARBEITER-KOMMUNIKATION

DIGITALE MEDIEN / SOCIAL-MEDIA-AKTIVITÄTEN

re-lounge GmbH / „Superheld gesucht!"

Erstellung einer Recruiting-Kampagne, bei der potenzielle Bewerber für die ausgeschriebene Stelle „Teamleiter Entwicklung (m/w)" über verschiedene Kommunikationskanäle vermittelt werden sollen. Als Gewinn wird ein iPad ausgeschrieben, welches bei erfolgreicher Vermittlung ausgehändigt wird.

Umsetzung als Responsive Microsite mit Imagevideo, Sondernewsletter, Superheld als Sympathieträger, Codegenerierung, Einsatz in diversen Kanälen wie Facebook, Twitter, Google+, Xing und www.re-lounge.com.

Kunde re-lounge GmbH, Freiburg Geschäftsführung Oliver Schmitt / Dietmar vom Berg Werbeagentur re-lounge GmbH, Freiburg Konzeption Saskia Schulze-Schwering Grafik Stefanie Haist Projektmanagement Christian Iannarone Entwicklung Fabian Trinler

RECRUITING, MITARBEITER-KOMMUNIKATION

DIGITALE MEDIEN / PRODUKT-/SERVICEWEBSEITEN

Schoeller Technocell / Ausbildungswebsite „Entdecke deine Zukunft“

Die Azubi-Microsite des Spezialpapierherstellers Felix Schoeller zeigt, dass es auch Spaß machen kann, sich mit dem Einstieg in den „Ernst des Lebens“ zu beschäftigen. Hierzu geht der Mauszeiger auf Entdeckungsreise: Hinter typischen Werkzeugen und Symbolen der angebotenen Ausbildungsberufe liegen thematisch passende Informationen und von den Azubis in Eigenregie produzierte Videos. Parallax Scrolling sorgt zusätzlich für Bewegung auf dem virtuellen Azubi-Schreibtisch.

www.ausbildung-bei-schoeller.de

Kunde Schoeller Technocell GmbH & Co. KG, Osnabrück Leitung Öffentlichkeitsarbeit Dr. Friederike Texter Werbeagentur graef advertising GmbH, Osnabrück Beratung Hans-Joachim Graef Konzeption Antje Koglin / Dirk Kolhosser Art Director Antje Koglin Text Dirk Kolhosser Projektmanagement Vera Brückner Programmierung cytrus GmbH

RECRUITING, MITARBEITER-KOMMUNIKATION

OUT OF HOME / AKTIVITÄTEN

Siemens AG / Veranstaltungsreihe GMC „GMC PowerPlay 2012“

Let's raise the score! Unter diesem Motto trafen sich über 1.200 Siemens-Mitarbeiter aus aller Welt zu einer Weiterbildung der besonderen Art. Bumper, Hebel, Kugeln in Übergröße: Ein begehbarer Flipper bildete das energetisierende Set-up für insgesamt 20 2,5-tägige Vertriebsveranstaltungen. Wissensvermittlung stand im Vordergrund, spielerische Elemente sorgten für Verankerung. Das Ergebnis: begeisterte, hoch motivierte Teilnehmer, über 90 % positives Feedback und ein Highscore von 15 Mio. Punkten.

Kunde Siemens AG, Nürnberg Marketingleitung Stephan Pistorius / Gitta Fuchs-Goesswein / Kurosch Tawassoli Werbeagentur hl-studios GmbH, Erlangen Beratung Gregor Bruchmann Creative Director Katja Littow / Matthias Ritter Art Director Renate Müller (Print) / Roger Scrooby (Print) / Fabian Müller (Interactive) / Nina Morgenstern (Interactive) / Christian Gluch (Interactive) / Thomas Koller (Interactive) / Ulf Schoedel (Leitung Interactive) Producer Annabelle Busanny / Nicole Schlein Event Wolfgang Geisler / Dario Strobel Film Daniel Boklage 3D Artist Christian Bürger / Daniel Paul

RECRUITING, MITARBEITER-KOMMUNIKATION

DIGITALE MEDIEN / SOCIAL-MEDIA-AKTIVITÄTEN

V. E. M. Vorarlberger Elektro- und Metallindustrie / „Snowboardfactory“

Die V. E. M. ist eine Recruiting-Gemeinschaft von 100 Unternehmen der Elektro- und Metallindustrie. Auf Basis gemeinsamer Ausbildungsstandards werden Auszubildende (österreichisch: Lehrlinge) rekrutiert, aber auch Absolventen höherer Bildungswege. Die „Snowboardfactory“ wurde als Facebook-App realisiert. Einfach das Profilbild in die Rakete laden, die Karriere mit der V. E. M. starten und Snowboards mit Raketendesign gewinnen.

www.facebook.com/vemkarriere

Kunde Wirtschaftskammer Vorarlberg, Sparte Industrie, V. E. M. Körperschaft öffentlichen Rechts, Feldkirch (Österreich) Geschäftsführung MBA Sebastian Manhart (Fachgruppen-Geschäftsführer) Werbeagentur die3 Agentur für Werbung und Kommunikation GmbH, Dornbirn (Österreich) Beratung Petra Grass Konzeption Mario Lorenz / Petra Grass Creative Director Mario Lorenz Art Director Sascha Grabherr Producer Sascha Grabherr Text Petra Grass Grafik Mario Lorenz

Agenturen

2

21TORR Interactive GmbH
Heinestr. 72, 72762 Reutlingen, D
T +49 7121 348-0
F +49 7121 348-299
M interactive@21torr.com
www.21torr.com
> 238

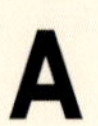

A&B One Kommunikationsagentur GmbH
Burgstr. 27, 10178 Berlin, D
T +49 30 24086-600
F +49 1805 223285
M agentur@a-b-one.de
www.a-b-one.de
> 618

act&react Werbeagentur GmbH
Kronprinzenstr. 105, 44135 Dortmund, D
T +49 231 914589-0
F +49 231 914589-99
M info@act-and-react.com
www.act-and-react.com
> 295, 518, 602

AD Konzept GmbH
Goldschmidtstr. 16, 04103 Leipzig, D
T +49 341 242538-50
F +49 341 242538-59
M info@ad-konzept.de
www.ad-konzept.de
> 533, 533, 533

agenta agenturgruppe GmbH
Königsstr. 51-53, 48143 Münster, D
T +49 251 5305-100
F +49 251 5305-195
M dialog@agenta.de
www.agenta.de
> 442

Agentur am Flughafen AG
Flughafenstr. 10, 9423 Altenrhein, CH
T +41 71 85826-13
F +41 71 85826-14
M checkin@agenturamflughafen.com
www.agenturamflughafen.com
> 368, 412, 630, 639

agenturwitt
Tullastr. 89, 79108 Freiburg, D
T +49 761 5562-410
F +49 761 5562-411
M info@agenturwitt.de
www.agenturwitt.de
> 187

Appmotion GmbH
Bernstorffstr. 120, 22767 Hamburg, D
T +49 40 228200600
F +49 40 228200609
M kontakt@appmotion.de
www.appmotion.de
> 409

ASM Werbeagentur GmbH GWA
Rauchstr. 7, 81679 München, D
T +49 89 417605-0
F +49 89 417605-20
M info@asm-muenchen.de
www.asm-muenchen.de
> 644

Atelier Damböck Messebau GmbH
Oskar-von-Miller-Ring 1, 85464 Neufinsing bei München, D
T +49 8121 975-0
F +49 8121 975-444
M info@damboeck.de
www.damboeck.de
> 268

Babiel GmbH
Erkrather Str. 224a, 40233 Düsseldorf, D
T +49 211 179349-0
F +49 211 179349-29
M info@babiel.com
www.babiel.com
> 369, 440, 615

BEACHDESIGN Personengesellschaft
Grundweg 21, 97297 Waldbüttelbrunn, D
T +49 931 4708-9922
F +49 931 4708-7272
M post@beachdesign.de
www.beachdesign.de
> 328, 598

Beaufort 8 GmbH
Kriegsbergstr. 34, 70174 Stuttgart, D
T +49 711 25773-0
F +49 711 25773-88
M info@beaufort8.de
www.beaufort8.de
> 560, 650

BestSeller Agentur für Absatzförderung GmbH
Hanauer Landstr. 289, 60314 Frankfurt, D
T +49 69 707976-10
F +49 69 707976-77
M info@agentur-bestseller.de
www.agentur-bestseller.de
> 184

Blackbit neue Werbung GmbH
Ernst-Ruhstrat-Str. 6, 37079 Göttingen, D
T +49 551 506 75-0
F +49 551 506 75-20
M info@blackbit.de
www.blackbit.de
> **464**

Bloom GmbH
Widenmayerstr. 38, 80538 München, D
T +49 89 520306-0
F +49 89 520306-15
M info@bloomproject.de
www.bloomproject.de
> **258**, **589**

Bloom Project GmbH
Widenmayerstr. 38, 80538 München, D
T +49 89 520306-0
F +49 89 520306-15
M info@bloomproject.de
www.bloomproject.de
> **332**, **356**, **385** f.

Bloom Project GmbH
Ajtoschstr. 6, 90459 Nürnberg, D
T +49 911 99435-0
F +49 911 99435-32
M zentrale@bloomproject.de
www.bloomproject.de
> **180**, **191**, **260**, **305**, **318**, **519**

brainwaves GmbH & Co. KG
Rosenheimer Str. 145 b, 81671 München, D
T +49 89 244488-0
F +49 89 244488-144
M mail@brainwaves.de
www.brainwaves.de
> **296**, **594** f.

BrawandRieken Werbeagentur GmbH
Poggenmühle 1, 20457 Hamburg, D
T +49 40 307070-0
F +49 40 307070-100
M info@brawandrieken.de
www.brawandrieken.de
> **165** f., **228**, **449**, **451** ff.

CIDCOM Werbeagentur GmbH
Wiedner Hauptstr. 78 H2/2/24, 1040 Wien, AT
T +43 1 40648140
F +43 1 4054754
M office@cidcom.at
www.cidcom.at
> **456** ff.

CODE64 GmbH
Sendlinger Str. 42, 80331 München, D
T +49 89 242188-60
F +49 89 242188-69
M service@code64.de
www.code64.de
> **152**, **263**, **534**

coma AG
Hogenbergstr. 20, 80686 München, D
T +49 89 189457-0
F +49 89 189457-29
M info@coma.de
www.coma.de
> **182** f.

conceptX Strategische Kommunikation GmbH
Münsterstr. 53, 48431 Rheine, D
T +49 5971 16132-0
F +49 5971 16132-22
M info@conceptx.de
www.conceptx.de
> **309**, **596**

Counterpart GmbH
Kamekestr. 21, 50672 Köln, D
T +49 221 951441-0
F +49 221 951441-20
M big-hit@counterpart.de
www.counterpart.de
> **186**, **536**

die3 Agentur für Werbung und Kommunikation GmbH
Mähdlegasse 1a, 6850 Dornbirn, AT
T +43 5572 23116-0
F +43 5572 34435
M office@die3.eu
www.die3.eu
> **256**, **490**, **538**, **542**, **544**, **626**, **656**

Die Botschaft New Communications GmbH
Unterbaumstr. 4, 10117 Berlin, D
T +49 30 7790789-0
F +49 30 7790789-11
M info@-diebotschaft.de
www.die-botschaft.de
> **153** ff.

dieckertschmidt GmbH
Rosenthaler Str. 34-35, 10178 Berlin, D
T +49 30 280447470
F +49 30 280447479
www.dieckertschmidt.com
> **254**, **264**, **342**

DIE CREW AG Werbeagentur
Maybachstr. 8, 70469 Stuttgart, D
T +49 711 13545-0
F +49 711 13545-90
M info@diecrew.de
www.diecrew.de
> **189**, **197**, **279** ff.

DIE INSEL Werbeagentur GmbH
Mühlwiesenstr. 32, 70794 Filderstadt, D
T +49 7158 98544-0
F +49 7158 98544-10
M info@die-insel.eu
www.die-insel.eu
> **370**

Dievision Agentur für Kommunikation GmbH
Kriegerstr. 44, 30161 Hannover, D
T +49 511 288791-0
F +49 511 288791-99
M info@dievision.de
www.dievision.de
> **441**

DI UNTERNEHMER – Digitalagentur GmbH
Hopfensack 19, 20457 Hamburg, D
T +49 40 3008659-0
F +49 40 3008659-29
www.di-unternehmer.com
> **411**, **410**, **621**

Division4 communication GmbH
Zennegasse 3, 1160 Wien, AT
T +43 1 4852244
F +43 1 4852244-10
M office@division4.at
www.division4.at
> **173**

DRWA Das Rudel Werbeagentur GbR
Erbprinzenstr. 11, 79098 Freiburg, D
T +49 761 156207-10
F +49 761 156207-18
M mail@drwa.de
www.drwa.de
> **192**, **226**, **230**

dube. visuelle kommunikation Einzelunternehmen
Hofmannstr. 7a, 81379 München, D
T +49 89 7875673-0
F +49 89 7875673-19
M info@dd-design.de
www.dd-design.de
> **429** ff., **433**

dw capital GmbH
Vogelsanger Str. 78, 50823 Köln, D
T +49 221 29218-400
F +49 221 29218-599
M contact@dw-capital.com
www.dw-capital.com
> **487**

E

elbkind GmbH
Große Elbstr. 145d, 22767 Hamburg, D
T +49 40 4328247-0
F +49 40 4328247-55
E-Mail: awards@elbkind.de
www.elbkind.de
> **164**

Ender Werbung GmbH & Co KG
Schillerstr. 7, 6890 Lustenau, AT
T +43 5577 84141-0
F +43 5577 84141-10
M welcome@enderwerbung.com
www.enderwerbung.com
> **193**, **470**, **508**, **561**, **564**

Extra Marketing Service GmbH
Lustenauerstr. 66, 6850 Dornbirn, AT
T +43 5572 394365-0
F +43 5572 394365-15
M office@extramarketing.eu
www.extramarketing.eu
> **300**, **325**

FACT GmbH
Einsteinstr. 44, 73230 Kirchheim/Teck, D
T +49 70 2192009-0
F +49 70 2192009-22
M info@factnet.de
www.factnet.de
> **278**, **302**

feedback communication GmbH
Bartholomäusstr. 26 C, 90489 Nürnberg, D
T +49 911 27983-0
F +49 911 27983-33
M info@feedback-communication.de
www.feedback-communication.de
> **294**, **326**

fmk. GmbH
Einsteinstr. 44, 73230 Kirchheim/Teck, D
T +49 70 2192009-0
F +49 70 2192009-22
M info@fmk-web.de
www.fmk-web.de
> **156**

freitag van geigk GmbH
Leisewitzstr. 28, 30175 Hannover, D
T +49 511 270911-70
F +49 511 270911-77
M kontakt@freitagvangeigk.com
www.freitagvangeigk.com
> **445**

Frese & Wolff Werbeagentur GmbH
Donnerschweer Str. 79, 26123 Oldenburg, D
T +49 441 8002-0
F +49 441 8002-222
M info@frese-wolff.de
www.frese-wolff.de
> **179**, **495** f., **571**

Fuse Integrierte Kommunikation und Neue Medien GmbH
Bergstr. 16, 20095 Hamburg, D
T +49 40 450318-0
F +49 40 450318-18
M info@fuse.de
www.fuse.de
> **274** f.

G + P Glanzer + Partner Werbeagentur GmbH
Paracelsusstr. 26, 70599 Stuttgart, D
T +49 711 1673-0
F +49 711 4569390
M info@glanzer-und-partner.de
www.glanzer-und-partner.de
> **150** f., **163**, **168** ff., **514**

G2 Germany GmbH
Rosenthaler Str. 51, 10178 Berlin, D
T +49 30 2888413-00
F +49 30 2888413-10
M info-germany@G2.com
www.G2.com/germany
> **178**

Good Guys Entertainment GmbH
Schönhauser Allee 6/7, 10119 Berlin, D
T +49 30 308819-20
M info@goodguysentertainment.de
www.goodguysentertainment.de
> **210**

GoYa! Die Markenagentur GmbH
Neuenheimer Landstr. 5, 69120 Heidelberg, D
T +49 6221 89362-00
F +49 6221 89356-03
www.goya.eu
> **466**

GP Visuelle Kommunikation
Alice-Salomon-Str. 37, 79111 Freiburg, D
T +49 761 12037-51
F +49 761 12037-54
M info@pasinli.de
www.pasinli.de
> **376**

graef advertising GmbH
Kollegienwall 3-4, 49074 Osnabrück, D
T +49 541 580548-0
F +49 541 580548-99
M info@graef-advertising.com
www.graef-advertising.com
> **312**, **552** ff., **654**

Gute Botschafter GmbH
Turmstr. 34, 45721 Haltern am See, D
T +49 2364 9380-26
F +49 2364 9380-19
M im@gute-botschafter.de
www.gute-botschafter.de
> **609**

H-ZWO Agentur für Kommunikation GmbH
Schanzenstr. 39, 51063 Köln, D
T +49 221 933300-0
F +49 221 933300-20
M info@h-zwo.com
www.h-zwo.com
> **271** f., **525** f.

Haag Marketing & Design GmbH
Altenkesseler Str. 17/Geb. B 8, 66115 Saarbrücken, D
T +49 681 99281-10
F +49 681 99281-20
M mailbox@haag-marketing.de
www.haag-marketing.de
> **336**, **475**

Hagenhoff Werbeagentur GmbH & Co. KG
Kollegienwall 3-4, 49074 Osnabrück, D
T +49 541 35899-0
F +49 541 35899-66
M info@hagenhoff.de
www.hagenhoff.de
> **593**

Hammerer GmbH & CoKG
Riedauer Str. 48, 4910 Ried im Innkreis, AT
T +43 775287011-0
F +43 7752 87011-11
M office@hammerer.at
www.hammerer.at
> **269**

hannomayr.communication ohg
Buozzistr. 6, 39100 Bozen, I
T +39 0471 066262
F +39 0471 066263
M mailbox@hannomayr.com
> **446**

Hauk Werbeagentur GmbH
Reichenbachstr. 16, 80469 München, D
T +49 89 2060675-0
F +49 89 2060675-21
M mail@hauk-wa.com
www.hauk-wa.com
> **426** f., **432**

Havas Worldwide Düsseldorf GmbH
Kaiserswerther Str. 135, 40474 Düsseldorf, D
T +49 211 9916-0
F +49 211 9916-271
www.havasww.de
> **94** ff.

Havas Worldwide München GmbH
Lessingstr. 11, 80336 München, D
T +49 211 9916-0
F +49 211 9916-271
www.havasww.de
> **444**

Heimat Werbeagentur GmbH
Segitzdamm 2, 10969 Berlin, D
T +49 30 61652-0
F +49 30 61652-200
M info@heimat-berlin.com
www.heimat-berlin.com
> **76** ff., **88** ff., **102** ff., **114** ff., **214**, **250**, **252** f., **415**, **504** ff.

Heine Warnecke Design GmbH
Groß-Buchholzer Str. 28, 30655 Hannover, D
T +49 511 27109-09
F +49 511 27109-10
www.heinewarnecke.com
> **140** ff., **157**, **421**

HELDISCH GmbH
Gneisenaustr. 85, 10961 Berlin, D
T +49 30 6165738-0
F +49 30 6165738-66
M info@heldisch.com
www.heldisch.com
> **583**

Heye & Partner GmbH
Gänsemarkt 35, 20354 Hamburg, D
T +49 40 22933-01
F +49 40 22933-100
M Info@heye-hh.de
www.heye.de
> **213**, **509**, **511**, **515**

hl-studios GmbH
Reutleser Weg 6, 91058 Erlangen, D
T +49 9131 7578-0
F +49 9131 7578-75
M info@hl-studios.de
www.hl-studios.de
> **292** f., **310**, **628**, **646**, **655**

Hörger & Partner Werbeagentur GmbH
Frauenstr. 65, 89073 Ulm, D
T +49 731 699-11
F +49 731 699-13
M agentur@hoerger.de
www.hoerger.de
> **223**, **227**, **231**, **239**, **371**, **417** f., **420**

HUT FRANKFURT Werbeagentur GmbH
Oeder Weg 39a, 60318 Frankfurt am Main, D
T +49 69 660567-60
F +49 69 660567-61
M kontakt@h-u-t.de
www.h-u-t.de
> **335**, **520**

I

ID Kommunikation Stein e.K.
Ulmenweg 20, 33824 Werther (Westfalen), D
T +49 5203 9195-271
F +49 5203 9195-277
M mail@id-stein.de
www.id-stein.de
> **424**

Initiative Media GmbH
Schloßstr. 8e, 22041 Hamburg, D
T +49 40 43196-0
F +49 40 43196-720
www.einfachbesserkommuniziert.de
> **161**

Intevi Werbeagentur GmbH
Brüsseler Str. 21, 50674 Köln, D
T +49 221 201850
F +49 221 2018550
M info@intevi.de
www.intevi.de
> **190**, **284**, **500**

ISGRO Gesundheitskommunikation GmbH & Co. KG
Sophienstr. 17, 68165 Mannheim, D
T +49 621 401712-0
F +49 621 401712-29
www.isgro-gk.de
> **513**

J

Jahns and Friends AG
Heerdter Sandberg 32, 40549 Düsseldorf, D
T +49 211 55962-0
F +49 211 55962-49
M info@jahnsandfriends.de
www.jahnsandfriends.de
> **246**, **317**, **422**

JUNGMUT GmbH & Co. KG
Mohrenstr. 7-9, 50670 Köln, D
T +49 221 677809-0
F +49 221 677809-99
M contact@jungmut.com
www.jungmut.com
> **360**, **362** f., **614**

KAAPKE GmbH
Süd-Allee 2, 49685 Emstek/ecopark, D
T +49 4473 94338-0
F +49 4473 94338-38
M zentrale@kaapke.com
www.kaapke.com
> **160**, **308**, **550** f.

kampfgefährten GmbH & Co. KG
Kranhaus Süd / EBC, Im Zollhafen 24,
50678 Köln, D
T +49 221 65078386
M mail@kampfgefaehrten.de
www.kampfgefaehrten.de
> **290**, **303**

kernpunkt GmbH
Oskar-Jäger-Str. 170, 50825 Köln, D
T +49 221 569576-0
F +49 221 569576-499
M info@kernpunkt.de
www.kernpunkt.de
> **297**, **461**

Kirchner Kommunikation und Marketing GmbH
Herforder Str. 18, 32257 Bünde, D
T +49 5223 4981-0
F +49 5223 4981-26
M kontakt@kirchner-kum.de
www.kirchner-kum.de
> **232**, **236**

Klunk Kommunikation Einzelunternehmer
Lindenstr. 169, 40233 Düsseldorf, D
T +49 211 3398-940
F +49 211 3398-941
www.klunk-kommunikation.de
> **568**

knallrot. GmbH
Kaiserstr. 65, 60329 Frankfurt am Main, D
T +49 69 242470-41
F +49 69 242470-42
M knallrot@knallrot.biz
www.knallrot.biz
> **373**, **558**

KNSK Werbeagentur GmbH
An der Alster 1, 20099 Hamburg, D
T +49 40 44189-0
F +49 40 44189-201
M info@knsk.de
www.knsk.de
> **319**

Kolle Rebbe GmbH
Dienerreihe 2, 20457 Hamburg, D
T +49 40 325423-0
F +49 40 325423-23
M hallo@kolle-rebbe.de
www.kolle-rebbe.de
> **106** ff., **118** ff., **134** ff., **352**, **477** ff., **479** ff.

L

Lach Communication Group GmbH & Co. KG
Günhovenerstr. 81, 41179
Mönchengladbach, D
T +49 2161 27795-0
F +49 2161 27795-19
M talk@lach-communicationgroup.com
www.lach-communicationgroup.com
> **270**

LässingMüller Werbeagentur GmbH & Co. KG
Renzwiesen 6, 70327 Stuttgart, D
T +49 711 248922-10
F +49 711 248922-20
M info@lmwa.de
www.lmwa.de
> **288** f., **291**, **374**

lawinenstift GmbH
Fritschestr. 27/28 Aufgang C, 10585 Berlin, D
T +49 30 319845-0
F +49 30 319845-100
M info@lawinenstift.com
www.lawinenstift.com
> **233** ff.

LBi Germany AG
Hansaring 97, 50670 Köln, D
T +49 221 16889-0
F +49 221 16889-599
M info-germany@lbi.com
www.lbi.de
> **329**, **364**

Leipziger Verkehrsbetriebe (LVB) GmbH
Karl-Liebknecht-Str. 12, 04107 Leipzig, D
T +49 341 492-0
F +49 341 492-1005
M info@lvb.de
www.lvb.de
> **488**

Leo Burnett GmbH
Ferdinand-Happ-Str. 53, 60314 Frankfurt am Main, D
T +49 69 78077-0
F +49 69 78077-700
M wettbewerbe@leoburnett.de
www.leoburnett.de
> **138** ff., **140** ff., **212**, **358**, **468**, **535**, **573**, **576**, **576**

LIGHTHOUSE Marken-Navigation GmbH
Kemptener Str. 39, 88131 Lindau, D
T +49 8382 27730-0
F +49 8382 27730-10
M info@lighthouse.de
www.lighthouse.de
> **647** ff.

Lingner Marketing GmbH
Kaiserstr. 168–170, 90763 Fürth, D
T +49 911 350188-0
F +49 911 350188-88
M info@lingner.de
www.lingner.de
> **600**

M

Machbar GmbH
Obere Königsstr. 39, 34117 Kassel, D
T +49 561 475956-0
F +49 561 475956-29
M mail@machbar.com
www.machbar.com
> **337** f., **633**

markenmut ag
Herzogenbuscher Str. 14, 54292 Trier, D
T +49 651 9363-0
F +49 651 9363-210
M mut@markenmut.de
www.markenmut.de
> **171**, **512**, **610**

markt&werbung GmbH
Heinz-Nixdorf-Str. 12, 41179 Mönchengladbach, D
T +49 2161 93098-0
F +49 2161 93098-30
M info@marktundwerbung.de
www.marktundwerbung.de
> **277**

Marschall Wernecke & Andere Accelerate GmbH
Gormannstr. 14, 10119 Berlin, D
T +49 30 8866976-0
F +49 30 8866976-10
M accelerate@marschallwernecke.com
www.marschallwernecke.com
> **578**, **580**, **606**, **612**

McCann Berlin GmbH
Schönhauser Allee 37, 10435 Berlin, D
T +49 30 44030-0
F +49 30 44030-151
M info@mccann.de
www.mccann.de
> **177**

mediaplus gruppe / serviceplan gruppe gmbh & co. kg
haus der kommunikation, 80250 München, D
T +49 89 2050-20
F +49 89 2050-662103
M info@serviceplan.com
www.mediaplus.com
> **209**

medienweite gmbh & co. kg
natruper-tor-wall 3, 49076 Osnabrück, D
T +49 541 404119-0
F +49 541 404119-20
M info@medienweite.de
www.medienweite.de
> **489**, **497**, **599**

Melches Vonderstein Werbeagentur GmbH
Kaiserswerther Str. 29–31,
40477 Düsseldorf, D
T +49 211 49256-0
F +49 211 49256-11
M mail@melchesvonderstein.de
www.melchesvonderstein.de
> **395**, **642**

Michael Wiczoreck Kommunikationsdesign Einzelfirma
Rheinlanddamm 201, 44139 Dortmund, D
T +49 231 7217287
F +49 231 7217296
M wiczoreck@t-online.de
www.wiczoreck.de
> **604**

Montfort Werbung AG
Industriering 10, 9491 Ruggell, LI
T +423 3775 805
F +423 3775 909
M ruggell@montfortwerbung.com
www.montfortwerbung.com
> **516**

move:elevator GmbH
Essener Str. 99, 46047 Oberhausen, D
T +49 208 37711-0
F +49 208 37711-11
M oberhausen@move-elevator.de
www.move-elevator.de
> **397**

move medien Hauenstein & Heidenreich GbR
Am Schloßberg 26, 91257 Pegnitz, D
T +49 9241 724-198
F +49 9241 724-199
M kontakt@move-medien.de
www.move-medien.de
> **652**

mpeyer Communication GmbH
Alte Königstraße 41, 22767 Hamburg, D
T +49 40 8550990-0
F +49 40 8550990-29
M info@mpeyer.com
www.mpeyer.com
> **631** f., **638**

Münchrath. Die Werbeschmiede GbR
Wilhelmstr. 40, 79098 Freiburg, D
T +49 761 76709-0
F +49 761 76709-11
M info@werbeschmiede.de
www.werbeschmiede.de
> **323**

N

nutcracker Online-Video-Kommunikation Einzelunternehmen
Cassellastrasse 30–32, 60386 Frankfurt, D
T +49 69 904374-67
F +49 69 904374-69
M info@nutcracker-concepts.de
www.nutcracker-concepts.de
> **245**, **350**f.

Ogilvy & Mather Werbeagentur GmbH
Darmstädter Landstr. 112, 60598
Frankfurt am Main, D
T +49 69 96225-0
F +49 69 96225-1731
M info@ogilvy.com
www.ogilvy.de
> **98**ff., **130**ff., **247**, **390**, **393**, **401**, **403**ff., **438**, **471**f., **474**

OgilvyAction GmbH
Am Handelshafen 2–4, 40221 Düsseldorf, D
T +49 211 49700-0
F +49 211 49700-368
M ddf-empfang@ogilvy.com
www.ogilvy.de
> **365**

OLIVER VOSS Werbeagentur GmbH
Finkenau 35e, 22081 Hamburg, D
T +49 40 2266066-30
F +49 40 2266066-40
www.olivervoss.com
> **82**ff., **339**, **344**f., **527**

P.O.S. Kresin Design GmbH
An der Stupe 5, 37124 Rosdorf, D
T +49 551 5006-430
F +49 551 5006-435
M info@pos-kresin.de
www.pos-kresin.de
> **375**, **448**

people interactive GmbH
Spichernstr. 6, 50672 Köln, D
T +49 221 569773-0
F +49 221 569773-33
M presse@people-interactive.de
www.people-interactive.de
> **483**, **485**

Peperoni Werbe- und PR-Agentur GmbH
Friedrich-Ebert-Str. 91, 14467 Potsdam, D
T +49 331 231890-0
F +49 331 231890-70
M info@peperonihaus.de
www.peperonihaus.de
> **584**, **587**f.

pilot Hamburg GmbH & Co. KG
Große Reichenstr. 27, 20457 Hamburg, D
T +49 40 303766-0
F +49 40 303766-99
M info@pilot.de
www.pilot.de
> **517**

pixelconcept GmbH
Friedrich-Ebert-Str. 79, 34119 Kassel, D
T +49 561 789845-0
F +49 561 789845-19
M kontakt@pixelconcept.de
www.pixelconcept.de
> **529**, **531**f.

Pixelpark AG / Elephant Seven Unternehmensgruppe GmbH
Bergmannstr. 72, 10961 Berlin, D
T +49 30 5058-1570
F +49 30 5058-1400
M info@pixelpark.com
www.pixelpark.com
> **202**, **282**, **459**, **575**, **577**, **641**

polargold GmbH Kreativagentur für neue Medien
Kleine Johannisstr. 6, 20457 Hamburg, D
T +49 40 6887587-0
F +49 40 6887587-11
M info@polargold.de
www.polargold.de
> **276**, **423**

Preuss und Preuss GmbH
Friedelstr. 27, 12047 Berlin, D
T +49 30 40504678-0
F +49 30 40504678-1
M awards@preussundpreuss.com
www.preussundpreuss.com
> **330**, **498**

public:news GmbH
ABC-Str. 4–8, 20354 Hamburg, D
T +49 40 866888-0
F +49 40 866888-10
M info@publicnews.de
www.publicnews.de
> **613**

Q

querformat GmbH & Co. KG
Roßfelder Str. 65/5, 74564 Crailsheim, D
T +49 7951 27898-0
F +49 7951 27898-27
M kontakt@querformat.info
www.querformat.info
> **159**, **437**

R

re-lounge GmbH
Schwaighofstr. 9, 79100 Freiburg, D
T +49 761 888524-0
F +49 761 888524-11
M post@re-lounge.com
www.re-lounge.com
> **653**

reality bytes neue medien gmbh
Bayenthalgürtel 16–20, 50968 Köln, D
T +49 221 934795-0
F +49 221 934795-35
M info@reality-bytes.com
www.reality-bytes.com
> **324**, **455**

RESpublica Agentur für Kommunikation GmbH
Ohmstr. 15, 80802 München, D
T +49 89 213198-0
F +49 89 213198-20
M hallo@respublica.de
www.respublica.de
> **434**ff.

revo. GmbH
Ubierring 9–11, 50678 Köln, D
T +49 221 46867-30
F +49 221 46867-40
M info@revo.de
www.revo.de
> **198**

RMG Connect GmbH
Forststr. 9, 70174 Stuttgart, D
T +49 711 28470500
F +49 711 28470027
M info@rmgconnect.com
www.rmgconnect.de
> **349**, **581**

RUECKERCONSULT GmbH
Wallstr. 16, 10179 Berlin, D
T +49 30 2844987-3
F +49 30 2844987-99
www.rueckerconsult.de
> **557**

S

S/COMPANY · Die Markenagentur GmbH
Weimarer Str. 22, 36039 Fulda, D
T +49 661 93377-88
F +49 661 93377-89
M werbung@s-company.de
www.s-company.de
> **521**ff.

Schindler Parent GmbH
Uferpromenade 3–5, 88709 Meersburg, D
T +49 7532 4301-0
F +49 7532 4301-100
www.schindlerparent.de
> **216**f., **322**

SCHLEINER + PARTNER Kommunikation GmbH
Schwaighofstr. 18, 79100 Freiburg, D
T +49 761 70477-0
F +49 761 70477-77
M kontakt@schleiner.de
www.schleiner.de
> **377**, **530**, **608**, **616**f.

Schmittgall Werbeagentur GmbH
Albstr. 14, 70597 Stuttgart, D
T +49 711 604460
F +49 711 6409168
M info@schmittgall.de
www.schmittgall.de
> **314**ff.

Scholz & Volkmer GmbH
Schwalbacher Str. 72, 65183 Wiesbaden, D
T +49 611 18099-0
F +49 611 18099-77
M mail@s-v.de
www.s-v.de
> **122**ff., **175**, **476**

schwecke.mueller Werbeagentur GmbH
Karolinenstr. 4, 80538 München, D
T +49 89 358996-0
F +49 89 358996-66
M beratung@schweckemueller.de
www.schweckemueller.de
> **185**, **379**, **400**, **492**, **537**

screenagers GmbH
Gumpendorferstr. 16/16, 1060 Wien, AT
T +43 1 997 1644
F +43 1 997 1644-1
M office@screenagers.at
www.screenagers.com
> **257**

Sehfeld GmbH ehem. Groothuis, Lohfert, Consorten GmbH
Gaußstr. 124–126, 22765 Hamburg, D
T +49 40 398464-0
F +49 40 398464-64
M ahoi@glcons.de
www.glcons.de
> **387** f.

serviceplan gruppe / mediaplus gruppe gmbh & co. kg
haus der kommunikation, 80250 München, D
T +49 89 2050-20
F +49 89 2050-662103
M info@serviceplan.com
www.serviceplan.com
> **222**, **242**, **566**

serviceplan gruppe gmbh & co. kg
haus der kommunikation, 80250 münchen, D
T +49 89 2050-20
F +49 89 2050-2111
M info@serviceplan.com
www.serviceplan.com
> **110** ff., **126** ff., **204** ff., **208**, **237**, **267**, **494**, **574**

stöhr, MarkenKommunikation GmbH
Burghofstr. 40, 40223 Düsseldorf, D
T +49 211 93301-0
F +49 211 93301-11
M info@stoehr-marken.com
www.stoehr-marken.com
> **199** ff., **454**

SYZYGY, D GmbH
Börsenstr. 2–4, 60313 Frankfurt am Main, D
T +49 69 710414-100
F +49 69 710414-104
M info@syzygy.de
www.syzygy.de
> **211**

T

take off – media services christowzik + scheuch gbr
Pestalozzistr. 19, 34119 Kassel, D
T +49 561 93244-59
F +49 561 93244-89
M info@takeoff-ks.de
www.takeoff-ks.de
> **627**

team4media GmbH
Hans Wunderlich-Str. 4, 49078 Osnabrück, D
T +49 541 33579-0
F +49 541 33579-29
M info@team4media.net
www.team4media.net
> **172**, **241**, **563**, **622** f.

TEAM KONZEPT SERVICE GMBH DESIGN & PLANNING
Frohschammerstr. 6, 80807 München, D
T +49 89 767090
F +49 89 767090-159
M info@teamkonzept.com
www.teamkonzept.com
> **194**

The Vision Company Werbeagentur GmbH
Werderstr. 3, 50672 Köln, D
T +49 221 39062-0
F +49 221 39062-2
M info@the-vision-company.de
www.the-vision-company.de
> **273**

Thielker+Team Werbeagentur GmbH
Marktstr. 83, 56564 Neuwied, D
T +49 2631 9997-77
F +49 2631 9997-99
M info@thielkerteam.de
www.thielkerteam.de
> **306**, **467**, **493**, **624**, **635** f.

TWT Interactive GmbH
Corneliusstr. 20–22, 40215 Düsseldorf, D
T +49 211 601601-0
F +49 211 601601-19
www.twt.de
> **196**, **307**, **380**

upart Werbung & Kommunikation GmbH
Schillerstr. 10, 4020 Linz, AT
T +43 732 781147-0
M office@upart.at
www.upart.at
> **569**, **591** f.

vergissmeinnicht Werbeagentur GmbH
Seepromenade 17, 88662 Überlingen, D
T +49 7551 94729-0
F +49 7551 94729-29
M info@vergissmeinnicht-kommunikation.de
www.vergissmeinnicht-kommunikation.de
> **304**, **546** ff.

Verlag M. Kühnle Einzelunternehmung
Marksteinhof 1, 71254 Ditzingen-Heimerdingen, D
T +49 177 6578670
M info@kuehnle-verlag.de
www.kuehnle-verlag.de
> **572**

ViznerBorel GmbH
Samariterstr. 5, 8032 Zürich, Schweiz
T +41 43 2226232
F +41 43 2226233
www.viznerborel.ch
> **501**, **503**

Vogt Foliendruck GmbH
Leipziger Str. 100–103, 37235 Hessisch Lichtenau, D
T +49 5602 9389-0
F +49 5602 9389-90
M info@vogt-druck.de
www.vogt-druck.de
> **565**

von Mende Marketing GmbH
Tirpitzstr. 1, 26122 Oldenburg, D
T +49 441 361170-0
F +49 441 361170-70
M mail@vonmende.de
www.vonmende.de
> **443**, **540** f.

Wensauer & Partner GmbH
Osterholzallee 76, 71636 Ludwigsburg, D
T +49 7141 4075-0
F +49 7141 4075-10
M info@wensauer.de
www.wensauer.de
> **148**, **167**, **174**, **188**

Werbeagentur Müller GmbH
Seifartshofstr. 8, 96450 Coburg, D
T +49 9561 5535-0
F +49 9561 5535-99
M info@wa-mueller.de
www.wa-mueller.de
> **425**, **562**

W.F.P.. Werbeagentur Felske + Partner GmbH + Co. KG
Konrad-Zuse-Ring 2, 41179 Mönchengladbach, D
T +49 2161 4904-0
F +49 2161 4904-44
M info@w-f-p.de
www.w-f-p.de
> **414**

Wiethe Group GmbH
Hermann-Müller-Str. 12, 49124 Georgsmarienhütte, D
T +49 5401 3651-200
F +49 5401 3651-201
M agentur@wiethe.com
www.wiethe.com
> **262**, **416**

Wiethe Interaktiv GmbH & Co. KG
Hermann-Müller-Str. 12, 49124 Georgsmarienhütte, D
T +49 5401 3651-200
F +49 5401 3651-201
M interaktiv@wiethe.com
www.wiethe.com
> **255**, **259**, **261**, **399**

Wiethe Kommunikativ GmbH & Co. KG
Hermann-Müller-Str. 12, 49124 Georgsmarienhütte, D
T +49 5401 3651-100
F +49 5401 3651-101
M kommunikativ@wiethe.com
www.wiethe.com
> **381**

Wiethe Objektiv GmbH & Co. KG
Hermann-Müller-Str. 12, 49124 Georgsmarienhütte, D
T +49 5401 3651-200
F +49 5401 3651-201
M objektiv@wiethe.com
www.wiethe-objektiv.com
> **398**

wirDesign communications AG
Sophienstr. 40, 38118 Braunschweig, D
T +49 531 8881-0
F +49 531 8881-234
M welcome@wirdesign.de
www.wirdesign.de
> **462**

wrw united werbeagentur GmbH
Höninger Weg 155a, 50969 Köln, D
T +49 221 34090-0
F +49 221 34090-330
M postbox@wrwunited.de
www.wrwunited.de
> **158**, **244**, **313**, **543**

wvp Werbegesellschaft GmbH
Alexanderstr. 153, 70180 Stuttgart, D
T +49 711 601767-0
F +49 711 601767-29
M info@wvp.de
www.wvp.de
> **218** ff., **301**

wysiwyg* software design GmbH
Stresemannstr. 26, 40210 Düsseldorf, D
T +49 211 8670114
F +49 211 134679
M info@wysiwyg.de
www.wysiwyg.de
> **298**, **355**

Z

zeroseven design studio für Marken-inszenierung GmbH
Fuggerstr. 5–7, 86150 Augsburg, D
T +49 821 24163-01
F +49 821 24163-63
M augsburg@zeroseven.de
www.zeroseven.de
> **286** f.

zeroseven design studios für digitale Markenwelten GmbH
Hahnengasse 1, 89073 Ulm, D
T +49 731 715132-0
F +49 731 715132-29
M team@zeroseven.de
www.zeroseven.de
> **549**, **556**

zurgams Kommunikationsagentur GmbH
Steinebach 3, 6850 Dornbirn, AT
T +43 5572 394500
F +43 5572 394500-10
M office@zurgams.com
www.zurgams.com
> **334**, **394**, **484**, **486**, **645**, **651**

Produktionsfirmen / Dienstleister

1

19 Finger GbR
M fj@19f.de
www.19f.de
> 118 ff.

2

25fps Freelancer
M post@25fps.de
www.25fps.de
> 631

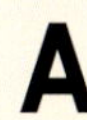

A.R.T. Studios GmbH
M info@art-studios.de
www.art-studios.de
> 138 ff.

ACHT Frankfurt
M info@acht-frankfurt.de
www.acht-frankfurt.de
> 98 ff.

Agentur und Lettershop, Roland Albrecht
M rolandalbrecht@agenturundlettershop.de
www.agenturundlettershop.de
> 548

aikia GbR
M info@aikia.de
www.aikia.de
> 234

Albert Bauer GmbH & Co. KG
M info@albertbauer.com
www.albertbauer.com
> 218

Allround Werbeservice, Bouguila, Yvonne
M y.bouguila@www.allround-werbeservice.de
www.allround-werbeservice.de
> 543

AMOS GmbH & Co. KG
M verkauf@amos-stempel.de
www.amos-stempel.de
> 134 ff.

Anatol Kotte
M anatol@anatol.de
www.anatol.de
> 613

Anja Wiroth Media Agency GmbH
M contact@anjawiroth.com
www.anjawiroth.com
> 406

ARRI rental Germany
M arrirental_de@arri.de
www.arri-rental.com
> 210

B-Reel Stockholm/Cobblestone Filmproduktion GmbH
www.cobblestone.de
> 415

BAS Production D.O.O.
M info@basproduction.com
www.basproduction.com
> 208

be animation
M studio@beanimation.com
www.beanimation.com
> 199

berlinaudio
M info@berlinaudio.com
www.berlinaudio.com
> 102 ff.

Bernd Opitz Photography
M mail@berndopitz.com
www.berndopitz.com
> 237

BIGFISH FILMPRODUKTION GMBH
M info@bigfish.de
www.bigfish.de
> 204

bildstadt GmbH
M office@bildstadt.at
www.bildstadt.at
> 591

blm filmproduction GmbH
M info@blm-film.de
www.blm-film.de
> 449, 509

Bodo Vitus Photography – Represented by UPPERorange
www.bodovitus.de
> 618

Bomboland
M info@bomboland.com
www.bomboland.com
> 106 ff.

Brandenburgische Universitätsdruckerei und Verlagsgesellschaft Potsdam mbH
www.bud-potsdam.de
> 578

Brothers
M ryan@brothers.mx
www.brothers.mx
> 267

Bubbles Film GmbH
M hamburg@bubblesfilm.com
www.bubblesfilm.de
> 188

Buchbinderei Ruffert
M buchbinderei-ruffert@t-online.de
www.buchbinderei-ruffert.de
> 126 ff.

Candy Mountain GmbH
> 204

Capture MM GmbH & Co. KG
www.capture-mm.de
> 303

Carsten Mell Illustration
M info@carstenmell.com
www.carstenmell.com
> 565

Cast It
www.castit.dk
> 98 ff.

CCP-Studio / Claus Prellinger
M office@ccpstudio.com
www.ccpstudio.com
> 591

Chesapeake Neu-Isenburg GmbH
M marketing@chesapeakecorp.com
www.chesapeakecorp.com
> 548

Christian-Oskar Marcachi
www.itrecht-freiburg.de
> 376

Christian Zwang GmbH
M mail@buchbinderei-zwang.de
www.buchbinderei-zwang.de
> 134 ff.

clip up GmbH
www.clipup.com
> 444

Cobblestone Filmproduktion GmbH
M global@cobblestone.de
www.cobblestone.de
> 471

Congaz Audio Visual Company GmbH
M duesseldorf@congaz.de
www.congaz.de
> 365

cron IT GmbH
M info@cron-it.de
www.typo3-anbieter.de
> 370

cytrus GmbH
M info@cytrus.de
www.cytrus.de
> 312, 654

CZAR Film GmbH
M jan@czar.de
www.czar.de
> 344

DAMIENDAMIEN GbR
M ian@damiendamien.com
www.damiendamien.com
> 82 ff., 344

Delight Rental Studios Berlin GmbH
M office@delight-studios.com
www.delight-studios.com
> 613

Demo Designmodellbau GmbH
M demo@demo-gmbh.de
www.demo-gmbh.de
> 494

detailgetreu by Christian Müller
M info@detailgetreu.de
www.detailgetreu.de
> 644

Dialog-Team Fienhold, Frohn, Udo GmbH
www.dtf.info
> 543

dieUmweltDruckerei GmbH
www.dieumweltdruckerei.de
> 612

digital district
M POSTPROD@DIGITAL-DISTRICT.FR
www.digital-district.fr
> 205

dpa Picture-Alliance GmbH
M mail@picture-alliance.com
www.picture-alliance.com
> 264

e+p commercial Filmproduktion GmbH
M hamburg@hh.epcommercial.com
www.epcommercial.com
> 165, 228

Eardrum
www.eardrum.de
> 390

Eberl Print GmbH
M info@eberl.de
www.eberl.de
> 546

Edelman GmbH
www.edelman.com
> 589

Eder GmbH
M info@eder
www.eder.de
> 291

eitelsonnenschein GmbH
M alles@eitelsonnenschein.de
www.eitelsonnenschein.de
> 338

Elbstudios Lars Ohlendorf
M info@elbstudios.com
www.elbstudios.com
> 398

Emeis Deubel GbR
M hello@emeisdeubel.com
www.emeisdeubel.com
> 482

Erste Liebe Filmproduktion GmbH
M hallo@ersteliebefilm.de
www.ersteliebe.de
> 438

EXIT Studios GmbH
M info@exitstudios.de
www.exitstudios.de
> 404

Expotechnik Heinz Soschinski GmbH
M germany@expotechnik.com
www.de.expotechnik.com
> 483

Fabian Schubert
M contact@fabianschubert.com
www.fabianschubert.com
> 253

Filmkartell Filmproduktion GmbH
M info@filmkartell.de
www.filmkartell.de
> 164

Firmengruppe APPL, Print.Forum Druck GmbH
M info@appl.de
www.appl.de
> 388

fischerAppelt AG
M info@fischerAppelt.de
www.fischerAppelt.de
> 122 ff.

freshcells systems engineering GmbH
M post@freshcells.de
www.freshcells.de
> 200, 485

fried-onions.com Maria Pristinger/James Cox
M nicetomeetyou@fried-onions.com
www.fried-onions.com
> 76 ff.

Frische Grafik
M info@frische-grafik.de
www.frische-grafik.de
> 387 f.

Frohner Film GmbH
M alex@frohnerfilm.at
www.frohnerfilm.at
> 456

Fuse Integrierte Kommunikation und Neue Medien GmbH
M info@fuse.de
www.fuse.de
> 274 f.

G+K Filmproduktions AG
M legals@gk-film.com
www.gk-film.com
> 520

Gayer Fotodesign, Stephanie & Andreas Gayer GbR
M info@gayer-fotodesign
www.gayer-fotodesign.de
> 563

German Wahnsinn Team
M wahnsinn@germanwahnsinn.de
www.germanwahnsinn.de
> 574

Gjuce GmbH
M info@gjuce.de
www.gjuce.de
> 442

Gloss Postproduction GmbH
M hamburg@gloss-postproduction.com
www.gloss-postproduction.com
> 631

Good Guys Entertainment
M info@goodguysentertainment.de
www.goodguysentertainment.de
> 210

hannes kutzler photographer+digital artist
M hannes@kutzler.at
www.hanneskutzler.at
> 591 f.

Hastings Audio Network GmbH
M hamburg@hastings.de
www.hastings.de
> 480 f.

I

i7film
M info@i7film.com
www.i7film.com
> 411

INCH Design-Service GmbH
M info@inch-design.de
www.inch-design.de
> 206

insertEFFECT GmbH
M info@insfx.com
www.inserteffect.com
> 294

IP Deutschland GmbH
M kontakt@ip-deutschland.de
www.ip-deutschland.de
> 161

J

JO!SCHMID Filmproduktion GmbH
M joschmid@joschmid.com
www.joschmid.de
> 390

JOTZ! Filmproduktion GmbH
M jan@jotzfilm.com
www.jotzfilm.com
> 94 ff.

Jung von Matt / brand activation GmbH
M info@jvm.com
www.jvm.com
> 409

K

karl huber fotodesign
M studio@karlhuberfotodesign.com
www.karlhuberfotodesign.com
> 237

Kreativitätsschule e. V.
M hallo@krea-duesseldorf.de
www.krea-duesseldorf.de
> 395

KRONCK
M info@kronck.de
www.kronck.de
> 175

L

Lars Borges
www.larsborges.de
> 260

Lippert Studios
M info@lippert-studios.com
www.lippert-studios.com
> 237

listen! Komposition und Ton GmbH
M info@listen-studios.de
www.listen-studios.de
> 289

Loft Tonstudios GmbH
M hamburg@loftstudios.de
www.loftstudios.de
> 82 ff.

M

M-quadrat GmbH
www.mqevents.de
> 210

m-sound
M info@m-sound.de
www.m-sound.de
> 444

Mädchenfilm GbR
M mail@maedchenfilm.com
www.maedchenfilm.com
> 631 f., **638**

Mad Hat
www.madhat.de
> 110 ff.

Manifesto Films GmbH
M mail@manifesto-films.com
www.manifesto-films.com
> 501, 503

Markenfilm GmbH & Co. KG
M info@markenfilm.de
www.markenfilm.de
> 208, 222, 441, 481, 506 f.

Markenfilm Berlin GmbH
M info@markenfilmberlin.de
www.markenfilmberlin.de
> 401

Markenfilm Crossing GmbH
M info@markenfilm-crossing.de
www.markenfilm-crossing.de
> 134 ff.

Massive Music
www.massivemusic.com
> 204

Maximilianfilm GmbH
M mail@maximilian-film.com
www.maximilianfilm.de
> 294

Media Agency GmbH
www.media-agency.com
> 407

MediaCom Agentur für Media-Beratung GmbH
M freshness@mediacom.de
www.mediacom.de
> 178

Mediateam 360° GmbH & Co KG
M info@mediateam360.de
www.mediateam360.de
> 152

Medienbüro Medizin – Der Ratgeberverlag GmbH
M info@mbmed.de
www.mbmed.de
> 514

Medienpalast GmbH & Co. KG
M info@medienpalast-allgaeu.de
www.medienpalast.de
> 217

meyermal
M meyermal@mac.com
www.meyermal.de
> 211

Mhoch4 GmbH & Co. KG
M info@diefernsehagentur.de
www.diefernsehagentur.de
> 134 ff.

MINIVEGAS
www.minivegas.net
> 102 ff., **110** ff.

mory & meier GmbH
M mory-meier@t-online.de
www.mory-meier.de
> 126 ff.

move medien Hauenstein & Heidenreich GbR
M kontakt@move-medien.de
www.move-medien.de
> 652

mquadrat-media Gbr
M info@mquadrat-media.de
www.mquadrat-media.de
> 547

Music Super Circus AB
M info@musicsupercircus.com
www.musicsupercircus.com
> 222

Neue Westpark Studios
M info@westpark-studios.de
www.westpark-studios.de
> 110 ff., **494**

Neuland + Herzer GmbH
M info@neulandherzer.com
www.neulandherzer.com
> 122 ff.

NEVEREST GmbH & Co KG
M info@neverest.de
www.neverest.de
> 175, 566

New ID Filmproduktion GmbH
M new-id@new-id.de
www.new-id.de
> 199

.NFQ/Netzfrequenz GmbH
M info@nfq.de
www.nfq.de
> 494

nhb gmbh
M info@nhb.de
www.nhb.de
> 204, 205, 479, 480

NUREG GmbH
M info@nureg.de
www.nureg.de
> 264

nutcracker Onlinevideo-Kommunikation Einzelunternehmen
M info@nutcracker-concepts.de
www.nutcracker-concepts.de
> 351

Oestreicher + Wagner Medientechnik GbmH
M office@oew.de
www.oew.de
> 219

OFFICE LE NOMADE
M info@oln.at
www.oln.at
> 592

OfficeThirtySix
M info@office36.com
www.office36.com
> 153 ff.

optimal media GmbH
M info@optimal-media.com
www.optimal-media.com
> 387

Orange Sound Studios GmbH
M mail@orange-sound.de
www.orange-sound.de
> 267

ORT Studios GmbH
M Akademiestr. 7
info@ort-online.net
> 221

Pachipachi music
www.pachipachimusic.com
> 98 ff.

Partizan GmbH
www.partizan.com
> 405

Pasta Prima
M pastaprima@online.de
www.nudelmanufaktur.com
> 134 ff.

PAUL SCHWABE DIGITAL PRODUCTION GmbH
www.paulschwabe.com
> 254

Peakwork GmbH
M info@peakwork.de
www.peakwork.de
> 485

Personology GmbH
M kontakt@personology.de
www.personology.de
> 344

Peter & der Wolf (Peter Domsch und Wolfgang Gresenz)
www.studio-kitsune.com
> 618

Pirates 'n Paradise Film & Video Postproduction GmbH
www.pirates-www.de
> 94 ff.

pixellusion GmbH
M info@pixellusion.de
www.pixellusion.de
> 338

Pixomondo Studios GmbH & Co KG
M mail@pixomondo.com
www.pixomondo.com
> 208, 476

plan.net media erste mediaagentur GmbH & Co. KG
M info@plan-net.com
www.plan-net.com
> 408

plan.net Solutions
M info@plan-net.com
www.plan-net.com
> 494

Planus media GmbH
M info@planus-media.de
www.planus-media.de
> 442

playmedia GmbH
M schroeter@playmedia.tv
www.playmedia.tv
> 233, 235

POP Postproduktion GmbH
M info@pop-postproduction.com
www.pop-postproduction.com
> 352

Posterscope Deutschland / Magic Touch GmbH
M Detlef.Grap@posterscope.de
www.posterscope.com
> 102 ff.

PX1 @ Medien GmbH
M info@px1.de
www.px-group.de
> 406, 407, 584

radical media GmbH
www.radicalmedia.com
> 252, 454

RedWorks GmbH
www.redworks.de
> 365

Rockenfeller und Göbels E. K.
M goebels@fotgrafenagentur.de
www.fotografenagentur.de
> 395

RSA UK
www.rsafilms.com
> 214

Schönbergerteam
M info@schoenbergerteam.de
www.schoenbergerteam.de
> 190

schwarz auf weiss litho und druck gmbh freiburg
www.sawdruck.de
> 376

sevengreen picture works GmbH
www.sevengreen.de
> 477 f.

SoulArchitects
M info@soularchitects.de
www.soularchitects.de
> 286

Soup Film Produktion GmbH
M mail@soup-film.de
www.soup-film.de
> 98 ff., 254

Spectrum Digitale Medien GmbH
www.spectrum-dm.de
> 220

Sprachlabor Audioproduktionen GmbH
M info@sprachlaboraudio.de
www.sprachlaboraudio.de
> 365

SRFilm GmbH
M npost@AtelierBuscheMEDIA.com
www.srfilm.de
> 279

Stink GmbH
M jan@stink.tv
www.stink.de
> 88 ff.

Stink Digital
www.stinkdigital.com
> 110 ff.

Studio Fizbin GbR
M hello@studio-fizbin.de
www.studio-fizbin.de
> 344

Studio Funk GmbH & Co. KG
M info@studiofunk.de
www.studiofunk.de
> 82 ff., 94 ff., 213, 351, 479

Sublime Postproduction
M info@sublime-postproduction.com
www.sublime-postproduction.com
> 102 ff.

Südlich-t GmbH
M info@suedlich-t.de
www.lich-t.info
> 267

T

TEMPOMEDIA Filmproduction GmbH
M acki@tempomedia.de
www.tempomedia.de
> 205

Thomas Beecken Realisations KG
M werkstatt@thomasbeecken.de
www.thomasbeecken.de
> 106 ff.,

Tic Music Tonstudio Ges.m.b.H.
www.ticmusic.com
> 458

token GmbH & Co. KG
www.token-vc.com
> 301

Tonfabrik GbR
M office@tonfabrik.eu
www.tonfabrik.eu
> 102 ff.

Tony Petersen Film GmbH
www.tonypetersenfilm.de
> 82 ff.

trigger happy productions GmbH
M office@triggerhappyproductions.com
www.triggerhappyproductions.com
> 76 ff., 504, 587

TULP DESIGN GmbH
M info@tulp.de
www.tulp.de
> 589

twentyfour seven creative media services GmbH
M info@twentyfour-7.de
www.twentyfour-7.de
> 618

Videograph GmbH
M info@videograph.de
www.videograph.de
> **553**

vranz GmbH & Co. KG
M frag@vranz.com
www.vranz.com
> **505**

w3work Gesellschaft für Kommunikation und Medien Gneuß & Arnold GbR
M info@w3work.de
www.w3work.de
> **424**

WEISSCAM GmbH
M info@weisscam.com
www.weisscam.com
> **267**

Wiethe Interaktiv GmbH & Co. KG
M interaktiv@wiethe.com
www.wiethe.com
> **262**

Wiethe Kommunikativ GmbH & Co. KG
M kommunikativ@wiethe.com
www.wiethe.com
> **262**

Wiethe Objektiv GmbH & Co. KG
M objektiv@wiethe.com
www.wiethe-objektiv.com
> **255**, **259**, **261** f., **381**, **398** f.

Wolff Brothers GmbH
M post@wolff-brothers.de
www.wolff-brothers.de
> **594**

Wunderman GmbH
www.wunderman.de
> **483**

YouGuys Music GbR
M hey@youguysmusic.com
www.youguysmusic.com
> **254**

Z

Zeeh Design GmbH
M info@zeeh-design.de
www.zeeh-design.com
> **286**

zeigewas GmbH
M info@zeigewas.de
www.zeigewas.de
> **122** ff.

Zenomuzik Laute Bilder Film- & Videoproduktionen
M info@zenomuzik.de
www.zenomuzik.de
> **163**

Auftrag geber

1

1. FSV Mainz 05 e. V., Mainz > **621**

A

A.T.U Auto-Teile-Unger Handels GmbH & Co. KG, Weiden i.d. Opf. > **214**
ABT Sportsline GmbH, Kempten > **216** f.
ACO Passavant GmbH, Stadtlengsfeld > **226**
actimonda Krankenkasse, Aachen > **512**
adidas AG, Herzogenaurach > **102** ff., **250**, **252** ff., **264**
AFS AG, Rupperswil > **300**
AgenZ Berlin Deutsche Gesellschaft für Internationale Zusammenarbeit (GIZ) GmbH, Berlin > **589**
Akustika Spezial GmbH, Frankfurt am Main > **138** f.
alsecco DAW Stiftung & Co KG Geschäftsbereich alsecco, Gerstungen > **546** ff.
Amt der OÖ Landesregierung, OÖ Familienreferat, Linz > **591** f.
„An der Alten Försterei" Stadionbetriebs AG, Berlin > **618**
Anheuser-Busch InBev Deutschland GmbH & Co KG, Bremen > **182** ff.
Artpartners GmbH, München > **342**
ASC American Sports Club Osnabrück Tigers e. V., Osnabrück > **622** f.
aurelis Real Estate GmbH & Co. KG, Eschborn > **557**
Austria Solar - Verein zur Förderung der thermischen Solarenergie, Wien > **126** ff.
AWIGO Abfallwirtschaft Landkreis Osnabrück GmbH, Georgsmarienhütte > **593**
Axel Springer AG, Berlin > **82** ff., **344** f.
Axel Springer Mediahouse Berlin GmbH, Berlin > **339**

B

Backstube Wünsche GmbH, Gaimersheim > **150** f.
Baden-Auto GmbH, Freiburg > **530**
Barmenia Krankenversicherung a. G., Wuppertal > **454**
BASF SE, Ludwigshafen > **641**
Bastei Lübbe GmbH & Co. KG, Köln > **347** f., **382**
Bausparkasse Schwäbisch Hall AG, Schwäbisch Hall > **438**
Bayerische Energieagentur ENERGIE INNOVATIV im Bayerischen Staatsministerium für Wirtschaft, Infrastruktur, Verkehr und Technologie, München > **594** f.
Berchtold Sport + Mode GmbH & Co. KG, Götzis > **394**
berlin daily GbR, Berlin > **624**
Berliner Stadtreinigungsbetriebe (BSR) Anstalt des öffentlichen Rechts, Berlin > **584**, **587** f.
Bischöfliches Hilfswerk MISEREOR e. V., Aachen > **106** ff., **118** ff.
BMW AG, München > **204**, **205**, **206**, **208**, **209** f., **218** ff., **529**
BMW Motorrad, München > **267**
BNP Paribas Aktiengesellschaft, Frankfurt am Main > **440**
Bogner homeshopping GmbH & Co. KG, München > **255**
Bord Bia Irish Food Board, Düsseldorf > **153** ff.
Brauerei Kneitinger GmbH & Co.KG, Regensburg > **185**
Bregenzer Festspiele GmbH, Bregenz > **626**
Bundesverband der Deutschen Volksbanken und Raiffeisenbanken, Berlin > **76** ff.
Bundesverband Deutscher Bestatter e. V., Düsseldorf > **568**
Bundesverband Frauenberatungsstellen und Frauennotrufe Frauen gegen Gewalt e. V., Berlin > **566**

C&A Europa Corporate Affairs GmbH & Co. KG, Düsseldorf > **395**
C&A Mode GmbH & Co. KG, Düsseldorf > **642**
Cazal Eyewear - op Couture Brillen GmbH, München > **268**
cerásasso by Wilfried Bast, Altheim > **269**
Coca-Cola Deutschland GmbH, Berlin > **175**, **177**, **178**
Cölner Hofbräu P. Josef Früh KG, Köln > **186**
Continental Reifen Deutschland GmbH, Hannover > **222**
Contur Einrichtungen - Europa Möbel-Verbund GmbH, Fahrenzhausen > **227**
CREATON AG, Wertingen > **301**
Culimeta Textilglas-Technologie GmbH & Co. KG, Bersenbrück > **302**
Cyber Security Austria - Verein zur Förderung der Sicherheit Österreichs strategischer Infrastruktur, Wien > **569**

Dachdecker-Einkauf Ost eG, Braunschweig > **421**
DAIKIN Airconditioning Germany GmbH, Unterhaching/München > **644**
Daimler AG, Stuttgart > **122** ff.
Damülser Seilbahnen GmbH & Co KG, Damüls > **470**
DB Mobility Logistics AG, Berlin > **471** f., **474**
DB Regio AG, Regio Hessen AG, Frankfurt > **475**
DelMor Swiss AG, Au > **256**
Der Öschberghof GmbH, Donaueschingen > **561**
Deutsche Lufthansa AG, Frankfurt > **476** ff., **479** ff.
Deutscher Tierschutzbund e. V., Bonn > **571**
Deutsches Komitee für UNICEF e. V., Köln > **615**
Deutsche Welle Anstalt des öffentlichen Rechts, Bonn > **355**
DEUTZ AG, Köln > **303**
Diehl & Brüser Handelskonzepte GmbH, Düsseldorf > **397**

Personen

A

Abeln, Thorsten > 495 f.
Abels, Björn > 476
Absmeier, Jürge > 168 ff.
Abt, Hans-Jürgen > 216 f.
Abt, Sandra > 218 f.
Achmann, Andreas > 435
Achtel, Robert > 476
Adam, Sebastian > 198
Adams, Michaela > 297
Adenauer, Thorsten > 177
Aderhold, Enrico > 329, 364
Adesokan, Adde > 276, 423
Ahlsdorf, Helmut > 227, 231
Ahmend, Björn > 509
Ahrens, Björn > 213
Aichele, Michael > 238
Aigner, Carolin > 356
Aigner, Christian, Dipl.-FW Marketing > 269
Aigner, Gregor > 373
Aigner-Drews, Susanne > 385 f.
Aisenbrey, Alexander > 561
Alarcon, Raul > 190
Albayrak, Özgür > 482
Alber, Julia > 446
Alberti, Norbert, Dipl. Wirtschaftsing. (FH) > 150 f.
Albrecht, Gert > 148
Albrecht, Andrea > 358
Albrecht, Christiane > 379, 400
Albrecht, Jens > 156, 278, 302
Albrecht, Roland > 466
Ali, Sarah > 196
Allroggen, Kirsten > 317
Alm, Wiebke > 140 ff., 157, 421
Alt, Jue > 114 ff.
Alt, Josef > 512
Altman, Roger > 210
Ammann, Nico > 98 ff., 247
Andorf, Birgit > 356
Andresen, Hannes > 76 ff.
Anger, Michael > 326
Antchev, Ania > 301
Antoine, Felix > 492
Antony, Georg > 187
Anzenberger, Christian > 332
Apert-Vandrey, Mario > 448
Arbeit, Christian > 618
Archer's, Mark > 254
Ardelt, Thomas > 267
Arendes, Michael > 424
Armbruster, Niklas > 476
Armbruster, Einar > 454
Arnert, Anna > 237, 494
Arnold, Detlef > 213, 509, 511, 515
Arnold, Rahim > 310
Arslan, Deniz > 257
Aßmann, Klaus > 339
Auer, Manfred > 644
Augner, Martin > 319
Auris, Jan-Dirk > 199 ff.
Aussem, Christian > 566
Aveillan, Bruno > 205
Axt, Dietmar > 261 f.

B

Babic, Ivana > 187
Babiel, Georg > 369
Babiel, Harald > 369
Babiel, Rainer, Dr. > 369, 440, 615
Bächle, Stefan > 177
Bachmann, Tim > 485
Baeker, Anne > 390
Bah, Simone > 355
Bahr, Torsten > 455
Bähr, Wiebke > 400
Baier, Melanie > 281
Baierlein, Marcus > 210
Baikousis, Catherine > 454
Bailly, Jonas > 98 ff., 247, 401, 403 ff., 408
Balog, Andreas > 110 ff.
Balzer, Stefan > 606
Bardt, Tillman, Dr. > 483
Bareiss, Philipp > 476
Barf, Friederike > 494
Bartel, Alexander > 515
Barthelme, Michael > 322
Bartsch, Philip > 477
Bartsch, Annette > 462
Bartsch, Olaf > 424
Bartsch, Philip > 481
Bärwald, Ines > 233 ff.
Basan, Martin > 94 ff.
Baschinski, Patrick > 177
Basler, Lennart > 276, 423
Bast, Wilfried > 269
Bastian, Thomas > 355
Bätzing, Georg, Msgr. Dr. > 610
Bauch, Philip > 102 ff., 250, 252 f.
Bauer, Dietmar > 365
Bauer, Jana > 462
Bauerle, Anna Lena > 301
Bauermeister, Martin > 329, 364
Baumann, Simone > 219, 301
Baumann, Susanne > 328
Baumeister, Florian > 209
Baumer, Johann > 168 ff.
Baumgartner, Elisabeth > 287
Baumgärtner, Rainer > 514
Baumhauer, Guido > 355
Baus, Oliver > 202, 282, 575, 577
Bauz, Mathias > 441
Baxpöhler, Johannes > 424
Bechmann, Udo > 158, 313, 244, 543
Beck, Carolin > 388
Beck, Benjamin 471 f., 474
Beck, Wolfgang, Mag. > 470
Beckamp, Petra > 213, 509
Becker, Jochen > 94 ff.
Becker, Julia > 498
Becker, Kai > 282, 575, 577
Becker, Natascha > 209
Becker, Nicolas > 110 ff.
Becker, Roman > 205
Becker, Simone > 267
Beckers, Katharina > 452 f.
Beckert, Antonin > 153 f.
Beckmann, Lena > 360, 362 f., 614
Beeh, Marc > 335
Beekmann, Heinz > 184
Bege, Andreas > 293
Behmenburg, Alexander > 220
Behncke, Laura > 416
Behr, Matthias > 186, 536
Behrens, Jan > 94 ff.
Beimdieck, Maik > 477 f.
Beimel, Anna > 144 f., 471 f., 474, 573
Beitzel, Olaf > 295
Ben-Barmer, Wolfgang > 455
Benecke, Emily > 295
Bengler, Stephanie > 270
Bensel, Tanja > 356
Beranek, Ralph > 167
Berardo, Federica > 199 ff.
Berens, Heinz Walter > 455
Berg, Matthias > 577
Berger, Maximilian > 307
Berger, Stephanos > 456 ff.
Berlanger-Thiede, Marilyn > 138 f.
Berliner, Christine > 197
Bernhardsgrütter, Peter Pitsch > 412
Berschet, Karl-Heinz > 514
Bertisch, Philipp > 76 ff.
Bertram, Ulrich C. > 286 f.
Besler, Michi > 390
Best, Andreas > 130 ff., 390, 393
Betzel, Oliver > 228
Betzl, Doris > 492
Beutel, Anne > 481
Beutelmann, Josef, Dr. > 454
Beyer, Anne-Kathrin > 462
Beyer, Christian > 202
Beyer, Nico > 405
Bialokozowicz, Mateo > 638
Biancoli, > Bill 177
Biedermann, Markus > 456 ff.
Biegel, Desiree > 467
Biegler, Richard > 310
Bieker, Heiko > 211
Biermann, Peter > 252 f.
Biermer, Sebastian > 337 f.
Bihac, Zoran > 228
Binder, Herbert, Prof. Dr. h.c. > 594 f.
Binder, Simon > 569
Birkenstock, Henning > 179
Bitschnau, Christoph > 651
Bittel, Johannes > 208, 506 f.
Bitter, Günter > 197
Blackwell, Aisha > 205, 222

Blankenhorn, Roy > 192
Blasy-Steiner, Cornelia > 222, 566
Blau, Frank > 454
Blechschmidt, Serge > 408
Blecking, Winfried > 445
Bliemeister, Thies > 631 f.
Bliss, Guido > 442
Block, Guido > 106 ff., 118 ff.
Blome, Philipp > 414
Bluhm, Sebastian > 222
Blum, Gerhard E. > 647 ff.
Blum, Herbert > 647 ff.
Blumberg, Frank > 461
Blume, Thomas > 553
Blümel, André > 514
Blümel, Jens Michael > 380
Böckler, Claudia > 576
Bodenstein, Uta > 210
Boege, Johannes > 82 ff., 344 f.
Boersma, Ger > 398
Boese, Pelle > 442
Bogdan, Volker > 479
Bohle, Ralf > 277
Böhm, Judith > 238
Böhme, Dirk > 543
Böhme, Christina > 258, 589
Böhning, Tobias > 482
Boklage, Daniel > 655
Bolinski, Yvonne > 254, 264
Bolle, Nikolaus > 294
Bolte, Tatjana > 441
Bonamassa, Dario > 446
Böning, Afra > 324, 455
Borsdorf, Katja > 202, 282, 575, 577
Borzinski, Heike > 290
Bosch, Pep > 504
Boschet, Martin > 159
Bossaller, Chantal > 534
Bosse, Katharina > 552 ff.
Bossecker, Michael > 435
Bossecker, Ralf > 434 ff.
Bothe, Josefine > 587
Botsch, Maria > 102 ff.
Böttcher, Carolin > 138 f., 468, 535, 573
Brand, Lex > 76 ff.
Brand, Volker > 594 f.
Brandes, Eberhard > 583
Brandl, Heiko > 437
Bräu, Michael > 152
Braun, Marvin > 631 f., 638
Braun, Natalia > 260
Braun, Reiner > 455
Braun, Volker > 324
Bräunig, Klaus > 578, 580
Brawand, Peter > 165 f., 228, 449, 451 ff.
Brebach, Jürgen > 454
Breitenstein, Annette > 454
Breiter, Florian > 298, 355
Breitmoser, Roman > 210
Brenner, Ellen > 159
Brenninkmeijer, Bart F. > 642
Brenninkmeijer, Martijn > 395
Breuer, Axel > 553
Breuer, Martin > 94 ff.
Breuer, Thomas > 461
Breyer, Wolfgang > 205 f.
Breznik, Silke > 544, 626
Briel, Oliver, Dr. > 329
Briem, Norbert > 317
Brink, Markus > 216
Brinkmann, Angela > 349
Brock, Matthias > 517
Brockmann, Bjoern > 212
Brockmeyer, Felix > 560, 650
Broder, Henryk M. > 82 ff.
Bröker, Sven > 483
Brommer, Holger > 335, 520
Bross, Tobias > 323
Bruchmann, Gregor > 293, 646, 655
Brückner, Vera > 312, 654
Brüggemann, Joosten > 160
Bruhn, Andreas > 390
Brunner, Pele > 630
Bruno, Benjamin > 282
Brüser, Benjamin > 397
Bubenik, Julia > 250, 252, 506 f.
Buchheit, Jan > 350 f.
Buchholz, Nico > 76 ff.
Buck, Peter > 144 f.
Bücker, Bernd > 454
Bücking, Nadine > 476
Buckow-Wallén, Constanze > 324
Buddenberg, Jörg > 114 ff.
Budelmann, Sven > 254, 438
Bühler, Matthias > 644
Bühring, Hannes > 509
Burdet, Jacqueline > 228
Bürgel, Anja > 218, 220 f.
Bürgel, Tobias > 218 ff., 301
Bürger, Christian > 293, 655
Burger, Ivanka > 301
Burghardt, Frank > 461
Burkart, Rebekka > 471
Burkert, Melanie > 220
Burkholder, Susanne > 286 f.
Burmeister, Uwe > 232, 236
Burwick, Jan > 134 ff.
Busam, Werner > 165 f., 449, 451
Busanny, Annabelle > 310, 628, 655
Busch, Carina > 222
Buschbeck, Benedikt > 471 f., 474
Büscher, Christoph > 279 f.
Bussmann, Frank > 642
Buyten, Rüdiger > 455

C

Cariou, Olivier > 98 ff.
Carrier, Simone > 485
Castillo, Melanie > 356
Cerbe, Andreas, Dr. > 461
Chamberlain, Philip > 395
Chan, Albert > 403, 405 ff.
Chen-Rönz, Bey-Bey > 479 ff.
Choinowski, Saskia > 199 ff.
Christian, Thorsten > 226
Christowzik, Anna > 627
Ciesla, Heiko > 571
Cirikovic, Sabrina > 518
Ciszewski, Lukasz > 76 ff.
Claes, Jessica > 410
Clemens, Uwe > 186, 536
Cloppenburg, James > 416
Cockburn, Georg > 211, 476
Colsman, Guido, Dr. > 161
Coninx, Frederieke > 477
Cools, Chris > 184
Costa Filipe, Daniela > 548
Crasemann, Reinhard > 213, 509, 511, 515
Cremer, Petra > 477 f., 480
Cress, Maximilian > 210
Crönert, Nils > 216
Cuylits, Vincent > 302
Czeschlik, Kai > 504 f.

D

Dabrowski, Agnes > 342
Dacher, Julia > 296
Dahl, Volker > 244
Dahl, Sarah > 244
Dammertz, Lars > 188
Daniel, Jennifer > 298
Dao, Huy Duy > 534
Dariz, Oskar > 446
da Rosa, Henrique > 199 ff.
Daske, Tom > 153 ff.
Daul, Christian > 122 ff.
Dauth, Ursula, Dr. > 88 ff.
Dauvermann, Lisa > 512
David, Natalija > 150 f., 168 f.
Engellau, David > 98 ff.
Dawe, Mike > 365
Dawoodi, David > 98 ff.
de Alwis, Tara > 158, 313
Decamotan, Milton > 442
Decker, Flo > 210
de Garayo, Raphael Ibanez > 205
Deggelmann, Sarah > 322
Deinas, Peter > 210
Delfgaauw, Martien > 114 ff., 214
Demmeler, Demmler > 209
Denke, Matthias > 459
Denz, Timo > 279 f.
Dermietzel, Markus > 487
Deschner, Frank > 180, 191
Dettke, Frank > 560, 650
Diderich, Georg > 303
Dieckert, Kurt Georg > 264, 342
Diehl, Sebastian 397
Diehl-Thiele, Tim > 267
Dieling, Sven > 532
Diem, Michael > 626
Dienemann, Melanie > 126 ff.
Dienstbach, Cornelia > 94 ff.
Diestel, Till > 208, 574
Dietl, Christian > 300
Dietze, Marek > 244
Dill, Andreas > 445
Dinger, Tim > 187
Diroll, Diana > 305, 519
Disch, Manuela > 76 ff.
Distefano, Ricardo > 415
Dobner, Judith > 186, 536
Doerks, Stefan > 452
Doerr, Felix > 227, 231
Dohr, Tanja > 273
Dolezych, Udo > 602
Dommermuth, Daniel > 279
Dören, Heike > 414
Dornbusch, Annett > 498, 500
Dornig, Moritz > 126 ff.
Dorrer, Andreas > 436
Dosch, Stefan > 152
Dost, Kathrin > 557
Dragon, Alex > 442
Drawe, Felix > 441
Dreis, Alexander > 175
Dressler, Jan > 88 ff.
Drißner, Corinna > 560, 650
Dube, Dietrich > 429 ff., 433
Dubois, Verena > 271 f., 525 f.
Dudla, Marion > 571
Duin, Hanna > 208
Dünser, Patrizia > 325
Dür, Sabrina > 647 ff.
Dür, Walter > 648 f.
Dürichen, Lutz > 150 f., 168 f., 170
Dürre, Ulrike > 290, 303
Duttenhöfer, Michael > 82 ff.
Düver, Patrick > 250, 252 f.
Dworatzek, Petra > 307
Dyck, Eva > 476

E

Eberle, Robert > 608
Eckart, Christoph > 307
Eckeberg, Jürgen > 553
Ecker, Florian > 242
Eckert, Alexander > 148, 174
Eckert, Dagmar > 530
Edelmann, Max > 537
Effenberger, Bernd > 274
Egelseer, Hannah > 294, 326
Eggers, Rolf > 222
Egli, Corinne > 639
Egli, Miriam > 368, 412, 630, 639
Ehmann, Claudia > 349
Ehrenforst, Tina > 289
Ehrlich, Sandra > 515
Eibenstein, Peter > 584, 587
Eichhorn, Ron > 449
Eichhorn, Ulrich, Dr.-Ing. > 578, 580
Eickholt, Inga > 134 ff.
Eickmann, Jan > 297
Eidemüller, Rainer > 175
Eisenhut, Stefan > 294
Eisenmenge, Florian > 276
Eken Torp, Jo > 415
Ekrt, Viktor > 88 ff.
Elsäßer, Anne > 296
Emschermann, Michael, Dipl.-Ing. > 495 f.
Ender, Simon, Mag. > 193, 561
Enderlein, Aniko > 326
Endert, Tilo > 177
Engelbrecht, Eva-Maria > 305, 318, 519
Engelmann, Tino > 364
Engels, Christoph > 161
Engelskirchen, York > 487
Ennemoser, Hans-Peter > 642
Entrop, Caroline > 275
Erb, Matthias > 106 ff., 118 ff., 482
Ercan, Taner > 401, 403 f., 471, 474
Erdmann, Dinah > 196, 307
Erdmann, Martin > 210
Erlewein, Carola > 204 f.
Ernst, Julian > 211
Ernsting, Philipp > 208
Ernsting, Thomas > 290
Eschenbacher, Kai > 180, 191
Esterle, Steffen > 185
Ettwig, Stefan 298
Eugster, René > 368, 412, 630, 639
Even, Hans Jürgen > 380
Everke, Christoph > 126 ff.
Evers, Christian > 494
Evers, Rebekka > 467
Everts, Philipp > 189, 279 ff.
Everz, Esther > 543
Ewald, Andreas > 337 f.
Ewald, Judith > 485
Ewert, René > 477, 481

Fahrion, Andreas > 156, 278, 302
Falk, Dominik > 267
Fälsch, Markus > 471 f., 474
Fandrey, Jörn > 276
Farrenschon, Catrin > 471 f., 474
Faßbender, Jessica > 414
Faßbender, Katrin > 270
Fauth, Hans-Jörg > 314
Fechner, Alexander > 184
Fehring, Rainer > 550 f.
Feichtinger, Stephan > 490, 538, 542, 544, 626
Feinbier, Michael > 196, 307
Feischen, Andreas > 338, 633
Feith, Thomas > 638
Feja, Alice > 477
Felbinger, Alexandra > 126 ff.
Feldmann, Janek > 262
Feller, Yvonne > 512, 610
Fellner, Josef > 322
Ferreira, Victor > 292
Ferreiro, José A. Diego > 560, 650
Ferstl, Andreas > 644
Feurle, Sebastian > 549, 556
Feurstein, Chris > 508
Fiand, Gerhard > 443, 540 f.
Fickinger, Matthias > 573
Fiedler, Jörg > 172, 563
Fiedler, Thomas > 281
Filep, Juliane > 584
Filippov, Wadim > 106 ff., 118 ff.
Fill, Susanna > 88 ff.
Filthaut, Daniela > 134 ff.
Finck, Ross > 267
Fingerhuth, Beat > 501, 503
Fink, Katharina > 334
Finzelberg, Adrian > 164
Fiordispina, Giuseppe > 212
Firlus, Annika > 122 ff.
Fischer, Carolin > 609
Fischer, Annette > 152
Fischer, Franziska > 358
Fischer, Hans-Josef > 171
Fischer, Oliver > 227, 239, 371
Fischer, Sebastian > 292
Fischer, Thomas > 297
Fischer, Tom > 233 ff.
Fleischer, Georg > 342
Fleischhacker, Peter, Ing. > 538
Fömmel, Heike > 184
Forbes, Deirdre > 385 f.
Forkel, Oliver > 257
Forster, Lutz > 233
Forstmeier, Ulla > 644
Foster, Ian > 214
Frahm, Margit > 275
Franck, David > 291
Frank, Anika > 613
Frank, Anna > 411
Frank, Nina > 477 f.
Franke, Jens > 175, 476
Frankenberger, Detlef > 189
Frech, Cornelia > 148, 174, 188
Frehner, Klaus > 322
Freiwald, Fabian > 163
Freiwald, Tim > 422
Fremuth, Michaela > 305
Frenkler, Ekki > 209, 242
Frese, Lukas > 332
Frey, Karin > 177
Freytag, Manfred > 226
Fridgen, Steffen > 548
Friedrich, Harald > 426 f., 429 ff.
Friedrich, Ulrich > 533
Frieß, Alexander > 337
Fries, Daniel > 414
Friggemann, Jens > 130 ff., 390, 393

Fritsch, Christiane > 212
Fritzen, Mathias > 483
Frixeder, Daniel > 569, 591f.
Froehlich, Anne > 314
Fröhlich, Uwe > 76ff.
Fröhlich, Peter > 226
Frohner, Alexander > 456
Froschhammer, Toni > 390
Frost, Matthäus > 126ff.
Fröstl, Barbara > 183
Fruth, Stephan > 254
Fuchs, Karin > 591f.
Fuchs, Marietta > 334
Fuchs-Goesswein, Gitta > 655
Fuchs-Puchner, Barbara > 173
Fucks, Michael > 438
Fuehrer, Daniela > 468
Fueloep, Rene > 466
Fugger, Daniela > 493
Fühne, Kathrin > 308
Funck, Sandra > 364
Funk, Heidi > 314ff.
Funke, Anica > 297
Fürderer, Manuel > 178
Fürtjes, Frank > 615
Fußenegger, Klaus > 647, 649
Fynecontry-de Bana, Andrew > 153ff.

G

Gahleitner, Sonja, Mag. > 173
Gallist, Karen > 167
Gallitschke, Siegfried > 533
Galliwoda, Michelle > 233ff.
Galli Zugaro, Fabrizio > 446
Gamst, Gunther > 644
Gansczyk, Bendedikt > 102ff.
Ganter-Fraschetti, Katharina > 189
Gappel, Andreas > 246, 422
Garbrecht, Horst W. > 289
Garrels, André > 530
Gärtner, Tobias > 517
Gaubatz, Holger > 401, 403f., 471, 474
Gauss, Wolfgang > 485
Gebhardt, Gerald > 613
Gedat, Alexander > 259
Geesmann, Hans, Dr. > 296
Gehrisch, Rainer > 520
Geibel, Tim > 276
Geier, Tanja > 379, 400
Geiger, Jürgen > 444
Geiger, Karl-Heinz > 197
Geigk, Thomas > 445
Geisler, Wolfgang > 293, 655
Gelbrich, Oliver > 196, 307, 380
Gelewski, Sandra > 478
Georg, Markus > 576
Georgalli, Sergio > 212
George, Gerd > 451
Gerber, Alexander > 184
Gerlach, Daniel > 464
Gerlach, Stephan > 477f.
Gersabeck, Harry > 461
Gerschermann, Regina > 187
Gerspach, Sophie > 400
Gerstenhauer, Wolfgang > 304, 546ff.
Gessat, Kerstin > 271f.
Geyik, Mesut > 482
Giese, Carsten > 578, 580, 612
Gillmann, Benjamin > 381
Gillwald, Verena > 319
Giselbrecht, Josef > 300, 325
Gittermann, Alice > 618
Glage, Tibor > 441
Glamann, Tanja > 566
Glander, Lore > 477
Glauner, Felix > 94ff.
Glauner, Ulf > 314
Glawion, Joachim > 394
Gley, Ove > 250, 252f.
Gliemann, Silke > 222
Gluch, Christian > 655
Glück, Alois > 616f.
Gmeiner, Markus > 490
Gnad, Oliver, Dr. > 589
Gnann, Marina > 222
Gnigler, Verena > 569
Göck, Wolfgang > 230
Gockel, Henrik > 535
Goertz, Oliver > 212
Gohlke, Stefan > 210
Goihl, Daniel > 360, 362f.
Goldbeck, Malte > 552ff.
Goldhammer, Nina > 198
Goldmann, Viktoria > 315f.
Gollmer, Patrick > 461
Golubchyk, Renat > 455
Gonan, Erik > 177
Gorbach, Andreas > 490, 542
Gordeev, Andrey > 330
Görgens, Thomas > 328, 598
Görth, Sören > 506f.
Gorzinewski, Markus > 324, 455
Götting, Birgit > 381
Gottschalk, Harry > 291
Gotzes, Andrea > 543
Grabherr, Sascha > 656
Gradl, Maximilian > 185
Graef, Hans-Joachim > 312, 552ff., 654
Graf, Manuela > 415
Graf, Norbert > 148, 167, 174, 188
Grage, Oliver > 442
Grams, Nina > 122ff.
Grapentin, Martin > 443, 540f.
Grasmann, Silke > 581
Grass, Alexander > 490, 538, 542
Grass, Martin > 651
Grass, Petra > 542, 656
Grath, Matthias > 217
Grathwohl, Timo > 302
Grauer, Jochen > 546ff.
Gray, Paul > 208
Gregorowius, Stefan > 161
Gremmelspacher, Sarah > 189
Greuter, Jan > 323
Greve, Randi > 349
Grgic, Nick > 444
Griebel, Conny > 328
Grieger, Katja > 566
Grießhaber, Rebecca > 273
Grimberg, Annika > 161
Grischke, Simone > 322
Groll, Dieter > 190, 284
Groner-Weber, Sabine, Dr. > 488
Groothuis, Rainer > 387f.
Groß, Wolfgang > 206, 208
Großkord, Hans-Ralf, Dr. > 228
Gross, Reiko > 332
Gross, Wolfgang > 205
Grotter, Matthias > 106ff.
Grotz, Klaus > 238
Grub, Moritz > 415, 504f.
Grün, Katrin > 352
Grund, Alan > 209
Grünewald, Nicole, Dr. > 273
Grützmann, Raphael > 546, 548
Gruz, Michael > 544
Gsänger, Fintan > 228
Gschossmann, Thomas > 394, 484, 486, 645, 651
Gudlick, Simone > 198
Guidone, Tobias > 323
Günder, Diana > 126ff.
Günter, Achim > 304, 546ff.
Günthel, Marcel > 212, 358
Günther, Pierre > 210
Gunz, Michael > 538, 542
Gustafsson, Jessica > 106ff., 118ff.
Gutmann, Jan > 182
Guttenson, Ingo > 560, 650

H

Haak, Kristina > 184
Haas, Christina > 82ff., 339, 344f., 527
Haas, Dieter > 289, 291
Haase, Gabriele, Dr. > 533
Haberland, Eva > 220
Hackstock, Roger > 126ff.
Hadeler, Lisa > 208
Hädrich, Mathias > 355
Haentjes, Michael > 387f.
Hagebölling, Carolin > 197
Hägele, Alexander > 264
Hagen, Claudia > 609
Hagenbucher, Roland > 434ff.
Hagenhoff, Martin > 593
Hahn, Esther > 263
Hahn, Wiebke > 414
Haider, Stephanie > 208
Haiplik, Marco > 487
Haist, Stefanie > 653
Halle, Stefan > 262, 381
Haller, Daniel > 122ff.
Haller, Michael > 288
Hambüchen, Aline > 294
Hamilius, Jean-Claude > 171
Hämmerle, Dieter > 647ff.
Hampe, Vera > 319
Hänchen, Ben > 330
Handel-Jung, Gabriele > 471f., 474f.
Hanebuth, Christopher > 204
Haneld, Björn > 165
Hanke, Elisabeth > 118ff.
Hanke, Sascha > 118ff., 134ff.
Hankel, Carolin > 335
Hansen, Sebastian > 360, 362f.
Harbeck, Matthias > 110ff., 237, 267, 494
Häringer, Christian > 202
Harnisch, Ramon > 156
Hart, Heike > 589
Hartig, Andrea > 165f., 449, 451ff.
Hartleb, Andreas > 199ff.
Hartramf, Laura > 273
Hartung, Michael > 442
Hartung, Tobias > 633
Hartwig, Alex > 377, 608
Hasel, Markus > 287
Hassan, Mark > 76ff., 88ff.
Hassel, Dieter > 461
Hauenstein, Thomas > 652
Hauk, Mario > 426f., 432
Haus, Marcus > 415
Hausschmid, Frank > 417f., 420
Havelcova, Zuzana > 330, 498
Hayrapetrian, Martin > 275
Heathcote, Alex > 214
Heck, Susanne > 557
Hecker, Christian > 337f., 633
Hedde, Antje > 134ff.
Heffels, Guido > 76ff., 88ff., 102ff., 114ff., 214, 250, 504, 506f.
Heffels, Kerstin > 76ff., 88ff., 504f., 506f.
Heidbrink, Frank > 210
Heidenreich, Andreas > 652
Heimsch, Philipp > 560, 650
Hein, Björn > 301
Heindl, Markus > 332
Heine, Dirk > 140ff., 157, 421
Heine, Fabian > 438
Heine, Olaf > 250
Heinemann, Jens, Dr. > 291
Heini, Herbert > 150f., 168ff.
Heininger, Cornelia > 317
Heinlein, Tanja > 652
Heinrich, Dominik > 442
Heinritz, Jan > 621
Heins, Christian > 118ff., 482
Heinz, Indra > 350f.
Heinzelmann, Andreas > 192, 226, 230
Heise, Katrin > 161
Heisig, Matthias > 138f.
Heitz, Martin > 297
Helbich, Anne > 218, 221
Held, Sebastian > 624, 635f.
Heldens, Acki > 205
Heldrich, Johannes > 76ff.
Hellbusch, Uwe > 335, 520
Hellmundt, Robert > 360, 362f.
Helmholz, Eckhard, Dipl.-Ing. > 290
Hemme, Jörgen > 157
Henke, Robert > 504
Henkemeyer, Melanie > 199ff.
Hennewald, Marco > 512
Hennig, Stephanie > 449, 451ff.
Henniger von Wallersbrunn, Ulf > 138f., 573
Hennigs, Michael > 226
Hennings, Torsten > 213, 479
Heppe, Michael > 338
Heppekausen, Anja > 297
Herbold, Ines > 574
Herking, Leo > 442
Herrmann, Katrin > 449, 451ff.
Herrmann, Maik > 459
Herrmann, Markus > 148
Herrmann, Mary > 578, 580, 612
Herrmann, Nils > 614
Herwig, Alexander > 531f.
Herzog, Vanessa > 525f.
Heß, Oliver > 562
Hesse, Alexander > 227
Hesse, Kurt, Dr. > 600
Hesse, Sabina > 88ff.
Heubach, Florian > 600
Hilbk, Annika > 196
Hilchenbach, Stefan > 365
Hildebrandt, Christoph > 478, 480
Hildenbeutel, Ralf > 76ff.
Hilfinger, Christian > 482
Hillingshäuser, Sascha > 476
Hillmoth, Hans-Dieter > 335
Hilzenbecher, Ulf > 326
Himmel, Christoph > 134ff.
Himmelmann, Phil > 466
Hinner, Heidrun > 150, 151, 163, 170
Hinterleithner, Jürgen > 310, 646
Hinz, Ramona > 196, 307
Hinz, Eberhard > 421
Hirt, Bernhard > 647ff.
Hoch, Gudrun > 256
Höcherl, Peter > 152
Hochleitner, Moritz > 255
Hocke, Bernd > 387f.
Hofbauer, Julia > 651
Hofer, Erich > 230
Hofer, Irene > 230
Hoffmann, Arno > 349, 581
Hoffmann, Eva > 405f., 408
Hoffmann, Florian > 102ff., 250, 252f.
Hoffmann, Jörg > 535
Hoffmann, Oliver > 122ff.
Hoffmann, Udo > 459
Hoffmeister, Daniel > 529, 531
Hoffmeister, Jasmin > 324
Hofmann, Martin Ludwig, Prof. Dr. > 377, 530, 608, 616f.
Hofmann, Pit > 373, 558
Hofmann, Ralf, Dr.-Ing. > 560, 650
Hofmann, Sven > 263
Höhler, Frank > 190
Hohmann, Andrea > 443, 540f.
Hohn, Christian > 196
Höhn, Heiko > 449, 451ff.
Höhn, Jasmin > 94ff.
Hohndorf, Julian > 587
Höhnscheidt, Thomas > 184
Holland, Julian > 405
Höllein, Jens > 261f.
Holm, Timm > 330
Holtey, Frank > 271f., 525f.
Holzapfel-Groothuis, Miriam > 388
Hölzer, Bernd > 160
Holzer, Katharina > 237
Hombert, Jörn > 527
Homfeld, Maria > 466
Honeycutt, John > 385f.
Hopfner, Wilfried > 542
Hörger, Manfred > 223, 227, 231, 239, 371, 417f., 420
Hörl, Martin > 621
Hörler, Valeria > 412
Hörmann, Guido > 518
Hörning, Olaf > 319
Hornstein, Thomas > 483
Hose, Frank > 102ff., 114ff.
Hösl, Hans-Peter > 589
Hossain, Mohshiour > 122ff.
Hotz, Constance, Dr. > 322
Hrabowski, Sabine > 513
Huber, Helmut > 444
Huber, Klaus > 490
Huber, Reinhold, Dr. > 477ff.
Huck, Christian > 82ff.
Huesmann, Bernd > 314ff.
Hufermann, Tim > 360, 362f., 614
Huffman, Jeffrey > 199ff.
Hufgard, Christina > 406f.
Hugendubel, Maximilian, Dr. > 400
Hugendubel, Nina > 400
Huhle, Gregor > 188
Hüsken, Sandra > 317
Hütter, Monika > 482

I

Iannarone, Christian > 653
Ienco, Maria > 171, 610

Igunbor, Stephanie > 606
Illi, Nina > 379, 400
Illing, Jörn > 161
Ilse, Georg > 82ff., 344
Inboden, Thorsten > 307
Ippolito, Ilenia > 270
Isgro, Frank, PD Dr. med. > 513
Isgro, Susanne, Dr. > 513
Iversen, Jörg > 409

J

Jablonka, Christoph > 404
Jäger, Hagen > 297
Jäger, Harald > 94ff.
Jäger, Simon > 479
Jagmann, Rainer > 148, 174
Jakob, Uwe > 408
James, Taylor > 88ff.
Jans, Annette > 175
Jappsen, Tina > 352
Jaspersen, Jan > 441
Jedrzejczak, Margarethe > 244
Jehmlich, Jochen > 441
Jelavic, Carlo > 204
Jenninger, Till > 210
Jensen, Volker > 76ff.
Jeon, Jin > 122ff.
Jilka, Mario > 122ff., 476
Jöllenbeck, Petra > 382
Joosten, René > 415
Jouhoff, Stephan > 171
Judkele, Lina > 379
Juds, Mareike > 495f.
Juhrs, Ronald > 488
Jung, Katharina > 477ff.
Jungbauer, Gerhard > 223, 231, 239, 417f., 420
Jüngling, Hansi > 336
Junski, Dirk > 319
Jüstel, Olivia > 618

K

Kaapke, Timo > 160, 308, 550f.
Kadelbach, Michael > 509
Kaehler, Maik > 204ff., 208
Kähler, Christoph > 454
Kähler, Florian > 442
Kähler, Jost > 213
Kähni, Max > 210
Kaiser, Wolfgang > 456ff.
Kalb, Petra > 339
Kalveram, Marcel > 614
Kämmerer, Hans-Jürgen > 358, 468, 535, 576
Kammermeier, René > 287
Kampf, Erwin, Dr. > 290, 303
Kanemann, Henning > 294, 326
Kannemeier, Georg D. > 273
Käppeler, Susan > 218f., 221
Karalus, Conny > 350f.
Karbach, Jennifer > 294
Karge, Pierre Marcel > 271f.
Karolus, Stephon > 110ff., 494
Kartheuser, Moritz > 492
Käser, Axel > 212
Kaspar, Gerd > 190, 284, 500
Kasperczyk, Christina > 622f.
Kassaei, Amir > 213
Kathmann, Marc > 308
Kauder, David > 102ff.
Kauffmann, Harry > 150f., 168f.
Kaufmann, Christian > 274f.
Kautt, Peter > 168f.
Kawulycz, Laura > 196
Kayser, Susanne > 594f.
Kazmierski, Maik > 307
Keck, Frank > 302
Keck, Friedolin, Dr. > 608
Keck, Martin > 258
Keim, Martin > 516
Keiser, Pascal > 470
Keitel, Sven > 477, 479
Keller, Clemens > 167
Keller, Robert > 274
Keller, Yvonne > 211
Kellerer, Johann > 185
Kempen, Axel > 441
Kempf, Brigida > 462
Kern, Branca > 537
Kern, Branka > 534
Kern, Xenia > 438
Kerner, Daniel > 183
Kerscher, Felix > 180, 191
Keskin, Deniz > 584
Kestner, Julia > 282, 575
Ketterl, Hans-Peter, Dr. > 204, 208
Khayat, Sebastian > 233
Kiennast, Thomas > 449
Kießling, Corinna > 196
Kiklas, Katharina > 587
Kilic, Ersin > 298
Killmaier, Kirstin > 197
Kim, Hannah 476
Kini, Kanyika > 152, 263, 534
Kipper, Ulrike > 322
Kir, Tezay > 153ff.
Kirch, Jochen > 584, 587f.
Kirchberger, Mark > 569, 591f.
Kircher, Sascha > 122ff.
Kirchherr, Jo > 536
Kirchhof, Jochen > 536
Kirmaier, Martin > 183
Kirsch, Wolfgang > 401, 403ff.
Kirschbaum, Bruno > 193
Kirschgens, Albert > 277
Kirstein, Gerrit > 441
Kistner, Barbara > 444
Klahr, Axel > 621
Kläne, Benedikt > 160, 550f.
Kleber, Philipp > 486, 645
Klee, Christian > 581
Kleemann, Larissa > 130ff., 390, 393
Klein, Mikey > 161
Klein, Axl > 336
Klein, Sebastian > 306
Kleine, Michael > 106ff., 118ff.
Kleine, Peter > 199
Kleinjung, Kathrin > 444
Kleipoedszus, Felix > 161
Kleist, Thomas > 336
Kleisz, Jean > 288, 374
Klemens, Kurt > 448
Klenke, Ulrich > 471f., 474
Klessinger, Michael > 227
Klieber, Fritz > 377, 530, 608, 616f.
Kliesch, Jacco > 294, 326
Klietz, Florian > 205f.
Klimek, Björn > 161
Klingenfuß, Monika > 110ff.
Klinger, Andreas > 122ff.
Klinger, Günter, Mag. > 569, 591f.
Klinke, Kai > 398
Klinke, Simone > 94ff.
Klodwig, Volker > 426f., 429ff.
Klohk, Sven > 352
Klug, Gereon > 134ff.
Kluge, Alexander > 231
Klunk, Werner Philipp > 568
Klurina, Oliver > 213
Klusmann, Stefan > 421
Knichel, Benjamin > 476
Knie, Christopher > 411
Knies, Christine > 134ff.
Kniess, Helge > 468, 535
Knobel, Carsten > 199ff.
Knoll, Thomas > 281
Knust, Matthias > 381
Koch, Alex > 298, 355
Koch, Bruno > 298
Koch, Henner > 633
Koch, Jeanette > 152
Koch, Markus > 267, 297
Koehler, Christoph > 208
Koenen, Gerald > 487
Kögler, Oliver > 436
Koglin, Antje > 312, 552, 654
Kohlberger, Peter > 459, 641
Köhle, Christoph > 205
Kohlenberger, Julia > 471f., 474
Köhler, Ralf > 288
Köhler, Sandra > 459
Kolhosser, Dirk > 312, 552ff., 654
Kolic, Christian > 269
Koller, Thomas > 293, 655
Koller, Tom > 356
Kollin, Lars > 455
Kompalla, Pascal > 517
Kömpe, Jochen > 82ff., 213
Konert, Andreas > 324
König, Anna > 446
König, Herbert > 492
Königs, Maik > 164
Königs, Silvia > 414
Königstorfer, Manfred > 269
Konrad, Norman > 406f.
Kontzog, Martin > 441
Koormann, Jan-Eike > 276, 423
Kootz, Jacqueline > 221
Köpke, Dana > 273
Kopp, Stefan > 259
Köppen, Mick > 385f.
Korbes, Christian > 110ff.
Körner, Nadja > 315f.
Korschinek, Dominique > 411
Kory, Alexandra > 287
Kory Alexandra > 286
Kosche, Oskar > 618
Kossak, Sarah > 422
Köster, Harry > 443, 540
Koster, Martijn > 88ff.
Kösters, Frank > 261f.
Kostov, Tzvetan > 476
Kotowski, Anette > 445
Kovach, Elizabeth > 258, 332
Kowalsky, Jan > 106ff.
Kracke, Andrea > 262, 381
Kracke, Lisa Mary > 631
Kraft, Ronald > 212
Kragl, Thorsten > 199ff.
Krahne, Tina > 178
Kramer, Johan > 76ff.
Krämer, Peter > 471f., 474
Krannich, Ingmar > 94ff.
Krätzig, Thomas, Dr. > 622f.
Kraupa, Julia > 385f.
Kraus, Robert > 332
Kraus, Gerhard > 278
Krause, Martin > 150f.
Krause, Tordis > 443, 540f.
Kraushaar, Julia > 335
Kreitner, Susanne > 182f.
Krejci, Martin > 88ff.
Krenz, André > 191, 318, 519
Krenz, Winfried > 314ff.
Kresin, Ralf > 375
Kressin, Natalie > 504f.
Kretschmer, Fabian > 476
Kretz, Johannes > 216f.
Kreuter, Marcel > 380
Kreutzer, Pattrick > 298
Kreuzberger, Joachim > 300
Kreuzer, Krisz > 442
Kriebel, Jörn > 583
Krieg, Hans-Jürgen > 628
Krieger, Tino > 593
Kriehn, Franziska > 250, 252f.
Kriesche, Christiane > 442
Kriesel, Peer > 588
Krinke, Anita > 223, 227, 231, 239, 417f., 420
Krippahl, Alexander > 581
Kroeber, Florian > 184
Kroggel, Bent > 405ff.
Krohmann, Michael > 297
Kroll, Christian > 94ff.
Kronenburg, Stephan, Dr. > 610
Kronshage, Martin > 160, 308, 550f.
Krug, Antonia > 276, 423
Krüger, Marc > 161
Krüger, Willibert > 161
Krüger, Alexander > 438
Krüger, Benjamin > 440
Krüger, Lisa > 550
Krüger, Uta > 511, 515
Kruse, Inga > 273
Kruse, Katharina > 255, 259, 261
Krusen, Andrea > 397
Krüttgen, Anneke > 277
Kucera, Stepan > 88ff.
Kücherer, Sabine > 291
Kuckuck, Sabine > 118ff.
Kuffner, Elisabeth > 109
Kugler, Peter > 644
Kühn, Ruth > 355
Kühn, Felix > 641
Kuhnle, Peter > 226
Kühnle, Michael > 572
Kulik, Nils > 454
Kundt, Mirjam > 88ff.
Kupfer, Matthias > 352
Kürten, Ingo > 443, 540f.
Kurth, Christian > 421
Kurth, Torsten > 445
Kurth-Scharf, Cornelia > 448
Kurz, Alexander > 437
Kurz, Judith > 160
Kurz, Marzena > 156
Kurz, Stephan > 437
Kuschka, Ralf > 618
Kutschinski, Michael > 408
Kutz, Martin > 307
Kyas, Jörg > 445
Kynast, Daniel > 461

L

Labitzke, Caroline > 319
Lach, Thomas > 270
Lackner, Thomas, Ing. > 456ff.
Lafeld, Katja > 466
Lakenmacher, Florian > 441
Lambert, Nick > 610
Lambert, Ulrike > 610
Lambertz, Markus > 277
Lammer, Dominik > 211
Lamprecht, Jörg > 546ff.
Landmark, Nils > 88ff.
Landsberg, Christopher > 500
Lang, Julia > 425, 562
Lang, Maria > 373, 558
Lang, Stefanie > 250, 252f.
Lange, Jürgen > 360, 362f.
Lange, Sarah > 578, 580, 612
Lange, Sophie > 76ff.
Langel, Gisela > 244
Langer, Iris > 500
Langer, Markus > 319
Langgartner, Lorenz > 110ff.
Langheinrich-Keim, Bianca > 278
Langhoff, Meike > 449, 451ff.
Larcher, Egon > 446
Lardschneider, Silvia > 446
Lass, Matthias > 512
Lau, Johanna > 308
Laubscher, Benjamin > 580, 606
Lauer, Ute > 483
Lauterbach, Ret > 110ff.
Lebkücher, Katja > 520
Lechner, Alescha > 88ff., 214
Lechner, Andreas > 237
Lechner, Maximilian > 314
Le Duigou, Tino > 516
Legenstein, Monika > 456
Leger, Rolf > 106ff.
Leikauf, Julia > 260
Leipnitz, Robert > 414
Leisen, Johannes > 233
Leiss, Marie, BA > 173
Leiss, Michael > 566
Leistner, Jared > 114ff.
Leithäuser, Andreas > 477f.
Lentfer, Andrea > 178
Lenz, Lisa > 442
Lenz, Monika > 426f., 429ff.
Leonhard, Michael > 445
Leppek, Viola > 400, 537
Lerch, Dave > 583
Lesch, Matthias > 308
Leuschen, Thomas > 414
Lewandowsky, Helge > 593
Lieberknecht, Jürgen > 543
Liedmann, Nils > 202, 575, 577
Liekmeier, Norbert > 464
Liers, Andreas > 172
Liersch, Petra > 644
Lilova, Donika > 476
Linde, Wiebke > 422
Lindemann, Kay, Dr. > 578, 580
Lindenburger, Gerd > 449, 451ff.
Lindhorst, Arne > 584, 588
Lindner, Patrick > 412, 639
Lingner, Sibylle > 600
Linscheid, Edgar > 477f.
Linthe, Uwe > 571
Lisz, Steffen > 488
Littow, Katja > 293, 646, 655
Litty, Rainer > 583
Litwin, Stefan > 233ff.
Loch, Susanne > 260
Lockowandt, Oliver > 196
Lögers, Esther > 477f.
Lohmann, Anna Rebecca > 641
Lohr, Martina > 160, 550f.
Loibl, Sandra > 237
Loos, Alfons > 628
Loose, Dirk > 355
Lopez, Peter > 323
Lord, Myles > 114ff., 506
Lorenz, Mario > 490, 538, 542, 544, 626, 656
Lorenzen, Ernst > 76ff.
Lötzsch, Markus > 600

Loyen, Yvonne > **270**
Lück, Michel Maurice > **494**
Lucke, Christian > **298**
Lüders, Lasse > **409**
Ludwig, Thomas > **164** ff.
Ludynia, Matthias > **478** f.
Lügger, Stefan > **479**
Lügger, Stefan > **480**
Lühe, Martin > **134** ff.
Lustig, Franz > **401**
Lüth, Stefan > **411**
Lutterbeck, Charlott > **475**
Lüttgen, Michael > **409**
Lutz, Frank > **271** f.
Lux, Thomas > **437**
Lux-Wellenhof, Gabriele > **138** f.

M

Maas, Dominik > **252** f.
Maasboel, Jens > **481**
Maaßen, Mira > **270**
Maass, Dominik > **250**
Machado, Ulisses > **641**
MacHale, Liam > **153** ff.
Maczey, Markus > **110** ff., **222**, **566**
Maday, Svenja > **537**
Madel, Katrin > **400**
Mäder, Jürgen > **156**
Magnet, Martin > **267**
Magnus, Sonja > **527**
Maguin, Thomas > **167**
Mai, Christian > **631** f.
Mai, Hartmut > **576**
Mai, Franka > **76** ff.
Maier, Fabian > **514**
Maier, Hans Georg, Dipl.-Kfm. > **150** f., **168** ff.
Maier, Jochen > **438**
Maier, Julia > **332**, **589**
Maier, Sabrina > **182**
Maier-Wimmer, Stefan > **180**, **191**, **260**, **305**, **318**, **519**
Malasek, Filip > **88** ff.
Mallard, Stefanie > **246**, **422**
Mallmann, Elke > **483**, **485**
Man, Chi-Chun > **454**
Mancinone, Denise > **110** ff.
Mandac, Lovro > **422**
Mandel, Manfred > **414**
Manhart, Sebastian, MBA > **656**
Mann, Joachim > **167**
Mann, Ute > **644**
Manz, Jochen > **395**
Marent, Stephan > **542**
Markgraf, Kirsten > **236**
Markmann, Detlef, Dr. > **295**
Marquardt, Isabel > **621**
Marquardt, Oliver > **204**
Marte, Harry > **470**
Martens, Ernesto > **291**
Martin, Hartmut W. > **189**
Marwein, Rüdiger > **238**
Marx, Lothar > **444**
Maschke, Andreas > **322**
Mattes, Stefan > **148**, **167**, **174**, **188**
Matz, Fritz > **514**
Mau, Bernd > **573**
Maximowitsch, Peter > **466**
May, Björn > **296**
Mayer, Borris > **192**, **226**, **230**
Mayer, Marcel > **484**
Mayer, Marlene > **257**
Mayer, Nina > **516**
Mayer-Hasselwander, Toni > **152**
Mayr, Hanno > **446**
Mays, Laurence > **323**
McKillips, Kristen > **208**
McManus, Ryan > **267**
Meenen, Olaf > **443**, **540** f.
Meerkamp, Brigitte > **543**
Meier, Jürgen > **549**, **556**
Meier, Michael > **216** f.
Meinel, Volker > **440**
Melcher, Martin > **461**
Melches, Roderich > **642**
Melnik, Sebastian > **345**
Melzer, Sophia > **130** ff., **393**
Mende, Sten > **441**
Menges, Kathrin > **199** ff.
Mensing, Jan > **442**
Merkel, Benjamin > **468**, **535**, **576**
Merkle, Oliver > **291**
Mertgens, Maike > **246**
Mertoglu, Arkin > **209**
Messlinger, Frank > **430**
Metternich, Nils > **175**
Metz, Christian > **365**
Metzler, Sophia > **390**
Meye, Erik > **294**
Meyer, Britta > **477** f.
Meyer, Carolin > **204**
Meyer, Christian > **211**
Meyer, Helmut > **98** ff., **247**, **403**, **405** ff.
Meyer, Peter > **336**
Meyer, Rabea > **632**, **638**
Meyer, Sonja > **381**
Meyer, Wolfgang > **610**
Michaelis, Klaus-Martin > **408**
Michels, Sascha > **329**, **364**
Miclea, Raul > **310**
Middelberg, Ulf > **488**
Mieke, Michael > **405**
Miele, Markus, Dr. > **424**
Milde, Annika > **464**
Mildon, Shannon > **501**, **503**
Miller, Stefan > **336**
Miltner, Daniel > **122** ff.
Milz, Jürgen > **284**
Milz, Mareike > **190**, **284**, **500**
Milzarek, Dirk > **160**, **550** f.
Minx, Stephan > **326**
Miorin, Katja > **122** ff.
Miremadi, Felix > **168** f.
Mirsberger, Martina > **628**
Mittler, Miriam > **459**, **641**
Moarefi, Oliver > **291**
Mohebbian, Saied > **297**
Möhner, Anja > **429**
Mohr, Roland, Dr. > **324**
Möhring, Arlett > **290**
Molina, Julia > **202**, **577**
Molitoris, Jo > **504**
Moll, Stefan > **338**
Möller, Cosimo > **126** ff.
Möllers, Marita > **513**
Molz, Melanie > **395**
Monshausen, Till > **82** ff., **339**, **344** f., **527**
Mönter, Anna Lena > **344** f.
Morgenstern, André > **395**, **642**
Morgenstern, Nina > **293**, **655**
Mörsdorf, Michael > **233** ff.
Moser, Rudolph > **88** ff.
Mosna, Massimo > **487**
Mössinger, Edgar > **187**
Mothwurf, Ono > **334**, **486**
Mott, Leslie > **220**
Motzkuhn, Diana > **445**
Mück, Horst > **370**
Mugrauer, Emanuel > **106** ff.
Müller, Julian > **621**
Müller, Marius > **175**
Müller, Fabian > **655**
Müller, Renate > **655**
Müller, Andrea > **231**
Müller, Christina > **506**
Müller, Christine > **192**, **226**, **230**, **507**
Müller, Christoph, Dipl. Kfm. > **233** ff.
Müller, Fabian > **293**
Müller, Felix > **246**, **441**
Müller, Gerhard > **562**
Müller, Ingo > **352**
Müller, Julia > **310**, **628**
Müller, Lothar > **98** ff., **130** ff., **247**
Müller, Manfred > **284**
Müller, Mark-Marcel > **138** f.
Müller, Markus > **88** ff.
Müller, Martina > **185**, **379**, **400**, **492**, **537**
Müller, Niko > **387** f.
Müller, Robert > **233** ff.
Müller, Sandra > **281**
Müller, Stephan > **233** ff.
Müller, Wolfgang > **425**
Müller-Frey, Ulla > **185**, **379**, **400**, **492**, **537**
Müller-Rossbach, Laura > **504** ff.
Münch, Andreas > **294**, **326**
Münch, Holger > **189**, **281**
Münchrath, Axel > **323**
Münter, Niels > **88** ff., **102** ff., **114** ff.
Munzel, Benjamin > **118** ff., **482**
Murke, Wibke > **410**
Mußotter, Annette > **187**
Mysegades, Barbara > **157**

N

Naber, Timo > **512**
Nagel, Alexander > **126** ff.
Nagel, Annika > **566**
Nagel, Heiko > **562**
Nagenrauft, Bernd > **222**
Nandelstädt, Susanne > **615**
Nani Meimeth, Miliane > **81**, **504**
Nann, Christoph > **204** ff., **208**
Narr, Wolfgang > **652**
Naumann, Markus > **178**
Nawroth, Sarah > **98** ff., **247**
Nebe, Peter > **488**
Neidhardt, Frank > **284**
Neidlinger, Anna > **400**
Neisen, Bernd > **610**
Neubeck, Andreas > **546** ff.
Neuhaus-Galladé, Wilfried > **284**
Neukam, Stefan > **385** f.
Neukam, Steff > **332**
Neumann, Ini > **339**
Neumann, Sebastian > **214**
Neumann, Tim > **345**
Neumann-Terkowski, Gabi > **228**, **449**, **451** ff.
Nicastro, Daniela > **317**
Nickel-Waninger, Hartmut, Dr. > **449**, **451** ff.
Nickenig, Andreas > **163**
Nicolaus, Christian > **313**
Niemann, Ralf, Dr. > **459**
Niessen, Sandra > **205**
Nikot, Monika > **144** f.
Nimke-Sliwinski, Birgit > **584**, **587** f.
Nissen, Florence > **276**
Nitz, Thomas > **400**
Noack, Ursula > **425**
Noffke-Kürten, Beatrice > **449**, **451**
Nolle, Thomas > **122** ff.
Nösel, Mathias > **126** ff.
Novikov, Vladimir > **189**
Nowak, Alexander > **297**
Nuechtern, Monika > **208**
Nugent, Corinna > **204**

O. Evenson, Dirk > **578**, **580**
Oberndörfer, Stefan > **194**
Ochs, Sebastian > **271** f.
Oeding, Katrin > **134** ff.
Oelkers, Oliver > **594**
Ohneberg, Martin > **645**
Ohnesorge, Bernd, Dr. > **294**
Ohnweiler, Christoph > **307**
Ohse, Angelika > **578**, **580**
Olbrich, Heiner, Dr. > **424**
Olowinsky, Maximilian > **441**
Olsen, Svein > **364**
Olszak, Fédérique > **205**
Oosthout, Roel > **335**
Oppmann, Simon > **401**, **403** f., **438**, **471** f., **474**
Orterer, Martin > **415**
Oskarsson, Mikael > **583**
Ott, Matthias > **560**, **650**
Ott, Vivien > **76** ff., **504** f.
Otte, Joachim > **388**
Ottmann, Matthias, Prof. Dr. rer. pol. > **534**, **537**
Ottmann, Tobias > **183**
Otto, Merle > **261** f.
Otto, Rainer > **297**

Öztürk-Lettau, Jan > **305**

P

Pacer, Andi > **245**
Pachole, Thomas > **334**
Pagel, Theo > **500**
Pakravesh, Susanne > **118** ff., **477**
Pal, Sabina > **390**
Palmer, Oliver > **110** ff., **237**, **267**, **494**
Pampel, Mario > **310**
Panier, Florian > **110** ff., **206**, **574**
Parent, Jean-Claude > **322**
Pasinli, Gönül > **376**
Pässler, Eike > **410** f.
Paterno, Monika > **486**
Paukstadt, Nanette > **574**
Paul, Sascha > **254**
Paul, Daniel > **655**
Pauli, Andreas > **138** f., **144** f., **212**, **358**, **468**, **535**, **573**, **576**
Paulus, Nina > **641**
Pawlowski, Peter > **375**
Pechstein, Tobias > **566**
Peetz, Bettina > **130** ff., **390**, **393**
Peiker, Gerhard > **470**, **508**, **564**
Peixoto, Joao > **264**, **342**
Pelka, Nadine > **76** ff.,
Penzel, Max > **210**
Perjus, Johan > **415**
Perlemann, Tim > **232**, **236**
Pernsteiner, Christoph > **270**
Perrot, Claudia > **520**
Pertz, Jacob > **210**
Peter, Bettina > **492**
Peters, Andreas > **360**, **362** f., **614**
Peters, Michael > **517**
Peters, Nicole > **190**, **284**, **500**
Peters, Olaf > **445**
Petersen, Daniel > **565**
Petersen, Hanna > **319**
Petersen, Sascha > **102** ff., **352**
Petersson, John > **110** ff.
Petrucela, Nicole > **577**
Pfaffenbichler, Sebastian > **208**, **506** f.
Pfaffenzeller, Robert > **332**, **356**, **385**
Pfaffenzeller, Robert > **589**
Pfeffer, Geraldine > **335**
Pfeifers, Claudia > **495** f.
Pfeiffer, Bona > **222**
Pflug, Alexander > **335**
Piacenza, Bruno > **199** ff.
Piasecki, Tomasz > **409**
Piccoli, Graziano > **563**
Pickenhahn, Stefan > **326**
Piechatzek, Hans > **397**
Piehl, Thorsten > **416**
Piel, Monika > **337** f.
Pielsticker, Anna-Luise > **197**
Pilzweger, Michael > **204**
Pincin, Davide > **506** f.
Pirner, Sven > **180**, **191**, **260**, **305**
Piroth, Rene > **520**
Pistorius, Stephan > **655**
Plaisir, Klaus > **464**
Plawer, Martina > **324**
Pletschacher, Veronika > **152**
Podratzky, Christian > **233** ff.
Podzus, Sabine > **284**
Pohl, Larissa > **130** ff., **390**
Pohl, Marko > **633**
Pöhlandt, Nico > **533**
Pohlisch, Annette > **621**
Pointner, Bernhard > **152**
Polcar, Ales > **478** f., **482**
Pollack, Ekkehart > **520**
Poltz, Florian > **98** ff.
Popiolek, Elwira > **161**
Popp, Mirella > **233** ff.
Poreschack, Frank > **261** f.
Porst, Jennifer > **98** ff., **408**, **438**
Porter III, James William > **456** ff.
Portisch, Sascha > **258**, **589**
Poschardt, Ulf, Dr. > **82** ff.
Poser, Ralph > **477** ff., **481**
Postel, Gerhard > **588**
Pountney, David > **626**
Poxleitner, Barbara > **165** f.
Praschnig, Wolfgang > **325**
Predoehl, Morell, Dipl.-Ing. > **495** f.
Preuß, Christoph > **461**
Preuß, Kordula > **558**
Preuss, Michael > **330**, **498**
Preuss, Nina > **330**, **498**

Pröll, Rafaela > 334
Prosowski, Arkadius > 518
Purmann, Boris > 385 f.
Pütz, Andreas, Dr. > 459
Puzalowski, Philip > 293

Q

Quell, Stephen > 415
Quester, Peter > 587
Quintero, Cadmo > 438

R

Rader, Viktoria > 263
Rades, Thomas > 244
Rädler, Peter > 508, 564
Raga, Santiago > 102 ff.
Rahnfeld, Jörg > 533
Raida, Johanna > 441
Ramm, Wolf-Christian > 613
Randi, Marco > 212
Rapp, Jan-Bernd > 424
Rappenecker, Gerd, Dr. > 464
Rasch, Stefan > 257
Rasemann, Christoph > 227, 371, 420
Rath, Christian > 563
Rathsack, Marc-Peter > 178
Rating , Fritz > 254
Rauffus, Christian > 164 ff.
Rauscher, Andreas > 174
Rawas, Farid > 276, 423
Rebenschütz, Ulf > 231
Rebmann, Marcus > 310
Reddemann, Susanne > 187
Rehbein, Ariane > 445
Rehling, Katrin > 457
Rehm, Alexander > 110 ff.
Rehm, Klaus > 153 f.
Reich, Alexandra > 506 f.
Reill, Michael > 222
Reimann, Thomas > 163
Reinhard, Melanie > 624, 635
Reinhard, Vanessa > 459
Reinsberg, Dirk, Dr. > 583
Reinsberg, Ralf > 76 ff.
Reinwaldt, Beate > 395
Reisch, Thomas > 350 f.
Reißl, Matthias > 209
Reißner, Lisa > 403, 407
Reissner, Lisa > 405
Reitz, Anke > 543
Remond, Pascal > 228, 444
Renardy, Andreas > 198
Rendler, Veronica > 172, 241, 563
Renner, Axel > 626
Rentschler, Christian > 482
Rentz, Manuel > 405
Renz, Christin > 294
Renz, Manuel > 471, 474
Repplinger, Martin > 336
Ressler, Ute > 214, 252, 415
Retschitzegger, Sascha > 193, 561, 564
Reuffurth, Hans > 558
Reuß, Marco > 163
Reusch, Daniel 165
Reuting, Florian > 534
Revermann, Johannes C. > 210
Rexroth, Dieter, Dr. > 627
Rhomberg, Hubert, DI > 544
Richard, Denis > 122 ff.
Richardson, Daniela > 411
Richau, Daniel > 517
Richers, Deniz > 164
Richter, Dennis > 571
Richter, Liane > 178
Richter, Maik > 88 ff., 214
Richter, Pavel > 358
Ricken, Frank > 504 f.
Rieck, Jens > 532
Rieger, Mirko > 187
Riehs, Uwe > 188
Rieken, Torsten > 165 f., 228, 449, 451 ff.
Ries, Manfred > 214
Ries, Nadine > 405 ff.
Riese, Peter > 199
Riese, Kai-Helmut > 82 ff.
Ringat, Benjamin > 163
Ringelhan, Rolf > 199 ff., 454
Rippe, Hanno > 282, 575
Rippe, Marko > 184
Rissen, Sarah > 411
Ritter, Matthias > 293, 310, 628, 646, 655
Rittmeyer, Sabine > 228
Ro, Tanja > 297
Röben, Godo > 164 ff.
Röber, Victoria > 476
Robert, Henning > 477 f.
Robinson, Juliane > 616 f.
Rode, Sebastian > 633
Rodlauer, Wolfgang, Mag. Phil. > 269
Roemmelt, Peter > 471 f., 474
Roenz, Cornelius > 208
Rolfes, Thorsten > 395, 642
Roman, Serge > 405
Römmelt, Peter > 401, 403 f., 438
Ronström, Martin > 415
Röppischer, Franz > 237, 267
Rorsted, Kasper > 199 ff.
Rosche, Anne > 336
Rose, Dominic > 339
Rosen, James > 587
Roseneck, Markus > 479
Rosengart, Yves > 401, 403 ff.
Roser, Caroline > 350 f.
Rossetti, Frabizio > 504
Rost, Thomas > 443, 540 f.
Rostalski, Hans Günter > 443, 540 f.
Roth, Matthias > 529, 531 f.
Rothweiler, Karen > 211
Rottmar, Anette > 218 ff., 301
Roux, Juliane > 614
Rubbert-Störmer, Katharina > 543
Ruch, Jonas > 560, 650
Ruch, Verena > 423
Rücker, Thomas > 557
Rudloff, Julia > 479 f.
Ruiz, Manel > 438
Rump, André-Christian > 445
Rusch, Thomas > 511
Rüssmann, Rudolf > 82 ff.
Rutar, Heiko > 355
Rutishauser, Dominique > 368, 412, 630, 639
Rutsche, Anya > 364
Ruttert, Silke > 306, 467, 624, 635 f.
Rüttger, Sandra > 642
Rymar, Stefan > 164

S

Sacher, Danuta > 613
Sagrodnik, Inga > 210
Sahler, Frank > 88 ff.
Sailer, Carola > 192, 226, 230
Sailer, Christian > 214
Sailer, Eduard, Dr. > 424
Sako, Richard > 233
Saldeitis, Sabine > 276
Salimbeni, Reto > 501, 503
Salinas, David > 513
Salomon, Florian, Mag. > 508, 564
Sanchez, Lizbeth > 517
Sanchez-Palacio, Gabi > 468
Sander, Julia > 500
Sandmann, Vera > 196, 307
Sanje, Marijo > 110 ff.
Santo Tomas, Adriana > 250
Sapara, Andreas > 436
Sarigül, Ercan > 621
Saß-Kömpe, Ines > 213
Sattler, Michael > 211
Sauber, Sabine > 644
Sauer, Christian > 122 ff.
Sauerwein, Andrea > 122 ff.
Sausen, Julia > 102 ff.
Sauseng, Harald > 304
Savnik, Marko > 444
Savuk, Arman > 476
Savvidis, Robin-Savas > 369, 440
Sayn-Wittgenstein, Constantin > 578, 580, 612
Schaaf, Renate > 183
Schachschneider, Boris > 600
Schacht, Alexander > 190
Schadeck, Bruno > 175
Schadt, Volker > 339
Schaefer, Fiona > 471 f., 474
Schaeffer, Dorothée > 626
Schäfer, Andreas > 188
Schäfer, Jörn > 525
Schäfer, Julia > 401, 403, 438
Schäfer, Marc > 336, 475
Schäfer, Philipp > 355
Schäfer, Susanne > 306, 467, 636
Schäfer, Ute > 533
Schaffarczyk, Till > 98 ff., 247
Schallberger, Tom > 106 ff.
Schatz, Ulrike > 233 ff.
Schauer, Andreas > 152, 263, 534
Schauer, Lucia > 152, 534
Schauland, Gerhard > 226
Scheben, Andreas > 324, 455
Scheel, Helmut > 279 f.
Scheer, Peter > 644
Scheffler, Katja > 259
Scheiterlein, Daniel > 647 ff.
Schelberg, Svenja > 355
Schemmann, Frank > 272
Schengber, Sarah > 261 f., 398
Schenkendorf, Stefanie > 435
Scherbaum, André > 182 f.
Scherer, Christian > 547 f.
Schertlein, Oliver > 481
Scherzer, Florian > 444
Scheuch, Claudius > 627
Scheuerer, Dieter > 180, 191, 318
Schida, Roman > 543
Schiel, Arne > 199
Schikora, Fred > 535
Schilb, Steffen > 329
Schill, Alexander > 110 ff., 126 ff., 204 ff., 208 f., 222, 237, 242, 267, 494, 566, 574
Schill, Werner > 270
Schilling, Thomas > 589
Schilly, Gitte > 199
Schindler, Martin > 254, 264
Schindler, Sven > 102 ff., 250, 252 ff., 264
Schings, Christoph > 424
Schinken, Simon > 277
Schipper, Sebastian > 454
Schlattmann, Christian > 261
Schleburg, Jörg > 182 f.
Schlegel, Sandra > 310
Schlei, Schiva > 338
Schlein, Nicole > 655
Schleiner, Michael > 377, 530, 608, 616 f.
Schley, Ole > 370
Schlierbach, Albert > 573
Schlinge, Volker > 422
Schlößer, Benjamin > 153 ff.
Schluckwerder, Christoph > 627
Schmalschläger, Axel > 426 f., 432
Schmechta, André C. > 442
Schmelz, Piet > 214
Schmid, Alexander > 352
Schmid, Christian > 167
Schmid, Kirsten-Lea > 170
Schmid, Martin > 390
Schmid, Moritz > 407
Schmid, Stefan > 153 ff.
Schmidt, Christian > 429 ff., 433
Schmidt, Kirsten > 515
Schmidt, Klaus Oskar > 438
Schmidt, Manuel > 122 ff.
Schmidt, Mathias > 323
Schmidt, Oliver > 475
Schmidt, Sibylle > 336
Schmidt, Stefan > 254, 264, 342
Schmidt-Polex, Marco > 652
Schmidt-Totzki, Claudia > 304
Schmiedekampf, Ramin > 102 ff., 114 ff.
Schmiegelow, Axel > 487
Schmiegelow, Erik > 487
Schmitt, Amelie > 237
Schmitt, Oliver > 653
Schmitt, Ralf > 336
Schmitz, Christian > 214
Schmitz, Peter > 165
Schmoll, Kathrin > 401
Schmolzi, Petra > 310
Schmotz, Christoph > 192
Schneebacher, Johannes > 446
Schneider, Bernd > 190, 284
Schneider, Gerd > 444
Schneider, Günther > 509, 511, 515
Schneider, Josefine > 171
Schneider, Lucas > 250, 252 f.
Schneider, Markus > 153 ff.
Schneider, Monika > 476
Schneider, Sabrina > 297
Schneider, Sandra > 279 f.
Schneider, Tim > 505
Schneider, Yvonne > 214
Schnell, Sebastian > 322
Schnorr, Silke > 467
Schnückel, Gabriele > 179, 495 f.
Schoderer, Anna > 175
Schoedel, Ulf > 292, 655
Schoelermann, Marc > 208
Schoenen, Stephan > 360, 362 f., 614
Schoeningh, Matthias > 471
Scholten, Andreas > 188
Scholz, Christian > 641
Schönberger, Jürgen > 190
Schöndorf, Peer > 445
Schöndorfer, Tim > 76 ff.
Schöneberg, Uwe > 461
Schöner, Bernhard > 644
Schoneville, Catrin > 358
Schönlein, Birgit > 102 ff.
Schönpflug, Lars > 274 f.
Schorn, Per > 573
Schrader, Stefan > 566
Schrader, Ursula > 622 f.
Schramm, Claudia > 318, 519
Schreck, Bianca > 206
Schrempf, Regine > 228, 449, 451, 453
Schrepfer, Nino > 356, 385 f.
Schriewer, Andreas > 205, 574
Schrills, Christian > 254
Schröcker, Jürgen > 93
Schrod, Jörg > 404
Schröder, Chris > 332
Schröder, Felix > 416
Schröder, Gerd > 387
Schröder, Jens > 304
Schröder, Lisa Marie > 177
Schröder, Marcus > 565
Schröder, Thomas > 571
Schröpfer, Thomas > 307
Schröter, Christof > 233
Schrumpf, Judith > 184
Schuberth, Sonja > 560, 650
Schulenberg, Benjamin > 276, 423
Schuler, Christiane > 326
Schuler, Fred > 631, 638
Schüller, Markus > 223, 239
Schulte, Alexander > 355
Schulte, Georg > 602
Schultz, Marlene > 325
Schultz, René > 600
Schulz, Carina > 381, 416
Schulz, Felix > 106 ff.
Schulz, Ines > 594 f.
Schulz, Jan > 408
Schulz, Nadine > 618
Schulz, Nathalie > 130 ff., 390, 393
Schulz, Sabine > 179
Schulze-Schwering, Saskia > 653
Schumacher, Annette > 223, 239
Schuster, Stephen > 242
Schwab, Sabine > 612
Schwabe, Christiane > 254
Schwäger, Gerwin > 352
Schwan, Michael > 222
Schwankl, Oliver > 492
Schwarz, Christopher > 122 ff.
Schwarz, Felix > 210
Schwarz, Oliver > 337
Schwecke, Claudia > 185, 379, 400, 492, 537
Schweder, Hendrik > 88 ff., 204
Schweiger, Margarita > 370
Schwende, Georg > 187
Schwertel, Dennis > 122 ff.
Schwiegk, Marius > 345
Schwinn, Dennis > 177
Schwope, Klaus > 245, 350 f.
Scrooby, Roger > 655
Seele, Martin > 365
Seele, Barbara > 307
Seibert, David > 175
Seibert, Johannes > 204
Seibert, Marc > 482
Seiler, Frank > 237
Seiler, Torsten > 324, 455
Seiss, Julian > 297, 461

Seitz, Andreas > 395
Selimovic, Denissa > 636
Sellinger, Peter > 211
Sendker, Andreas > 153 ff.
Seruset, Thomas > 549, 556
Setzefand, Sandra > 150 f., 168 f.
Sevimli, Özden > 199 ff.
Shafizadeh, Nuschin > 246
Shmulewitz, Yitzchok > 385 f.
Shum, Kin Luen > 415, 504
Siebel, Mathias > 382
Siegrist, Sven > 509
Siering, Maik > 228
Siever, Julia > 228
Sikvölgyi, Veronika > 471 f., 474
Simon, Diana > 355
Sinani, Aris > 307
Singh, Sanjita > 199 ff., 454
Sinn, Jürgen > 156
Sirait, Elizar > 373
Siwek, Christoph > 216
Sixt, Erich > 527
Sixt, Konstantin > 527
Skaper, Christina > 292
Skradde, Christian > 292
Skrinjar, Alex > 350
Skrtic, Marina > 258, 589
Sluyter, Katja > 106 ff., 345
Smales, Robert > 276
Smestad, Stian > 587
Smithson, Katherine > 506
Soare, Toma > 365
Sobczak, Tim > 476
Sohrauer, Kirsten > 405
Sonius, Anne > 244
Sonntag, Rosa > 130 ff., 393
Sonntag, Ute > 130 ff., 390, 393
Sooth, Sebastian > 358
Souque, Lionel > 415
Sowka, Karol > 568
Spaniol, Andreas > 425
Sparwasser, Tobias > 621
Speckmaier, Florian > 163
Spee, Andreas > 355
Speier, Heike > 493
Spengler, Sebastian > 479
Sperrle, Jennifer > 211
Spicker, Julia > 457
Spigiel, Oliver > 295, 602
Spijkervet, Ard-Jen > 271 f.
Spiller, Sebastian > 380
Spitzenberg, Martin > 409
Spitzer, Ralph > 332
Spörer, Tobias > 164
Spremberg, Sandra > 182
Staehli, Olivier > 507
Stalder, Andreas > 138 f., 573
Stangl, Nina > 199
Stannarius, Oliver > 531
Stark, Christian > 287
Stark, Heiko > 546 ff.
Stärkel, Julia > 405
Stauber, Roland > 471 f., 474
Stauss, Alexander > 504 ff.
Steck, Armin > 322
Steeger, Michael > 199 ff., 454
Steffen, Jens > 408
Steffen, Matthias > 274 f.
Steidl, Teresa > 430 f., 433
Steidle, Matthias > 286 f.
Steimel, Matthias > 315 f.
Stein, Wolfgang > 184
Stein, Fabian > 88 ff.
Stein, Inga > 520
Stein, Margit > 424
Stein, Markus > 424
Steiner, Florian > 501, 503
Steiner, Geraldine > 647 ff.
Steiner-Hainz, Barbara > 152
Steinert, Alexandra > 238
Steinforth, Matthias > 297, 461
Steinhanses, Nicola > 307
Steinhart, Alexander > 549, 556
Steininger, Christopher > 360, 362 f.
Steinkamp, Dieter, Dr. > 461
Stekeler, Janine > 581
Stemmle, Eugen > 188
Stempell, Ruprecht > 161
Stenzel, Kristin > 233 ff.
Stephan, Bernd > 213
Sternberg, Carsten > 158, 313
Stetefeld, Eva > 401, 403
Stettner, Cornelis > 618
Steu, Matthias > 538
Steuber, Ingo > 495 f., 571
Stey, Danny > 182
Stöhr, Jürgen > 199 ff., 454
Stohr, Tobias > 178
Stolletz, Thomas > 228
Stolpe, Sandra > 140 ff.
Stolte, Michael > 399
Stolze, Stephan > 613
Storath, Matthias > 401, 403 ff.
Storchenmühle > 278
Storto, Carola > 102 ff.
Stotz, Matthias > 281
Straßenburg, Jan, Dr. > 462
Straßfeld, Marcus > 475
Stratmann-Grandke, Sandra > 608
Strauß, David > 475
Strauss, Peter > 130 ff., 390, 393
Strobel, Dario > 655
Strobel, Sebastian > 562
Stroetmann, Wolf > 315 f.
Ströhle, Jörg > 334, 394, 484, 486, 651
Ströhlein, Diana > 425
Strohmaier, Norman > 401
Strömer, Yvonne > 480
Struppler, Sebastian > 494
Struve, Benita > 477 ff.
Strüve, Henning > 233
Stubel, Oliver > 578, 580, 606, 612
Stüdemann, Jörg > 604
Stuewer, Sabine > 273
Stuppin, Monika > 198
Sturm, Andrea > 514
Sturm, Constantin > 467
Suchy, Alexander > 114 ff.
Sudau, Benjamin > 297, 461
Suhm, Tobias > 415
Sülzer, Micky > 204
Sülzle, Marc > 258, 589
Sunder, Annika > 140 ff., 157, 421
Süß, Jakob > 631
Süßmuth, Martin > 189, 279 ff.
Sveistrup, Peer-Arne > 405, 449
Svetec, Danijela > 315 f.
Sylvester, Dirk > 158
Szabo, Thomas > 295, 602

T

Tanz, Markus > 233
Tappe, André > 216, 322
Taubitz, Jörg > 618
Tauchert, Stefan > 621
Tauschke, Maximilian > 205
Tawassoli, Kurosch > 655
Tebbe, Silke > 587
Tech, Christopher > 429, 431, 433
Teigeler, Andreas > 329, 364
Teigeler, Michael > 466
Teixeira Rua, Andreia > 381
Teuber, Florent > 355
Tewes, Robert > 401
Texter, Friederike, Dr. > 312, 654
Thamling, Matthias > 613
Thanheiser, Michael > 443, 540 f.
Theil, Jens > 118 ff., 352, 477 ff.
Theis, Thomas > 610
Theß, Burkhard > 324, 455
Theuner, Michael > 509, 511
Thiel, Patrick > 409
Thiele, Mirko > 479
Thielker, Karsten > 624, 635
Thielker, Lars > 467, 493, 624, 635 f.
Thiemann, Michael, Dr. > 295
Thierse, Juliane > 355
Thoemen, Julia > 208
Thomas, Andreas > 441
Thomasberger, Max > 257
Thömmes, Hans-Jürgen > 298
Thrular, Piet > 221
Thurisch, Frank > 485
Thürmer, Andreas > 584, 587 f.
Thurnher-Giselbrecht, Sabine > 300, 325
Tibor, Tim > 480
Tiemann, Johann > 236
Tiemann, Johannes > 288 f.
Tiemann, Michael > 236
Timm, Isabell > 614
Timm, Stephanie > 478
Tischer, Axel > 212, 358
Tobehn, Michael > 483, 485
Todd, Benjamin > 254
Tölle, Harald > 443, 540 f.
Tonscheidt, Sabine, Dr. > 589
Tratberger, Christoph > 122 ff.
Trinler, Fabian > 653
Tritsch, Daniela > 647 ff.
Truelsen, Karsten > 189, 281
Tschohl, Gertrud > 484
Tschulden, Sophie > 410 f.
Tsomplektsis, Kostas > 459
Tump, Ansgar > 518
Turowski, Michael > 395, 642

Uhlig, Claudia > 381
Uhlig, Verena, Dr. > 314
Ullmann, Torben > 529, 531 f.
Ullrich, Camilla > 442
Ullrich, Traugott, Dr. > 520
Umbach, Corinna > 98 ff., 247
Unger, Udo > 443, 540 f.
Unsner, Nathalie > 150 f., 168 ff.
Urbahn, Frank > 563
Urban, Gerhard > 537

Valentin, Max > 444
Valin, Jessica > 102 ff., 114 ff., 250
Van, Philip > 214
Van Bylen, Hans > 199 ff.
Van Den Broecke, Peter > 644
van der Louw, Alexander > 645
Van Heesen, Peter > 584
van Kann, René > 481
Varga, Nicole > 88 ff.
Vaslin, Guillaume > 360, 362 f.
Vasté, Susanne > 370
Vaternahm, Claudia > 390, 471
Venn, Martin > 94 ff.
Vens, Stephan > 81, 504, 587
Verwee, Koen > 501, 503
Vesper, Stefan, Dr. > 616 f.
Vetter, Sandra > 477, 481 f.
Vieira Dias, Gustavo > 250, 252
Vieweg, Frank > 196, 307
Villa, Pia, Mag. > 173
Villegas Ambia, Alexsandra > 102 ff., 254, 264
Vinck, Ole > 252 f.
Vinqvist, Carolina > 527
Vizner, Lajos > 501, 503
Vogedes, Katharina > 196
Vogel, Stephan, Dr. > 98 ff., 130 ff., 247, 390, 393, 401, 403 f., 405 f., 407, 438, 471 f., 474
Vogel, Matthias > 292
Vogler, Silke > 318, 519
Vogt, Tine > 543
Vogt, Holger > 565
Vogtherr, Christine > 322
Voigt, Tobias > 171, 512
Volk, Holger > 294
Völker, Klaus > 514
Volkert, Andreas > 273
Vollbrecht, Thomas > 422
Voller Ernst > 492
Vollmar, Marco > 583
Vollmert, Kerstin > 329
Vollmert, Sebastian > 462
vom Bauer, Christoph > 94 ff.
vom Berg, Dietmar > 653
vom Dorp, Jens > 615
vom Scheidt, Maurus > 165
von Bechtolsheim, Matthias > 76 ff., 88 ff., 102 ff., 250, 252 f., 415, 504 f.
von Buchholtz, Björn > 330
von der Eltz, Christiane > 314
Vonderstein, Stefan > 395
von Dewall, Christian > 98 ff., 247
von Elm, Kristian > 206, 574
von Eysmondt, Eckhard > 199 ff.
von Heesen, Roman > 399
von Kempen, Kristina > 411
von Maltzan, Joachim > 485
von Martius, Philipp > 332
von Pless, Felix > 204
von Rechenberg, Fabian > 501, 503
Vonscheidt, Christian > 212
von Schultz, Hanna > 365
von Stuckrad-Barre, Benjamin > 82 ff.
von Versen, Lothar > 479
von Vopelius, Dirk > 600
von Wilcke, Nicolas > 245
von Zitzewitz, Friedrich > 222, 566
Vormann, Jürgen > 324
Voß, Axel > 622 f.
Voß, Wolfgang > 279 f.
Voss, Axel > 241
Voss, Oliver > 82 ff., 339, 344 f., 527
Vossel, Torsten > 241
Vosshall, Marc > 204, 208, 574
Vötter, Hendrik > 153 ff.

W

Wächtler, Karin > 211
Wacker, Marion > 238
Waeber, Jürg > 501, 503
Wagner, Dennis > 336, 475
Wagner, Petra > 171
Wagner, Reginald > 134 ff.
Wagner, Ruth > 633
Wahl, Claus-Henning > 562
Wakayama, Lena > 514
Wakup, Annika > 198
Walczok, Caroline > 474
Wald, Liliana > 228, 449, 451, 453
Waldschütz, Jörg > 122 ff.
Walke, Christina > 88 ff.
Wallefeld, Steffen > 525 f.
Walström, Susanne > 130 ff., 393
Waltenberger, Werner > 189, 279 ff., 647 ff.
Walter, Markus > 191
Walter, Victoria > 82 ff., 527
Walther, Tim > 213
Wamhoff, Alexander > 261 f.
Wankum, Bernd J. > 158, 313
Wärn, Hakan > 98 ff.
Warnecke, Cord > 157, 421
Watzlawik, Natascha > 263
Wawreczek, Jens > 479
Weber, Netti > 358, 468, 535, 573, 576
Weber, Sarah > 512
Weber, Tina > 628
Webs, Doris > 575
Weccard, Thomas > 187
Weegen, Marc > 76 ff.
Weiberg, Andrea > 323
Weidenbach, Richard > 426 f., 429 ff.
Weidenfeld, Dominik > 307
Weigel, Christian > 178
Weigert, Vera > 295, 518, 602
Weiß, Günther > 456 ff.
Weise, Niklas > 471
Weißhäupl, Martin > 544
Weißpfennig, Katharina > 562
Weiss, Birgit > 167
Weiss, Stefan > 267
Weisskopf, Kai > 278
Weitling, Nancy > 202
Weixler, Andreas > 385 f.
Wellkamp, Andrea > 329
Welsing, Christian > 414
Welzenbach, Bruno > 490, 538, 544
Wenck, Hans-Joachim > 445
Wendel, Valentin > 216 f.
Wenig, Susanne > 177
Wensor, Carla > 621
Wente, Jana > 441
Wentz, Jan > 401, 506 f.
Wenz, Laura > 641

Wenzel, Christian > **461**
Wenzel, Till > **150** f., **168** f.
Werdel, Simone > **581**
Werle, Felix > **208**
Werle, Linda > **213**
Wermke, Astrid > **477**
Wernecke, Frank > **578**, **580**, **606**, **612**
Werner, Anna > **168** ff.
Werner, Mareen > **291**
Werning, Irina > **471**
Wesche, Philipp > **388**
Wesolowski, Frank > **303**
Westermaier, Roland > **641**
Westermann, Claudia > **208**
Westpfahl, Jörg > **517**
Westphalen, Jochen > **514**
Wetzel, Thomas > **332**
Weyel, Denis > **244**
Weyrauch, Sebastian > **476**
Wiedemann, Katja > **274**
Wiedmaier, Kathrin > **514**
Wiegand, Stefan > **289**, **291**, **374**
Wieland, Joachim, Dr. > **557**
Wienstroth, Lutz > **282**
Wiopking, Lars > **480**
Wiesenfarth, Holger > **332**, **356**, **385**, **589**
Wieser, Elisabeth > **244**
Wiesmeier, Uli > **98** ff., **247**
Wiesner, Juri > **415**
Wiethe, Markus > **262**, **381**, **398**
Wiewel, Dominik > **550** f.
Wilczek, Anna > **475**
Wild, Christoph > **173**
Wilhelm, Christiane > **199**, **454**
Wilhelm, Martina > **644**
Wilke, Helmut > **552** ff.
Wilken, Frederik > **462**
Wilkesmann, Dirk > **397**
Willeke, Michael > **177**
Willen, David > **308**
Wilson, John > **138** f., **576**
Winkler, Dirk > **355**
Winkler, Christine > **296**
Winner, Helmut > **256**
Winner-Stefanie, Elisabeth > **256**
Winnmann, Freya > **511**
Winter, Katharina > **374**
Winter, Robert > **434**
Wirschnitzer-Roller, Patrick > **326**
Wirtgen, Jürgen > **297**
Wirtgen, Stefan > **297**
Wirthmann, Oliver, Dipl-Theol. > **568**
Wisbauer, Benedikt > **76** ff.
Wisniewski, Richard > **615**
Wissel, Clemens > **158**, **313**
Wissmann, Matthias > **578**, **580**
Witt, Rainer > **187**
Wittling, Thomas > **244**
Witzemann, Martin > **394**
Wixler, Robert > **175**
Wochinger, Sylvia > **168** ff.
Wodera, Anna Tracy > **110** ff.
Wögerbauer, Maria, BSc. MSc. > **269**
Wohlert, Jan > **514**
Wohlfahrt, Laura > **544**
Wolf, Sebastian > **267**, **494**
Wolfermann, Viola > **326**
Wolter, Nadja > **492**
Wonnemann, Ludger > **416**
Wörner, Knut > **520**
Wort, Max > **118** ff.
Wörz, Jens-Peter > **298**
Wüllner, Heike > **179**
Würtz, Natascha > **379**

Y

Yablunovska, Natalia > **598**
Yashin, Denis > **257**

Z

Zahn, Karin > **337**
Zahn, Manuela > **277**
Zahn, Ulli > **558**
Zander, Jan > **509**
Zarnack, Volker > **464**
Zaunseder, Matthias > **163**
Zeddies, Jasmin > **421**
Zeese, Sarah > **276**
Zeiller, Andrea > **444**
Zeller, Sandra > **462**
Zenk, Friederike > **624**, **635**
Ziegelmann, Julia > **88** ff.
Ziegler, Ute > **521** ff.
Zielosko, Jutta > **159**, **437**
Zientarra, Kathrin > **204**
Zieringer, Hans > **209**, **242**
Ziesche, Anja > **398**
Zimmerer, Wolfgang > **581**
Zimmermann, Georg > **609**
Zimmermann, Alexander > **380**
Zimmermann, Axel > **153** f.
Zimmermann, Heiko > **332**, **385** f.
Zimmermann, Ilona > **187**
Zimmermann, Jennifer > **273**
Zimmermann, Knut > **198**
Zimmermann, Ralf > **408**
Zimniak, Daniel F. > **618**
Zingler, Dirk > **618**
Zinkann, Reinhard, Dr. > **424**
Zint, Mark > **277**
Zipp, Sebastian > **182** f.
Zipperer, Eva Maria > **199** ff.
Zismann, Evelyn > **598**
Zitt, Stefan > **651**
Zoerkendoerfer, Axel > **342**
Zöll, Peter > **513**
Zörner, Hendrik > **573**
Zorzi, Bernhard > **458**
Zottnick, Levinia > **167**, **174**
Zoubek, Alexander > **173**
Zozin, Mario > **481**
Zschiesche, Nele > **238**
Zubiller, Cora > **310**
Zuiderhoek, Niels > **254**
Zuiderhoek, Ada > **98** ff.
Zukowski, Sandy > **297**
Zwierkowski, Nicole > **400**
Zwinge, Florian > **339**, **345**

Autoren

ANGELIKA ECKERT

Leitende Redakteurin der WEAVE, Fachmagazin für interaction design, konzeption & development.

IRINA GRAGOLL

studierte Gesellschafts- und Wirtschaftskommunikation an der Universität der Künste Berlin und arbeitet seit gut zwanzig Jahren als freie Texterin und Konzeptionerin. Sie entwickelt strategische Konzepte sowie Texte für Offline- und Online-Medien. Darüber hinaus verfasst sie Fachartikel und schreibt Kunstkritiken. Im Rahmen ihrer Tätigkeit im Bereich der Marketingkommunikation arbeitete sie für Kunden wie AOL, Bosch, Coca-Cola, E-Plus, Hertha BSC, KPM, die SEB-Bank sowie das ZDF.

PETER HEINLEIN

Jahrgang 1951, lebt als freier Autor, Moderator und Kommunikationsberater in Hamburg. Seit 1992 schreibt er vorwiegend über Medien, Kommunikation und Werbung und betreut ein TV-Format zu diesen Themen. Der gebürtige Argentinier war unter anderem Auslandsreporter und -korrespondent, Chefredakteur und Redaktionsmitglied von dpa, Bunte, Spiegel, Welt am Sonntag, Max und anderen. Seine Zeitungskolumne „Von Menschen und Medien" in der Welt am Sonntag war 1998 das erste Format dieser Art in Deutschland. Später übernahmen Max, das Handelsblatt und Bild seine Kolumne.

ANDREAS PANZERI

arbeitet am liebsten für verschiedene Medien gleichzeitig. Nach einem Kurzstart als Texter bei GGK Basel studierte er Film- und Theaterwissenschaft an der Universität Wien. Forschungsarbeiten über Filmkomik in London und Paris, danach eigene Projekte mit Unterstützung der eidgenössischen Filmförderung. Parallel arbeitete er als Journalist für verschiedene Printmedien, das Schweizer Fernsehen und 3sat. Über ein eigenes Medienbüro für Corporate Publishing sowie preisgekrönte Auftragsfilme in aller Welt führte ihn sein Weg 1999 zur Branchenzeitung werbewoche in Zürich. Seit 2006 ist er dort stellvertretender Chefredaktor, beschäftigt sich weiterhin mit Filmarbeiten und ist im Autorenteam einer Comedysendung.

ANJA RÜTZEL

Geboren 1973. Studierte Rhetorik und Kulturwissenschaft in Tübingen. Verwarf ihre halbfertige Magisterarbeit über „Visuelle Rhetorik: Sex in der Werbung" und schrieb lieber über „Die Macht der Rede in Buffy the Vampire Slayer". Veröffentlichte Artikelserien über Ameisenbären und die Luftwaffe, anschließend Redakteurin und Kolumnistin der Financial Times Deutschland. Miterfinderin und Reporterin des Business-Lifestylemagazin Business Punk, für das sie mit Lapo Elkann stritt und Whisky mit Investmentbankern trank, die sich gern als Darth Vader verkleiden. Anja Rützel lebt als freie Autorin in Hamburg.

KRISTINA SCHREIBER

ist freie Journalistin in Hamburg und schreibt seit mehr als zehn Jahren für die Marketingfachpresse – vor allem über crossmediales Dialogmarketing vom Mailing bis hin zur Social-Media-Kommunikation, über Prozessoptimierung in Service und Vertrieb sowie über Kundenbeziehungsmanagement und adäquate Datenanalytik.

HERWIG STINDL

ist Redakteur für die Fachzeitschriften Bestseller, Horizont Österreich, den Online-Dienst www.horizont.at und den wöchentlichen Informationsdienst intern aus dem Wiener Manstein Verlag, einer Tochter des Deutschen Fachverlags mit Sitz in Frankfurt am Main. Fachverleger Hans-Jörgen Manstein heuerte Stindl als Redaktionsaspirant für die ab 1989/90 in Lizenz des Deutschen Fachverlags erscheinende Wochenfachzeitschrift Horizont an – bei seinem Ausscheiden 1998 fungierte Stindl als Chefredakteur des Horizont und des Magazins Bestseller. Zehn Jahre später, nach Erfahrungen bei den Nachrichtenmagazinen profil und Format, dem Fachverlag a3 und als selbstständiger Autor, schreibt Stindl seit Oktober 2008 wieder für die Werbefachmedien des Manstein Verlags. Seit 2006 hat Stindl einen Lehrauftrag an der Werbe Akademie des Wirtschaftsförderungsinstituts in Wien, Thema „Marktkommunikation und Ethik".

IMPRESSUM

Econ ist ein Verlag der
Ullstein Buchverlage GmbH, Berlin

ISBN 978-3-430-20148-3
ISSN 1616-2528

GRÜNDUNGSHERAUSGEBER
Prof. Wolfgang Sprang, Frankfurt am Main
Prof. Eckhard Neumann, Frankfurt am Main

PROJEKTLEITUNG
Nadine Städtner
PROJEKTMANAGEMENT
Anna-Miriam Hecht
PROJEKTMITARBEIT
Melanie Hauke, Stefan Terhorst

GRAFISCHE KONZEPTION UND UMSCHLAGGESTALTUNG
Anzinger | Wüschner | Rasp
Agentur für Kommunikation GmbH
München

GRAFISCHE UMSETZUNG UND REPRODUKTION
tiff.any GmbH, Berlin

KORREKTORAT
Lektorat Oliver Krull, Berlin
Wortgewandt – Christin Wienhold, Berlin*
(* S. 6–11, 16–21, 26–27, 58–61, 681–682)

DRUCK UND BINDEARBEITEN
Kösel GmbH & Co. KG
Am Buchweg 1
87452 Altusried-Krugzell

PAPIER
115 g/m² Bilderdruck h'frei matt ALLEGRO

Printed in Germany

VERLAGSADRESSE/KONTAKT
Econ Verlag
Ullstein Buchverlage GmbH
Friedrichstraße 126
D-10117 Berlin
T +49 30 23456-300
www.jdw.de
www.econ.de